LES TARIFS MARCHANDISES DES CHEMINS DE FER SUISSES (1850–1913)

Gérard Duc

LES TARIFS MARCHANDISES DES CHEMINS DE FER SUISSES (1850–1913)

STRATÉGIE DES COMPAGNIES FERROVIAIRES, NÉCESSITÉS DE L'ÉCONOMIE NATIONALE ET ÉVOLUTION DU RÔLE RÉGULATEUR DE L'ÉTAT

PETER LANG
Bern • Berlin • Bruxelles • Frankfurt am Main • New York • Oxford • Wien

Information bibliographique publiée par «Die Deutsche Nationalbibliothek»
«Die Deutsche Nationalbibliothek» répertorie cette publication dans la «Deutsche Nationalbibliografie»; les données bibliographiques détaillées sont disponibles sur Internet sous ‹http://dnb.d-nb.de›.

Ouvrage publié avec le soutien du Fonds National Suisse, de la faculté des Sciences économiques et sociales de l'Université de Genève et de la fondation Ernst et Lucie Schmidheiny

Illustration de couverture: „Train de marchandises à Göschenen, portail nord du tunnel du Gothard (1891)". Archives Photos de CFF Historic

Réalisation de la couverture: Eva Rolli, Peter Lang SA

ISBN 978-3-0343-0000-1

Hochfeldstrasse 32, CH-3012 Berne
www.peterlang.com, www.peterlang.net, info@peterlang.com

A Stéphanie

Remerciements

Durant toute l'élaboration de ce travail, j'ai pu compter sur le soutien de nombreuses personnes que je tiens à remercier ici.

Un merci particulier aux professeurs du Département d'histoire économique de l'Université de Genève, à Mr. Youssef Cassis, mon directeur de thèse, et à Mr. Michel Oris;

à Mme Béatrice Veyrassat (Université de Genève) et à Mr. Laurent Tissot (Université de Neuchâtel), pour leurs conseils et leurs remarques; à Mr. Serge Paquier (Université de St-Etienne) qui a suivi avec intérêt mes recherches;

à ceux qui furent mes collègues au sein du Département d'histoire économique: Olivier Perroux, Gilles Forster, Thomas Spoorenberg;

à tous ceux qui m'ont guidé dans les méandres des archives et des bibliothèques: au personnel des Archives cantonales vaudoises, de la Bibliothèque nationale (Berne), des Archives fédérales (Berne), des Archives historiques des CFF (CFF Historic/Berne) et en particulier à Mr. Ruedi Fuchs, enfin au personnel des Archives historiques du Crédit Agricole (Paris);

aux professeurs Toni Pierenkemper, directeur du *Seminar für Wirtschafts- und Sozialgeschichte* de l'Université de Cologne et Michel Lescure, directeur de l'Unité Mixte de Recherche Institution et Dynamique Historique de l'Economie (IDHE) à Paris pour l'accueil qu'ils m'ont réservé au sein de leur institution;

au professeur honoraire François Caron (Université Paris-IV-Sorbonne) pour ses conseils avisés;

à Stéphanie, qui fut ma re-lectrice et à tous mes amis qui surent me parler d'autres choses que de tarifs de chemins de fer;

à tous ceux que j'aurais oubliés…

Table des matières

Deuxième Partie (1875-1913)
Unification du système tarifaire en vue de capter le transit international et nouveaux impératifs de régulation

Annexes

Liste des abréviations

Compagnies ferroviaires

Berne-Loetschberg-Simplon	BLS
Chemins de fer fédéraux	CFF
Deutsche Bahn	DB
Gotthardbahn	GB
Jura-Berne-Lucerne	JBL
Jura bernois	JB
Jura Industriel	JI
Jura-Simplon	JS
Lausanne-Fribourg-Berne	LFB
Nordbahn	NB
Nordostbahn	NOB
Ouest-Suisse	OS
Paris-Lyon-Méditerranée	PLM
Schweizerische Centralbahn	SCB
Schweizerische Nationalbahn	SNB
Suisse Occidentale	SO
Suisse Occidentale-Simplon	SOS
Vereinigte Schweizerbahnen	VSB

Associations économiques, groupes d'intérêts

Association industrielle et commerciale de Genève	AIC
Conférence des Administrations de chemins de fer suisses	CACF
Kaufmännische Gesellschaft Zürich	KGZ
Société industrielle et commerciale du canton de Vaud	SICV
Union suisse des arts et métiers	USAM
Union suisse des paysans	USP
Union suisse du commerce et de l'industrie	USCI

Administration fédérale

Département fédéral de l'Intérieur	DFI
Département fédéral des Postes	DFP
Département fédéral des Postes et des Chemins de fer	DFPC
Département fédéral du Commerce et de l'Agriculture	DFCA
Département fédéral du Commerce et des Chemins de fer	DFCC
Département fédéral du Commerce et des Péages	DFCP
Département militaire fédéral	DMF
Département politique fédéral	DPF

Unités de mesure et divers

Grande Vitesse	GV
Kilogramme	Kg
Kilomètre	Km
Petite Vitesse	PV

Liste des cartes, tableaux, graphiques, schémas

Liste des cartes

Liste des tableaux

Liste des graphiques

Liste des schémas

Chapitre introductif

«[...] le malaise dont nous souffrons remonte à la création des chemins de fer et surtout à notre inexpérience prolongée dans l'emploi des diverses formes de tarifs adoptées successivement par les Compagnies»[1]. Cette appréciation n'est pas celle d'un opposant aux chemins de fer. Elle est développée dans un rapport de 1884 par le Genevois Jean-Jacques Challet-Venel (1811-1893), ancien conseiller fédéral de 1864 à 1872 et membre de la direction de l'AIC de Genève.

Au milieu des années 1880, la question des tarifs ferroviaires n'est pas nouvelle pour le commerce genevois. Dès les années 1860, les rapports annuels de l'AIC se font périodiquement l'écho de plaintes envers les tarifs marchandises des compagnies ferroviaires privées. Deux éléments sont à mettre en évidence dans l'intervention de l'ancien conseiller fédéral. C'est premièrement la méconnaissance des systèmes tarifaires ferroviaires par le public d'industriels et de commerçants qui nuit à la bonne marche de leurs affaires. Au XIXe siècle, les tarifs ferroviaires sont avant tout une affaire d'initiés. C'est deuxièmement le rôle, considérable, qu'occupent les tarifs dans le développement économique du pays. Centrée sur le cas genevois, cette intervention de Challet-Venel s'applique largement à l'ensemble du pays, tant les plaintes et les interrogations concernant les tarifs marchandises sont répandues. En marge de son rapport apparaît clairement la nécessité de renforcer les prérogatives – alors inexistantes – de l'Etat fédéral en matière de formation des tarifs de chemins de fer.

1 Jean-Jacques Challet-Venel, *Les tarifs des chemins de fer envisagés au point de vue spécial des besoins et des intérêts du commerce de Genève. Rapport présenté par M. J.J. Challet-Venel à l'Association commerciale et industrielle genevoise dans la Séance du 18 décembre 1883,* Genève, 1884, p. 3.

I.1 Etat, économie et chemins de fer: perspective historiographique

Ces dernières années, de nombreuses études universitaires ont entrepris de réévaluer le rôle de l'Etat fédéral dans le développement économique de la Suisse du XIXe siècle. Au cliché d'un Etat absent, dont l'intervention économique serait demeurée strictement limitée au maintien des conditions cadres, et qui a longtemps dominé la production historique suisse, s'est peu à peu substituée une vision plus fine du rôle de l'Etat en matière de développement économique[2].

Dans l'évolution de cette perspective, l'historiographie ferroviaire occupe une place de choix. Infrastructures industrielles lourdes, nécessitant l'octroi de concessions qui ne peuvent venir que des autorités politiques, les chemins de fer sont le champ précoce d'investigations visant à mettre en évidence les articulations privé/public. La loi fédérale de 1852 sur la construction et l'exploitation des chemins de fer abandonnant aux cantons la tâche d'octroyer des concessions à des compagnies privées, ce fut d'abord la politique ferroviaire des cantons qui retint l'attention des historiens. Dans un premier temps, la production scientifique en matière d'histoire des chemins de fer durant l'ère privée négligea presque totalement le rôle de la Confédération. Datant de 1915, la remarquable thèse de doctorat de Ferdinand Gubler est caractéristique de cette perspective: même si l'étude ambitionne de couvrir la politique ferroviaire de la Confédération, l'auteur s'arrête prioritairement sur les politiques cantonales et son champ d'investigation ne va pas au-delà de 1852, légitimant ainsi la vision d'un Etat fédéral abandonnant toute initiative en matière de chemins de fer dès cette date[3]. Peut-être n'est-il pas inutile de rappeler qu'avant le Premier conflit mondial déjà, la situation financière des CFF, entreprise étatique fondée dès le début du XXe siècle suite au rachat des principales compagnies privées, suscite bien des questionnements et des critiques. Dès cette période et jus-

2 La thèse de l'historien lausannois Cédric Humair résume l'évolution de cette perspective. Cf. Cédric Humair, *Développement économique et Etat central (1815-1914)*, Berne, 2004, pp. 4-6.

3 Ferdinand Gubler, *Die Anfänge der schweizerischen Eisenbahnpolitik auf Grundlage der wirtschaftlichen Interessen 1833-1852*, Zürich, 1915.

qu'à la Deuxième Guerre mondiale, l'endettement des CFF entraîne un débat, dont la vigueur n'a d'égale que la consternation de voir une entreprise que l'on avait cru profitable s'enfoncer dans les chiffres rouges[4]. Les études historiques de cette période, provenant majoritairement d'universitaires alémaniques issus de filières de sciences politiques et d'économie, visent, soit à faire ressurgir les politiques cantonales en matière de chemins de fer[5], soit à retracer la trajectoire des compagnies ferroviaires privées du XIXe siècle[6]. A plus d'un titre, certaines de ces études ambitionnent de trouver dans le passé les explications à la crise financière qui secoue les CFF et les solutions qui pourront être mises en œuvre par la Confédération afin de la résoudre[7].

4 La polémique atteint son paroxysme dès mars 1935, lorsqu'une initiative populaire, accompagnée de plus de 100.000 signatures, est déposée à la chancellerie fédérale: elle demande que les CFF soient transférés à une entreprise ayant une personnalité juridique propre, en insistant sur l'incapacité de l'Etat à gérer de façon optimale une entreprise économique. Cf. René Tiessing, Maurice Paschoud (sous la dir.), *Les chemins de fer suisses après un siècle (1847-1947),* vol. 1, Neuchâtel, 1947, p. 306; Eric Choisy, *La question des chemins de fer,* Lausanne, 1934. Sur la situation financière des CFF durant les premières années d'exploitation, cf. Roger Emery, *La situation financière des chemins de fer fédéraux,* Lausanne, 1933; Malik Mazbouri, *L'émergence de la place financière suisse (1890-1913). Itinéraire d'un grand banquier,* Lausanne, 2005, pp. 92-117.

5 Max Brugger, *Zürcherische Eisenbahnpolitik,* Zürich, 1909; Hans Suter, *Die Eisenbahnpolitik des Kantons Aargau,* Aarau, 1924; Hand Hodel, *Neuenburgische Eisenbahnpolitik,* Bern, 1939.

6 Arnold Gubler, *Die schweizerische Nationalbahn,* Zürich, 1922; Carl Kaelin, *Die schweizerische Südostbahn,* Zürich, 1933; Walter Kesselring, *Die Bodensee-Toggenburgerbahn. Entstehung und Entwicklung der st-gallischen Staatsbahn,* Bern, 1940; Adolf Kessler, *Die Schweizerische Nordostbahn (1853-1901),* Zürich, 1929; Alfred Luz, *Die Anfänge der Schweizerischen Nordostbahn bis zur Vollendung des Stammnetzes, 1852-1859,* Zürich, 1932; Hans Wegmann, *Die vereinigten Schweizerbahnen,* Zürich, 1917; Friedrich Wrubel, *Die schweizerische Nordbahn. Ein Beitrag zur Vorgeschichte der Nordostbahn anlässlich des 50. Jahrestages der Eröffnung der ersten schweizerischen Eisenbahn nach amtlichen Quellen bearbeitet,* 2. Auflage, Zürich, 1897.

7 Cela ressort en partie des thèses de Ernst Diethelm et de Hans Staffelbach: Ernst Diethelm, *Die Verstaatlichung der schweizerischen Privatbahnen durch den Bund und ihre finanziellen Auswirkungen auf die schweizerischen Bundesbahnen von 1903-1913,* Lachen, 1930; Hans Staffelbach, *Normalgütertarif und Kostenstruktur der Schweizerischen Bundesbahnen 1904-1920-1937,* Zürich, 1939.

Les premières études qui intègrent une analyse des rapports entre Etat fédéral et chemins de fer, ne privilégiant pas le territoire d'un seul canton ou le réseau d'une compagnie unique, sont principalement le fait de juristes – adoptant un angle législatif – ou de personnalités issues du monde ferroviaire. La thèse de droit de Friedrich Volmar, qui sera plus tard directeur du BLS, est publiée à point nommé au moment de la création des CFF en 1903[8]. Elle fait le point sur les cinquante premières années de législation fédérale en matière de chemins de fer et marque l'aboutissement d'une série d'études centrées principalement sur le caractère juridique des concessions ferroviaires au moment des débats parlementaires sur l'extension des compétences de la Confédération, puis sur le rachat des compagnies privées[9]. L'ouvrage encyclopédique de l'ancien président de la direction du SCB et président de la direction des CFF, Placid Weissenbach, publié en deux volumes en 1913 et 1914[10], à l'image de la courte étude d'Albert Cunoy[11], ancien secrétaire de l'OS puis de la CACF, englobe toute l'histoire ferroviaire de la Suisse. D'une certaine manière, l'étude de Weissenbach préfigure ce que sera la première histoire ferroviaire officielle de la Suisse, publiée en quatre volumes par l'Office fédéral des transports entre 1947 et le milieu des années 1950[12]: une véritable somme de renseignements, englobant tous les aspects du secteur ferroviaire, mais sans véritablement établir une articulation entre ces divers aspects. L'absence d'études vi-

8 Friedrich Volmar, *Die Anfänge der Eisenbahngesetzgebung im schweizerischen Bundesstaate,* Bern, 1903.

9 Cf. notamment, Gustav Vogt, «Schweizerische Studien über Eisenbahnrecht», in *Deutsche Vierteljahrsschrift 1859,* Stuttgart, 1859; Johann Jakob Rüttimann, *Rechtsgutachten über die Frage: in wie weit durch die Eisenbahn-Konzessionen der Schweiz. Kantone und die Beschlüsse der Schweiz. Bundesversammlung betreffend die Genehmigung derselben für die beteiligten Gesellschaften Privatrechte begründet worden seien,* Zürich, 1870; G. Bermann, *Die rechtlichen Grundlagen für die Berechnung des Rückkaufswertes der schweizerischen Eisenbahnen,* Zürich, 1897; Robert Herold, *Der Schweizerische Bund und die Eisenbahnen bis zur Jahrhundertwende: der allmähliche Sieg zentralistischer Tendenzen und die Durchführung der Verstaatlichung,* Stuttgart, 1902.

10 Placid Weissenbach, *Das Eisenbahnwesen der Schweiz. Die Geschichte des Eisenbahnwesens,* 1. Teil, Zürich, 1913; Placid Weissenbach, *Das Eisenbahnwesen der Schweiz. Die schweizerischen Eisenbahnen 1911,* 2. Teil, Zürich, 1914.

11 Albert Cuony, *Les débuts des chemins de fer en Suisse,* Lausanne, 1913.

12 Tiessing et Paschoud (sous la dir.), *Les chemins de fer suisses...,* 4 vol., 1949-1954.

sant à établir les rapports entre chemins de fer, Etat et économie est, par ailleurs, le fait marquant de la grande majorité de la production historique sur les chemins de fer suisses de cette époque.

Au niveau international, c'est au lendemain du Second Conflit mondial que l'histoire des transports devient un champ à part entière de l'histoire économique et sociale, en priorité dans les pays anglo-saxons[13]. La Guerre froide et le retard économique d'une grande partie des pays du sud motivent les historiens à mettre à jour les raisons profondes de la croissance économique des pays occidentaux au XIXe siècle, avec l'espoir que ces recettes puissent ensuite être appliquées aux pays du tiers-monde. Une des causes possibles de la croissance économique est à chercher dans l'établissement d'un réseau de transport performant. L'étude des liens entre développement économique et établissement des infrastructures de transport dans un sens large, et chemins de fer en particulier, connaît dès cette période une importance grandissante, renforcée par la publication, en 1964, de l'étude de Robert William Fogel – fer de lance de la *new economic history* américaine et prix Nobel d'économie en 1993 – sur l'impact, minime selon ses conclusions, des chemins de fer sur la croissance économique des Etats-Unis durant le XIXe siècle[14]. Depuis lors, l'établissement des effets des chemins de fer sur le développement des économies nationales est demeuré un élément central de la production scientifique[15].

13 Cf. notamment John Amstrong, «Transport History. 1945-1995, The rise of a topic to maturity», in *Journal of Transport History,* vol. 19, n° 2, 1998, pp. 103-121. Les différentes approches de l'étude des chemins de fer par des historiens économistes sont résumées notamment dans François Caron, «Histoire économique et chemins de fer», in *Revue d'histoire des chemins de fer,* n° 1, automne 1989, pp. 19-25.

14 Robert William Fogel, *Railroads and American economic growth: essays in econometric history,* Baltimore, 1964.

15 Cf. notamment le recueil d'analyses édité par Patrick O'Brien et explorant les effets aval et amont sur l'économie de six pays européens: Patrick O'Brien (eds.), *Railways and the Economic Development of Western Europe, 1830-1914,* London, 1983. Les pays étudiés sont la France (François Caron), l'Italie (Stefano Fenoaltea), l'Allemagne (Rainer Fremdling), l'Espagne (Antonio Gomez-Mendoza), la Grande-Bretagne (Gary Hawke et Jim Higgins) et la Belgique (Michel Laffut). Cf. également, Rainer Fremdling, *Eisenbahnen und deutschen Wirtschaftswachstum 1840-1879,* Dortmund, 1975; Patrick O'Brien, *The New Economic History of the Railways,* London, 1977; Michel Laffut, *Les chemins de fer belges (1830-1913): genèse du réseau et présentation critique des données statistiques,* Bruxelles, 1998.

A l'échelle helvétique, aussi bien la production historique de l'après-guerre sur les chemins de fer que celle plus récente, tout en confirmant les courants historiographiques existants (histoires ferroviaires cantonales[16]; compagnies ferroviaires[17] et implication de la Confédération[18]), intègre de façon plus marquée le rôle des infrastructures de transport dans la croissance économique du XIXe siècle, sans toutefois recourir à la méthode initiée par la *new economic history*, nécessitant l'établissement d'un appareil statistique conséquent[19]. Actuellement, grâce à diverses études d'histoire économique et sociale, dont la majorité n'a pas été spécifiquement consacrée à l'histoire des trans-

16 Jean-François Rouiller, *Un problème centenaire: la construction des chemins de fer de la région genevoise et leur raccordement,* Genève, 1947; André Robert Altherr, *Ein Beitrag zur appenzellischen und st-gallischen Eisenbahnpolitik mit besonderer Berücksichtigung der den appenzellischen Bahnen gewährten Subventionen und der Fusionsbestrebungen,* Bern, 1950; Boris Schneider, *Eisenbahnpolitik im Aargau,* Zürich, 1959; Jean-Pierre Dorand, *Chemins de fer et régions dans le Canton de Fribourg entre 1845 et 1878,* Fribourg, 1980; Jean-Pierre Dorand, *La politique des transports de l'Etat de Fribourg (1803-1971),* 2 vol., Fribourg, 1996; Marc Gigase, «L'Ouest-Suisse: expansion d'un réseau ferroviaire entre rivalités cantonales, intervention étatique et bataille financière internationale (1852-1872)», in *Revue historique vaudoise,* 2007, pp. 281-296. Cf. également les diverses publications de l'ancien archiviste de l'arrondissement I des CFF à Lausanne, Paul Perrin: «Les débuts du chemin de fer en Valais», in *Annales valaisannes,* 1961; «A l'origine des tracés ferroviaires vaudois », in *Revue historique vaudoise,* 1965, pp. 53-75; «Les luttes pour le chemin de fer », in *Encyclopédie illustrée du Pays de Vaud,* Lausanne, 1972, pp. 97-109.

17 Cf. notamment Johann Boillat, *Une ligne à travers les montagnes. La première compagnie de chemin de fer du Locle à Neuchâtel: le Jura Industriel (1857-1865),* Neuchâtel, 2007; Sophie Lachat, *Les chemins de fer privés des Franches-Montagnes. Naissance, exploitation et défis d'un réseau (1892-1943),* Neuchâtel, 2007.

18 Cf. notamment Heinrich Strebel, *Die Diskussion um den Rückkauf der schweizerischen Privatbahnen durch den Bund 1852-1898,* Zürich, 1980; Serge Paquier, «Options privée et publique dans le domaine des chemins de fer suisses des années 1850 à l'entre-deux-guerres», in *Revue suisse d'histoire,* n° 1, 2006, pp. 22-30; Cédric Humair, «Industrialisation, chemins de fer et Etat central. Retard et démarrage du réseau ferroviaire helvétique (1836-18529)», in *Traverse,* n° 1, 2008, pp. 15-30; Gérard Duc, «Le prix du transport ferroviaire marchandises comme argument en faveur du rachat des compagnies ferroviaires privées en Suisse (1880-1913), in *Traverse,* n° 1, 2008, pp. 49-63.

19 Christoph Maria Merki, «Die verschlungenen Wege der modernen Verkehrsgeschichte. Ein Gang durch die aktuelle Forschung», in *Revue suisse d'histoire,* n° 4, 1995, p. 447.

ports[20], le rôle de ces infrastructures, et en particulier des chemins de fer, sur la croissance économique helvétique du XIXe siècle est assez bien connu. Entraînant une diminution des coûts et des durées de transport, les chemins de fer posent les bases d'un espace économique plus large, d'une spécialisation régionale plus prononcée et favorisent notamment la compétitivité de l'industrie des machines, secteur leader de l'industrie helvétique dès la fin du siècle. Durant les deux phases d'investissements les plus importantes (1850 et 1870), les gigantesques travaux de constructions de lignes ferroviaires assèchent le marché du travail, provoquent une augmentation des salaires réels et donc un renchérissement du facteur travail, alors que celui-ci était resté stable durant le premier XIXe siècle. Au niveau politique, la domination des compagnies par le grand capital et les secteurs d'industrie tournés vers les marchés d'exportation entraîne une réaction des secteurs actifs sur les marchés intérieurs lors du mouvement démocratique des années 1870[21].

Depuis les années 1950 et la multiplication des transports, notamment entre le nord et le sud des Alpes via les cols suisses, l'importance des voies ferrées transalpines pour l'économie helvétique et européenne a également engendré nombre d'études historiques[22]. Enfin, l'implication

20 Cf. notamment Jutta Schwarz, *Bruttoanlageinvestitionen in der Schweiz von 1850 bis 1914. Eine empirische Untersuchung zur Kapitalbildung,* Bern, 1981; Bernhard Beck, *Lange Wellen wirtschaftlichen Wachstums in der Schweiz, 1814-1913. Eine Untersuchung der Hochbauinvestitionen und ihrer Bestimmungsgründe,* Bern, 1983; Michaël Bernegger, *Die Schweizer Wirtschaft 1850-1913: Wachstum, Strukturwandel und Konjunkturzyklus,* Lizentiatsarbeit, Universität Zürich, 1983; Benedikt Hauser, *Wirtschaftsverbände im frühen schweizerischen Bundesstaat (1848-74). Vom regionalen zum nationalen Einzugsgebiet,* Basel, 1985; Michaël Bernegger, «Die Schweiz und die Weltwirtschaft: Etappen der Integration im 19. und 20. Jahrhundert», in Paul Bairoch, Martin Körner (éd.), *La Suisse dans l'économie mondiale,* Zürich, 1990, pp. 429-464; Daniel Marek, *Kohle: die Industrialisierung der Schweiz aus der Energieperspektive: 1850-1900,* Bern, 1992.

21 Cf. Notamment, Hansjörg Siegenthaler, «Die Schweiz 1850-1914 », in W. Fischer (Hg.), *Handbuch der europäischen Wirtschafts- und Sozialgeschichte,* vol. 5, Stuttgart, 1985, p. 469; Bernegger, «Die Schweiz und die Weltwirtschaft... », pp. 442-443.

22 Andreas Leuzinger, *Die Bedeutung der Schweizerischen Alpenbahnen für den internationalen Güterverkehr,* Zürich, 1950; Peter Burckhardt, *Der schweizerische Gütertransitverkehr. Eine Untersuchung über die Bedeutung des schweizerischen Eisenbahn- und Strassennetzes für den europäischen Güterverkehr,* Winterthur, 1960; Remigio Ratti, «Les relations commerciales européennes à travers les Alpes: l'espace de marché du St-Gothard», in *Dokumente und Informationen zur Schweizerischen*

des chemins de fer dans l'urbanisation du pays[23], sur la localisation des activités commerciales et industrielles[24], et également le financement des compagnies privées et ses effets visibles – fondation des grandes banques et formation d'un marché organisé des actions et des obligations[25] –, ont retenu l'attention des historiens, surtout depuis les années 1980[26].

Orts-, Regional- und Landesplannung (DISP), n° 68, Zürich, 1982, pp. 23-31; Remigio Ratti, «La posizione concorrenziale del San Gottardo e il ruolo della Svizzera tra il primo traforo et la prospettata nuova linea ferroviaria», in *Il San Gottardo e l'Europa. Genesi di una ferrovia alpina, 1882-1982,* Bellinzona, 1983, pp. 163-210; Laurent Tissot, «Les traversées ferroviaires alpines suisses et leur rôle sur l'économie européenne (1880-1939)», in *Histoire, Economie et Société,* n° 1, 1992, pp. 91-108; Laurent Tissot, «Les traversées ferroviaires alpines et leur rôle sur le développement économique régional: l'exemple des cantons du Valais et du Tessin (1880-1914). Une recherche en cours», in Pierre Dubuis (éd.), *Ceux qui passent et ceux qui restent. Etudes sur les trafics transalpins et leur impact local,* St-Maurice, 1989, pp. 157-172. Gérard Benz a étudié les négociations menant au percement du Simplon dans une perspective d'histoire des relations internationales: Gérard Benz, *Le percement du Simplon. 50 ans de négociations en faveur de l'Europe.* Genève, 1983.

23 Bruno Fritzsche, «Eisenbahnbau und Stadtentwicklung in der Schweiz », in Hans-Jürgen Teutenberg (Hg.), *Stadtwachstum, Industrialisierung, Sozialer Wandel,* Berlin, 1986, pp. 175-194; Hans-Peter Bärtschi, *Industrialisierung, Eisenbahnschlachten und Städtebau. Die Entwicklung des Zürcher Industrie- und Arbeiterstadtteils Aussersihl,* Basel, 1983.

24 Bruno Fritzsche, «Die Anziehungskraft der modernen Verkehrszentren», in Maja Silvar (Hg.), *Stadt und Land. Die Geschichte einer gegenseitigen Abhängigkeit,* Bern, 1988, pp. 177-196; Thomas Frey, Lukas Vogel, *„Und wenn wir auch die Eisenbahn mit Kälte begrüssen…". Die Auswirkungen der Verkehrsintensivierung in der Schweiz auf Demographie, Wirtschaft und Raumstruktur (1870-1910),* Zürich, 1997.

25 De nombreuses études ont abordé la mainmise du capital étranger – français en premier lieu – sur les compagnies privées helvétiques: Cf. notamment, pour la première période de la construction du réseau ferré suisse, la thèse de Ernst Halperin, *Der Westbahnkonflikt 1855-1857,* Wald, 1944; l'historien français Jean Bouvier s'est ensuite intéressé à cette question, pour la période suivante, dans un article demeuré célèbre: Jean Bouvier, «La grande crise des compagnies ferroviaires suisses: les groupes bancaires et la lutte pour le trafic transalpin (1875-1882)», in *Annales ESC,* n° 4, 1956, pp. 458-480. L'historien Gérard Benz a étendu le champ d'investigation aux financements provenant également d'Allemagne: Gérard Benz, «Un aspect du financement des chemins de fer en Suisse par le capital étranger», in *Revue suisse d'histoire,* n° 37, 1987, pp. 169-185.

26 Cf. la courte synthèse publiée par Andreas Balthasar au début des années 1990 et regroupant quelques contributions d'autres auteurs: Andreas Balthasar, *Zug um Zug. Eine Technikgeschichte der Schweizer Eisenbahnen aus sozialhistorischer Sicht,* Basel, 1993.

Dans le cadre de cet ouvrage, nous nous concentrerons sur les tarifs ferroviaires marchandises et la régulation en la matière établie par les autorités fédérales. Par régulation nous entendons les différents règlement, lois, ordonnances ou arrêtés établis par les autorités, ceci dans le but de maintenir l'équilibre du système économique face aux profonds changements apportés par l'avènement des chemins de fer. Si, comme l'écrit en 1863 l'ingénieur français Gustave Marqfoy, «le tarif des transports est le grand levier de richesse publique»[27], on comprend que celui-ci ait été placé au centre d'un vaste débat mêlant autorités politiques, compagnies ferroviaires et secteurs de l'économie nationale. Les tarifs ferroviaires constituent en quelque sorte le fil rouge de notre travail. Dans leurs études, les historiens et économistes ont longtemps peiné à introduire le rôle des politiques tarifaires dans la gestion du mode de transport et des changements qu'il engendre, à l'image finalement des contemporains, dont nous avons déjà retranscrit la méconnaissance en la matière à travers la constatation de Challet-Venel[28]. Les études des

27 Gustave Marqfoy, *De l'abaissement des tarifs de chemin de fer en France,* Paris, 1863, p. 6. Cité par Bernard Grall, *Economie de forces et production d'utilités. L'émergence du calcul économique chez les ingénieurs des Ponts et Chaussées (1831-1891),* manuscrit révisé et commenté par François Vatin, Rennes, 2003, p. 333.

28 Des études ont bien été consacrées aussi bien aux tarifs voyageurs, qu'aux tarifs marchandises. La plupart de ces études concernent la politique tarifaire des CFF. Au niveau des tarifs voyageurs, cf. Hans Albrecht von Segesser, *Die Personentarife der schweiz. Privateisenbahnen und die Tarifreform des Bundesbahnen,* Zürich, 1902; Walter Fischer, *Die Personenfahrpreise der Schweizerischen Bundesbahnen, 1911-1920. Ein Beitrag zur Lehre von der Preisbildung im Verkehrswesen,* Zürich, 1924. Au niveau des tarifs marchandises des CFF: Otto Miescher, *Die volkswirtschaftliche Bedeutung der Ausnahmetarife der Schweizerischen Bundesbahnen,* Basel, 1932; Hans Staffelbach, *Normalgütertarif und Kostenstruktur der Schweizerischen Bundesbahnen 1904-1920-1937,* Zürich, 1939; Conrad Branger, *Tarifmassnahmen der Schweizer Bahnen zur Förderung des Fremdverkehrs,* Zürich, 1949; Hans Dirlewanger, «Les tarifs marchandises», in Tiessing et Paschoud (sous la dir.), *Les chemins de fer suisses ...,* vol. 4, pp. 384-460. La thèse de HEC Lausanne d'Armand Paillard, bien qu'ancienne, demeure une référence largement citée. Elle englobe la période privée, mais reste très technique et théorique et n'intègre pas les interventions des acteurs sociaux dans la formation des tarifs. Cf. Armand Paillard, *Les tarifs de chemins de fer en matière de marchandises,* Lausanne, 1929. En 1945, Paillard publie une deuxième version mise à jour de son étude. Cf. Armand Paillard, *Les tarifs de chemins de fer en matière de marchandises: étude économique et historique,* Lausanne, 1945.

années 1970-80 visant à mettre à jour les effets des chemins de fer sur la croissance économique de plusieurs pays européens, et auxquelles nous avons fait allusion[29], ont bien intégré un volet tarifaire, mais dans l'optique uniquement de dévoiler les diminutions du prix du transport, sans intégrer à proprement parler une analyse des politiques tarifaires des compagnies, avec les résistances et les exigences que ces politiques supposent, provenant à la fois des secteurs de l'économie et de l'Etat régulateur. A l'origine de nos questionnements sur la structure des tarifs ferroviaires et sur leurs conséquences sur les secteurs de l'économie nationale, il y a les travaux récents de l'historien français François Caron[30].

Si, dans un premier temps, nous avions choisi d'intégrer à l'analyse les tarifs marchandises et les tarifs voyageurs, nous avons finalement choisi d'exclure les seconds et ce pour deux raisons. En premier lieu, il apparaît que les deux types de tarifs suivent une logique de développement différente, chacune nécessitant une rationalité et une temporalité de régulation propre. Au demeurant, le débat concernant les tarifs marchandises – dopé au niveau suisse par les aspects de trafic marchandises de transit – est présent de façon plus marqué que celui concernant les tarifs voyageurs. En second lieu, axer notre analyse sur le trafic marchandises permet de prendre en considération la régulation de la concurrence entre les lignes de direction semblable au moyen des politiques tarifaires. Cet élément de régulation est quasi absent du trafic des voyageurs puisque, en la matière, la distance détermine avant tout la compétitivité d'une ligne.

29 Cf. note 15.

30 Cf. notamment François Caron, *Histoire des chemins de fer en France (1740-1883)*, vol. 1, Paris, 1997; François Caron, *Histoire des chemins de fer en France (1883-1937)*, vol. 2, Paris, 2005.

I.2 Distance et tarif: géopolitique des transports ferroviaires marchandises

I.2.1 L'effacement de la distance, l'affirmation du tarif

En mai 1872, le Conseil fédéral s'enquiert, auprès de la direction de la SO, sur les raisons du prix élevé des transports de marchandises arrivant à Genève depuis le port de Gênes par le tunnel du Mont Cenis (entre l'Italie et la France), ouvert à l'exploitation une année auparavant. L'exécutif fédéral s'étonne, qu'alors même que la route par le Mont Cenis présente, pour Genève, un avantage de 56 km par rapport à celle provenant du port de Marseille (463 km contre 519), le commerce trouve un avantage financier à emprunter la voie depuis la cité phocéenne. Dans sa réponse, la compagnie ferroviaire reconnaît les avantages de distances que comporte la route du Mont Cenis. La distance kilométrique entre Zurich et toutes les villes d'Italie jusqu'à Brescia est plus courte par le Mont Cenis que par Marseille ou par la voie autrichienne du Brenner. De Bâle, l'avantage de la route du Mont Cenis se porte même jusqu'à Vérone, station extrême de la ligne du Brenner. En considérant la distance kilométrique, la voie du Mont Cenis devrait également être utilisée par le transport dirigé sur le nord de l'Europe, à partir de toutes les stations italiennes au sud de Milan. Et pourtant, la direction de la SO déclare: «[...] nous voyons cette route [du Mont Cenis], dont la construction a été si coûteuse, peu utilisée et presque abandonnée»[31]. Comment se fait-il qu'un tracé présentant un avantage kilométrique pour une grande partie du nord des Alpes soit délaissé au profit de deux routes – celles de Marseille et celle du Brenner – offrant des désavantages en terme de distance?

L'exemple du Mont Cenis n'est pas choisi au hasard. Il démontre toute la complexité de la géopolitique des transports qui émerge dans l'Europe des grandes compagnies ferroviaires privées de la seconde moitié du XIXe siècle. Il éclaire également la position des compagnies helvétiques au centre de ce maillage ferroviaire, visible à travers la carte 1.

31 Compagnie des chemins de fer de la Suisse Occidentale, *Lettre du comité de Direction au Département fédéral des chemins de fer et du commerce sur le trafic entre la Suisse et l'Italie par le Mont-Cenis, du 30 mars 1874,* Lausanne, 1874, p. 4.

Carte 1 – Routes ferroviaires nord-sud (milieu des années 1870)

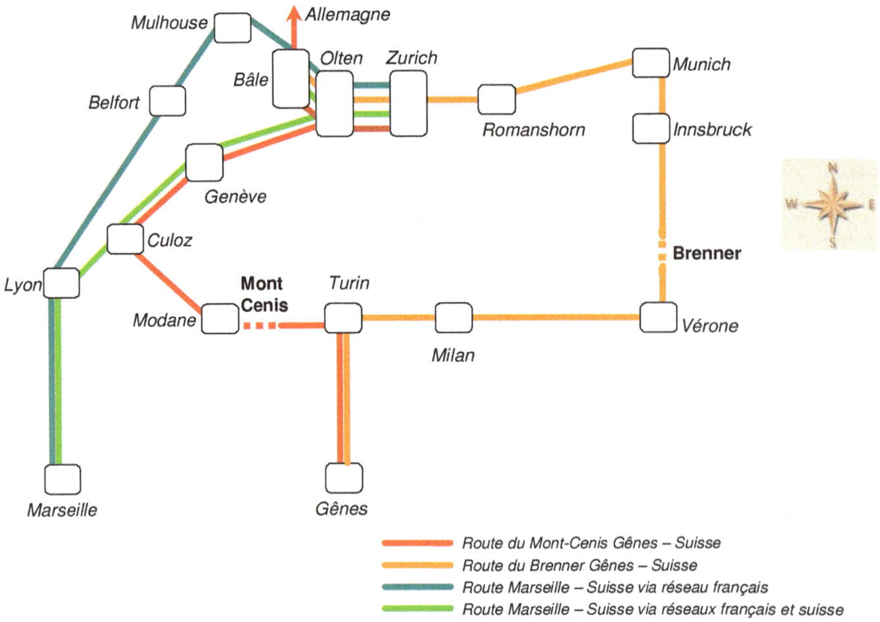

Si la ligne du Mont Cenis entre l'Italie et la France se trouve presque entièrement délaissée, c'est que du côté français, le PLM n'a aucun intérêt à favoriser cette voie sur laquelle elle ne possède qu'un court tronçon de 69 km entre Culoz et Genève, contre 519 entre Marseille et Genève. Du côté italien, la Compagnie de la Haute-Italie a également intérêt à diriger son trafic de Gênes en direction du Brenner sur les 363 km de voies qu'elle exploite plutôt qu'à l'expédier en direction de Modane (tête nord de la ligne du Mont Cenis) sur une distance de 261 km.

Afin de maintenir le trafic aussi longtemps que possible sur leur réseau, les compagnies ferroviaires recourent à des procédés tarifaires qui permettent de gommer les désavantages de distance. Dans le cas du Mont Cenis, le désavantage est de plusieurs ordres. Il résulte premièrement de l'absence d'entente tarifaire entres compagnies. Le trafic marchandises entre Turin et Bâle se fait moyennant les tarifs généraux des différentes compagnies qui se chargent du transport. Dans ce cas précis, trois systèmes tarifaires différents se succèdent, rendant le calcul du prix total du transport extrêmement complexe pour les expéditeurs. La

Compagnie de la Haute-Italie applique un tarif général à progression descendante en fonction de la distance et une classification des marchandises particulière. Le PLM applique ensuite son tarif général en sept séries avec une autre classification. Enfin, les compagnies suisses transportent les marchandises en fonction de leur propre classification et de leur propre tarif général. En 1872, il n'existe donc pas de tarif direct entre Gênes et la Suisse pour le trafic par le Mont Cenis. Aux gares de jonction entre réseaux, le système de la réexpédition moyennant l'application des tarifs généraux perdure. Au contraire, les marchandises transportées de Turin à Bâle par le Brenner sont taxées en fonction d'un tarif direct, découlant d'un arrangement entre les compagnies. Le système des réexpéditions n'est plus appliqué dans ce cas.

Le désavantage du Mont Cenis découle également du montant à proprement parler du tarif. Ainsi, une T de coton dirigée de Gênes jusqu'à Zurich par le Mont Cenis, soit 760 km, est grevée d'un coût de transport total de 94.52 frs., soit 12.4 cts par T et par km, contre 50.25 frs. par la voie plus longue (800 km) depuis Marseille, soit 6.28 cts par T et par km[32]. L'élaboration de tarifs directs entre deux destinations vise ainsi, moyennant des ententes entre compagnies, à lutter contre une voie concurrente, en abaissant autant que possible les tarifs et en limitant les entraves au trafic (réexpédition aux gares de jonction).

La taxe kilométrique entre Marseille et Zurich n'est cependant par uniformément fixée à 6.28 cts. par T sur les compagnies suisses. La SO (entre Genève et La Neuveville), le JB (entre la Neuveville et Bienne) et le SCB (entre Bienne et Olten) perçoivent une taxe kilométrique de seulement 5.5 cts. par T, alors que le NOB entre Aarau et Zurich touche la taxe complète de son tarif général de 16 cts. par T et par km[33]. Cette différence s'explique par le fait que le tarif pour le coton entre Marseille et Zurich est le résultat d'une entente entre le PLM, la SO, le JB et le SCB pour lutter contre la route concurrente du Brenner. Le NOB n'est pas partie prenante dans cette lutte, puisque la T de coton arrivant par le Brenner via la station frontière NOB de Romanshorn parcourrait une distance kilométrique plus longue sur son réseau que la T de coton arrivant de l'ouest par sa station d'Aarau (cf. carte 1). Aucun avantage

32 Ibidem, pp. 37-38.

33 Nous renvoyons le lecteur aux cartes 12 et 14 pour une visualisation du réseau ferroviaire helvétique au milieu des années 1860 et au milieu des années 1880.

donc pour la compagnie zurichoise à accorder un tarif plus bas au coton de Marseille empruntant son tronçon Aarau – Zurich.

Cependant, ce n'est que du bout des lèvres et très rarement que le PLM se prête à ce type d'arrangements avec les compagnies suisses. Il arrive en effet plus fréquemment que le PLM pratique des surélévations de tarifs sur l'embranchement Lyon – Genève par rapport à ses tarifs sur la grande ligne entre Paris et Marseille, lui permettant ainsi de garder plus longtemps les marchandises à destination de la Suisse centrale et de l'est sur son réseau. Il est fréquent que les marchandises en provenance du port de Marseille et à destination de Zurich empruntent la ligne Lyon, Belfort, Mulhouse puis entrent en Suisse par Bâle et atteignent Olten (cf. carte 1). A la fin des années 1860, la T de marchandises en provenance de Marseille à destination d'Olten paie un prix de transport de 5 à 7 frs. inférieur par le réseau français qui contourne la Suisse que par le réseau suisse via Genève. Par la route française, la distance s'élève pourtant à 805 km contre seulement 740 km par la route suisse[34].

La distance kilométrique n'est donc pas un indicateur fiable de la distribution du trafic entre des lignes à la direction semblable mais de longueur différente. Au-delà de la distance, le trafic d'une ligne se construit par les tarifs qui peuvent, au besoin, descendre jusqu'au niveau du coût marginal du transport, soit le coût direct entraîné par le transport à l'exclusion de toutes les autres dépenses (investissements, remboursement des capitaux...). Les constructions tarifaires impliquent en général la collaboration de plusieurs compagnies pour mettre sur pied un tarif direct plus favorable que celui d'une route concurrente. L'acheminement des marchandises entre les ports de Marseille et de Gênes à destination du centre et de l'est de la Suisse, par le choix des routes ferroviaires qui s'offre à lui (Mont Cenis, Brenner, Genève, Bâle puis, dès 1882 St-Gothard), par la multitude des compagnies qui sont chargées de l'acheminer et qui toutes appliquent des politiques tarifaires suivant leurs intérêts propres, rend compte de l'effacement de la distance kilométrique au profit d'une réalité moins concrète et beaucoup plus mouvante qui est celle du tarif.

34 ACI, *Deuxième rapport présenté par la Chambre de commerce à l'assemblée générale du 12 mars 1867,* Genève, 1867, pp. 13-14.

I.2.2 *La problématique du contournement: l'actualité d'une crainte séculaire*

La question du contournement du pays par les courants commerciaux internationaux et les craintes qu'il suscite sont des éléments essentiels qui doivent impérativement être considérés lorsque l'on analyse les politiques tarifaires des chemins de fer suisses.

L'appréhension de voir le trafic de transit européen contourner le territoire national est une permanence de l'histoire suisse[35]. Elle puise ses racines dans le rôle capital qu'a pu jouer, dans l'alliance de 1291 entre Uri, Schwyz et Unterwald, le contrôle du trafic entre le sud et le nord des Alpes à travers le Gothard. Dans son essai intitulé *Europe et les Suisses*, Jean-François Bergier insiste sur l'importance des axes helvétiques pour le trafic de transit, et ce dès le Moyen Age: au-delà il esquisse une histoire de la formation de la Confédération helvétique largement orientée par les nécessités de contrôler les routes du transit européen[36]. A la route du Gothard viennent s'ajouter les routes passant par les cols valaisans – Grand-Saint-Bernard, puis Simplon – et un axe, évitant les Alpes, reliant Genève au lac de Constance par le plateau. Dès le XIIIe siècle, cet axe voit affluer un trafic de transit en pleine expansion, reliant le sud du continent (Bourgogne, Lyonnais, Languedoc, Provence, Catalogne et Castille) à l'est européen (Bavière, Souabe, Saxe, Bohême, Pologne, Hongrie). Les axes de transit helvétiques jouent un rôle important jusqu'au XIXe siècle, lorsque la construction des infrastructures de transport des pays voisins remettent en question une situation que l'on pensait acquise pour toujours.

La construction des canaux, puis des lignes de chemins de fer contournant le territoire du pays, notamment par l'ouest, enlève tout trafic de

35 On lira notamment avec intérêt les projets de construction d'un canal fluvial Rhin-Rhône à travers la Suisse, qui ressortent périodiquement jusqu'à nos jours et qui connurent leurs apogées durant la Deuxième Guerre mondiale, avec comme objectif d'éviter un contournement de la Suisse par le trafic de transit. Cf. Gilles Forster, *Aspects internationaux du trafic ferroviaire suisse pendant la Seconde Guerre mondiale: enjeux humanitaire, économique, politique et stratégique,* Bâle, 2004 (thèse manuscrite), pp. 172-176.

36 Jean-François Bergier, *Europe et les Suisses. Impertinence d'un historien,* Carouge, 2e édition, 1996, pp. 67-86. Sur cette question cf. également Gérard Benz, *Les transports. Un défi européen,* Genève, 1992, pp. 7-35.

transit important à une Suisse qui n'amorce la construction des lignes ferrées qu'à partir du début des années 1850. Le trafic, qui auparavant empruntait l'axe du plateau suisse, s'est reporté sur les voies d'eau naturelles françaises (Rhône puis Saône) et le canal reliant le Rhône au Rhin (opérationnel dès 1838) puis, plus tard, sur l'axe ferroviaire longeant le Jura. Quant au trafic entre le sud et le nord des Alpes, avec la généralisation de la navigation à vapeur, il a intérêt à emprunter la voie maritime contournant le continent, plutôt qu'à se lancer à l'assaut des cols helvétiques au moyen du roulage. Au moment où débute la construction des premières lignes ferroviaires en Suisse, très peu d'observateurs misent sur la constitution d'un réseau capable d'attirer à lui le trafic de transit. Au début des années 1840, dans un débat organisé lors de l'assemblée annuelle de la Société suisse d'utilité publique sur les avantages à établir en Suisse des lignes de chemins de fer, le Bâlois Leonhard Bernoulli-Bär (1791-1871) doute de la potentialité de la Suisse à devenir un pays de transit ferroviaire entre le nord et le sud de l'Europe. Selon lui, cette impossibilité découle des coûts de transport. En prenant pour base les frais de transport, il calcule que Francfort ou Magdebourg, accessibles par voie d'eau depuis les ports de Hollande ou d'Hambourg, ne sont guère plus éloignés que Coire ou Lucerne des ports méditerranéens, porte d'entrée des produits coloniaux. A partir de là, la ligne de démarcation, au-delà de laquelle il devient peu envisageable de faire transiter par voie de terre des biens par la Suisse, se trouve à mi-distance entre Francfort et Lucerne, soit au milieu de la Souabe. A défaut d'un tunnel ferroviaire à travers les Alpes, alors encore inimaginable, la zone accessible via le réseau suisse dans les pays voisins, calculée en fonction du coût du transport, ne peut donc s'étendre bien au-delà des frontières nationales[37]. Ces estimations, provenant d'un Bâlois peu enclin à prendre la défense de l'établissement de chemins de fer en Suisse, pourraient soulever une certaine méfiance. Or, les évaluations proposées par le Thurgovien Christian Beyel (1808-1858), membre fondateur de l'Association industrielle zurichoise (en

37 Leonhard Bernoulli-Bär, «Rapport sur la question industrielle suivante: Quels avantages l'établissement des chemins de fer en Suisse peut-il présenter pour l'industrie et pour le commerce en général? Quelle influence pourra-t-il exercer sur les mœurs et la moralité? Comment conserver celles de nos mœurs qui méritent de l'être?», in *Acte de la Société suisse d'utilité publique*, Lausanne, 1842, pp. 180-181.

1842), membre de la *Schweizerische Gewerbsverein* (1843) dont il assume la rédaction de l'organe de presse *(Monatblatt)* et grand promoteur des chemins de fer, ne contredisent par les estimations de Bernoulli-Bär sur le peu d'importance du transit à travers la Suisse: en 1844, sur les 2 millions de quintaux qui entrent en Suisse, seuls 40.000 quintaux, soit 2%, sont des marchandises en transit[38]. Disposer de la voie offrant la distance kilométrique la plus basse entre deux points ne suffit pas. Encore faut-il être capable de proposer des tarifs de transport concurrentiels par rapport aux voies plus longues. Pour les produits coloniaux, les routes de terre en provenance des ports méditerranéens à travers les cols des Grisons ou le Gothard ne peuvent pas, dans les années 1840, concurrencer la voie d'eau naturelle que constitue le Rhin pour le trafic entre les ports de Hollande et le sud ouest de l'Allemagne.

La donne ne change pas fondamentalement une fois les premières lignes ferroviaires suisses établies. La lutte pour le transit ferroviaire nécessite des arrangements tarifaires entre plusieurs compagnies et des taxes kilométriques descendant à des niveaux extrêmement bas. De la possibilité financière des compagnies à supporter ces abaissements de taxe et de la liberté que leur laisse l'autorité politique de régulation dans l'établissement de leurs tarifs, dépendent les capacités des compagnies ferroviaires à soutenir la concurrence des voies de transit étrangères. Dans la lutte pour capter le transit ferroviaire qui se développe considérablement dans toutes les directions durant la deuxième moitié du XIXe siècle, les voies helvétiques disposent, pour nombre de directions, d'avantages de distance considérables. Dès le début des années 1860, les blés allemands ou hongrois, les bois des régions danubiennes qui sont exportés en direction des marchés français ont un avantage kilométrique en empruntant le réseau ferroviaire helvétique. Il en va de même pour les exportations françaises destinées aux marchés du nord-est européen. Mais l'avantage kilométrique peut-être contrebalancé par les politiques tarifaires des compagnies ferroviaires étrangères.

La mise en exploitation du tunnel du Gothard en 1882 donne aux compagnies ferroviaires suisses un nouvel atout kilométrique dans la lutte pour le transit entre le nord et le sud des Alpes (cf. carte 2). L'avantage kilométrique du Gothard est évident pour le trafic entre la quasi-

38 *Monatblatt des Schweizerischen Gewerbsvereins*, n° 11, 1844, p. 165.

totalité du territoire de l'Empire allemand et la plupart des grandes villes italiennes. Grâce au Gothard, les importants gisements de charbon de la Sarre se rapprochent de 167 km de Vérone (tête sud de la ligne du Brenner) et de 233 km de Modane (tête nord de la ligne du Mont Cenis)[39].

Carte 2 – Routes ferroviaires nord-sud (milieu 1880)

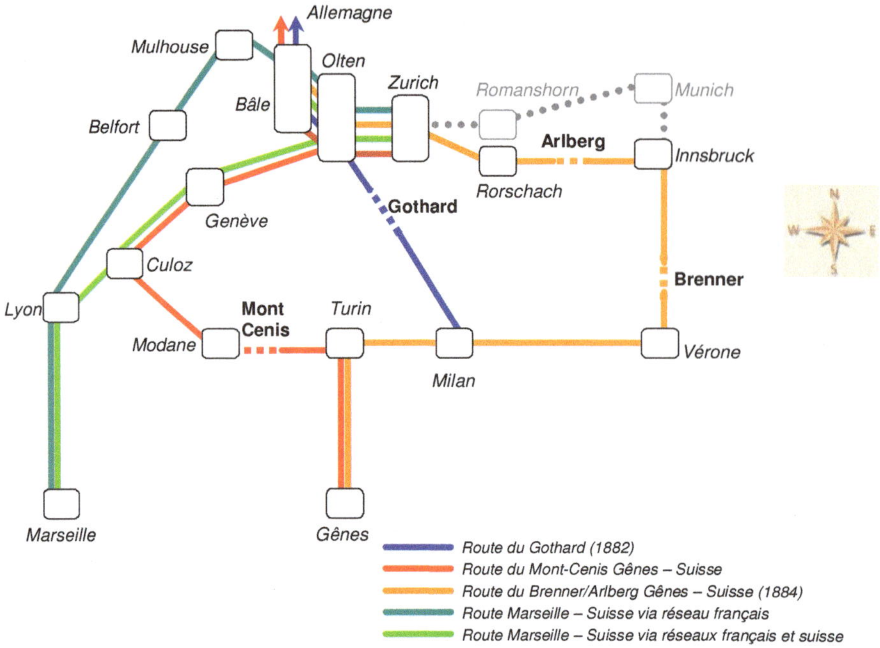

Toutefois, en 1882 comme en 1840, l'avantage en terme de distance ne garantit aucunement un monopole de transit. Pour garantir le trafic de transit, les compagnies suisses ne peuvent lutter que par l'intermédiaire de leurs propres tarifs ferroviaires. Au fil du temps, ceux-ci pèsent de façon de plus en plus évidente sur les capacités d'une ligne à attirer le trafic de transit, et cela indépendamment de la distance. Dans le cas du Gothard, si l'avantage kilométrique sur ses concurrents se fait encore sentir dans le trafic sud-nord, composé essentiellement de produits périssables (fruits et légumes frais) beaucoup plus sensibles à la durée du

39 Leuzinger, *Die Bedeutung* ..., p. 43.

trajet, il n'est pas essentiel pour les exportations allemandes (charbons, fers, produits métalliques, machines) en direction du sud et qui occupent, à la fin des années 1880, environ 85% du trafic de transit par le Gothard[40]. Si l'axe du Mont Cenis ne pèse guère dans la lutte pour le transit, et ce en raison des arguments que nous avons déjà mentionnés, l'axe du Brenner, ouvert à la circulation en 1867 entre Innsbruck et Vérone, constitue une menace permanente pour le Gothard, en raison des tarifs que les chemins de fer autrichiens et italiens sont prêts à pratiquer afin de préserver leur trafic de transit. L'ouverture du tunnel de l'Aarlberg en 1884 rapproche le nord-est de la Suisse de l'axe du Brenner, mais offre également de nouvelles opportunités de captage du trafic entre l'est et l'ouest de l'Europe au couloir de transit reliant le lac de Constance et Genève.

L'effet de l'ouverture du tunnel du Gothard sur le trafic de la ligne du GB est indéniable: le trafic marchandises passe de moins de 80.000 T au début des années 1880 à plus de 464.000 T en 1883, première année d'exploitation continue. Vers 1900, il atteint le million de T[41]. Toutefois, le trafic de transit croît de façon plus modérée: à l'ouverture de la ligne, la moitié du trafic concerne le transit; dix ans plus tard, la proportion du trafic de transit dans le trafic total de la ligne descend en dessous du tiers[42].

Au-delà des chiffres du tonnage, démontrant la croissance modérée et la volatilité du trafic de transit – notamment à travers le Gothard – l'importance de celui-ci doit être appréhendée également dans sa dimension discursive. Dès le début de l'exploitation ferroviaire, il existe en effet un discours sur la portée de ce type de trafic qui évolue au fil du temps et qui, peu à peu, place le trafic de transit au centre de la pérennité du réseau ferré helvétique. Dans les années 1840 et au début des années 1850, l'opinion de Bernoulli-Bär concernant le peu d'importance qu'est susceptible de prendre le trafic de transit à travers la Suisse est celle de la majorité des experts se penchant sur la question ferroviaire.

40 En moyenne, entre 1887 et 1889, 220.000 T franchissent le souterrain alpin dans le sens nord-sud contre 42.000 T dans l'autre sens. Leuzinger, *Die Bedeutung...*, p. 55.

41 *Statistique des chemins de fer suisses,* Berne, 1880; 1883; 1899; Burckhardt, *Der schweizerische...*, p. 12.

42 Ibidem.

La Suisse n'est pas un pays de transit, insistent-ils[43]. Le Conseil fédéral et, à sa suite, l'Assemblée fédérale adoptent ce principe, insistant sur la nécessité d'établir des lignes ferroviaires au service de l'économie nationale et non du transit. Dans son rapport de 1852, la commission du Conseil national chargée d'étudier les propositions du Conseil fédéral en matière de chemins de fer justifie en ces termes les modifications de tracé qu'elle propose[44]:

> Il serait injustifiable de sacrifier les plus graves intérêts de notre économie publique et de notre commerce intérieur aux exigences de ce transit, qui, dans les circonstances commerciales et politiques actuelles, ne peut jamais devenir bien important.

Mais à partir des années 1860, le discours change. Les directions des compagnies ferroviaires privées sont peu à peu conscientes que le seul trafic helvétique ne saurait suffire à rentabiliser les sommes gigantesques investies dans la construction des infrastructures ferroviaires: la ligne du plateau, ouverte à la circulation entre Genève – Bâle et le lac de Constance dès le début des années 1860, tente de regagner le trafic de transit entre le sud et l'est de l'Europe qui s'est reporté sur la ligne française du Jura. Pour les exploitants, le transit devient un élément incontournable qui doit permettre de sortir les lignes suisses du marasme dû à leur

43 «Die Experten betrachten den Transit der Schweiz von durchhaus untergeordneter Natur, die Schweiz sei kein Transitland wie etwa Belgien» note Friedrich Volmar en 1903. Volmar, *Die Anfänge ...*, p. 22. Parmi les expertises insistant sur les aspects négligeables du transit ferroviaire à prévoir à travers la Suisse, cf. M. P. Stephenson et H. Swinburne, *Rapport sur l'établissement de chemins de fer en Suisse*, Berne, 1850, p. 59; FF, vol. 1, 1851/1, p. 488. Seule voix discordante dans ce concert unanime, celle de l'écrivain Carl Morel qui publie en 1851 une brochure sur les chemins de fer. S'en prenant à l'avis des experts, il écrit: «Wir können uns aber mit dieser Ansicht nicht einverstanden erklären. Man müsste über den Gang, welchen der Welthandel nehmen wird und nehmen muss, völlig blind sein, wenn man nicht sähe, dass derselbe sich an die Küsten des mittelländischen Meeres zu konzentriren und von dort einen Ausweg über die Landenge von Suez zu gewinnen sucht. Aus diesem Grunde leuchtet ein, dass die Herstellung einer kürzesten Eisenbahnstrecke, welche das Rheinbecken mit dem mittelländischen Meere verbindet, eine dringende Nothwendigkeit geworden ist». Carl Morel, *Das Schweizerische Eisenbahnnetz und seine national-ökonomische, politische und soziale Bedeutung*, Bern, 1851, p. 36.

44 FF, vol. 2, 1852/1, p. 233.

isolement et à leur caractère purement local[45]. S'il est d'abord le fait des administrations ferroviaires, ce discours gagne également le microcosme politique dès la fin des années 1870, au lendemain du profond traumatisme issu de la crise financière qui a secoué les compagnies de chemins de fer suisses. A cette date et jusqu'à nos jours, plus personne ne remet en doute l'aspect vital du trafic de transit pour les compagnies de chemins de fer suisses. La capacité des compagnies à proposer des tarifs compétitifs est, aujourd'hui comme au XIXe siècle, un élément central. Comme on le verra, ce sont eux qui ont fondé la capacité du réseau ferré suisse à capter une partie non négligeable du trafic de transit nord-sud.

La véritable opportunité, susceptible de redonner à la Suisse quelque espoir au niveau du trafic de transit nord-sud, survient au début des années 1880, alors qu'une voie ferrée franchit d'ores et déjà le col autrichien du Brenner et qu'une autre relie la France à l'Italie par le tunnel du Mont Cenis. L'ouverture du tunnel ferroviaire du Gothard suscite ainsi un immense espoir du côté des compagnies ferroviaires suisses disposant des voies d'accès au tunnel, celui d'attirer sur leurs lignes la majorité du trafic entre l'Empire allemand et l'Italie. L'ouverture du tunnel du Gothard projette véritablement les compagnies suisses dans le grand jeu du transit ferroviaire européen, avec des effets au niveau de leur politique tarifaire. Disposer de la route la plus courte entre les régions industrielles d'Allemagne (Ruhr, Sarre, région du Rhin, Alsace) et les cités du nord de l'Italie n'est toutefois pas suffisant: encore faut-il être en mesure de lutter sur la voie des prix du transport avec le Brenner ou le Mont Cenis. 1882 n'est-elle ainsi pas la date symbolisant la (re)construction de la Suisse en tant que pays de transit? Quel rôle jouent les tarifs ferroviaires dans la (re)conquête de ce trafic de transit? Et quelles en sont les conséquences au niveau des exigences de régulation étatique? Autant de questions auxquelles nous tâcherons de répondre.

45 Notamment Charles Bergeron, *Les chemins de fer suisses et le Railways-clearing house de Londres*, Lausanne, 1863; Isaac Bonna, *Projet pour la centralisation du service et le rachat des chemins de fer suisses par la Confédération,* Genève, 1867, p. 3; Gottlieb Koller, Wilhelm Schmidlin, Georg Stoll, *Le chemin de fer du Saint-Gothard sous le rapport du commercial,* Zurich, 1864; G. Lommel, *Simplon, St-Gothard et Lukmanier. Etude comparative de la valeur technique et commerciale des voies ferrées projetées par ces passages alpins italo-suisses,* Lausanne, 1865.

Au-delà, le thème du contournement et son corollaire relatif au trafic de transit permettent d'inscrire notre problématique dans l'actualité. En ce début de XXIe siècle, les statistiques du trafic ferroviaire de marchandises sur les principales lignes helvétiques démontrent que l'extrême importance du trafic de transit nord-sud – principalement par l'axe du Gothard – perdure. Parallèlement, elles dénotent également l'étendue minime du trafic empruntant la transversale Genève – Lac de Constance (cf. carte 3). L'incapacité de cette ligne à gagner un quelconque trafic de transit ne prolonge-t-elle pas une situation présente dès le XIXe siècle, provoquée par les difficultés des compagnies se partageant l'axe à définir des politiques tarifaires communes?

Carte 3 – Importance du trafic ferroviaire marchandises à travers la Suisse en 2000

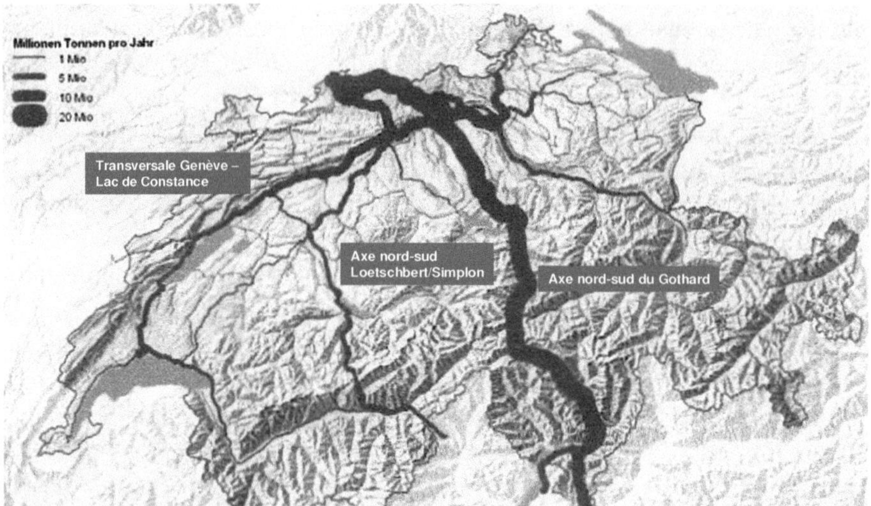

Source: Expertengruppe Verkehrsdaten, *Statusbericht vom 30. November 2006* (http://www.litra.ch/)

En 1990, une trentaine d'années après les premières études, le Conseil fédéral propose la construction d'une nouvelle ligne ferroviaire à travers le Gothard (NLFA), visant à garantir à la Suisse sa prédominance en matière de transit ferroviaire européen, au moment même où s'accélère l'intégration européenne[46]. Huit ans plus tard, en novembre 1998, le peuple suisse, sur proposition du Conseil fédéral, n'accepte non plus une, mais deux NLFA. La première ligne franchira le massif du Gothard à sa base et la seconde fera de même au Loetschberg, continuant sa route en direction du tunnel de basse altitude du Simplon. Fin 2007, le tunnel de base du Loetschberg est inauguré.

Parallèlement, dès le début des années 1990, l'UE entreprend la libéralisation du transport ferroviaire, destinée à revitaliser le secteur par une accentuation de la concurrence entre prestataire de transport[47]. La Suisse suit le mouvement: actuellement, et depuis une quinzaine d'années, le trafic marchandises est ouvert à la concurrence. Cela signifie que d'autres transporteurs que les CFF sont en droit de louer les infrastructures ferroviaires, par l'achat de sillons (autorisation d'accès au réseau). D'après la revue *La Vie économique,* éditée par le Secrétariat d'Etat à l'Economie (SECO), la Suisse se situe actuellement dans le peloton de tête de la libéralisation[48]. L'une des raisons de l'empressement à ouvrir le réseau helvétique à la concurrence est à chercher dans la volonté de renforcer les axes de transit ferroviaire nord-sud à travers la Suisse, déjà présente dans la construction des NLFA. Le mouvement de libéralisation ayant entraîné la séparation de l'infrastructure – propriété des CFF et de quelques autres compagnies ferroviaires – et de l'activité de transport à proprement parler – les CFF ne sont plus qu'un prestataire de service parmi d'autres –, il s'agit de définir ses effets sur ces deux éléments.

Au niveau de l'infrastructure, les axes transalpins helvétiques (Gothard et Loetschberg/Simplon) sont les principaux couloirs de transit entre les importants ports de Rotterdam, d'Anvers, les bassins industriels de la

46 Département fédéral des Transports, des Communications et de l'Energie, *Message sur la construction de la ligne suisse à travers les Alpes,* Berne, 1990. Cf. également Benz, *Les transports...,* pp. 157-172. Sur les études concernant cette nouvelle ligne et les débats qu'elles générèrent, cf. Gérard Benz, *Les Alpes et les chemins de fer,* Lausanne, 2007, pp. 28-44.

47 Cf. notamment Carlo Pfund, *Réforme des chemins de fer. La séparation du transport et de l'infrastructure des chemins de fer ou la théorie de la séparation de l'Union européenne,* Berne, 2002. Pour une rapide synthèse de l'état de la question, cf. Groupe de Transport de la Commission Arc Atlantique, *La libéralisation du transport ferroviaire dans l'Union européenne,* Porto, 27 avril 2007.

48 Bernd Malmström, «La DB a profité de l'ouverture du marché pour acheminer du fret à travers la Suisse», in *La Vie économique,* n° 12, 2003, p. 37.

Ruhr, du Rhin d'un côté, et Milan de l'autre (cf. carte 4), définis par *Railneteurope*, une structure regroupant une trentaine de gestionnaires d'infrastructures européens, dont les CFF et le BLS.

Carte 4 – Couloir de transit nord-sud via Gothard ou Loetschberg/Simplon

Source pour les cartes 4; 5; 6: http://www.railneteurope.com/cont/index.aspx

Par contre, le trafic de transit entre l'Europe du sud-ouest et le nord-est évite la Suisse et ne fait que prolonger un état de fait, survenu au XIXe siècle. Jamais les compagnies ferroviaires helvétiques n'ont été en mesure de regagner le trafic qui, du temps du roulage, empruntait la voie du plateau suisse. Le couloir de transit soumis à la commercialisation des sillons longe la Suisse par Dijon (cf. carte 5), puis gagne Mannheim, Cologne et Duisburg où il vient rencontrer le couloir qui, des ports de la mer du nord (Anvers, Rotterdam), se dirige vers Berlin et l'Europe de l'est (cf. carte 6).

Carte 5 – Couloir de transit sud-ouest – nord-est évitant le réseau ferré suisse

Carte 6 – Couloir de transit ouest – est au nord de la Suisse

Au niveau de l'activité de transport, les effets de la libéralisation sont plus ambigus. Guidée par le courant économique actuellement dominant, qui postule sur une régulation par le marché, il est ainsi largement admis que la libéralisation ferroviaire a engendré de nouvelles opportunités et qu'elle est l'étape indispensable pour lutter efficacement contre le transport routier et ses effets néfastes pour l'environnement[49]. Les

49 Il est à noter que la Suisse ne postule pas uniquement sur une régulation par le marché. En février 1994, l'Initiative des Alpes, acceptée en votation populaire par une majorité de 52% des votants, stipule notamment que le trafic transalpin longue distance doit être transféré de la route au rail. Diverses mesures législatives sont adoptées: depuis 2001, la Redevance sur le trafic des poids lourds liée aux prestations, plus connue sous son abréviation RPLP, est un outil fiscal visant à favoriser le transfert de la route au rail.

spécialistes du transport admettent ainsi qu'un recul du prix du transport ferroviaire – destiné aussi bien à lutter contre le trafic routier qu'à mettre en compétition les divers axes de transit ferroviaires – est envisageable lorsque des entreprises intégrées contrôlent l'ensemble des activités de transport et de logistique, quel que soit le lieu d'expédition et de réception de la marchandise[50]. Actuellement, CFF Cargo, l'entité fret des CFF, disposant d'une filiale en Allemagne, se charge par exemple du transport de marchandises dès la réception en Allemagne, jusqu'à la livraison en Italie – où elle dispose également d'une filiale – via les couloirs de transit helvétiques. Dans un marché libéralisé, *Railion*, l'entité transport marchandises de la DB et premier transporteur fret d'Europe, fait de même, en partenariat avec BLS Cargo, la filiale marchandises de la compagnie bernoise BLS (dont le capital est en partie possession de la DB), en empruntant les mêmes couloirs de transit que CFF Cargo.

Les résultats financiers des deux principaux transporteurs helvétiques ne sont pourtant pas similaires. Alors que l'activité de transport de BLS Cargo a généré, en 2007, un bénéfice de près de 15 millions de frs., celle de CFF Cargo a entraîné, pour la même période, une perte de plus de 190 millions de frs.[51]. S'exprimant sur les chiffres 2006, qui traduisaient déjà une telle dissemblance entre les deux entreprises, l'Office fédéral des transports expliquait la différence par le fait, qu'hormis le trafic de transit, considéré comme rentable, CFF Cargo gère également le transport de marchandises à l'intérieur du pays, peu lucratif[52]. Alors qu'en 2006, CFF Cargo a transporté deux fois et demie plus de marchandises en transit que BLS Cargo (8 milliards de tonnes par kilomètres parcourus pour le premier, contre 3.1 milliards pour le second), les CFF se chargent également de la grande majorité du transport intérieur: 4 milliards de tonnes par kilomètres parcourus contre 170 millions pour le BLS[53].

50 Malmström, «La DB a profité...», p. 37.

51 Pour BLS Cargo, cf. BLS Cargo, *Conférence des médias sur les résultats de l'exercice 2007*, Berne, 18 mars 2008; pour CFF Cargo, cf. CFF, *CFF Cargo en 2007. Extrait du rapport de gestion des CFF,* Bâle, 2007, p. 16.

52 *Tribune de Genève,* 17 août 2007.

53 La tonne par kilomètres parcourus permet de tenir compte de la distance d'expédition en multipliant le tonnage par le nombre de km parcourus par les marchandises. Ces chiffres sont tirés des rapports de gestion de BLS Cargo et de CFF Cargo pour 2006. Cf. BLS Cargo, *Geschäftsbericht 2006,* Hünibach, 2007; *CFF Cargo en 2006. Extrait du rapport de gestion des CFF,* Bâle, 2007.

En regard de ces chiffres et des stratégies adoptées par les deux entreprises, deux types de marché du transport ferroviaire sont discernables. Le premier, prometteur, concerne le trafic de transit longue distance. Il est caractérisé par des volumes très importants en terme de tonnes par kilomètres parcourus, des prix de revient assez faibles en raison de la prédominance du trafic combiné (au moyen de conteneurs) et de la relative faiblesse de la concurrence de la route, notamment en raison des impératifs découlant de l'Initiative des Alpes de 1994 et de la RPLP. C'est un marché ouvert, sur lequel se concurrencent plusieurs prestataires de transport: pour l'exercice 2007 qui a vu les comptes de CFF Cargo atteindre des pertes abyssales, l'entreprise reconnaît avoir dû pratiquer à plusieurs reprises des prix très bas pour le trafic international, à l'image de ceux pratiqués par le géant allemand *Railion*[54]. L'autre segment du marché ferroviaire est moins prometteur et concerne le trafic interne caractérisé par des distances de parcours courtes, un prix de revient élevé en raison de la domination des expéditions par wagons isolés (minimum 5 T) et la concurrence toujours plus affirmée de la route, plus souple pour les petites distances[55]. Le marché du transport ferroviaire interne est un marché fermé, entièrement occupé par CFF Cargo.

Cette situation de coexistence d'un double marché du transport ferroviaire est-elle nouvelle, issue des caractéristiques actuelles du marché du transport – concurrence de la route pour les petites distances, hyperspécialisation de la production au sein de l'UE générant des flux

54 En mai 2008, dans un entretien paru dans le quotidien *Le Temps,* le directeur des CFF Andreas Meyer reconnaissait qu'«[...] en trafic international nous avons vendu des prestations avec des standards de prix qui ne couvraient pas les coûts réels». Cf. *Le Temps,* 31 mai 2008. Cet élément sous-tend toute la polémique qui a enflé dès mars 2008 et les premières indiscrétions quant à la perte 2007 de CFF Cargo. Moins médiatiques que la grève temporaire entreprise par les cheminots des ateliers mécaniques de Bellinzone au printemps 2008, dont la direction des CFF prévoyait la fermeture par nécessité d'économie, les activités de CFF Cargo sur le segment transit (en Allemagne et en Italie) expliquent pourtant entièrement les difficultés financières de l'entreprise. Sur cette polémique, cf. les éditions du quotidien *Le Temps* des 5, 11, 14, 21 et 26 mars 2008.

55 Malgré les objectifs du Conseil fédéral de favoriser le rail, la part de la route dans le transport de fret a augmenté en 2007 de 10% en Suisse, contre seulement 0.1% pour le rail. *Le Temps,* 5 mars 2008.

de transport nord-sud très importants[56] – ou va-t-elle puiser ses racines plus loin, dès l'origine du transport ferroviaire en Suisse? Et si tel est le cas, comment les compagnies ferroviaires s'en sont-elles accommodées?

I.3 Les enjeux tarifaires pour les différents acteurs

I.3.1 Tarifs et coût de revient du transport: les enjeux tarifaires pour les compagnies de chemins de fer

S'il est indéniable que l'avènement des chemins de fer au XIXe siècle entraînent une diminution du prix du transport en Europe et en Suisse, l'ampleur de la diminution est quantitativement difficile à mesurer, notamment en raison de l'absence de taxe kilométrique uniforme. Celle-ci varie en effet, sur une même compagnie, en fonction du poids de l'expédition et de la distance de parcours, ou encore des impératifs de concurrence avec les autres modes de transport ou les chemins de fer étrangers. Paul Bairoch estime qu'entre 1850 (sans chemins de fer) et la veille du Premier Conflit mondial, le prix réel des transports en Europe a été divisé par dix[57].

Dans les pays où les voies d'eau forment un réseau développé, la rupture engendrée par l'avènement du transport ferroviaire dans les coûts de transport est évidemment moindre. En France, par exemple, même si la batellerie ne résiste pas – à de rares exceptions – à la concurrence apportée par le rail, les tarifs sur les voies fluviales demeurent, entre 1845 et la veille du Premier Conflit mondial, plus de deux fois inférieurs aux tarifs des chemins de fer. Depuis le début de l'exploitation ferroviaire, la différence de tarif entre batellerie et chemins de fer est restée relativement stable[58]. Seule la motorisation de la batellerie après la Grande Guerre per-

56 Pour une critique de ce système, donnant encore la priorité au transport routier, on lira avec intérêt Philippe Mühlstein, «Ravages et voracité du transport», in *Le Monde diplomatique. Manière de voir 81,* juin-juillet 2005, pp. 25-27.

57 Paul Bairoch, *Révolution industrielle et sous-développement,* Paris, 1974 (rééd.), p. 32; Paul Bairoch, *Commerce extérieur et développement économique de l'Europe au XIXe siècle,* Paris, 1976, p. 35.

58 Au début des années 1840, le différentiel en faveur des canaux est de 2.5. Dès la deuxième moitié des années 1840, il s'élève durablement à 2. Patrick Verley, *L'échelle*

mettra au transport par voie d'eau de regagner du terrain[59]. Mais la concurrence entre les deux modes de transport – même s'ils ne sont pas entièrement substituables – contribue largement à l'abaissement des prix du transport[60], alors que dans certains cas extrêmes, comme la Hollande, l'efficacité de l'organisation du transport sur les voies d'eau semble avoir retardé la construction d'un réseau ferroviaire jusqu'au début des années 1860[61].

La Suisse dispose certes de routes bien entretenues et d'une navigation lacustre qui se développe à partir de 1824, date à laquelle est mis en service le premier bateau à vapeur sur le lac Léman. Entre 1830 et 1840, la navigation à vapeur s'étend successivement sur tous les lacs helvétiques[62]. Mais les bateaux à vapeur sont essentiellement utilisés pour le service des voyageurs. Ainsi, en 1831, sur le lac Léman au départ de Genève, seule une centaine de T sur les 3.000 expédiées cette année-là par le lac en direction du canton de Vaud, du Valais et de la Savoie empruntent les bateaux à vapeur. Le tonnage restant est transporté par des barques qui partent hebdomadairement de la ville du bout du lac, service qui permet tout de même d'exporter environ 50% de l'ensemble des marchandises expédiées de Genève[63]. Si la batellerie revêt une alternative crédible au roulage, elle ne constitue pas, à de rares exceptions près, une concurrence efficace aux premières lignes de chemins de fer qui seront établies en Suisse[64]. Les distances suisses jouent également

---

du monde. Essai sur l'industrialisation de l'Occident, Paris, 1997, p. 194; Michèle Merger, «La concurrence rail-navigation intérieure en France 1850-1914», in *Histoire, Economie et Société,* n° 1, 1990, p. 82.

59 Nicolas Neiertz, *La coordination des transports en France de 1918 à nos jours,* Paris, 1999, p. 9.

60 Au sujet des concurrences relatives entre les modes de transport, cf. Simon Ville, *Transport and the development of the European Economy 1750-1918,* London, 1990, p. 7; Verley, *L'échelle du monde...*, pp. 193-196. Sur la concurrence entre canaux et chemins de fer en France, cf. Merger, «La concurrence...», pp. 65-94.

61 Herman J. de Jong, «Dutch inland transport in the nineteenth century. A bibliographical review », in *The Journal of Transport History,* March 1992, pp. 19-20.

62 Gubler, *Die Anfänge ...*, p. 16.

63 Calculs d'après Marc-Antoine Fazy, *Rapport fait à la Chambre de commerce en octobre 1840 sur le transit de marchandises à Genève et sur l'établissement d'un entrepôt*, Genève, 1841, p. 23. En 1831, seule année offrant une estimation fiable de l'ampleur du commerce genevois, 117.000 quintaux de 50 kg sont expédiés de Genève, dont environ 59.700 par la voie du lac.

64 Au début des années 1850, dans un rapport aux autorités fédérales, le Genevois John Coindet qualifie le mode de débarquement en usage sur le lac Léman de

en défaveur de la navigation ou de toute solution de transport intermodal, nécessitant de longues opérations de transbordement qui renchérissent d'autant le transport. Au demeurant, la Suisse compte peu de canaux. A l'exception du canal d'Entreroches entre Yverdon et Bussigny, servant uniquement à quelques transports locaux, au canal de la Thielle, reliant les lacs de Neuchâtel et de Bienne et au canal de la Linth entre les lacs de Zurich et de Wallensee, le pays est dépourvu de ce type d'infrastructures. Seul le canal de la Linth livrera, dès le début de l'exploitation ferroviaire, une concurrence, notamment pour les cotons en balle se dirigeant de Zurich vers les manufactures glaronnaises[65].

L'avènement du transport ferroviaire, au-delà de la diminution de tarif qu'il provoque, induit également une régularisation dans les tarifs et l'amorce d'un estompement des disparités régionales[66]. Le prix du roulage en Suisse, dans les années 1840-50, varie fortement en fonction de l'état des routes et des voitures disponibles. Ce qui est vrai pour des tronçons différents s'applique également au même trajet: le prix du transport entre Romanshorn et Berne peut ainsi s'élever, suivant les circonstances, entre 60 et 75 cts. par T et par km[67].

Au prix du voiturage s'ajoutent les taxes prélevées par les péages internes[68]. Dans les années 1840, entre Genève et Berne, le prix du transport se trouve ainsi renchéri de plus de 70% au passage des péages

---

«ridicule, s'il n'était encore plus désagréable et même dangereux». Il insiste également sur les inconvénients des interruptions de service durant les jours de mauvais temps. John Coindet, *Rapport au Département des travaux publics de la Confédération helvétique sur l'influence probable des chemins de fer dans la Suisse romane, sur l'agriculture, l'industrie et les petits métiers,* Genève, 1851, p. 13.

65 Frey, Vogel, *«Und wenn wir auch die Eisenbahn mit Kälte begrüssen...». ...,* p. 312. Sur le trafic du canal d'Entreroches, cf. Paul-Louis Pelet, *Le canal d'Entreroches: histoire d'une idée,* Lausanne, 1946.

66 Yves Leclercq, *Le réseau impossible. La résistance au système des grandes compagnies ferroviaires et la politique économique de la France 1820-1852*, Genève, 1987, p. 125.

67 Estimations d'après Eugène Riesler, «Rapport sur les influences économiques des chemins de fer en Suisse», in *Schweizerische Zeitschrift für Gemeinnützigkeit,* Zürich, 1864, p. 39. Riesler évalue le prix du transport du quintal de 50 kg entre Romanshorn et Berne, sur une distance de 45 lieues (environ 213 km) entre 7 et 8 frs. Pour 1 T, le prix oscille donc entre 65 et 75 cts. par km, charges douanières comprises.

68 Dans les années 1820, la Suisse compte environ 400 péages intérieurs. Jean-François Bergier, *Histoire économique de la Suisse,* Lausanne, 1984, p. 286.

genevois, vaudois, fribourgeois et bernois[69]. Les tentatives d'élaboration de concordats cantonaux en vue de diminuer les charges fiscales dont est notamment grevé le transit entre Rorschach et Genève et Rorschach et Les Verrières, échouent toutes[70]. Les estimations du prix du transport par roulage et voie d'eau, non comprises les charges fiscales, auxquelles on arrive en recourant aux chiffres transmis par les différents observateurs sont forcément grossières et oscillent autour d'une moyenne de 45 cts. nouveaux par T et km[71] dans les années 1840-50, soit environ 50 cts. de 1890[72].

69 De 40 frs. par T (soit 60 frs. nouveaux) si l'on ne compte que le prix du voiturage à 68.3 frs. (soit 102.45 frs. nouveaux) par T en intégrant les taxes des péages pour le tronçon Genève-Berne. Evaluation d'après Fazy, *Rapport fait à la Chambre de commerce...,* p. 16. Il est à noter que la Suisse connaît une réforme monétaire en 1851. Pour tous les chiffres issus d'observations antérieures à 1851, nous avons tenu compte de la réforme en utilisant le taux de conversion suivant: 1 fr. ancien = 1.5 frs. nouveaux. Humair, *Développement économique ...,* p. 265.

70 Gubler, *Die Anfänge...,* pp. 21-22; Humair, *Développement économique...,* p. 146.

71 Les chiffres fournis notamment par le commerçant genevois J. Caillat avant la suppression des péages cantonaux démontrent la variabilité des prix du transport dans la Suisse des années 1840. Ainsi, le prix du transport de 31.4 frs. (soit 47.1 frs. nouveaux) par T entre Bâle et Zurich est le même que celui, sur le tronçon plus court de Bâle à Aarau. Dans le premier cas, les marchandises prennent fréquemment la route moins chère par le Grand-Duché de Bade; dans le second cas, elles prennent la voie difficile du Hauenstein et se trouvent greffées des charges fiscales des cantons de Bâle-Campagne et d'Aarau. Cf. J. Caillat, *Du commerce à Genève, du transit, et d'un bâtiment d'Entrepôt,* publié par douze négociants, Genève, 1840, tableau n° 3. Les chiffres proposés par Marc-Antoine Fazy permettent d'évaluer le prix de la T sur un km entre Genève et Berne (170 km) à environ 35.3 centimes nouveaux, sans les charges fiscales et à environ 60.3 cts. en tenant compte des péages. Cf. Fazy, *Rapport fait à la Chambre de commerce...*, p. 16. Les chiffres fournis, après la suppression des péages internes, par John Coindet confirment ceux de Fazy. Coindet mentionne un tarif de 35 cts, par T et km pour les marchandises entre Genève et Berne par Lyss. Cf. Coindet, *Rapport au Département des travaux publics de la Confédération...,* p. 40. En 1864, Riesler insiste particulièrement sur la forte variabilité des tarifs du roulage. Ces chiffres, dans lesquels ils semblent intégrer le montant des charges fiscales s'élèvent entre 45 et 75 cts. par T et km, suivant les tronçons. Cf. Riesler, «Rapport sur les influences économiques...», p. 87.

72 L'indice des prix qui nous a servi à comparer les évolutions dans le temps est une moyenne des indices des prix de gros et des prix à la consommation calculée par Humair, *Développement économique...*, pp. 745-748, à partir des indices contenus dans Heiner Ritzmann-Blickenstorfer (éd), Hansjörg Siegenthaler (sous la dir.), *Statistique historique de la Suisse,* Zürich, 1996, pp. 485 et 502.

Tableau 1 – Evolution du prix moyen du transport en Suisse (1840-1913)

1840-1850: roulage
1860 à 1900: chemin de fer

	Valeurs nominales (en cts par T et km)	*Valeurs réelles (en cts. de 1890 par T et km)*
1840-1850	45.0	50.0
1860	12.0	9.5
1870	11.4	9.3
1875	11.1	8.6
1880	10.4	8.6
1885	8.9	9.6
1890	8.3	8.3
1895	8.7	9.5
1900	8.7	9.1
1905	8	8.1
1910	7.7	7
1913	7.99	6.9

Sources: pour 1840-1850: évaluation d'après Caillat, *Du commerce à Genève...*, tableau n° 3; Fazy, *Rapport fait à la Chambre de commerce...*, p. 16; Coindet, *Rapport au Département des travaux publics de la Confédération...*, p. 40; Riesler, «Rapport sur les influences économiques...», p. 87. Pour 1860: Gottlieb Koller, Wilhelm Schmidlin, Georg Stoll, *Des bases de comparaison des chemins de fer par les Alpes suisses sous le rapport commercial,* Zurich, 1865, p. 8. Pour 1870 à 1913: cf. Annexe 2, Evolution du prix du transport ferroviaire marchandises en Suisse (1868-1913).

Visible à la lecture du tableau 1, les chemins de fer provoquent, dès l'ouverture des premiers tronçons, une diminution notable du prix du transport. L'ouverture en deux temps de la ligne entre Bussigny et Yverdon, puis Bussigny et Morges en mars et juillet 1855, entraîne une baisse du tarif s'échelonnant entre 50% pour les marchandises de valeur élevée (essentiellement produits manufacturés, produits coloniaux, métaux ouvrés et vins) et 60% pour les marchandises de moindre valeur (fumier, tourbe, houille, engrais, cendre)[73]. La taxe moyenne pratiquée par les compagnies suisses s'établit à 12 centimes par T et par km en 1860 (soit 9.5 cts. de 1890), ce qui correspond à une diminution du prix

73 Entre Lausanne et Yverdon, le tarif pour les produits de valeur élevée passe de 14.80 frs. à 7.50 frs la T. Pour les produits primaires de peu de valeur, il passe de 11 frs. à 4.50 frs. ACV, K IX, 201/1 «Tableau des prix du transport des marchandises entre Lausanne et Yverdon par la voie actuelle et par le chemin de fer projeté», s.l.n.d.

du transport, en terme nominal, de plus de 70% en une dizaine d'années. Les années suivantes, la diminution du prix du transport se fait évidemment plus lente: le tarif descend au-dessous des 10 cts. par T et par km dès les années 1880 (12.6 cts. de 1890), s'établit à 8.65 cts. en 1900 (8.21 cts. de 1890) et à 7.99 cts. en 1913. En une soixantaine d'années, le prix moyen du transport en Suisse a donc diminué de plus de 80%, sans tenir compte de l'effet supplémentaire induit par la suppression des péages cantonaux en février 1850.

L'évolution en termes réels est sensiblement différente: diminution très rapide les premières années (80% entre 1840-50 et 1880), puis hausse dès la période de recul des prix des années 1875/80. En 1880, en termes réels, le prix du transport par chemin de fer ne s'élève plus qu'à 17% de ce qu'il était avec le roulage. Même si les vingt dernières années du siècle sont marquées par une augmentation du prix du transport, elles ne changent rien à la remarquable diminution des tarifs sur cinquante ans. Entre 1900 et 1913, le prix du transport en termes réels recule encore, durant une période marquée par l'augmentation générale du niveau des prix. En tout, en une soixantaine d'années, le prix du transport en termes réels à donc subi, en Suisse, une division par sept, assez proche du chiffre avancé par P. Bairoch.

La diminution du prix du transport ferroviaire en Suisse est à mettre en comparaison avec celle constatée sur les réseaux ferrés voisins. La prise en compte des tarifs ferroviaires allemands et français permet de poser les termes d'un débat tarifaire qui, en Suisse, fait en permanence référence aux tarifs des deux grands voisins. Loin de s'estomper au fil des ans, la différence entre le prix du transport ferroviaire en Suisses et celui constaté en France et en Allemagne se maintient (cf. graphique 1).

Graphique 1 – Evolution du prix moyen du transport ferroviaire en Suisse, en Allemagne et en France entre 1860 et 1913

En cts. par T et km

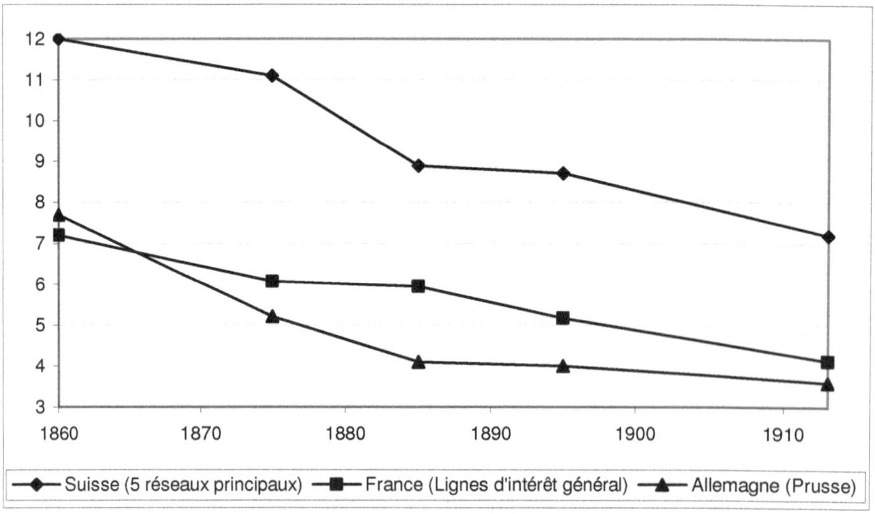

Sources: Pour la Suisse: 1860, calcul établi d'après Koller, Schmidlin, Stoll, *Des bases de comparaison* ..., p. 8; 1875-1895, calcul établi d'après l'Annexe 2, Evolution du prix du transport ferroviaire marchandises en Suisse (1868-1913) (moyenne des 5 réseaux privés formant les CFF). Pour l'Allemagne: calcul établi d'après Fremdling, *Eisenbahnen...*, p. 18 et p. 57 (moyenne du réseau prussien et reste de l'Allemagne). Pour la France: 1860, calcul établi d'après Leclercq, *Le réseau impossible...*, p. 127 (moyenne tarifaire 1856-1860 pour l'ensemble des lignes); 1875-1914, calcul établi d'après Caron, *Histoire...*, vol. 2, p. 229 (lignes d'intérêt général).

Dans la fixation des tarifs, le prix de revient du transport, définissant le niveau en dessous duquel le tarif ne permet plus de couvrir les charges, est déterminant. Le calcul du coût qu'entraîne le transport d'une T de marchandise sur un km n'est pas chose aisée et sa détermination pose nombre de problèmes aux administrations ferroviaires[74]. En 1850 déjà

74 A ce sujet, cf. notamment, Caron, *Histoire...*, vol. 2, pp. 230-236; Grall, *Economie de forces...*, chapitres 10 et 11. Le prix de revient du transport des compagnies helvétiques est sans doute sous-évalué jusqu'au début des années 1880. La préparation de la loi sur la comptabilité des chemins de fer, loi qui entre en vigueur en 1883, démontre en effet les différents allègements que les compagnies font subir à leur compte d'exploitation et qui produisent une diminution du prix de revient du trans-

un ingénieur des Ponts et Chaussées exprime dans une étude statistique consacrée aux chemins de fer d'Orléans et du Centre l'importance d'une parfaite connaissance du prix de revient[75]:

> Une exploitation de chemins de fer n'est autre chose qu'une manufacture de transports; or tout manufacturier intelligent doit connaître avec précision non seulement ce qu'il dépense en bloc, mais encore ce qu'il dépense pour produire chaque objet afin de pouvoir proportionner ses prix de vente à ses prix de revient; il doit connaître quelle est dans sa dépense, la partie fixe et invariable, et quelle est au contraire la partie progressive, afin de savoir dans quelle proportion une augmentation de production abaisserait son prix de revient et pouvoir au besoin abaisser ses prix de vente dans l'espérance d'augmenter ses bénéfices par une augmentation de production. En industrie, on est forcément ramené à cette question fondamentale de l'établissement du prix de revient, et l'exploitation des chemins de fer ne peut rester en dehors de la règle générale.

Deux types d'éléments pèsent sur le prix de revient du transport: premièrement les dépenses d'intérêts ainsi que d'amortissements des capitaux d'établissement et deuxièmement les frais d'exploitation, formés des dépenses du personnel, de la traction et de l'usure. Le premier élément est fréquemment exclu du calcul du prix de revient, puisque il n'est pas directement lié à l'opération de transport[76]. Au niveau des frais d'exploitation, les dépenses les plus importantes – soit celles de la traction – dépendent notamment des prix du combustible destiné à mouvoir les locomotives ainsi que des profils des tracés (pentes et courbes). Le poids mort – soit la tare – traîné par les locomotives contribue également à renchérir le coût du transport d'une T de marchandise sur un km.

L'optimisme dont faisait preuve, en 1838, l'ingénieur de la *Kaufmannschaft Zürich,* l'Autrichien Alois Negrelli (1799-1858), au retour d'un voyage exploratoire en France, en Belgique et en Angleterre au sujet de

---

port. Pour les compagnies, cette sous-évaluation revêt un double but: d'une part, dégager un bénéfice d'exploitation supérieur qui est distribué annuellement aux actionnaires; d'autre part, charger le compte de construction afin d'augmenter le prix de rachat en cas de décision de reprise des compagnies par la Confédération. Cf. Willy F. Werz, *La comptabilité des chemins de fer privés suisses,* Aubonne, 1947, pp. 20-26.

75 L. Herman, *Etude statistique sur l'exploitation des chemins de fer d'Orléans et du Centre,* Paris, 1850, pp. 3-4, cité par Grall, *Economie de forces...,* p. 281.

76 Franz Ulrich, *Traité général des tarifs de chemins de fer contenant une étude spéciale des tarifs appliqués en Allemagne, Autriche-Hongrie, Suisse, Italie, France, Belgique, Hollande, Angleterre et Russie,* Paris, 1890, p. 36.

la possibilité de construire et d'exploiter à bas coûts des chemins de fer en Suisse, sera rapidement tempéré par la pratique[77]. La première difficulté qui se pose aux compagnies ferroviaires suisses est l'approvisionnement à bon marché de combustible pour les locomotives. Dès janvier 1852, le conseiller national bernois de Porrentruy Xavier Stockmar (1797-1864) interpelle dans une lettre le Conseil fédéral sur la question d'une utilisation de la tourbe – matière abondante dans certaines régions de Suisse – comme combustible pour les chemins de fer[78]. L'abandon de la construction et de l'exploitation des chemins de fer aux cantons et au secteur privé, suite à la loi du 28 juillet 1852, renvoie la question hors du champ de compétence du gouvernement fédéral. Mais le recours à la tourbe, employée notamment par quelques chemins de fer dans le Würtemberg et en Bavière, sera l'option retenue par le NOB dans les premiers temps de son exploitation. Cette solution est financièrement légèrement plus avantageuse, puisqu'un train de marchandises coûte, par km, 32 cts. en combustible charbon contre 30 cts. en combustible tourbe. L'ouverture du tunnel du Hauenstein sur la ligne entre Bâle et Olten en 1858 et l'arrivée à très bas prix de charbon en provenance des mines de la Sarre provoque l'abandon de la tourbe comme combustible pour les machines du NOB et l'adoption du charbon. A cette date, le coût du charbon pour un train marchandises du NOB, sur un km, s'établit à 26 cts[79].

Hormis la question de l'approvisionnement en combustible, le profil des lignes pèse sur le prix de revient du transport. Sur des lignes de montagne, les trains sont remorqués par deux locomotives, entraînant une augmentation du coût de la traction. La dépense en personnel de freinage augmente également. Dans les années 1850, les ingénieurs ferroviaires sont tous plus ou moins d'accord pour affirmer que, dans la mesure du possible, les pentes doivent être évitées. Ils se rejoignent toutefois sur la constatation que de faibles pentes n'ont pas les conséquences fâcheuses que l'on imaginait au début de l'exploitation ferroviaire[80].

77 Alois Negrelli, *Ausflug nach Frankreich, England und Belgien zur Beobachtung der dortigen Eisenbahnen, mit einem Anhange über Anwendung von Eisenbahnen in Gebirgsländern*, Frauenfeld, 1838, p. 195.

78 AF, E 53, Nr. 656, vol. 207, «Lettre de Stockmar, membre du Conseil national au Conseil fédéral», Berne, 10 janvier 1852.

79 Riesler, «Rapport sur les influences économiques…», p. 65.

80 Auguste Perdonnet, *Traité élémentaire des chemins de fer,* 2 vol., Paris, 1858 (2e édition), pp. 100-101.

Les administrations ferroviaires suisses sont confrontées très tôt à des tronçons à forte inclinaison. La ligne du Hauenstein, exploitée par le SCB, présente des pentes de l'ordre de 25‰, similaires à celles de l'axe du Soemmering, ouvert à l'exploitation en juillet 1854 entre Vienne et Trieste et considéré par nombre d'ingénieurs d'alors comme présentant des pentes au-delà desquelles un chemin de fer ne serait plus rentable[81]. Sur les rampes du Hauenstein, les trains du SCB sont grevés d'un surplus de coût de l'ordre de 1.50 frs. par km en raison de la double traction. Ce tronçon pèse sur le reste de l'exploitation du SCB puisque, au début des années 1860, le coût d'un train de marchandises sur un km est 45 cts. plus élevé sur le réseau du SCB que sur celui de l'OS[82].

La tare est également un élément influençant la détermination du prix de revient du transport. Au début des années 1860, une locomotive à vapeur du service marchandises de l'OS pèse 35 T et tracte des wagons pesant, à vide, 5 T. Le désavantage du poids mort dans le transport ferroviaire est cependant compensé par la faible résistance qu'offrent les rails, ce qui permet de diminuer le prix de revient unitaire à mesure que le chargement augmente[83]. Afin de limiter les dépenses d'exploitation, les compagnies ferroviaires utilisent de préférence des wagons de grande envergure et cherchent à remplir les wagons au maximum de leur capacité[84].

81 Citant un ingénieur des Mines, Perdonnet mentionne que les pentes du Soemmering, présentant des inclinaisons de 25‰ «ne doivent toutefois être admises qu'à la dernière extrémité et quand il faut recourir à tous les moyens pour frayer un passage au chemin de fer.»

82 G. Lommel, *Simplon, St-Gothard et Lukmanier. Etude comparative de la valeur technique et commerciale des voies ferrées projetées par ces passages alpins italo-suisses*, Lausanne, 1865, p. 71. Le coût s'élève à environ 2 frs. pour les trains marchandises de l'OS contre 2.45 frs. pour ceux du SCB.

83 Perdonnet exprime la moindre résistance qu'offrent les rails par rapport à la route de la manière suivante: «Un cheval, une machine, un moteur quelconque, peuvent [...] traîner sur un chemin de fer de niveau, en ligne droite, à une vitesse modérée de moins de six lieues à l'heure (environ 30 km/h), une charge de sept à neuf fois aussi grande que sur une route ordinaire à la vitesse en usage sur ces routes.» Perdonnet, *Traité élémentaire...*, p. 72.

84 Sur les chemins de fer suisses au début des années 1860, la tare s'élève en moyenne à plus de 66% du poids brut. Sur les chemins de fer allemands elle oscille à cette date entre 64 et 56% pour les lignes à fort trafic de transit. En France la proportion est seulement de 52%. Gottlieb Koller, Wilhelm Schmidlin, Georg Stoll, *Le chemin de fer du Saint-Gothard sous le rapport du commercial,* Zurich, 1864, p. 115. Vingt ans plus tard, en 1880, sur les chemins de fer allemands, la tare s'élève toujours à plus de 57% du poids brut. Ulrich, *Traité général...*, pp. 44-45.

L'évaluation du prix de revient du transport est rendue plus aisée, dès le milieu des années 1860, grâce à l'expérience de plusieurs années d'exploitation. Les chiffres varient cependant fortement en fonction des éléments pris en compte dans les calculs. L'ingénieur lausannois Georges-Thomas Lommel, futur directeur de la Compagnie du Simplon, évalue le coût moyen du transport de marchandises à environ 2 cts. par T et par km sur les compagnies helvétiques. Il précise également que ce chiffre pourrait être notablement diminué si les locomotives tractaient toujours des trains au maximum de leur capacité: dans ce cas, le coût pourrait descendre jusqu'à 0.8 cts[85]. Ces chiffres s'opposent à ceux calculés par Gottlieb Koller (1823-1900), ingénieur au SCB, Wilhelm Schmidlin (1810-1872), président de la direction du SCB et Georg Stoll (1818-1904), son homologue au NOB. Partant du tarif moyen en vigueur sur les compagnies suisses dans les années 1860, soit de 12 cts. par T et par km, ils affirment que ce chiffre est au plus près du prix de revient du transport. La différence entre l'évaluation de Lommel et celle de Koller, Schmidlin et Stoll, provient du fait que ces derniers incluent, dans leur calcul, l'intérêt du capital[86].

La divergence entre les deux modes de calcul va s'estomper les années suivantes. En excluant l'amortissement des capitaux du prix de revient, les administrations ferroviaires prennent en considération uniquement les frais d'exploitation, ce qui leur permet de savoir exactement à quel niveau de tarif le transport ne couvre plus les frais qu'il

85 Le coût de 2 cts. par T et par km proposé par Lommel est basé sur des trains composés de 12 wagons de chacun 5 T, chargés à leur maximum, soit chacun 10 T. Lommel suppose une tare minime. Le poids utile est donc de 120 T. Pour Lommel, le coût peut encore diminuer si les locomotives tractent des trains au maximum de leur capacité. Prenant l'exemple de l'OS, l'ingénieur mentionne que les machines de cette compagnie sont en mesure de tracter des trains de 500 T de charges bruts, soit 340 T de charges utiles (34 wagons chargés à leur maximum). Seule la dépense de combustible augmenterait sensiblement, portant le prix de revient d'un train sur un km à 2.85 frs. au lieu des 2.40 frs. pris en référence par Lommel. Dans ce cas, le prix de revient de la T est porté à 0.8 cts. par km. Lommel, *Simplon, St-Gothard et Lukmanier...*, p. 71.

86 Plus que chez Lommel, le prix de revient proposé par Koller, Schmidlin et Stoll est basé sur la pratique des compagnies, notamment du SCB et du NOB. S'ils ne nient pas le chiffre proposé par Lommel pour les seuls frais d'exploitation, leur évaluation du prix de revient est plus large et suppose non seulement la prise en compte de la tare, mais également l'intégration dans le calcul de l'intérêt des capitaux d'établissement. Koller, Schmidlin, Stoll, *Des bases de comparaison ...*, p. 8.

engendre directement. En 1879, les compagnies ferroviaires helvétiques fixent le prix de revient du transport à 3.1 cts. par T et par km en moyenne[87]. Ce chiffre demeure pourtant largement hypothétique et soumis à de fréquentes réévaluations. Ainsi, trois ans plus tard, un rapport de la direction de la SOS évalue le prix de revient à 5.7 cts. par T et par km[88]. La difficulté à évaluer le prix de revient du transport découle également des fortes variations dans les conditions d'exploitation. Si les compagnies, par leurs tarifs favorisant au maximum les envois par wagons complets parviennent, au fil des années, à réduire la tare, les pentes demeurent. Elles entraînent, sur certains tronçons, des surcoûts d'exploitation.

L'évaluation de l'augmentation des frais d'exploitation en raison des pentes n'est pas plus aisée à déterminer que le prix de revient lui-même. Dans les années 1860, en optant pour la notion de distance virtuelle, Lommel arrive à la conclusion que chaque élévation de 10 m provoque un surcroît de distance de 1 km[89]. C'est en prévision du passage des Alpes suisses par des lignes à fortes rampes que les études en la matière se font plus précises. La commission instituée par le gouvernement italien pour étudier les lignes des Alpes suisses donne ainsi, en 1865, une augmentation des frais d'exploitation pour les pentes de 12, 18 et 24‰ allant de 50 à 150%. Ces augmentations sont à peu de chose près celles proposées dès les années 1870 par Gottlieb Koller, désormais inspecteur de la ligne du Gothard, et par l'inspectorat technique du DFCC[90]. C'est sur cette base que sont calculées les augmentations de frais d'exploitation qui surviendront par exemple sur la ligne du Gothard, traduisible en augmentation des tarifs[91]. Au milieu des années 1890, les

87 Ce chiffre est celui auquel arrivent les compagnies de la SO, du SCB, du NOB et du JBL après maintes discussions. Les administrations font une différence entre la GV, dont le prix de revient est évalué à 4 cts. par T et par km et la PV, évaluée à 2.2 cts. Union commerciale, *Procès-verbaux de l'Union commerciale des Administrations de chemins de fer suisses,* vol. 1, 1885, p. 52 (Conférence du 27 mars 1879).

88 *Rapport présenté au Conseil d'administration de la Compagnie des chemins de fer de la Suisse Occidentale et du Simplon par la direction sur la question des tarifs,* Lausanne, 1882, p. 13.

89 Lommel, *Simplon, St-Gothard et Lukmanier...*, p. 75. Au début des années 1870, la distance virtuelle induite par une augmentation de 10 m s'établira autour de 0.7 km.

90 FF, vol. 3, 1873/2, pp. 581-582.

91 Pour les pentes de 15‰, l'inspectorat technique du DFCC propose, pour la ligne du Gothard, un coefficient de multiplication des frais d'exploitation de 1.19. Pour les pentes de 25‰, de 1.62. Ces propositions s'élèvent approximativement à la moitié

grandes compagnies ferroviaires helvétiques admettent ainsi que les tarifs ne doivent en aucun cas descendre en dessous d'une fourchette oscillant entre 4.5 et 3 cts. par T et par km, suivant les conditions d'exploitation[92]. Auquel cas, la compagnie transporte à perte.

La ligne du Gothard, présentant de fortes rampes (cf. schéma 1), devrait en tous les cas offrir des tarifs se rapprochant de 4.5 cts. par T et par km afin de couvrir ses frais. Cependant, l'environnement concurrentiel dans lequel se meuvent les compagnies ferroviaires pour la captation du trafic de transit européen permet de douter de leur possibilité effective à recourir à des augmentations de tarifs afin de couvrir les frais d'exploitation supplémentaires des tronçons de montagne. Le GB est ainsi soumis à de fortes pressions contradictoires: la présence des autres axes nord-sud nécessite l'introduction de tarifs très bas, tendance freinée par les coûts d'exploitation plus importants d'une ligne de montagne de ce type. Nous verrons ultérieurement les solutions mises en œuvre et leurs conséquences (cf. chapitres 4 et 5). La SOS, qui entreprend dès 1898 les travaux de percement du Simplon entre Brigue et Domodossola, saura par ailleurs tirer les conséquences des effets néfastes des fortes rampes sur les capacités concurrentielles des lignes ferroviaires. En 1883, quelques mois après l'ouverture du tunnel du Gothard, Jean Meyer (1840-1891), ingénieur-chef de la SOS, défend en ces termes le projet d'un long tunnel de base de 20 km au Simplon destiné à gommer au maximum les pentes[93]:

> [il] s'agit de lutter dans la voie des tarifs, c'est-à-dire de ne pas arrêter à une limite où on serait obligé de transporter au-dessous du prix de revient pour conquérir le trafic.

Dans le cas du Simplon, la solution du tunnel de base s'imposera avec le projet définitif de 1896[94] (cf. schéma 2).

---

des évaluations de l'augmentation des frais d'exploitation due aux fortes pentes car l'exploitation se fait autant à la descente qu'à la montée.

92 FF, vol. 4, 1894, p. 702.

93 AHCFF, KDI_REG_2002.008_002_26, «Société des ingénieurs civils. Extraits de la Séance du 20 avril 1883».

94 Cf. notamment, Gérard Duc, «Aspects techniques et commerciaux d'une voie ferrée à travers le Simplon (1852-1893)», in *Actes du Colloque* Simplon 1806-2006. *Un axe européen* (Lausanne, 19-22 octobre 2006), à paraître.

Schéma 1 – Profil de la ligne du Gothard entre Bâle et Chiasso

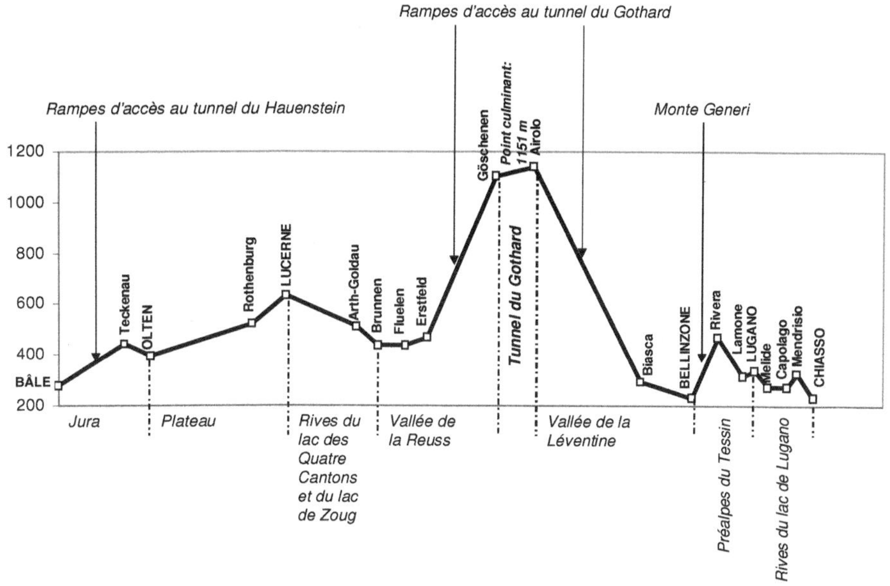

Source: schéma établi d'après Henri Lartilleux, *Géographie universelle des transport: Géographie des chemins de fer d'Europe,* vol. 1, Paris, 1951, p. 96.

Schéma 2 – Profil de la ligne du Simplon entre Vallorbe et Domodossola

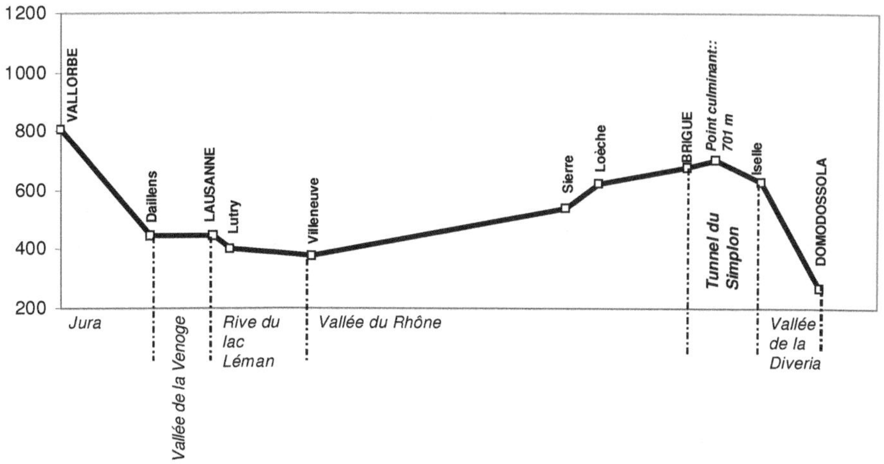

Source: schéma établi d'après Lartilleux, *Géographie universelle ...,* p. 53.

Tel qu'il peut être évalué dès les années 1860, le prix de revient du transport des principales compagnies ferroviaires suisses apparaît comme très inférieur au tarif moyen en vigueur sur leur réseau.

Durant les premières années d'exploitation, les tarifs dégagent un produit suffisant pour amortir les obligations et leur payer un intérêt, ainsi que pour payer des dividendes aux actionnaires: dès le début des années 1860 et jusqu'au début des années 1870, le NOB et le SCB distribuent des dividendes qui s'élèvent progressivement jusqu'à 9% de leur capital actions respectif. Les dividendes versés par le VSB ou l'OS sont beaucoup plus modestes, voire insignifiants, franchissant très rarement la barre des 1%[95]. Entreprises industrielles privées, les compagnies ferroviaires tirent du prix du service de transport leurs bénéfices. Si ceux-ci sont insuffisants et ne permettent pas d'offrir un rendement équitable aux actionnaires, il semble légitime d'augmenter les tarifs. C'est ce que préconise, en 1863, le financier genevois et pionnier des chemins de fer en France, François Bartholony (1796-1881)[96]:

> Est-il possible d'admettre que des chemins de fer, construits et exploités à grands frais, ne seront jamais rémunérateurs, ne fût-ce que d'un faible intérêt des capitaux dépensés? Evidemment, si les taxes exigées pour jouir des chemins de fer, dont la création a apporté de si grandes économies au transport des hommes et des choses, sont insuffisants pour subvenir aux charges des entreprises qui procurent des économies, et tant d'autres avantages, il faut les élever jusqu'à due concurrence [...]

Toutefois, augmenter inconsidérément les tarifs dans le but de satisfaire les actionnaires débouche sur des détournements de trafic au profit de lignes concurrentes et sur une limitation du trafic de certains produits, incapables de soutenir des coûts de transport élevés.

La réflexion sur la tarification ferroviaire qui débute avec l'exploitation des premières lignes de chemins de fer en Europe vise à concilier deux conceptions différentes: la première – telle qu'elle ressort de la note ci-dessus de Bartholony – distingue dans les tarifs le reflet du coût de l'infrastructure et du transport. La seconde défend dans les tarifs un instrument de développement du transport. L'une n'exclut pas l'autre et

95 Werner Schmid, *Die Kapitalverluste der Privatbahnen von der Eisenbahnverstaatlichung in der Schweiz,* Bern, 1941, pp. 18 et 42; Kessler, *Die Schweizerische ...,* p. 273; *Statistiques des chemins de fer suisses,* Berne, 1868-1900

96 François Bartholony, *Note adressée à M. le président et MM. les membres du Conseil fédéral*, Paris, 1863, p. 9.

ces deux conceptions occupent, à des degrés divers, la réflexion théorique qui est menée autours des tarifs ferroviaires. Dans sa thèse consacré à la réflexion économique des ingénieurs des Ponts et Chaussées en France, Bernard Grall avait pu identifier quatre logiques différentes, produisant autant de système de tarification. La première logique consiste à faire payer à toutes les marchandises la même taxe par km et par T sur tout le réseau. C'est une conception qui ne sera pas mise en pratique dans les faits. La deuxième logique conduit à établir des tarifs proportionnés au prix de revient du transport, incluant aussi bien le prix du transport à proprement parler que l'amortissement de l'infrastructure. C'est en quelque sorte la position défendue par la plus large frange des ingénieurs des Ponts et Chaussées. La troisième logique est la tarification au coût marginal, excluant la prise en considération dans le tarif des investissements en infrastructure et de tous les coûts qui ne sont pas directement liés au transport de la marchandise. Le coût marginal définit la limite en dessous duquel le tarif ne doit absolument pas descendre. Peu praticable dans un système ferroviaire abandonné au privé et dans lequel l'Etat ne finance pas les infrastructures de transport, la logique de la tarification au coût marginal produit la tarification à la valeur, soit la forme de tarification la plus durablement pratiquée par les compagnies françaises et, dans une moindre mesure, européennes[97].

La genèse de la tarification à la valeur n'est pas à chercher auprès des ingénieurs ferroviaires. Le fondateur en quelque sorte de ce principe de tarification est Jules Dupuit (1804-1866), auteur, en 1844, d'un mémoire demeuré célèbre et publié dans les *Annales des Ponts et Chaussées*. Pour lui, «le meilleur de tous les tarifs serait celui qui ferait payer à ceux qui passent sur une voie de communication un péage proportionnel à l'utilité qu'ils retirent du passage»[98]. Ingénieur des routes, Dupuit

97 Pour une approche théorique plus complète, cf. Grall, *Economie de forces...*, pp. 334-344.

98 Jules Dupuit, *De l'utilité et de sa mesure. Ecrits choisis et republiés par Mario de Bernardi,* Turin, 1933, p. 141. Le titre du mémoire de Dupuit est «De la mesure de l'utilité des travaux publics». Sur la pensée économique de Dupuit et le développement de la théorie du coût marginal, cf. François Vatin, «Jules Dupuit (1804-1866) et l'utilité publique des transports», in *Revue d'histoire des chemins de fer,* n° 27, automne 2002, pp. 39-56. Cf. également Caron, *Histoire...*, vol. 1, pp. 384-386; Gérard Duc, «Les tarifs marchandises des compagnies ferroviaires suisses (1850-1900)», in Hans-Jörg Gilomen, Margrit Müller, Laurent Tissot (Ed.), *Les Services. Essor et transformation du «secteur tertiaire» (15e-20e siècles),* Zürich, 2007, pp. 188-190.

écrit son mémoire à un moment où le chemin de fer vient d'apparaître sur le territoire français. Paradoxalement, le grand inspirateur de la tarification à la valeur ne participe ainsi pas au débat sur les tarifs ferroviaires et les ingénieurs ferroviaires n'utiliseront pas le cadre théorique développé par Dupuit pour justifier cette forme de tarification. Le principe de celle-ci peut rapidement être résumé ainsi: les compagnies ferroviaires adoptent plusieurs classes de tarifs différents – trois ou quatre – et distribuent ensuite les marchandises au sein des classes suivant leur valeur.

Cependant dans l'esprit des défenseurs de la tarification à la valeur, le transport ne doit pas constituer une perte pour la compagnie. Même si le coût du transport comme élément déterminant du tarif s'efface au profit de la valeur de la marchandise transportée, le tarif doit également refléter le prix de revient – ou du moins, pour les marchandises ayant le moins de valeur, le coût marginal – du transport. On rejoint ainsi la conception d'une tarification comme reflet du coût du transport.

Dans les faits, les compagnies ferroviaires recourent à un système mixte, tenant autant compte de la valeur de la marchandise transportée (tarification à la valeur) que du coût direct que son transport entraîne pour la compagnie (tarification au coût marginal) et des coûts indirects (tarification au prix de revient). Comme on l'a vu, les compagnies ferroviaires sont conscientes que dans un convoi ferroviaire, plus la capacité utilisée est éloignée de la capacité maximale des wagons, plus la tare devient importante et plus le coût de la T transportée sur un km est élevé. D'où la nécessité d'utiliser au maximum la capacité d'espace et de tonnage des wagons de chemins de fer et la préconisation d'un système de tarification favorisant les transports de ce type (tarifs à la capacité du wagon ou tarif au volume)[99]. Dès le début de l'exploitation ferroviaire, la tendance sera ainsi non seulement de tenir compte de la valeur d'usage de la marchandise transportée, mais également de favoriser les envois par wagons complets (5 et 10 T) sur de longues distances en leur accordant des taxes moins élevées.

Au fil des ans, les critiques envers la tarification à la valeur assurent la promotion du système des tarifs à la capacité. Des ingénieurs allemands, défenseurs du modèle germanique de chemins de fer d'Etat, dénoncent la tarification à la valeur comme le système caractéristique

99 Notammnent Franz Perrot, *Der Wagenraumtarif,* Berlin, 1873. Cf. égalenment Hans Staffelbach, *Normalgütertarif ...*, p. 33.

des compagnies ferroviaires privées, consistant à taxer la marchandise au maximum de ce qu'elle est en mesure de supporter. Avec le développement du trafic et la diminution de la part de frais fixes supportée par chaque transport, les tarifs à la valeur sont accusés de s'éloigner de plus en plus du prix de revient du transport en laissant aux compagnies une marge bénéficiaire croissante. L'alternative est un recours au système des tarifs au volume, où seul le tonnage entrerait en considération et toutes les marchandises, indistinctement, seraient transportées au prix de la classe la plus basse du système à la valeur. Pour cela, il faut que le trafic ait acquis une densité suffisante pour permettre la diminution généralisée des tarifs au niveau de la classe la plus basse et que les chemins de fer soient gérés par l'Etat, afin qu'ils ne cherchent pas à maximiser leur produit net. L'économiste Franz Ulrich, conseiller au Ministère des travaux publics de Prusse, enseignant l'économie publique à l'Université de Bonn, est l'auteur, dans les années 1880, d'une véritable encyclopédie sur les tarifs ferroviaires européens. Il qualifie comme suit le système des tarifs au volume, qu'il oppose au système à la valeur[100]:

> Ce tarif pur repose exclusivement sur la classification d'après l'utilisation et supprime complètement la tarification à la valeur; il paraît être le tarif qui doit correspondre à l'état de développement des chemins de fer lorsque le paiement de l'intérêt du capital d'établissement est supprimé et lorsqu'il ne reste plus à recouvrer par les tarifs que les frais d'exploitation.

Sur les chemins de fer suisses, à la fin des années 1850, la conformité des systèmes de tarification avec le modèle de la tarification à la valeur varie considérablement. Certaines concessions mentionnent clairement quatre classes de tarifs, alors que d'autres ne font aucune mention de l'établissement de classes différentes.

Mais les compagnies ferroviaires helvétiques tiennent également compte du prix de revient du transport et de la concurrence des lignes ferroviaires étrangères dans l'élaboration de leurs tarifs. Ainsi, la classification commune adoptée par les compagnies ferroviaires suisses en 1863 s'accompagne d'un système tarifaire distinguant les envois partiels (moins de 5 T) des envois par wagons semi complets de 5 T payant une taxe kilométrique moins élevée[101].

100 Ulrich, *Traité général...*, pp. 144-145.

101 Pour une meilleure compréhension des systèmes de classification des compagnies suisses nous renvoyons le lecteur à l'Annexe 3, Taxes des tarifs.

La concurrence provoquée pour le trafic entre Bâle et l'est de la Suisse par la ligne badoise de la rive droite du Rhin nécessite dès 1872 l'adaptation du système tarifaire du VSB et du NOB au modèle germanique[102]. A cette date, les chemins de fer badois ont adopté le système mis en vigueur sur le réseau ferré de l'Alsace-Lorraine au moment de son annexion à l'Empire allemand. Le trafic direct germano-suisse nécessite une adaptation constante entre les deux systèmes de tarifs et les compagnies du nord de la Suisse peinent à concurrencer la ligne allemande du Rhin pour les envois massifs, favorisés par le nouveau système tarifaire[103]. La réforme tarifaire n'admet plus que deux classes pour les envois partiels et cinq classes de tarifs plus favorables pour les envois massifs, dont deux pour les envois de 10 T. Suite à l'ouverture du tunnel du Gothard en 1882 et à la mise en exploitation de la totalité de cette ligne de transit essentielle entre le nord et le sud de l'Europe, une nouvelle réforme du système tarifaire des compagnies suisses, basée sur le modèle alors en vigueur en Allemagne, est introduite en deux temps: 1882-83 pour le GB, NOB, VSB, JBL et SCB et 1885 pour la SOS. Ce système, popularisé sous la dénomination de système allemand de réforme, ne comporte plus que deux classes d'envois partiels et deux classes d'envois par wagons complets (5 et 10 T), ainsi que trois classes de tarifs spéciaux par wagons complets pour les marchandises de très faible valeur. La loi fédérale de 1901 sur les tarifs des CFF entérine l'adoption définitive de ce système sur les chemins de fer suisses: les maxima tarifaires contenus dans cette loi ne sont appliqués qu'à partir de juillet 1904.

Aussi bien dans le système de 1872 que dans celui du début des années 1880, ce n'est plus la valeur d'usage de la marchandise qui guide avant tout la tarification, mais son poids et son volume. Le système de 1882 se rapproche du système de tarif au volume, mais s'en éloigne toutefois par la présence des classes de tarifs spéciaux, n'éliminant pas totalement la notion de tarif à la valeur.

102 Le SCB adopte ce système pour son trafic avec les réseaux du NOB et du VSB. Il garde cependant le système de 1863 pour son trafic interne et pour le trafic avec le réseau des compagnies de l'ouest de la Suisse.

103 Notamment, AHCFF, VGB_GB_SBBGB03_092_01, «Reformtarifsystem (Schweizerische Centralbahn – Nordostbahn, 1873»; AHCFF, CACF, *Procès-verbaux...*, vol. 3, 1875, p. 247 (Projet du Central et du Nord-Est d'introduire un nouveau système de tarifs – Conférence des 7-8 mai 1874).

On comprend ainsi que de nombreux éléments pèsent dans la détermination du montant des tarifs. Le prix de revient du transport – évalué, rappelons-le, entre 3 et 4.5 cts. par T et km – est un élément. Il ne forme cependant qu'une limite au-dessous de laquelle les compagnies ne doivent, dans la mesure du possible, pas descendre. Mais comme nous l'avons déjà mentionné, la présence ou non de lignes concurrentes pèsent également dans la détermination du montant des tarifs: au cas par cas, des tarifs spéciaux, destinés à lutter contre les concurrences, peuvent être établis, parfois même en dessous du prix de revient. Enfin, la valeur de la marchandise transportée entre en ligne de compte dans la formation du tarif. Une taxation uniforme, faisant payer à la T de luxueuse étoffe le même prix qu'à la T de charbon, irait à l'encontre de la loi du trafic: elle empêcherait en grand partie les marchandises de peu de valeur de voyager, sans pour autant entraîner une augmentation des transports de marchandises de plus grande valeur. On parvient ainsi à une formation individualisante du tarif qui aboutit à la ventilation des différentes marchandises dans des classes distinctes en fonction de leur valeur.

Tableau 2 – Evaluation des taxes les plus élevées (GV et PV) et de la taxe la plus faible des tarifs généraux (moyenne sur les principales compagnies suisses)

	Valeurs nominales (cts. par T et par km)			*Valeurs réelles (cts. de 1890 par T et par km)*		
	GV	PV (tarif le plus élevé)	PV (tarif le moins élevé)	GV	PV (tarif le plus élevé)	PV (tarif le moins élevé)
1863	38.5	20.7	7.6	30.3	16.3	5.9
1872	35.9	20.7	5.7	23.4	13.5	3.7
1882	35.0	17.7	4.8	30.4	15.4	4.1
1904	34.0	17.0	4.2	36.1	18.1	4.4

Sources: calculés à partir des chiffres de l'Annexe 3, Taxes des tarifs. Les frais d'expédition ne sont pas inclus dans les calculs. Pour l'indice des prix servant à l'obtention des valeurs réelles, cf. note. 72.

Le tableau 2 rend compte d'une partie de la variabilité des taxes kilométriques. En termes nominaux, les tarifs généraux tels qu'ils sont fixés au moment des quatre réformes considérées (1863, 1872, 1882 et 1904) connaissent une diminution presque continue, allant d'un recul faible de 10% pour les tarifs de la GV à un recul de plus de 44% pour les taxes les plus faibles de la PV qui, au tournant du siècle, se voient établies à 4.2 cts. par T et par km, soit un montant approximativement semblable au prix de revient du transport. Ces taxes kilométriques sont celles que publient les compagnies ferroviaires dans leurs tarifs généraux. Elles sont les seules bases de comparaison, aussi bien pour les compagnies, que pour les secteurs de l'économie et pour les autorités politiques.

Les valeurs réelles, tenant compte des variations monétaires, dénotent une évolution assez différente, que nous avons déjà observée pour les prix du transport en Suisse (cf. tableau 1). Ainsi, durant la période inflationniste des années 1860 et d'une partie des années 1870, le recul est plus soutenu en valeur réelle qu'en valeur nominale: 22% pour la GV et environ 40% pour les taxes les plus faibles de la PV entre 1863 et 1872. Mais la Grande dépression et le recul des prix qui s'ensuit, visible en Suisse dès la fin des années 1870, provoquent, en termes réels, une augmentation des tarifs déjà visible lors de la réforme de 1882. La taxe de la GV augmente ainsi de 30%, celle de la PV de 11%, alors que les tarifs prévus pour les CFF connaissent, en termes réels, une nouvelle hausse de 18% pour la GV et de 7% pour la taxe la plus basse de la PV[104].

A côté de leurs tarifs généraux, les compagnies ferroviaires introduisent des tarifs différentiels[105], appelés tarifs spéciaux, exceptionnels ou communs s'ils sont issus d'arrangements entre différentes compagnies. Les tarifs différentiels prévoient des diminutions de la taxe kilométrique en fonction de la quantité expédiée et/ou de la distance parcourue pour certaines marchandises. Ces taxes peuvent parfois descendre en dessous du prix de revient du transport et témoignent aussi bien de la volonté des compagnies d'animer leur trafic que de la nécessité de soutenir la concurrence des lignes ferroviaires contournant la Suisse et la concurrence des autres modes de transport.

104 Dans un siècle de relative stabilité monétaire, les autorités fédérales ne prennent jamais en considération les variations monétaires pour comparer l'évolution des taxes kilométriques. Il en va de même lors de la fixation des taxes kilométriques servant à établir les tarifs généraux des CFF.

105 Il s'agit d'un terme générique destiné à qualifier l'ensemble des tarifs ferroviaires qui ne suivent par le tarif général (évoluant sur une base différente du tarif général).

I.3.2 Prix du transport et compétitivité: les tarifs ferroviaires pour les secteurs de l'économie

Au lendemain de la Première Guerre mondiale, un rapport de la direction des Etudes financières du Crédit lyonnais s'interroge sur le rôle des chemins de fer dans le développement économique de certains pays européens. Les rédacteurs du texte donnent à l'organisation ferroviaire allemande un rôle prépondérant dans la supériorité de l'économie germanique sur l'économie française durant les deux dernières décennies du XIXe siècle[106]:

> Sur les réseaux allemands, de 1875 à 1895, tout semble avoir été mis en œuvre pour favoriser l'essor économique; grosses réductions de tarifs, amélioration du matériel roulant, importants travaux complémentaires. A partir de 1895 l'élan est donné, il n'est plus nécessaire de consentir d'aussi fortes réductions de tarifs; il faut seulement (et c'est ce qui se passe jusqu'en 1908) moderniser le matériel et développer les gares de façon à ce que les uns et les autres soient toujours en avance sur le trafic auquel ils ont à faire face. Le commerce obtient ainsi des facilités au moins aussi appréciables que des réductions de tarifs et l'essor économique va constamment en s'accentuant.

Dans la Suisse des années 1850 à 1870, la problématique des tarifs ferroviaires n'entraîne qu'un intérêt mitigé de la part des utilisateurs des chemins de fer. On ignore tout simplement, par manque de connaissance des systèmes de tarification mis en place par les compagnies, les conséquences que les tarifs peuvent avoir sur l'économie nationale. Tout juste parviennent-ils à soulever l'indignation de certains secteurs, notamment des céréaliers ou des exploitants de matières premières (anthracites, charbon, bois...) concurrencés sur leurs marchés traditionnels par l'arrivée de produits étrangers. Mais durant ces années-là, le débat se polarise bien plus autour de la politique douanière de la Confédération. Cette médiatisation du débat douanier contribue à effacer du devant de la scène les effets destructurateurs que peuvent revêtir les tarifs ferroviaires pour certains secteurs de l'économie nationale. Or ceux-ci sont évidents. Paul Bairoch calcule que pour un voyage continental européen

106 AHCA, DEEF 29161/1, «Nécessité de réviser les Conventions de 1883. Comparaison entre les Chemins de fer des différents Pays en vue de rechercher dans quel sens devrait se faire cette révision pour être le plus profitable à la Nation / juin 1919, p. 18»; cf. également François Caron, «Les grandes compagnies de chemins de fer, 1823-1937», in Bernard Desjardins, Michel Lescure, Roger Nougaret, Alain Plessis et André Straus, *Le Crédit lyonnais, 1863-1986,* Paris, 2003, pp. 385 et 402.

de 800 km, le coût de transport induit un renchérissement du prix du froment de 73 à 79% et du prix du fer en barre de 68 à 74% en 1850. En 1880, cette proportion a chuté et le coût du transport s'élève désormais entre 39 et 43% du prix du froment et entre 31 et 35% du prix du fer en barre[107]. La protection par la distance, dont jouissaient certaines productions primaires suisses, n'est plus de mise dès l'avènement du transport ferroviaire.

Il faut attendre les années 1870, et bien plus encore les années 1880, pour que les secteurs de l'économie nationale commencent à prendre conscience de l'importance des tarifs ferroviaires dans le maintien de leurs capacités concurrentielles. En 1888, Gustav Ammann-Spiller, membre du comité directeur de la KGZ et directeur de la filiale zurichoise de la maison d'expédition Danzas, décode ce laps de temps qu'il a fallu avant que les secteurs économiques prennent la véritable mesure de l'importance des tarifs ferroviaires. Selon lui, l'utilité des chemins de fer dans les années 1860 a été mesurée à l'aune des régions qu'ils permettaient de raccorder aux grands courants de trafic. Touchée dès le milieu des années 1870 par la Grande dépression, connaissant une régression de ses exportations à partir des années 1885, l'économie suisse n'est plus dans le contexte d'euphorie de la longue période de croissance des années 1850-60, durant laquelle les coûts du transport, grâce à la rapide augmentation du nombre de voies ferrées mises en service, avaient connu une diminution, en termes réels, de plus de 80% en une dizaine d'années.

Dans l'esprit d'Ammann Spiller, l'utilité des chemins de fer dans les années 1880 découle désormais de leur capacité à offrir des transports très bon marché. Les bases de comparaison des coûts de transport ne sont plus établies en considérant les prix du transport pré ferroviaire tels qu'ils existaient en Suisse dans les années 1840-50, mais en les confrontant aux tarifs ferroviaires allemands[108]. L'idée est claire: c'est de l'abaissement des tarifs ferroviaires suisses au niveau des tarifs allemands que

107 Paul Bairoch, «European trade policy 1815-1914», in Peter Mathias, Sidney Pollard (ed.), *The Cambridge economic history of Europe,* vol. 8, Cambridge, 1989, pp. 55-58. Cité par Humair, *Développement économique...*, p. 49.

108 Gustav Ammann-Spiller, *Ueber die Verstaatlichung der Schweizerischen Eisenbahnen,* Zürich, 1888. Cf. également Heinrich Strebel, *Die Diskussion um den Rückkauf der schweizerischen Privatbahnen durch den Bund 1852-1898,* Zürich, 1980, pp. 102-103.

dépendra la capacité de l'industrie nationale à soutenir la concurrence des industries de l'Empire allemand. Or, la compétition économique, qui se durcit dès les années 1870 et le retour au protectionnisme douanier dans la plupart des pays européens surviennent en même temps que le renforcement de la concurrence entre compagnies ferroviaires pour capter le transit ferroviaire: la divergence d'intérêts entre compagnies ferroviaires helvétiques, prêtes à tous les abaissements de tarifs pour attirer le transit, et les secteurs de l'économie demandant des tarifs avantageux pour le trafic intérieur et le trafic d'exportation est évidente.

Cette divergence ne fait que s'accroître jusqu'au rachat des chemins de fer par la Confédération. Les vingt dernières années du siècle projettent véritablement les tarifs ferroviaires dans un rôle de maintien des capacités concurrentielles de l'industrie helvétique. Le corollaire de ce rôle nouveau attribué aux tarifs ferroviaires est la mise en évidence des limites inhérentes à un système de transport basé sur des compagnies privées dont le but ultime demeure de dégager du profit. D'autre part, même si le discours n'est pas formalisé, la dissemblance entre l'évolution des prix de gros et des prix à la consommation, orientés à la baisse dès la fin des années 1870, et des prix du transport qui peinent à suivre le même chemin, connaissant même des augmentations relatives, pèse fortement sur les relations entre secteurs de l'économie et compagnies ferroviaires[109].

Cette divergence entre les nécessités du commerce et les impératifs des compagnies privées est mise en évidence par les analystes du Crédit lyonnais dans le rapport mentionné plus haut. S'interrogeant sur les avantages des chemins de fer d'Etat sur le modèle germanique par rapport aux compagnies privées françaises, ils semblent donner la préférence au système allemand[110]:

> [...] une administration d'Etat, à condition *qu'elle soit animée d'un esprit commercial*, a nécessairement des vues plus larges qu'une Compagnie privée, astreinte à envisager constamment l'appel à la garantie.

109 François Caron ne dit pas autre chose lorsqu'il écrit: «Les progrès techniques et le développement de la consommation tendaient à réduire les prix relatifs de nombreux produits dont les coûts de transport devenaient prohibitifs.» Caron, *Histoire...*, vol. 2, p. 253.

110 AHCA, DEEF 29161/1, «Nécessité de réviser les Conventions de 1883..., p. 18» (souligné dans l'original).

Sans que cela ne soit aussi textuellement, ni même clairement exprimé par les secteurs de l'économie helvétique, nous démontrerons que l'espoir d'une meilleure prise en considération de leurs besoins par des chemins de fer d'Etat constitue l'un des moteurs de la formation d'une plate-forme politique susceptible de mener au rachat des chemins de fer suisses à la fin du XIXe siècle.

I.3.3 Le rôle régulateur de l'Etat central et les limites de la liberté tarifaire des compagnies

Dans le cadre de cet ouvrage, nous nous limiterons au rôle régulateur de l'Etat central, et ce pour deux raisons. Pour une raison pratique d'accessibilité aux sources tout d'abord: consulter l'ensemble des dossiers ferroviaires de tous les cantons suisses durant l'ère privée est difficilement envisageable[111]. Pour une raison méthodologique ensuite: la loi fédérale sur les chemins de fer de 1852 abandonne en effet l'essentiel du pouvoir de régulation des lignes ferroviaires aux cantons sur le territoire duquel les compagnies se sont établies. Moins de cinquante ans plus tard, en 1898, la population suisse adopte le principe du rachat et de l'exploitation des lignes des principales compagnies par la Confédération. Cette rapide évolution du privé, régulé par les cantons vers le public, géré par l'Etat fédéral, laisse supposer une ingérence précoce de l'autorité fédérale dans la gestion du mode ferroviaire et pose la question de l'incapacité des cantons à remplir le rôle que leur avait laissé la législation de 1852. Dès les années 1860, avec la mise en exploitation des premières lignes ferroviaires d'importance, il apparaît que les cantons sont incapables d'assurer la surveillance de l'exploitation et que celle-ci devient l'apanage de la Confédération.

Par régulation, nous entendons l'ensemble des règles établies par l'autorité fédérale (lois, arrêtés, règlements...) et consistant à orienter la formation des tarifs marchandises des compagnies privées. Partout où une économie de marché existe, survient une intervention étatique

111 Une consultation détaillée des dossiers concernant les chemins de fer aux ACV a d'autre part montré le peu de documents concernant les tarifs ferroviaires. Le même travail effectué aux AEG s'est soldé par un résultat encore moins probant: aucun dossier ne concerne les tarifs ferroviaires.

qui connaît des phases de stabilité et de changement[112]. Ce postulat adopté, il demeure à analyser la rationalité de la régulation publique et les mécanismes qui provoquent une modification dans le système de régulation – dans notre cas, une extension de la législation fédérale en matière de tarifs ferroviaires – ou un changement de l'ensemble du système de régulation – dans notre cas, le rachat des compagnies privées par la Confédération. Au niveau de la rationalité de la régulation et des modifications dans le système, il est nécessaire de rompre avec l'idée d'un Etat comme structure homogène et de considérer la logique propre à chacun des acteurs sociaux le composant: de la gestion de ces exigences, souvent antinomiques, naissent les solutions de régulation[113].

Les transformations du contexte commercial et industriel général (crise, dépression, croissance économique) doivent également être prises en compte pour éclairer les modifications des exigences envers un système de régulation[114]:

> [...] when there is a shift of power between various interest groups themselves and/or between interest groups and the state – probably mainly due to external forces propelled by economic change and development – this means that old forms of regulation may fall and new ones appear.

112 Lars Magnusson, Jan Ottosson (eds.), *The State, Regulation and the Economy. An Historical Perspective,* Northampton, 2001, p. 1.

113 Cette approche a été appliquée aux relations internationales de la Suisse dans un recueil d'articles paru il y une dizaine d'années. Elle vise à prendre en compte les interactions de tous les acteurs sociaux dans la politique étrangère et non pas uniquement l'action des acteurs traditionnellement considérés (soit Etat, administration et diplomatie). Cf. Jean-Claude Favez, Hans-Ulrich Jost, Francis Python (sous la dir.), *Les relations internationales de la Suisse,* Lausanne, 1998. Au niveau de l'histoire ferroviaire, cette démarche est visible dans la thèse de Heinrich Strebel sur le rachat des compagnies privées par la Confédération, où il considère notamment l'évolution de la position des associations économiques pour expliquer l'élaboration d'un consensus menant au rachat. Cf. Strebel, *Die Diskussion...;* cf. également Siegenthaler, «Die Schweiz...», p. 472-473.

114 Magnusson, Ottosson, *The State...,* p. 5; cf. également la partie introductive dans Laurent Tissot, Béatrice Veyrassat (eds), *Technological Trajectories, Market, Institutions. Industrialized Countries 19th-20th. From context dependency to path dependency; Trajectoires technologiques, Marchés, Institutions. Les pays industrialisés, 19e-20e siècles. De la dépendance du contexte à la dépendance du sentier,* Berne, 2001, pp. 12-32.

Le champ d'intervention de l'Etat, en matière ferroviaire, découle des compétences que l'Assemblée fédérale veut bien lui laisser. Or, la loi sur les chemins de fer adoptée par le législatif fédéral durant l'été 1852 réduit le rôle régulateur de l'Etat à son minimum. En matière tarifaire, il est même inexistant, puisqu'il appartient aux cantons qui octroient des concessions de fixer les maxima tarifaires à ne pas dépasser. En matière de tracés, les prérogatives de la Confédération sont en apparence à peine plus élevées. Le Conseil fédéral se contente d'approuver les concessions accordées par les cantons et l'Assemblée fédérale peut intervenir en cas de conflit au sujet d'un tracé en imposant la construction d'une ligne.

Dans les faits, et comme nous le verrons dans la section 1.2, le conflit qui intervient dans les années 1850 concernant la direction que doit emprunter la ligne reliant le lac Léman à Bâle et au lac de Constance est essentiel et détermine le champ d'intervention de l'Etat: nécessitant l'arbitrage des autorités fédérales, le conflit contribue à fixer, de façon certes inductive, une doctrine fédérale en matière de tracés ferroviaires. La première vague d'investissements ferroviaires qui atteint son apogée en 1859 avec un montant, cette année-là, de 62.4 millions de francs[115], pousse très loin le principe des doubles lignes entre l'ouest et l'est de la Suisse (cf. carte 12). Le monopole de transport s'éloigne au profit d'une concurrence limitée entre les tracés et les compagnies ferroviaires perdent naturellement une partie de leur liberté en matière de tarifs. Cette morphologie du réseau contribue directement à structurer les politiques tarifaires. Malgré le peu d'espace de régulation qui lui est laissé, l'Etat fédéral va trouver là le moyen d'éviter le monopole.

Hormis les limites législatives, diverses difficultés pèsent sur l'intervention directe des autorités fédérales en matière de tarifs de chemins de fer. A l'image des secteurs de l'économie nationale, l'Etat est dans un premier temps incapable d'anticiper les effets de la rupture introduite dans les coûts du transport par les chemins de fer. Pendant les premières années de l'exploitation ferroviaire, la problématique des tarifs est complètement occultée du champ d'intervention de l'Etat en matière ferroviaire. D'autre part, les effets des tarifs ferroviaires sur les secteurs de l'économie nationale sont difficiles à isoler des conséquences écono-

115 Pour les chiffres des investissements ferroviaires, cf. Schwarz, *Bruttoanlageinvestitionen* ..., pp. 60-61; Siegenthaler, «Die Schweiz 1850-1914» ..., p. 458.

miques provoquées notamment par les réformes issues de la Constitution fédérale de 1848 (réforme monétaire, centralisation des douanes).

Durant les premières années d'exploitation, l'administration fédérale en charge des chemins de fer ne possède au demeurant ni l'expérience, ni le personnel requis pour mener à bien sa mission de régulation. Il n'existe en Suisse aucune administration gouvernementale disposant d'une certaine connaissance en matière ferroviaire, du type de celle des Ponts et Chaussées en France. Comme pour d'autres objets techniques, l'administration fédérale peine, dans un premier temps, à développer une capacité d'analyse propre en matière de tarifs ferroviaires, objet d'une extrême complexité. Elle se décharge sur des experts qui, en règle générale, ne sont autres que des administrateurs ou des directeurs de compagnies ferroviaires et qui ont tout intérêt à freiner l'intervention de la Confédération.

En matière de tarifs ferroviaires, ce sont bien les intérêts des secteurs de l'économie qui dictent la régulation d'un Etat fédéral fortement soumis aux pressions corporatistes. Les exigences de régulation ne sont pas les mêmes durant la longue période de croissance des années 1850-60 que durant la Grande dépression. A la législation très peu interventionniste en matière de tarifs ferroviaires des années 1850 à 1880 surviennent, à partir des années 1880, des aménagements législatifs donnant à l'Etat fédéral les moyens d'exercer un contrôle.

Cette affirmation du rôle régulateur de l'Etat fédéral correspond à la substitution, dès la fin des années 1870, d'un modèle de capitalisme organisé de type allemand au modèle de capitalisme manchestérien jusqu'alors dominant. L'avènement de ce nouveau modèle implique, dès 1885, un renforcement de la coopération entre associations économiques et Etat[116]. En matière de tarifs ferroviaires, l'expertise n'est plus du seul domaine des administrations ferroviaires, dont l'influence diminue au profit notamment de l'USCI ou d'autres associations de défenses d'intérêts économiques sectoriels. Lorsque l'USCI, dans un rapport de 1884, constate qu'en Allemagne, en Italie ou en Autriche, les ficelles des politiques douanières et des politiques en matière de tarifs ferroviaires sont

116 Thomas Widmer, *Die Schweiz in der Wachstumskrise der 1880er Jahre,* Zürich, 1992, p. 11; cf. également à ce sujet, Benedikt Hauser, *Wirtschaftsverbände im frühen schweizerischen Bundesstaat (1848-74). Vom regionalen zum nationalen Einzugsgebiet,* Basel, 1985.

tirées par les mêmes personnes, permettant, par les premières, de fermer le pays aux importations et, par les secondes, de favoriser les exportations, l'allusion est claire: l'Etat fédéral doit directement influencer les politiques tarifaires des compagnies ferroviaires dans un sens plus favorable à l'économie suisse[117].

I.4 Le fil rouge des tarifs marchandises: résumé des questionnements et plan de travail

Arrivé au terme de cette introduction générale il s'agit d'une part de résumer nos questionnements et, d'autre part, de brosser succinctement la logique de succession de nos chapitres.

En considérant la position des différents acteurs sociaux et leur poids relatif au sein des instances politiques fédérales, la problématique générale de cet ouvrage consiste à étudier l'évolution de la régulation étatique des tarifs ferroviaires marchandises. Partant du principe que le contexte économique et commercial mouvant est l'élément susceptible d'impulser des évolutions au système de régulation, voire d'entraîner un changement global de celui-ci, il sera inclus dans l'analyse. Nous avons également vu à quel point la problématique du contournement et celle du trafic de transit qui lui est lié étaient des éléments qui traversent toute l'histoire des transports en Suisse. Nous placerons donc au centre de notre analyse les politiques tarifaires des compagnies visant à s'assurer une part du trafic de transit européen: comment les compagnies s'adaptent-elles à la concurrence des lignes étrangères? quelles sont les mesures tarifaires qui sont adoptées pour favoriser le trafic de transit? ont-elles provoqué une croissance de ce type de trafic? ces mesures sont-elles également adoptées pour le trafic interne? On comprendra donc que la régulation est issue d'un jeu complexe, qui doit immanquablement intégrer les nécessités des compagnies – celles de maximiser le trafic en adoptant le tarif le plus rémunérateur pour elles – et celles des

117 *Das Gütertarifwesen der schweiz. Eisenbahnen. Bericht des Vorortes Zürich des Schweiz. Handels- und Industrie-Vereins über die von ihm veranstaltete Untersuchung,* Zürich, 1884, p. 16.

acteurs de la demande de transport. Les intérêts de ceux-ci sont également variables: si l'abaissement des prix du transport grâce aux chemins de fer est synonyme de nouvelles opportunités pour certains secteurs de l'industrie, il signifie, pour d'autres segments, la ruine provoquée par l'arrivée à bas prix de produits similaires qui profitent de la disparition des barrières de la distance.

Notre ouvrage est ordonnancé en deux parties, suivant une logique chronologique: la première couvre la période 1830 à 1875; la seconde 1875 à 1913. Chacune des deux parties comporte 3 chapitres obéissants, en premier lieu, également à une logique chronologique. En matière de tarifs ferroviaires, la période allant de 1830 au milieu des années 1870 offre un cadre d'analyse homogène. Durant la période, le prix du transport, exprimé en valeur réelle, diminue fortement (cf. tableau 1), dans un contexte marqué par l'absence d'intervention législative des autorités fédérales en matière de tarifs. Au niveau plus élargi du domaine ferroviaire, la période est également cohérente. La première vague d'investissements ferroviaires des années 1850-60 débouche sur un réseau s'élevant, en 1870, à près de 1.500 km, soit la moitié de ce qu'il sera lorsque interviendra, au tournant du siècle, le rachat des compagnies privées. L'option privée, décidée en juillet 1852, même si elle est périodiquement critiquée, n'est pas fondamentalement remise en question. Durant cette période, toute tentative de relancer le débat sur le rachat des chemins de fer est vouée à l'échec. Au niveau de l'exploitation du réseau, la dizaine de compagnies qui se partage le petit millier de km de lignes en 1860 est réduite à six compagnies principales se partageant les 2.400 km de lignes en 1880[118]. Seule la fusion des compagnies de la SOS et du JBL interviendra ultérieurement, en 1889, pour former le JS, le dernier né des grands réseaux helvétiques. Ce cadre chronologique se calque également en grande partie sur l'évolution économique générale. La Suisse connaît une croissance économique soutenue, jusqu'à la Grande dépression qui ébranle l'économie mondiale entre 1873 et 1890.

118 Le NOB (région zurichoise, nord-est de la Suisse; siège à Zurich); le SCB (région Bâle, Berne, Lucerne; siège à Bâle); le VSB (région sud-est de la Suisse; siège à St-Gall); le JS (région ouest de la Suisse; siège à Lausanne); le GB (région Gothard et Tessin; siège à Lucerne). Le réseau de ces 5 compagnies est racheté entre 1900 et 1903 par la Confédération, en 1909 pour le GB. Il forme les CFF. Il est à noter que le réseau du JI est également racheté par la Confédération en 1913.

Notre seconde partie (1875-1913) débute dans les tourbillons de la crise financière aiguë qui secoue les compagnies ferroviaires dès la deuxième moitié des années 1870. Au niveau du transport ferroviaire, la reprise du début des années 1880 ne pourra se faire que sur des bases d'exploitation différentes, incluant le nouveau contexte de transport qu'implique l'accélération de la concurrence internationale pour la captation du transit dès l'ouverture du tunnel ferroviaire du Gothard (1882): durant les vingt dernières années du siècle, la problématique du transit ferroviaire pèse plus que jamais sur la gestion du réseau ferroviaire suisse. C'est également durant les vingt dernières années du siècle que la régulation tarifaire par la Confédération se pose de façon plus concrète, aiguisée par la crise économique et le retour des politiques protectionnistes en Europe: les tarifs ferroviaires deviennent le soutien indispensable au maintien des positions de l'industrie suisse sur des marchés internationaux de plus en plus disputés. Notre deuxième partie se termine au seuil du Premier Conflit mondial, une dizaine d'années après la création de la compagnie ferroviaire d'Etat. Cette brève incursion dans le XXe siècle nous permettra de cerner les conséquences de l'étatisation en matière de politique tarifaire.

Première Partie (1830-1875)

L'impossible intervention fédérale en matière de tarifs ferroviaires face aux intérêts divergents des secteurs de l'économie

Chapitre 1

La morphologie du réseau ferroviaire comme élément structurant des politiques tarifaires (1830-1864)

La segmentation des activités économiques au sein du territoire helvétique induit des nécessités de transport qui diffèrent selon les secteurs, l'orientation de leurs activités et la localisation de leurs marchés. Le contexte commercial accélère également les impératifs de diminution des coûts de transport, dictant en partie le rythme du débat ferroviaire.

En remontant à l'origine du débat ferroviaire suisse dans les années 1830, ce chapitre se propose de cerner les intérêts divergents en matière de politique ferroviaire et leur impact sur la morphologie du réseau. Si avant le Constitution de 1848, la décision d'établir des voies de chemins de fer dépend entièrement des cantons, freinant toute réflexion globale et coordination à l'échelle nationale nécessaires à l'établissement de telles infrastructures[1], la modification constitutionnelle est susceptible de donner à la Confédération un rôle prépondérant en matière d'infrastructures ferroviaires. Quel va être ce rôle? Et comment l'Etat fédéral va-t-il le remplir? Au-delà, ce chapitre ambitionne, par l'analyse de la morphologie du réseau et des choix de tracés, de poser les jalons indispensables à la compréhension des choix en matière de politique tarifaire qui seront faits ultérieurement par les compagnies ferroviaires.

1 Gérard Benz, «La route et le rail en Suisse. 150 ans de contradictions entre les intérêts régionaux, sectoriels, idéologiques et le défi européen», in *Relations Internationales*, n° 96, 1998, p. 451.

1.1 La persistance des intérêts cantonaux (1830-1852)

1.1.1 Segmentation des activités économiques et contexte commercial: les implications sur le débat ferroviaire (1830-1848)

Au milieu du XIXe siècle, les activités industrielles de la Suisse sont localisées essentiellement dans deux zones[2]. La première intègre l'arc jurassien de Genève à Bâle en passant par Neuchâtel alors que la seconde, à l'est de la Suisse, englobe les cantons d'Argovie, de Zurich, de Thurgovie, de St-Gall, d'Appenzell et de Glaris. Genève et Neuchâtel, qui alimentent très tôt en filés et toiles peintes les marchés français, sont beaucoup moins actifs dans le secteur textile dès la première moitié du XIXe siècle et se spécialisent essentiellement dans l'horlogerie[3]. Dans les régions jurassiennes des cantons de Vaud et de Berne se concentre la métallurgie, secteur industriel entraînant l'exploitation des mines de fer et la valorisation des forêts jurassiennes pour produire le charbon de bois nécessaire à la fabrication du fer[4].

L'axe oriental est solidement établi dans les branches du textile: celle de la soie qui, partant de Bâle, englobe une grande partie du canton de Zurich et, dans une moindre mesure, certaines régions des cantons d'Argovie et de Schwyz limitrophes de Zurich; celle de la broderie dans les cantons d'Appenzell et de St-Gall, jusqu'au lac de Constance; celle, enfin de l'industrie cotonnière. Regroupant le filage et le tissage, l'in-

2 Cf. notamment, Bruno Fritzsche, Thomas Frey, Urs Rey, Sandra Romer, *Historischer Strukturatlas der Schweiz. Die Entstehung der modernen Schweiz,* Baden, 2001, pp. 124-137; Cédric Humair, «Entre adaptation et résistance à l'évolution commerciale: lutte à propos de la politique douanière suisse durant le XIXe siècle», in Favez, Jost, Francis (sous la dir.), *Les relations...,* p. 26; Humair, *Développement économique ...*, p. 7.

3 Béatrice Veyrassat, «Les centres de gravité de l'industrialisation en Suisse au XIXe siècle (aspects géographiques et sectoriels). Le rôle du coton», in Pierre Léon, François Crouzet, Richard Gascon (sous la dir.), *L'industrialisation en Europe au XIXe siècle. Cartographie et typologie,* Paris, 1972, p. 486.

4 Christophe Koller, *«De la lime à la machine». L'industrialisation et l'Etat au pays de l'horlogerie. Contribution à l'histoire économique et sociale d'une région suisse,* Courrendlin, 2003, pp. 72-76.

dustrie cotonnière domine la structure des exportations helvétiques[5]. Au début des années 1840, sur les 131 filatures mécanisées que compte la Suisse, 112 sont localisées dans le nord est de la Suisse et une dizaine, plus au sud dans le canton de Glaris. A la même époque, le tissage mécanique se pratique dans 18 établissements en Suisse, dont une large majorité œuvrant dans la même région[6]. La mécanisation du travail du coton entraîne la formation du secteur de construction des machines, notamment dans la région de Zurich.

Dans la vaste zone intermédiaire dominent l'agriculture et l'élevage. Au niveau céréalier cependant, seuls les cantons de Lucerne, Fribourg, Soleure et Schaffhouse produisent suffisamment pour nourrir leur population, alors que Berne, Argovie et Vaud sont presque autosuffisants. Tous les autres cantons importent des céréales, majoritairement en provenance d'Allemagne et d'Italie[7]. Dans cette zone intermédiaire, certaines localités demeurent actives dans le tissage de la paille et du crin (Vaud, Fribourg, Argovie) ou du lin et du chanvre (Berne, Argovie), activités largement pratiquées à domicile par les paysans[8].

Mais si l'historiographie helvétique s'est particulièrement concentrée sur les secteurs d'exportation[9], un certain nombre d'études quantitatives ont donné, depuis les années 1980, une importance nouvelle à

5 Bergier, *Histoire économique...*, p. 241; Humair, *Développement économique...*, p. 35; Paul Bairoch, «Le volume des exportations de la Suisse de 1851 à 1975», in *Revue suisse d'histoire,* vol. 2, 1978, p. 39; Paul Bairoch, «Les exportations d'articles manufacturés de la Suisse dans le contexte international (1840-1994)», in Körner, Walter (éd.), *Quand la montagne...*, p. 208. Vers 1840, la part des textiles représente plus de 70% du total des exportations suisses. En 1900, elle représente encore plus de 44%.

6 *Rapport de la Commission fédérale d'experts en matière de commerce sur les relations commerciales de la Suisse avec l'étranger,* Lucerne, 1844, p. 57.

7 Ibidem, p. 26.

8 Cette segmentation de l'espace économique helvétique est notamment lisible de façon très détaillée dans la «Carte géographique de l'industrie suisse» réalisée en 1858 par le cartographe zurichois Jakob Ziegler. Cf. Jakob Melchior Ziegler, *Die Gewerbsthätigkeit und die Eisenbahnen der Schweiz aus dem vaterländischen Standpunkte*, Winterthur, 1858.

9 Et pour cause: vers 1840, selon les chiffres fournis par Paul Bairoch, la Suisse est, en terme global, le 4e exportateur d'articles manufacturés derrière le Royaume-Uni, la France et l'Allemagne. En terme d'exportation en dollars par habitant, elle se classe au premier rang des nations industrialisées. Cf. Bairoch, «Les exportations...», p. 207.

une dynamique de croissance initiée, dès le début du XIXe siècle, par les secteurs tournés vers les marchés intérieurs[10]. Selon cette tendance, la fin de l'Ancien régime, dont le point culminant est, en Suisse, 1848, aurait permis la libération de forces engageant une modernisation du secteur intérieur. L'agriculture aurait ainsi gagné en productivité en s'orientant vers une production de marché et l'ancien dualisme, opposant des secteurs intérieurs immobiles à des secteurs d'exportation dynamiques tendrait à disparaître. Cette tendance historiographique insiste également sur une économie suisse peu intégrée, jusqu'aux années 1880, dans l'économie mondiale: le commerce extérieur est solidement dominé par les trois industries légères traditionnelles (textiles de coton, de soie et horlogerie) qui fournissent 80% des exportations helvétiques totales et dont les produits se retrouvent à des milliers de kilomètres de leur lieu de production. Ces secteurs ne représenteraient qu'une proportion infime du PIB national. Enfin, ces historiens démontrent l'inexistence d'un véritable marché national jusque dans les années 1880: le secteur intérieur produit pour le marché local, voire régional[11]. L'indice le plus évident du maintien d'une structure socio-économique artisanal est à chercher dans le nombre d'artisans qui demeure stable durant le siècle: vers 1880 il est encore sensiblement le même que celui des ouvriers de fabrique, soit 200.000 pour le premier contre 280.000 pour le second[12].

10 A l'origine de cette révision historiographique se trouvent un certain nombre d'études du début des années 1980 de l'Université de Zürich, dirigées par le professeur Hansjörg Siegenthaler. Cf. notamment l'étude de Bernhard Beck sur l'importance des investissements dans les différentes branches de la construction, secteurs actifs sur le marché intérieur. Beck, *Lange Wellen* .... Cf. également les études de Jutta Schwarz et de Michäel Bernegger: Schwarz, *Bruttoanlageinvestitionen* ...; Michaël Bernegger, *Die Schweizer Wirtschaft 1850-1913: Wachstum, Strukturwandel und Konjunkturzyklus,* Lizentiatsarbeit, Universität Zürich, 1983. Se basant sur ces études, Hansjörg Siegenthaler mentionne en 1985: «Allerdings bleibt es eine durchaus offene Frage, wie weit die ‹kleine offene Volkswirtschaft der Schweiz› in ihren Wachstumsrhythmen, insbesondere im Rhythmus der Schwankungen der Zuwachsrate des Kapitalstocks, von externen Impulsen beherrscht worden ist; gute Gründe sprechen für die nicht geringe Bedeutung interner Antriebskräfte besonders im Zeitalter des Eisenbahnbaus, aber auch in der Phase des Aufbaus der neuen Industrien des Maschinenbaus und der Chemie [...]», Siegenthaler, «Die Schweiz 1850-1914»..., p. 460.

11 Arguments résumés dans Bernegger, «Die Schweiz und die Weltwirtschaft ...», pp. 429-464.

12 Roland Ruffieux, «La Suisse des radicaux 1848-1914», in *Nouvelle histoire de la Suisse et des Suisses,* Lausanne, 1998 (rééd.), p. 616.

Si l'absence de centralisation politique jusqu'à la Constitution de 1848 et la segmentation des activités – tournées pour certaines vers les marchés domestiques, pour d'autres vers les marchés internationaux – sont des contraintes économiques et spatiales qui pèsent sur l'émergence du système ferroviaire, l'évolution du contexte commercial influence également la promotion du nouveau mode de transport. Jusqu'à la fin du XVIIIe siècle, le marché français constitue le principal débouché des textiles helvétiques grâce à de nombreux privilèges commerciaux[13]. Avec l'Empire (1804-1814), et plus encore la Restauration (1814-1830), le marché français se ferme aux importations suisses. Les entraves au commerce avec la France provoquent le rapprochement de la Suisse avec les Etats du sud de l'Allemagne (Bade, Wurtemberg et Bavière). Durant cette phase de protectionnisme en Europe, le commerce suisse d'exportation est contraint de trouver des débouchés plus lointains. Désavantage pour certaines branches de l'industrie helvétique qui périclitent, mais avantage en général, si l'on en croit le secrétaire d'Etat de la Confédération suisse, August von Gonzenbach (1808-1887). Le commerce suisse est ainsi devenu beaucoup plus indépendant des variations de la législation douanière des pays voisins, grâce à la conquête des marchés lointains. Selon von Gonzenbach[14]:

> [...] le commerce helvétique qui au commencement du siècle se bornait presque exclusivement à la France et à l'Espagne s'est élevé au rang de commerce universel [...]. [...] on a vu en Suisse tomber toutes les fabrications dont la nature ne comporte pas des expéditions à de grandes distances à cause du poids des marchandises; de ce nombre sont les ouvrages en cuir et en métal.

Jusqu'aux années 1830, l'accessibilité aux marchés lointains n'est pas dépendante de l'amélioration des transports à l'intérieur de la Suisse. D'autre part, il est indéniable que le commerce suisse profite de l'amélioration des infrastructures de transport des pays voisins (premières

13 Philippe Gern, Silvia Arlettaz, «Les échanges entre la France et la Suisse au XIXe siècle. Libéralisme ou protectionnisme», in Bairoch, Körner (éd.), *La Suisse...*, p. 207.

14 August von Gonzenbach, *Exposé du mouvement commercial entre la Suisse et la France pendant l'année 1840, suivi d'un coup d'œil rétrospectif sur les traités, lois et ordonnances concernant les rapports commerciaux entre la Suisse et la France depuis le quinzième siècle jusqu'à nos jours,* Berne, 1842, pp. 135-136.

lignes de chemins de fer, amélioration du réseau navigable européen[15]) pour diminuer la part des coûts de transport, soit dans les coûts de production (importations de matières premières), soit dans les prix de vente (exportation de produits finis)[16].

A partir du milieu des années 1830, la situation commerciale internationale se détériore pour les exportateurs suisses: en 1835, l'entrée de la Bavière, du Wurtemberg puis de Bade dans le *Zollverein*, formé en 1834 par la Prusse, provoque une vive inquiétude en Suisse[17]; dès la fin des années 1830, le commerce d'exportation suisse fait également face à un déclin de la consommation sur l'ensemble des marchés américains, puis subit la crise économique des années 1840[18]; enfin, en 1846, la suppression des *Corn laws* britanniques fait craindre un renforcement de la capacité concurrentielle de l'industrie cotonnière anglaise. Cette évolution défavorable du contexte commercial entraîne, dès la fin des années 1830, un discours, provenant principalement des milieux industriels du nord est de la Suisse, qui fait de la diminution des coûts du transport la condition nécessaire au maintien de la compétitivité de l'industrie helvétique. L'abaissement des coûts de transport doit notamment permettre de contracter les coûts de production par une diminution du prix de la matière première (charbon, coton brut)[19]. En février

15 Notamment l'amélioration du réseau de canaux français aboutissant au Rhin entre la fin des années 1830 et le début des années 1850; la ligne ferroviaire aboutissant au port du Havre depuis Paris, dès la fin des années 1840; ainsi que la ligne ferroviaire belge entre le port d'Anvers et Cologne en concurrence à la navigation hollandaise sur le Rhin. Cf. Merger, «La concurrence rail-navigation ...», p. 88; Laffut, *Les chemins de fer belges....*

16 A partir d'une étude menée sur l'industrie textile du Toggenburg (tissage en couleur), Thomas Fischer généralise pour l'ensemble de l'industrie suisse d'exportation: «Die Schweizer Exportindustrie profitierte [...] entscheidend von den infrastrukturellen Vorleistungen der grossen europäischen Industriestaaten». Cf. Thomas Fischer, «Toggenburger Buntweberei auf dem Weltmarkt. Ein Beispiel schweizerischer Unternehmerstrategien im 19. Jahrhundert» in, Bairoch, Körner (éd.), *La Suisse...*, p. 195.

17 Philippe Gern, Silvia Arlettaz, *Relations franco-suisse au XIXe siècle. La confrontation de deux politiques économiques,* Genève, 1992, p. 26.

18 Humair, *Développement économique...*, pp. 130-139.

19 En 1844, un industriel du canton de Glaris estime que les filatures du canton obtiennent une matière première 25% plus chère que les filatures de Manchester. Humair, *Développement économique...*, p. 148. Christian Beyel (1807-1858), futur secrétaire de l'Association industrielle zurichoise, définit dès 1840 l'importance d'une

1838, la formation, due à l'initiative des milieux industriels zurichois[20], de la Compagnie du chemin de fer de Bâle à Zurich, vise à décloisonner la Suisse de l'est en la reliant au réseau ferroviaire européen par un tracé joignant Zurich à Bâle par la rive helvétique du Rhin[21]. Mais le contexte de crise économique et de détérioration du climat politique international, auquel s'ajoute l'incapacité des Zurichois à convaincre les gouvernements cantonaux de Bâle (Ville et Campagne) et d'Argovie à adopter une loi d'expropriation – étape nécessaire à l'octroi de concessions cantonales – acculent la compagnie à la faillite en décembre 1841[22].

Les impératifs d'abaissement des coûts de transport de l'industrie zurichoise ne correspondent pas aux intérêts du commerce d'entrepôt bâlois. En 1841, lors du débat au sein de la Société suisse d'utilité publique auquel nous avons déjà fait allusion (cf. section I.2.2), le commerçant bâlois Bernoulli-Bär minimise l'importance des coûts de transport dans la structure du coût des produits industriels suisses, beaucoup plus dépendant, selon lui, du coût de la main-d'œuvre[23]. Le conservatisme

---

diminution des coûts de transport pour les matières premières nécessaires à l'industrie helvétique: marchandises pondéreuses, elles sont greffées d'un coût de transport sans commune mesure avec leur valeur. Christian Beyel, *Über die Handels- und Gewerbs- Verhältnisse der Schweiz, die sie bedrohenden Gefahren und die möglichen Mittel zur Abhülfe,* Frauenfeld, 1840, p. 15.

20 La présidence de la compagnie est assumée par Hans Conrad von Muralt, président du Conseil d'administration du constructeur de métiers à filer Escher-Wyss & Cie. Une partie des capitaux de la compagnie provient de l'industrie textile zurichoise. Cf. Bärtschi, *Industrialisierung...*, p. 56; Brugger, *Zürcherische ...*, pp. 27-33; Luz, *Die Anfänge ...*, pp. 9-13.

21 En juin 1844, la liaison St-Louis-Bâle est mise en service. En 1855, la ligne en provenance du Grand-Duché de Bade est également mise en service jusqu'à Bâle. Hans Bauer, «L'histoire des chemins de fer en Suisse», in Tiessing, Paschoud (sous la dir.), *Les chemins de fer...,* vol. 1, p. 44.

22 Sur les 30.000 actions, seuls 9.173 ont trouvé preneur à cette date. Brugger, *Zürcherische....*

23 A cette occasion, Bernoulli-Bär affirme: «[...] les marchandises [que la Suisse] reçoit, elle les exporte rarement de nouveau autrement que fabriquées; qu'elle puisse donc expédier ses produits de fabrique par les chemins de fer, ou faire venir les matières premières à quelques batzen par quintal meilleur marché, il est évident qu'en comparaison de l'importance de la main-d'œuvre, qui constitue la valeur principale de la fabrication, ceci est d'un intérêt bien minime.» Bernoulli-Bär, «Rapport ...», p. 179.

bâlois en matière de transport et son opposition ferme à toute ligne ferroviaire le long du Rhin en direction de Zurich proviennent avant tout de sa situation géographique. Principal point de passage de tout le commerce suisse d'importation et d'exportation, la ville rhénane désire demeurer au centre des courants commerciaux, aussi bien en direction de l'est que de l'ouest de la Suisse (cf. carte 7). En ne considérant que les entrées de marchandises en Suisse, la position de Bâle n'a cessé de se renforcer durant les années 1830: si au début de la décennie, environ 40% de toutes les marchandises entrant en Suisse transitent par les entrepôts bâlois, cette proportion s'est considérablement renforcée, pour s'élever, suivant les estimations, à 45 ou 53% à la fin des années 1830[24]. La mise en service de la voie navigable entre le Rhône et le Rhin en 1838 permet notamment à la place commerciale de Bâle de renforcer sa mainmise sur le commerce d'importation de biens coloniaux en provenance du port de Marseille et à destination de la Suisse occidentale. Ces produits trouvent un avantage, en terme de coûts de transport, à emprunter la voie d'eau depuis Lyon en direction de Bâle, plutôt qu'à emprunter la voie de terre entre Lyon et Genève. Seule une ligne ferroviaire à travers le Hauenstein en direction d'Olten permettrait de maintenir la position de pivot qu'occupe la cité rhénane, aussi bien pour les courants commerciaux en direction de l'ouest du pays, que pour ceux destinés à l'est[25].

24 Les estimations les plus larges pour le commerce par Bâle sont issues de Caillat, qui compare le passage de Bâle avec les autres passages frontières des Verrières (Neuchâtel), de Genève et du St-Gothard. Cf. Caillat, *Du commerce...*. Les proportions transmises en 1844 par le *Schweizerische Gewerbsverein,* basées sur les statistiques douanières de la Suisse sont légèrement inférieures. Cf. *Monatsblatt des Schweizerischen Gewerbsvereins,* n° 11, 1844, p. 165.

25 Gubler, *Die Anfänge...*, p. 161.

Carte 7 – Courants de circulation pour les importations et les exportations établis d'après J. M. Ziegler (situation avant les chemins de fer)

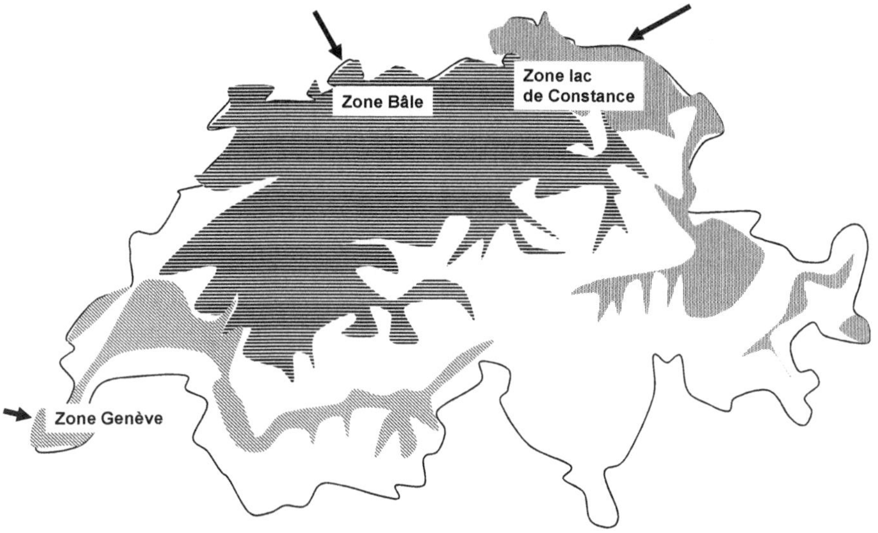

Source: d'après Jakob Melchior Ziegler, *Betrachtungen über den projektirten Eisenbahnbau und den Einfluss der Schienenwege auf die Bevölkerung der Schweiz,* St-Gallen, 1851.

L'importance commerciale de Bâle – avant l'avènement des chemins de fer – est lisible à travers la carte 7. La zone hachurée en horizontale définit les régions qui trouvent un avantage à utiliser la route d'exportation et d'importation via Bâle pour toutes les directions. Elle s'étend sur toute la Suisse centrale, sur une grande partie de la Suisse de l'est bien au-delà de Zurich et sur une partie de la Suisse de l'ouest, incluant l'ensemble du territoire du canton de Fribourg et une grande partie du canton de Vaud. La zone pointillée définit les régions qui trouvent un avantage à utiliser la voie par les ports du lac de Constance pour le commerce avec l'extérieur. Elle englobe les cantons de Schaffhouse et des Grisons, ainsi qu'une petite partie des cantons de Thurgovie, St-Gall et Appenzell. Enfin, la zone hachurée en verticale définit les régions qui ont avantage à utiliser la voie de Genève, englobant le canton de Genève, le Jura vaudois et l'arc lémanique ainsi que le Valais.

Au milieu des années 1840, le projet de liaison ferroviaire à partir de Zurich est relancé en tenant compte de l'opposition des Bâlois. L'Association industrielle zurichoise, fondée en 1842 et qui mène désormais l'entreprise, promeut un tracé en direction de Waldshut et de la ligne badoise longeant la rive droite du Rhin en direction de Singen, dont le projet est relancé en 1843 par le gouvernement badois. Afin de s'assurer la concession argovienne, les Zurichois, emmenés par les industriels du textile Martin Escher-Hess (1788-1870) et Hans-Conrad Pestalozzi-Hirzel (1793-1860), ce dernier président de l'Association industrielle zurichoise et futur conseiller d'Etat zurichois (1844-1846), proposent une ligne ferroviaire reliant Zurich à Türgi (AG), puis se scindant en deux bras, le premier en direction de Brugg et Aarau et le second, essentiel aux yeux de l'industrie zurichoise, en direction de Waldshut et de la ligne badoise alors en projet. Le 16 mars 1846, le NB est constitué[26].

L'antagonisme ferroviaire entre Bâle et Zurich est désormais fermement établi: aux Zürichois, qui considèrent le passage du Hauenstein par un chemin de fer comme techniquement impossible, les Bâlois répliquent en traitant le projet zurichois de liaison avec le chemin de fer badois à Waldshut de «unschweizerisch»[27].

Carte 8 – Projets ferroviaires zurichois et bâlois au milieu des années 1840

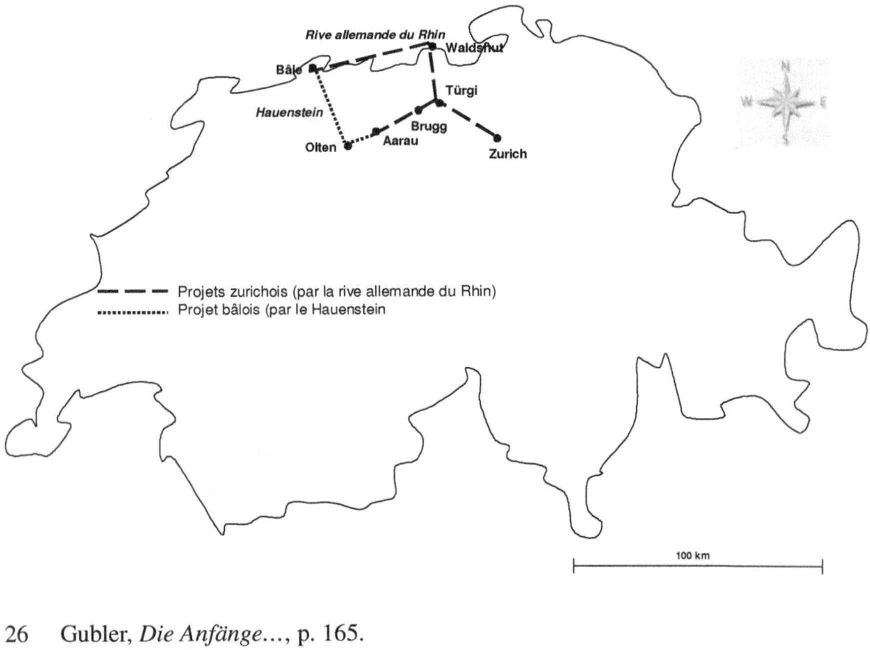

26 Gubler, *Die Anfänge...*, p. 165.
27 Ibidem, p. 167.

1.1.2 Antagonismes cantonaux et processus législatif menant à la loi fédérale sur les chemins de fer (1848-1852)

Quelques années après la constitution du *Zollverein* (1834), Friedrich List (1789-1846), l'inspirateur du nationalisme économique, revient sur l'unification douanière allemande qu'il définit comme cause et conséquence de l'établissement des chemins de fer en Allemagne[28]:

> Das Eisenbahnsystem und der Zollverein sind siamesische Zwillinge. [...] Nur mit Hülfe eines Eisenbahnsystems vermag die gesellschaftliche Oekonomie der Deutschen zu nationaler Grösse sich emporzuschwingen und erst in Folge dieses Aufschwungs kann das Eisenbahnsystem zu voller Bedeutung gelangen.

Les écrits de List sont familiers des élites économiques suisses, et notamment des membres de l'Association industrielle zurichoise, qui réunit en son sein nombre de défenseurs d'une unification douanière de type allemand appliquée à la Suisse. En 1843, le secrétaire de l'association, Christian Beyel, établit la même correspondance que List entre unification douanière et établissement d'un réseau de chemins de fer[29].

Pour les Zurichois, porter le débat ferroviaire sur la scène fédérale doit permettre en premier lieu de régler le blocage provenant des concessions cantonales qui a entraîné l'abandon de la ligne par la rive suisse du Rhin. L'adoption de la Constitution de 1848 permet de transporter le débat ferroviaire, jusqu'alors limité aux sphères cantonales, sur la scène fédérale[30]. En fin d'année 1849, le président du Conseil national, le Zurichois Alfred Escher (1819-1882), dépose une motion exigeant du Conseil fédéral qu'il présente au plus tôt un plan d'établissement de lignes ferroviaires en Suisse et des propositions sur le mode de financement[31]. En mai 1850,

28 Friedrich List, *Das deutsche Eisenbahnsystem als Mittel zur Vervollkommung der deutschen Industrie, des deutschen Zollvereins und des deutschen Nationalverbandes überhaupt*, Stuttgart-Tübingen, 1841, p. 3.

29 Christian Beyel, *Commissionalbericht über die schweizerischen Verkehrs-Verhältnisse zu Handen der Zürcherischen Industriegesellschaft*, Zürich / Frauenfeld, 1843, cité in Humair, *Développement économique...*, p. 168.

30 En 1845, un débat au sein de la Diète fédérale sur la nécessité de doter la Suisse d'un réseau de chemins de fer, suite à un rapport provenant d'un Fribourgeois installé à Dresde, avait démontré l'impossibilité d'adopter une position commune à tous les cantons en la matière. Cf. *Bericht der Bittschriftenkommission über die Eingabe des Herrn J. Berset an die h. Tagsatzung,* Zürich, 1845.

31 Lors du discours ouvrant la session du Conseil national, le 12 novembre 1849, A. Escher lance solennellement un appel au Conseil fédéral pour qu'il entreprenne

l'adoption par l'Assemblée fédérale, sans grand débat, de la loi fédérale d'expropriation destinée à faciliter l'octroi de concessions ferroviaires est une première étape dans la direction d'une simplification de l'attribution des autorisations de construire[32]. La seconde étape, soit la promulgation d'une loi fédérale régissant la construction et l'exploitation de chemins de fer, prendra beaucoup plus de temps.

En effet, si l'antagonisme entre Zurichois et Bâlois oriente le débat ferroviaire au niveau des instances fédérales, la perspective d'un chemin de fer franchissant les Alpes l'influence également, ajoutant ainsi un second élément susceptible de bloquer l'élaboration de toute solution d'ensemble. L'éventualité d'un chemin de fer transalpin découle plus de considérations géostratégiques, engageant les intérêts d'une grande partie des pays européens, que de l'importance véritable du trafic entre le nord et le sud des Alpes[33]. Pour l'Empire austro-hongrois, la perspective d'une liaison ferroviaire avec ses possessions dans la Péninsule italienne par le Brenner revêt une importance stratégique essentielle, alors que pour le Royaume de Piémont-Sardaigne, désireux de relier son port de Gênes au nord des Alpes, éviter les terres autrichiennes est tout aussi indispensable. Les cols suisses – en premier lieu le Grimsel – ou un passage par le Mont Cenis en direction de ses possessions savoyardes et de la vallée du Rhône intéressent le Royaume de Piémont-Sardaigne. Les Anglais voient également d'un très bon œil un passage ferroviaire à travers les Alpes suisses établissant, de Rotterdam en direction de Suez, une route indépendante de la France et de l'Autriche[34]. La concurrence

l'établissement d'un réseau ferroviaire en Suisse. Cf. FF, vol. 3, 1849, pp. 156-157; Gubler, *Die Anfänge...*, pp. 264-268. Pour le politologue lausannois François Masnata, adoptant un discours plus provocateur, l'élite bourgeoise radicale, emmenée par Alfred Escher impose le débat ferroviaire comme une nécessité vitale pour l'ensemble du pays. François Masnata, Claire Rubattel, *Le pouvoir suisse. Séduction démocratique et répression suave,* Vevey, 1991, pp. 59-60.

32 FF, vol. 2, 1850, pp. 47-62.

33 Notamment Florian Cebulla, «Grenzüberschreitender Schienenverkehr. Problemstellungen – Methoden – Forschungsüberblick », in Monika Burri, Kilian T. Elsasser, David Gugerli (Hg.), *Die Internationalität der Eisenbahn 1850-1970,* Zürich, 2003, p. 32.

34 Sur les projets de traversées des Alpes par un chemin de fer, cf. notamment Marcel Blanchard, *Géographie des chemins de fer,* Paris, 1942, pp. 94-113; Perrin, «Les débuts ...»; Benz, *Le percement ...*; Gérard Duc, «Projet de tunnel ferroviaire du Simplon et genèse du réseau de chemins de fer de Suisse occidentale (1836-1909). Rivalités cantonales, négociations internationales et trajectoires des compagnies privées», in *Vallesia,* Sion, 2001, pp. 495-617.

traditionnelle entre les cols des Grisons (Lukmanier, Splügen) et le St-Gothard pour capter le transit est exacerbée avec la perspective d'un chemin de fer à travers les Alpes. Elle oppose les cantons de la Suisse de l'est, notamment St-Gall, les Grisons, aux cantons de la Suisse centrale, notamment Lucerne, Schwytz, auxquels s'ajoutent les deux demis cantons de Bâle, Aarau, Soleure et le Tessin[35].

Plus qu'à une opposition de doctrine – qui confronterait défenseurs de chemins de fer d'Etat et défenseurs de chemins de fer privés –, c'est bien à une confrontation géographique – entre cantons – à laquelle on assiste dans le processus législatif aboutissant à la loi fédérale de 1852[36]. La composition de la commission des chemins de fer du Conseil national, nommée en décembre 1849 dans le sillage de l'adoption de la motion Escher, contient déjà les germes d'une division qui ne va cesser de se creuser[37]. Dès 1850, l'opposition la plus ferme à toute politique fédérale centralisatrice en matière de chemins de fer provient de St-Gall, de cette Suisse de l'est, déjà désavouée par la réforme monétaire de 1850[38] et qui voit avec crainte un seul des défenseurs du Lukmanier siéger à la commission du Conseil national.

35 Gubler, *Die Anfänge...*, p. 117.

36 Bruno Fritzsche affirme ainsi, en parlant de la loi fédérale de 1852: «Es war [...] weniger ein Sieg der Privatwirtschaft über ein Staatsbahn als vielmehr ein Sieg Zürichs und der Ostschweiz, die ihre regionalen Interessen vertraten, über Basel (und Bern), die in der Linienführung, wie sie im Staatsbahnprojekt vorgesehen war, ihre eigenen Vorteile am besten verwirklicht sahen.», Fritzsche, «Die Anziehungskraft...», p. 188; Andreas Balthasar analyse également la loi fédérale de 1852 en ces termes: «Die Entscheidung für die Privatbahnidee war nur ein Vorspiel zu den folgenden wirtschaftlichen Interessenkämpfen zwischen den einzelnen Kantonen. Die Frage ‹Staatsbahn› oder ‹Privatbahn› war falsch gestellt: Sie musste vielmehr lauten ‹Wem gehört die wirtschaftliche Zukunft der Schweiz?›», Balthasar, *Zug um Zug...*, p. 29.

37 A part Alfred Escher (ZH), sont nommés Guillaume-Henri Dufour (1787-1875) (GE), Giovanni Battista Pioda (1808-1882) (TI), Achilles Bischoff (1795-1867) (BS), Johann Conrad Kern (1808-1888) (TG), Johann Friedrich Peyer im Hof (1817-1900) (SH), Jakob Stämpfli (1820-1879) (BE), Louis Blanchenay (1801-1881) (VD), Jakob Robert Steiger (1801-1862) (LU), Friedrich Siegfried (1809-1882) (AG) et Franz Eduard Erpf (1807-1851) (SG). FF, vol. 1, 1850, p. 56.

38 La réforme monétaire de 1850 marque l'adoption du franc et des centimes et l'abandon du florin, en vigueur en Europe de l'Est et préconisé notamment par les cantons de la Suisse de l'est. Ruffieux, «La Suisse...», p. 607. Sur la politique ferroviaire du canton de St-Gall, cf. Kesselring, *Die Bodensee-Toggenburgerbahn...*; Altherr, *Ein Beitrag ....*

En début d'année 1850, le conseiller fédéral Wilhelm Matthias Naeff (1802-1881), en charge du DFPT, forme un bureau technique des chemins de fer. Dirigé par l'ingénieur de Winterthour, Gottlieb Koller, le bureau technique est chargé de collecter les informations sur les projets ferroviaires des cantons et d'analyser en détail les tracés que ceux-ci projettent d'établir[39]. Aussi bien l'expertise technique menée par une dizaine d'ingénieurs sous la houlette de Koller[40], que l'expertise conduite dès août 1850 par l'ingénieur anglais Stephenson, assisté de Swinburne, ne suffisent à répondre à toutes les questions du département fédéral. Tout juste la seconde expertise parvient-elle à aggraver la méfiance de l'est de la Suisse envers la politique fédérale en matière de chemins de fer par les considérations extrêmement défavorables qu'elle contient quant à un passage par un chemin de fer au Lukmanier et par le caractère non prioritaire qu'elle donne à la réalisation du tronçon entre Zurich et Rorschach par St-Gall[41].

Pour le DFPT se pose plus précisément la question du financement du réseau ferroviaire en cas de construction par la Confédération, et ce au moment même où l'Assemblée fédérale adopte un budget limitant fortement les capacités d'intervention de l'Etat fédéral dans la vie économique du pays[42]. Le premier rapport sur les chemins de fer que rédige le Conseil fédéral, sans toutefois le publier, s'il définit déjà les principaux tronçons à établir – soit entre Morges-Yverdon-(Ouchy)-Bern-Olten via Lyss; Olten-Bâle; Olten-Zurich et Zurich-Romanshorn – et se prononce pour des lignes d'Etat, n'avance pas encore clairement le mode de financement des lignes et leur probable rentabilité[43]. Ce n'est qu'après avoir reçu les conclusions du rapport financier établi par le commerçant et banquier bâlois Karl Geigy (1796-1861) et le Zurichois Jakob-Melchior Ziegler (1801-1883) en octobre 1850, que le Conseil fédéral rédige le rapport final qui sera soumis à l'Assemblée fédérale[44]. Les deux experts ne parviennent pas à trouver un compromis quant au financement à adopter: Geigy

39 Hans G. Wägli, «Gottlieb Koller (1823-1900) », in *Sechs Schweizer Alpenbahningenieure,* Näfels, 2001, p. 43; Dorand, *Chemins de fer ...*, p. 39.

40 Gubler, *Die Anfänge...*, p. 275.

41 Stephenson et Swinburne, *Rapport ...*, p. 59.

42 Sur le débat autour du budget fédéral et des capacités financières de l'Etat fédéral à intervenir dans la vie économique, cf. Humair, *Développement économique...*, pp. 221-257.

43 Volmar, *Die Anfänge ...*, pp. 91-94.

44 FF, vol. 1, 1851/1, pp. 475-556.

préconise des chemins de fer financés en partie par la Confédération et en partie par les cantons traversés par les lignes[45]; Ziegler préconise des chemins de fer laissés à l'industrie privée sous contrôle de la Confédération[46]. La solution adoptée par l'exécutif fédéral reprend la proposition de Geigy, soit des chemins de fer construits par la Confédération et les cantons. Le réseau est quelque peu modifié: dans son rapport, le Conseil fédéral ajoute le tronçon entre Genève et Morges, la liaison entre Romanshorn-Rorschach et au-delà Coire, l'embranchement entre Aarburg et Lucerne, ainsi que la ligne tessinoise Biasca-Locarno. Berne n'est plus reliée que par un embranchement à la ligne principale entre le lac Léman et Bâle, celle-ci se dirigeant de Lyss directement vers Soleure (carte 9)[47].

Carte 9 – Réseau ferroviaire proposé par le Conseil fédéral en 1851

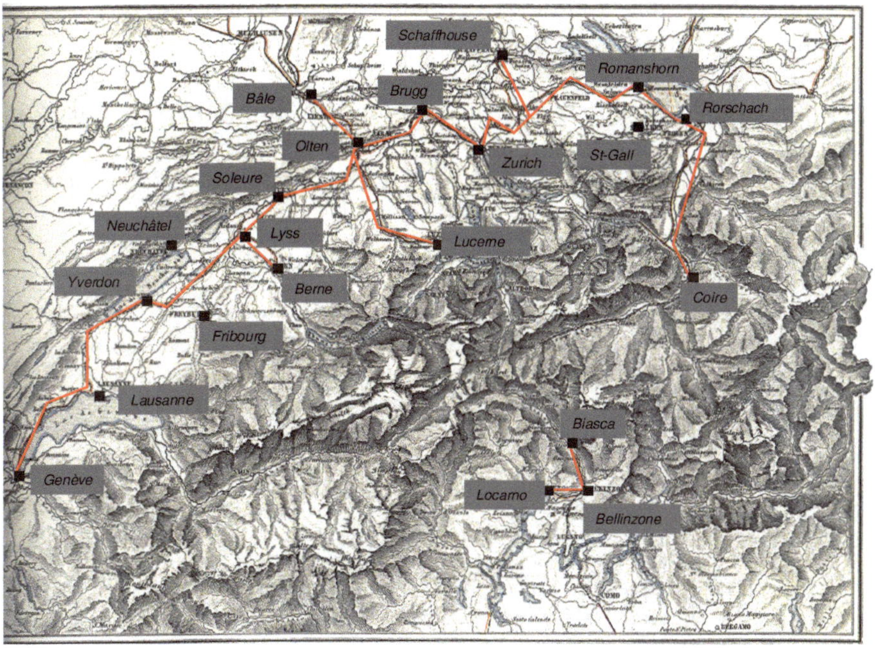

Extrait d'un document cartographique datant de 1850 et présentant «la croix ferroviaire» proposée dans le rapport Stephenson et Swinburne et reprise dans le message du Conseil fédéral de 1851. Nous avons accentué les lieux et le réseau projeté.

45 FF, vol. 1, 1851/2, pp. 557-590.
46 FF, vol. 1, 1851/3, pp. 591-612.
47 FF, vol. 1, 1851/4, pp. 339-369.

Le rapport du Conseil fédéral est une première victoire du clan bâlois emmené par l'influent financier Johann Jakob Speiser (1813-1856) et réunissant, hormis l'expert financier du Conseil fédéral Karl Geigy, notamment le secrétaire de la commission des experts financiers et futur président de la direction du SCB Wilhelm Schmidlin et le conseiller national et membre de la commission des chemins de fer Achilles Bischoff (1795-1867)[48]. La position des Bâlois, favorables aux chemins de fer d'Etat, s'explique pour deux raisons: tout d'abord, elle vise à promouvoir la ligne entre Bâle et Olten et à empêcher la solution zurichoise d'une liaison Zurich-Waldshut. Il n'est ensuite pas exclu que les banquiers bâlois voient un intérêt financier à la construction par l'Etat et aux profits sans grand risque que généreraient des emprunts publics[49].

Pour Ziegler, le second expert financier du Conseil fédéral, la position des Bâlois découle de leur situation commerciale privilégiée, dont le maintien par tous les moyens nuira, à court terme, au développement de l'industrie de l'est de la Suisse. L'ouvrage qu'il publie en début d'année 1851 insiste particulièrement sur les dangers pour la Suisse de l'est à ne pas voir la ligne reliant Zurich au lac de Constance réalisée dans les plus brefs délais – comme le laisse supposer l'expertise Stephenson – en cas de monopole ferroviaire accordée à la Confédération[50]:

> Die Verlängerung der schweizerischen Nordbahn bis an den Bodensee muss von jenem Industriekreise erstrebt werden, und der Vorschlag im technischen Berichte [Stephenson et Swinburne], welcher die Ausführung der Zürich – Rorschachlinie mit eineim «Vielleicht» dem ersten Stadium des Baues zuweist, wird vor allem Industriellen jener Gegenden ganz anders betont werden.

48 Durant l'été 1850, quelques mois avant le rapport Geigy, Speiser avait d'ores et déjà publié deux mémoires préconisant une solution mixte Confédération/Cantons de préférence à une solution par des compagnies privées. Gubler, *Die Anfänge…*, pp. 289-293.

49 Hypothèse avancée notamment par Humair, *Développement économique…*, p. 228. Cette hypothèse est vérifiée par les assertions du conseiller national soleurois d'Olten Johann Jakob Trog: «Die Basler raisonnieren ganz richtig so, wenn wir unsere Kapitalien auf Eisenbahnen, unter Zinsengarantie, anlegen können, so ist das für uns sicherer, als wenn wir unsere Kapitalien auf eigenes Risiko tun müssen. Dies ist ein echt baslerisches Raisonnement.», cité par Gubler, *Die Anfänge…*, p. 325.

50 Ziegler, *Betrachtungen …*, p. 30.

Pour Ziegler, le transport des marchandises et notamment du coton brut entre le port rhénan de Mannheim et la Suisse se fera avec plus de facilité par Friedrichshafen sur les rives du lac de Constance, et ce dès la construction de la ligne entre Mannheim et Heilbronn par l'Etat du Wurtemberg, que par Bâle. Une ligne ferroviaire entre le lac de Constance et Zurich serait bénéfique pour une grande partie des manufactures textiles de l'est de la Suisse qui verraient le prix du transport du coton diminuer[51].

Mais si le commerce bâlois à tout à craindre d'une liaison ferroviaire directe entre Mannheim et la Suisse de l'est par Friedrichshafen, il a également un intérêt certain à empêcher durablement la liaison ferroviaire entre Genève et Lyon, dont la réalisation est projetée depuis octobre 1844[52]. Aussi longtemps qu'une voie ferrée permettant de diminuer le coût du transport entre Lyon et Genève ne sera pas réalisée, les produits coloniaux et le coton d'Egypte arrivant en Suisse par le port de Marseille transiteront majoritairement par Bâle, et ce pour toute la Suisse centrale et de l'est et même pour une grande partie du canton de Vaud[53]. La réalisation rapide de lignes ferroviaires dans l'est et dans l'ouest de la Suisse provoquerait une modification des courants commerciaux désavantageuse pour les Bâlois (cf. carte 10).

51 Ibidem, pp. 21-30. En 1851, les marchandises arrivant de Mannheim à Bâle parcourent environ 262 km (55.3 lieues); celles arrivant de Mannheim à Friedrichshafen par Heilbronn 346 km (73 lieues). Pour une partie de la Suisse de l'est, la route par Friedrichshafen sera dès lors concurrentielle.

52 Rouiller, *Un problème centenaire...*, pp. 18-19.

53 Ziegler, *Betrachtungen...*, pp. 14-21. En 1851, le coût du transport entre Lyon et Genève est le même que celui entre Lyon et Bâle, essentiellement par voie d'eau (canal Rhône-Rhin). Le prix du transport entre Genève et le centre de la Suisse est le double de celui entre Bâle et le centre de la Suisse. Cela explique que le courant commercial entre Marseille et Bâle à destination de la Suisse soit beaucoup plus important que celui de Marseille à Genève.

Carte 10 – Modifications des courants de circulation établis d'après J.M. Ziegler (prévision après introduction des lignes de chemins de fer dans l'ouest et l'est de la Suisse)

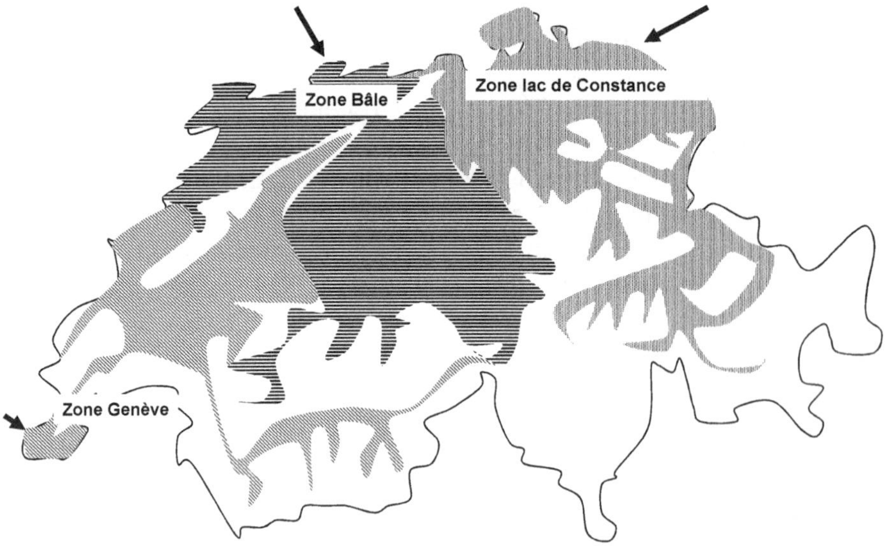

Source: d'après Ziegler, *Betrachtungen…*

Cette carte est à mettre en rapport avec la carte 7. Avec l'introduction de lignes de chemins de fer dans l'est et l'ouest de la Suisse, les avantages de la voie commerciale par Bâle diminuent considérablement. La zone hachurée en horizontale (accessible avantageusement depuis Bâle) ne s'étend plus qu'en Suisse centrale. La zone pointillée (via les ports du lac de Constance) s'étend vers l'ouest au-delà de Zurich et englobe le canton de Glaris au sud. Enfin, la voie commerciale via Genève étend sa zone d'accessibilité au nord jusqu'aux frontières du canton de Berne.

La domination bâloise sur la politique fédérale ferroviaire n'entraîne pas seulement la méfiance de Saint-Gall. Du côté de Zurich, on voit également avec suspicion les négociations entreprises dès l'été 1851 par le Conseil fédéral avec le Grand Duché de Bade afin de régler le passage sur territoire suisse – bâlois et schaffhousois – de la ligne ferroviaire de la rive droite du Rhin. Et pour cause, le négociateur suisse nommé par le Conseil fédéral n'est autre que le Bâlois Achilles Bischoff, soupçonné par les Zurichois de tout faire pour ralentir la signature d'un traité qui immanquablement signifierait la réalisation du Bâle-Waldshut souhaité par les Zurichois[54].

Le 10 avril 1851, sous la présidence d'Alfred Escher, la commission du Conseil national se réunit à Berne pour étudier le message de l'exécutif sur les chemins de fer. Suite au décès de Franz Eduard Erpf (1807-1851), c'est Johann Matthias Hungerbühler (1805-1884) (SG) qui représente les intérêts de la Suisse de l'est et qui propose un ajournement de la question ferroviaire. Pour les Saint-Gallois, la ligne projetée par le Conseil fédéral entre Zurich et Romanshorn est contraire à leurs intérêts puisqu'elle évite le chef-lieu. Loin d'arranger les affaires ferroviaires de la Suisse de l'est, l'été et l'automne 1851 aggravent encore sa situation. En juillet, le traité de commerce négocié par Achilles Bischoff entre la Suisse et la Sardaigne est ratifié par l'Assemblée fédérale[55]. Or, à côté d'avantages douaniers, l'article 8, particulièrement critiqué, impose à la Suisse le devoir de réaliser une ligne ferroviaire en direction de la frontière sarde: le Lukmanier ou le Splügen, débouchant en territoire autrichien, n'entrent pas en considération. L'opposition des Saint-Gallois à la ratification du traité n'y fera rien. En novembre 1851, nouvelle déconvenue pour l'est de la Suisse: une commission technique internationale composée de Gottlieb Koller, G. Negretti (ingénieur délégué du Gouvernement de Sardaigne) et S. Haehner (ingénieur délégué du Gouvernement de Prusse) conclut que le Grimsel – entre le Valais et Berne – est la meilleure solution pour un passage des Alpes[56]. Mais les Saint-Gallois ne sont pas les seuls à rejeter l'idée d'un réseau ferroviaire fédéral. Depuis 1848, le fédéralisme a à nouveau gagné du terrain face aux centralisateurs. La question des chemins de fer fédéraux ne paraît plus être d'actualité[57]. La solution préconisée par le Conseil fédéral ne convainc pas non plus le président de la commission Alfred Escher, dont l'opposition à un financement des chemins de fer par la Confédération devient patente dès 1851, lorsque il s'affirme

54 FF, vol. 3, 1852, pp. 84-85.

55 Humair, *Développement économique...*, pp. 276-277; FF, vol. 3, 1851, pp. 150-154.

56 G. Negretti, S. Haehner et G. Koller, *Rapport sur le chemin de fer le plus convenable pour relier l'Allemagne et la Suisse avec l'Italie par la commission technique spéciale,* Bellinzone, 1853. Le rapport commun est daté de novembre 1851. En août 1852, Gottlieb Koller publie un rapport séparé dans lequel il donne sa préférence, soit au Gothard, soit au Splügen.

57 Strebel, *Die Diskussion ...*, pp. 7-8.

comme le principal initiateur d'une université fédérale – future Ecole Polytechnique fédérale – financée par les deniers de la Confédération et qui s'installerait à Zurich. Or, le budget de la Confédération ne permet pas de financer à la fois la construction de lignes ferrées et l'établissement d'une université fédérale.

Dans certains cantons c'est l'idée même de lignes ferroviaires qui est critiquée: le frein au débat est évident, notamment dans le canton de Berne, dominé depuis les élections cantonales de 1850 par le parti conservateur d'Eduard Blösch (1807-1866)[58]. Pour le Département cantonal de l'Agriculture, les chemins de fer entraîneront la ruine de l'agriculture. Le Conseil fédéral tente bien d'infléchir cette tendance défavorable en chargeant Wilhelm Schmidlin d'élaborer un rapport, en grande partie destiné à rassurer l'agriculture bernoise en étudiant en détail les effets économiques des chemins de fer sur le monde agricole et l'artisanat[59]. Finalement, dans l'optique du renouvellement de l'Assemblée fédérale qui doit se dérouler en automne 1851, face à un dossier aussi politiquement brûlant que celui des chemins de fer, la commission du Conseil national prend la décision d'ajourner la question, à la grande satisfaction de Hungerbühler.

La question ferroviaire ressurgit dès le printemps 1852. En mars, la commission des chemins de fer se réunit à nouveau. Le Genevois Dufour a cédé sa place à Johann Baptist Bavier (1795-1856) (GR). Les positions au sein de la commission sont désormais solidement établies et ne changeront plus. A l'axe majoritaire du centre de la Suisse, favorable aux chemins de fer fédéraux et unissant, autour du Bâlois Bischoff, le Tessinois Pioda, le Bernois Stämpfli, l'Argovien Siegfried, le Lucernois Steiger et le Schaffhousois Peyer im Hof, s'oppose une union entre l'est et l'ouest de la Suisse, sans grand intérêt commun si ce n'est celui de

58 Erich Gruner, *L'Assemblée fédérale suisse 1848-1920,* vol. 1, *Biographie,* Berne, 1966, p. 618; Gubler, *Die Anfänge...,* p. 339.

59 AF, E 53, Nr. 659, vol. 209, «Lettre du Conseil fédéral à John Coindet, nd». Wilhelm Schmidlin est chargé d'élaborer un rapport sur les effets des chemins de fer sur les activités agricoles et artisanales dans la partie alémanique du pays. Le Genevois John Coindet est chargé d'effectuer le même travail pour la partie romande. Les deux rapports paraissent en 1851. Cf. Wilhelm Schmidlin, *Der Einfluss der Eisenbahnen mit besondere Berücksichtigung der nicht industriellen Theile der Schweiz,* Bericht des eidgenössischen Post- und Bau-Departement an die Eisenbahnkommission des hohen Nationalraths, Basel, 1851; Coindet, *Rapport...,* 1851.

contester toute solution centralisatrice en matière ferroviaire, avec le Saint-Gallois Hungerbühler, le Grison Bavier, le Thurgovien Kern auxquels se joignent le Zurichois Escher et le Vaudois Blanchenay. La majorité de la commission dessine déjà les contours d'un réseau à construire en deux étapes de quatre ans, les lignes de Bâle à Olten, de Olten à Brugg et de Brugg à Zurich étant les premières sur la liste, suivies de la ligne de Morges à Olten et de Zurich à Rorschach, puis de divers embranchements. Parallèlement, l'ensemble de la commission se met d'accord pour dessiner un réseau ferroviaire qui, plus que les impératifs topographiques, devrait tenir compte de la densité de population: Berne devrait ainsi être relié par la ligne principale et non par un embranchement; St-Gall devrait également se trouver sur la ligne entre Zurich et le lac de Constance (cf. carte 11). Ces modifications de tracés par rapport au projet du Conseil fédéral, nécessitant l'expertise d'ingénieurs, entraînent une nouvelle suspension des travaux de la commission.

Carte 11 – Réseau ferroviaire proposé par la majorité de la commission du Conseil national

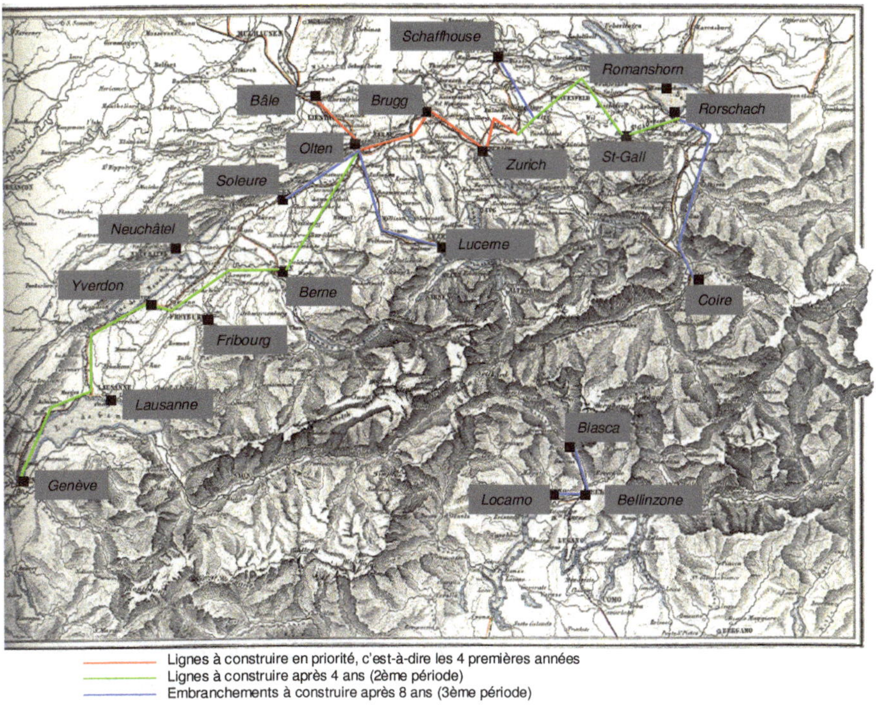

Les propositions du Conseil fédéral et les premières conclusions de la majorité de la commission du Conseil national ne sont pas sans inquiéter les gouvernements de la plupart des cantons. Ce n'est ainsi plus seulement le canton de St-Gall qui résiste à toute centralisation en matière ferroviaire, bien décidé à entreprendre seul la construction d'une ligne ferroviaire entre Rorschach et Wyl via St-Gall. La Compagnie des chemins de fer saint-gallois-appenzellois est formée au printemps 1852. Hungerbühler en est le principal initiateur. C'est également le canton de Lucerne, dont le Grand Conseil s'oppose à la centralisation ferroviaire en accordant, en mai 1852, une concession pour une ligne ferrée entre Zofingue et Lucerne à l'ingénieur thurgovien Johann Jakob Sulzberger (1802-1855). La position du législatif du canton de Suisse centrale va à l'encontre de celle défendue par Steiger, le représentant lucernois au sein de la commission du Conseil national et qui se prononce en faveur des chemins de fer d'Etat. La proposition de la majorité de la commission fédérale, qui place l'embranchement en direction de Lucerne seulement dans les lignes de troisième rang – à construire après 12 ans –, orientent la décision du parlement cantonal. Le canton de Soleure, dont le projet fédéral ne prévoit plus qu'un embranchement en direction du chef-lieu, accorde également une concession à Sulzberger en mai 1852[60].

La Suisse occidentale n'est pas en reste. Opposants de principe à un réseau fédéral qui endetterait immanquablement la Confédération, les Genevois sont rejoints par les Vaudois, dont la ligne de Morges en direction de Olten est rangée dans les tronçons de deuxième rang, à construire après 8 ans. Or, depuis 1844, les vignerons vaudois, dont les marchés traditionnels outre Sarine sont de plus en plus soumis à la concurrence des vins alsaciens, réclament la réalisation d'une ligne ferroviaire en direction de la Suisse alémanique, se référant aux propositions établies dès 1838 par l'ingénieur William Fraisse d'un tracé entre le lac Léman et le lac de Neuchâtel à Yverdon[61]. L'adoption du tarif douanier

60 Gubler, *Die Anfänge...*, pp. 319-324.

61 ACV, K IX 201/1 «Pétition adressée par plusieurs municipalités vaudoises, novembre 1844». Sur le projet de ligne entre Morges et Yverdon et les intérêts viticoles qui en dépendent, cf. *Communication à établir entre les lacs Léman et d'Yverdon au moyen d'un canal ou d'un chemin de fer. Projet d'association, pour couvrir les frais présumés des études à faire sur le terrain,* Lausanne, 1838; *Communication à établir entre les lacs Léman et d'Yverdon, au moyen d'un canal ou d'un chemin de*

de 1849, n'offrant aucune protection aux vins helvétiques, rend la nécessité d'un abaissement des tarifs de transport pour les vins vaudois encore plus impérative. Dès 1852, dans l'urgence, le Grand Conseil vaudois entreprend la discussion autour d'un projet de l'exécutif cantonal accordant à Sulzberger une concession ferroviaire[62]. C'est également dans l'urgence que la concession est accordée en juin 1852, au moment même où s'ouvre la session de l'Assemblée fédérale qui doit définitivement régler la question des chemins de fer au niveau fédéral. L'enjeu n'échappe pas aux députés vaudois au Grand Conseil[63]:

> Nous ne devons pas laisser passer cette session sans que cette question soit liquidée, afin de ne pas la laisser traiter fédéralement. Si malheureusement il y avait une majorité dans l'assemblée fédérale pour entreprendre les chemins de fer par la Confédération, ce serait une ruine pour le canton de Vaud. Les votes se donnent par les députés des 22 cantons; ils ne voteront de chemins de fer qu'autant qu'on en fera chez eux, ce qui entraînerait des constructions coûteuses. Nous devrions contribuer pour des chemins de fer de véritables fantaisies qu'il faudra concéder aux députés des cantons pour obtenir une majorité, de sorte que le canton de Vaud a un immense intérêt à aller en avant et à faire la concession pour contrecarrer le projet de la Confédération.

Ainsi, à l'ouverture de la session parlementaire de l'été 1852, les jeux semblent faits: la plupart des cantons ne veulent pas d'une politique fédérale en matière de chemins de fer. Sans surprise, la majorité de la commission du Conseil national présente un projet de réseau, à construire en étape et financé par la Confédération[64], alors que la minorité propose de laisser aux cantons le soin d'accorder des concessions à des

---

fer. Rapport de l'ingénieur chargé des études à faire sur le terrain, Lausanne, 1844; *Chemins de fer dans le canton de Vaud. Rapport au Comité de l'Association fondée en 1838 par M. Perdonnet père,* Lausanne, 1846.

62 Face aux intérêts viticoles, les intérêts céréaliers du canton pèsent peu. La commission du Grand Conseil chargée d'étudier le projet ferroviaire du Conseil d'Etat mentionne: «Peut-être iront-ils [les chemins de fer] jusqu'à modifier le système de production, c'est-à-dire que l'on devra restreindre certaines productions et se rejeter avec plus d'activité sur d'autres.»; *Rapport de la commission du Grand Conseil chargée d'examiner le projet de décret sur l'établissement d'un chemin de fer entre les lacs Léman et de Neuchâtel,* Lausanne, 1852, p. 6.

63 Intervention du député Schopfer lors de la séance du 25 mai 1852. ACV a3-V, «Bulletin des séances du Grand Conseil du Canton de Vaud, session printemps 1852», p. 54.

64 FF, vol. 2, 1852/1, pp. 1-97 et 213-345.

compagnies privées[65]. Dès le premier jour, le rapport de la minorité est adopté, sans débat, par 68 voix contre 22. L'analyse des votes confirme l'alliance tacite entre la Suisse orientale et occidentale contre la Suisse centrale emmenée par Bâle[66].

Les jours suivants, le Conseil national entreprend de discuter, article après article, la loi fédérale en matière de chemins de fer. Le débat porte principalement sur deux points: le premier, résolu dès le premier jour, concerne la nécessité de doter le pays d'une loi fédérale en matière de chemins de fer. Les opposants traditionnels aux chemins de fer, issus notamment des rangs conservateurs bernois rassemblés autour de Blösch et de l'ancien secrétaire d'Etat de la Confédération August von Gonzenbach, auxquels s'allie le Lucernois Philipp Anton von Segesser (1817-1888), proposent ainsi de ne pas entrer en matière en insistant sur l'influence néfaste des chemins de fer sur les régions céréalières[67]. Ils ne seront pas suivis par les conseillers nationaux. Le second point, plus épineux, porte sur le rôle de la Confédération dans la détermination des tracés. Finalement une majorité de parlementaires décide d'accorder à la Confédération un droit de regard au niveau des tracés. Ce soudain revirement interventionniste est interprété, dans le camp zurichois, comme une attaque ciblée contre le projet de liaison entre Zurich et la ligne badoise à Waldshut. Les articles 2 et 17 de la loi définissent le rôle de la Confédération en matière ferroviaire: d'une part les lignes concédées par les cantons doivent être approuvées par la Confédération; d'autre part, l'Assemblée fédérale se réserve le droit d'intervenir en cas de conflits de tracés opposant plusieurs cantons. Le 21 juillet 1852, le Conseil des Etats suit à une très large majorité la décision de la chambre du peuple[68].

65 FF, vol. 2, 1852/2, pp. 105-282.

66 Cf. Annexe 1. Vote nominatif au Conseil national lors de l'adoption de la loi fédérale sur les chemins de fer de 1852.

67 Gubler, *Die Anfänge...*, p. 351.

68 Ibidem, p. 357.

1.2 Conflits de tracés et intervention fédérale: à l'origine du système des «doubles lignes» (1852-1864)[69]

Le processus de décision qui mène à l'adoption de la loi fédérale de 1852 atteste de la profonde division de l'Assemblée fédérale en fonction de critères géographiques. Cette division s'affermit durant les années suivantes lorsqu'il s'agit d'approuver les concessions cantonales, notamment en raison des conflits d'intérêt de nombreux ténors du parlement, également engagés dans les conseils d'administration ou les comités de direction des compagnies ferroviaires privées. Au milieu des années 1850, le phénomène a atteint de telles proportions que le cri lancé par la *Berner Zeitung* reflète un sentiment largement répandu dans l'opinion publique: «Weg mit den Eisenbahndirektoren aus den eidgenössischen Räten!»[70]

Cette omniprésence du lobby ferroviaire au sein de l'Assemblée fédérale nécessite une mise au point préalable. Plus qu'ailleurs, le débat d'ingénieurs opposant défenseurs de la ligne droite et tenants de tracés plus respectueux des zones intermédiaires et effectuant, au gré des nécessités et des possibilités, des détours pour desservir des localités populeuses ou industrielles, est biaisé. En Suisse, les solutions adoptées pour régler les conflits de tracés ne reposent absolument pas sur la confrontation d'arguments techniques ou d'avantages géologiques et de terrain, mais bien plus sur l'instrumentalisation des rapports d'ingénieurs par des parlementaires engagés dans les compagnies ferroviaires.

Dès la première moitié des années 1850, le NOB, le SCB et l'OS revendiquent un certain nombre de concessions ferroviaires qui, à terme, pourraient déboucher sur la création d'un monopole de transport en Suisse[71]. Ces trois compagnies peuvent compter sur de solides appuis

69 Dans le cas helvétique, seuls des auteurs alémaniques ont défini le système des «doubles lignes» en utilisant le terme de *Zweiliniensystem.* Cf. notamment Friedrich Volmar, *Jakob Stämpfli als Verkehrspolitiker. Eine Verteidigung des bernischen Staatsmannes und der bernischen Eisenbahnpolitik,* Bern, 1927, p. 28; Weissenbach, *Das Eisenbahnwesen...*, vol. 1, pp. 27-28; Ernst Gagliardi, *Alfred Escher: vier Jahrzehnte neuerer Schweizergeschichte,* Frauenfeld, 1919/1920, p. 295.

70 Cité in Halperin, *Der Westbahnkonflikt...*, p. 8.

71 Le lecteur peut se reporter à la carte 12, afin de visualiser les lignes ferroviaires construites en Suisse au milieu des années 1860.

au niveau du parlement fédéral. La finance bâloise, à l'origine du SCB en 1852 et dont l'ambition est de relier Bâle à Olten par le Hauenstein et de lancer ensuite deux bras, l'un en direction de Zurich, l'autre de Berne, peut compter sur l'actif soutien, jusqu'à son retrait de la vie publique en 1853, d'Achilles Bischoff et sur l'influence fédérale de Johann Jakob Speiser et Wilhelm Schmidlin, tout deux membres de la direction de la compagnie. Le chef de file des libéraux soleurois, le député d'Olten Franz-Johann Trog (1828-1904), lui aussi membre de la direction du SCB, jouit également d'une grande influence au sein du Conseil national, alors que la compagnie peut compter sur une promotion, quoique discrète, du conseiller d'Etat et conseiller national Eduard Blösch, représentant du canton de Berne au sein du Conseil d'administration de la compagnie[72].

Le NOB, formé en avril 1853 suite à la fusion du NB et de la Compagnie du Chemin de fer de Zurich au lac de Constance (fondée en novembre 1852) ambitionne, hormis le projet initial de liaison entre Zurich et Bâle, de relier Zurich à Romanshorn, sur le lac de Constance, en empruntant le territoire thurgovien[73]. Les soutiens du NOB au niveau fédéral sont multiples. Excepté Alfred Escher, directeur de la Compagnie du Chemin de fer de Zurich au lac de Constance et qui prend la présidence de la direction du NOB, la compagnie peut compter sur Kern, directeur du NOB, conseiller national jusqu'en 1854, puis chargé d'affaire extraordinaire de la Confédération helvétique à Paris en 1856 et 1857, situation qui fait de lui, selon certains commentateurs, le représentant officiel du NOB auprès de la finance parisienne[74]. Au sein de l'Assemblée fédérale, la compagnie jouit également du soutien de Karl Eduard Häberlin (1820-1884) (TG), membre de la direction et du schaffhousois Johann Friedrich Peyer im Hof, également nommé à la direc-

72 En 1854, soumise à une crise financière, le SCB parvient à convaincre les cantons de Berne et de Lucerne de souscrire à une partie du capital actions: le canton de Berne acquiert des actions SCB pour un montant de 4 millions et celui de Lucerne pour un montant de 2 millions. Un représentant du Conseil d'Etat de chacun des deux cantons est nommé au conseil d'administration de la compagnie. Cuony, *Les débuts...*, p. 60.

73 Sur les chemins de fer dans le nord-est de la Suisse, cf. Wrubel, *Die schweizerische...*; Brugger, *Zürcherische...*; Kessler, *Die Schweizerische ...;* Luz, *Die Anfänge....*

74 C'est notamment l'avis du *Confédéré* dans son édition du 20 août 1857. Cité in Halperin, *Der Westbahnkonflikt...*, p. 29.

tion de la compagnie, suite à la fusion du *Rheinfallbahn* – compagnie dont il a participé à la création et qui dispose d'une concession entre Winterthour et Schaffhouse – avec le NOB en 1856.

L'OS, compagnie formée par l'apport de la concession vaudoise entre le lac Léman et Yverdon accordée dans la précipitation en juin 1852, peut compter sur le soutien inconditionnel des trois conseillers d'Etat vaudois et députés à l'Assemblée fédérale, Louis Blanchenay, François Briatte (1805-1877) et Louis-Henri Delarageaz (1807-1891). L'OS planifie également une ligne à travers la Broye, en direction d'Olten et de la ligne du SCB.

Les craintes de voir se constituer un monopole de transport sont confirmées durant l'été 1855. Confrontées depuis 1854 au retrait des capitaux anglais suite à la guerre de Crimée, les compagnies ferroviaires helvétiques peinent à placer leurs actions sur les marchés financiers. La solution vient des frères Pereire et du Crédit mobilier[75]: en juillet 1855, les financiers français négocient la reprise d'un certain nombre d'actions de l'OS; en septembre de la même année, ils font de même avec le SCB. L'entrée d'Emile Pereire au sein des conseils d'administration de l'OS et du SCB entraîne une alliance, d'abord tacite, puis formalisée, entre les deux compagnies. Dès l'automne 1855, la *Berner Zeitung* met en évidence les risques engendrés par la constitution d'un monopole de transport dominée par la finance étrangère:

> Eine fremde Gesellschaft, die auf unserem Gebiet allen Verkehr in die Hände bekommt, die über ein Einnahmen- und Ausgabenbudget einzig und allein auf unserem Territorium zu verfügen hat, welches sämtlichen Kantons- und dem eidgenössischen Budget fast gleichkommt – die den Sitz ihrer Verwaltung in Paris hat, die Herr und Meister ist über alle Bahnzüge und alle Waggons, die unsere Grenze überschreiten usw. – eine solche Gesellschaft ist ein höchst gefährliches Ding für unsere kleine Schweiz.[76]

L'alliance entre le SCB et l'OS est conditionnée par l'engagement à soutenir la ligne à travers la Broye, permettant de relier les réseaux prévus par les deux compagnies. Elle est rendue d'autant plus nécessaire que, depuis 1852, les Fribourgeois envisagent la construction d'une ligne qui leur serait plus favorable. Débutant comme un simple conflit

75 Cf. notamment, Duc, «Projet de tunnel ferroviaire…», p. 531.

76 *Berner Zeitung*, 4 septembre 1855, cité dans Halperin, *Der Westbahnkonflikt…*, p. 22.

de tracés entre les cantons de Vaud et de Fribourg – le premier soutenant la ligne projetée par l'OS à travers la Broye en direction de Morat et Laupen, le second défendant une ligne reliant le chef-lieu cantonal puis Berne – le conflit gagne rapidement en intensité, lorsqu'un groupe de financiers genevois, rassemblé autour de François Bartholony, propose aux Fribourgeois de se charger d'une ligne reliant Lausanne à Fribourg par Oron. Ce groupe financier peut compter sur le soutien de poids du général Guillaum-Henri Dufour[77].

En fin d'année 1855, le Conseil fédéral est saisi d'une demande de concession forcée émanant du canton de Vaud pour la ligne de la Broye en territoire fribourgeois, à accorder à l'OS. En décembre, l'exécutif propose aux Chambres fédérales d'accorder la concession à l'OS[78]. La seule voix discordante au sein du collège gouvernemental provient du Bernois Jakob Stämpfli, qui s'exprime en faveur de la ligne par Oron. La majorité de la commission du Conseil national donne, contre toute attente, raison à Stämpfli et propose de ne pas suivre la proposition de la majorité du Conseil fédéral. Dans son rapport, la majorité de la commission met en avant les désavantages qu'il y aurait à laisser Fribourg en dehors de la ligne projetée. Se référant à l'expertise de Karl von Etzel, ingénieur ferroviaire expérimenté, la commission dessine les pourtours d'un réseau de chemins de fer comportant deux lignes parallèles: au tracé se dirigeant depuis l'est, par la vallée de l'Aar, Herzogenbuchsee, Soleure et les lacs de Bienne et de Neuchâtel en direction de la Suisse occidentale doit correspondre une seconde ligne transitant, également depuis Herzogenbuchsee, par Berne et Fribourg. Afin que le principe de la double ligne n'induise pas une concurrence ruineuse, les deux tracés doivent être aussi distants que possible l'un de l'autre. Dans cet ordre d'idée, un tracé empruntant, depuis Fribourg, la direction de Romont, Oron et Lausanne est considéré comme largement supérieur à tout autre tracé par la Broye[79]:

77 Sur les conflits de tracés dans le canton de Fribourg, Cf. Dorand, *Chemins de fer...*, pp. 36-83; Dorand, *La politique...*, pp. 233-240; sur les conflits de tracés dans le canton de Vaud, cf. Perrin, «A l'origine...», pp. 53-75; Perrin, «Les luttes...», pp. 97-109; sur le conflit de tracé entre les cantons de Fribourg et de Vaud, cf. également Frédéric Bordier, *Du conflit entre les cantons de Vaud et de Fribourg au sujet des voies ferrées,* Genève, 1856.

78 FF, vol. 1, 1856/2, pp. 17-75.

79 FF, vol. 1, 1856/3, p. 154.

La ligne «supérieure» ne peut pas depuis Berne, par un détour qui ne serait pas justifié [Fribourg puis Morat] retomber dans les plaines et empiéter sur le domaine de la ligne inférieure (ligne du Jura), sa concurrente à une assez courte distance et partant ne lui causer aucun tort. Elle doit au contraire être dirigée par Fribourg et Romont à Lausanne [...]

Les références aux considérations techniques d'Etzel, sur lesquelles s'appuient en permanence les membres de la majorité de la commission du Conseil national, servent surtout à donner une aura d'expertise à un rapport qui peine à voiler les conflits d'intérêt. En décidant de briser le monopole de transport que tissent l'OS et le SCB avec la complicité du Crédit mobilier, la commission avantage Bartholony et Dufour qui forment, en début d'année 1856, un syndicat de banquiers privés comptant en son sein la banque Rothschild, adversaire traditionnel des Pereire dans toutes les affaires ferroviaires européennes. La présence, au sein de la commission du Conseil national, de Dufour, Johann Baptist Bavier et Johann Matthias Hungerbühler n'est pas étrangère à la décision. Les intérêts ferroviaires de la Suisse de l'est, défendus par Bavier et Hungerbühler, se confondent avec ceux de la Réunion financière, puisqu'au même moment, Hungerbühler est l'un des principaux négociateurs de la Compagnie des chemins de fer saint-gallois et appenzellois qui cherche un soutien financier du côté du syndicat de banquiers mené par les Rothschild. Ainsi, malgré les mises en garde du soleurois Trog pour qui, suivre les recommandations de la commission reviendrait à mettre en danger le financement des compagnies ferroviaires suisses, et notamment du SCB dont il est l'un des directeurs, le Conseil national donne tacitement la préférence à la ligne d'Oron, en refusant très largement la concession demandée par l'OS en territoire fribourgeois[80].

Le conflit de tracés ouvert en Suisse occidentale influence la situation dans l'est de la Suisse. Si en 1853, l'ancien expert ferroviaire du Conseil fédéral, Jakob Melchior Ziegler, pouvait encore espérer une grande alliance entre les compagnies de l'est, notamment le NOB de Escher et la Compagnie des chemins de fer saint-gallois et appenzellois de Hungerbühler, alliance destinée à désenclaver l'industrie de l'est de la Suisse en lui donnant une voie commerciale indépendante de Bâle

80 Halperin, *Der Westbahnkonflikt...*, p. 33.

et de son commerce d'entrepôt[81], rien de tel ne peut être envisagé en 1855. D'une part, cette année-là, le conflit autour du tracé NOB entre Winterthour et Romanshorn et du tracé parallèle Rorschach-St-Gall-Winterthour, opposant les cantons de Thurgovie et de St-Gall, se résout devant les instances fédérales. Le canton de Thurgovie se voit imposer une concession sur son territoire pour la ligne en provenance de St-Gall et se dirigeant vers Winterthour. Le conflit met en évidence les intérêts divergents des Saint-Gallois et des Zurichois alliés aux Thurgoviens[82]. D'autre part, le soutien financier qu'apporte la Réunion financière des Rothschild dès mai 1856 à la Compagnie des chemins de fer saint-gallois et appenzellois provoquant, dans la foulée, la fusion de celle-ci avec le *Südostbahn* (concessions Rorschach-Sargans-Coire et Sargans-Weesen-Rapperswil) et le *Glattalbahn* et la formation du VSB[83], projette définitivement le NOB dans le giron du Crédit mobilier des Pereire. Le NOB rejoint ainsi l'alliance entre le SCB et l'OS.

Le camp de l'OS et du SCB au sein de l'Assemblée fédérale peut désormais espérer un soutien du clan Escher comprenant, hormis les représentants des cantons d'Argovie et de Thurgovie, dans le giron du NOB, les représentants de la Suisse centrale, pour qui la formation du VSB signifie la mise en danger d'un passage ferroviaire par le Gothard au profit du Lukmanier. Durant la deuxième moitié de l'année 1856, suite à une demande de concession forcée en territoire vaudois émanant des Fribourgeois, le conflit de tracé est traité à deux reprises par les Chambres fédérales: une première fois à la fin de l'été[84]; une seconde fois durant une session spéciale en septembre[85]. Malgré la coalition emmenée par Escher et les Vaudois, la ligne par la Broye ne parvient pas à s'imposer face à une large alliance regroupant les Genevois rassemblés autour de Dufour, les cantons de l'est de la Suisse dans le giron du VSB et les Neuchâtelois, promoteurs d'une ligne par la littoral entre Vau-

81 Jakob Melchior Ziegler, *Über die Eisenbahnen der nordöstlichen Schweiz. Betrachtungen und Vergleichungen,* Zürich, 1853.

82 FF, vol. 3, 1853, pp. 349-350.

83 Cf. Cuony, *Les débuts...*, pp. 83-92; Wegmann, *Die vereinigten...*, pp. 47-63; Kaelin, *Die Schweizerische....*

84 FF, vol. 2, 1856/1, pp. 261-287.

85 FF, vol. 2, 1856/2, pp. 373-385; FF, vol. 2, 1856/3, pp. 415-419.

marcus et Neuchâtel, dont la réalisation serait entravée par la proximité d'une ligne parallèle par la Broye[86].

Dans la décision finale de l'Assemblée fédérale donnant la préférence à la ligne Lausanne-Fribourg par Oron, l'influence du conseiller fédéral Jakob Stämpfli est prépondérante. Défenseur des chemins de fer d'Etat déjà au sein de la commission du Conseil national de 1852, Stämpfli redoute la constitution d'un monopole de transport entre les mains de financiers étrangers[87]. Cette crainte explique sa promotion précoce du système des doubles lignes[88]. Dès 1855, il défend, comme on l'a vu et contre l'avis de ses collègues du Conseil fédéral, le principe des deux lignes, celle le long de l'Aar et des lacs jurassiens et celle transitant par Fribourg et Oron. Si la décision fédérale de septembre 1856 éloigne le danger d'un monopole sous l'égide du Crédit mobilier, elle fait désormais courir le risque qu'un tel monopole soit réalisé sous la domination de la Réunion financière qui participe, en décembre 1856, à la création du LFB, en possession de la concession de la ligne d'Oron. En début d'année 1857, la formation d'un monopole de transport se précise par le rapprochement qui s'opère entre une partie de la Réunion financière, emmenée par Bartholony, et la finance zurichoise, rassemblée autour d'Escher. Une fusion générale des compagnies suisses est négociée à Paris: la base du compromis entre Escher et Bartholony a pour objectif d'éloigner la perspective d'une double ligne en entraînant l'abandon de la ligne d'Oron au profit du seul tracé par Neuchâtel et l'active promotion d'un passage ferroviaire par le Gothard aux dépends du Lukmanier. Le VSB n'est d'ailleurs pas intégré au projet. Contre ce compromis unissant la finance parisienne et zurichoise, Stämpfli maintient son soutien au système des doubles lignes. Heurtant les intérêts

86 Halperin, *Der Westbahnkonflikt...*, pp. 39-40; Hodel, *Neuenburgische ...*, pp. 9-17.

87 Dès 1855, Stämpfli est le principal promoteur au sein du Conseil fédéral de l'adoption d'un complément à la loi fédérale de 1852 sur les chemins de fer qui vise à interdire toute fusion de compagnies ferroviaires suisses avec des compagnies ferroviaires étrangères. Parallèlement toute fusion entre compagnies suisses devrait être avalisée par le Conseil fédéral avant d'entrer en vigueur. Le complément à la loi est cependant refusé aussi bien par le Conseil national que par le Conseil des Etats en début d'année 1856. Cf. FF, vol. 1, 1856/1, pp. 1-9.; Halperin, *Der Westbahnkonflikt...*, pp. 33-34.

88 Volmar, *Jakob Stämpfli...*, pp. 28-35.

des Fribourgeois et de l'est de la Suisse, la fusion n'aboutira finalement pas[89].

Les engagements ultérieurs de Stämpfli confirment ses convictions en matière ferroviaire. Il soutient activement la formation, en 1857 à Berne, de la Compagnie Est-Ouest, dont l'ambition est de promouvoir un tracé ferroviaire reliant Bienne à Lucerne afin de limiter le monopole de transport qui risque de se mettre en place dans le centre du pays et de respecter la logique des doubles lignes[90]. La compagnie obtient les concessions bernoises et lucernoises afin de relier Bienne à Berne et Berne à Lucerne par l'Emmenthal, avec un prolongement jusqu'à Zoug.

89 Bartholony tente de provoquer une fusion des compagnies suisses en fin 1856 déjà. Cf. François Bartholony, *Pièces et documents relatifs aux chemins de fer suisses,* Genève, 1856, pp. 46-50. En 1857, il obtient le concours d'Escher lors d'une nouvelle tentative. Cf. Halperin, *Der Westbahnkonflikt...*, pp. 49-51; Strebel, *Die Diskussion...*, p. 22; Société générale des chemins de fer suisses, *Statuts,* Paris, 1857.

90 Le Conseil d'Etat du canton de Berne est un promoteur actif de la compagnie: «[...] l'Est possède actuellement deux lignes se rendant du lac de Constance vers l'Ouest (les lignes de Romanshorn et de Rorschach), et l'Ouest se verra bientôt en possession de deux lignes se dirigeant vers l'Est (les lignes d'Oron et de la Plaine). Il n'y a plus que le centre de la Suisse qui soit en lutte pour réaliser le système des deux lignes, que le chemin de fer de l'Est-Ouest a précisément pour but de compléter.» Puis, plus loin, «[...] dans l'état actuel du réseau des chemins de fer suisses, le trafic de l'est à l'ouest choisira de préférence la ligne de la plaine, passant par Neuchâtel, Soleure, Olten. Car, si la ligne d'Oron a ébranlé jusqu'à un certain point le monopole de la ligne de la plaine, elle ne pourra en paralyser les conséquences fâcheuses pour le canton de Berne, aussi longtemps qu'elle n'aura pas un prolongement indépendant dans la direction de l'Est, et que les lignes du Central formeront son unique débouché. Tant que la ligne d'Oron sera privée de ce prolongement, les chemins de fer de l'Est et du Centre, qui dépendent de la même puissance financière parisienne, réussiront toujours, en combinant leurs efforts, à diriger la circulation de l'est à l'ouest vers la ligne de plaine [...]», *Rapport du Conseil-Exécutif au Grand-Conseil du Canton de Berne concernant la convention à conclure avec la Compagnie de l'Est-Ouest pour l'établissement de la ligne concédée à cette compagnie,* Berne, octobre 1858, pp. 9-11; cf. également Volmar, *Jakob Stämpfli...*, p. 32.

Carte 12 – Le système des doubles lignes: réseau ferré vers 1865 (fin de la première vague d'investissements ferroviaires)

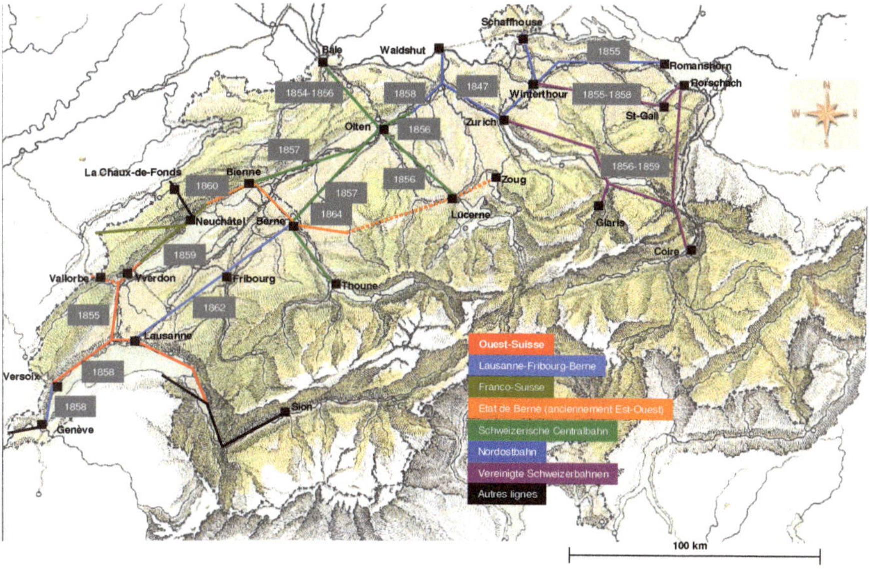

Conclusion

La première phase du développement des chemins de fer en Suisse, qui s'étend des prémices du débat durant les années 1830 à la fin de la première vague d'investissements ferroviaires au milieu des années 1860 est fondamentale à plus d'un titre.

Elle définit tout d'abord les bases de confrontations multiples entre cantons et entre secteurs de l'économie nationale, dont la conséquence est la loi fédérale sur la construction et l'exploitation des chemins de fer de 1852 et la définition d'un rôle minimal dévolu à la Confédération. Les nécessités de l'industrie d'exportation du nord est du pays ne sont pas les mêmes, en matière de transport, que celles du commerce d'entrepôt bâlois ou genevois, de l'agriculture bernoise ou de la viticulture vaudoise. La confrontation des intérêts, faisant et défaisant les alliances au gré des nécessités, perdure au-delà de cette première phase. Visible dans le domaine de la planification des lignes et de leur construction, elle s'étend également, comme nous le verrons, dans l'exploitation des lignes.

Elle définit ensuite le rôle prévisible que vont prendre les financiers, en particulier étrangers, dans un système entièrement abandonné à l'industrie privée. Débordant les conflits cantonaux, la finance parisienne, en s'invitant dans les conseils d'administration, redessine les alliances entre compagnies, émanation visible des conflits cantonaux, et vise le monopole de transport. Or à ce niveau, deux groupes aux mêmes visées monopolistiques s'opposent, chacun pouvant compter sur de solides soutiens au sein même de l'Assemblée fédérale, autorité qui statue, en dernier recours, sur les conflits de tracés. Aucun des deux groupes n'obtiendra le monopole, puisqu'à la fin des années 1850, le système des doubles lignes est solidement établi, quasiment érigé en doctrine.

Reste que cette première phase d'investissements ferroviaires basée sur la confrontation produit, en une dizaine d'années, environ 1.260 km de lignes ferrées. En comparaison internationale, la croissance du réseau ferroviaire suisse est sans commune mesure. Les indices du développement du réseau ferré calculés par Paul Bairoch rendent compte de cette croissance. L'un des derniers pays d'Europe en la matière vers 1850, la Suisse se hisse au niveau des pays les plus avancés d'Europe continentale dès 1860[91]. C'est l'aspect visible de la période: le réseau qu'il reste à exploiter et sur lequel se meuvent une dizaine de compagnies différentes sur des tronçons parfois parallèles.

91 Les indices de Bairoch sont calculés en considérant la longueur totale du réseau que l'on divise par la somme de la population en milliers et par une multiplication par trois de la superficie du pays en milliers de km. La Suisse à ainsi un indice de développement du réseau ferrée de 1 en 1850, contre 16 pour la Belgique, 12 pour l'Allemagne, 6 pour la France et 29 pour le Royaume-Uni. En 1860, la Suisse à un indice de 29, contre 31 pour la Belgique, 22 pour l'Allemagne, 18 pour la France et 44 pour le Royaume-Uni. Cf. Paul Bairoch, «Les chemins de fer suisses dans le contexte européen », in *Guillaume-Henri Dufour dans son temps 1787-1875,* Genève, 1991, p. 223.

Chapitre 2

L'apprentissage de l'exploitation (1854-1864)

Le système des doubles lignes exploitées par différentes compagnies privées, tel qu'il se présente en Suisse au milieu des années 1850, fait peser les pires présages sur les capacités d'entreprises de transport aux intérêts divergents à développer des collaborations. Dès l'ouverture des premières lignes, des difficultés multiples se présentent. Les wagons de marchandises d'une administration ferroviaire ne dépassent pas les limites du réseau auquel ils appartiennent. Un service direct et continu n'existe pas. Le transbordement des marchandises circulant d'un réseau à un autre n'est pas du ressort des administrations ferroviaires: l'expéditeur, ou plus généralement un intermédiaire, doit assurer l'opération lui-même et à ses propres frais aux gares de jonction. L'absence de trafic direct entraîne également l'impossibilité à établir des tarifs entre stations de deux réseaux différents. L'expéditeur paie ainsi une taxe pour le transport à l'administration qui prend en charge la marchandise et verse un montant approximatif pour le transport sur les autres réseaux à un intermédiaire chargé de gérer l'acheminement de la marchandise[1].

A ces difficultés inhérentes à la fragmentation du réseau ferroviaire helvétique s'ajoute, dès le début des années 1860, la menace d'une concurrence ruineuse entre lignes parallèles. Cette concurrence passe immanquablement par les tarifs. La perspective d'une guerre tarifaire, lourde de conséquences, paraît inévitable en raison du système des doubles lignes: la compagnie proposant les tarifs les plus avantageux dans une direction sera en mesure d'attirer le trafic, et ce même en cas de désavantage kilométrique. On comprend dès lors que les solutions adoptées durant ces années soient décisives: l'entente tarifaire, seule solution

1 Sur les difficultés à établir un trafic direct entre compagnies, cf. Hans Riniker, *Entstehung und Volkswirtschafliche Bedeutung der Schweizerischen Eisenbahnverbände,* Wallisellen, 1930, pp. 13-16; p. 48.

viable, si elle évite la ruine des compagnies, risque d'ouvrir la voie à la formation d'un cartel ferroviaire menaçant de freiner toute diminution des tarifs en trafic intérieur. En matière tarifaire, les compagnies disposent en effet de toute latitude, limitée uniquement par les maxima fixés dans les concessions cantonales. Dès le début des années 1860, la liberté tarifaire dont disposent les compagnies engendre des plaintes: certains secteurs d'activité, mis en danger par la rupture que représente l'affaissement de la barrière de la distance, exigent une intervention fédérale afin de mettre les tarifs ferroviaires au service de la production nationale.

2.1 Façonner le trafic à l'intérieur du pays: la régulation du transport

2.1.1 L'organisation du trafic direct en situation de monopole (1854-1860)

L'organisation du trafic direct entre les lignes des différentes compagnies révèle des difficultés de deux ordres. Premièrement, les alliances entre compagnies contractées lors de la période des conflits de tracés de la première moitié des années 1850 (cf. section 1.2) demeurent à l'œuvre dans les premiers temps de l'exploitation. Si des ententes visant à faciliter le trafic direct sont envisageables entre administrations alliées, de tels arrangements interviennent difficilement entre compagnies entretenant des rapports de rivalité.

Deuxièmement, l'organisation du trafic direct nécessite une uniformisation des politiques tarifaires, par l'intermédiaire d'une classification commune des marchandises et l'élaboration de tarifs directs entre la gare d'expédition appartenant à un réseau et la gare de destination localisée sur un autre réseau. Si tel n'est pas le cas, le système des réexpéditions aux gares de jonction perdure. Or, les compagnies entretiennent avec les territoires qu'elles traversent des liens économiques privilégiés, rendant l'uniformisation des taxes kilométriques impossible et l'adoption d'une classification commune, sinon illusoire, du moins difficile à atteindre[2]. La diversité des structures de production des régions au sein desquelles agissent les compagnies ferroviaires suisses complique ainsi l'établissement d'une tarification unique[3].

La chronologie de l'ouverture à l'exploitation des lignes entre 1854 et le milieu des années 1860 (cf. carte 12) favorise la création d'un monopole de transport unissant les compagnies du NOB, du SCB et de l'OS. En 1857, une première convention de trafic direct est conclue entre le NOB et le SCB. Elle prévoit une classification commune des marchandises en service direct entre les deux réseaux et la création de tarifs directs limités à certaines stations importantes. L'entrée en vigueur de la convention en 1858 est contemporaine à la jonction des lignes des deux compagnies à Aarau. La convention est étendue au réseau de l'OS dès 1858. Concrètement, elle permet aux marchandises de circuler entre Romanshorn et Morges sans que l'expéditeur ne soit chargé

2 En France, les politiques tarifaires des compagnies visant à favoriser le développement économique des régions qu'elles traversent sont bien documentées. Cf. notamment pour la région du Midi, Christophe Bouneau, «Chemins de fer et développement régional en France de 1852 à 1937: la contribution de la Compagnie du Midi», in *Histoire, Economie, Société,* n° 1, 1990, pp. 95-108; pour la région de l'est François Caron, *Histoire de l'exploitation d'un grand réseau. La Compagnie du chemin de fer du Nord 1846-1937,* Paris, 1973, pp. 132-139; pour les réseaux secondaires, Maurice Wolkowitsch, *Le siècle des chemins de fer secondaires en France, 1865-1963. Les entreprises, les réseaux, le trafic,* Paris, 2004, pp. 422-441. De façon plus générale, pour l'ensemble du pays, le second volume sur l'histoire des chemins de fer en France de François Caron est incontournable afin de saisir l'importance des tarifs ferroviaires dans le développement économique des régions: cf. Caron, *Histoire ...,* vol. 2, pp. 211-289. En Allemagne, Rainer Fremdling a bien montré l'importance des tarifs ferroviaires pour le secteur minier de la Silésie dès les années 1850, alors que la thèse d'habilitation de Dieter Ziegler décrit en détail les politiques tarifaires des compagnies allemandes visant à favoriser le développement économique des territoires traversés par leurs lignes. cf. Rainer Fremdling, «Britische und deutsche Kohle auf norddeutsche Märkten 1850-1913», in *Regionen im historischen Vergleich. Studien zu Deutschland im 19. und 20. Jahrhundert,* Opladen, 1989, pp. 9-54; Dieter Ziegler, *Eisenbahnen und Staat im Zeitalter der Industrialisierung. Die Eisenbahnpolitik der deutschen Staaten im Vergleich,* Stuttgart, 1996.

3 Pour ne citer qu'un exemple, la concession vaudoise originelle de l'OS pour la ligne Morges – Yverdon spécifie que les tarifs pour le transport des vins locaux ne devront pas dépasser 3 cts. par quintal et par lieue (12.75 cts. par T et par km). Cf. ACV, K IX, 207/5, «Lettre du Département fédéral des postes et des chemins de fer au Conseil d'Etat du canton du Vaud, 12 mai 1890».

des divers transbordements aux gares de jonction. En 1859, le Franco-Suisse adopte également la convention de service direct pour le tronçon du littoral neuchâtelois. Jusqu'en 1860, date de la mise en service du tronçon entre Bienne et Yverdon, les compagnies ferroviaires gèrent également les inconvénients de la rupture de charge et la nécessité du transport lacustre entre ces deux villes[4].

La perspective de l'établissement d'un trafic direct des marchandises est plus illusoire entre les lignes rivales du VSB et du NOB, aux jonctions de Wallisellen (aux abords de Zurich) et surtout de Winterthour. Dans l'est de la Suisse, le NOB ambitionne de se charger de l'ensemble du trafic entre l'Allemagne et la Suisse en le faisant transiter par le tronçon Winterthour-Romanshorn. En 1854, le NOB met en service deux bateaux à vapeur, permettant ainsi de relier le port de Romanshorn à la ligne allemande aboutissant à Friedrichshafen, et acquiert un quasi-monopole de la navigation sur le lac de Constance[5]. Contre les prétentions du NOB, l'administration du VSB, exploitant la ligne parallèle de Winterthour à Rorschach, dispose de peu d'arguments: son réseau s'arrête à Winterthour, où il rejoint celui du NOB; sa ligne, d'un dénivelé considérable, nécessite des dépenses d'exploitation supérieures à la ligne de plaine du NOB par la Thurgovie; enfin, elle est plus longue de 15 km par rapport à sa concurrente. Afin d'attirer une partie du trafic germano-suisse, le VSB tente une diminution des tarifs. Le NOB réagit en rendant le trafic direct entre les deux réseaux à Winterthour autant difficile et onéreux que possible: non seulement les marchandises doivent être transbordées des wagons du NOB aux wagons du VSB mais, en plus, le NOB facture 5 cts. par quintal (soit 1 fr. par T) pour effectuer l'opération[6].

Les mêmes obstacles à l'organisation du trafic direct s'élèvent dans l'ouest du pays, entre les compagnies rivales de l'OS et du LFB, cette dernière exploitant la section Genève-Versoix. Alors que l'OS revendique la liberté de circulation pour les convois des deux compagnies sur

4 AHCFF, CACF, *Procès-verbaux des Conférences des Administrations de chemins de fer suisses,* vol. 1, 1865, pp. 4-7 (Conférence du 27 septembre 1860 – Convention pour un service commun et direct des voyageurs et marchandises).

5 Kessler, *Die Schweizerische...*, p. 18; au sujet de la navigation du NOB sur le lac de Constance, cf. Hans Hauser, *Die schweizerische Bodenseeschiffahrt als Nebenbetrieb der Schweizerischen Nordostbahn: 1855-1900,* Winterthour, 1960.

6 FF, vol. 2, 1858/1, p. 129.

le tronçon Lausanne-Genève, ce qui permettrait aux compagnies du NOB, du SCB, du Franco-Suisse et de l'OS de contrôler l'ensemble du trafic entre Genève et le lac de Constance, le LFB entre en matière uniquement sur une liberté de circulation des wagons de marchandises, en restant maître de la traction sur son tronçon genevois[7].

En été 1858, l'Assemblée fédérale, suite à une plainte du VSB portant sur les frais de transbordement facturés par le NOB à Winterthour, traite du problème du trafic direct entre les réseaux ferroviaires suisses. L'enjeu est beaucoup plus considérable qu'il ne paraît puisque, pour la première fois, il s'agit de définir plus précisément la nature des concessions ferroviaires et les droits de la Confédération à s'ingérer dans l'exploitation des compagnies. Pour le NOB, la Confédération ne dispose d'aucun droit en la matière: il appartient entièrement à la direction de la compagnie – entreprise industrielle de droit privé – de décider de l'organisation ou non d'un trafic direct avec une autre compagnie. Dans le cas présent, le NOB a avec le VSB des rapports de concurrence qui empêchent l'établissement d'une telle entente[8]. Le message du Conseil fédéral du 27 juin 1858, rédigé par le vice-président de la Confédération Stämpfli, contredit les arguments du NOB: pour l'exécutif, les compagnies ferroviaires ont un *«caractère de droit public»*, en raison des concessions qui leur ont été octroyées et ne sont nullement assimilables à des entreprises privées ordinaires. Le Conseil fédéral définit les droits de transbordement perçus par le NOB comme nuisibles au bon déroulement du trafic. Il reconnaît l'avantage, comme le propose le LFB dans le cadre de la liaison entre Versoix et Genève, des trains de wagons marchandises continus: aux gares de jonction entre réseaux, seules les locomotives et le personnel de la traction doivent être changés, ce qui facilite le trafic direct et minimise les risques de dommages aux marchandises. Le Conseil fédéral doute cependant de l'étendue des compétences qui lui sont octroyées en matière de régulation du trafic direct par la loi fédérale de 1852: l'article 13 définit le champ d'intervention

7 AF, E 53, Nr. 674, vol. 216, «Lettre du comité suisse d'administration du chemin de fer Lausanne à Fribourg et à la frontière bernoise au Conseil fédéral, Fribourg, le 7 juillet 1858»; *Convention pour l'échange du matériel et la jonction à Coppet des lignes de l'Ouest des chemins de fer suisses et de Genève-Versoix,* Paris, 1858.

8 AF, E 53, Nr. 674, vol. 216, «Vernehmlassung der Direktion der Schweiz. Nordostbahn über eine Beschwerde des Verwaltungsrathes der Vereinigten Schweizerbahnen an den H. Schweizerischen Bundesrath, Zürich, 1858 »; FF, vol. 2, 1858/1, p. 130.

de la Confédération en matière de jonction matérielle entre les réseaux, mais nullement en matière de continuité du trafic. Le gouvernement propose donc à l'Assemblée fédérale l'adoption d'une loi complémentaire destinée à favoriser le trafic direct[9].

La majorité de la commission du Conseil national nommée pour étudier l'extension législative proposée par l'exécutif est cependant de l'avis, qu'en matière de trafic, les compagnies doivent demeurer libres et que l'obligation d'instaurer un service direct entre réseaux est contraire à la libre concurrence et aux intérêts financiers privés engagés dans ces entreprises[10]. Emmenée par Johann Matthias Hungerbühler, proche du VSB, et le Vaudois Edouard Dapples (1807-1887), défenseur de la ligne Lausanne-Fribourg par Oron et futur administrateur du LFB dès 1865, la minorité de la commission adopte sans surprise une position plus proche des intérêts du VSB et du LFB. Dans son rapport, elle reconnaît que la solution de la libre circulation – incluant la traction – proposée par l'OS est difficilement envisageable et défend, à l'instar du Conseil fédéral, le système de trains de wagons continus. Prenant ouvertement position pour le VSB contre le NOB, le rapporteur Hungerbühler reconnaît le droit du premier à diminuer ses tarifs afin d'attirer sur sa ligne Winterthour-Rorschach une partie du trafic germano-suisse que le NOB menace de monopoliser. Cette mesure ne doit nullement déboucher sur des actes visant à empêcher le trafic direct en gare de Winterthour. La minorité de la commission ne suit cependant pas le Conseil fédéral quant à la nécessité de promulguer une loi complémentaire. La loi de 1852 permet une régulation gouvernementale suffisante[11]. La solution minimaliste adoptée par la minorité de la commission parvient sans grande difficulté à obtenir le soutien d'une majorité du Parlement. Le 11 août 1858, le Conseil fédéral promulgue un arrêté, dont la teneur non contraignante découle du rôle limité de la Confédération en matière d'exploitation ferroviaire tel qu'il est défini par la loi de 1852[12]:

9 FF, vol. 2, 1858/1, pp. 133-146.

10 FF, vol. 2, 1858/2, pp. 341-342.

11 Ibidem.

12 AF, E 53, Nr. 674, vol. 216, «Lettre du Conseil fédéral aux administrations de chemins de fer, Berne, le 1er août 1858»; FF, vol. 2, 1858/3, p. 387, «Arrêté du Conseil fédéral concernant la jonction des chemins de fer suisses / 11 août 1858».

Art. 1. Les entreprises de chemins de fer sont tenues de s'assurer réciproquement la jonction, dans ce sens que pour autant que cela paraîtra nécessaire dans l'intérêt d'un service non-interrompu, les wagons à marchandises, y compris les wagons des bureaux de poste ambulants soient admis à circuler directement et que de même il soit délivré des billets directs pour voyageurs, bagages et marchandises.

L'impulsion est désormais donnée. Les dispositions de l'arrêté fédéral sont appliquées une première fois par les administrations du SCB et du NOB sur la ligne Bâle-Zurich: dès 1858 des wagons marchandises circulent de manière continue entre les deux villes sur les réseaux des deux compagnies. Cette mesure est principalement adoptée pour faciliter le transport des charbons de la Sarre, massivement employés dans les manufactures suisses dès la fin des années 1850 et dont le transbordement en gare de jonction d'Aarau entraînerait perte de temps et augmentation des coûts de transport[13]. L'accord découle d'une similitude d'intérêts entre NOB et SCB.

L'ouverture en 1860 du tronçon bernois entre Bienne et la frontière neuchâteloise, dont l'exploitation incombe au SCB, permet désormais l'établissement d'un service ferroviaire non interrompu entre le lac de Constance et le lac Léman. Fin septembre 1860, des délégués des administrations du NOB, du SCB, de l'OS et du Franco-Suisse se réunissent à Berne[14]. L'objectif initial de révision de la convention de trafic direct de 1858 englobe rapidement l'établissement d'un traité réglant l'échange des wagons marchandises entre les différents réseaux et l'adoption d'un règlement spécifiant les responsabilités incombant aux compagnies en cas d'avarie ou de retard de livraison des marchandises en service direct[15]. A partir de septembre 1860, les conférences réunissant délégués du NOB, du SCB, de l'OS et du Franco-Suisse deviennent périodiques, sans qu'elles n'adoptent toutefois un caractère formel.

13 Riniker, *Entstehung und Volkswirtschaftliche...*, p. 16. En moyenne, entre 1852 et 1856, 28.000 quintaux de charbons entrent annuellement en Suisse. En 1859, c'est près de 2 millions de quintaux qui franchissent la frontière, dont une grande partie emprunte les réseaux du SCB et du NOB. Cf. Riesler, «Rapport sur les influences économiques...», p. 66.

14 AHCFF, CACF, *Procès-verbaux...*, vol. 1, pp. 1-18 (Conférence du 25 septembre 1860).

15 Ibidem, p. 12 (Echange des wagons de marchandises).

2.1.2 La régulation du trafic entre lignes parallèles: la convention de partage de trafic entre l'Ouest-Suisse, le Franco-Suisse et le Lausanne-Fribourg-Berne (1860-1863)

Au début des années 1860, l'ouverture de certaines lignes concédées suivant le système des doubles lignes menace d'asphyxier les compagnies ferroviaires. Le clan Escher, par la voix du président du NOB Georg Stoll, accuse le conseiller fédéral Jakob Stämpfli d'être à l'origine de l'avenir peu encourageant des compagnies[16]:

> On doit surtout éviter de se faire illusion sur le développement possible du mouvement de nos chemins de fer. Aussi satisfaisants que paraissent les résultats obtenus par quelques-unes de nos Compagnies, ce sont des exceptions qui ne se soutiendront pas; nous pouvons à peine espérer un transit un peu important, et quant aux transports à l'intérieur, il existe dans presque toutes les directions des lignes concurrentes qui se les disputent et doivent se partager le montant des recettes.

L'inauguration de la ligne Lausanne-Fribourg, prévue pour 1862, promet de raffermir les tensions entre compagnies rivales et de provoquer une guerre tarifaire entre l'OS et le LFB pour la captation du trafic direct entre le lac Léman et le réseau du SCB. Le conflit de 1858 entre NOB et VSB sur les lignes en direction du lac de Constance avait d'ores et déjà montré la capacité des politiques tarifaires de détourner le trafic normalement dévolu à la ligne la plus courte. Afin de limiter au maximum la perspective d'une surenchère tarifaire ruineuse pour les compagnies, une régulation du trafic entre les lignes parallèles de l'OS et du LFB paraît souhaitable. Dès 1861, le VSB et le LFB participent aux conférences initiées en septembre 1860 par le NOB, le SCB, l'OS et le Franco-Suisse.

Le 18 septembre 1862, les compagnies ferroviaires se réunissent à Lausanne. Le LFB demande qu'un certain nombre de ses stations soient

16 [Georg Stoll], *Examen des brochures de M. Stämpfli, président du Conseil fédéral sur le rachat des chemins de fer suisses,* Zurich, 1863, pp.18-19. La polémique éclate en fin d'année 1862 lorsque Stämpfli, alors président de la Confédération, publie sa première brochure défendant le rachat des compagnies ferroviaires par la Confédération. En 1863, Stämpfli publie une seconde brochure sur le même thème. Jakob Stämpfli, *Rückkauf der schweizerischen Eisenbahnen,* 1. Auflage, Bern, 1862; Jakob Stämpfli, *Rückkauf der schweizerischen Eisenbahnen. Mit Einwendungen gegen die Nachweise,* 2. Auflage Bern, 1863. Sur la polémique qui s'ensuivit, notamment dans la presse, cf. Strebel, *Die Diskussion ...,* pp. 29-30.

intégrées dans les tarifs directs et pose la question du partage du trafic voyageurs entre les deux lignes parallèles. Pour l'OS et le Franco-Suisse, le principe de la ligne la plus courte doit prédominer: tout voyageur entre Lausanne ou Morges et le réseau du SCB doit être ainsi acheminé sur la ligne en direction du lac de Neuchâtel. Pour le LFB et le VSB, exploitant des lignes présentant des désavantages kilométriques, les billets délivrés doivent être valables pour les deux directions et un libre choix intégral doit être laissé aux voyageurs. Entre ces deux solutions extrêmes, le NOB et le SCB proposent un consensus généralisable à toutes les situations de voies parallèles: il prévoit la liberté entre les deux voies jusqu'à concurrence d'une différence kilométrique de 10 km. Au-delà, la voie la plus courte l'emporte. Elle fixe les bases tarifaires sur lesquelles doit s'aligner la voie la plus longue. Le trafic marchandises suit cependant une logique différente: la longueur du parcours importe peu, seul compte le tarif. Dans ces conditions, un partage du trafic en fonction d'un choix de route laissé à l'expéditeur paraît difficilement envisageable et la perspective d'une lutte par le tarif demeure, même si la solution adoptée pour la régulation du trafic voyageurs est en mesure d'entraîner l'OS et le LFB vers une solution de compromis qui n'est cependant pas trouvée durant la conférence de septembre[17].

Les négociations entre l'OS et le LFB, auxquelles prend part également le Franco-Suisse, s'étalent jusqu'en février 1863 et aboutissent à une convention de partage du trafic, communiquée à l'ensemble des compagnies ferroviaires lors de la conférence du 10 mars 1863[18]. Les termes de la convention revêtent une importance fondamentale: ils mettent un terme à toute velléité de concurrence tarifaire entre les deux voies et fondent la doctrine des compagnies ferroviaires suisses en matière de régulation du trafic marchandises. Au-delà, ils posent les bases d'une lutte commune contre le contournement dont est menacé le réseau suisse par les politiques tarifaires des compagnies étrangères. Le postulat d'un réseau ferroviaire helvétique destiné à occuper une place

17 AHCFF, CACF, *Procès-verbaux...*, vol. 1, pp. 98-99 (Rapports de service direct de la ligne Lausanne-Fribourg-Berne – Conférence des 18-19 septembre 1862); Riniker, *Entstehung und Volkswirtschaftliche...*, p. 66.

18 AHCFF, CACF, *Procès-verbaux...*, vol. 1, pp. 129-134 (Convention relative au Service des marchandises intervenue entre les Compagnies de l'Ouest, du Franco-Suisse et de Fribourg – Conférence du 10 mars 1863); Riniker, *Entstehung und Volkswirtschaftliche...*, p. 66; Métrailler, *La politique ferroviaire...*, p. 46.

centrale dans le trafic de transit européen est désormais posé. Le premier article réaffirme le principe de la prédominance de la voie présentant la distance la plus courte et stipule l'abandon de la concurrence tarifaire:

> *Art. 1.* [...] entre deux gares quelconques du réseau suisse, et pour autant qu'il s'agira d'expéditions de et pour les lignes des compagnies contractantes, ou devant emprunter une ou plusieurs de ces même lignes, un seul tarif sera publié, à savoir celui du transport par la voie la plus courte.
> Les taxes des tarifs actuels établies contrairement à la règle ci-dessus seront supprimées et remplacées par les taxes de la ligne par laquelle la marchandise doit être dirigée suivant le principe posé par le présent article.

Le deuxième article définit concrètement les zones de partage de trafic: tout le trafic en provenance de Genève et de Morges et à destination du réseau SCB sera dirigé sur la ligne de Neuchâtel; tout le trafic en provenance du Valais, du Lavaux et de Lausanne empruntera la ligne d'Oron. L'article 2 fonde également le principe du partage du produit des transports entre les lignes concurrentes:

> *Art. 2.* [...] Il sera attribué à la Compagnie sur la ligne de laquelle le transport doit être effectué, ou l'aura été en vertu d'une demande expresse de la Compagnie qui y a droit quatre centimes par tonne et par kilomètre pour l'indemniser des frais et des risques du transport.
> L'excédent du prix de transport, calculé de Morges à Neuveville transit pour les expéditions dirigées par Neuchâtel et de Lausanne à Berne, pour celles dirigées par Fribourg, sera attribué, savoir: pour les $^{17}/_{24}$ à la ligne sur laquelle le transport a dû être effectué en vertu de la présente convention et pour les $^{7}/_{24}$ restants à l'autre ligne, en compensation de la renonciation à toute tentative de détournement des transports réservés à la direction par la plus courte distance.

Si le trafic venait à être dirigé par inadvertance sur la ligne la plus longue, l'administration qui effectue le trafic toucherait, hormis les $^{7}/_{24}$ du produit du transport, 3 cts. par T et par km pour l'indemniser de ses frais de tractions (art. 4). Enfin, l'article 5 institue la base nécessaire à une lutte commune pour capter le trafic international:

> *Art. 5.* Les Compagnies s'engagent à l'abaissement réciproque de leurs tarifs sur toute l'étendue aussi bien que sur une partie de leur ligne, quand cela sera nécessaire pour attirer sur ces lignes un trafic qui, sans abaissement, ne prendrait pas cette voie [...].

La convention entre en vigueur le 1er avril 1863. Ses effets les plus visibles sont l'uniformisation des taxes kilométriques sur les réseaux de l'OS et du LFB[19].

2.1.3 La formalisation de la Conférence des administrations de chemins de fer et la généralisation des conventions de partage de trafic: vers la formation d'un cartel du transport ferroviaire? (1863-1864)

Les administrations ferroviaires suisses se rencontrent périodiquement lors des conférences instituées en septembre 1860: l'objectif central de ces premières conférences a été la facilitation du trafic direct entre les différentes lignes du réseau helvétique par l'élaboration d'un règlement commun à toutes les compagnies concernant le trafic direct qui entre en vigueur le 15 mars 1862 et la généralisation de la classification adoptée par le SCB, le NOB, l'OS et le Franco-Suisse pour leur trafic commun. Les conférences ont également favorisé l'adoption de la convention de régulation du trafic adoptée en 1863 par l'OS, le Franco-Suisse et le LFB.

Pourtant aucune convention ne formalise la tenue et le déroulement de ces conférences périodiques. C'est chose faite à la fin de l'été 1863. En août, les compagnies ferroviaires adoptent une convention organisant la CACF en véritable association[20]. Le but de la CACF est triple: développer et maintenir le trafic direct entre les différents réseaux; traiter tout objet qui concerne l'ensemble des compagnies; arbitrer à l'interne les conflits qui pourraient s'élever entre les compagnies (art. 1). Un secrétaire permanent est nommé et une administration ferroviaire est annuellement élue pour présider l'association (art. 5). Le mode de décision est également formalisé: chacune des administration à droit à une voix. La majorité absolue est requise pour les nominations et les décisions qui n'ont qu'une portée passagère, alors que l'unanimité est

19 Cf. Annexe 3.1.1. Taxe de la classification du 15 octobre 1863.

20 AHCFF, CACF, *Procès-verbaux...*, vol. 1, pp. 168-172 (Convention ayant pour but d'amener un accord aussi complet que possible dans l'exploitation des chemins de fer suisses et de régler les relations des Administrations des chemins de fer entre elles – Conférence des 14 et 15 août 1863); Albert Cuony, *L'Association des chemins de fer suisses 1860-1903. Notice,* Lausanne, 1904, pp. 22-23.

nécessaire pour les décisions de plus grande importance (art. 8). Enfin, toute administration ferroviaire suisse peut intégrer la CACF (art. 11).

Dès la convention de 1863, la CACF assume également d'autres fonctions qui ne sont pas explicitement contenues dans ses statuts, notamment celles de représenter les administrations ferroviaires auprès des autorités fédérales en parlant, dans la mesure du possible, d'une seule et même voix. Le Fribourgeois Albert Cuony (1832-1915), secrétaire permanent de la CACF entre 1874 et 1902 après avoir débuté sa carrière au service de l'OS puis du LFB, reconnaît ce rôle à l'association uniquement depuis 1872 et la révision de la loi fédérale sur les chemins de fer[21]. Pourtant, force est de constater qu'elle occupe bien avant cette date un rôle de groupe de pression ferroviaire auprès du Conseil fédéral et de l'Assemblée fédérale, ainsi qu'une fonction d'expertise en matière de gestion ferroviaire, rarement remise en doute par le département fédéral en charge des chemins de fer durant les premiers temps de l'exploitation[22].

Parallèlement, la CACF contribue à généraliser la régulation du trafic interne sur un mode similaire à la convention de février 1863 adoptée pour le trafic des lignes parallèles de l'ouest. En prévision de l'ouverture du tronçon Bienne-Berne par les chemins de fer de l'Etat de Berne en 1864, et de la concurrence qu'il apporte à la ligne SCB Bienne-Herzogenbuchsee-Olten (cf. carte 12), une convention de partage de trafic est adoptée entre les deux compagnies[23]. L'article 4 de la convention réitère le principe de la plus courte distance dans la régularisation des rapports de concurrence. La convention ne prévoit cependant aucune compensation financière pour la compagnie disposant du tracé le plus long, étant

21 Ibidem, p. 43.

22 Plusieurs représentants de compagnies auprès de la CACF jouissent d'une influence certaine auprès du Conseil fédéral ou au sein du Parlement. Notamment Georg Stoll, directeur du NOB, représentant auprès de la CACF en 1861 et 1862; Alfred Escher, président de la direction du NOB et représentant auprès de la CACF entre 1869 et 1873; Wilhelm Schmidlin, directeur du SCB et représentant auprès de la CACF en 1860; Gottlieb Koller, ingénieur-chef au SCB et représentant auprès de la CACF entre 1861 et 1863; le conseiller national neuchâtelois Jules Philippin (1818-1882), secrétaire général du Franco-Suisse et représentant auprès de la CACF. Cf. Cuony, *L'Association...*.

23 AHCFF, CACF, *Procès-verbaux...*, vol. 1, pp. 225-229 (Communication de la Convention intervenue entre les chemins de fer bernois et le Central au sujet du service de transport sur leurs lignes concurrentes – Conférence des 22-23 mars 1864).

entendu que les deux lignes disposent, chacune de leur côté, d'avantages kilométriques satisfaisant pour disposer d'un trafic suffisant. Elle contient cependant une disposition interdisant tout abaissement de tarifs visant à détourner le trafic de la voie la plus courte vers la voie la plus longue (art. 6). Enfin, l'article 7 initie une collaboration tarifaire entre les deux administrations visant à attirer le transit sur leurs lignes:

> *Art. 7.* Elles s'engagent en outre d'unir leurs efforts pour attirer le plus possible le transit sur leurs lignes de: Herzogenbuchsee-Bienne [SCB], Bienne-Neuveville [Etat de Berne] et de supporter au prorata kilométrique les réductions des tarifs nécessaires dans ce but.

Une convention, en grande partie similaire à celle signée entre le SCB et les chemins de fer de l'Etat de Berne, est adoptée en juin 1864 pour régler les rapports de concurrence entre les lignes du nord de la Suisse, possession du SCB et du NOB. La convention inclut notamment les lignes concurrentes NOB Waldshut-Zurich, et au-delà Lucerne, et SCB Bâle-Olten. La concurrence tarifaire est, là également, abolie et le principe de la ligne la plus courte prédomine[24].

Ces conventions de partage de trafic, visant à strictement réguler les rapports de concurrence entre compagnies, aboutissent à des ententes tarifaires pour le trafic interne qui ne laissent aucune place à l'abaissement non concerté des tarifs que laissait présager le système des lignes parallèles. Se pose dès lors la question de la formation d'un cartel du transport ferroviaire. Cette interrogation n'est pas propre au cas helvétique. En Allemagne, l'historien Dietrich Eichholz, dans une étude du début des années 1960, associe le *Verein Deutscher Eisenbahnverwaltungen*, association formée en 1847 et réunissant en son sein plus de 40 administrations, à un cartel ferroviaire[25]. Cette affirmation est contre-

24 AHCFF, CACF, *Procès-verbaux...*, vol. 1, pp. 241-242 (Communication de la Convention intervenue entre les chemins de fer du Nord-Est et du Central au sujet du service de transport sur leurs lignes concurrentes – Conférence des 13-14 juin 1864). Il est à noter qu'une convention du type de celle signée entre l'OS, le Franco-Suisse et le NOB est sans doute intervenue pour la régulation du trafic entre les lignes concurrentes NOB Winterthour-Romanshorn et VSB Winterthour-Rorschach sans qu'elle soit communiquée à la CACF. Les taxes kilométriques sur le réseau du NOB et du VSB sont en 1863 similaires, signifiant l'abandon de la concurrence tarifaire (cf. Annexe 3.1.1. Taxes de la classification du 15 octobre 1863).

25 Dietrich Eichholz, *Junker und Bourgeoisie vor 1848 in der preussischen Eisenbahngeschichte,* Berlin, 1962, pp. 33-34.

dite, une trentaine d'années plus tard, par Dietrich Ziegler dans sa thèse d'habilitation. Constatant que l'association faîtière des administrations ferroviaires germaniques ne parvient pas à s'immiscer dans la politique tarifaire des compagnies, Ziegler, s'il ne remet pas en doute la volonté de l'association de mettre sur pied un cartel, remarque cependant qu'elle n'a pas atteint cet objectif[26]. Toutefois, hormis le *Verein Deutscher Eisenbahnverwaltungen*, les compagnies germaniques – prussiennes avant tout –, soumises à la doctrine de la libre concurrence entre tracés qui régente la politique ferroviaire de la Prusse jusque dans les années 1860, fondent des alliances tarifaires partielles, intégrant parfois des compagnies de plusieurs Etats allemands: à la constitution du *Norddeutsche Verband*, unissant plusieurs administrations ferroviaires exploitant l'axe Cologne-Leipzig et Berlin, répond la formation du *Rheinisch-Thüringisch Verband*, auquel sont intégrées des compagnies en possession de lignes reliant, à peu de chose près, les mêmes destinations. Ziegler mentionne qu'entre le début des années 1850 et 1870, une vingtaine d'associations tarifaires de ce type sont formées en Allemagne. Celles-ci deviennent d'efficaces instruments de lutte contre la concurrence entre tracés parallèles: aux tarifs extrêmement bas, mis en vigueur au sein de ces associations pour les trafics directs soumis aux concurrences, correspondent des tarifs internes – propres à une seule compagnie – très élevés lorsque le parcours n'est pas soumis à la concurrence d'une ligne parallèle. Les seconds sont destinés à financer l'abaissement des premiers. On assiste ainsi à une forme de dumping[27].

Le cas germanique permet de mettre en perspective les spécificités de la CACF, l'association faîtières des compagnies ferroviaires helvétiques. Son rôle se rapproche sensiblement de celui dévolu, en Allemagne, aux alliances tarifaires partielles, à la seule différence que l'extrême segmentation du réseau suisse et la taille restreinte du pays – correspondant à peine à la taille d'un Etat allemand – ne permet pas à une compagnie unique de s'assurer un trafic interne suffisant. La CACF, en favorisant les conventions entre lignes parallèles, libère les compagnies des tensions du marché intérieur du transport et ouvre la voie à une généralisation de la concertation pour des abaissements de taxes destinés à conquérir le transit international et le trafic en provenance et à destination

26 Ziegler, *Eisenbahnen...*, p. 125.
27 Ibidem, pp. 128-130.

de l'étranger. Ainsi, au même titre que les alliances tarifaires allemandes, la CACF vise à provoquer des mécanismes de compensation, permettant de contrebalancer les abaissements des tarifs de transit par le maintien de tarifs internes élevés. Si l'on définit le cartel comme une convention unissant plusieurs entreprises indépendantes, dont le but est de maintenir ou d'augmenter les revenus au moyen d'une correction du libre jeu du marché, force est de constater que la CACF – bien plus que le *Verein Deutscher Eisenbahnverwaltungen* – prend la forme d'un cartel. Cette définition du cartel est établie par le juriste René Georges Dubois, dans une étude du milieu des années 1950 sur l'économie des transports[28]. Elle a été adoptée, dans une étude ultérieure, par Erich Gruner, afin de décrire le mouvement de cartellisation de l'économie helvétique au XIXe siècle[29]. Suivant Dubois, au contraire du cartel, la simple association ne vise aucunement à limiter le libre jeu du marché[30].

2.2 Les tarifs ferroviaires à l'épreuve des faits (1858-1864)

2.2.1 L'abaissement des tarifs des produits de très grande consommation: tester l'élasticité du trafic

La formation des tarifs est un enjeu considérable pour les administrations ferroviaires. Basée sur la confrontation du coût de transport supportable pour la marchandise et du coût que le transport induit pour la compagnie – deux notions variables et difficiles à déterminer (cf. section I.3.1) – la formation des tarifs est nécessairement empirique. Domaine d'initiés, celle-ci est le fait des directions des compagnies et, de façon plus

28 René Georges Dubois, *Die Kartellierung im Verkehrswesen. Unter besonderer Berücksichtigung des Binnenverkehrs zu Wasser und zu Land,* Bern, 1956, p. 7.

29 Erich Gruner définit le cartel en ces termes: «Organisationen, welche sich ergeben, wenn Unternehmer gleicher oder sich ergänzender Branchen auf vertraglichem Wege Bindungen eingehen, welche den Zweck haben, die Preisbildungen direkt oder indirekt im Sinne einer absoluten oder relativen Besserung des Ertrags zu beeinflussen.» Cf. Erich Gruner, Hans-Rudolf Wiedmer, *Arbeiterschaft und Wirtschaft in der Schweiz 1880-1914,* vol. 1, Zürich, 1987, p. 97.

30 Dubois, *Die Kartellierung...,* p. 12.

fréquente encore, de la CACF, puisque la validité d'un tarif dépasse souvent les limites d'un seul réseau[31]. En la matière, les conseils d'administration jouent uniquement un rôle d'homologation.

Le service direct, tel qu'il a été généralisé à l'ensemble des compagnies depuis 1860, définit des tarifs de station à station, en prenant pour base les tarifs internes de chacune des compagnies. Une classification commune à toutes les compagnies date également de cette période. Lors de la CACF du 11 et 12 juillet 1861, le NOB propose l'introduction d'un tarif spécial pour le transport des charbons et des cokes, à raison d'une taxe unique de 1 ½ cts. par quintal et par lieue (soit 4.6 cts. par T et km environ), plus une surtaxe fixe de 4 cts. par quintal pour chaque réseau parcouru. Les participants sont unanimes à plébisciter l'adoption de tarifs spéciaux, mais décident d'étendre la nomenclature du tarif qui intégrerait non seulement les charbons et les cokes, mais également une grande variété de matériaux de construction. Ils ne parviennent toutefois pas à s'entendre sur le montant de la taxe à adopter, ainsi que sur le partage de la surtaxe entre les compagnies qui effectuent le transport[32]. En décembre de la même année, la CACF adopte le principe d'un tarif spécial pour les blés, dont la taxe se monte à 2 cts. par quintal et par lieue (soit 8.3 cts. par T et km environ)[33]. La logique qui régente les débats de ces deux conférences vise à tester l'élasticité du trafic en fonction des variations du prix du transport. L'abaissement des taxes kilométriques doit entraîner une augmentation de la propension de ce type de produits de très grande consommation à voyager[34].

31 Les directeurs de l'exploitation des compagnies se rencontrent périodiquement dans le cadre de la CACF en vue de la formation de tarifs. Ceux-ci sont ensuite soumis aux représentants des compagnies au sein de la CACF en vue de leur adoption ou de leur modification.

32 AHCFF, CACF, *Procès-verbaux...*, vol. 1, pp. 38-39 (Tarifs spéciaux – Conférence des 11-12 juillet 1861).

33 Ibidem, pp. 57 (Tarif pour les céréales – Conférence des 3-4 décembre 1861).

34 Avant 1877 aucune statistique uniforme de la répartition des transports par type de marchandises n'est disponible pour l'ensemble du réseau ferroviaire helvétique. Mais à cette date, près de 75% des marchandises transportées appartiennent aux rubriques, «Matériaux de construction», «Denrées alimentaires» et «Combustibles». Rien n'indique qu'il en ait été autrement jusqu'à cette date. Cf. Thomas Frey, Lukas Vogel, *«Und wenn wir auch die Eisenbahn mit Kälte begrüssen...»...*, p. 206; cf. également Annexe 5.1, Evolution du type de marchandises transportées sur le réseau ferroviaire helvétique (1877-1900).

Les résultats des expériences menées sur les tarifs de ces produits doivent ensuite conduire les compagnies vers l'abaissement des taxes pour d'autres marchandises[35].

Si les compagnies ne généralisent pas dans toutes les directions les abaissements de tarifs pour ces produits, elles introduisent très tôt des taxes minimes dans des directions données, soit en fonction d'impératifs de concurrence, soit en fonction de possibilités de mise en concurrence des marchés. Les matériaux de constructions sont exemplaires de ces politiques d'abaissement. Produits de peu de valeur par rapport à leur poids et à leur volume, mais de grande consommation durant cette période de croissance des années 1850-60 dominée par le secteur de la construction[36], les matériaux des carrières gagnent les villes par l'intermédiaire de tarifs ferroviaires très bas. Des nécessités de concurrence avec le roulage expliquent en partie ces tarifs spéciaux: les pierres des carrières de St-Blaise (NE), pour gagner par chemin de fer la ville de Fribourg, doivent effectuer le détour par Soleure, Herzogenbuchsee et Berne, beaucoup plus long que l'itinéraire de roulage par la Broye[37]. L'animation du trafic passe également par une mise en concurrence des marchés: si vers 1860, la taxe kilométrique moyenne sur les compagnies helvétiques s'élève à environ 12 cts. par T, pour les molasses brutes en provenance des carrières soleuroises et bernoises, pour les matériaux des carrières vaudoises de St-Triphon, pour les asphaltes du Val de Travers, la taxe kilométrique est généralement fixée aux alentours de 5 cts. par T pour les transports en direction de Genève[38]. La modération de

35 *Mémoire présenté au Département fédéral de l'Intérieur sur les tarifs différentiels dans leur application aux chemins de fer suisses,* Zurich, 1862, p. 32.

36 Cf. notamment Bernhard Beck, *Lange Wellen* .., pp. 118-119; Hansjörg Siegenthaler, «Die Schweiz 1850-1914 »..., p. 458. La croissance urbaine est notamment à la base du dynamisme du secteur de la construction. Cf. notamment François Walter, *La Suisse urbaine, 1850-1950,* Carouge, 1994, pp. 28 et suivantes.

37 Wilhelm Schmidlin, *Über die Differential-Tarife der Eisenbahn der Schweiz,* Basel, 1862, p. 8.

38 Ibidem; *Mémoire présenté au Département fédéral de l'Intérieur sur les tarifs différentiels...,* p. 25; *Des tarifs différentiels sur les chemins de fer suisses,* Neuchâtel, 1862, p. 13. Les carrières établissent, dès la fin des années 1850, des voies de raccordement privées avec les lignes des compagnies ferroviaires: deux carrières de St-Triphon (VD) sont reliées dès 1856 et 1859 à la ligne de l'OS. Une carrière d'Uster établit une voie de raccordement aux lignes du VSB en 1857, alors que l'*Aktiengesellschaft der Steinbrüche von Ostermundingen* établit également

ces taxes permet à ces matériaux de construction de concurrencer sur le marché de la ville du bout du lac les matériaux similaires provenant des carrières voisines de Seyssel.

Les abaissements des tarifs des céréales et des combustibles (charbons, cokes) obéissent à une logique plus confuse, produisant la multiplication de tarifs spéciaux. Au niveau des blés, ils aboutissant à une mise en concurrence des courants d'importation en provenance du port de Marseille et en provenance d'Allemagne et d'Autriche-Hongrie par Romanshorn. Si la taxe kilométrique moyenne est évaluée, dès l'entrée en vigueur de la classification commune de 1860, à 15.6 cts. par T pour le transport des céréales, elle descend, durant l'année 1861, successivement à 13.3 cts. sous condition d'un chargement minimum de 4.000 kg puis, dès la conférence des administrations ferroviaires de décembre, à 8.3 cts. sous condition d'un chargement minimum de 4.000 kg et d'une distance d'expédition de 150 km[39]. Au niveau des charbons, les abaissements de taxe consécutifs à l'adoption de tarifs spéciaux occasionnent la mise en concurrence des produits des bassins de la Ruhr, de la Sarre et de la Loire presque sur l'ensemble du territoire helvétique. Dans l'est de la Suisse, grâce à des tarifs spéciaux établis par le SCB et la compagnie des chemins de fer de l'Est français, les charbons de la Sarre peuvent concurrencer ceux de la Ruhr empruntant la voie plus courte de Mannheim et Friedrichshafen. Les charbons de la Sarre sont transportés moyennant une taxe kilométrique de 4 cts. par T à destination d'Olten, alors que pour Bâle, marché sur lequel les charbons de la Ruhr peuvent difficilement concurrencer ceux de la Sarre, le prix du transport s'élève à 5 cts[40]. A partir de janvier 1861, une taxe kilométrique semblable est adoptée pour les charbons en provenance de St-Etienne à destination d'Olten, alors qu'en janvier 1862, le nouveau tarif de transport pour les charbons de la Sarre à destination de 180 stations du ré-

---

une connexion à la ligne du SCB au milieu des années 1860. Cf. AF, E 53, Nr. 675, Vol. 265 «Liste des établissements industriels reliés à la Suisse Occidentale et Simplon (voies de raccordement)» et *Statistique des chemins de fer suisses pour l'année 1898,* Berne, 1900.

39 *Des tarifs différentiels ...*, p. 15; *Mémoire présenté au Département fédéral de l'Intérieur sur les tarifs ...*, p. 25.

40 Schmidlin, *Über die Differential-Tarife...*, p. 8.

seau helvétique prévoit des taxes kilométriques s'abaissant jusqu'à 4 cts. par T pour certaines destinations[41].

2.2.2 *Le défi de la concurrence des chemins de fer étrangers et la classification commune de 1863*

Des abaissements de taxes plus considérables encore sont provoqués au contact de la concurrence avec la ligne PLM Lyon – Belfort, prolongée sur Mulhouse et Bâle. Cette ligne menace, par les taxes PLM extrêmement basses, d'enlever aux lignes suisses tout le trafic en provenance du midi de la France et du port de Marseille, non seulement à destination de l'Allemagne, mais également à destination de l'est de la Suisse. En mars 1861, les compagnies suisses introduisent, en collaboration avec la Compagnie du Lyon-Genève, un tarif pour les céréales en provenance du port de Marseille, dont la taxe kilométrique s'élève à environ 5 cts. (sous la dénomination Tarif 19 P). En fin d'année, les compagnies suisses introduisent un tarif de transit pour les céréales allemandes se dirigeant vers la France (sous la dénomination Tarif commun n° 1): l'ambition est de créer un courant d'exportation des blés du nord en direction de Lyon et Mâcon, empruntant le réseau suisse jusqu'à Genève. Ces blés viendraient concurrencer le courant d'importation en provenance du port de Marseille jusque sur les marchés de Mâcon et de Lyon[42]. L'introduction du tarif spécial pour les charbons en provenance de St-Etienne obéit également à une logique de lutte contre la concurrence de la ligne du Jura français.

41 AF, E 53, Nr. 824, Vol. 265, «Chemins de fer de Paris à Lyon, de Lyon à Genève, de Genève à Versoix, de l'OS, du Franco-Suisse et du SCB. Tarif commun pour le transport à petite vitesse des houilles, cokes et agglomérés, expédiés de St-Etienne à destination d'Olten»; AF, E 53, Nr. 788, Vol. 258, «Chemins de fer du Palatinat, Chemin de fer de l'Est et Chemins de fer suisses. Tarif spécial n° 10 pour le transport à petite vitesse de la houille et du coke par wagons complets de 5.000 kg, janvier 1862».

42 *Des tarifs différentiels* ..., p. 15; *Mémoire présenté au Département fédéral de l'Intérieur sur les tarifs différentiels* ..., p. 25.

La concurrence du PLM provoque des abaissements de taxe pour une palette de produits dépassant largement les céréales ou les charbons. En juin 1861, deux tarifs spéciaux d'une portée beaucoup plus large, issus d'une entente entre la Compagnie du Lyon-Genève et l'ensemble des compagnies suisses, sont élaborés pour le trafic entre Mâcon, Lyon et 28 stations du réseau helvétique (sous la dénomination Tarifs 11 P^A et 11 P^B). Pour les trois séries de la nomenclature du tarif, les taxes kilométriques oscillent entre une moyenne de 7.87 et 10.47 cts. La classification en trois séries reprend le système du PLM, afin d'optimaliser les capacités du réseau suisse à lutter contre la concurrence de la ligne du Jura français[43].

Tableau 3 – Tarifs spéciaux pour le transport des céréales et des charbons (début des années 1860)

En cts. par T et km

Date d'entrée en vigueur du tarif	*Conditions*	*Céréales*	*Charbons*
Dès 1860	Tarif moyen (trafic interne suisse)	15.6	
Mars 1861	Tarif d'importation (depuis le port de Marseille). Dénomination : Tarif 19P	5	
1861	Chargement minimum de 4.000 kg (trafic interne suisse)	13.3	
Décembre 1861	Chargement minimum de 4.000 kg et distance d'expédition de 150 km (trafic interne suisse)	8.3	
Décembre 1861	Tarif de transit (blés allemands et hongrois à destination de Genève, Lyon et Mâcon). Dénomination : Tarif commun n°1	7.6	
1860	Charbons en provenance de la Sarre à destination d'Olten et au-delà		4
Janvier 1861	Charbons de St-Etienne à destination d'Olten et au-delà		4
Janvier 1862	Charbons en provenance de la Sarre à destination de 180 stations suisses		Montant minimum : 4 Abaissement en fonction de la concurrence des autres zones d'approvisionnement

43 AF, E 53, Nr. 824, Vol. 265, «Compagnie du chemin de fer de Lyon à Genève et des chemins de fer suisses. Tarif commun pour le transport de certaines marchandises au départ de Lyon (Guillotière) gare et de Mâcon gare à destination des gares désignées ci-dessous par l'expédition de 4.000 kg au minimum». Cf. également Annexe 3.2.1. Taxes des tarifs 11 P^A et 11 P^B au départ de Lyon et Mâcon.

Carte 13 – Ampleur du tarif 11 P^A et 11 P^B depuis Lyon à destination des stations suisses mentionnées dans le tarif

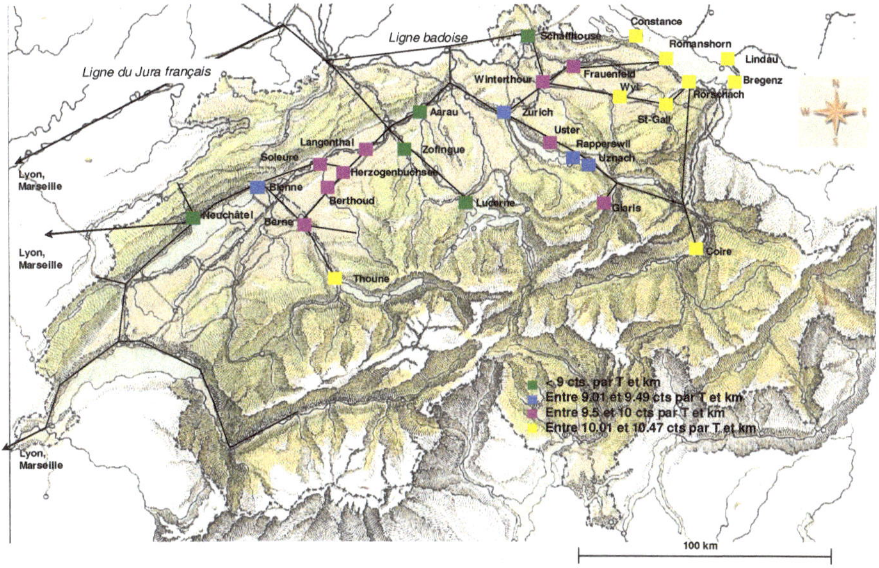

La carte 13 mérite que l'on s'y arrête un instant puisque à travers sa lecture apparaît la stratégie tarifaire des compagnies suisses. L'ampleur des taxes est définie en fonction des tarifs existant sur les lignes étrangères concurrentes. Ainsi, les stations d'Aarau, Zofingue, Lucerne (en vert), à portée de concurrence de la ligne française du Jura via Bâle, disposent-elles des taxes les plus favorables. Il en va de même de Neuchâtel, dont la ligne du Franco-Suisse en provenance du réseau PLM depuis les Verrières présente, sur territoire suisse, une distance plus faible que le tracé en provenance de Genève. La station de Schaffhouse est également mise au bénéfice d'une taxe très basse, en raison de la concurrence au réseau suisse que promet d'apporter la ligne badoise de la rive droite du Rhin, dont l'exploitation ne va tarder à débuter. Les compagnies suisses doivent éviter que le trafic en provenance du port de Marseille et destiné à Schaffhouse ne soit, dès Lyon, détourné sur la ligne du Jura français puis sur la ligne badoise à partir de la gare allemande de Bâle. Pour les autres destinations mentionnées dans le tarif, l'ampleur de la taxe augmente à mesure que diminuent les impératifs de lutte contre la concurrence des voies étrangères: les destinations éloignées de la ligne du Jura français ou de la ligne badoise (soit la Suisse de l'est et le centre) disposent de taxes kilométriques plus élevées (violet et jaune). Enfin, les destinations pour lesquelles la concurrence des deux voies étrangères ne constitue pas un danger ne sont pas mentionnées dans le tarif: hormis Neuchâtel et Bienne, la Suisse romande est ainsi absente de celui-ci.

La concurrence de la ligne allemande du Rhin provoque également l'élaboration de tarifs spéciaux pour les cotons en provenance du port du Havre à destination de la Suisse orientale et centrale. A partir de Zurich en direction de Glaris, ces tarifs spéciaux servent également à lutter contre la concurrence du canal de la Linth[44].

Si la concurrence de la ligne du Jura français opère pour le trafic d'importation en Suisse, elle règle également la formation des tarifs pour les exportations helvétiques. Les produits industriels de l'est et du centre de la Suisse, sans l'intervention de tarifs avantageux sur le réseau suisse, transitent par Bâle en direction des ports français de l'Atlantique, empruntant ainsi une portion du réseau ferroviaire suisse infiniment plus petite que s'ils sont dirigés, depuis Olten, vers Bienne, Neuchâtel puis Genève. L'ouverture en 1860 du tronçon Bienne – Neuveville par la Compagnie de l'Etat de Berne, permet désormais aux marchandises de circuler sans rupture de charge entre l'est de la Suisse et Genève. Dès décembre 1859, une agence de regroupement des marchandises destinées à l'exportation vers les marchés de l'Italie méridionale et du Levant est fondée à Zurich par les compagnies ferroviaires suisses et la Compagnie des services maritimes des messageries impériales. Elle est placée sous le contrôle du NOB et son activité consiste à regrouper les produits manufacturés provenant de la Suisse centrale et de l'est et de les expédier par wagons complets en direction de Genève. Entre Zurich et Aarau, le NOB applique ses tarifs normaux. A partir d'Aarau, des tarifs spéciaux sont élaborés par le SCB, le Franco-Suisse et l'OS, en concurrence avec les tarifs en vigueur entre Bâle, Mulhouse et Lyon sur le réseau français. Depuis Genève, ces marchandises regroupées par

44 Schmidlin, *Über die Differential-Tarife...*, p. 7; *Des tarifs différentiels ...*, p. 17. Dès 1858, le *Glarner Zeitung* note une diminution du prix du transport des cotons et des produits textiles grâce à la concurrence entre la navigation (lac et canal de la Linth) et le chemin de fer. Cf. Frey, Vogel, *«Und wenn wir auch die Eisenbahn mit Kälte begrüssen...»*. ..., p. 312.

l'agence de Zurich sont dirigées vers les ports de Bordeaux et de Marseille puis vers les marchés d'exportation reliés par les lignes maritimes des messageries impériales. Une agence similaire fonctionne également sur la ligne VSB de la Linth, regroupant les produits textiles du canton de Glaris et d'une partie de l'Oberland zurichois. A partir de 1864, une telle agence fonctionne aussi à Genève: elle est chargée de regrouper les produits manufacturés des régions de Suisse non desservies par les agences de Zurich et de la Linth et étend son rayon d'action également aux produits industriels allemands. Parallèlement, les destinations proposées sont étoffées: des tarifs directs au départ des stations de regroupement en direction des ports de Marseille et de Bordeaux sont proposés pour de nombreux ports de Méditerranée, d'Amérique du Sud, des Indes et de Chine[45].

Le défi posé par la concurrence des chemins de fer étrangers est également à la base de la révision de la classification de 1859/60. Celle-ci doit aussi tenir compte des résultats des abaissements de taxes successivement consentis pour certains types de marchandises. En avril 1862, le NOB pose pour la première fois la problématique de la révision au sein de la CACF. Selon la compagnie zurichoise, la concurrence de la ligne du Jura français peut être contrée par l'adoption de la classification du PLM. Le NOB va plus loin encore puisque, pour la transversale Genève-Romanshorn, il propose non seulement d'adopter les six séries de la classification du PLM, mais également d'adopter des taxes kilométriques uniformes pour toutes les administrations[46]. En novembre de la même année l'OS, suite à la révision à la baisse des tarifs PLM

45 AHCFF, CACF, *Procès-verbaux...*, vol. 1, pp. 242-243 (Convention avec les services maritimes des Messageries impériales – Conférence des 13-14 juin 1864); Ibidem, pp. 243-259 (Convention entre la Compagnie des Services Maritimes des Messageries Impériales de France et les Compagnies et Administrations de chemins de fer suisses); AHCFF, CACF, *Décision de la Conférence des Administrations de chemins de fer suisses,* vol. 1, 1872, pp. 72-86 (Convention avec la Compagnie des Services Maritimes des Messageries Impériales de France).

46 AHCFF, CACF, *Procès-verbaux...*, vol. 1, p. 80 (Conférence du 7 avril 1862). Le NOB propose une taxe unique de 25 cts. par T et km pour la GV. La taxe des six séries se répartit ensuite comme suit: 1re série, 15 cts; 2e série, 14 cts; 3e série, 10 cts; 4e série, 8 cts; 5e série, 6 cts; 6e série; 6 cts. Une série spéciale pour les marchandises de très faible valeur est prévue: 5 cts. Il est à noter que le tarif PLM est adopté par les compagnies françaises dès 1858. Cf. Caron, *Histoire de l'exploitation...*, p. 133.

sur la ligne du Jura, pose à nouveau la question de l'adoption de la classification française pour les lignes suisses[47]:

> La Compagnie de l'Ouest expose à titre de renseignement pour les compagnies suisses, que la Compagnie PLM a établi des prix tellement bas pour Belfort que les marchandises venant de Marseille à destination de la Suisse orientale passent de préférence par Bâle, au lieu de prendre leur route naturelle par Genève, attendu que les prix des tarifs suisses sont beaucoup trop élevés pour pouvoir lutter contre cette concurrence et elle croit que cette concurrence pourrait être combattue avec avantage en faisant des réductions de prix sensibles et en adoptant pour les transports la classification du PLM [...]

Mais l'adoption *in extenso* de la classification française paraît difficilement envisageable: les compagnies suisses doivent également composer avec les classifications badoises pour lutter contre la concurrence de la ligne du Rhin et avec les classifications des chemins de fer bavarois et wurtembergeois pour la captation du trafic de transit. Sur proposition du NOB, la CACF décide d'élaborer une classification tenant à la fois compte des modèles français et allemands, tout en consacrant le maintien des tarifs spéciaux[48]. La classification révisée est adoptée à partir d'octobre 1863 pour le trafic direct des compagnies suisses: elle ne propose pas d'uniformisation des taxes entre compagnies, mais reflète en partie les expériences d'abaissement des taxes faites par les tarifications spéciales des années précédentes. Ainsi la classe la plus basse (classe C) concerne le transport des matériaux de construction et des houilles par wagons complets, suivant une taxe kilométrique moyenne de 7.6 cts par T assez proche des tarifs spéciaux élaborés dès le début des années 1860. La classification des blés en trafic intérieur tient également compte des tarifs spéciaux, puisque la classe A reprend, en moyenne, la taxe kilométrique du tarif spécial de 1861 pour les transports de blés d'au moins 4.000 kg[49]. Mais l'adoption de la classification commune ne signifie par l'abandon des tarifs spéciaux.

47 AHCFF, CACF, *Procès-verbaux...*, vol. 1, pp. 120-121 (Communication de l'Ouest-Suisse au sujet des tarifs de la Cie PLM – Conférence des 13-14 novembre 1862).
48 Ibidem, pp. 148-149 (Conférence du 22 juin 1863).
49 Cf. Annexe 3.1.1. Taxes de la classification du 15 octobre 1863; Annexe 4.1. Nomenclature de la classification commune de 1863.

2.3 Les réactions contrastées face à la diminution des prix du transport et l'intervention avortée de la Confédération en matière de tarifs ferroviaires (1860-1863)

2.3.1 Bilan et effets des politiques tarifaires: le thème des avantages accordés aux produits étrangers

En 1864, dans une étude publiée par la Société suisse d'utilité publique, l'économiste Charles Riesler évalue à environ 60 millions de francs les économies annuelles réalisées grâce aux chemins de fer par les secteurs de l'économie sur les coûts de transport[50]. L'évaluation chiffrée de Riesler contredit en partie les projections qu'August Von Gonzenbach avait énoncées par l'intermédiaire de la même société, quelques années auparavant. Alors que le canton de Berne venait d'octroyer les concessions pour la construction de voies ferrées à la Compagnie de l'Est-Ouest, Von Gonzenbach définissait les chemins de fer comme une opération, au pire défavorable, au mieux à somme nulle, pour une économie agraire du type de celle du canton de Berne[51]. Même si ces prédictions proviennent d'un opposant déclaré aux chemins de fer, elles témoignent tout de même d'une réalité indéniable: il semble en effet évident que l'abaissement des prix du transport est perçu différemment suivant les acteurs économiques et leur position sur les marchés. Cette perception oriente ensuite les exigences des acteurs quant à une intervention des autorités fédérales en matière de tarifs ferroviaires.

Les expériences d'abaissements des tarifs ferroviaires du début des années 1860 touchent, comme on l'a vu, avant tout les produits de grande consommation (matériaux de construction, combustibles et céréales) qui représentent plus de 70% du tonnage total transporté par les compagnies

50 Riesler, «Rapport sur les influences économiques...», p. 76.

51 «Es ergibt sich aus dieser gedrängten Zusammenstellung, dass die Vortheile, welche die Eisenbahnen bringen, die mit denselben nothwendig verbunden Nachtheile grossentheils wieder compensiren, so dass die Behauptung nicht ganz unbegründet ist, dass die Eisenbahnen die Wunden, die sie schlagen, grössentheils auch selbst wieder heilen.» August Von Gonzenbach, «Referat über den Einfluss der Eisenbahnen auf Gewerbe, Industrie und Handel», in *Neue Verhandlungen der Schweizerischen Gemeinnützigen Gesellschaft,* Jahresversammlung in Bern, Bern, 1857, p. 276.

ferroviaires[52]. Ces expériences d'abaissements n'entraînent pas d'opposition en ce qui concerne les matériaux de construction. La classification de 1863 et, avant elle les tarifs spéciaux, offrent aux exploitants de carrières de nouveaux débouchés lointains, inimaginables du temps du roulage: en terme réel, le prix du transport pour ce type de matériaux pondéreux diminue d'environ 90% entre 1850 et 1863[53]. L'abaissement du prix du transport est à la base de la création d'un marché national unifié pour ce type de matériaux, et ce dès le milieu des années 1860. Le prix des matériaux de construction, qui compte pour près de 60% dans la détermination du coût des constructions – le reste étant la main d'œuvre – est similaire à Zurich, Bâle, Berne et St-Gall[54], alors que d'autres matériaux, comme les asphaltes du Val de Travers, gagnent des parts de marché en France et en Allemagne[55].

L'abaissement des tarifs pour le transport des charbons suit un même cheminement: d'abord par l'intermédiaire de la création de tarifs spéciaux, puis par l'homologation de ces abaissements en trafic intérieur en intégrant les charbons dans les classes de tarifs les plus basses de la classification de 1863. Mais les impératifs de concurrence avec les chemins de fer étrangers nécessitent le maintien de tarifs spéciaux offrant des taxes kilométriques plus basses que celles proposées dans la classification de 1863. Les tarifs spéciaux élaborés par les compagnies suisses pour favoriser le transport des charbons de provenance étrangère ont une double conséquence: la première est de provoquer en Suisse une

52 D'après Annexe 5.1. Evolution du type de marchandises transportées sur le réseau ferroviaire helvétique (1877-1900).

53 Nous basons nos calculs sur les chiffres du Chapitre introductif. En 1840-1850, le prix réel du transport est évalué à 50 cts. par T et km; en 1863, il est tombé à 5.9 cts. pour les transports de la classe C. La diminution du prix du transport est encore plus prononcée lorsque les tarifs spéciaux pour les transports à destination de certaines stations sont maintenus.

54 Bernegger, *Die Schweizer Wirtschaft...*, pp. 184-185; Frey,Vogel, *«Und wenn wir auch die Eisenbahn mit Kälte begrüssen...»*. ..., p. 208.

55 *Des tarifs différentiels* ..., p. 13. Lors de l'exposition fédérale des matériaux de construction d'Olten en 1865, un participant mentionne: «Seit der Erstellung des schweizerischen Eisenbahnnetzes hat sich dieses Verhältnis wesentlich geändert, indem nunmehr eine Menge Baumaterialien mit Hülfe des leichtern und bequemern Eisenbahntransportes auch in entferntere Kantone und theilweise auch in's Ausland verführt werden.»; cité in Frey, Vogel, *«Und wenn wir auch die Eisenbahn mit Kälte begrüssen...»*. ..., p. 208.

mise en concurrence des charbons d'origine française et allemande. Cette confrontation entraîne des diminutions progressives du prix des charbons sur le marché suisse. Face à l'introduction successive de tarifs spéciaux, la distance ne suffit plus à garantir aux différents bassins de production la persistance de zones réservées et si les charbonnages désirent maintenir leurs parts de marché en Suisse, ils doivent impérativement réduire leur marge bénéficiaire[56]. Selon Riesler, la diminution du prix des charbons a permis aux filatures du canton de Glaris de stabiliser leurs coûts de production lors du renchérissement du coton durant la crise conjoncturelle du début des années 1860[57]. La seconde conséquence de l'introduction de ces tarifs spéciaux pour l'importation des charbons est de provoquer la première plainte qui aboutit, en janvier 1861, sur le bureau du conseiller fédéral Giovanni Pioda, chef du DFI. Elle provient de Rawy & Cie, une entreprise valaisanne qui exploite une mine d'anthracite à Grône. L'entreprise mentionne que ses produits, servant essentiellement de combustibles dans les usines à chaux, sont transportés au tarif de 10.5 cts. par T et km contre 5 cts. pour les charbons en provenance de St-Etienne. En raison de cette différence de taxe kilométrique, les anthracites du Valais ne sont pas en mesure de concurrencer les charbons du bassin de la Loire[58]. Au-delà de l'aspect très limité de cette plainte, les anthracites du Valais ne parvenant guère à concurrencer les charbons français pour une autre utilisation que celle de combustible des fours à chaux, la plainte met en lumière la totale méconnaissance du DFI en matière de tarifs ferroviaires au début des années 1860. Cette méconnaissance découle en grande partie de l'absence de pouvoir d'intervention des autorités fédérales. Le département, dans sa réponse, déclare tout ignorer de ces tarifs. Après renseignement pris auprès de la direction de l'OS et confirmation de l'exactitude de la différence de taxe kilométrique, le conseiller fédéral Pioda ne peut que souhaiter que

56 Vers 1862, à Schaffhouse, le prix des charbons provenant du bassin de la Loire n'est plus que de quelques centimes supérieur à celui des charbons provenant des bassins de la Ruhr ou de la Sarre. Riesler, «Rapport sur les influences économiques...», p. 66.

57 Ibidem, pp. 65-66.

58 AF, E 53, Nr. 788, Vol. 258, «Lettre du comité de Direction de la Compagnie de l'Ouest des chemins de fer suisses au Conseiller fédéral en charge du Département, Lausanne, le 18/19 février 1861»; Ibidem, «Lettre de la Maison Rawy & Cie au Conseiller fédéral en charge du Département, Sion, le 28 mars 1861».

l'OS facilite le transport des anthracites du Valais, sans qu'aucune base légale ne vienne appuyer son intervention[59]:

> Si nous vous faisons parvenir la réplique de MM. Rawy & Cie à Sion, c'est dans l'espoir que vous trouverez moyen de faire disparaître l'inégalité dont on se plaint [...]. Vous avez dû préparer un nouveau tarif pour la mise en exploitation du tronçon Lausanne – Villeneuve: nous ne doutons pas que vous n'ayez l'opportunité pour faire participer l'industrie suisse aux faveurs que vous accordez à l'industrie étrangère [...].

L'introduction, début janvier 1862, du tarif pour les charbons de la Sarre à destination de 180 stations helvétiques, provoque une nouvelle plainte de Rawy & Cie. En mars, ceux-ci mentionnent qu'ayant expédié un chargement d'anthracite de moins d'une T à destination de Baden, la taxe kilométrique étant largement supérieur à celle régentant les expéditions de 5 T en provenance de Sarrebruck, il en résulte un prix total du transport largement supérieur pour les 270 km de Bex à Baden que pour les 430 km de la Sarre à Baden. Rawy & Cie mentionne que l'expansion que leurs anthracites tendaient à prendre dans des segments du marché alémanique est stoppée par l'introduction de ce tarif[60]. Le DFI déclare à nouveau ne pas connaître l'existence de ce tarif, mais fait suivre la plainte à la CACF[61]. La réponse que donne le NOB pour le compte de la CACF au département fédéral est essentielle, instituant durablement les bases sur lesquelles les compagnies fondent l'égalité de traitement en matière de tarification: selon le NOB, l'égalité est respectée puisque, à circonstances égales de transport – c'est-à-dire pour des transports de 5 T – le prix total du transport entre la Sarre et les stations suisses est toujours supérieur au prix total du transport entre Bex et ces stations, et cela même si les taxes kilométriques sont souvent inférieures pour le tarif des charbons de la Sarre. D'autre part, les taxes pour le transport des charbons étrangers sont en premier lieu établies pour lutter contre les voies ferroviaires contournant la Suisse: pour les

59 Ibidem, «Lettre du Conseiller fédéral Pioda, en charge du Département fédéral de l'Intérieur au comité de Direction de la Compagnie de l'Ouest-Suisse à Lausanne, Berne, le 3 avril 1861»

60 Ibidem, «Lettre de Ribordy (avocat) et Burckhardt au Conseiller fédéral Pioda, Bâle, le 6 mars 1862»

61 Ibidem, «Lettre du Département fédéral à Mr. Ribordy, avocat à Sion, Berne, le 12 mars 1862»

compagnies ferroviaires, il est exclu de mettre les transports de combustibles d'origine helvétique, non soumis aux mêmes impératifs de rivalité entre tracés, au bénéfice des taxes de concurrence[62].

Au niveau des céréales, la classification de 1863 permet également de confirmer les abaissements de taxes prévus par les adoptions successives de tarifs spéciaux. L'abaissement des coûts du transport amorce un mouvement de diminution de longue durée du prix des céréales en Suisse, qui n'est cependant pas exempt de soubresauts et de brusques remontées. Il induit à terme une réorientation de l'agriculture en direction de l'élevage. Mais il faut attendre le début des années 1880 et l'arrivée massive des blés en provenance des Amériques pour que l'abaissement du prix des céréales prenne une tournure définitive et rende sa production difficilement rentable en Suisse[63]. Cependant, les effets de l'adoption de tarifs spéciaux pour les céréales sont en partie similaires à ceux observés pour les charbons et débouchent sur la confrontation des marchés des blés allemands, hongrois et russes. Riesler mentionne[64]:

> Le courant qui importe les blés russes par le Sud-Ouest et celui qui amène ceux de l'Allemagne et de la Hongrie par le Nord-Est se rencontrent au centre de la Suisse.

Mais la ligne de rencontre n'est pas fixée une fois pour toute. Elle découle principalement de l'observation des distances kilométriques mettant en confrontation, au centre du pays, les voies d'importation par Romanshorn et par Genève, tel que l'avait démontré Jakob Melchior Ziegler, en 1851 déjà (cf. carte 10). Les tarifs spéciaux la repoussent, dans un sens ou dans l'autre, en fonction des circonstances. Le brusque sursaut des prix des céréales au début des années 1860 détermine les compagnies à l'introduction de tarifs spéciaux: le premier, adopté en

62 Ibidem, «Lettre de Burckhardt au Conseiller fédéral Pioda, le 18 mars 1862»; AHCFF, CACF, *Procès-verbaux...*, vol. 1, p. 79.

63 Frey, Vogel, *«Und wenn wir auch die Eisenbahn mit Kälte begrüssen...».* ..., pp. 263-290; Jakob Wirz, *Die Getreideproduktion und Brotversorgung der Schweiz*, Solothurn, 1902, annexe I. L'expression de Werner Thut, «Die Agrargesellschaft ging in der Schweiz mit der Eisenbahnbau in den 1860er Jahren zu Ende» est quelque peu exagérée. Werner Thut, «Von den gelben zur grünen Schweiz oder die Eisenbahn und die Landwirtschaft», in Andreas Balthasar, *Zug um Zug. Eine Technikgeschichte der Schweizer Eisenbahnen aus sozialhistorischer Sicht*, Basel, 1993, p. 99.

64 Riesler, «Rapport sur les influences économiques...», p. 46.

mars 1861, favorise l'arrivée des blés depuis le port de Marseille, alors que le second, introduit en deux temps en juin et en décembre de la même année, repousse la limite des blés hongrois loin à l'ouest. Dès 1862, des blés en provenance de Romanshorn inondent les marchés de Genève. Station française du Genève-Lyon, la gare de Genève est en effet mise au bénéfice du tarif de transit des blés (Tarif commun n° 1) entre Romanshorn et Lyon/Mâcon. Les compagnies ferroviaires facilitent également l'entreposage des blés pour le compte des commerçants. Au début des années 1860, la majorité des blés consommés en Suisse arrivent de Hongrie et d'Allemagne par les frontières de l'est: Buchs et Romanshorn, sur les lignes du VSB et du NOB, disposent des entrepôts à blés les plus importants de Suisse[65]. Les entrepôts du centre de la Suisse *(Lagerhäuser der Centralschweiz Aarau und Olten)*, localisés sur la ligne de rencontre des blés provenant du sud-ouest et du nord-est, occupent également un rôle prépondérant, notamment pour les réexpéditions internes[66].

Comme pour le transport des charbons, des circonstances de transport dissemblables justifient l'application de taxes kilométriques différentes pour les céréales: entre Romanshorn et Genève, la T de blé paie un peu plus de 7 cts. par km; entre Romanshorn et Zurich, sur une distance de moins de 150 km, elle paie une taxe kilométrique deux fois et demie supérieure (17 cts.) si l'expédition se fait en petite quantité et près de deux fois supérieure (13 cts.) en quantité d'au moins 4.000 kg; entre Romanshorn et Bienne, sur une distance de plus de 150 km, elle paie environ 8 cts. par km. L'application d'une taxe kilométrique moindre, à partir de 150 km, entraîne un prix du transport supérieur pour une distance entre 94 km et 149 km que pour une distance allant de 150 à 238 km (cf. graphique 2): ce type de tarifs – appelé tarifs à paliers – exige que les distances inférieures à 150 km soient mises au bénéfice du tarif pour cette distance, et ce jusqu'à une limite où le calcul de la taxe normal produit un prix plus avantageux pour l'expéditeur[67].

65 Wirz, *Die Getreideproduktion...*, p. 172. Sur le commerce international des céréales, cf. même auteur, pp. 143-147.

66 AF, E 53, Nr. 784, Vol. 258, «Das Schweizerische Post- und Eisenbahndepartement an den Schweizerischen Bundesrath, Bern, den 23. November 1879».

67 Paillard, *Les tarifs de chemins de fer...*, p. 57; Caron, *Histoire de l'exploitation...*, p. 133; *Des tarifs différentiels ...*, p. 10.

Graphique 2 – Tarifs pour le transport des blés (début des années 1860)

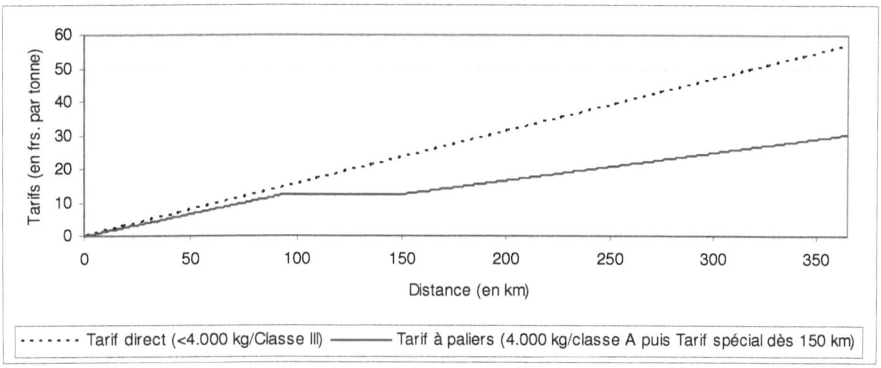

Source: d'après Annexe 3.2.2. Evolution des taxes du tarif spécial pour le transport des céréales (1860-1913)

L'expédition de 4.000 kg de blés paye un prix de transport rigoureusement similaire sur une distance allant de 94 à 150 km. Au-delà de cette distance, la progression est beaucoup plus lente qu'en cas d'application du tarif normal de la classe A, encourageant le franchissement de la ligne de rencontre, au gré des prix des blés provenant du port de Marseille ou de Romanshorn,

Ces tarifs spéciaux favorisent l'égalisation du prix des blés sur l'ensemble du marché suisse. Au début des années 1860, le prix des céréales est ainsi sensiblement le même sur l'ensemble du territoire et se rapproche des prix observés dans les villes portuaires de Marseille, le Havre ou Rotterdam[68]. Mais les politiques tarifaires des compagnies déclenchent des réclamations réitérées provenant, d'une part, des négociants intermédiaires qui ne sont pas mis au bénéfice de ces tarifs directs pour leurs

68 Riesler, «Rapport sur les influences économiques...», pp. 46-47. Riesler note à cette date une différence de prix de 1 à 2 frs. par quintal (50 kg) entre le marché de Bâle et les marchés de Marseille, le Havre, Rotterdam ou Hambourg. Il note parallèlement qu'à l'intérieur du pays, les différences de prix entre les marchés oscillent entre 50 cts. et 1 fr. au maximum. Sur les marchés de Lucerne et de Zürich, les écarts de prix pour un quintal d'épeautre se montent, en moyenne annuelle à frs. 4.20 en 1851/55. Il diminue à frs. 1.40 en 1856/60, atteint fr. 0.6 en 1861/65, pour durablement se fixer à fr. 0.3 dès 1866. Cf. Hans Brugger, *Manuel statistique de l'agriculture suisse,* Berne, 1968, pp. 301-311; John Weyeneth, *L'évolution des importations de céréales en Suisse, 1850-1914,* mémoire de licence en Histoire économique et sociale de l'Université de Genève, 1987, p. 95.

réexpéditions et, d'autre part, de certaines régions céréalières – notamment bernoises – qui voient le marché genevois leur échapper au profit des blés en provenance d'Allemagne et de Hongrie transitant par Romanshorn. Faisant allusion au Tarif commun n° 1, le quotidien bernois *Der Bund,* titre en mai 1862[69]:

> Hierin liegt aber zunächst eine kaum zu rechtfertigende Begünstigung der ausländischen Produktion gegenüber der inländischen. Diese Begünstigung verstösst überdies auch gegen das Prinzip des Gleichheits.

En mai 1862, le débat sur le thème des privilèges accordés aux producteurs étrangers par les politiques tarifaires des compagnies ferroviaires est d'ores et déjà engagé. La question doit être traitée par l'Assemblée fédérale lors de sa session de fin d'année suite à l'adoption d'une motion déposée en juillet 1861 par le conseiller national vaudois et vigneron François Corboz (1815-1866). La motion exige que les taxes pour les transports de marchandises en trafic interne soient les mêmes que pour les produits étrangers en transit ou en importation[70].

2.3.2. Limiter le pouvoir des compagnies en matière de tarification: l'alliance tacite d'une partie des milieux agricoles et du commerce d'entrepôt (1861-1863)

La réflexion sur les tarifs ferroviaires qu'aurait dû amorcer, au niveau fédéral, la motion Corboz est cependant éclipsée par un autre débat sur les chemins de fer. Initié en automne 1860 déjà par le commerce genevois, ce débat concerne les conditions de transport sur les chemins de fer et exige une intervention législative visant à imposer aux compagnies ferroviaires un règlement de transport unifié[71]. La pétition nationale lancée par l'assemblée du commerce de Genève rencontre un succès certain dans une dizaine de cantons: plus de nonante exemplaires de la pétition type signée par environ 1.600 commerçants et industriels aboutissent sur le bureau du chancelier de la Confédération[72].

69 *Der Bund,* 2. Mai 1862, cité in Schmidlin, *Über die Differential-Tarife...*, p. 11.

70 AF, E 53, Nr. 824, Vol. 265, «Motion Corboz, 23 juillet 1861».

71 AF, E 53, Nr. 823, Vol. 264, «Pétition du commerce de Genève, 10 octobre 1860»; Hauser, *Wirtschaftsverbände ...*, p. 145.

72 FF, vol. 1, 1861, p. 111.

Les exigences de la pétition concernent notamment la fixation des délais d'expédition et de livraison, ainsi que des modes de dédommagement en cas de retard de livraison ou d'avaries constatées sur les marchandises. Elles découlent de l'absence de législation fédérale en matière de droit du transport, ce domaine étant demeuré de la compétence des cantons. La commission du Conseil des Etats se penche sur les demandes des pétitionnaires en décembre 1861, une année après la tenue d'une première conférence entre compagnies ferroviaires qui avait abouti à l'élaboration d'un règlement de transport unissant le NOB, le SCB, l'OS et le Franco-Suisse (cf. section 2.1.1). Celui-ci n'ayant pas encore fait ses preuves, la commission parlementaire propose à la Chambre des cantons de renvoyer la question au Conseil fédéral pour une étude approfondie des conditions de transport[73].

C'est dans ce contexte qu'intervient la motion Corboz. Dans l'enquête nationale initiée par le Conseil fédéral sur demande du Conseil des Etats, la question du règlement de transport et celle des tarifs ferroviaires se trouvent rapidement mêlées, sans que les deux n'occupent toutefois la même importance suivant les acteurs. Pour le Conseil fédéral et la majorité des cantons, la problématique des tarifs est largement écartée, reflétant leur ignorance en la matière: la circulaire initiant l'enquête sur les conditions de transport que l'exécutif fédéral fait parvenir aux cantons s'arrête longuement sur les désavantages découlant de l'inexistence d'un règlement de transport commun. La problématique tarifaire n'occupe par contre que quelques lignes sans grand commentaire, si ce n'est celui de savoir si des «conventions pour le transport à prix réduits de grosses marchandises favorisant l'importation de produits étrangers au préjudice des produits suisses» ont été portées à la connaissance des autorités cantonales[74]. La majorité des gouvernements cantonaux se contente de répondre à la première question, insistant sur la nécessité de l'élaboration d'un règlement de transport et occultant entièrement la partie de l'enquête dévolue aux tarifs. Seuls une dizaine de gouvernements cantonaux mentionnent l'existence de tarifs réduits pour certaines expéditions. Parmi eux, la plupart signalent, à

73 Ibidem, p. 115.

74 AF, E 53, Nr. 824, Vol. 265, «Circulaire du Conseil fédéral à tous les Etats confédérés, Berne, 9 décembre 1861».

l'instar du gouvernement fribourgeois, les avantages qu'offrent de tels tarifs[75]:

> [...] quant au transport à prix réduit de grosses marchandises qui favoriserait l'importation de produits étrangers au préjudice des produits suisses, nous sommes persuadés qu'il n'y a pas lieu de s'en préoccuper, et que tout bien considéré, le transport au meilleur marché possible des produits de tous les genres ne saurait qu'être avantageux à la masse de la population et conforme à l'intérêt général.

Les nécessités d'abaissement des tarifs en vue de capter le transit entre l'Allemagne et la France sont également mentionnées par le gouvernement thurgovien[76]. Le gouvernement vaudois se borne à mentionner que l'acte de concession de l'OS interdit l'introduction de taxes favorisant, dans des circonstances de transport similaires, certaines expéditions au détriment d'autres[77]. Sa position reflète sans doute sa méconnaissance en matière de tarifs ferroviaires. Les tarifs 11 P^A et 11 P^B, introduits en 1861 par les compagnies suisses pour lutter contre la concurrence de la voie française du Jura, ont en effet directement orienté le texte de la motion déposée par le vigneron François Corboz: à partir de cette date, le transport des vins français jouit, sur le réseau suisse à destination de Berne, d'une taxe kilométrique inférieure de 2.5 cts. par rapport aux expéditions de vins vaudois. Même s'il s'agit essentiellement de vins rouges qui ne viennent pas directement concurrencer les vins blancs de la Côte ou du Lavaux sur les marchés alémaniques, le soutien à la motion Corboz et à l'exigence d'une similitude des taxes pour les transports en trafic intérieur auraient répondu à une logique d'appui à une activité essentielle au canton.

Certains gouvernements cantonaux s'opposent toutefois aux politiques tarifaires des compagnies: le Conseil d'Etat du Valais rappelle ainsi le traitement défavorable accordé aux mines d'anthracite du canton par l'introduction de tarifs ferroviaires propices à l'importation des

75 AF, E 53, Nr. 824, Vol. 265, «Lettre du Conseil d'Etat du canton de Fribourg au Conseil fédéral suisse à Berne, Fribourg, 26 décembre 1861». Le Conseil d'Etat lucernois mentionne ainsi que les tarifs ferroviaires très bas pour les houilles, les blés et les boissons ont fait diminuer le coût de la vie et participent donc au bien-être général. Cf. FF, vol. 3, 1862, p. 417.

76 FF, vol. 3, 1862, pp. 407.

77 AF, E 53, Nr. 825, Vol. 265, «Lettre du Conseil d'Etat du Canton de Vaud au Conseil fédéral suisse, Lausanne, 12 février 1862.

charbons de la Loire et de la Sarre, alors que le gouvernement bernois s'en prend aux tarifs favorisant les blés allemands sur les marchés de l'arc lémanique[78]. L'opposition la plus ferme aux politiques tarifaires des compagnies provient de Genève et de Bâle-Ville. Le Conseil d'Etat genevois demande l'interdiction de tous les tarifs différentiels (tarifs dont la taxe diminue avec la distance ou le poids) et prend à témoin les effets néfastes des tarifs 11 P^A et 11 P^B. Suivant ces tarifs, le prix du transport direct entre Lyon et Aarau se monte à 32 frs. la T, contre plus de 44 frs. si les marchandises font escale dans les entrepôts des négociants genevois afin d'y être réexpédiées ultérieurement. Pour le Conseil d'Etat, ces tarifs menacent de ruiner le commerce genevois[79]. Le contexte bâlois offre certaines similitudes: dans la pétition nationale initiée par le commerce genevois en 1860, le commerce bâlois avait d'ores et déjà réclamé que les réexpéditions à l'intérieur du pays jouissent des mêmes avantages tarifaires que les expéditions provenant de l'étranger en trafic direct[80]. La motion Corboz offre la possibilité au gouvernement bâlois d'insister à nouveau sur les désavantages que procure au commerce de la cité rhénane la perspective de transports du coton en provenance du port du Havre moyennant des taxes kilométriques inférieures pour Zurich ou Glaris que pour Bâle: le gouvernement bâlois reconnaît la nécessité de ces abaissements de taxes dans la lutte pour concurrencer les chemins de fer étrangers, mais exige que ces diminutions soient également accordées en trafic intérieur, notamment de réexpédition[81].

> Le Gouvernement voit, dans le maintien de ce principe [égalité des taxes en trafic intérieur et en trafic d'importation], une question de vie pour Bâle. Si, par exemple [...], le chemin de fer Central, d'accord avec l'Est-français et le Nord-Est suisse, établit un tarif différentiel pour le coton, moyennant lequel le transport du Havre à

78 AF, E 53, Nr. 824, Vol. 265, «Lettre du Conseil d'Etat du canton du Valais au Conseil fédéral à Berne, Sion, 20 mars 1862»; Schmidlin, *Über die Differential-Tarife...*, p. 12.

79 AF, E 53, Nr. 825, Vol. 265, «Lettre du Conseil d'Etat de la République et Canton de Genève au Conseil fédéral, Genève, 8 janvier 1862»; FF, vol. 3, 1862, p. 419.

80 AF, E 53, Nr. 825, Vol. 265, «Petition an die hohen Bundesbehörden betreffend Gütertransport durch Eisenbahnen, eingegeben vom baslerischen Handelsstande, Basel, 1861 ».

81 *Des tarifs différentiels ...*, p. 17; Schmidlin, *Über die Differential-Tarife...*, p. 7; FF, vol. 3, 1862, pp. 410-411.

> Zurich deviendrait meilleur marché que du Havre à Bâle, l'entrepôt de cet important article qui se trouvait jusqu'à présent à Bâle ne pourrait plus exister dans cette ville et se transporterait aussitôt à Zurich.

Du côté des compagnies ferroviaires, l'ordre de priorité est inversé. La problématique du règlement de transport et le millier de signatures que la nécessité de son établissement a entraînés ne soulèvent pas d'inquiétude du côté des administrations. Dès 1861, le NOB se borne à mentionner au Conseil fédéral qu'il a été chargé par les administrations de la CACF d'élaborer un nouveau règlement de transport qui entrera en service au moment où l'ensemble du réseau ferroviaire concessionné sera mis en exploitation. La ligne de défense ne changera plus[82].

La motion Corboz soulève une inquiétude bien plus vive du côté des administrations ferroviaires, à la mesure de l'enjeu. En exigeant que le Conseil fédéral impose aux compagnies ferroviaires l'obligation d'accorder aux produits suisses en trafic interne les mêmes taxes qu'aux produits étrangers en transit ou en importation, la motion menace d'ôter toute latitude aux compagnies en matière tarifaire. Au-delà, cette exigence est une remise en cause complète de la politique tarifaire adoptée dès le début par les compagnies suisses, entièrement basée sur une logique différentielle destinée à concurrencer les tracés étrangers. La conférence des administrations ferroviaires du 21 mai 1862 définit un moyen d'action commun à tous les membres, spécifiant au préalable que la question «du droit de la part de l'autorité fédérale d'exiger des compagnies la suppression de taxes différentielles» devra être soigneusement étudiée. Un comité formé du NOB, du SCB et du Franco-Suisse est chargé d'élaborer un mémoire sur la question des politiques tarifaires. L'ambition de ce mémoire va au-delà de la défense des intérêts des compagnies et doit procurer un document ayant valeur d'expertise à un DFI entièrement consentant[83]. En prévision du débat à l'Assemblée fédérale de la fin de l'année, il s'agit également pour les compagnies de

82 AF, E 53, Nr. 825, Vol. 265, «2e rapport au Conseil des Etats suisse de la Commission chargée d'examiner les pétitions relatives au transport des marchandises sur les chemins de fer suisses, Berne, 24 juillet 1861»; FF, vol. 3, 1862, p. 403.

83 AHCFF, CACF, *Procès-verbaux...*, vol. 1, p. 184 (Taxes différentielles – Conférence du 21 mai 1862). Le PV de la conférence mentionne que le DFI a demandé aux compagnies «une communication officieuse d'un mémoire qu'elles feraient sur cet objet afin de lui faciliter l'élaboration du rapport qu'il a à présenter aux Chambres».

convaincre l'opinion publique de la nécessité du maintien de leur autonomie en matière tarifaire. Durant l'été, trois mémoires sur la question paraissent simultanément. Le premier, rédigé par Wilhelm Schmidlin, membre de la direction du SCB est publié à Bâle[84], le deuxième à Zurich par Georg Stoll, membre de la direction du NOB[85], et le troisième à Neuchâtel par Jules Philippin (1818-1882), secrétaire général du Franco-Suisse[86]. Les trois mémoires défendent d'une même voix la liberté des compagnies en matière de tarifs et reprennent, à peu de chose près, les mêmes informations, en insistant toutefois sur des exemples d'abaissement de tarifs concernant les régions traversées par les lignes exploitées par chacune des trois compagnies. Ces trois publications servent de base à la rédaction du mémoire que la CACF présente au DFI[87]. Les arguments juridiques sont, une nouvelle fois, mis en évidence afin de justifier la pleine liberté des compagnies en matière de tarifs[88]:

> Aux termes de l'article 1er de la loi fédérale du 28 juillet 1852, la construction et l'exploitation des chemins de fer sur le territoire de la Confédération ont été l'objet de concessions faites à l'industrie privée, à des sociétés commerciales ordinaires, qui se trouvent par conséquent au bénéfice du droit commun à toutes les autres industries privées, pour tout ce en quoi, du moins, il n'y a pas été dérogé, soit par la loi, soir par les actes de concession.

Les compagnies bénéficient d'une liberté de transactions propre à toute entreprise industrielle agissant en situation de concurrence. Pour les compagnies ferroviaires, «le système des doubles lignes qui a prévalu au sein de l'assemblée fédérale [garantit le maintien] de la concurrence nécessaire entre les chemins de fer suisses»[89].

Mais au-delà d'un strict juridisme, les administrations ferroviaires organisent leurs argumentations dans deux directions. Elles mettent tout d'abord en avant les bénéfices apportés à l'économie nationale par l'abaissement du prix du transport, favorisant la diminution du prix des

84 Schmidlin, *Über die Differential-Tarife....*

85 *Über die Differenzial-Tarife der Eisenbahnen mit besondere Rücksicht auf die Schweiz,* Zürich, 1862.

86 *Des tarifs différentiels....*

87 *Mémoire présenté au Département fédéral de l'Intérieur sur les tarifs différentiels....*

88 Ibidem, p. 16.

89 Ibidem, p. 15.

matières premières nécessaires à l'industrie. Dans le même esprit, les compagnies s'offusquent du rôle de protection de certaines industries nationales qu'on voudrait donner à leur politique tarifaire, alors même que la politique douanière de la Confédération repose sur un régime libre-échangiste. Au demeurant, l'abaissement des taxes pour le trafic d'importation et de transit est bénéfique pour le budget fédéral puisque, en démultipliant ces trafics, il permet d'augmenter les recettes des douanes, principaux revenus fiscaux du pays. Elles insistent ensuite sur la prise en considération du prix de revient du transport dans l'élaboration de leur politique tarifaire. Les expéditions pondéreuses sur de longues distances entraînent proportionnellement moins de dépenses que les envois d'un poids minime sur de courtes distances. L'abaissement des taxes kilométriques est ainsi entièrement justifié pour les envois du premier type. Exiger des taxes uniformes pour tous les trafics signifierait l'abandon des politiques d'abaissement des tarifs et, par conséquent, un renchérissement du transport.

Le rapport que le Conseil fédéral soumet aux Chambres en novembre 1862 éclipse en grande partie la question tarifaire et s'attarde sur le règlement des questions de trafic soulevé par la pétition nationale. L'arrêté que l'exécutif propose d'approuver conclut que l'adoption d'un règlement de transport unique par les administrations de la CACF – chose faite depuis mars 1862 – et l'achèvement du réseau ont d'ores et déjà réglé la plupart des problèmes de trafic soulevés par les pétitionnaires, amélioré le trafic direct et réduit considérablement les délais de livraison. Par conséquent, aucune intervention de la Confédération n'est souhaitable. En matière de régulation tarifaire, il appartient entièrement aux cantons d'intervenir si des violations des clauses des concessions sont constatées[90].

Le Conseil des Etats adopte l'arrêté en fin d'année. Le Conseil national en janvier 1863. L'adoption du règlement commun en mars 1862 explique, en partie, l'absence d'intervention fédérale avalisée par les Chambres. Concernant les implications des tarifs ferroviaires et la possibilité d'une régulation fédérale en la matière, les rapports des deux commissions sont sibyllins: le rapport de la commission du Conseil national se contente de reprendre les explications développées par le

90 FF, vol. 3, 1862, p. 460.

mémoire des administrations ferroviaires, mentionnant toutefois que des abus sont possibles, qui défavoriseraient certaines localités au profit d'autres. Mais en la matière, le droit de ratification des autorités cantonales qui ont accordé les concessions suffit[91]. La commission s'arrête à de stricts arguments juridiques, effleurant à peine le rôle de politique économique que revêtent les tarifs ferroviaires.

D'autres éléments ont cependant orienté la décision. Le lobby ferroviaire, présent aussi bien au sein des cantons que de l'Assemblée fédérale, constitue un frein à toute intervention. Les *«Nordostbahnkantone»*, comme Thurgovie et Schaffhouse, ne sont pas prêts à s'élever contre la puissance du NOB, soutenu à bout de bras par Escher et le canton de Zurich[92], alors qu'aussi bien la commission du Conseil des Etats que celle du Conseil national comptent, en leur sein, des membres des conseils d'administrations des différentes compagnies[93]. Le cas du secrétaire général du Franco-Suisse, Jules Philippin illustre le dynamisme des défenseurs des compagnies au sein des Chambres fédérales. Avocat de formation, il se consacre dès le début des années 1850 presque exclusivement aux chemins de fer, occupant divers postes de direction, d'abord au sein du Franco-Suisse, puis de la SO entre 1865 et 1875. Parallèlement il effectue une carrière politique de premier ordre, conseiller aux Etats (1856-1860), conseiller national durant plus de vingt ans, entre 1860 et 1882, et conseiller d'Etat du canton de Neuchâtel (1875-1882)[94]. Ténor du conseil national, orateur brillant susceptible d'orienter les décisions de la Chambre du peuple, la CACF lui doit plusieurs rapports qui tous expriment la nécessité de garantir aux compagnies ferroviaire le maximum d'indépendance quant à leur exploitation.

91 FF, vol. 1, 1863, pp. 520-522.

92 Hauser, *Wirtschaftsverbände ...*, p. 149.

93 Au sein de la commission du Conseil d'Etat le Glaronnais Joseph Weber (1805-1890), membre du conseil d'administration du VSB entre 1860 et 1890; au sein de la commission du Conseil national le Zurichois Rudolf Wäffler (1804-1867), membre du Conseil d'administration du NOB entre 1847 et 1867 et le Saint-Gallois Joseph Marzell von Hoffmann (1809-1888), proche de Johan Matthias Hungerbühler et qui fut membre du Conseil d'administration des chemins de fer saint-gallois – appenzellois.

94 Sur Jules Philippin, Cf. Erich Gruner, *L'Assemblée fédérale suisse 1848-1920*, vol. 1, *Biographie,* Berne, 1966, pp. 917-918.

Il est également incontestable que l'exigence d'un renforcement du contrôle fédéral en matière de tarifs et la revendication d'une égalité des taxes ne peuvent entraîner, en dehors du secteur primaire souhaitant une meilleure protection de la production nationale, une adhésion plus large que celle des milieux du commerce d'entrepôt bâlois ou genevois, dont la position, acquise du temps du roulage, se voit remise en question par l'intronisation des tarifs ferroviaires directs. Le rejet de la motion par l'Assemblée fédérale paraît d'autant plus justifié que les administrations ferroviaires, en cas d'interdiction des abaissements ponctuels, laissent redouter une uniformisation vers le haut des tarifs ferroviaires, au niveau des maxima fixés par les concessions. Or, au début des années 1860, dans un contexte commercial ambivalent, les abaissements du prix du transport ont toutes les raisons d'être considérés comme essentiels au maintien de la compétitivité de l'industrie suisse sur les marchés internationaux. En effet, alors que l'industrie textile ressent le contrecoup de la crise cotonnière provoquée par la guerre de Sécession[95], le traité de commerce franco-anglais de 1860, notamment par la clause de la nation la plus favorisée, promet un renforcement du libre-échange en Europe et la possibilité de gagner de nouveaux marchés[96]. Toute augmentation du prix du transport se traduirait dès lors par une aggravation des coûts de production et une mise en danger de la position commerciale de la Suisse. En moins de dix ans, le prix du transport s'est effondré: les cotons bruts gagnent leur zone de transformation du centre et de l'est de la Suisse moyennant une taxe kilométrique de moins de 20 cts.; les charbons sont transportés en dessous de 5 cts. par T et par km et les blés moyennant une taxe guère supérieure, suivant les circonstances d'expédition. Auparavant, le prix du transport s'élevait uniformément à environ 45 cts. par T et par km. Les articles manufacturés sont rassemblés dans les agences créées par les administrations ferroviaires et expédiés, moyennant des tarifs directs avantageux, en direction des ports de mer pour être exportés. Du côté de Glaris – canton le

95 Entre 1861 et 1864, le prix du coton brut en provenance des Etats-Unis triple, passant de frs. 2.20 par kg. à frs. 6.60 par kg. Peter Dudzik, *Innovation und Investition. Technische Entwicklung und Unternehmerentscheide in der schweizerischen Baumwollspinnerei 1800 bis 1916,* Zürich, 1987, p. 229.

96 Humair, *Développement économique...*, pp. 286-287; Paul Bairoch, *Victoires et déboires,* vol. 2, Paris, 1996, pp. 291-293.

plus industrialisé du pays –, des maisons de commerce obtiennent des tarifs de transport encore plus bas en s'engageant, par contrat, à faire transiter toutes leurs importations et leurs exportations par les voies du VSB, de préférence au canal de la Linth[97].

Conclusion

La segmentation du réseau pèse sur les premières années d'exploitation. Le système des doubles lignes, issu des conflits de tracés du début des années 1850, menace de déclencher des guerres tarifaires ruineuses pour capter les trafics. Cependant, l'ouverture des premiers tronçons de l'artère reliant le lac Léman au lac de Constance entraîne l'élaboration, dès 1858, sans grande difficulté, de la première convention de trafic direct liant le NOB, le SCB et l'OS. Dépendantes des mêmes financiers parisiens, unies dès le milieu des années 1850 dans la promotion de la ligne par la Broye contre le tracé par Oron et Fribourg, les trois compagnies élaborent les premières règles du service direct: classification commune, tarifs directs de station à station puis règlement pour l'échange des wagons marchandises.

La mise en service de la ligne d'Oron dès le début des années 1860 fait ressurgir les risques d'une concurrence entre lignes parallèles. Afin d'éviter une guerre tarifaire ruineuse, l'idée d'une régulation du trafic entre lignes parallèles fait son chemin. Les rencontres des administrations ferroviaires au sein de la CACF, initiées dès 1860, facilitent l'élaboration d'une entente entre les différentes compagnies de l'ouest de la Suisse. Cette convention de partage du trafic servira de base à d'autres ententes, au fur et à mesure de la mise en service de lignes parallèles. La généralisation de ce type de convention permet d'organiser le trafic intérieur en écartant toute perspective de concurrence tarifaire. Ainsi libérées des tensions du marché intérieur, les compagnies peuvent se concentrer sur la lutte contre les lignes ferroviaires contournant la Suisse et menaçant de leur enlever non seulement tout trafic de transit, mais également le trafic entre le sud ouest et le nord est du pays. La neutralisation des

97 FF, vol. 3, 1862, p. 409.

concurrences internes et l'entente entre compagnies ont été les seules solutions pour lutter contre des compagnies étrangères gérant des réseaux immenses et disposant, grâce aux économies d'échelle, d'une latitude d'abaissement des tarifs inconnue des compagnies helvétiques exploitant des réseaux microscopiques. Les projets de fusion générale des compagnies ferroviaires helvétiques ou de réorganisation du système ferroviaire suisse des années 1860 insistent tous sur la nécessité d'une diminution des frais d'exploitation: les observateurs les plus lucides en font le préalable nécessaire à un abaissement des tarifs ferroviaires sur le réseau helvétique, le mettant en situation de concurrencer la ligne française du Jura et la ligne badoise du Rhin[98].

Si aucun projet de fusion de compagnies n'aboutit durant les années 1860, la CACF permet l'élaboration d'un certain nombre de tarifs, dont le but est de contrer les concurrences des deux lignes étrangères principales contournant la Suisse. D'autres tarifs spéciaux visent à animer le trafic en favorisant le transport de marchandises de faible valeur ou de grande consommation. En raison de l'exiguïté du territoire national, ces tarifs contribuent à mêler les zones de ventes pour certains produits: les blés du nord transitant par Romanshorn peuvent gagner les marchés de Genève, les charbons de la Loire concurrencer ceux de la Ruhr ou de la Sarre jusqu'à Schaffhouse, les matériaux de construction des carrières alémaniques concurrencer les matériaux de France voisine à Genève. Pour ce type de marchandises, un marché national précoce existe. Les politiques tarifaires des compagnies en sont le principal moteur.

98 Le rapport entre réduction des frais d'exploitation et augmentation de la capacité concurrentielle du réseau ferroviaire suisse par des abaissements de tarifs est fortement présent dans le projet de rachat des chemins de fer par la Confédération que le conseiller fédéral Stämpfli présente fin 1862. Cf. [Stoll], *Examen des brochures ...*, pp. 38-56. L'argument de la lutte contre les lignes étrangères entourant la Suisse par une réduction des frais d'exploitation nécessaire à l'abaissement des tarifs est également central dans le projet que présente Isaac Bonna, membre du conseil d'administration de l'OS, quelques années plus tard, en 1867. Cf. Bonna, *Projet ...*, pp. 8-9. Sans recourir à la fusion des compagnies ou à leur rachat par la Confédération, Charles Bergeron, directeur du LFB, propose dès 1863 d'organiser un bureau central des compagnies ferroviaires chargé notamment de la gestion du matériel roulant des compagnies ferroviaires afin, là également, de rationaliser l'utilisation et de diminuer les charges d'exploitation. Le but ultime est bien là aussi de réduire les tarifs internationaux afin de concurrencer les lignes étrangères. Cf. Bergeron, *Les chemins de fer suisses ...*, pp. 27-28.

Mais ces manipulations tarifaires, la multiplication de taxes kilométriques différentes pour les mêmes marchandises en fonction des directions, du tonnage et de la distance entraînent immanquablement des résistances. Dès le début des années 1860, certains secteurs accusent les compagnies de favoriser l'importation de produits étrangers au détriment des productions indigènes ou d'entraîner la ruine de certaines places commerciales par l'élaboration de tarifs directs excluant toute réexpédition.

Durant cette période, le pouvoir d'intervention de la Confédération n'évolue pas. Encore soumises aux groupes de pressions ferroviaires, les Chambres fédérales ne sont guère enclines à élargir les champs de compétence du Conseil fédéral en matière de chemins de fer. Tout juste lui accordent-elles, en 1858, la possibilité de favoriser le trafic direct entre réseaux de compagnies différentes. Aucune compétence nouvelle n'est accordée à l'exécutif fédéral en matière de tarifs ferroviaires. Mais dans le débat qui survient dès les années 1860, mêlant à la problématique tarifaire l'exigence de certaines améliorations des conditions de transport, les compagnies ferroviaires ne se sont pas trompées: si les avaries aux marchandises, les pertes et les retards de livraison peuvent être réglés moyennant l'adoption d'un règlement de transport, l'élaboration des tarifs ferroviaires ne peut souffrir de l'ingérence de l'autorité fédérale. Exiger pour tous les trafics intérieurs l'application des taxes de transport très basses élaborées pour les trafics d'importation et de transit remettrait en question le choix des compagnies à lutter pour capter ces trafics et entraînerait une uniformisation des tarifs à la hausse. L'aptitude des compagnies à convaincre les autorités fédérales du bien-fondé de leur politique tarifaire est facilitée par l'exclusivité d'expertise dont elles disposent en la matière. Aucune contre-expertise ne vient contredire les arguments du mémoire des compagnies[99]. D'autre part,

99 Un avis sur le mémoire des compagnies est bien demandé par le consul général de Suisse à Londres à un expert anglais du nom de Tyler, ingénieur et inspecteur du Gouvernement auprès des chemins de fer britanniques. Non datées, ses observations datent toutefois apparemment de 1863 et arrivent trop tardivement pour influencer la décision du Conseil fédéral et de l'Assemblée fédérale. Tyler critique très durement les arguments des compagnies helvétiques, insistant sur le monopole que construisent immanquablement les chemins de fer: face à cela, le public commerçant doit obtenir un certain nombre de protections. Car contrairement au roulage, le public n'a pas le choix du transporteur. Dès lors les compagnies ferroviaires

l'abaissement du prix du transport des matières premières (charbon, coton brut) et des blés – dont la courbe des prix déterminent largement les charges salariales –, permet à l'industrie suisse, notamment textile, d'envisager un renforcement de ses capacités concurrentielles dans le contexte commercial mouvant du début des années 1860 (crise cotonnière, renforcement du libre échange en Europe). Dans cette optique, une ingérence de la Confédération dans les politiques tarifaires des compagnies paraît contre-productive.

ne sont pas des entreprises industrielles comme les autres. Cf. AF, E 53, Nr. 825, Vol. 265, «Observation upon the Mémoire on Differential Tariffs submitted to the Conseil fédéral by the Railways Companies of Switzerland in 1862, drawn up at the request of the Consul General for Switzerland by Captain Tyler, Royal Engineer, Government Inspector of Railways in Great Britain and Ireland, s. l. n. d.».

Chapitre 3

Tentatives d'imposition d'un droit de contrôle fédéral sur les tarifs (1865-1875)

En 1863, sur proposition du Conseil fédéral, le Parlement rejette la motion Corboz qui demandait l'abandon de certaines pratiques en matière de tarifs ferroviaires accusées de favoriser l'importation de produits étrangers au détriment de la production nationale. En soi, le rejet de la motion ne fait que confirmer l'entière liberté laissée aux compagnies en matière de formation des tarifs.

Le choix du Conseil fédéral de ne pas mener – au-delà du simple questionnaire envoyé aux cantons et du mémoire «commandé» à la CACF – une enquête approfondie sur les tarifs ferroviaires ôte également la possibilité aux autorités fédérales d'acquérir une connaissance en la matière. Cette connaissance leur permettrait ensuite d'évaluer le rôle de politique économique que peuvent endosser les tarifs ferroviaires et de faire ainsi des choix de régulation. Une administration fédérale, apte à conduire une telle investigation indépendamment des compagnies ferroviaires, n'existe toutefois pas durant les années 1860 et le début des années 1870: le bureau technique dirigé par Gottlieb Koller a en effet cessé ses activités suite à l'adoption de la loi fédérale sur la construction et l'exploitation des chemins de fer de 1852. Le Conseil fédéral ignore tout des pratiques tarifaires des compagnies et les cantons, si l'on excepte leur méconnaissance en la matière, ne parviennent pas, comme on l'a vu, à parler d'une seule voix. Face à des compagnies trans-cantonales, l'autorité des cantons demeure également limitée.

Dès le milieu des années 1860, plus personne ne remet en question la nécessité de transférer à la Confédération les attributions en matière de chemins de fer laissées aux cantons par la loi fédérale de 1852. Toutefois, dans le domaine particulier des tarifs, les choses sont plus complexes. Avant de légiférer et de poser les limites souhaitables du droit d'intervention de l'Etat à ce niveau, il est essentiel que se fasse la prise de conscience de l'importance économique des tarifs ferroviaires. Le rejet de la motion Corboz ne signifie pas qu'un terme soit mis aux revendications: ces dernières sont au contraire attisées par l'introduction de certains tarifs différentiels durant la deuxième moitié des années 1860. Le mouvement démocratique qui enfle dans un certain nombre de cantons et qui vise à insuffler un élargissement des droits populaires a des répercussions au niveau des exigences de gestion des chemins de fer. Les classes moyennes industrielles revendiquent une meilleure prise en considération de leurs intérêts et exigent de peser également sur les grandes orientations ferroviaires, jusqu'alors du domaine exclusif de la finance internationale et des élites économiques. L'aventure du SNB, le «National», compagnie de chemin de fer propriété du peuple puisque financée par les collectivités locales et qui ambitionne de briser le monopole ferroviaire dont dispose les grandes compagnies en proposant une route alternative entre le lac de Constance et l'ouest du pays, est l'illustration ferroviaire du mouvement démocratique. Les promoteurs du SNB orientent leur discours sur l'utilité incontestable d'accorder au trafic local les avantages tarifaires dont bénéficient le trafic de transit et le trafic longue distance. Les associations commerciales cantonales qui se créent dès ces années offrent également un réceptacle attentif aux plaintes des commerçants et industriels en matière de transport ferroviaire.

Afin d'intervenir à bon escient en intégrant au mieux les intérêts de tous les acteurs, il est également nécessaire que l'Etat développe certaines connaissances en la matière. L'élaboration d'une statistique ferroviaire sous les auspices de la Confédération à partir de 1868 est la première étape de la construction de ce savoir. C'est elle qui doit permettre, selon les propres aveux du Conseil fédéral, «d'être initié à tous les détails de la construction et de l'exploitation des chemins de fer»[1]. Les négociations intergouvernementales entreprises par le Conseil fédéral afin d'établir une ligne ferroviaire internationale à travers les Alpes suisses incluent bien évidemment une série de tractations autours des tarifs internationaux à établir pour le futur axe. Au-delà, sans remettre fondamentalement en question la compétence des compagnies privées au niveau de l'élaboration de leurs tarifs, elles contribuent à développer la réflexion sur les limites de leur liberté en la matière. Le débat de l'été 1870 au sein des Chambres fédérale sur la ratification de la Convention

1 FF, vol. 2, 1868, p. 581.

du Gothard s'oriente ainsi presque exclusivement autour des tarifs ferroviaires. A cette date, plus personne ne paraît ignorer l'importance économique qu'ils revêtent.

3.1 La montée des revendications: le mouvement démocratique et le rôle des associations commerciales cantonales (1865-1870)

Entre 1860 et 1875, le prix moyen du transport par chemins de fer continue à reculer en Suisse. S'il s'élevait à 12 cts. en 1860, il s'établit à 11.1 cts. par T et km en 1875, soit une diminution de 7.5%. En terme réel, le recul s'établit à près de 10% (cf. tableau 1). Le recul du prix du transport durant la fin des années 1860 et le début des années 1870 est provoqué par la création de nouveaux tarifs spéciaux pour certains produits, ainsi que par les diminutions de taxes provoquées par la réforme tarifaire de 1872 (cf. section I.3.1).

Les tarifs spéciaux créés durant cette période par les compagnies ferroviaires helvétiques concernent essentiellement les comestibles. Le dossier tarifaire le plus épineux, qui occupe dès le début de l'automne 1864 la CACF, est celui de l'adoption d'un tarif unique en remplacement des multiples tarifs spéciaux pour le transport des céréales créés durant l'année 1861 (cf. tableau 3). Lors de la réunion de la CACF de septembre 1864, les compagnies ferroviaires élaborent un tarif spécial pour les céréales destiné à remplacer les tarifs existants tout en stabilisant leurs recettes[2].

Adopté lors de la réunion de la CACF d'octobre 1866, le tarif spécial n° 5 est mis en service dès le 1er mai 1869. Hormis les céréales, il englobe le transport des farines, des graines fourragères et oléagineuses, ainsi que du riz[3]. Il offre, par rapport au tarif à paliers du début des années 1860, des diminutions de prix du transport notables, notamment

2 AHCFF, CACF, *Décisions...*, vol. 1, pp. 63-64 (Céréales – Conférence des 27-28 septembre 1864).

3 AHCFF, CACF, *Procès-verbaux...*, vol. 2, pp. 73-74 (Tarif des céréales – Conférence des 9-10 octobre 1866); AHCFF, CACF, *Décisions...*, vol. 1, pp. 68-69 (Tarifs des céréales).

pour les distances dès 200 kilomètres environ (cf. graphique 3). Il consacre également, pour la première fois, le principe de la décroissance progressive de la taxe en fonction de la distance (système belge)[4].

Graphique 3 – Tarifs pour le transport des blés (1er mai 1869 – rappel tarifs début 1860)

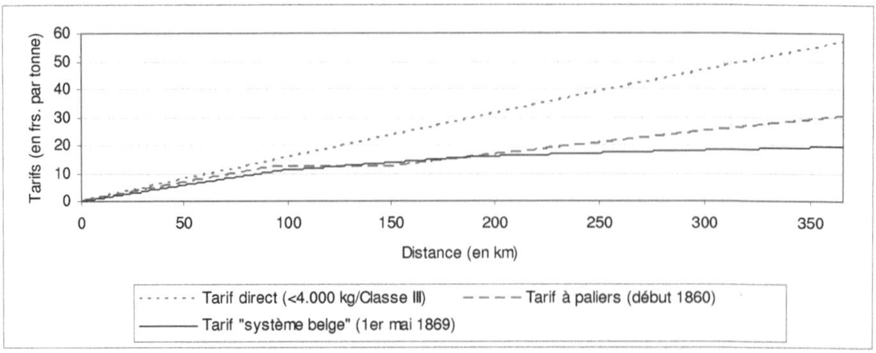

Source: chiffres à l'Annexe 3.2.2, Evolution des taxes du tarif spécial pour le transport des céréales (1860-1913).

D'autres tarifs spéciaux sont adoptés pour le transport des comestibles. Dans la foulée de l'adoption du tarif spécial pour le transport des céréales, la CACF consent à la création, sur la même base, d'un tarif spécial pour le transport de la bière en fût (Tarif n° 6). Mis en service en février 1869, ce tarif provoque rapidement une augmentation des trafics, notamment en service direct[5]. Un tarif spécial pour le transport des fruits frais et des légumes en grande quantité (5 T) est également adopté dès

4 Le principe de la décroissance progressive de la taxe en fonction de la distance est appelé système belge, parce qu'il a été pour la première fois introduit et systématisé par l'Administration des chemins de fer belges dès 1861. Contrairement au tarif à paliers, où l'on multiplie une base kilométrique unique à la taxe correspondante pour obtenir le prix du transport, le principe de la décroissance progressive de la taxe en fonction de la distance consiste à appliquer la taxe kilométrique primitive aux premiers kilomètres puis à appliquer une taxe plus réduite pour les kilomètres suivants. Ainsi, par exemple, les 50 premiers kilomètres paient un prix, les 50 suivants, un autre prix, les 50 suivants, un troisième prix et ainsi de suite. Paillard, *Les tarifs de chemins de fer...*, p. 56; Caron, *Histoire de l'exploitation...*, p. 133.

5 AHCFF, CACF, *Décisions...*, vol. 1, p. 69 (Tarif spécial n° 6); AF, E 53, Nr. 827, Vol. 266, «Chemins de fer suisses, Tarif spécial n° 6 pour le transport de la bière en fûts, applicable à partir du 1er février 1869 »; AHCFF, CACF, *Procès-verbaux...*, vol. 2, p. 198 (Transport de la bière – Conférence du 3 novembre 1869).

juillet 1865 (Tarif n° 4)[6], alors qu'en 1870, un tarif spécial GV (Tarif n° 10) permet à divers produits périssables (beurre, boissons, fromages, fruits frais, graisse, lait, légumes frais, œufs, pain) d'être transportés par trains de voyageurs[7].

Les effets économiques et sociaux de l'adoption de ces divers tarifs spéciaux sont difficiles à déterminer. Il est indéniable que le tarif n° 6 pour le transport de la bière en fût, par les diminutions de taxes qu'il propose pour les longues distances, contribue à améliorer la capacité concurrentielle des brasseurs étrangers sur sol helvétique: au début des années 1860, les brasseurs suisses avaient d'ores et déjà émis des plaintes en ce sens[8]. L'évaluation des conséquences de l'introduction successive des tarifs spéciaux pour le transport des céréales paraît par contre évidente. Elles ont déjà été abordées dans le chapitre précédent. Plusieurs années successives de recul des prix des céréales sur le marché suisse entre 1860 et 1865 ont d'ores et déjà provoqué la diminution des revenus de dizaine de milliers d'agriculteurs. Les importations de blés, en provenance essentiellement du nord et de l'est européen et transitant par les entrepôts de Romanshorn, expliquent cette tendance. Au demeurant, si l'existence même des chemins de fer paraît devoir être à l'origine de ce mouvement à la baisse du prix des céréales, les tarifs différentiels des chemins de fer sont eux plus directement à la base du mécontentement qui grandit au sein des exploitants d'entrepôts à grains et de l'industrie de la meunerie du centre de la Suisse, dont les réexpéditions ne bénéficient pas des taxes réduites. Avec l'introduction du tarif spécial n° 5, l'envoi direct d'une T de blé ou de farine entre les entrepôts de Romanshorn et Vevey coûte désormais environ 20 frs., alors que l'envoi de la même quantité faisant escale dans une maison de commerce d'Aarau est taxé à plus de 28 frs. Malgré les plaintes réitérées des commerçants en céréales et de la meunerie, la législation fédérale ne permet pas aux autorités d'intervenir[9].

6 AHCFF, CACF, *Décisions...*, vol. 1, pp. 62-63 (Fruits frais et légumes).

7 AHCFF, CACF, *Procès-verbaux...*, vol. 2, pp. 206-207 (Projet de tarif spécial pour le transport en grande vitesse des divers comestibles – Conférence du 3 novembre 1869); AF, E 53, Nr. 827, Vol. 266, «Chemins de fer suisses, Tarif spécial n° 10 pour le transport à grande vitesse des comestibles, applicable à partir du 1er juillet 1870».

8 *Mémoire présenté au Département fédéral de l'Intérieur sur les tarifs différentiels...*, p. 29.

9 FF, vol. 2, 1879, p. 220.

Si les tarifs différentiels introduits par les compagnies helvétiques durant la deuxième moitié des années 1860 soulèvent le mécontentement de certains secteurs de l'économie helvétique (brasseurs, céréaliers, commerçants en grains, meuniers...), ils ne parviennent pas non plus à attirer la bienveillance de la population, car les diminutions du prix du transport des biens de grande consommation sont insuffisantes pour contrebalancer le renchérissement dont sont victimes ces mêmes produits durant la période de croissance des années 1850-60. A la diminution du prix des céréales, dont la culture domine encore largement l'agriculture de la plupart des cantons suisses et fournit des revenus à une part non négligeable de la population, s'ajoute un renchérissement général des produits formant la base de la consommation des ménages helvétiques[10].

Pour l'historien Martin Schaffner, l'agitation qui gagne certains districts zurichois durant ces années-là et qui mènera à la révision de la Constitution zurichoise sous l'égide des politiciens démocrates de Winterthour durant l'hiver 1867-68, provient en grande partie de la conjonction entre renchérissement général des produits de consommation et diminution du prix des céréales, à laquelle il convient d'ajouter le marasme dans lequel est plongé l'industrie textile zurichoise – notamment cotonnière – suite à la guerre de Sécession[11]. Dans le programme des démocrates de Winterthour, les chemins de fer occupent une place de choix. Dès la fin des années 1860, ils critiquent fréquemment dans le *Landbote*, leur organe de presse, les politiques tarifaires des grandes compagnies ferroviaires et exigent l'interdiction des tarifs différentiels et l'adoption d'une stricte égalité des taxes kilométriques pour tous les trafics, qu'ils soient internes ou internationaux[12]. La promotion du SNB

10 Erich Gruner, *Die Arbeiter in der Schweiz im 19. Jahrhundert. Soziale Lage, Organisation, Verhältnis zu Arbeitgeber und Staat,* Bern, 1968, p. 132.

11 Martin Schaffner, *Die demokratische Bewegung der 1860er Jahre. Beschreibung und Erklärung der Zürcher Volksbewegung von 1867,* Basel-Frankfurt am Main, 1982, pp. 87 et suivantes.

12 D'après l'intervention du conseiller aux Etats lucernois Jost Weber (1823-1889) durant le débat traitant de la Convention internationale du Gothard. Cf. également l'intervention du conseiller national zurichois de Winterthour, Salomon Bleuler (1829-1886), futur administrateur et secrétaire du SNB, parallèlement propriétaire du *Landbote,* lors du même débat: il réclame l'égalisation des taxes pour les transports internes sur celles du transport en transit. ACV, K IX 204/63 «Edition française des délibérations des chambres fédérales concernant le Traité conclu avec l'Italie le 15 Octobre 1869 pour la construction d'un chemin de fer par le St-Gothard, s. l. n. d., p. 25 et p. 241».

par les leaders du mouvement démocratique zurichois, comme alternative aux grandes compagnies ferroviaires grâce à l'établissement d'un réseau parallèle, vise, entre autre, à introduire des abaissements de taxes pour le commerce local[13]. En matière ferroviaire, l'idée de démocratie passe par l'égalité tarifaire qui doit offrir à tout expéditeur, quelle que soit l'importance de son envoi, les mêmes réductions de taxes[14].

Dans la prise de conscience de l'importance économique que revêtent les tarifs ferroviaires, les associations commerciales locales qui fleurissent dès la fin des années 1850 et durant les années 1860 jouent également un rôle important[15]. Une pétition émanant du commerce bernois et exigeant qu'il soit octroyé une compétence plus étendue au Conseil fédéral en matière ferroviaire aboutit en avril 1867 sur le bureau de la chancellerie fédérale[16]. Si la mauvaise coordination entre les compagnies ferroviaires du SCB et de l'Etat de Berne, provoquant fréquemment des délais de livraison de deux semaines pour les marchandises circulant sur les deux réseaux entre Bâle et Berthoud est à l'origine de la pétition bernoise[17], celle-ci gagne une tribune nationale[18]. Comme la

13 En septembre 1872, le président de la Ville de Winterthour, Johann Jakob Sulzer (1821-1897), promoteur le plus ardent du SNB et membre du conseil d'administration de la Compagnie du chemin de fer de Winterthour à Kreuzlingen (ancêtre du SNB), mentionne clairement, dans un article du *Landbote*, la diminution des tarifs comme l'un des buts à atteindre grâce aux lignes du SNB. Cf. *Landbote, 22./25.* September 1872, cité par Gubler, *Die schweizerische...*, p. 25. Les revendications issues du mouvement démocratique touchent plusieurs cantons (BL, TH, BE, AG, GE) et mènent à de nombreuses révisions constitutionnelles cantonales instituant notamment des élargissements des droits populaires. Comme dans le cas zurichois, des revendications ferroviaires sont en partie à l'origine du mouvement dans le canton de Berne: dès 1862, ces revendications exigent qu'un référendum populaire vienne sanctionner le rachat de la Compagnie de l'Est-Ouest. Parallèlement, des réunions locales s'opposent, notamment à Aarberg, au tracé ferroviaire prévu entre Bienne et Berne et qui évite la localité. Cf. notamment, Peter Gilg, *Die Entstehung der demokratischen Bewegung und die soziale Frage,* Affoltern a. A., 1951.

14 Les exigences d'égalité des taxes kilométriques pour tous les expéditeurs sont également récurrentes en France. Cf. Leclercq, *Le réseau impossible...*, pp. 42-43.

15 Au sujet des associations commerciales locales, cf. Benedikt Hauser, *Wirtschaftsverbände ....*

16 AF, E 53, Nr. 665, Vol. 211, «Le Conseil fédéral suisse aux Conseils législatifs suisses/7 février 1868».

17 Hauser, *Wirtschaftsverbände...,* p. 85.

18 ACCG, G 211, Dossier I, 1867-1894, «Notice à l'appui de la pétition à l'assemblée fédérale, janvier 1867».

pétition nationale de 1860, celle de 1867 laisse à priori peu de place à la problématique des tarifs ferroviaires: tout juste exige-t-elle que le «contrôle et l'application exacte des taxes [...]» soient du domaine de la Confédération[19]. L'essentiel de la pétition concerne la surveillance générale de l'établissement des horaires, des délais de livraison et l'amélioration du service direct en trafic interne et international. Toutefois, en avril 1870, un rapport manuscrit émanant de l'AIC de Genève formule des exigences concernant spécifiquement les tarifs, aussi bien marchandises que voyageurs. Pour les auteurs du rapport, il est urgent de donner au Conseil fédéral un droit d'homologation préalable à l'introduction et à la suppression de tout tarif direct et international[20]. Un pas est franchi: contrôler la bonne application des taxes ne donne pas à l'autorité fédérale un droit d'intervention dans la formation des tarifs, ce que suppose par contre l'homologation préalable prônée par l'AIC. Plus qu'un début, ce rapport marque le point intermédiaire d'une décennie d'interrogations et de plaintes provenant du commerce genevois et concernant les tarifs ferroviaires. La motion Corboz du début des années 1860 avait reçu l'adhésion unanime des Genevois qui commençaient tout juste à saisir les conséquences des tarifs ferroviaires pour le commerce d'entrepôt. La formation de l'AIC en 1865 offre un réceptacle aux plaintes des commerçants genevois concernant les tarifs ferroviaires. Dès 1867, l'AIC accuse les tarifs du PLM de favoriser la voie par Belfort pour les marchandises à destination du centre de la Suisse, qui évitent désormais de transiter par les entrepôts genevois. En 1870, elle met en évidence les effets néfastes de toute une série de tarifs différentiels suivant lesquels l'expédition d'Allemagne à Culoz ou Annecy via Genève coûte moins cher que le même envoi à destination de Genève[21]. L'expertise de l'AIC, en matière de tarifs ferroviaires, culmine avec les travaux très complets sur les conséquences des tarifs ferroviaires pour

19 AF, E 53, Nr. 665, Vol. 211, «Motifs à l'appui de la pétition demandant à l'Assemblée fédérale qu'il lui plaise d'accorder une compétence plus étendue au Conseil fédéral pour la surveillance à exercer sur le service d'exploitation intercantonale et internationale des chemins de fer suisses».

20 ACCG, G 211, Dossier I, 1867-1894, «Tarifs marchandises et tarifs voyageurs, Genève, 28 avril 1870».

21 AIC, *Deuxième rapport présenté par la Chambre de commerce à l'assemblée générale du 12 mars 1867,* Genève, 1867, pp. 13-14; AIC, *Sixième rapport présenté par la Chambre de commerce à l'assemblée générale du 28 mars 1871,* Genève, 1871, p. 17.

Genève, réalisés au milieu des années 1880 par le président de la Chambre de commerce, l'ancien conseiller fédéral Jean-Jacques Challet-Venel[22]. Les études de l'AIC demeurent cependant locales, ne concernant que la position particulière de Genève. Il faudra attendre le début des années 1880 pour que l'association faîtière des associations économiques suisses, l'USCI, fondée en 1870, propose, dans ses rapports annuels, des renseignements sur les conséquences des tarifs ferroviaires pour l'ensemble des secteurs de l'économie helvétique.

La pétition conjointe des Bernois et des Genevois décide les Chambres fédérales à inviter l'exécutif fédéral, par postulat du 24 juillet 1869, à présenter des propositions concrètes afin d'augmenter les compétences de la Confédération en matière d'exploitation ferroviaire[23]. En ce sens, elle lance véritablement le processus qui aboutira à la nouvelle loi fédérale sur la construction et l'exploitation des chemins de fer du 23 décembre 1872.

3.2 Poser des jalons à l'intervention fédérale en matière de tarifs ferroviaires (1868-1870)

3.2.1 Connaître pour intervenir: l'élaboration de la statistique ferroviaire

Depuis l'établissement des premières lignes ferroviaires en Suisse, les compagnies disposent de toute latitude dans l'établissement de leurs statistiques de construction et d'exploitation. Or, la façon d'établir les

22 Challet-Venel, *Les tarifs des chemins de fer...*; Jean-Jacques Challet-Venel, *Les tarifs des chemins de fer suisses envisagés dans leurs rapports avec l'agriculture et l'industrie. Mémoire présenté à l'Institut National Genevois, section d'industrie et d'agriculture, séance du 5 décembre 1884,* Genève, 1885; cf. également AF, E 53, Nr. 798, Vol. 259, «Lettre de l'Association commerciale et industrielle genevoise, Chambre de commerce, à Monsieur Cornaz, président de la commission du Conseil des Etats, concernant les tarifs de transport par chemins de fer, Genève, 17 septembre 1884». Il s'agit en fait d'un rapport très complet réalisé par Challet-Venel.

23 AF, E 53, Nr. 666, Vol. 212, «Circulaire aux administrations de chemins de fer, Berne, 4 septembre 1869».

statistiques diffère considérablement suivant les compagnies et les renseignements transmis par les administrations sont très souvent lacunaires et n'offrent aucune continuité. L'absence de toute statistique uniforme procure des désavantages multiples. L'inconvénient le plus évident concerne évidemment les difficultés à articuler un prix de rachat des compagnies en cas de reprise des lignes ferroviaires par la Confédération, stipulée dans les concessions. L'évaluation ne pourrait se faire qu'en recourant aux renseignements statistiques épars établis par les compagnies ferroviaires et contenus dans les rapports annuels. D'autres inconvénients, moins évidents, découlent de l'absence d'uniformité et de continuité dans la collecte des informations statistiques: les autorités ne connaissent pas l'ampleur des retards dans la marche des trains ou ignorent tout de la répartition par nature des transports de marchandises, ne possèdent que peu de renseignements sur l'évolution du trafic empruntant les lignes suisses ou sur les tarifs moyens pratiqués par les compagnies.

La collecte d'informations statistiques s'affirme, dès le début des années 1860, comme un élément essentiel de l'action économique de la Confédération. Suite aux impulsions données par les congrès internationaux de statistiques qui se tiennent périodiquement dès 1855, un bureau fédéral de la statistique est fondé en 1860[24]. Dans la foulée, Gottlieb Koller, ancien chef du bureau technique des chemins de fer, est chargé par le DFI de préparer un programme pour l'élaboration d'une statistique unifiée des chemins de fer suisses, en tenant compte aussi bien des décisions des congrès internationaux de statistiques que des modèles adoptés pour les chemins de fer étrangers[25]. Le programme élaboré par Koller, en collaboration avec Wirth, directeur du bureau fédéral de la statistique, est transmis en 1864 à la CACF. Celle-ci, par la voix du VSB, administration présidente, réagit en fin d'année 1866, après examen du programme par l'ensemble des compagnies membres. Le préavis des compagnies est négatif: le programme est considéré comme trop complexe, contenant un nombre de rubriques trop important. Sa réalisation nécessiterait l'engagement d'un personnel supplé-

24 FF, vol. 1, 1860, pp. 261-282; Hans-Ulrich Jost, «Des chiffres et du pouvoir. Statisticiens, statistiques et autorités politiques en Suisse du XVIIIe au XXe siècle», in *Forum Statisticum,* octobre 1995, p. 15.

25 Hans G. Wägli, «Gottlieb Koller (1823-1900) », in *Sechs Schweizer Alpenbahningenieure,* Näfels, 2001, p. 52.

mentaire par les compagnies. La CACF insiste sur la situation financière difficile de la plupart des administrations ferroviaires, qui voient d'un mauvais œil l'exigence d'une mise à la disposition du bureau fédéral de la statistique des formulaires entièrement imprimés et reprenant toutes le rubriques, sans qu'aucun défraiement ne soit prévu[26].

En janvier 1868, le DFI convoque une conférence réunissant, hormis le chef du département Karl Schenk (1823-1895) (BE), l'auteur du programme Koller, le directeur du bureau fédéral de la statistique Wirth et des représentants des principales administrations ferroviaires composant la CACF[27]. Suite aux remarques des compagnies sur l'ampleur du programme, des négociations entreprises entre le DFI et le DMF ont permis de diminuer le nombre de rubriques. Les renseignements nécessaires à la défense du pays (relevés concernant les gares, les locaux des compagnies, les dimensions des wagons, leur stationnement, les disponibilités du personnel...) seront collectés directement par le DMF, en fonction de ses besoins. Même si le programme se trouve considérablement réduit, les compagnies continuent à douter de l'utilité d'une telle démarche, alors qu'elles publient annuellement des renseignements statistiques dans leur rapport. Le représentant du Franco-Suisse, Jules Philippin, persistant défenseur d'un strict respect des concessions, doute de l'obligation légale qu'ont les compagnies à fournir des renseignements statistiques d'une telle ampleur.

Mais du côté du Conseil fédéral les choses sont désormais claires. Karl Schenk, successeur à l'exécutif de Jakob Stämpfli avec qui il partage le même idéal d'une extension des compétences de la Confédération en matière ferroviaire, s'emploie à démontrer que la combinaison entre intérêts des populations et intérêts des entreprises ferroviaires ne se fait pas naturellement et qu'il est nécessaire, «pour la juste appréciation de phénomènes d'économie politique», de disposer d'un matériel permettant l'intervention. Dans le message du Conseil fédéral à l'Assemblée fédérale sur l'élaboration d'une statistique ferroviaire, la nécessité d'intégrer l'Etat dans le processus de collecte d'informations est

26 AHCFF, CACF, *Procès-verbaux...*, vol. 2, pp. 76-79 (Statistique des chemins de fer suisses – Conférence des 9-10 octobre 1866).

27 AF, E 53, Nr. 713, Vol. 230, «Procès-verbal de la Conférence concernant la création d'une statistique des Chemins de fer suisses / 16 janvier 1868».

développée de façon plus claire encore, mettant en exergue l'opposition entre intérêts publics et intérêts des compagnies ferroviaires[28]:

> Pour déterminer l'état de fait, en ce qui concerne la construction et l'exploitation des lignes ferrées, on doit se placer à deux points de vue différents, d'une part, à celui de l'intérêt particulier des administrations – le rendement – d'autre part, à celui de l'avantage du public et des intérêts généraux que le Gouvernement doit consulter. S'il ne s'agissait que du premier point, on pourrait, à moins d'empêchements particuliers, s'en remettre aux administrations des lignes, du soin d'établir la statistique des chemins de fer; mais ceux-ci excluant par leur nature même la libre concurrence et jouissant d'un monopole dans l'exercice duquel ils sont protégés par l'Etat, ne fût-ce déjà que par l'application de l'expropriation, ce dernier a le droit et le devoir de sauvegarder les intérêts généraux, en tant qu'il s'agit de la sûreté et de la prospérité du pays, par conséquent de vouer son attention au développement des moyens de circulation en faveur de l'agriculture, du commerce et de l'industrie, ainsi qu'aux points de vue militaire, et de faire déterminer autant que possible à l'aide de la statistique l'état de fait dans ces diverses directions comme dans les autres.

Afin de pousser les compagnies à la collaboration, et tenant compte des difficultés financières auxquelles est confrontée une partie d'entre elles, un compromis est proposé, adopté par les administrations ferroviaires. Celles-ci se contenteront de faire remplir par leur personnel les rubriques du programme statistique et le retourneront au bureau fédéral de la statistique qui se chargera d'assembler et de vérifier les documents. La publication de la statistique se fera aux frais de la Confédération.

Même si l'adoption de la statistique des chemins de fer ne soulève pas les passions, son élaboration, sous l'égide du DFI, constitue bien un jalon important dans le processus d'intervention de l'Etat fédéral. On note, dans les propos du conseiller fédéral Schenk et dans les lignes du message du Conseil fédéral, un activisme nouveau et le besoin de collecter une information qui doit permettre l'intervention. Au niveau des tarifs ferroviaires, la rubrique des recettes des transports de marchandises (et particulièrement la sous-rubrique par T et par km existant dès 1874) permet d'estimer le tarif moyen pratiqué par les compagnies. Si d'un côté elle constitue un moyen de contrôler l'évolution des recettes des compagnies ferroviaires, elle renseigne d'un autre côté le Conseil fédéral sur la ponction que le transport effectue sur l'économie natio-

28 FF, vol. 2, 1868, p. 580.

nale, et ce également dans une perspective de comparaison internationale. Lors d'exigences de diminutions de tarifs, le Conseil fédéral utilisera à plusieurs reprises les renseignements fournis par cette rubrique.

3.2.2 La question des tarifs lors de la ratification de la Convention internationale du Gothard par l'Assemblée fédérale

L'idée d'un passage ferroviaire à travers le massif du Gothard avait été, une première fois, sérieusement évoquée par Gottlieb Koller en août 1852, lors de la publication de son rapport séparé accompagnant celui de la commission technique internationale (cf. section 1.1.2). Dès 1853, la promotion active d'une ligne de chemin de fer à travers le Gothard est assurée par le SCB. En août, une conférence réunit à Lucerne des délégués des cantons promoteurs de la ligne du Gothard, sans toutefois parvenir à provoquer l'adhésion de la Confédération au projet. Un passage ferroviaire par le Gothard n'est qu'une possibilité parmi d'autres et reste soumis à la rivalité de projets similaires par le Lukmanier, le Splügen ou le Simplon. L'annexion de la Lombardie par le royaume de Piémont-Sardaigne a le mérite d'éclaircir les choses: dès 1859, la frontière autrichienne sur le lac Majeur disparaît. Le royaume transalpin abandonne le projet d'une ligne par le Simplon, qui possédait jusqu'alors, aux yeux des autorités sardes, l'unique avantage d'être plus éloigné de la frontière autrichienne que les autres passages alpins. Dès cet instant, elles considèrent un passage ferroviaire par le Simplon comme une inutile concurrence au tunnel du Mont Cenis, dont le percement a été décidé en 1857.

En 1860, un comité du Gothard est constitué. Gottlieb Koller, alors ingénieur au SCB, en prend la tête et obtient l'actif soutien de son directeur, Wilhelm Schmidlin et du directeur du NOB, Georg Stoll. Au début de la décennie, le gouvernement du Royaume d'Italie – proclamée dès 1861 – hésite encore entre le Lukmanier, le Splügen et le Gothard. La commission qu'il institue en 1864 afin d'étudier les différents projets donne finalement sa préférence au Gothard en 1866. Le caractère international de la future artère nécessite que le nord de l'Europe, et en particulier la Confédération de l'Allemagne du Nord – dominée par la Prusse –, le Grand Duché de Bade et le Wurtemberg, soit également impliqué dans le projet. Le conflit armé entre l'Autriche et la Prusse, qui éclate en été 1866, retarde toutefois la tenue d'une conférence internationale que le Conseil fédéral, assumant un rôle d'intermédiaire, propose d'organiser. Le traité de commerce italo-suisse de décembre 1868 réitère l'impérieuse nécessité d'établir un chemin de fer à travers les Alpes[29].

La conférence internationale sur le Gothard débute à Berne le 15 septembre 1869. Hormis les délégués helvétiques et italiens, des représentants de la Confédération de l'Allemagne du Nord, du Grand Duché de Bade et du Wurtemberg y participent. Le 15 octobre 1869, un mois après le début de la conférence, une convention est conclue entre la Suisse et l'Italie. Le 20 juin 1870, la Confédération de l'Allemagne du Nord adhère à la convention. Cette dernière fixe notamment les subventions que chaque Etat doit amener à l'entreprise commune: 20 millions de frs. pour la Suisse, promis par les cantons, collectivités et compagnies ferroviaires intéressés, 45 millions pour l'Italie et 20 millions pour l'Allemagne[30].

Les articles 8 et 10 de la convention concernent spécifiquement les tarifs: le premier arrête le système de classification et les taxes maximales autorisées[31]:

> *Article 8:* Pour ce qui concerne le trafic transitant d'Allemagne en Italie et vice versa on a fixé comme suit les taxes maximales de transport: [...] *Marchandises: Grande vitesse:* 45 cent. par tonne et par kilomètre, sans aucun supplément de taxe. *Petite vitesse:* 1. Pour les matières brutes, telles que le charbon, le coke, le minerai, les terres, les engrais, le soufre, les pierres, le bois, etc., de même que pour le fer et les marchandises brutes en fer, en tant que ces objets sont expédiés en wagons complets, la taxe ne pourra excéder 5 centimes par tonne et par kilomètre, avec une surtaxe de 3 centimes par tonne et par kilomètre pour les parties de la ligne qui offrent des pentes de 15‰ et au-dessus. 2. Pour toutes les autres marchandises, la taxe ne pourra excéder 14 ½ centimes par tonne et par kilomètre, ou 19 ½ centimes par tonne et par kilomètre pour les parties de la ligne ayant des pentes de 15‰ et au-dessus, tout autre supplément de taxe étant exclu.

Le second article introduit l'obligation, pour l'entreprise qui exploitera la ligne, de faire bénéficier les chemins de fer des Etats subventionnant

29 Cf. notamment Wägli, «Gottlieb Koller», ..., pp. 49-51; Benz, *Les transports...*, pp. 28-30; Gérard Benz, *Les Alpes et le chemin de fer*, Lausanne, 2007, pp. 15 et suivantes; Duc, «Projet de tunnel ferroviaire...», p. 516 et pp. 548-549.

30 Duc, «Projet de tunnel ferroviaire...», p. 549.

31 Cf. FF, vol. 2, 1870/1, pp. 985-994.

de toutes les réductions de taxes (tarifs différentiels, tarifs exceptionnels) accordées aux chemins de fer des Etats non subventionnant:

> *Article10:* La Société du chemin de fer du St-Gothard est tenue de faire jouir, pour le transport des personnes et des marchandises d'Italie, pour l'Italie et à travers l'Italie, les chemins de fer des Etats subventionnant au moins des mêmes avantages et des mêmes facilités qu'elle aura accordés soit à d'autres chemins de fer en dehors de la Suisse, soit à des parties et à des stations quelconque de ces chemins de fer, soit enfin aux stations frontières suisses. Elle ne peut entrer dans aucune combinaison avec d'autres chemins de fer suisses par laquelle ce principe se trouverait violé. En particulier, les réductions de tarifs que voudrait accorder le chemin de fer du St-Gothard en vue d'activer le trafic pour l'Italie, de l'Italie et à travers l'Italie devront, avant leur mise en vigueur, être communiquées à temps aux Gouvernements des Etats subventionnant, et, sur leur demande, les réductions de tarifs dont il s'agit devront être accordées à partir de la même époque pour les chemins de fer et les districts concurrents.

Si l'adoption de l'article 8 n'occasionne pas de débats approfondis lors de la conférence, la formulation de l'article 10 nécessite des tractations beaucoup plus longues. Les représentants du Grand Duché de Bade font dépendre l'éventuelle participation financière de leur gouvernement à une formulation qui obligerait les compagnies suisses à diriger l'ensemble du trafic en provenance de la ligne du Gothard sur les lignes badoises plutôt que sur les lignes concurrentes de l'Est français, compagnie ne subventionnant pas l'entreprise. De leur côté, les représentants du Wurtemberg désirent introduire le principe de la ligne la plus courte pour le trafic en provenance et à destination du Gothard. Ce principe avantagerait les lignes du Wurtemberg par rapport à leurs concurrentes badoises pour une grande partie du trafic en provenance et à destination des Etats du nord de l'Allemagne. Les participants à la conférence adoptent finalement une formulation destinée à rassurer les représentants du Grand Duché de Bade, mais reconnaissent que le principe de la ligne la plus courte dépend exclusivement de la législation interne à chaque pays[32]. Autrement dit, les représentants refusent d'étendre au trafic international le mode de régulation du trafic adopté par les compagnies helvétiques pour leur trafic interne lors des conventions des années 1860. La prédominance de la concurrence tarifaire dans le trafic international, telle qu'elle s'est faite depuis le début de l'exploitation ferroviaire, est par là même confirmée.

32 FF, vol. 2, 1870/2, pp. 953-955.

En juillet 1870, l'Assemblée fédérale entreprend la ratification du traité international. Les débats débutent au sein du Conseil des Etats le mercredi 13 juillet 1870, quelques jours avant que la France ne déclare la guerre à la Prusse[33]. Les bruits de bottes sur le Rhin contribuent à donner aux débats au sein du Conseil des Etats, et plus encore du Conseil national, la forme d'un plébiscite en faveur de la neutralité helvétique. La petite minorité d'opposants au Gothard, issue principalement de l'est du pays – soit les défenseurs du Splügen et du Lukmanier – et de l'ouest du pays – soit les tenants du Simplon – instrumentalisent le conflit armé qui se prépare afin de rejeter la convention. Selon la minorité, la Confédération doit strictement s'en tenir à la législation ferroviaire de 1852: les chemins de fer doivent demeurer une affaire cantonale et privée. Pour le Grison Peter von Planta (1815-1902), loin de partager l'avis de l'exécutif fédéral sur la nature commerciale de la convention, la ligne internationale du Gothard doit permettre à la Prusse de gagner l'alliance de l'Italie, afin de déclencher une guerre contre la France et certainement ensuite l'Autriche. Il conçoit la convention comme un traité politique, habilement négocié par Bismarck. Une ligne internationale à travers le Gothard donnera à la Prusse «de la mer Baltique à la mer Méditerranée, une chaîne non interrompue d'alliés»[34]. Mais malgré les propositions réitérées de renvoi de la question à des jours plus pacifiques, voire de suspension pure et simple de la session, la Chambre haute entreprend l'étude des articles de la convention.

Hormis la question de la neutralité, les discussions au sein de l'hémicycle vont essentiellement tourner autour des deux articles sur les tarifs. Conscient des fortes résistances à l'encontre de l'article 10 de la convention, le Conseil fédéral propose d'ajouter un point concernant spécifiquement les tarifs ferroviaires dans son arrêté. Profitant du postulat du 24 juillet 1869 adopté par l'Assemblée fédérale, le Conseil fédéral s'engage à présenter, dans les plus brefs délais, «un rapport et des propositions sur la question des tarifs différentiels dans le trafic interne et dans les relations commerciales entre la Suisse et l'étranger»[35]. La

33 La France déclare la guerre à la Prusse le 19 juillet 1870.

34 ACV, K IX 204/63, «Edition française des délibérations des chambres fédérales concernant le Traité conclu avec l'Italie le 15 Octobre 1869 pour la construction d'un chemin de fer par le St-Gothard, s. l. n. d., p. 65».

35 FF, vol. 2, 1870/2, pp. 983.

commission du Conseil des Etats propose l'ajout d'un considérant, suivant lequel il est spécifié que «le droit de la Suisse de fixer librement par voie de législation intérieure l'application de tarifs différentiels au trafic interne et aux relations commerciales entre la Suisse et l'étranger n'a pas été diminué par le traité»[36]. Un second considérant, visant à rassurer les promoteurs des autres projets alpins, mentionne qu'il n'est nullement donné au passage du Gothard un monopole ou de quelconques privilèges. Au sein de la commission, si cet ajout n'a pas entraîné d'opposition, le considérant sur les tarifs a été, par contre, fortement combattu par les représentants des compagnies ferroviaires, le futur directeur de la Compagnie du chemin de fer de Berne à Lucerne et administrateur du GB, Jost Weber (LU) et le directeur du JI, le Neuchâtelois Jules Grandjean (1828-1889). Pour ce dernier, l'insistance avec laquelle les parties contractantes ont fixé des principes de tarification est incompréhensible. Il est nécessaire que ce domaine demeure l'apanage des compagnies ferroviaires qui doivent, en tout temps, pouvoir effectuer des combinaisons tarifaires afin de lutter contre les concurrences. Selon lui, le considérant adopté par la commission du Conseil des Etats vise à accorder les mêmes avantages au commerce national qu'au commerce de transit, mais risque d'ôter à l'entreprise du Gothard, par une réglementation trop contraignante, toute capacité à mobiliser les capitaux[37]. Lors des discussions au sein du Conseil des Etats, le Bâlois Alphons Koechlin (1821-1893), administrateur du SCB et futur membre du conseil d'administration et de la direction du GB va plus loin encore. Il défend âprement le droit de la ligne du Gothard à accorder au transit des taxes plus favorables qu'au trafic interne: interdire ce principe, ce serait «le moyen d'empêcher la formation d'une Société. La liberté dans l'élaboration des tarifs est une condition fondamentale pour rendre un chemin de fer rentable; et si les tarifs différentiels n'existaient pas, il faudrait les établir pour la ligne du St-Gothard»[38].

Dans ce débat d'initiés sur les tarifs ferroviaires, le camp adverse regroupe également des représentants de compagnies ferroviaires, principalement du VSB, dont la jonction avec les chemins de fer wurtem-

36 ACV, K IX 204/63, «Edition française des délibérations des chambres fédérales concernant le Traité conclu avec l'Italie le 15 Octobre 1869 pour la construction d'un chemin de fer par le St-Gothard, s. l. n. d., p. 3».

37 Ibidem, p. 29.

38 Ibidem, p. 111.

bergeois – Etat non subventionnant – ne constitue pas un argument afin d'exiger que le transit germano-italien empruntant le réseau du VSB bénéficie, suivant l'article 10 de la convention, des tarifs différentiels du Gothard. C'est un argument peu porteur toutefois pour la majorité des sénateurs. Dès lors, Arnold Aepli (SG), membre du conseil d'administration du VSB, propose un amendement spécifiant que les compagnies suisses doivent jouir, dans leur service direct avec le Gothard, des mêmes avantages tarifaires que les Etats subventionnant[39]. Par cette prise de position, Aepli se fait le défenseur de l'industrie suisse et particulièrement de l'industrie de l'est qui doit bénéficier, pour l'exportation des produits manufacturés, des tarifs de transit que proposera la ligne du Gothard. En votation finale, l'arrêté du Conseil fédéral et les considérants de la commission du Conseil des Etats sont adoptés. L'amendement proposé par Aepli est rejeté et la convention est acceptée par 37 sénateurs contre 5.

Lorsque le 18 juillet 1870 le débat s'engage au sein du Conseil national, la perspective d'un conflit entre la Prusse et la France, dont personne ne peut encore dire s'il sera circonscrit aux frontières des deux pays, est devenue évidente. C'est dans une ambiance très tendue que les orateurs prennent la parole, au moment même ou l'exécutif fédéral vient de décider de la mobilisation de cinq divisions pour occuper les frontières. Les travaux de la commission du Conseil national ont été effectués dans la précipitation: la majorité de la commission propose de ratifier sans débat la convention, en adoptant les deux considérants du Conseil des Etats; la minorité, formée d'opposants à la ligne du Gothard, demande le renvoi de la question et la suspension de la session. Au sein de cette minorité, le directeur du VSB et président du comité du Lükmanier, le Saint-Gallois Daniel Wirth-Sand (1815-1901), insiste pour que le délai soit mis à profit pour effectuer un réexamen complet de la question des tarifs[40]:

> Je soutiens que l'une des questions les plus importantes n'a point été traitée dans le Conseil des Etats ou l'a été d'une manière très insuffisante. Je veux parler des tarifs

39 Arnold Aepli se fait le porte-parole au sein du Conseil des Etats, d'un groupe de députés des deux Chambres, tous représentants de l'est et de l'ouest de la Suisse et qui a distribué, en début de session, une brochure imprimée comprenant cinq propositions d'amendements au projet de ratification de la convention du Gothard. Celui concernant les tarifs est l'un d'entre eux.

40 Ibidem, p. 165.

[...]. Je prétends que le traité tel qu'il est sacrifie l'industrie suisse à celle de l'étranger; on pourrait le prouver par des chiffres.

Wirth-Sand revient avant tout sur les taxes normales maximales contenues dans l'article 8 de la convention qui spécifie que, pour le trafic de transit entre l'Allemagne et l'Italie et vice versa, celles-ci ne peuvent dépasser 14 ½ cts. par T, 19 ½ pour les tronçons avec des fortes rampes. Or les concessions uranaises et tessinoises, pour le tracé du Gothard empruntant leur territoire, autorisent des maxima nettement plus élevés: 20 cts. et jusqu'à 40 cts. pour les tronçons de montagne. Pour Wirth-Sand, les produits de l'industrie suisse d'exportation, comprenant essentiellement des textiles de coton et de soie soumis aux taxes les plus élevées, seront très fortement désavantagés par rapport aux produits similaires allemands ou anglais en transit. Pour le directeur du VSB, il ne fait aucun doute que la société qui exploitera la ligne du Gothard n'accordera pas de son plein gré au trafic suisse d'exportation les taxes maximales définies par la convention, mais préférera adopter les taxes maximales des concessions uranaises et tessinoises[41]. Dès lors, Wirth-Sand propose l'adoption des amendements déposés au Conseil des Etats par Arnold Aepli, dont celui concernant les tarifs[42]. Au sein de la Chambre du peuple, le plus ferme opposant à l'amendement sur les tarifs est le directeur général du NOB, le Zurichois Alfred Escher. L'adoption de cet amendement signifierait l'abandon du chemin de fer du Gothard. Selon lui, rien ne justifie les craintes émises par Wirth-Sand et il sera dans l'intérêt de la compagnie exploitant la ligne du Gothard de favoriser également, par des politiques tarifaires adaptées, les exportations

41 Selon les évaluations de Wirth-Sand, une T de marchandises en provenance de l'Allemagne et transitant entre Goldau et Chiasso par la ligne du Gothard paiera, au prix de la classe la plus élevée, 32 frs. La même T de marchandises en provenance de Suisse sera taxée, pour le même tronçon, 56 frs. ACV, K IX 204/63, «Edition française des délibérations des chambres fédérales concernant le Traité conclu avec l'Italie le 15 Octobre 1869 pour la construction d'un chemin de fer par le St-Gothard, s. l. n. d., p. 166».

42 Au sein du Conseil national, ces amendements sont signés par de nombreux députés vaudois et quelques députés de l'est de la Suisse: Johann Ulrich Ambühl (SG); Georg Friedrich Anderegg (SG), Johann Matthias Hungerbühler (SG); Daniel Wirth-Sand (SG); Johannes Hohl (AR); Johann Jakob Scherer (ZH/Winterthour); Charles Baud (VD); Charles Cossy (VD); Jean-Louis Delarageaz (VD); Jules Eytel (VD); Abram-Daniel Meystre (VD); Henri Louis Rambert (VD); Louis Ruchonnet (VD).

helvétiques. Il s'en prend également à la duplicité de Wirth-Sand, en démontrant l'importance que revêtent les tarifs différentiels pour toutes les compagnies de chemin de fer et en premier lieu pour le VSB. Sur ce sujet, Escher peut compter sur le soutien du chef du Département fédéral politique, le Zurichois Jakob Dubs (1822-1879), pour qui les compagnies doivent disposer, en matière de tarifs de transit, d'une large autonomie. Par son caractère international, «de simple chaînon entre deux grands réseaux qui veulent se joindre», la ligne du Gothard doit disposer de la possibilité d'introduire des tarifs de transit plus favorables que les tarifs internes ou d'exportation car, «le transit est tellement avantageux non seulement pour les chemins de fer mais encore pour le pays entier, qu'on ne peut jamais en recevoir trop»[43].

Malgré l'insistance que met Wirth-Sand à proposer le renvoi de la question afin de mener une étude approfondie sur les tarifs, la majorité des députés décident, le 22 juillet, de clore les débats et de passer au vote final. Le Conseil national adopte l'arrêté et les considérants du Conseil des Etats, en rejetant les amendements déposés par Wirth-Sand.

L'urgence de la situation – le conflit armé entre la France et la Prusse ayant été déclenché depuis trois jours lors de la clôture du débat au sein du Conseil national – n'a pas empêché la question des tarifs de prolonger durant plusieurs jours des débats que de nombreux parlementaires souhaitaient suspendre. En quelques années, entre la décision de ne rien entreprendre de 1863 et l'injonction faite au Conseil fédéral de présenter, dans les plus brefs délais, un rapport sur les tarifs différentiels, la question des tarifs ferroviaires a indubitablement gagné la scène fédérale. Le processus de consultation qui débute en vue de redéfinir le rôle de la Confédération en matière de chemin de fer ne pourra éviter de placer au centre des questionnements l'épineux dossier tarifaire.

43 ACV, K IX 204/63, «Edition française des délibérations des chambres fédérales concernant le Traité conclu avec l'Italie le 15 Octobre 1869 pour la construction d'un chemin de fer par le St-Gothard, s.l.n.d., pp. 261-262».

3.3 Avancées législatives des années 1870 et formation du Département fédéral du commerce et des chemins de fer (1869-1875)

3.3.1 La loi fédérale sur la construction et l'exploitation des chemins de fer de 1872: définition d'un droit d'intervention minimal en matière de tarifs ferroviaires

Le postulat adopté par l'Assemblée fédérale le 24 juillet 1869 suite à la pétition bernoise soutenue par l'AIC de Genève, lance véritablement le processus de révision de la loi fédérale sur les chemins de fer de 1852. Engagée dès septembre 1869 par le DFI, la refonte de la loi débute par une large consultation: les cantons sur le territoire desquels les lignes ferroviaires transitent, la CACF, le DMF, le DFP et le DFCP sont invités à donner leur avis sur une extension des compétences de la Confédération en matière ferroviaire. Les milieux commerciaux et industriels sont consultés par l'entremise du DFCP.

En fin d'année, 14 gouvernements cantonaux ont envoyé leurs remarques au DFI qui charge L. Rilliet, ancien haut fonctionnaire d'une administration ferroviaire privée, de compulser les réponses[44]. En janvier 1870, celui-ci remet son rapport, qui rend compte du vide juridique en matière de transport de marchandises par chemins de fer[45]:

> Pour ce qui concerne le service des marchandises, la réponse est à peu près uniforme, c'est-à-dire que les gouvernements se sont peu occupés de cette partie du service, laissant au public négociant le soin de soigner ses intérêts lui-même; il n'y a pas de jurisprudence adaptée aux besoins et intérêts nouveaux qu'ont créés les chemins de fer, et chacun s'en tire comme il peut. [...] Le règlement de transport adopté par toutes les compagnies suisses date du mois de mars 1862, [...] c'est une œuvre qui a fait son temps, [...] de plus il est très incomplet et ne donne pas au public toutes les garanties désirables contre les compagnies. [...] il conviendrait qu'un nouveau règlement soit élaboré sous les auspices de l'autorité fédérale. Une espèce de code fédéral pour les transports.

44 AF, E 53, Nr. 666, Vol. 212, «Lettre de L. Rilliet au conseiller fédéral Schenk, chef du département de l'Intérieur à Berne, Neuchâtel, 3 janvier 1870».

45 Ibidem, «Résumé des renseignements fournis par 14 Cantons sur des questions relatives à l'exploitation des chemins de fer, posées par le département fédéral de l'Intérieur, dans le but d'étendre la compétence de l'autorité fédérale en matière de chemins de fer, par L. Rilliet, Neuchâtel, 7 janvier 1870».

Le rapport Rilliet met également crûment en évidence, l'arrogance des compagnies ferroviaires:

> Les gouvernements sont fréquemment appelés à signaler aux administrations des imperfections dans les services, parce que le public lésé espère trouver en l'Etat un appui tout puissant, mais généralement les résultats ne sont pas ce que l'on doit attendre; les administrations ne sont pas embarrassées pour trouver quantités de raisons bonnes ou mauvaises pour s'excuser, et l'Etat ne connaissant pour ainsi dire rien des détails de l'exploitation, se laisse éblouir par des explications embrouillées.

Rilliet définit enfin le champs d'intervention de l'Etat en matière de tarifs ferroviaires: la Confédération doit veiller à ce que les compagnies établissent des tarifs à base kilométrique uniforme et interdire les tarifs différentiels, hormis ceux qui s'imposent pour lutter contre la concurrence des lignes étrangères.

En avril 1870, la CACF, sous la plume de Jules Philippin désormais directeur de l'Association des chemins de fer de la Suisse Occidentale – association réunissant les exploitations du Franco-Suisse, de l'OS, du LFB et précédent la fusion des trois compagnies et la formation de la SO en 1872 – donne un préavis manuscrit sur l'extension des compétences de la Confédération en matière de chemins de fer[46]. Se basant en partie sur les travaux du professeur de droit zurichois Johann Jakob Rüttimann[47], la CACF place le débat sur un plan juridique. En ce sens, les arguments n'ont pas changé: invoqué dès 1858 par le NOB lors de l'affaire d'interruption du service direct en gare de Winterthour qui l'op-

46 Ibidem, «Rapport des Compagnies et Administrations de chemins de fer suisses au département fédéral de l'Intérieur à Berne, Neuchâtel, 31 mars/12 avril 1870».

47 Cf. notamment, Johann Jakob Rüttimann, *Rechtsgutachten über die Frage: In wie weit durch die Eisenbahn-Konzessionen der Schweiz. Kantone und die Beschlüsse der Schweiz. Bundesversammlung betreffend die Genehmigung derselben für die beteiligten Gesellschaften Privatrechte begründet worden seien*, Zürich, 1870; AHCFF, CACF, *Procès-verbaux…*, vol. 2, pp. 201-202 (Préavis à fournir au Département de l'Intérieur sur l'extension à donner à la compétence de la Confédération en matière d'exploitation des chemins de fer – Conférence du 14 mars 1870). Les travaux du Prof. Rüttimann sont cependant contredits par des travaux antérieurs de Gustav Vogt, éminent juriste. En 1859 déjà, il écrivait que l'Etat avait non seulement un droit de surveillance sur les compagnies, mais également le droit d'exiger qu'elles satisfassent à tous les besoins légitimes du commerce. Cf. Gustav Vogt, «Schweizerische Studien über Eisenbahnrecht», in *Deutsche Vierteljahrsschrift 1859*, Stuttgart, 1859.

posait au VSB (cf. section 2.1.1), développé par les administrations ferroviaires lors du débat au sein de l'Assemblée fédérale sur les tarifs différentiels en 1862/63 (cf. section 2.3.2), le concept de concession, synonyme de contrat de droit privé liant les compagnies et l'Etat, est encore affiné sous la plume de Jules Philippin: «[...] les concessions réunies à la loi de 1852, forment entre l'Etat et les concessionnaires un contrat synallagmatique régissant une industrie privée et des rapports de droit privé»[48]. Pour la CACF, cela signifie qu'une modification des obligations contenues dans les concessions, telle qu'elle proviendrait de la promulgation d'une nouvelle loi et de l'abrogation de la loi de 1852, nécessiterait obligatoirement l'assentiment des compagnies, parties prenantes au contrat. Si les compagnies sont prêtes à entrer en matière sur une extension des compétences fédérales dans certains domaines précis, tels que ratification des règlements de transport édictés par elles, surveillance générale des maxima tarifaires définis par les concessions, elles s'opposent à toute aggravation de leurs obligations sans une juste indemnisation[49]:

> [...] mais en principe, nous pensons que la Confédération, qui n'a assumé aucune charge dans la création ou dans l'exploitation de nos voies ferrées, reconnaîtra qu'il est juste d'accepter les conséquences de ce système; de ne pas récolter où elle n'a pas semé.

Sans le développer, le rapport de Philippin pose également le problème des limites constitutionnelles. Il ressort entre les lignes que la Constitution de 1848 a posé des limites claires entre compétences fédérales et compétences cantonales, limites confirmées dans la loi fédérale de 1852. Dès lors, une extension des droits de la Confédération en matière ferroviaire nécessiterait une révision constitutionnelle préalable. Sans cette révision, la Confédération, si elle veut avoir la mainmise sur la gestion des chemins de fer, peut recourir à la solution ultime contenue dans toutes les concessions, soit celle du rachat.

Invités également à donner leurs avis, ni le DFP, ni le DMF ne se prononcent sur la validité constitutionnelle de la promulgation d'une

48 Synallagmatique = Obligation réciproque entre les parties.

49 AF, E 53, Nr. 666, Vol. 212, «Rapport des Compagnies et Administrations de chemins de fer suisses au département fédéral de l'Intérieur à Berne, Neuchâtel, 31 mars / 12 avril 1870».

nouvelle loi fédérale en matière de chemins de fer. Mais il est clair que pour les deux départements fédéraux, une extension des compétences de l'Etat fédéral en matière ferroviaire s'impose. Du côté du DFP, l'augmentation des tarifs de location des wagons postaux en 1863 par les administrations ferroviaires – induisant une dépense annuelle supplémentaire d'environ 4.000 frs. – accélère les nécessités d'un changement des rapports entre administration postale et chemins de fer. Du côté du DMF, les exigences de diminution des tarifs de transport du matériel, aussi bien en temps de paix qu'en temps de guerre, provoquent les mêmes nécessités d'une redéfinition des rapports avec les compagnies ferroviaires[50]. L'efficacité d'un système ferroviaire helvétique morcelé est également mise en doute, au moment même où les chemins de fer sont, pour la première fois, massivement utilisés pour le transport des troupes et du matériel par l'armée prussienne dans le conflit de 1870 qui l'oppose à la France.

Le DFCP donne son préavis en juin 1870. Il se fait le porte-voix des chambres de commerce cantonales, interrogées par ses soins en janvier[51]. Pour le département, il ne fait aucun doute qu'il est de la compétence des autorités fédérales de «régler législativement, et dans certains cas en dehors de toute entente avec les compagnies, les questions qui touchent à leur exploitation.» Le département en charge du commerce retranscrit l'amertume des sociétés industrielles et commerciales cantonales en ces termes:

> On n'aurait pu le croire si on l'avait dit en 1852 au moment où s'élaborait la loi fondamentale des chemins de fer que dix huit ans plus tard le Commerce serait presque unanime à regretter quant aux délais de transports les anciens services du roulage, que les garanties de termes de livraison même si prolongés seraient encore à peu près nulles, que les avaries par défaut de soin seraient plus sérieuses et plus fréquentes, et en même temps qu'il serait plus difficile que jamais d'en obtenir une équitable indemnité, que le commerce serait, pour la manutention des marchandises dans les gares à la merci de la toute puissance des Compagnies, que les chargements

50 Hauser, *Wirtschaftsverbände...*, p. 151.

51 AF, E 53, Nr. 666, Vol. 212, «Lettre du département fédéral du Commerce et des Péages aux Chambres de commerce de tous les cantons, Berne, 24 janvier 1870»; Ibidem, «Proposition motivée du département fédéral du Commerce et des Péages au département fédéral de l'Intérieur sur les demandes de réformes dans l'administration du service des chemins de fer suisses et dans la législation fédérale qui la régit, Berne, mars-juin 1870».

resteraient si compliqués que rien ne serait plus difficile que le redressement d'une erreur. On n'aurait pu le croire, si on avait dit que pour le service des transports de voyageurs, on continuerait à voir les procédés les plus variés s'appliquer les uns à côté des autres, sans que les Compagnies daignassent prendre souci des mécontentements journaliers qu'excite nécessairement cette diversité de conditions; si on avait dit que pendant si longtemps les voyageurs de seconde et de troisième classe de certains chemins seraient exposés au froid pendant l'hiver, et ceux de troisième classe au soleil pendant l'été; que cependant qu'à une extrémité d'une ligne on trouverait une liberté relative de circulation dans les gares, on trouverait à l'autre extrémité les procédés d'une discipline de caserne.

Pour le département en charge du commerce, il s'agit de dépasser les arguments des compagnies ferroviaires. Les chemins de fer ne sont pas une entreprise privée, mais un outil au service de la compétitivité de l'industrie helvétique, un véritable «service d'intérêt public». Il ne s'agit nullement d'un argument juridique, mais bien politique. Au lendemain des jours difficiles qu'a connus l'industrie cotonnière entre 1861 et 1864 (guerre de Sécession et renchérissement du coton brut) et alors que la forte croissance des années 1850-60, par l'assèchement du marché du travail qu'elle a provoqué, entraîne une augmentation des charges salariales[52], les chemins de fer doivent se faire les alliés de l'«industrie manufacturière la plus importante du pays»: les délais de livraison doivent être améliorés et surtout les frais de transport et de manutention – élevés en comparaison internationale – abaissés. Si le département prône une extension du droit d'intervention de la Confédération en matière de législation ferroviaire, il doute cependant fortement de l'intérêt de limiter l'expansion des tarifs différentiels, seuls garants des diminutions du prix du transport. Il développe une solution minimale, opposée à celle de Rilliet[53]:

Le département, d'accord sur la nécessité de laisser les compagnies concéder la faveur d'un tarif différentiel, ne croit pas utile de limiter ce droit, il pense que la clause de publicité des tarifs et d'égalité entre tous les expéditeurs au même titre est suffisant.

52 Dudzik, *Innovation und Investition...*, pp. 232-233; Humair, *Développement économique...*, pp. 323-324. Entre 1850/54 et 1866/70, l'indice des salaires nominaux dans le secteur textile connaît une croissance de 21%.
53 AF, E 53, Nr. 666, Vol. 212, «Proposition motivée du département fédéral du Commerce et des Péages au département fédéral de l'Intérieur sur les demandes de réformes dans l'administration du service des chemins de fer suisses et dans la législation fédérale qui la régit, Berne, mars-juin 1870».

En fin d'année 1870, le DFI élabore un premier projet de révision de la loi sur les chemins de fer, qu'il soumet à une commission d'experts présidée par le conseiller national et conseiller d'Etat glaronnais Joachim Heer (1829-1879), futur conseiller fédéral (1875-1878). A l'exception de Heer, la commission est dominée par des personnalités gravitant autour des compagnies ferroviaires, en particulier Georg Stoll, directeur du NOB et Jules Grandjean, dont on ignore si la qualité d'ancien chef de la Section des chemins de fer à l'état-major général de l'armée surpasse celle de directeur du JI. Gottlieb Koller, ancien ingénieur au SCB, délégué du comité du Gothard et principal artisan de la statistique ferroviaire suisse, siège également au sein de la commission. Si la plupart des articles définissant le transfert de compétence des cantons à la Confédération en matière ferroviaire ne souffrent d'aucune opposition, le contrôle fédéral sur les tarifs ferroviaires occupe plus longuement la commission. Les débats entourant le processus de ratification du traité du Gothard, entrepris durant la session d'été du Parlement, avaient d'ores et déjà démontré l'importance du sujet. La proposition soumise aux experts par le DFI tient compte de la forte opposition à la politique tarifaire des compagnies provenant notamment des politiciens acquis au mouvement démocratique et de certains milieux commerciaux, dont l'AIC de Genève: l'article 35 de l'avant-projet mentionne que les compagnies demeurent libres d'établir des tarifs différentiels pour le trafic international, mais que ceux-ci seront proscrits pour les trafics internes. D'autre part, le Conseil fédéral pourra exiger la suppression des tarifs différentiels internationaux qui engendreraient un préjudice pour l'industrie nationale. Le DFI reprend la solution de Rilliet, la poussant même plus loin, puisque une limitation des tarifs différentiels est introduite pour le trafic international[54]. Cette solution, on s'en doute, ne peut satisfaire les représentants des compagnies ferroviaires au sein de la commission d'experts. Jules Grandjean avait déjà manifesté son désaccord à toute intervention législative en matière de tarifs ferroviaires lors des débats parlementaires autour de la Convention du Gothard. Le glaronnais Heer, malgré son indépendance vis-à-vis des grandes compagnies ferroviaires, ne pouvant ignorer l'importance des tarifs différentiels pour l'industrie textile de son canton, ne suit pas non plus la solution maximale du DFI, pas plus que Koller, dont les travaux

54 FF, vol. 2, 1871, pp. 752-755.

sur les avantages commerciaux de la ligne du Gothard – écrits en collaboration avec Stoll et Schmidlin quelques années auparavant – mettent précisément l'accent sur le rôle des tarifs différentiels pour la captation des trafics[55]. La commission d'experts se prononce dès lors à l'unanimité pour la solution minimale avancée par le DFCP dans son rapport de juin: l'élaboration des tarifs doit demeurer du domaine exclusif des compagnies ferroviaires.

Dans son message de juin 1871, le Conseil fédéral revient longuement sur la question des tarifs et explique que, face aux réticences de la commission d'experts, une formulation intermédiaire a été adoptée pour l'article 35[56]:

> Nous reconnaissons que les taxes différentielles sont en général utiles au trafic et contribuent puissamment à le vivifier; mais il est non moins incontestable qu'elles portent une grave atteinte à des intérêts tout aussi légitimes, causent un préjudice à des industries nationales au profit de l'industrie étrangère concurrente, créent des concurrences factices en faveur de certaines localités et de certaines industries, ou en compriment d'autres, bref, exercent une pression abusive sur la vie commerciale interne de la nation en général et de quelques contrées en particulier.

La formulation intermédiaire du Conseil fédéral maintient l'autorisation des tarifs différentiels en service intérieur, mais autorise l'exécutif fédéral à exiger la suppression de ce type de tarifs, aussi bien en service interne qu'international, en cas de préjudice causé à l'industrie nationale[57]:

> *Article 35:* La Confédération exerce le droit de contrôle sur les tarifs. A cet égard, elle se dirigera notamment d'après les prescriptions suivantes:
> 1. Les tarifs n'excèderont pas les limites déterminées dans les concessions.
> 2. Aucune taxe non prévue dans les concessions ne pourra être perçue si elle n'a pas été formellement approuvée par le Conseil fédéral et portée à la connaissance du public par l'administration du chemin de fer.
> 3. Les taxes seront partout et pour chacun calculées d'une manière uniforme.
>
> Les administrations de chemins de fer ne doivent accorder à personne des avantages qu'elles n'accorderaient pas à d'autres dans des circonstances analogues.
> 4. Les bonifications ne sont admissibles que dans la concurrence avec des chemins de fer étrangers.

55 Cf. Koller, Wilhelm, Georg, *Le chemin de fer du Saint-Gothard...*; Koller, Schmidlin, Stoll, *Des bases de comparaison....*

56 FF, vol. 2, 1871, p. 754.

57 FF, vol. 2, 1871, pp. 772-773.

5. Les administrations de chemins de fer donneront avis, en temps opportun, de toute modification générale et spéciale des tarifs, ainsi que de toute bonification de taxe, au fonctionnaire qui leur sera désigné à cet effet.

De son propre chef ou sur une réclamation de personnes intéressés, le Conseil fédéral peut, après avoir entendu préalablement la Compagnie de chemins de fer que cela concerne, exiger qu'un tarif différentiel soit supprimé ou modifié, s'il peut être prouvé que ce tarif différentiel cause un préjudice notable à d'autres intérêts suisses légitimes. [...]

La CACF est la première à réagir au message du Conseil fédéral. Elle publie un mémoire rédigé par Philippin, d'une cinquantaine de pages, dont une vingtaine sont consacrées au projet d'article 35. Après avoir longuement réitéré ses doutes quant au droit de la Confédération à légiférer en matière de chemins de fer sans entreprendre des négociations avec les compagnies, Philippin défend avec la dernière énergie le maintien de la liberté des administrations ferroviaires en matière de tarifs, prenant à dessein des exemples démontrant l'importance des tarifs différentiels pour la Suisse industrielle[58]:

> [...] les chemins de fer n'ont point, comme on le dit souvent, rapproché ou supprimé les distances, la situation de Glaris et celle de Berne, par exemple, resteront respectivement les mêmes à l'égard de Marseille ou du Havre, tandis que pour remplir leur mission, les chemins de fer doivent rapprocher Glaris de ces deux ports de mer par rapport à Berne, rapprocher Berne de ces mêmes ports de mer par rapport à Genève, et ainsi de suite. Les tarifs différentiels sont donc d'un intérêt général, parce qu'ils sont toujours un abaissement, parce que dans les mêmes conditions ils sont accessibles à tous [...]

Sans l'existence des tarifs différentiels en service interne, le transport de la T de coton en provenance du port de Marseille coûterait moins cher pour les manufactures de Kempten (Bavière), destination pour laquelle il existe des tarifs internationaux destinés à lutter contre la concurrence des ports italiens et de l'axe du Brenner, que pour les manufactures textiles de Winterthour[59]. Là également, l'exemple n'est pas choisi au hasard, puisque les politiciens démocrates de Winterthour, rassemblés autour de Johann Jakob Sulzer, sont particulièrement virulents à l'encontre des tarifs différentiels.

58 *Mémoire sur la révision de la loi fédérale concernant l'établissement et l'exploitation des chemins de fer,* Lausanne, 1871, p. 32.
59 Ibidem, p. 43.

Le débat sur le projet de loi est entrepris durant la session de septembre par le Conseil des Etats. La commission chargée d'étudier le projet a montré de nombreuses divergences de vue et deux rapports sont proposés aux sénateurs. Une majorité de la commission comprend Johann Karl Kappeler (1816-1888) (TH), Johann Weber (1823-1878) (BE), Johann Jakob Sulzer (ZH), Josef Wilhelm Vigier (1223-1886) (SO), Augustin Keller (1805-1883) (AG) et Henri-Gaspard de Schaller (1828-1900) (FR)[60]. La minorité est représentée par Jules Roguin (1823-1908) (VD)[61]. Le rapport de la majorité de la commission du Conseil des Etats, tout en regrettant que des juristes n'aient pas été consultés sur la nature exacte des concessions ferroviaires et sur le droit de la Confédération à étendre ses compétences au détriment des cantons, propose l'entrée en matière sur le projet du Conseil fédéral. Divers aménagements sont toutefois proposés, dont le plus important concerne l'article 35. Au sein de la majorité de la commission, quatre des six sénateurs, proposent de réintroduire la solution maximale de Rilliet et d'interdire les tarifs différentiels en trafic interne. Deux des conseillers aux Etats de la majorité de la commission se déclarent en accord avec le Conseil fédéral, mais proposent une nouvelle rédaction de l'article, qui change considérablement les choses. Ainsi, l'exécutif fédéral ne serait plus en mesure de demander la suppression d'un tarif différentiel induisant un préjudice à l'industrie nationale, mais pourrait le faire uniquement s'il viole le principe d'égalité. Or, la notion d'égalité est extrêmement floue: l'égalité de traitement telle que définie par les compagnies ferroviaires au début des années 1860, lors de la polémiques sur les taxes très avantageuses accordées aux charbons étrangers (cf. section 2.2.1), suppose de mêmes circonstances de transport (poids et distance). Le rapporteur Kappeler, ancien administrateur du NOB, soutient cette conception. Sans doute parmi les opposants aux tarifs différentiels trouve-t-on, entre autres, Weber, Vigier et Sulzer, politiciens ayant adhéré au mouvement démocratique ou provenant, comme Vigier, du centre de la Suisse, particulièrement exposé aux effets des tarifs différentiels en service interne. Dans son rapport de minorité, le Vaudois Jules Roguin, avocat, futur juge au Tribunal fédéral (1874-1880) et professeur de droit public fédéral à l'Université de Genève (1890-1905), évoque les violations de la Constitution

60 FF, vol. 3, 1871/1, pp. 781-833.
61 FF, vol. 3, 1871/2, pp. 834-848.

de 1848 qu'induit le projet du Conseil fédéral afin de réécrire entièrement une proposition de loi dont l'adoption signifierait le statu quo par rapport à 1852.

Le rapport de minorité de Roguin traduit un courant de pensée répandu au sein de l'Assemblée fédérale: ce courant doute qu'une extension des compétences en matière ferroviaire puisse se faire sans une révision constitutionnelle. Or, après l'échec de la révision de 1866, l'Assemblée fédérale étudie, dès 1870, un nouveau projet de révision[62]. Au sein du Conseil des Etats, une majorité se dessine finalement pour renvoyer la question ferroviaire après l'adoption de la révision constitutionnelle. Malgré le succès du mouvement démocratique dans plusieurs cantons, les grandes compagnies ferroviaires restent encore très bien représentées au sein du Parlement[63]. L'échec du projet de révision constitutionnelle en votation populaire, le 12 mai 1872, détermine l'Assemblée fédérale à finalement traiter le dossier ferroviaire sans attendre un nouveau projet de révision de la Constitution. La loi est adoptée durant la session d'hiver 1872 et entre en vigueur le 1er janvier 1873. Malgré l'avis réitéré par l'AIC de Genève de donner à la Confédération des compétences plus étendues en matière de tarifs différentiels[64], l'article 35, objet de toutes les polémiques, est finalement adopté dans le sens où l'entendait le rapporteur de la majorité de la commission du Conseil des Etats, Kappeler. Sur la question des tarifs, l'association des milieux ferroviaires et d'une partie des milieux économiques, dont le rapport de juin 1870 du DFCP offrait une fidèle retranscription des intérêts, a provoqué l'adoption d'un article 35 donnant à la Confédération des compétences très limitées[65]:

> *Art. 35:* La Confédération exerce le contrôle sur les tarifs. Elle a le droit de prendre connaissance de toutes les pièces et de tous les contrats y relatifs, passés par les

62 Ruffieux, «La Suisse des radicaux 1848-1914»..., pp. 626-627; William Rappard, *La Constitution fédérale de la Suisse,* Neuchâtel, 1948, pp. 281-282.

63 Hauser, *Wirtschaftsverbände...,* p. 152; Erich Gruner, *L'Assemblée fédérale suisse 1848-1920,* vol. 2, *Sociologie et statistique,* Berne, 1966, p. 89.

64 AF, E 53, Nr. 665, Vol. 211, «Mémorial de l'Association commerciale et industrielle du Canton de Genève, concernant le projet de loi sur les chemins de fer, Genève, 10 juillet 1872».

65 «Loi fédérale concernant l'établissement et l'exploitation des chemins de fer sur le territoire de la Confédération suisse du 23 décembre 1872», in *Recueil systématique des lois et ordonnances 1848-1947,* 7e vol., Berne, 1951, p. 13.

administrations de chemins de fer. Elle se dirigera notamment, dans ce contrôle, d'après les prescriptions suivantes:

1. Les tarifs n'excèderont pas les limites déterminées dans les concessions.
2. Pour les services incombant aux compagnies en vertu de leurs concessions, aucune taxe non prévue dans les concessions ne pourra être perçue si elle n'a pas formellement été approuvée par le Conseil fédéral et portée à la connaissance du public par l'administration du chemin de fer.
3. Les taxes seront partout et pour chacun calculées d'une manière uniforme.

Les administrations de chemins de fer ne doivent accorder à personne, sous une forme quelconque, des avantages qu'elles n'accorderaient pas à d'autres dans des circonstances analogues.

4. Les administrations de chemins de fer donneront avis, en temps opportun, de toute modification générale et spéciale des tarifs, ainsi que de toute détaxe, au fonctionnaire qui leur sera désigné à cet effet.

De son propre chef, ou sur réclamation de personnes intéressées, le Conseil fédéral peut, après avoir entendu la compagnie de chemins de fer, exiger la suppression ou la modification de tarifs différentiels ou de promesses de détaxe, qui violeraient le principe d'égalité établi au chiffre 3 du présent article. [...]

3.3.2 La formation du Département fédéral du commerce et des chemins de fer (1873)

Dès le 19 décembre 1872, avant même que la nouvelle loi ne soit définitivement avalisée par les Chambres, le Conseil fédéral émet des doutes sur la capacité du DFI à remplir toutes les charges découlant du transfert de compétence des cantons à l'Etat central[66]. L'exécutif fédéral demande un crédit supplémentaire en faveur du DFI, en insistant sur le fait que toutes les obligations découlant de l'adoption de la nouvelle loi seront effectuées, en tous les cas durant l'année 1873, en recourant à des aides de bureaux temporaires. Le Conseil fédéral prévoit également de recourir au service de Gottlieb Koller, inspecteur du Gothard depuis mai 1872 – poste créé au sein de l'administration fédérale pour surveiller l'avancement des travaux du Gothard –, notamment en ce qui concerne le contrôle des tarifs et la surveillance générale de l'exploitation.

En avril 1873, en application de la loi de 1872, le DFI demande à toutes les administrations ferroviaires de lui transmettre les dispositions concernant la responsabilité des compagnies en cas de perte ou de détérioration des marchandises transportées et une copie de tous les tarifs

66 FF, vol. 1, 1873, pp. 1-2.

spéciaux en vigueur sur leur réseau respectif[67]. Le travail considérable de dépouillement ne pourra être mené par le département pour l'année 1873[68].

La réorganisation des départements fédéraux en fin d'année 1873, qui voit la création du DFCC, doit permettre de mener à bien ces nouvelles tâches[69]. Cette réorganisation va de paire avec l'augmentation du nombre d'employés fédéraux en charge de la surveillance des chemins de fer. En septembre 1873, le gouvernement propose au Parlement un projet d'organisation de la section chemins de fer du département. Hormis l'inspecteur du Gothard, la section doit bénéficier des services d'un inspecteur technique – assisté de quatre ingénieurs et chargé de la surveillance des voies et du matériel des compagnies – et d'un inspecteur administratif, plus particulièrement en charge des demandes de concessions, du contrôle des statuts des compagnies, des fusions, de la police des lignes, du contrôle des horaires, des tarifs et des règlements de transport. Le Conseil fédéral propose de lui adjoindre un contrôleur des tarifs[70]:

> Des personnes très compétentes ont même recommandé la création d'un bureau spécial avec un chef et plusieurs aides exclusivement employés [au contrôle des tarifs], et si nous ne donnons pas encore suite à cette proposition, nous devons reconnaître que c'est eu égard à la question des frais que nous faisons tout au moins l'essai de satisfaire à la loi d'une manière plus simple.

Avalisée par le Conseil national en décembre 1873 et par le Conseil des Etats en janvier 1874, la proposition de la commission du Conseil national chargé d'étudier le projet, si elle rejoint l'exécutif sur le budget de fonctionnement à allouer à la section chemins de fer, propose une organisation sensiblement différente. Ainsi, le poste de contrôleur des tarifs disparaît-il en faveur d'une fonction d'adjoint de l'inspecteur administratif. Au sein de l'administration fédérale, aucun fonctionnaire ne sera entièrement chargé du contrôle des tarifs. Un inspectorat administratif, au cahier des charges très étendu, est chargé de cette activité.

67 AF, E 53, Nr. 827, Vol. 266, «Lettre des Chemins de fer de la Suisse Occidentale au Département de l'Intérieur de la Confédération suisse, Lausanne, 8 mai 1873».

68 FF, vol. 1, 1874/1, p. 791.

69 Cf. notamment Fritz Schumacher, *Das eidgenössische Eisenbahndepartement: seine Tätigkeit und Entwicklung 1873-1914,* Bern, 1914.

70 FF, vol. 3, 1873/1, p. 676.

A côté de l'absence de toute structure administrative fédérale chargée spécifiquement du contrôle des tarifs, l'inspectorat administratif est soumis très rapidement aux limites d'application de l'article 35 de la loi de 1872. En mars 1874, lorsque la direction de la SO avertit le DFCC qu'elle a accordé des détaxes à une maison de commerce de Mannheim afin de capter des trafics qui, sans ces rabais exceptionnels, auraient emprunté la voie concurrente de Belfort, le département ne peut s'opposer, puisque aucun point de l'article 35 n'interdit ce type de procédés. Pratiques maintenues secrètes puisque destinées à combattre la concurrence des compagnies étrangères par des abaissements négociés entre la compagnie et l'expéditeur, les détaxes ne peuvent toutefois être prohibées par les autorités fédérales, pour autant que ces avantages soient accordés à toutes les expéditions dans des circonstances de poids et de distances égales. Le département fédéral se contente d'exiger que les compagnies publient ces détaxes, puisque «elles constituent en définitive un tarif spécial, restreint, il est vrai à un cas unique, mais que d'autres expéditeurs ont, dans les mêmes circonstances, le droit de revendiquer»[71]. Pour la CACF, une telle exigence entraînerait des frais de publication inutiles pour une pratique qu'elle définit comme étant extrêmement rare[72]. D'autre part, le maintien du secret autour de ces réductions exceptionnelles est rendu nécessaire par la concurrence des lignes étrangères[73]:

> On sait que les transports sont l'élément d'existence des chemins de fer, ceux-ci doivent donc les rechercher et les provoquer par tous les moyens en leur pouvoir. Ces moyens sont: l'envoi d'agents auprès des négociants et des fabricants indigènes et étrangers, la création d'agences et de correspondants sur les places importantes de trafic. [...] Pour les transports qui se font d'un point de la Suisse à un autre, le système des détaxes n'est pratiqué qu'à d'assez rares exceptions, et seulement pour

71 AHCFF, CACF, *Procès-verbaux...*, vol. 3, 1875, pp. 239-240 (Mode de communication et de publication des détaxes – Conférence des 7-8 mai 1874).

72 Pour 1875, un rapport du DFCC au Conseil fédéral mentionne tout de même que 30 expéditeurs ont bénéficiés de détaxes: 15 entreprises suisses, dont 4 pour des envois à l'étranger et 15 entreprises étrangères, dont 9 pour des expéditions en transit. Cf. AF, E 53, Nr. 789, Vol. 258, «Das Schweizerische Eisenbahn- und Handelsdepartement an dem Schweizerischen Bundesrath, Bern, 28. März 1876».

73 AF, E 53, Nr. 789, Vol. 258, «Rapport des Compagnies et Administrations de chemins de fer suisses au Département fédéral des chemins de fer et du commerce, Lausanne, 20-22 juin 1874».

> les cas isolés où il ne vaut pas la peine de créer un tarif imprimé [...], mais aussi il n'y aurait pas grand avantage pour le public à les connaître, car de deux choses l'une, ou le cas est exceptionnel, et alors il n'intéresse qu'un seul expéditeur, ou il se répète fréquemment, et alors les Compagnies créent immédiatement un tarif spécial qui sera correctement porté à la connaissance du public par les journaux. [...] Or, si en vertu de la loi sur les chemins de fer suisses nous sommes tenus de publier les prix réduits que nous accordons par voie de détaxes pour ces transports, il arrivera qu'on aura donné tout à la fois à la voie concurrente connaissance et du fait de la détaxe et des éléments pour la combattre victorieusement. [...]

Les années suivantes, le département demeure incapable de contrôler la publication des détaxes par les compagnies ferroviaires et, sans doute que de tels usages perdurent-ils secrètement[74].

Les limites de l'article 35 de la loi apparaissent également dans l'application des tarifs réduits pour les stations intermédiaires. Lorsqu'un tarif spécial existe entre deux stations, les compagnies n'ont en effet aucune obligation de l'appliquer aux localités intermédiaires: il arrive ainsi fréquemment que des expéditions longue distance paient un prix de transport total inférieur à la même expédition, pour une distance plus courte sur la même ligne. Au printemps 1875, le DFCC exige que les compagnies ferroviaires fassent bénéficier les stations intermédiaires des tarifs réduits en vigueur pour les stations extrêmes, sans qu'aucune base législative ne vienne appuyer cette revendication. La CACF reconnaît qu'une telle exigence s'applique évidemment en cas de diminution volontaire des tarifs, mais en aucun cas lorsque des impératifs de concurrence avec les chemins de fer étrangers ont motivé l'introduction de réduction entre deux stations extrêmes, comme c'est le cas notamment pour les tarifs 11 P^A et 11 P^B entre Lyon et certaines stations helvétiques (cf. section 2.2.2)[75]. Dans l'immédiat, les expéditions de marchandises en provenance de Bâle et à destination d'un certain nombre de stations

74 En France, les traités de préférence – stipulant que l'expéditeur, en promettant de faire ses transports uniquement par chemins de fer, bénéfice de rabais – sont interdits au début des années 1860. Pourtant, et malgré l'existence d'une administration étatique plus conséquente, ces pratiques continuent à être de mise. Caron, *Histoire de l'exploitation ...*, p. 134.

75 AHCFF, CACF, *Procès-verbaux...*, vol. 4, 1878, pp. 89-90 (Observation du Département fédéral des chemins de fer, tendant à faire appliquer en service direct les taxes réduites en vigueur dans le service intérieur, de même qu'à rendre les prix de concurrence applicables aux stations intermédiaires – Conférence des 7-8 mai 1874).

suisses situées entre Schaffhouse et Winterthour (stations de Dachsen, Andelfingen et Hetlingen), dont le transport sur les lignes suisses est soumis à la concurrence de la ligne badoise, continueront à payer un prix de transport inférieur que les expéditions de mêmes marchandises à destination de Winterthour. Avant l'adoption, en août 1891, d'un arrêté fédéral mettant les stations intermédiaires au bénéfice des tarifs spéciaux en faveur des points extrêmes[76], le Conseil fédéral ne peut agir qu'au coup par coup, interprétant l'article 35 – et la stipulation d'égalité de traitement contenu dans l'article – jusque dans les limites de sa validité: pour le Conseil fédéral, la décision de n'accorder des tarifs réduits qu'aux stations extrêmes, et non aux stations intermédiaires, découle du bon vouloir des compagnies et non d'une nécessité induite par la concurrence des lignes étrangères. Le principe de l'effet «rétroactif» est ainsi fortement prôné par les autorités fédérales[77].

3.3.3 Un code des obligations avant l'heure: la loi fédérale sur les transports par chemins de fer du 20 mars 1875

La loi fédérale de 1872, par son article 38, spécifie qu'il est du domaine de la Confédération d'édicter les mesures touchant au droit de transport et d'expédition par chemins de fer[78]. L'utilité de donner à la Confédération une compétence élargie en la matière ne souffre d'aucune opposition, si ce n'est de celle des compagnies. L'élaboration du règlement commun de transport de 1862 leur avait évité que Berne décidât d'élaborer une telle législation lors du débat de 1862/63. Mais au début des

76 AF, E 53, Nr. 789, Vol. 258, «Circulaire de la chancellerie fédérale aux administrations ferroviaires suisses, Berne, 6 août 1891».

77 FF, vol. 4, 1882, pp. 491-492.

78 «*Art. 38:* La législation fédérale prescrira les dispositions nécessaires touchant:
1. Les question de droit se rapportant au transport et à l'expédition par voie ferrée et par d'autres établissements de transport concédés par la Confédération ou exploités par elle-même (bateaux à vapeur, postes, etc...).
2. Les actions civiles en dommages-intérêts qui peuvent être intentées aux administrations de chemins de fer en suite d'accidents survenus pendant la construction ou dans l'exploitation et ayant entraîné la mort ou des lésions graves.»

«Loi fédérale concernant l'établissement et l'exploitation des chemins de fer sur le territoire de la Confédération suisse du 23 décembre 1872», in *Recueil systématique ...*, pp. 14-15.

années 1870, ce règlement semble avoir vécu et ne répond plus aux besoins du commerce et de l'industrie: de nombreux articles ont été modifiés et il demeure l'œuvre des seules compagnies ferroviaires, répondant avant tout à leurs intérêts propres. Rilliet, dans son rapport de 1870 au DFI, avait appelé de ses vœux une révision du règlement de transport de 1862 sous les auspices de la Confédération: une «espèce de code fédéral de transport». Le DFCP, malgré des divergences de vue avec le DFI sur la question tarifaire, rejoint l'avis général sur la nécessité d'un tel code fédéral de transport. Si cette loi ne touche pas directement à la problématique tarifaire, elle influence profondément l'organisation du trafic national et international. D'autre part, sa révision en 1893 intégrera, comme on le verra (cf. section 6.3.1) un volet tarifaire.

Le 10 avril 1873, quelques mois après l'entrée en vigueur de la loi fédérale sur la construction et l'exploitation des chemins de fer, le DFI charge Heinrich Fick, professeur de droit à l'Université de Zurich, d'élaborer une loi sur les transports. L'exclusion des compagnies ferroviaires de tout le processus de préparation de la loi de 1875 se reproduit sur le même mode que lors des travaux menant à la loi de 1872: celles-ci ne sont plus appelées pour leur expertise. Tout juste leur reconnaît-on le droit de s'exprimer sur les modifications, au même titre que les acteurs de la demande de transport. D'autre part, le choix du Pr. Fick découle d'une similitude de convictions entre le Conseil fédéral et l'expert zurichois: celle qu'il faut donner aux commerçants et industriels toutes les garanties nécessaires lorsqu'ils s'adressent à une compagnie ferroviaire qui dispose, dans les faits, d'un monopole sur les transports[79]. Et cela même au risque de léser les compagnies ferroviaires. Dans son projet de loi, le Pr. Fick explique d'emblée les raisons qui l'on poussé à répondre, autant que possible, aux exigences du commerce[80]:

> D'après les dispositions de ce projet de loi les entrepreneurs [de transport] ont souvent, il est vrai, à supporter des pertes qui seront arrivées sans aucune faute de leur

79 Hauser, *Wirtschaftsverbände...*, p. 155.

80 AF, E 53, Nr. 677, Vol. 217, «Exposé des motifs des projets de lois concernant: I. les questions de droit qui se rattachent au transport et à l'expédition des marchandises au moyen des chemins de fer; II. la responsabilité des entreprises de chemins de fer en cas d'accidents qui arrivent pendant leur construction ou leur exploitation et qui entraînent la mort ou des lésions corporelles, fait par ordre du Haut département fédéral de l'intérieur par Henri Fick, Docteur en droit, professeur ordinaire à l'Université de Zurich, Berne, 1874, p. 5».

part. Mais en somme et par rapport à l'ensemble de leurs affaires, ce ne seront que des cas très isolés, en sorte que les transporteurs pourront abondamment couvrir ces pertes au moyen d'une sorte de prime d'assurance, c'est-à-dire en élevant quelque peu et sans que le public s'en aperçoive, les prix de transport qu'ils auraient fixé sans cette circonstance. C'est ainsi que, par suite de mesures en apparence injustes, il s'établira, à l'insu du public et des entreprises de transport, et grâce à l'intermédiaire de ces dernières, une société d'assurance mutuelle entre toutes les personnes qui recourent aux services de l'un de ces établissements.

Le projet de loi Fick est rendu public début juillet 1873. En septembre 1873, la CACF publie un mémoire à l'adresse du nouveau DFCC, désapprouvant l'esprit même du projet de loi qui, selon elle, «compromet gravement la position légale et les intérêts des chemins de fer»[81]. Mais les compagnies ferroviaires ne peuvent attendre qu'une compréhension mitigée, aussi bien de la part du chef du DFCC, le Zurichois Johann Jakob Scherer (1825-1878), un proche des milieux commerçants et principal initiateur de la collaboration entre Conseil fédéral et USCI[82], que de la commission nommée par le DFCC pour étudier le projet de loi. Présidée par le Conseiller aux Etats glaronnais Johann Jakob Blumer (1819-1875) doté de compétences juridiques reconnues et d'une totale indépendance vis-à-vis des intérêts ferroviaires, la commission ne compte en son sein aucun représentant des compagnies.

En mai 1874, le Conseil fédéral publie son message. En parfait accord avec le projet Fick, l'exécutif fédéral annonce clairement l'esprit de la loi dès le début[83]:

[...] nous avons donné suite aux désirs et aux demandes du public et en particulier des commerçants, en augmentant les garanties que doivent fournir les entreprises de transport et en repoussant les protestations des administrations des chemins de fer [...].

Les articles 1 et 23 du projet de loi soulèvent une opposition sans condition de la part des compagnies. L'article 1 spécifie que chaque compagnie

81 *Mémoire adressé par les administrations des chemins de fer suisses au Département fédéral du commerce et des chemins de fer au sujet des projets de lois relatifs aux droits de transport et d'expédition par chemins de fer et à la responsabilité de ces derniers en cas de mort et blessures occasionnées par leur construction et leur exploitation, 14 septembre 1873*, Lausanne, 1874.

82 Humair, *Développement économique...*, pp. 333 et 387.

83 FF, vol. 1, 1874/2, p. 1030.

a l'obligation d'exécuter «les demandes de transport de marchandises, qui lui sont faites, sur son propre parcours, *et même au-delà, sur les lignes d'autres entreprises de transports avec lesquelles elle est en relations régulières*»[84]. L'article 23 spécifie les responsabilités, illimitées, des compagnies en cas de dommages à la marchandise transportée. Les articles 1 et 23 supposent donc que le transporteur, à qui la marchandise à été remise, doit non seulement l'acheminer à sa destination – et ce même s'il n'existe pas de relations régulières entre le transporteur initial et le transporteur de destination – mais est responsable des éventuels dégâts causés à la marchandise par les transporteurs subséquents: en cas de dommage, le premier transporteur peut saisir en dommages-intérêts le transporteur qu'il soupçonne d'être à l'origine de la faute. Ces articles visent à généraliser autant que possible le service direct entre réseaux nationaux. Jusqu'à présent, les compagnies helvétiques se sont contentées d'acheminer les marchandises jusqu'aux gares frontières: ensuite de quoi, une nouvelle lettre de voiture – contrat de transport – est émise et la compagnie helvétique se décharge des éventuels dommages ultérieurs causés aux marchandises. Le commerçant doit donc lui-même remonter jusqu'à la compagnie responsable, fusse-t-elle localisée à l'étranger. Les procédures découragent nombre de commerçants. Les tarifs communs pour certaines marchandises de très grande consommation (charbons, blés), les conventions signées entre les compagnies suisses et les chemins de fer du Wurtemberg en janvier 1864 et en juin 1864 avec les chemins de fer autrichiens et les chemins de fer bavarois[85] demeurent des exceptions d'institution de services directs internationaux dans un monde ferroviaire encore dominé par les opérations de réexpéditions aux frontières. Or, les conventions règlent justement les responsabilités des compagnies en cas d'avarie aux marchandises: c'est le système que le Conseil fédéral veut, autant que possible, provoquer.

Pour la CACF, ces exigences provoqueront l'interruption de tout service régulier avec l'étranger: les compagnies ne voudront plus prendre le risque d'effectuer de telles expéditions et les effectueront seulement si un expéditionnaire localisé à la frontière se chargera ensuite, à ses risques, d'effectuer la réexpédition. Les compagnies avancent la

84 Ibidem, p. 1053. C'est nous qui soulignons.
85 Cf. notamment à ce sujet: AF, E 53, Nr. 828, Vol. 266.

perspective d'une augmentation du prix des transports internationaux par l'arrivée d'intermédiaires[86]. D'autres voix s'élèvent également pour mettre en garde contre les difficultés qui surgiront lorsque les compagnies helvétiques devront recourir contre une compagnie étrangère soumise à une législation incompatible avec les règles établies en Suisse. L'AIC de Genève et la *Börsenverein* de Bâle, deux associations commerciales composées en grande partie de représentants du commerce d'entrepôt redoutent, qu'en pratique, l'article 23 soit difficilement applicable[87]. Ce n'est pas un hasard si l'avocat et député au Grand Conseil genevois G. de Seigneux et l'avocat bâlois Christ soumettent en juin 1874, avant que l'Assemblée fédérale ne débute la discussion autour du projet de loi, une pétition exigeant que le Conseil fédéral prenne l'initiative d'organiser une conférence internationale visant à régler toutes les questions de trafic de marchandises. Les pétitionnaires, habitués aux affaires des places commerciales de Bâle et de Genève sont frappés par «le fait que ces transports [internationaux] se trouvent soumis, sur le parcours, à deux ou trois législations entièrement différentes, faisant naître des questions de droit parfois insolubles et trop souvent jugées d'une manière défavorable au commerce»[88].

La pétition Christ/de Seigneux est renvoyée au Conseil fédéral, avec recommandation d'engager des démarches visant à établir une convention internationale pour le transport des marchandises. Dans l'immédiat, elle n'empêche pas le Parlement d'engager le débat sur l'adoption du projet de loi. Priorité est donnée au Conseil des Etats, dès septembre 1874. La majorité de la commission de la Chambre haute chargée de rapporter sur le projet, bien qu'elle se dise surprise par la façon dont les compagnies ferroviaire ont été écartées de tout le processus législatif,

86 AF, E 53, Nr. 677, Vol. 217, «Bemerkungen der Conferenz der Schweizerischen Eisenbahnen-Verwaltungen zu dem bundesräthlichen Gesetzesentwurf betreffend den Eisenbahnfrachtverkehr, Bern, 1874».

87 AF, E 53, Nr. 678, Vol. 217, «Adresse de la Chambre de commerce de Genève au Département fédéral de l'intérieur, 4 septembre 1873»; Ibidem, «Adresse de la Chambre de commerce de Genève au Directoire de l'Union suisse du Commerce et de l'Industrie à Zurich, 15 septembre 1873».

88 AF, E 53, Nr. 677, Vol. 217, «Pétition à Messieurs les présidents et Messieurs les membres de l'Assemblée fédérale à Berne, Genève et Bâle, juin 1874»; cf. également Alfred Waldis Internationale Eisenbahnorganisationen und die Schweiz », in Burri, Elsasser, Gugerli (Hg.), *Die Internationalität...*, p. 247.

propose une entrée en matière et une adoption *in extenso* du projet du Conseil fédéral[89]. Seul le Bâlois Alphons Koechlin, administrateur du SCB et auteur d'un rapport de minorité, propose le rejet de la loi, en raison des obligations qu'il contient quant aux responsabilités des compagnie en trafic international. Koechlin traduit le ressentiment des compagnies ferroviaires[90]:

> Dans cette question, en effet, le commerce est considéré comme une partie adverse des entreprises de transport, dont les intérêts légitimes devraient pourtant avoir aussi leur mot à dire.

En octobre 1874, une large majorité du Conseil des Etats avalise le projet, en suivant le rapport de la majorité de sa commission. Mais l'affaire paraît beaucoup plus mal engagée au Conseil national, qui s'empare du dossier en mars 1875. Encore largement soumise au lobby ferroviaire, la Chambre basse se dirige vers des modifications qui rendraient la loi plus favorable aux compagnies. Le rapport de sa commission, comptant en son sein notamment le directeur des Chemins de fer du Jura bernois, Pierre Jolissaint (1830-1896) (BE), le directeur du VSB, Daniel Wirth-Sand, Louis de Weck-Reynold (1823-1880) (FR), administrateur de la SO et Johann Haberstich (1824-1891) (AG), administrateur du NOB, propose une modification de l'article 1, visant à supprimer l'obligation d'acheminement sur des réseaux étrangers avec lesquels les compagnies suisses n'ont pas de convention de trafic direct. Cette modification limiterait les risques liés à des dommages aux marchandises qui, en cas d'adoption de la loi dans la version prévue par l'exécutif, devraient être assumées par les compagnies suisses. Le choix des conventions serait ainsi donné aux compagnies et la loi perdrait son aspect contraignant[91]. L'adoption, par le Conseil national, des modifications proposées par la commission ne suffit pas à provoquer un changement du côté du Conseil des Etats qui maintient fermement son soutien au projet du Conseil fédéral. Fin mars 1875, la loi est finalement adoptée dans le sens où Fick et le Conseil fédéral l'entendaient[92].

89 FF, vol. 3, 1874/1, pp. 55-81.
90 FF, vol. 3, 1874/2, p. 86.
91 FF, 1875, vol. 1, pp. 313-334.
92 Hauser, *Wirtschaftsverbände...*, p. 164; FF, vol. 2, 1875, pp. 327-351.

Conclusion

Les avancées législatives de la première moitié des années 1870 sont le résultat d'un compromis entre les divers acteurs intéressés au transport. Si le transfert de compétence des cantons vers l'Etat fédéral en matière de concessions ferroviaires ne souffre d'aucune opposition, les solutions visant à réguler l'exploitation sont plus difficiles à élaborer.

La ratification par l'Assemblée fédérale de la Convention du Gothard en juillet 1870 a d'ores et déjà laissé entrevoir les profondes divergences sur la question des tarifs, mais également la nécessité de donner à l'Etat un rôle, à déterminer encore, en matière de régulation tarifaire: lors du débat menant à l'adoption de la loi fédérale du 23 décembre 1872, la question des tarifs ferroviaires occupe à nouveau la première place. Dans le domaine, les divergences d'opinion sont fortes entre un DFI, plus prompt à intégrer les revendications nées du mouvement démocratique et désireux de donner à la Confédération un pouvoir d'intervention fort en la matière, et un DFCP qui défend la vision la plus répandue au sein des milieux de l'économie et notamment de l'industrie d'exportation: les tarifs différentiels sont les seules garanties d'une diminution constante du prix du transport, notamment pour les matières premières et les produits comestibles; les compagnies doivent maintenir leur mainmise sur leur politique tarifaire en vue de permettre au fleuron de l'industrie suisse – l'industrie textile et notamment cotonnière – de concurrencer les produits des manufactures britanniques ou françaises sur les marchés internationaux. Comme en 1862/63, l'association entre intérêts des compagnies ferroviaires – dont le lobby au sein de l'Assemblée fédérale demeure puissant – et intérêts de l'industrie d'exportation empêche l'établissement d'une législation contraignante en matière de tarifs ferroviaires. Vidé de sa substance, tour à tour par la commission d'experts, puis par la commission du Conseil des Etats, l'article 35 adopté par le Parlement n'est plus que l'ombre de l'article 35, initialement imaginé par le DFI.

Si la loi du 23 décembre 1872 est le résultat d'un compromis minimal, celle du 20 mars 1875 prend bien plus l'aspect d'un décret, imposé de force à des compagnies de chemins de fer incapables de maintenir l'alliance tacite qui, depuis le début, les lie avec l'industrie d'exportation. C'est qu'en matière de droit du transport, la législation helvétique est inexistante au début des années 1870. Un large consensus se dégage pour remédier à cette absence. Il est issu de la lassitude des acteurs de la demande face aux difficultés à obtenir des réparations en cas de pertes ou de dommages aux marchandises remises à des compagnies ferroviaires. Pour les compagnies, le rattrapage est sévère: la législation fédérale de 1875 en matière de transport – véritable code des obligations avant l'heure – est notamment plus sévère que la législation allemande de laquelle elle s'inspire. Elle servira de base de la Convention internationale sur le transport des marchandises par chemins de fer signée à Berne le 14 octobre 1890.

Mais le processus législatif des années 1870 met en lumière un autre changement fondamental: si en 1862/63 les compagnies de chemins de fer avaient été consultés avant tout pour leur expertise par des autorités fédérales dépourvues de connaissance en matière ferroviaire, rien de tel dans l'élaboration des lois de 1872 et de 1875: le DFI, puis son successeur aux affaires ferroviaires, le DFCC, s'en remettent à des experts «indépendants». Les compagnies sont invitées à donner leur avis sur les projets législatifs, sans toutefois pouvoir les modifier dans un sens qui leur est plus favorable. L'élaboration d'une statistique ferroviaire unifiée servant à guider les interventions de l'Etat fédéral et la constitution d'un embryon d'administration fédérale ferroviaire avec la mise sur pied de la section des chemins de fer du DFCC sont des signes qui ne trompent pas. La période où les compagnies, fortes de leur expertise incontestée, pouvaient dicter les décisions du Conseil fédéral et de l'Assemblée fédérale, par leur seule promesse de mise en vigueur d'un règlement commun élaboré sans consultation, est révolue.

Deuxième Partie (1875-1913)

Unification du système tarifaire en vue de capter le transit international et nouveaux impératifs de régulation

Chapitre 4

Le réseau ferroviaire suisse au centre des enjeux du trafic de transit ferroviaire européen (1875-1885)

L'élaboration de la loi fédérale sur les transports par chemins de fer de mars 1875 – et notamment la rédaction des articles 1 et 23 –, ainsi que la pétition de Seigneux et Christ de juin 1874 exigeant du Conseil fédéral qu'il prenne l'initiative d'une conférence sur la régulation des transports marchandises internationaux, avaient d'ores et déjà annoncé l'importance croissante des relations ferroviaires européennes au début des années 1870. La signature du traité international du Gothard et la perspective d'une nouvelle liaison entre le nord de l'Europe et l'Italie – succédant à l'ouverture du Brenner (1867) et du tunnel franco-italien du Mont Cenis (1871) – redessinent la géopolitique européenne du transport ferroviaire. Les tarifs ferroviaires sont au centre de cette redistribution. La redéfinition des axes de transit est visible dès le début des années 1870, avec l'adaptation par le NOB et le VSB de leur système de tarification au modèle en vigueur sur les chemins de fer badois, l'introduction d'une série de tarifs directs entre l'Allemagne et la Suisse et l'adoption d'un tarif direct entre Bâle et le port de Gênes, via le Brenner. Ces innovations tarifaires accélèrent la tendance des produits helvétiques à s'exporter par les ports nord européens ou le port de Gênes plutôt que par les ports français.

Du côté des compagnies ferroviaires françaises – et notamment du PLM – la perspective de l'ouverture du tunnel du Gothard fait craindre une nouvelle atteinte à leur trafic de transit. Dès 1872, le consul français en poste à Genève parle de «détournement, au profit de l'Allemagne, du transit par la France des marchandises et produits suisses»[1]. Au milieu des années 1870, les ports français ne peuvent compter, pour capter le courant d'exportation des produits manufacturés helvétiques,

1 Cité par Jean Bouvier, «La grande crise ...», p. 462.

que sur les arrangements tarifaires datant de la fin des années 1850 et du début des années 1860 conclus entre la CACF et la Compagnie des services maritimes des messageries impériales (cf. section 2.2.2). Ces arrangements concernent avant tout les textiles. Cependant, pour le PLM, la capacité à négocier de nouveaux tarifs franco-suisses favorisant le port de Marseille aux dépends du port de Gênes ou des ports nord européen va être facilitée par deux éléments: premièrement, c'est elle qui dispose des lignes d'accès nord au tunnel du Mont Cenis, voie la plus courte entre une grande partie de la Suisse et la Méditerranée par le port de Gênes. Or le PLM, historiquement attaché au port de Marseille, n'est pas disposé à introduire des tarifs directs pour le Mont Cenis qui avantageraient le port de Gênes. Deuxièmement, la crise financière aiguë que traversent toutes les compagnies ferroviaires helvétiques entre le milieu des années 1870 et le début des années 1880 favorise leur mise sous tutelle par un syndicat de banquiers franco-genevois emmené par le Comptoir d'escompte de Paris, proche du PLM.

Du côté des compagnies de chemins de fer et de l'industrie germaniques, on attend des abaissements conséquents des prix du transport ferroviaire nord-sud dès l'ouverture du Gothard. Conçu comme un outil au service du développement économique de l'Allemagne et de la conquête des marchés – notamment italiens – la voie du Gothard, offrant des abaissements de distances pour une grande partie des régions d'outre-Rhin, propulse véritablement les compagnies helvétiques dans le grand jeu du transit ferroviaire européen. Les compagnies helvétiques peuvent s'attendre à de fortes pressions afin qu'elles baissent leurs tarifs de transit, d'autant que sur le flanc est du Gothard, le Brenner constitue une menace permanente de détournement de trafic.

Le cadre est ainsi posé. La régulation du trafic entreprise au début des années 1860 au sein de la CACF ne paraît plus devoir répondre à la situation du réseau ferroviaire helvétique des années 1870. Le partage du trafic entre compagnies concurrentes n'est par exemple plus d'actualité dans l'ouest de la Suisse à partir de 1872 et de la création de la SO, exploitant aussi bien la ligne des lacs du Jura que la ligne de Lausanne à Berne par Fribourg. Parallèlement, d'autres impératifs de régulation voient le jour: comment annihiler la menace du SNB, dont les lignes sont conçues pour concurrencer les réseaux des grandes compagnies? Comment empêcher que le trafic suisse d'exportation ne soit aspiré vers le nord et le trafic de transit monopolisé par l'axe du Brenner? Plus largement, la perspective de l'ouverture du Gothard pèse d'un poids non négligeable sur la définition de nouvelles formes de régulation et menace d'entraîner une guerre tarifaire entre un axe Genève-Berne (plus largement sud-ouest – nord-est) en possession de la SO, éventuellement prolongé vers l'est par les voies en construction du SNB, et un axe nord-ouest – sud-est, impliquant le SCB, le NOB, le JB et le Berne-Lucerne (futur JBL) et le GB (cf. carte 14). Pourtant, sous l'impulsion des financiers franco-genevois dominés par le Comptoir d'Escompte de Paris et craignant plus que tout les capacités de l'axe du Gothard à monopoliser le trafic de transit nord-sud et les désordres induits par une ruineuse guerre tarifaire, une redéfinition de la régulation du trafic à l'intérieur de la Suisse est imposée depuis Paris à la fin des années 1870 avec la création de l'Union commerciale des administrations de chemins de fer suisses. L'Union commerciale rassemble la SO, le SCB et le NOB, mais n'inclut ni le VSB ni le GB.

Carte 14 – Réseau ferroviaire helvétique (milieu des années 1880)

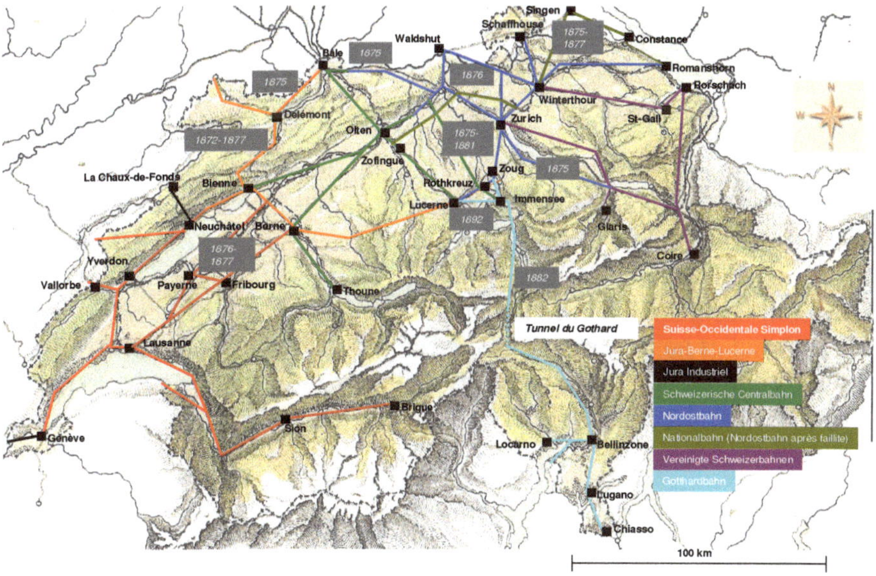

Comme nous le verrons, il est difficile de ne pas voir derrière l'Union commerciale une manœuvre française visant, grâce à des combinaisons tarifaires, à empêcher l'axe du Gothard de détourner le trafic qui gagne le sud des Alpes par le Mont Cenis ou la voie de Marseille. Toutefois, le pouvoir de pression des compagnies allemandes est en mesure de tuer dans l'œuf toute tentative visant à minimiser l'importance que doit prendre à leurs yeux l'axe du Gothard. Intéressés au premier chef par le trafic allemand dirigé vers le tunnel du Gothard, ni le NOB, ni le SCB ne peuvent prendre le risque, au lendemain du traumatisme d'une crise financière provoquée avant tout par la stagnation structurelle du trafic sur les lignes suisses, de laisser échapper le transit entre le nord et le sud de l'Europe.

4.1 La crise des compagnies ferroviaires helvétiques: origines et conséquences

Analyser les origines de la crise financière qui secoue les compagnies ferroviaires suisses dès le milieu des années 1870 permet d'expliquer en partie les choix ultérieurs de celles-ci, notamment en matière de tarifs.

La première explication à la crise, développée par les contemporains et par des études d'historiens durant la première moitié du XXe siècle, consiste à lui donner comme origine principale les nombreux tronçons mis en exploitation dès les années 1875, dont certains parallèles à des lignes existantes[2]. Aux difficultés des compagnies à trouver des capitaux pour la construction de ces nouvelles lignes s'ajoute la faible croissance structurelle du trafic sur le réseau helvétique qui rend les investissements non productifs. Les causes de la crise seraient principalement à chercher dans les difficultés des compagnies helvétiques à accroître leur

2 Parmi les études de contemporains, notamment celle du secrétaire de la CACF et de la SO, Albert Cuony (*La crise des chemins de fer suisses,* Lausanne, 1877) et celle du futur directeur du NOB Jules Coutin (*Etude sur le chemin de fer du Nord-Est-Suisse,* Zurich, 1877). Pour les études d'historiens, cf. notamment Kessler, *Die Schweizerische...*, pp. 91-152; Gubler, *Die schweizerische...*, pp. 9-35. C'est également l'explication à la crise reprise plus tard par l'historien français Jean Bouvier, dans son célèbre articles parus en 1956 dans les *Annales E.S.C.* Cf. Jean Bouvier, «La grande crise...», p. 464.

trafic sur un réseau dont la densité augmente encore entre le milieu et la fin des années 1870. Ces études n'établissent pas de liens entre la Grande dépression, touchant la Suisse à partir de 1875, et la dégradation de la situation financière des compagnies helvétiques. Ce n'est que plus récemment que des historiens ont replacé la trajectoire des compagnies ferroviaires dans l'environnement économique général de la seconde moitié des années 1870 et du début des années 1880. Dans ce contexte de recul des activités économiques, le transport ferroviaire connaîtrait une forte diminution, aggravant la situation financière des compagnies[3].

Graphique 4 – Evolution de la densité du trafic en 1870, 1875-1880 et 1885 sur les principales compagnies suisses, exprimée en indice: 100 = 1870

En T et en T par km de ligne exploitée

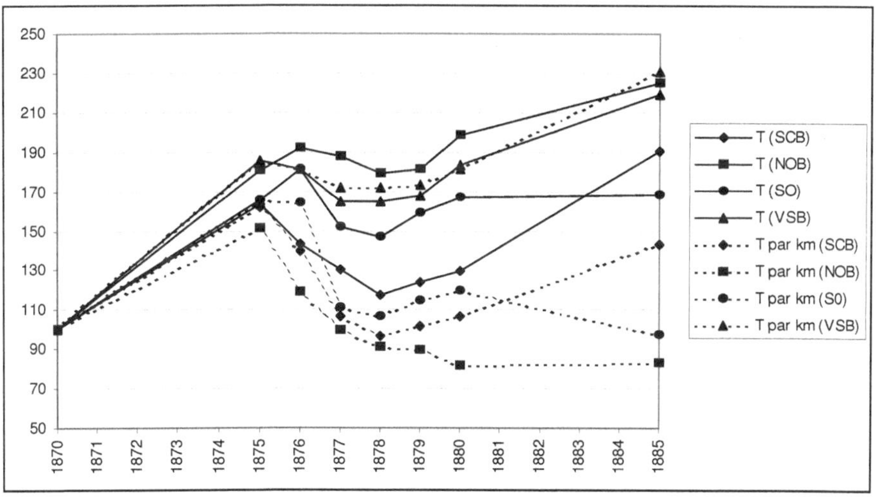

Source: d'après *Statistiques des chemins de fer suisses,* années diverses.

A la lumière des statistiques, les deux explications semblent pertinentes, influençant toutefois à des degrés divers la crise, en fonction des compagnies. Si la croissance du tonnage total transporté est généralisable à

3 Explication à la crise des compagnies privilégiée notamment par Strebel, *Die Diskussion...*, pp. 55-69; Frey, Vogel, *«Und wenn wir auch die Eisenbahn mit Kälte begrüssen...»...*, pp. 177-182. Sur la chronologie de la Grande dépression qui touche la Suisse dès le milieu des années 1870, cf. Humair, *Développement économique...*, p. 345; Widmer, *Die Schweiz in der Wachstumskrise....*

l'ensemble des compagnies pour la période 1870 – 1875, son recul dès cette date et sa reprise vers 1880 l'est également mais à des degrés divers. Le recul est ainsi très marqué sur les réseaux du SCB et, dans une moindre mesure, de la SO. Si la croissance du transport peine à reprendre sur les lignes de la SO dès les années 1880, ce n'est pas le cas sur le réseau du SCB, dont la croissance totale est forte entre 1880 et 1885. Le tonnage total recule à peine sur les lignes du NOB et du VSB.

La densité du trafic, exprimée en T par km de ligne exploitée, dénote une toute autre progression: sur les réseaux du VSB et du SCB, les variations en T par km se font parallèlement aux variations du tonnage total. Pour ces compagnies, le recul temporaire de la croissance du trafic est imputable à une diminution plus générale des activités économiques durant la Grande dépression. Sur les lignes de la SO, et surtout sur les lignes du NOB, la dissemblance des évolutions de la densité en T par km de ligne exploitée et du tonnage total est évidente. Pour ces compagnies, même lorsque les transports totaux repartent à la hausse au début des années 1880, la densité du trafic continue à diminuer. Dans le cas du NOB, la densité du transport au début des années 1880 est inférieure à celle du début des années 1870. Pour ces deux compagnies, au recul du transport durant la Grande dépression vient s'ajouter une véritable chute de la densité de transport provoquée par l'extension de leur réseau respectif. Or, ce sont justement ces deux compagnies qui connaissent la situation financière la plus difficile, dès 1875 pour la SO, dès 1877/78 pour le NOB.

Pour les exploitants, autant que pour les financiers potentiels, la densification dès 1875 d'un réseau en situation de lente croissance structurelle du trafic est l'explication de la crise largement privilégiée. En 1875, la densité du trafic s'élève annuellement à environ 420.000 T par km sur le réseau français, 265.000 T par km sur le réseau germanique, contre moins de 25.000 T par km sur l'ensemble du réseau helvétique[4]. En 1880, suite à la mise en exploitation de nouvelles lignes, la densité du trafic recule à 14.000 T par km, soit un peu plus que son niveau à la fin des années 1860. La grande majorité des marchandises empruntant le

4 Pour la France et l'Allemagne, AHCA, DEEF 29161/1, «Nécessité de réviser les Conventions de 1883. Comparaison entre les Chemins de fer des différents Pays en vue de rechercher dans quel sens devrait se faire cette révision pour être le plus profitable à la Nation/juin 1919»; pour la Suisse, estimation à partir de *Statistique des chemins de fer suisses*, Berne, 1876.

réseau helvétique est constituée de pondéreux (combustibles, matériaux de construction) ou de céréales voyageant aux tarifs des classes les plus basses ou au moyen de tarifs spéciaux. Les produits finis de l'industrie, transportés aux tarifs des classes les plus élevées, ne représentent que des proportions minimes: 4% pour les textiles; 5% pour les produits métallurgiques[5]. Au niveau des recettes, le déficit de densité du trafic en comparaison internationale n'est donc pas compensé par une propension plus forte des produits finis – pourvoyeurs de recettes plus importantes – à voyager.

Début août 1877, une note interne de la direction des Etudes financières du Crédit lyonnais concernant la crise du NOB privilégie ainsi l'explication d'une stagnation du trafic sur un réseau qui n'a cessé de s'accroître[6]:

> Cette compagnie était l'une des meilleures compagnies suisses. La pression exercée sur elle par l'opinion publique et par les divers cantons qu'elle dessert l'a amenée à construire depuis 1874 des lignes nouvelles qui font concurrence à des sections de leur ancien réseau, ou à des sections de la Compagnie du Central Suisse.
> Jusqu'en 1868, elle exploitait 178 kilomètres, et pouvait donner en moyenne 8% (soit 40 frs.) de dividende à des actionnaires.
> Elle a en ce moment 312 kilomètres en exploitation et les recettes n'ont pas suivi le développement du réseau. Pour l'exercice 1876, elle n'a pu donner aux actions ordinaires que 3%, soit 15 frs. et encore a-t-elle dû, pour obtenir ce résultat, ne rien reporter à l'exercice suivant et faire un prélèvement de 114.000 frs. sur la Réserve. Les recettes propres à l'exercice n'auraient permis que la distribution d'un dividende de 2%, soit 10 frs.

Quelques années auparavant, la banque française avait diagnostiqué les mêmes causes à la crise financière de la SO, intervenue dès sa fondation par fusion en 1872. L'exigence du canton de Vaud d'une prise en charge des lignes de la Broye par la SO, comme condition à la ratification de l'acte de fusion entre l'OS, le LFB et le Franco-Suisse, devait entraîner la direction de la compagnie dans de difficiles négociations en vue d'obtenir les capitaux nécessaires à l'établissement de deux tronçons aux rendements plus qu'incertains. La Broye longitudinale (Palézieux-Lyss) et la section Yverdon-Fribourg par Payerne, hormis leur caractère local

5 Cf. Annexe 5.1. Evolution du type de marchandises transportées sur le réseau ferroviaire helvétique (1877-1900).

6 AHCA, 62 AH, 110, Suisse, «Etudes financières. Notes sur le Nord-Est suisse, 2 août 1877».

et leurs perspectives de trafic limité, promettait d'ajouter une nouvelle concurrence aux deux lignes SO des lacs du Jura et du plateau par Fribourg[7]. Ouvertes à la circulation à la fin des années 1870, ces deux lignes entraînent une diminution de la densité du trafic sur les lignes de la SO (cf. graphique 4).

Dans le cas du NOB, le droit de priorité, défini dès 1852 dans l'article 3 des concessions zurichoise et thurgovienne pour la ligne Zurich-lac de Constance, se retourne dès la fin des années 1860 contre la puissante compagnie zurichoise. Cet article, adopté également dans la concession NOB du canton d'Argovie (ligne Zurich-Aarau) et stipulant une priorité d'établissement et d'exploitation au NOB sur toutes les lignes alentours, entraîne la prise en charge par la compagnie d'un nombre inconsidéré de tronçons non rentables imaginés par des comités locaux[8]. La situation du NOB est aggravée par la mainmise des démocrates de Winterthour sur le gouvernement zurichois dès la fin des années 1860. Le soutien qu'apporte le gouvernement démocrate au projet utopique du SNB dans l'établissement d'une transversale est-ouest évitant les lignes des grandes compagnies ne permet pas au NOB d'empêcher totalement l'établissement de lignes concurrentes, et ce malgré son droit de priorité (cf. carte 15)[9]. Enfin, la prise de participation du NOB de

7 AHCA, 62 AH, 110, Suisse, «Document interne du Crédit lyonnais, s. l. n. d.». Egalement Cuony, *Les débuts...*, pp. 33-34.

8 Entre 1870 et 1874, le NOB se voit octroyer les concessions pour les lignes Winterthour-Koblenz-Waldshut; Bülach-Eglisau-Schaffhouse; Niederglatt-Otelfingen-Baden; rive gauche du lac de Zurich; Dielsdorf-Niederweningen; Effretikon-Wetzikon-Hinwil; Sulgen-Gossau. Le NOB participe également, en commun avec le SCB, à l'établissement des lignes du Bötzberg et Sud-Argovie (Bâle-Brugg via Frick, prolongées sur Wohlen, Rothkreuz, Lucerne), considéré comme une voie d'accès au futur tunnel du Gothard: le NOB assume la construction et l'exploitation du premier tronçon (Bâle-Brugg) et le SCB du second (Sud-Argovie, soit Brugg-Rothkreuz-Immensee). Cf. Kessler, *Die Schweizerische...*, pp. 37-60; Brugger, *Zürcherische...*, 1909, pp. 85 et suivantes. Sur la crise du NOB, cf. notamment Geiser, *Die Krisis....*

9 Les concessions formant le SNB sont octroyées dès le début des années 1870. Dans le projet démocrate, Winterthour est placé au centre d'un réseau comprenant les lignes Winterthour-Etzwilen-Singen-Constance (mise en exploitation, 1875) et Winterhtour-Wettingen-Zofingue (mise en exploitation, 1877). A cette «section est», vient s'ajouter une «section ouest», Zofingue-Lyss, dont Jakob Stämpfli est l'un des initiateurs, prolongé ensuite par la ligne de la SO à travers la Broye (Palézieux-Lyss). Le financement doit être trouvé auprès des collectivités publiques. Cf. Gubler, *Die schweizerische...*, 1922, pp. 9-54.

7 millions de frs. dans l'entreprise du Gothard ajoute une charge financière supplémentaire. Dès 1875 et la grave crise que subit l'entreprise du Gothard, le NOB est contraint d'amortir une grande partie des titres du Gothard alors en sa possession. Le NOB sera forcé de répondre négativement au Conseil fédéral, qui exige une participation de la part des compagnies aux 8 millions de frs. de subventions promis par la Suisse lors de la conférence entre Etats subventionnant de juin 1877[10].

Les mises en exploitation successives des tronçons du Bötzberg (Bâle-Brugg) en 1875 et de Waldshut à Winterthour en 1876, pour les deux en partie parallèle à la ligne NOB Aarau-Brugg-Zurich-Winterthour, et du tronçon de la rive gauche du lac de Zurich (1875), parallèle à la ligne NOB de la rive droite (cf. carte 15), provoquent une division par deux de la densité du transport entre 1875 et 1885 (5.196 T par km en 1875 contre 2.460 T par km en 1885)[11].

Carte 15 – Les chemins de fer de la région zurichoise (au milieu des années 1870)

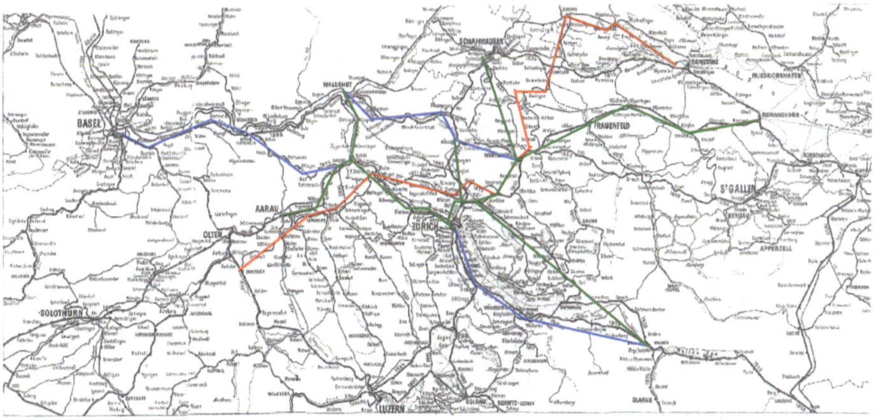

Lignes « historiques » du NOB : Aarau – Zurich ; Zurich – Winterthour – Schaffhouse et Romanshorn ; (Zurich) – Turgi – Koblenz – (Waldshut); Rive droite du lac de Zurich (VSB)

Lignes parallèles exploitées dès les années 1875/76 par le NOB : Winterthour – Koblenz – (Waldshut); Bâle – Brugg ; Rive gauche du lac de Zurich

Lignes parallèles exploitée par le SNB des 1875/77 : Zofingue – Winterthour ; Winterthour – Constance

10 Kessler, *Die Schweizerische...*, pp. 37-39; Cuony, *Les débuts ...*, p. 100.

11 *Statistique des chemins de fer suisses,* Berne, années diverses.

Pour pallier au déficit structurel du trafic sur le réseau helvétique, pour inverser la tendance à la chute de la densité de trafic sur les lignes du NOB et de la SO et accroître les recettes, seules susceptibles de rembourser les capitaux investis dans de nouveaux tronçons à la rentabilité incertaine, la stratégie des compagnies intègre leur politique tarifaire. Mais en la matière, les choix sont restreints. L'augmentation généralisée des tarifs ne peut être une solution envisageable à long terme en raison de la forte élasticité de certains trafics. Les diminutions tarifaires de la fin des années 1850 et du début des années 1860 (cf. sections 2.2 et 2.3.1) ont prouvé leur propension à accroître le trafic des produits de grande consommation (céréales, matériaux de construction, combustibles). Ces marchandises représentent encore plus de 80% du trafic des principales compagnies helvétiques dans la seconde moitié des années 1870. Elever les tarifs de ces catégories de transport devrait immanquablement être contrebalancé par des politiques actives de conquêtes d'autres trafics susceptibles de fournir des recettes.

Comme ce fut le cas au début des années 1860, les compagnies helvétiques peuvent au contraire opter pour des diminutions tarifaires visant à augmenter les trafics. Une telle stratégie suppose toutefois une demande de transport extensible, ce qui est loin d'être le cas, notamment au niveau du trafic ferroviaire intérieur. Demeure enfin la solution consistant à affiner les politiques tarifaires susceptibles de conduire sur le réseau helvétique le trafic de transit, dont la demande paraît présenter une grande marge de progression, notamment en raison du rapide développement industriel de l'Allemagne. Conduire le transit sur les lignes helvétiques permettrait d'augmenter la densité de trafic d'un réseau surdimensionné. Le corollaire de cette stratégie est un écart voué à se creuser entre les tarifs du trafic interne – trafic régulé et dont le volume n'offre qu'une croissance limitée – et les tarifs du trafic de transit, véritable miroir aux alouettes[12].

12 Tendance forte déjà constatée dès 1877 pour le NOB par son futur directeur, Jules Coutin. Cf. Coutin, *Etude* ..., p. 37 et 49.

4.2 L'influence financière française et la formation de l'Union commerciale des administrations ferroviaires suisses (1875-1878)

4.2.1 Les tarifs internationaux franco-helvétiques: prévenir les détournements de trafic avant l'ouverture du Gothard

La situation financière des compagnies helvétiques facilite une nouvelle fois leur mise sous tutelle par la finance française. En ce qui concerne la SO, ses difficultés financières trouvent une solution après maintes péripéties en octobre 1875. L'Assemblée générale de la compagnie finit par accepter l'arrangement financier élaboré par un syndicat de banquiers franco-genevois emmené par Edouard Hentsch, président du Comptoir d'Escompte de Paris et disposant de nombreuses attaches au sein de la banque genevoise. En échange d'un prêt de 16 millions de francs, la SO remet l'exploitation de son réseau à la Société suisse pour l'Industrie des chemins de fer, créée pour l'occasion et administrée par des représentants des banquiers. Si l'achèvement du réseau demeure du domaine de la SO, l'exploitation est du ressort de la Société suisse pour l'Industrie des chemins de fer. Un nouveau directeur est nommé par le Comptoir d'Escompte pour gérer l'exploitation en la personne de l'ingénieur français Chéronnet[13].

Quelques mois plus tard, en juin 1876, c'est également le Comptoir d'Escompte qui assure l'émission d'un emprunt obligataire du SCB destiné à rembourser une avance en liquidités. Un comité destiné à accroître les revenus nets de la compagnie en contractant les frais d'exploitation est nommé. Sa présidence revient au Comptoir d'Escompte. Enfin, en décembre 1878, le Comptoir d'Escompte parachève sa mainmise financière sur les grandes compagnies ferroviaires helvétiques en mettant sur pied – en commun avec les banquiers genevois de l'Association financière et des banquiers alémaniques (divers financiers bâlois et

13 Bouvier, «La grande crise...», pp. 465-466; Métrailler, *La politique ferroviaire...*, p. 51; Benz, *Le percement du Simplon...*, p. 173; Benz, *Les transports...*, pp. 26-27; Duc, «Projet de tunnel ferroviaire...», pp. 562-564. Cf. également divers documents internes au Crédit lyonnais et notamment, «Société Suisse pour l'industrie des chemins de fer, Statuts, Genève, 1875», cote AHCA, 62 AH, 110, Suisse.

le Crédit suisse) – la Banque des Chemins de fer suisses, syndicat franco-suisse majoritairement en mains helvétiques[14] et destinée à gérer l'émission d'obligations servant au remboursement d'avances faites au NOB. Dans la foulée, le NOB se voit également imposer un nouveau directeur de l'exploitation, l'ingénieur français de la Compagnie de l'Est Jules Coutin[15].

La stratégie des banquiers, emmenés par le Comptoir d'Escompte de Paris, est simple. Elle consiste à avancer aux compagnies en difficulté des liquidités qui sont remboursées, moyennant intérêts, par l'émission d'emprunts obligataires sous l'égide de nouvelles sociétés mises sur pied et dominées par le groupe prêteur. Dans le même temps, de nouveaux directeurs de l'exploitation sont nommés à la tête de la SO et du NOB. Leur cahier des charges se résume à un seul point: augmenter par tous les moyens les recettes en contractant les frais d'exploitation, afin de maximiser les revenus nets et payer les intérêts des avances. Mais les opérations menées par le Comptoir d'Escompte doivent également profiter au PLM, proche du groupe bancaire, en favorisant l'élaboration de tarifs directs internationaux redonnant à la compagnie française la capacité d'attirer le trafic helvétique sur ses lignes.

Dès 1871 et la mise en exploitation du Mont Cenis, le PLM a en effet vu s'accroître la menace pesant sur son trafic international empruntant le port de Marseille. L'ouverture en 1867 du passage du Brenner avait déjà offert des avantages kilométriques au port de Gênes pour certaines destinations du nord des Alpes. Le Mont Cenis renforce cette tendance. Désormais, le commerce provenant du Grand-Duché de Bade, de la Bavière, de la Prusse rhénane, de la Belgique, de la Hollande et de l'Angleterre et destiné aux ports de la Méditerranée aura un avantage kilométrique à prendre la direction de Gênes par le Mont Cenis, plutôt que celle de Marseille par les voies du PLM. Cependant deux éléments sont susceptibles de sauvegarder les intérêts de la compagnie française. Celle-ci dispose premièrement de l'avantage de contrôler la voie d'accès nord au Mont Cenis jusqu'à la frontière italienne. Toute politique tarifaire visant à diriger le trafic entre la Suisse et l'Italie via le Mont Cenis ne

14 Benz, *Les transports...*, p. 27; Gérard Benz, «Un aspect du financement des chemins de fer en Suisse par le capital étranger», in *Revue suisse d'histoire*, n° 2, 1987, pp. 169-185.

15 Notamment Bouvier, «La grande crise...», pp. 467-470.

peut se faire qu'en l'intégrant au processus. En mars 1872, le représentant de la Compagnie de la Haute-Italie à Paris – compagnie exploitant la voie d'accès italienne au Mont Cenis –, justifie en ces termes la position du PLM dans une lettre au directeur de la SO, Philippin[16]:

> Il est facile de comprendre et presque de justifier la résistance du PLM aux réductions de tarifs sur les cotons surtout, car s'il se prête à une combinaison qui aurait pour résultat de faire un prix moindre par le Mont Cenis, il perdra tout le trafic de Marseille pour la Suisse, ce qui lui donne un parcours kilométrique six fois plus considérable.
> Il est vraiment bien difficile d'exiger des gens qu'ils décrètent eux-mêmes leur mort quand ils n'y sont pas forcés absolument.

Le représentant de la compagnie italienne est d'autant plus disposé à comprendre la position du PLM, que sa propre compagnie se trouve dans une situation similaire de l'autre côté de la barrière des Alpes. Ainsi, sur le dossier de l'établissement de tarifs internationaux via le Mont Cenis, le PLM – et c'est son second avantage – peut compter sur un allié de circonstance: disposant de «seulement» 261 km de lignes entre le port de Gênes et Modane (gare frontière à la sortie nord du tunnel du Mont Cenis), la Compagnie de la Haute-Italie exploite par contre 363 km de voies ferrées entre son port méditerranéen et Peri, sa tête de ligne sur le Brenner. La compagnie italienne a d'ores et déjà négocié l'établissement de nombreux tarifs directs via le Brenner pour la Suisse du nord et de l'est et l'Allemagne. La collaboration des chemins de fer du sud de l'Autriche, prêts à tous les abaissements de tarifs afin de capter un trafic inespéré, limite les abaissements de taxes que la compagnie italienne doit concéder sur son propre réseau du Brenner[17].

Du côté des compagnies helvétiques, les intérêts sont divergents. Pour la SO, l'établissement de tarifs internationaux directs entre l'Italie et la Suisse via le réseau PLM est vivement souhaité puisqu'ils lui permettraient de capter une partie du trafic entre l'Italie et le nord empruntant habituellement le Brenner: en juillet 1871, le service commercial de la SO évalue ainsi à plus de 78.000 T le trafic annuel supplémentaire entre Genève et Bâle en cas d'adoption de tarifs directs avantageux par

16 Cité in Compagnie des chemins de fer de la Suisse Occidentale, *Lettre du comité ...*, p. 5.
17 Ibidem, p. 5.

le Mont Cenis[18]. Pour le NOB et le VSB, l'absence de tarifs directs via le Mont Cenis leur permet de faire transiter par leur réseau une partie du trafic provenant du Brenner et se dirigeant, depuis les lignes aboutissant au lac de Constance, vers l'intérieur de la Suisse ou vers le nord de l'Allemagne via Bâle.

Entre une Compagnie de la Haute-Italie et un PLM réticents, une SO bien incapable d'imposer l'adoption d'un tarif direct par le Mont Cenis, les négociations en vue d'établir des facilités tarifaires par le Mont Cenis s'échelonnent entre 1871 et 1876[19]. A cette date, les pressions du commerce du nord de l'Italie qui escomptait, avec l'ouverture du Mont Cenis, l'obtention d'avantages en terme de coûts de transport qui tardent cependant à se concrétiser, ont fait plier la Compagnie de la Haute-Italie. Côté français, la prise de contrôle par le Comptoir d'Escompte de la SO, puis du SCB, enjoint le PLM à envisager l'introduction d'un tarif direct par le Mont Cenis avec moins d'hostilité qu'au moment de l'inauguration du souterrain. Ainsi, parallèlement au tarif n° 441 par le Mont Cenis, mis en service le 15 mai 1878, la SO, le JB et le SCB se voient imposer le tarif n° 442 pour le trafic entre Marseille, Bâle, Aarau et Lucerne préparé par le PLM. Grâce à ce tarif, les transports entre Marseille et toutes les stations en deçà de ces trois villes helvétiques paient un prix de transport rigoureusement semblable que les marchandises empruntant la voie du Mont Cenis depuis le port de Gênes, et ce malgré un désavantage en terme de distance du côté du port français[20]. En contrepartie de l'introduction d'un tarif par le Mont Cenis qui promet d'amener sur leurs lignes un trafic qui auparavant gagnait le nord et l'est de la Suisse par le Brenner, les trois compagnies suisses se voient ainsi imposer, avec le tarif n° 442, des taxes kilométriques très faibles fixées, pour les plus basses, à 4 cts. par T.

18 Ibidem, p. 10.

19 *Recours adressé à la haute assemblée fédérale par la Compagnie des chemins de fer de la Suisse occidentale et du Simplon contre l'arrêté du Conseil fédéral ordonnant la suppression du tarif commun n° 442*, Lausanne, 1882.

20 Ibidem, p. 9; Bouvier, «La grande crise...», p. 474.

4.2.2 La redéfinition de la régulation du trafic intérieur suisse au sein de l'Union commerciale

Les mises en exploitation successives du passage du Brenner et du tunnel du Mont Cenis provoquent un renforcement des tensions entre un courant commercial qui, à partir de l'est du pays emprunte les réseau du VSB et surtout du NOB, et un courant commercial ouest transitant par les lignes de la SO, du JB et du SCB. Les passages ferroviaires alpins vivifient la concurrence entre les deux voies commerciales et mettent, en terme d'accessibilité, les ports de Gênes et de Marseille sur un pied d'égalité pour un certain nombre de produits d'outre-mer destinés au nord des Alpes. Ainsi, au milieu des années 1870, aux importations de coton brut d'Egypte arrivant traditionnellement dans les manufactures de la Suisse du centre et de l'est via Genève depuis le port de Marseille, répond un courant d'importation qui ne cesse de se renforcer et qui, depuis les ports italiens, dirige les cotons via le Brenner en empruntant, depuis Romanshorn, le réseau du NOB[21]. Dans les années 1860, la concurrence entre voies commerciales – notamment en ce qui concerne les importations de céréales – avait été régulée moyennant l'adoption de tarifs communs à toutes les compagnies helvétiques de la CACF et permettant, au gré des variations des prix sur les marchés internationaux, aux céréales allemandes (via Romanshorn) de pénétrer les marchés de la Suisse occidentales, ou aux céréales arrivant du port de Marseille de gagner les marchés de la Suisse du nord et de l'est (cf. section 2.3.1). La concurrence des ports méditerranéens entre eux, pour des produits de même provenance géographique, ne permet plus de jouer sur les différences de prix de marchandises similaires mais d'origine géographique différente comme auparavant: les cotons proviennent d'Egypte, qu'ils transitent par le port de Gênes, de Venise ou de Marseille. Hormis les frais de maintenance des ports et le prix du fret maritime, les tarifs ferroviaires peuvent seuls désormais influencer la propension de ces produits à opter pour la voie commerciale transitant par Romanshorn ou par Genève pour gagner les manufactures textiles.

La perspective de l'ouverture à l'exploitation de la section est du SNB (Constance-Winterthour-Zofingue) laisse également entrevoir une redéfinition des rapports de concurrence pour le trafic à l'intérieur de la

21 Compagnie des chemins de fer de la Suisse occidentale, *Lettre du comité …*, p. 15.

Suisse. Comme en témoigne une analyse du Crédit lyonnais, une alliance entre la SO et le SNB visant à éviter les lignes du NOB et du SCB n'est pas à exclure. Des combinaisons tarifaires permettraient, dans le sens est-ouest, de détourner le trafic entrant en Suisse habituellement par Romanshorn (NOB) sur Constance et Singen (SNB). Dans le sens ouest-est la SO, avec la collaboration du SNB, pourrait renforcer les flux de trafics entre Marseille et la Suisse de l'est en évitant d'engager de difficiles négociations tarifaires avec le NOB et le SCB[22]:

> [...] la Compagnie du Central Suisse et celle du Nord-Est suisse reconnaiss[ent] le danger d'une liaison entre les Compagnies de la Suisse Occidentale, du Jura-Berne-Lucerne et du Chemin de fer National, qui n'est pas encore construit ni n'a trouvé son capital, mais qui gagnerait du terrain par cette liaison [...].

Pour limiter une telle éventualité, le NOB et le SCB, profitant des difficultés financières de la SO, envisagent de s'associer, en 1874, dans le but de lui garantir un emprunt de 16 millions de frs. La contrepartie à la garantie définirait clairement la régulation du trafic entre les trois compagnies, en excluant notamment la possibilité à la SO de s'associer avec le SNB[23]:

> Le Central et le Nord-Est demandent contre partie que le trafic qui vient des lignes de la Suisse occidentale passe sur leurs lignes et pas sur celles du National.

La convention prévue à cet effet spécifie ainsi que des tarifs et des règles d'acheminement seraient définis entre les stations extrêmes des réseaux du SCB, du NOB et de la SO. Des réductions de taxe pourraient par ailleurs être décidées afin de maintenir sur les lignes des trois compagnies des trafics menacés de détournement[24]. Rien de tel n'aboutit pourtant en 1875: incapables d'intéresser le Crédit lyonnais au prêt de 16 millions de frs.[25], le SCB et le NOB retirent leur proposition de garantie et, comme on l'a vu, la SO trouve une solution financière du côté du Comptoir d'Escompte de Paris.

22 AHCA, 62 AH, 110, Suisse, «Document interne du Crédit lyonnais, s. l. n. d.».
23 Ibidem.
24 Ibidem. Il s'agit d'une annexe – non datée – jointe au rapport bancaire du Crédit lyonnais.
25 Bouvier, «La grande crise...», p. 465.

Les modes de régulation du trafic mis au point au début des années 1860 dans le cadre des conventions de trafic de la CACF ne sont ainsi plus à même de régler les tensions grandissantes entre les deux courants commerciaux opposés. La convention, imaginée par le SCB et le NOB, est la première tentative avortée d'une redéfinition de la régulation du trafic. La renégociation du tarif interne du 1er mai 1869 pour le transport des blés (cf. section 3.1) démontre également la nécessité de redéfinir la régulation du trafic. Entreprise dès décembre 1876, la refonte du tarif aboutit à l'introduction, le 15 février 1878, d'un tarif à paliers proposant des taxes kilométriques de 9 cts. par T jusqu'à 200 km, 7 cts. au-delà[26]. Le 15 mai de la même année, le tarif franco-suisse n° 442 pour les transports entre Marseille et la Suisse est mis en service, moyennant des taxes kilométriques de 4 cts. par T pour les stations extrêmes de Bâle, Aarau et Lucerne. La réaction du NOB survient quelques mois plus tard: le 20 octobre, la compagnie zurichoise introduit un tarif interne fortement dégressif: la taxe kilométrique est fixée à 12.6 cts. par T pour les 50 premiers km et descend ensuite à 5 cts. L'objectif du NOB est double: les taxes élevées pour les courtes distances doivent empêcher les blés en provenance du port de Marseille de pénétrer sur son réseau à partir d'Aarau et de venir concurrencer le courant d'importation provenant du port de Gênes via Brenner, d'une part, et les céréales issus de la Bavière et de Hongrie d'autre part; le second objectif, grâce aux taxes minimes pour les longues distances, est de pousser le courant commercial de l'est aussi loin que possible vers l'ouest[27]. La perspective d'une guerre tarifaire est évitée par l'adoption, le 1er décembre 1878, d'un nouveau tarif commun à toutes les compagnies helvétiques – hormis le VSB qui refuse son application sur son réseau – et la suppression de l'article «céréales» dans la nomenclature du tarif n° 442[28].

A partir de 1875, la prise de contrôle par le Comptoir d'Escompte, successivement de la SO, du SCB et du NOB, raffermit la perspective d'une régulation du trafic interne au profit de ces trois compagnies. Divers éléments expliquent que des solutions de régulation ne sont pas

26 AHCFF, CACF, *Procès-verbaux ...*, vol. 4, pp. 73-74 (Tarif des céréales – Conférence des 19-20 décembre 1876); Ibidem, pp. 215-216 (Tarif des céréales – Conférence des 25-26 janvier 1877); Ibidem, pp. 273-274 (Tarif des céréales – Conférence des 24-25 octobre 1877).

27 FF, vol. 2, 1879, p. 220.

28 Ibidem.

en mesure d'être établies par l'intermédiaire de la CACF: à cette date, le SNB a en effet été accepté au sein de la conférence[29]. Les intérêts divergents entre le SNB et le NOB s'ajoutent aux difficultés déjà présentes pour la régulation du trafic entre la ligne NOB Winterthour-Romanshorn et la ligne VSB Winterthour-St-Gall-Rorschach. D'autre part, le mode de décision égalitaire en vigueur au sein de l'association – chaque membre, quelle que soit l'importance de son réseau dispose d'une voix – ajoute un complément d'explication à la paralysie en matière de régulation d'une association comptant neuf membres. La renégociation du tarif pour les céréales, s'échelonnant sur deux longues années et aboutissant à un tarif dont le VSB refuse l'adoption, est le miroir des dissensions au sein de la CACF. En période de crise, les liens entre compagnies aux intérêts divergents se lézardent.

C'est donc en dehors de la CACF que devront être élaborées des solutions. Fin novembre 1878, des délégués de la SO, dont Chéronnet, le directeur nommé par le Comptoir d'Escompte, rencontrent à Berne des représentants du NOB. A cette date, la compagnie zurichoise n'est pas entièrement sous le contrôle financier du Comptoir d'Escompte mais Chéronnet dispose, avec la mise en liquidation du SNB en février 1878, d'un moyen de pression susceptible de pousser le NOB à des négociations en vue de régler la concurrence des voies commerciales opposées. La menace d'une acquisition des lignes du SNB par la SO offrirait à Chéronnet la possibilité de se passer du réseau du NOB pour le trafic entre l'ouest et l'est de la Suisse. Le procès-verbal de la séance bernoise n'a malheureusement pas été conservé mais, selon Albert Cuony, alors secrétaire général de la SO, c'est bien sous cette menace que le NOB consent à entrer dans l'Union commerciale des administrations de chemins de fer suisses, dont les grandes lignes sont élaborées début décembre de la même année à Paris, lors d'une Conférence unissant les délégués de la SO, du SCB, du NOB et du JB[30].

29 AHCFF, CACF, *Procès-verbaux...*, vol. 4, p. 24 (Demande d'admission aux Conférences du chemin de fer Winterthour-Singen-Kreuzlingen – Conférence des 1er-2 avril 1875); Ibidem, p. 81. Les statuts initiaux de la CACF spécifient en effet que toute administration exploitant des lignes ferroviaires sur territoire suisse peut accéder aux conférences (voir chapitre 2).

30 Cuony, *Les débuts...*, p. 76; cf. également AHCFF, Union commerciale, *Procès-verbaux ...*, vol. 1, p. 1 (Conférence des 17-18 décembre 1878).

La convention, définitivement entérinée en janvier 1879 par les quatre compagnies, redessine les rapports de concurrence entre elles pour le trafic interne[31]. La convention à la base de l'Union commerciale a un but avoué: attirer sur le réseau helvétique le trafic de transit européen. Elle a également un but non avoué: établie sous l'égide du Comptoir d'Escompte, elle apparaît comme un moyen destiné à freiner la baisse que ne manquera pas d'exercer l'ouverture du Gothard sur le trafic de transit dirigé sur les lignes de la SO et au-delà, par les voies du PLM, en direction du port de Marseille.

Jusqu'à présent, des abaissements de tarifs destinés à capter le trafic international étaient établis par les seules compagnies pour lesquelles ce trafic n'était pas automatiquement acquis et qui avaient à lutter contre des lignes concurrentes. Ainsi, en règle générale seuls la SO, le JB et le SCB diminuaient les taxes kilométriques sur leur ligne afin de concurrencer la ligne de Lyon à Belfort et Bâle pour le trafic venant de Marseille à destination de la Suisse de l'est ou de l'Allemagne. Exploitant la ligne depuis Aarau le NOB pouvait, sans risque de voir ce trafic lui échapper, maintenir ses tarifs généraux. L'Union commerciale prévoit désormais une répartition, au prorata du parcours kilométrique, du produit des transports communs effectués sur leur réseau (art. 1). Cet article permet notamment d'engager de nouveaux abaissements de tarifs pour les transports soumis à la concurrence de lignes étrangères à l'union puisqu'ils seront en partie compensés par les lignes échappant à cette concurrence: concrètement, sur l'axe Genève-Zurich, le NOB reversera au SCB, au JB et à la SO une partie des recettes de ses transports effectués aux tarifs généraux entre Aarau et Zurich. En contrepartie, la SO, le JB et le SCB pourront encore diminuer les tarifs visant à capter le trafic empruntant la voie de Belfort. La création d'un bureau central de décompte doit permettre de partager les recettes issues des trafics communs (art. 13).

Comme lors des conventions de partage du trafic des années 1860, le principe de l'acheminement des marchandises par la voie la plus courte est adopté pour le service direct suisse (art. 5). Si, malgré tout, le trafic vient à emprunter la voie la plus longue, la compagnie exploitant celle-ci devra reverser à la compagnie disposant du parcours le plus court le

31 AHCFF, Union commerciale, *Procès-verbaux...*, vol. 1, pp. 27-30 (Conférence des 7-8 janvier 1879).

produit du trafic après prélèvement d'un montant correspondant à ses frais de traction. Cependant, l'indemnité ne pourra dépasser la taxe en vigueur sur la voie la plus longue après soustraction des frais de traction qu'elle n'a pas supportés (art. 6)[32]. En service international, le principe de l'acheminement par la voie la plus courte est adopté. L'article 7 prévoit cependant que les compagnies contractantes collaborent afin de maintenir aussi longtemps que possible le trafic international sur leur réseau: dans ce cas, des détournements de trafic sur la voie suisse la plus longue peuvent intervenir, en échange d'une indemnisation à la voie suisse la plus courte.

L'Union commerciale établit également des règles à la concurrence entre courants commerciaux opposés: pour ces trafics, une bourse commune visant à aboutir à un partage équitable du produit est créée. Concernant les transports du coton brut, le NOB reçoit cependant l'autorisation de maintenir ses taxes normales dès Aarau pour les cotons arrivant de Marseille via Genève. L'objectif est de protéger le courant d'importation des cotons arrivant par Romanshorn depuis le port de Gênes (art. 8).

La convention demeure floue sur les rapports à établir notamment entre le GB – absent de l'union – et les compagnies de l'Union commerciale. Le DFCC, sans rien entreprendre toutefois, ne manque pas de mentionner qu'«à [son] avis, [la convention] modifie d'une manière grave les principes existants de trafic en général et les rapports entre les compagnies de chemins de fer suisses»[33]. Toujours est-il que la disposition du partage des recettes en transport commun au prorata du parcours kilométrique est un moyen, pour la SO, de s'assurer la collaboration et le soutien financier des autres compagnies dans les diminutions de taxes qui seront nécessaires au maintien, sur ses lignes, d'un trafic de transit en direction de Genève et au-delà du port de Marseille, dès l'ouverture du Gothard. L'Union commerciale définit en quelque sorte un couloir est-ouest de transit (cf. carte 16), visant à contrer le couloir nord-sud (par le Gothard), alors en passe de se constituer.

32 Après maintes discussions, l'Union commerciale fixe, dans sa séance du 27 mars 1879, les frais de traction à 4 cts. par T et par km pour la GV et 2.2 cts. par T et par km pour la PV. AHCFF, Union commerciale, *Procès-verbaux...,* vol. 1, p. 52 (Conférence du 27 mars 1879).

33 AHCFF, Union commerciale, *Procès-verbaux...,* vol. 1, p. 36 (Séance du 26 février 1879).

Carte 16 – Réseau de l'Union commerciale: la constitution d'un couloir est-ouest de transit

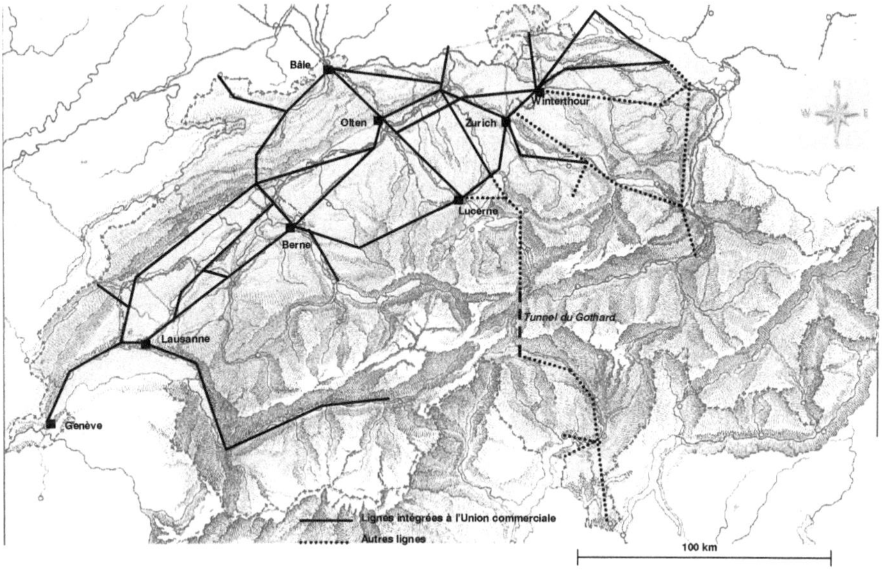

Les articles de la convention de l'Union commerciale nécessitent une révision de l'ensemble des tarifs communs à plusieurs des compagnies membres. Le principe de l'acheminement des marchandises par la voie la plus courte – stipulé dans l'art. 5 de la convention – provoque l'abolition de tous les tarifs ne respectant pas cette norme. Dans cette optique, dès février 1879, les chefs des services commerciaux des compagnies de l'Union commerciale se livrent à un examen approfondi de tous les tarifs en vigueur. Cette rationalisation concerne aussi bien les tarifs directs suisses que les tarifs internationaux[34].

L'article 1 de la convention, instituant le partage des recettes en trafic commun au prorata kilométrique, favorise l'introduction concertée de nouveaux abaissements tarifaires destinés à lutter contre les lignes entourant la Suisse: désormais, les tronçons suisses soumis à la concurrences des lignes étrangères peuvent adopter des taxes kilométriques très basses, puisque les compagnies qui les exploitent obtiennent une compensation provenant des tronçons non concurrencée des autres compagnies

34 Ibidem, pp. 51-54 (Conférence des 20-21 février 1879); Ibidem, pp. 67-68 (Conférence des chefs des services commerciaux du NOB, du SCB, de la SO et du JB du 16 avril 1879); Ibidem, pp. 116-125 (Conférence du 19 décembre 1879).

membres. Des tarifs de transit pour les bois de Hongrie ou de Russie à destination des marchés français sont ainsi mis en service, autant pour lutter contre les voies contournant la Suisse, qu'en raison du fort potentiel de développement que détient le courant d'exportation vers l'ouest des bois de l'est européen. Un tarif de transit visant à diriger sur le réseau suisse (SO, JB et SCB) les asphaltes en provenance des mines françaises de Seyssel (région genevoise) et destinées aux marchés germaniques est également adopté. Nous analyserons dans le chapitre 5 les effets sur l'industrie et le commerce suisse de la politique tarifaire de l'Union commerciale.

4.3 L'influence germanique: le Gothard au service de l'économie allemande (1881-1885)

4.3.1 Les bases de négociation pour les tarifs de transit entre l'Allemagne et l'Italie via Gothard

Au début des années 1880, l'Empire allemand s'affirme comme une puissance industrielle capable de rivaliser avec la Grande-Bretagne[35]. L'instauration du protectionnisme douanier dès 1879 et la formation de cartels dans plusieurs secteurs industriels permettent non seulement aux industries germaniques de protéger leur marché intérieur mais également, grâce à un contrôle des prix, de l'organiser. Parallèlement au marché intérieur, la production industrielle allemande doit impérativement gagner des débouchés à l'extérieur des frontières nationales. Rendue possible grâce à une intense collaboration entre économie et Etat, l'expansion économique allemande s'oriente, dès la création de l'Empire, dans deux directions[36].

35 Pour une courte synthèse concernant l'intégration allemande dans l'économie mondiale dès la création de l'Empire, cf. Toni Pierenkemper, *Wirtschaftsgeschichte,* München, 2005, pp. 119-121.

36 Sur le sujet, cf. notamment Thomas Wellenreuther, «Infragestellung des ökonomischen Liberalismus in Deutschland von ca. 1870 bis 1913», in H. Tilly (Hrg.), *Geschichte der Wirtschaftspolitik. Vom Merkantilismus zur Sozialen Marktwirtschaft,* München, 1993, pp. 69-104; Willfried Spohn, *Weltmarktkonkurrenz und Industrialisierung Deutschlands 1870-1914,* Berlin, 1977 pp. 318-365.

La première consiste à gagner des colonies extra européennes susceptibles non seulement d'écouler la production allemande, mais également de fournir des matières premières. Le *Deutscher Kolonialverein*, fondé en 1882, rassemble ainsi des représentants de l'industrie lourde, des banquiers et des commerçants appartenant à l'élite économique de l'Empire. Dès 1884/85, suite à la Conférence de Berlin, l'Allemagne obtient un certain nombre de territoires en Afrique[37].

L'autre direction que prend l'expansion germanique consiste à obtenir des débouchés dans les pays européens[38]. Déterminant la capacité concurrentielle des produits allemands sur les marchés lointains, le prix du transport, et en particulier les tarifs ferroviaires, est parmi les éléments centraux de cette orientation. Pour l'industrie allemande, l'ouverture des lignes ferroviaires transalpines est l'occasion de gagner de nouveaux marchés en Italie – dont l'unification promet un prompt développement du marché intérieur – grâce non seulement à la diminution des distances, mais également par un processus d'abaissement naturel des tarifs ferroviaires induit par la mise en concurrence des différents axes nord-sud. Dans les négociations entreprises dès l'été 1881 entre les compagnies ferroviaires allemandes et les compagnies helvétiques en vue de l'établissement de tarifs de transit entre l'Allemagne et l'Italie via le Gothard, les Allemands vont s'appuyer sur leurs expériences précédentes en matière de tarifs ferroviaires.

La première expérience qui va peser sur les négociations est celle menée pour le transport des charbons. Dès la fin des années 1840, les compagnies prussiennes, par leur politique tarifaire, ont en grande partie provoqué la substitution des charbons d'origine britannique par des charbons de Silésie sur les marchés du nord de l'Allemagne[39]. Suite à de longues négociations entre le ministre prussien du commerce August von der Heydt et la direction des compagnies ferroviaires de Silésie, celles-ci acceptent l'introduction d'un tarif très bas pour le transport des charbons à destination notamment de Berlin[40]. Le «tarif à un Pfennig» par T et par km (basé sur l'étalon Taler) – soit 2.2 Pfennig (basé sur

37 Winfried Speitkamp, *Deutsche Kolonialgeschichte,* Stuttgart, 2005, pp. 13-25.

38 Spohn, *Weltmarktkonkurrenz…*, pp. 309-318.

39 Fremdling, «Britische und deutsche Kohle…», pp. 26-28.

40 W.O. Henderson, *The State and the Industrial Revolution in Prussia, 1740-1870,* Liverpool, 1967, p. 182.

l'étalon Mark) –, introduit dès 1848 pour le transport des charbons, va perdurer jusqu'à la Première Guerre mondiale, s'étendre peu à peu à l'ensemble des compagnies allemandes et intégrer les bassins miniers de la Sarre, de la Ruhr et de la Rhénanie. Très vite, les compagnies prussiennes sont convaincues de la profitabilité de cette politique tarifaire. Loin de provoquer une diminution de leurs recettes, le «tarif à un Pfennig» provoque un remarquable renforcement de la capacité des charbons à voyager et une consolidation de la part des recettes provenant de ce type de transport: de 17% des recettes totales des chemins de fer de Prusse en 1858, la proportion passe à 35% en 1885[41]. Parallèlement à son extension géographique, le «tarif à un Pfennig» connaît, au fil du temps, une extension de son domaine d'application puisque le transport d'un certain nombre de matières premières en bénéficie[42]. Durant les années 1870, les charbons de la Ruhr se substituent aux charbons britanniques sur le marché hollandais également, grâce à des politiques concertées d'abaissement des tarifs sur les voies ferroviaires et sur la voie fluviale du Rhin[43].

La seconde expérience qui va orienter les exigences germaniques lors des négociations en vue d'établir des tarifs de transit par le Gothard est celle menée en Alsace et en Lorraine, dès l'intégration à l'Empire allemand des territoires enlevés à la France, suite à la guerre de 1871. Les deux anciennes régions françaises deviennent le laboratoire des expérimentations en matière de tarifs ferroviaires menées par le *Reichsamt für die Verwaltung der Reichseisenbahnen in Elsass-Lothringen*[44]. En octobre 1871, l'Alsace et la Lorraine sont séparées de l'espace économique français. Il est cependant à prévoir qu'une grande partie de son économie n'aura pas trouvé de marchés de substitution en Allemagne, au moment de l'entrée en vigueur de la convention douanière fin 1872. Le réseau ferroviaire d'Alsace-Lorraine, par l'intermédiaire de sa politique tarifaire, est appelé à jouer un rôle central dans la réorientation de l'économie des nouveaux territoires de l'Empire. Pour les désormais chemins de

41 Fremdling, «Britische und deutsche Kohle… », p. 27.

42 Ibidem, p. 28.

43 AHCFF, VGB_GB_SBBGB03_ 092_01, «Deutsch-italienischer Verkehr. Güterverkehr mit der Gotthardbahn bezw. Italien. Conferenzprotokoll. Wiesbaden, den 13. Juli 1881, p. 13».

44 Ziegler, *Eisenbahnen…*, pp. 237-238.

fer impériaux d'Alsace-Lorraine, cela signifie que les anciens tarifs de la compagnie française de l'Est doivent être non seulement revus à la baisse, mais également subir une refonte complète susceptible de les combiner avec les systèmes tarifaires en vigueur en Allemagne. Le système des tarifs au volume – appelé système allemand de réforme –, alors en vigueur sur les chemins de fer de l'Etat de Nassau est adopté par les chemins de fer impériaux d'Alsace-Lorraine, aussi bien pour le trafic interne que pour le trafic direct avec les autres compagnies allemandes.

Le système allemand de réforme consiste avant tout à taxer les marchandises en fonction de la quantité expédiée (cf. tableau 4). La nomenclature est réduite à son minimum: toutes les expéditions d'un tonnage inférieur à 5.000 kg (Expédition partielle) paient une taxe uniforme. Deux autres classes de wagons complets (de 5.000 kg et de 10.000 kg) englobent toutes les expéditions en grosse quantité. Cependant, le système allemand de réforme n'a pas aboli toute référence au système *ad valorem.* Quatre classes de tarifs spéciaux englobent un nombre aussi restreint que possible de marchandises de très faible valeur – essentiellement des matières premières – qui ne pourraient voyager aux taxes des classes générales.

Tableau 4 – Le système de réforme en vigueur sur les compagnies allemandes

GV	Exp. part.	Classes générales de wagons complets		Tarifs spéciaux			
		5.000 kg	10.000 kg	5.000 kg	10.000 kg	10.000 kg	10.000 kg
		A^1	B	A^2	I	II	III

Les efforts entrepris par les chemins de fer impériaux d'Alsace-Lorraine – combinant abaissement de taxes et adoption du système au volume – se traduisent par une augmentation rapide des exportations des anciennes régions françaises à destination des Etats de l'Empire allemand. Dès la fin des années 1870, la réorientation du courant de trafic de l'Alsace-Lorraine en direction des Etats allemands est réalisée.

Un élément supplémentaire qui explique ce rapide succès est la capacité des chemins de fer impériaux d'Alsace-Lorraine à imposer l'adoption du système de réforme pour le trafic direct avec les chemins de fer des Etats allemands voisins: dès mars 1872, le système est adopté pour le trafic direct entre l'Alsace-Lorraine et les chemins de fer formant le *Südwestdeutscher Verband*; dès le 1er juillet 1872, le système de réforme entre également en fonction pour le trafic avec le *Nordwestdeutscher*

Verband et le *Mitteldeutscher Verband.* Mais l'uniformisation des systèmes tarifaires demeurent incomplète et le gouvernement impérial dispose de peu de moyens pour y parvenir: la Constitution impériale de 1871 n'a pas permis de centraliser les décisions en matière ferroviaire. Un *Reicheisenbahnamt*, fondé en septembre 1873 et destiné à préparer une loi impériale sur les chemins de fer existe bien, mais la politique ferroviaire demeure presque exclusivement du domaine des Etats[45]. En 1874, le chancelier Bismarck obtient du *Bundesrat* qu'une enquête nationale soit menée par le *Reicheisenbahnamt* sur l'état des revenus des compagnies ferroviaires. La décision d'entreprendre ce travail fait suite à la demande des compagnies de pouvoir recourir à des augmentations de tarifs, en raison d'un accroissement des coûts d'exploitation. L'office impérial, suite à son enquête, propose au *Bundesrat* d'exiger une uniformisation des systèmes tarifaires en échange d'une augmentation moyenne des tarifs de 20%. Après plus de trois ans de négociations menées au sein du *Verein Deutscher Eisenbahnverwaltungen* – l'association regroupant toutes les administrations ferroviaires allemandes –, les compagnies introduisent, en 1877, le système de réforme pour les trafics directs sur l'ensemble du territoire impérial. Elles demeurent libres de maintenir leur ancien système tarifaire pour le trafic interne à leur réseau.

Laboratoire d'expérimentation en matière de système tarifaire, les chemins de fer impériaux d'Alsace-Lorraine le sont également en matière de collaboration avec les milieux du commerce, de l'industrie et de l'agriculture. Dès 1874 et l'augmentation de leurs tarifs, les chemins de fer impériaux d'Alsace-Lorraine proposent d'associer les chambres de commerce de la région à toute décision à venir concernant les tarifs. Dans cette optique, une commission ferroviaire se réunit deux fois par an. Sous l'impulsion du *Reicheisenbahnamt*, tous les Etats de l'Empire adoptent le principe des conseils de chemins de fer *(Eisenbahnrat)* entre le milieu des années 1870 et 1882. Si dans les faits ces structures ne modifient pas fondamentalement les politiques tarifaires des compagnies, elles gagnent une utilité en se faisant le réceptacle des exigences du commerce et de l'industrie[46].

45 Ibidem, pp. 177-186; Th. Niggli, *Das Gütertarifwesen im allgemeinen und die Staffeltarife im besonderen mit Hinblick auf die schweizerischen Eisenbahn-Verstaatlichung,* Bern, 1898, pp. 17-18.

46 Ziegler, *Eisenbahnen...*, pp. 240-247; Wellenreuther, «Infragestellung... », p. 95.

Le système allemand de réforme et le «tarif à un Pfennig», en raison de leurs résultats concluants, sont les éléments incontournables d'une politique tarifaire conquérante. Si ces éléments ont permis d'asseoir la domination des charbons allemandes sur l'ensemble du marché intérieur, puis sur le marché hollandais, s'ils ont démontré leur capacité à faciliter l'ouverture de marchés pour les produits industriels de l'Alsace et de la Lorraine dans tout l'Empire, nul doute qu'ils permettront également à la production germanique de conquérir le marché italien. Ces deux éléments sont appelés à former la base des négociations au sujet des tarifs de transit par le Gothard, ce d'autant plus que le *Reichseisenbahnamt* et les chemins de fer de l'Etat de Prusse – principaux initiateurs des innovations tarifaires mentionnées ci-dessus – pilotent la délégation allemande.

Du côté allemand, l'ampleur de la délégation, qui prend part aux conférences germano-suisses qui se déroulent entre 1881 et le milieu des années 1885, varie au fil du temps. De cinq membres représentant quatre administrations ferroviaires lors de la première réunion de 1881, elle passe à une vingtaine de membres issus d'une dizaine d'administrations dès 1882. Bien que disposant d'un pouvoir restreint – les chemins de fer étant demeurés du domaine des Etats – il n'est pas douteux que la délégation allemande reçoive ses directives du *Reichseisenbahnamt*. Le leader informel mais incontesté de la représentation germanique est Breithaupt, directeur des chemins de fer impériaux d'Alsace-Lorraine à Strasbourg. Il agit sur instructions d'un proche collaborateur du chancelier Bismarck, Albert Maybach, directeur du *Reichsamt für die Verwaltung der Reichseinsenbahnen in Elsass-Lothringen,* ministre du commerce de l'Etat de Prusse et *de facto* ministre des chemins de fer[47]. Les dirigeants des chemins de fer de l'Etat de Prusse forment d'ailleurs une grande partie de la délégation germanique: hormis les chemins de fer d'Alsace-Lorraine, la direction des chemins de fer de Prusse rive gauche du Rhin (Cologne), rive droite du Rhin (Cologne), les directions à Elberfeld et à Francfort (Main) sont représentées lors des conférences. Autour de ce noyau principal, qui assume sans contexte un rôle central lors des négociations, viennent s'ajouter les chemins de fer de l'Etat de Bade, ceux du Wurtemberg et les chemins de fer du Palatinat. D'autres administrations participent ponctuellement aux discussions, dont les chemins de fer de l'Etat de Bavière.

47 Ziegler, *Eisenbahnen...,* p. 193.

Du côté helvétique, la délégation est formée de Escher, Heusler et Zingg, respectivement présidents des directions du NOB, du SCB et du GB, les compagnies exploitant les lignes d'accès au tunnel du Gothard. A ce noyau de base viennent se greffer, dès 1882, des employés du bureau des tarifs des trois compagnies. Aucun des membres de la délégation helvétiques n'assume cependant un rôle de leader: chaque compagnie parle en son nom propre et défend ses intérêts particuliers.

Carte 17 – Réseau concerné par les tarifs de transit entre l'Allemagne et l'Italie via Gothard: la constitution d'un couloir nord-sud de transit

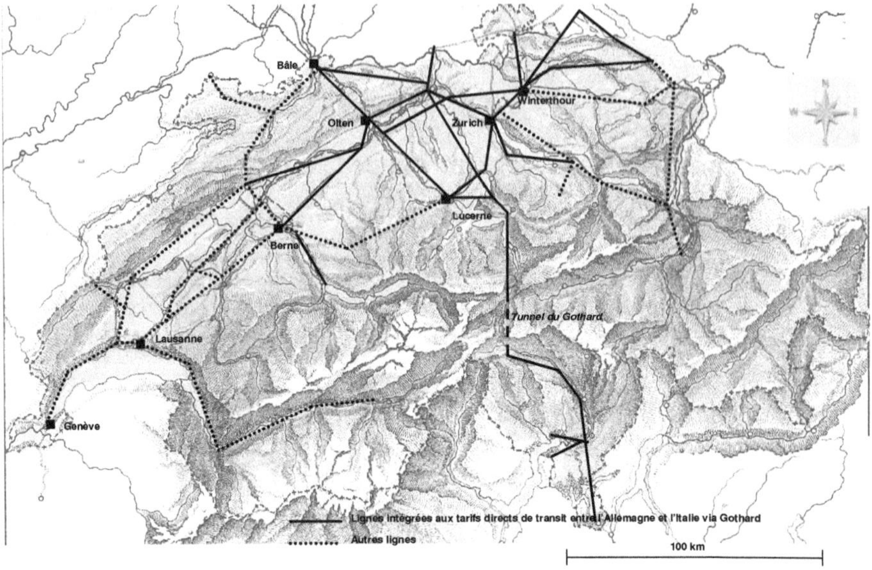

4.3.2 L'adoption du système allemand de réforme par le Nordostbahn, le Schweizerische Centralbahn et le Gotthardbahn

Le 13 juillet 1881, les présidents des directions du NOB, du SCB et du GB rencontrent pour la première fois à Wiesbaden la délégation allemande dans l'optique d'établir les bases tarifaires pour le futur trafic international empruntant l'axe nord-sud. Les systèmes tarifaires en vigueur sur les chemins de fer allemands et italiens présentant des différences trop grandes pour espérer des tarifs directs entre l'Allemagne et l'Italie, le directeur des chemins de fer impériaux d'Alsace-Lorraine, Breithaupt, indique que la solution préconisée par Berlin va dans le sens d'une adoption d'un système tarifaire unifié entre l'Allemagne et la Suisse jusqu'à Chiasso. Le système tarifaire ainsi mis en vigueur serait ensuite combiné avec le système italien à partir de la frontière italo-suisse.

Les exigences des chemins de fer impériaux d'Alsace-Lorraine sont claires: adoption par les compagnies suisses du système allemand de réforme pour le trafic de transit entre l'Allemagne et l'Italie via le Gothard. Il est hors de doute que cette exigence est en grande partie dictée par l'assistance que le système allemand de réforme a apporté à la réorientation de l'économie d'Alsace-Lorraine au lendemain de la guerre de 1871. Couplée à l'introduction d'abaissements tarifaires – comme ce fut le cas en Alsace-Lorraine –, l'adoption du système allemand de réforme pour le trafic direct allemand à travers la Suisse obéit à la même logique de conquête des marchés, italiens cette fois-ci, en favorisant les expéditions massives. Il doit également mener à une simplification et à une meilleure transparence dans l'établissement des tarifs germano-suisses en favorisant la comparaison des taxes kilométriques pour les classes de tarifs similaires.

Au début des années 1880, le trafic entre le réseau ferroviaire de deux pays peut suivre deux logiques différentes: la première est celle de la réexpédition à la frontière. C'est un système peu commode et onéreux – similaire par ailleurs à celui qui existait entre les réseaux d'un même pays avant que n'interviennent les conventions de trafic direct –, nécessitant l'intervention d'un commissionnaire chargé de la réexpédition. Ce système perdure entre les réseaux de pays n'entretenant que peu de liaisons commerciales directes par chemin de fer. L'autre logique est celle de l'établissement de tarifs directs internationaux au sein d'une association tarifaire. Si le tarif direct permet d'éviter la réexpédition à la frontière, son élaboration revêt une complication extrême lorsque elle nécessite la combinaison de différents systèmes tarifaires. L'association tarifaire entre l'Allemagne du sud et la Suisse comportent ainsi pas moins de 17 classes de tarifs avec taxes kilométriques correspondantes (cf. schéma 3) et permet d'associer au mieux le système allemand de réforme au système suisse adopté en 1872 par le NOB, le SCB et le VSB. L'établissement des classes des tarifs directs internationaux nécessite de longues négociations entre compagnies et des adaptations fréquentes, rendant le système opaque et difficile à maîtriser. Dans le cadre du trafic entre l'Allemagne et l'Italie via Gothard, les compagnies allemandes désirent améliorer le système en orientant les compagnies suisses sur la voie de l'adoption du système allemand de réforme.

Schéma 3 – Elaboration du Tarif direct entre l'Allemagne du Sud et la Suisse (milieu des années 1870)

Système tarifaire en vigueur sur le NOB, le SCB et le VSB

Expéditions partielles		Wagons complets (5T)			Wagons complets (10T)	
I	II	A	B	C	D	E

Système tarifaire en vigueur sur les compagnies allemandes

Exp. part.	Classes générales de wagons complets		Tarifs spéciaux			
	5T	10T	5T	10T	10T	10T
	A^1	B	A^2	I	II	III

Système tarifaire pour le service directe entre l'Allemagne du sud et la Suisse (combinaison des deux systèmes)

	Combinaison tarifaire Allemagne du sud – Suisse		Classes correspondantes du tarif allemand de réforme (en vigueur sur le réseau d'Allemagne du sud)	Classes correspondantes du tarif suisse
1	GV		GV	GV
2	Expéditions partielles	1	Expéditions partielles	I
3		2		II
4	Wagons complets A	1	A^1	A
5		2	B	A
6		3	A^2	B
7		4	Tarif spécial I	B
8	Wagons complets B	1	A^1	C
9		2	B	A
10		3	A^2	A
11		4	Tarif spécial I	B
12	Wagons complets C	1	A^2	B
13		2	Tarif spécial I	C
14		3	Tarif spécial II	C
15	Wagons complets D	1	Tarif spécial II	C
16		2	Tarif spécial III	D
17	Wagons complets E		Tarif spécial III	E

Source: AHCFF, VGB_GB_SBBGB03_087_02, «Allgemeine Tarife. Süddeutsch-schweizerische Klassenkombination»; FF, vol. 4, 1883/1, pp. 466-468.

Du côté des compagnies helvétiques, le débat sur l'adoption du système allemand de réforme n'est pas nouveau et va de paire avec celui de l'unification du système tarifaire sur le réseau suisse, où perdurent deux systèmes différents: celui de 1863 pour les compagnies en connexion avec le réseau français et celui de 1872 pour celles en connexion avec le réseau allemand. L'adoption du système allemand a cependant été repoussée par la CACF en juillet 1880[48].

48 AHCFF, VGB_GB_SBBGB03_087_02, «Lettre de la direction des Chemins de fer de la Suisse occidentale à la direction du chemin de fer du Central Suisse à Bâle (Lausanne, le 15.04.1882)».

Une année plus tard, à Wiesbaden, la position des compagnies helvétiques n'a pas changé. Celle-ci consiste à privilégier la combinaison des systèmes en vigueur dans chacun des deux pays plutôt qu'à adopter *in extenso* le système allemand. Le président du GB, Zingg, insiste également sur l'exigence émise par le Conseil fédéral d'une similitude des systèmes et des taxes pour tous les trafics empruntant le Gothard: introduire le système de réforme pour le trafic entre l'Allemagne et l'Italie entraînerait obligatoirement l'adoption du même système pour le trafic intérieur suisse. Les répercussions d'une telle extension du système allemand sur le trafic intérieur et sur les recettes des compagnies sont difficilement chiffrables. Ainsi, aussi bien pour Zingg que pour Escher, directeur du NOB et Heusler, son homologue du SCB, le maintien de la combinaison tarifaire alors en vigueur entre l'Allemagne du sud et la Suisse doit être préférée à l'adoption du système allemand de réforme appliqué à tout le trafic entre l'Allemagne et l'Italie par le Gothard. Les représentants des compagnies suisses envisagent la possibilité d'introduire, en concertation avec les compagnies allemandes, des tarifs spéciaux par le Gothard pour égaliser, en cas de nécessité, le prix du transport par l'axe suisse sur celui pratiqué par l'axe autrichien du Brenner.

Les compagnies allemandes sont unanimes à rejeter une telle éventualité. Dans une ambiance qui devient tendue, tour à tour Schröder, du conseil de direction des chemins de fer de l'Etat de Bade et Lavale, directeur des chemins de fer du Palatinat, critiquent durement l'exigence du Conseil fédéral visant à introduire un système similaire pour le trafic interne suisse et pour le trafic de transit par le Gothard[49]. Il appartient au GB de faire diminuer cette exigence. Intéressé au premier chef par la diminution de distances que l'axe du Gothard présente pour les régions rhénanes, et notamment la Ruhr, Mathaus, membre de la direction des chemins de fer de l'Etat de Prusse à Cologne, mentionne que les compagnies suisses n'ont pas le choix d'adopter, pour le trafic entre l'Allemagne et l'Italie, le système en vigueur sur la ligne concurrente

49 «Herr Regierungsrat Schröder führt aus, dass das Verlangen der schweizerischen Bundesbehörden, wonach das im Transitverkehr über den Gotthard geltende System auch im internen Verkehr der Gotthardbahn und im Verkehr zwischen Gotthardbahn und den schweizerischen Bahnen einzuführen sei, sich nach seiner Ansicht überhaupt als undurchführbar erweisen würde.» AHCFF, VGB_GB_SBBGB03_ 092_01, «Deutsch-italienischer Verkehr. Güterverkehr mit der Gotthardbahn bezw. Italien. Conferenzprotokoll. Wiesbaden, den 13. Juli 1881, p. 5».

du Brenner. L'axe autrichien ayant adopté le système de réforme allemand, le Gothard doit faire de même[50].

Si la conférence de l'été 1881 à Wiesbaden ne permet pas de régler le problème de l'unification des système de tarifs, ce dernier trouve, quelques mois plus tard, son épilogue. A la conférence de Lucerne, en octobre de la même année, le NOB, le SCB et le GB annoncent avoir pris la décision d'adopter le système de réforme allemand[51]. Les compagnies helvétiques n'avaient sans doute pas d'autres options. Les représentants allemands leur ont fait savoir, suite aux décisions d'une conférence séparée, qu'elles ne participeraient pas à l'élaboration de tarifs spéciaux par le Gothard destinés, au coup par coup, à attirer sur la voie suisse le trafic soumis à la concurrence du Brenner. Sans collaboration allemande, la perspective d'un axe suisse incapable de lutter contre la voie concurrente autrichienne est évidente[52]. En transigeant sur le système de tarifs, les compagnies helvétiques espèrent pouvoir négocier à la hausse leurs taxes kilométriques pour le tarif direct germano-suisses – que les compagnies allemandes souhaitent aligner sur les taxes prussiennes très basses – et obtenir une collaboration dans l'établissement de tarifs spéciaux destinés à capter les trafics de certaines régions allemandes proches de la zone d'influence de l'axe du Brenner.

Le SCB, le NOB, le GB – suivis du VSB et du JBL – adoptent, dans les grandes lignes, la même classification que celle en vigueur sur les compagnies allemandes (cf. tableau 5). Toute décision de recourir à une classification différente aurait annulé les effets d'uniformisation rendue possible par l'adoption du système de réforme. Elles optent cependant pour la création d'une classe d'expédition partielle supplémentaire. Dans la classe des «Expédition partielle 2» entrent toutes les marchandises expédiées en wagons complets au moyen des tarifs spéciaux I, II et III. Cette mesure tient compte du fait que, plus qu'en Allemagne, le trafic sur le réseau ferroviaire suisse est dominé par les expédition en petite quantité. D'autre part, des classes de wagons complets de 5.000 kg sont créées pour les tarifs spéciaux, contrairement au système en vigueur en Allemagne.

50 Ibidem, p. 7.

51 AHCFF, VGB_GB_SBBGB03_092_01, «Deutsch-Italienischer Güterverker via Brenner und Gotthard. Conferenz-Protokoll. Luzern, den 18.-19. Oktober 1881, pp. 2-3».

52 Ibidem, «Italienisch-deutscher Güterverkehr über den Gotthard und den Brenner. Conferenz-Protokoll. Stuttgart, den 10. September 1881».

Tableau 5 – Système de réforme adapté par les compagnies suisses (NOB, SCB, GB, VSB et JBL)

GV	Exp. part.		Classes générales de wagons complets		Tarifs spéciaux de wagons complets					
					I		II		III	
	1	2	A 5.000 kg	B 10.000 kg	a 5.000 kg	b 10.000 kg	a 5.000 kg	b 10.000 kg	a 5.000 kg	b 10.000 kg

En gris, classes n'existant pas dans le système allemand de réforme mais créées par les compagnies suisses

4.3.3 La diminution des taxes kilométriques suisses pour le transit par le Gothard: le spectre des transports au prix de revient

Les négociations germano-suisses autour du transit par le Gothard englobent un enjeu autrement plus considérable pour les compagnies helvétiques que la détermination du système tarifaire. Il concerne l'ampleur des taxes kilométriques sur le parcours suisse. Lors de la première conférence à Wiesbaden, le représentant des chemins de fer impériaux d'Alsace-Lorraine, Breithaupt, rappelle que les taxes maximales ont été fixées par l'article 8 du traité du 15 octobre 1869 à 45 cts. par T et par km pour la GV, à 14.5 cts. par T et par km pour les classes PV et à 5 cts. par T et par km pour les matières premières. Des suppléments ont été autorisés pour le parcours de montagne du GB (cf. section 3.2.2). Pour l'ensemble de la représentation allemande, ces taxes ne sont cependant que des maxima totalement inapplicables[53]:

> [...] die deutschen Verwaltungen glauben darauf hinweisen zu sollen, dass diese eminent hohen Einheitstaxen zur Einrechnung in einem direkten Tarif ungeeignet seien [...]

Comme pour l'axe du Brenner, les compagnies allemandes sont favorables à une adoption des barèmes prussiens (cf. tableau 6;*) sur l'ensemble du parcours suisse, à l'exception du tronçon de montagne du Gothard. Concernant les transports de charbons, Mathaus, représentant

53 AHCFF, VGB_GB_SBBGB03_092_01, «Deutsch-italienischer Verkehr. Güterverkehr mit der Gotthardbahn bezw. Italien. Conferenzprotokoll. Wiesbaden, den 13. Juli 1881, p. 9».

de la direction des chemins de fer de l'Etat de Prusse à Cologne, insiste pour que les compagnies suisses adoptent le «tarif à un Pfennig», soit une taxe kilométrique de 2.75 cts. par T (2.2 Pfennig)[54].

Une adoption *in extenso* des taxes prussiennes paraît inenvisageable du côté des compagnies helvétiques. Dans le cadre de l'Union commerciale, celles-ci viennent en effet d'évaluer le coût de revient du transport ferroviaire à 3.1 cts. par T et par km en moyenne[55]. Les taxes prussiennes, descendant en dessous de 3 cts. par T et par km, sont considérées comme difficilement supportables. En ce qui concerne les transports de charbon, les compagnies helvétiques déclarent qu'elles ne descendront pas en dessous de 3.3 cts.

Il est hors de doute que le déroulement de la conférence de Wiesbaden et les exigences sous forme d'ultimatum provenant des compagnies allemandes ont dû surprendre les compagnies helvétiques. Le déroulement de cette première rencontre dénote une attitude fondamentalement opposée de la part des compagnies allemandes et des compagnies suisses sur l'ampleur, en terme de diminution du prix du transport, à donner aux avantages kilométriques offerts par la voie du Gothard. Du côté helvétique, on est avant tout attentif à la rentabilité des transports et on définit l'ampleur des taxes kilométriques à l'aune de la concurrence de la voie du Brenner. Là où la concurrence sera déterminante, des tarifs spéciaux pourront être établis, inférieurs au tarif direct germano-suisse. Du côté des compagnies germaniques étatisées, on conçoit le Gothard comme un puissant moyen de conquête pour l'industrie allemande. Il est ainsi hors de question de fixer des taxes par le Gothard qui permettraient seulement d'égaliser le prix total du transport par les deux voies. Les régions d'Allemagne qui voient la distance avec les grandes villes italiennes diminuer grâce au Gothard doivent bénéficier d'une diminution du prix total du transport. Lors de la conférence de Wiesbaden, l'exposé de Mathaus (Cologne) concernant les tarifs pour les charbons à adopter par les compagnies suisses ne laisse ainsi planer aucun doute sur les projets de conquête économique auxquels le Gothard est appelé à participer. Après avoir remarqué que les estimations statistiques évaluaient à 500.000 T les exportations annuelles de charbon anglais en

54 Ibidem, pp. 12-13.
55 AHCFF, Union commerciale, *Procès-verbal ...*, vol. 1, p. 52.

direction de l'Italie, Mathaus déclare que l'ouverture du Gothard devrait permettre aux charbons de la Sarre d'être 15% moins chers que les charbons anglais et à ceux de la Ruhr de s'aligner sur les prix britanniques dans les grandes villes du nord de l'Italie. Les tarifs par le Gothard doivent être établis suffisamment bas afin d'offrir aux produits miniers de la Sarre et de la Ruhr un avantage de 1 à 2 frs. par T sur les marchés italiens, pour «leur assurer un succès durable ([...] um einen nachhaltigen Erfolg zu erziehen)», selon les termes du représentant des chemins de fer prussiens à Cologne[56].

Après la première conférence de Wiesbaden, les compagnies helvétiques doivent s'attendre à une augmentation des pressions afin qu'elles adoptent une politique tarifaire plus avantageuse pour l'industrie germanique. Le 10 septembre 1881, une conférence particulière des compagnies allemandes se déroule à Stuttgart. Hormis les compagnies déjà présentes à Wiesbaden – chemins de fer de l'Etat de Bade, du Palatinat, de la ligne gauche du Rhin (Cologne) et chemins de fer impériaux d'Alsace-Lorraine – les chemins de fer de l'Etat du Wurtemberg et de l'Etat de Bavière sont conviés à la conférence. Celle-ci vise avant tout à aplanir les divergences de vue qui pourraient survenir entre les compagnies allemandes au sujet de la régulation des rapports de concurrence entre axe du Gothard et axe du Brenner: du côté des chemins de fer bavarois, on craint que l'ouverture du Gothard ne détourne une grande partie du trafic allemand qui se dirigeait jusqu'à présent sur son réseau en connexion avec la ligne autrichienne menant au Brenner[57]. Sur l'ensemble du territoire de l'Empire allemand, la ligne de démarcation entre les deux axes est fixée en calculant la distance de la route la plus courte entre les principales stations allemandes et italiennes. L'axe qui offre un avantage de distance supérieur à 20% par rapport à son concurrent détermine le tarif qui sera adopté par la ligne la plus longue: la concurrence est ainsi annihilée et chacune des deux routes obtient le trafic d'une partie du territoire allemand. Pour toutes les stations allemandes pour lesquelles l'avantage de distance par l'un des deux axes est inférieur

56 AHCFF, VGB_GB_SBBGB03_092_01, «Deutsch-italienischer Verkehr. Güterverkehr mit der Gotthardbahn bezw. Italien. Conferenzprotokoll. Wiesbaden, den 13. Juli 1881, p. 13».

57 Ibidem, «Italienisch-deutscher Güterverkehr über den Gotthard und den Brenner. Conferenz-Protokoll. Stuttgart, den 10. September 1881».

à 20%, la concurrence demeure. Le but est que la route proposant les tarifs les plus élevés les diminue jusqu'à les égaliser sur ceux en vigueur sur la route la plus avantageuse afin de ne pas voir le trafic de cette zone lui échapper totalement. Pour les compagnies allemandes, il est clair qu'au sein de cette zone, les deux routes doivent offrir des tarifs similaires. La cartographie des zones de trafic établie par les compagnies allemandes lors de la conférence de Stuttgart est théorique mais doit servir de base à la fixation des tarifs.

Les compagnies allemandes et helvétiques se rencontrent à nouveau à Lucerne, les 18 et 19 octobre 1881. Les compagnies suisses annoncent d'emblée leur décision d'adopter le système de réforme allemand. Elles annoncent également leur décision d'adopter des taxes kilométriques de 3 cts. pour les transports de charbons en transit[58]. Elles espèrent ainsi obtenir une latitude plus grande sur le dossier de la fixation des taxes kilométriques. Elles devront déchanter. En premier lieu, le tableau des distances établi suite aux principes adoptés lors de la conférence des compagnies allemandes de Stuttgart place une très grande partie du territoire allemand au sein de la zone ayant des avantages kilométriques par le Gothard. Pour toute cette zone, les compagnies allemandes revendiquent des avantages en terme de coûts de transport par rapport à la voie du Brenner ou une égalisation en ce qui concerne la zone commune. Pour les destinations du nord ouest de l'Italie, comme Gênes, Milan ou Turin – soit les grands centres industriels de la Péninsule – le trafic de toute la façade ouest de l'Allemagne, intégrant les régions industrielles de la Ruhr, de la Rhénanie, de la Sarre et de l'Alsace-Lorraine, doit prendre le chemin du Gothard. La zone de concurrence englobe tout le territoire de l'Empire allemand, hormis une petite partie du sud-est de la Bavière, à proximité directe de la voie d'Innsbruck et du Brenner (cf. carte 18).

58 Ibidem, «Deutsch-Italienischer Güterverker via Brenner und Gotthard. Conferenz-Protokoll. Luzern, den 18.-19. Oktober 1881, pp. 2-3».

Carte 18 – Zones des avantages Gothard-Brenner

1. Pour Milan
   et Turin

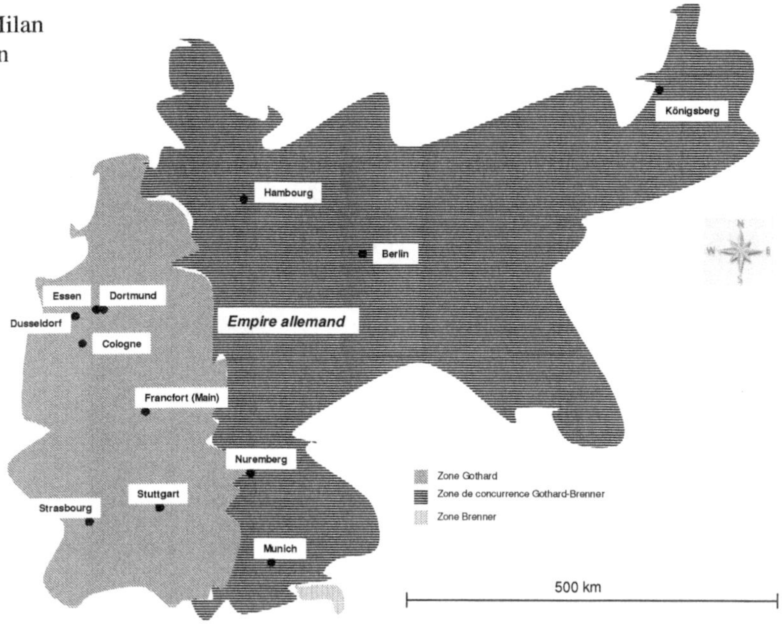

2. Pour Gênes

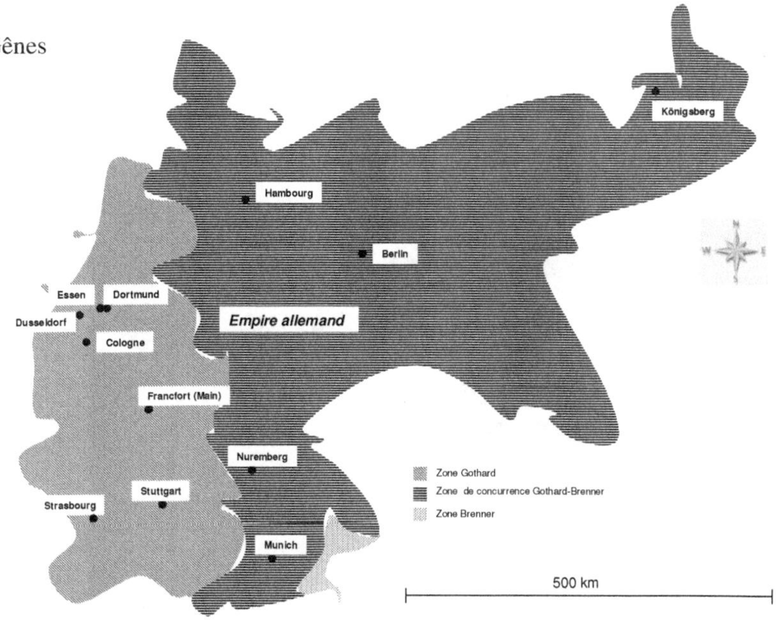

Carte 19 – Zones des avantages Gothard-Brenner

1. Pour Rome

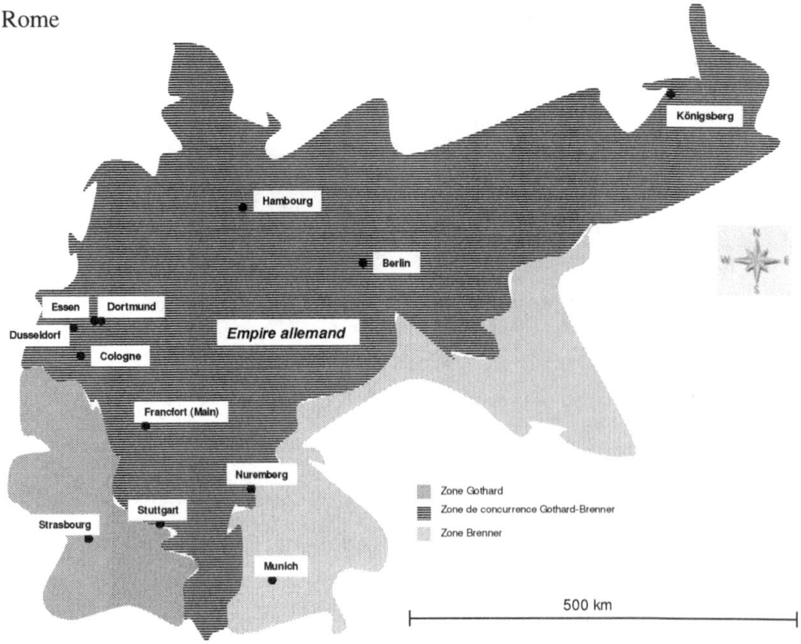

2. Pour Vérone
et Venise

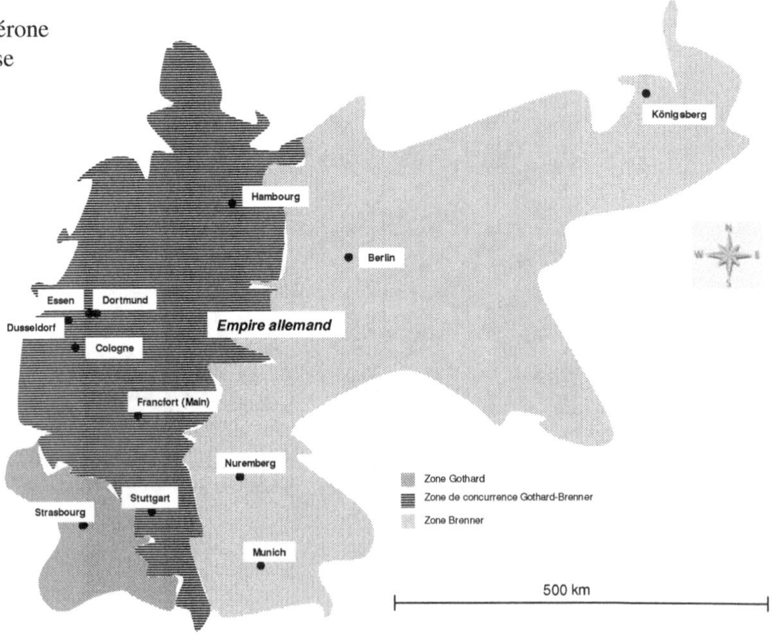

Pour les villes du centre de l'Italie (Rome) ou à proximité immédiate du Brenner (Vérone et Venise), la zone allemande dont le trafic doit emprunter le Gothard diminue. La zone de concurrence demeure importante pour le trafic à destination du centre et du sud de l'Italie, mais diminue pour les villes de la Péninsule situées au pied du Brenner. (cf. carte 19).

En second lieu, les compagnies allemandes annoncent leur volonté d'adopter des tarifs au prorata kilométrique: autrement dit, l'adoption de taxes élevées sur le tronçon suisse ne sera pas compensée par des taxes plus basses consenties par les compagnies allemandes. La base de négociation pour les tarifs directs germano-suisses demeure plus que jamais les taxes prussiennes. En ce qui concerne la fixation d'un tarif spécial pour le transport des charbons, les bases kilométriques proposées par les compagnies suisses – soit de 3 cts. par T et par km – sont encore considérées comme étant trop élevées. Des représentants des mines de la Sarre et de la Ruhr ont fait le déplacement de Lucerne en compagnie de la délégation ferroviaire allemande. Pour eux, des diminutions du prix des produits à la mine sont impossibles et seuls les tarifs par le Gothard détermineront la capacité des charbons allemands à conquérir les marchés italiens. Les participants à la conférence de Lucerne prennent la décision de nommer une commission qui sera chargée d'établir les tarifs en fonction de la distance la plus courte.

Les administrations ferroviaires des deux pays se rencontrent à nouveau fin mars 1882 à Neustadt a.d. Haardt, deux mois à peine avant la mise en exploitation du tunnel du Gothard. Depuis la dernière conférence, la commission des tarifs s'est réunie à plusieurs reprises. Breithaupt donne le ton dès l'ouverture de la conférence, en déclarant les travaux de celle-ci insatisfaisants. Les tarifs proposés par les compagnies suisses pour le Gothard permettent d'offrir des abaissements du coût de transport pour une toute petite partie de l'Allemagne du sud-ouest par rapport au prix du transport en vigueur par le Brenner (cf. tableau 6;**)[59]. Le

59 «Zunächst gibt Herr Eisenbahn-Direktor Breithaupt bekannt, dass von verschiedenen Seiten die Einführung der bis jetzt von der Kommission berechneten Tarife beanstandet werde, weil nur für ein ganz kleines Gebiet im Südwesten Deutschland die normale Tarifrechnung über den Gotthard billigere Frachtsätze ergibt, als die Zugrundelegung der über den Brenner bestehenden Tarife. Es könne deshalb nur wünschenswerth erscheinen, dass die schweizerischen Verwaltungen eine anderweite Festsetzung ihrer Einheitstaxen vornehmen.» AHCFF, VGB_GB_SBBGB03_092_01, «Deutsch-italienischer Güterverkehr. Konferenz-Protokoll. Neustadt a.d. Haardt, den 20.-21. März 1882, pp. 1-2».

représentant de la direction des chemins de fer prussiens à Elberfeld, réaffirme abruptement les avantages que le Gothard doit offrir aux Etats ayant subventionné sa construction[60]:

> Er wolle nur darauf aufmerksam machen, dass es den subventionierenden deutschen Staaten bei der Erbauung des Gotthardtunnels darum zu tun gewesen wäre, für den deutschen Handel in Folge der erheblichen Abkürzung durch den Gotthard billigere Transportfrachten und damit bedeutende Erleichterungen der direkten Handelsbeziehungen mit Italien zu schaffen, nicht aber darum, lediglich eine zweite Konkurrenzlinie zu bedienen, durch welche weder den Eisenbahnen, noch dem Handelsstande Vorteile geboten werden.

La conférence de Neustadt a. d. Haardt se clôture finalement par l'adoption d'un compromis qui introduit un abaissement des taxes prévues du côté helvétique: les compagnies suisses adoptent sur leur réseau, pour le trafic allemand en direction de l'Italie et vice versa, le barème prussien moyennant un supplément de 15 à 20% selon les distances (cf. tableau 6; **).

Il paraît cependant évident que les compagnies allemandes ne vont pas se contenter de ces abaissements de taxes. Le supplément adopté pour le parcours suisse par rapport aux taxes kilométriques prussiennes continue à mettre une grande partie du nord de l'Allemagne sous un régime de transport plus défavorable par le Gothard que par le Brenner, alors que le premier offre des diminutions de distance considérables. Chargée d'établir les tarifs en vigueur sur le territoire italien pour le Gothard, la Compagnie de la Haute-Italie, par la voix de son inspecteur principal Ottolenghi, pointe également du doigt les taxes suisses trop élevées. En juin 1882, celui-ci mentionne, lors d'une conférence italo-suisse que, malgré le fait que sa compagnie ait accordé pour la voie du Gothard les mêmes tarifs que pour la voie du Brenner, de nombreux articles ont encore des avantages à emprunter, soit le Mont Cenis, soit la voie depuis le port de Marseille à destination des gares suisses les plus importantes et ce, malgré les avantages kilométriques dont dispose le Gothard[61]. A ce moment-là, du côté des compagnies helvétiques, on espère que les efforts consentis afin d'abaisser les taxes kilométriques sur sol helvétique permettront de négocier des abaissements des taxes italiennes et la mise sur

60 Ibidem, p. 3.

61 AHCFF, VGB_GB_SBBGB03_ 091_02, «Service italo-suisse, via Gothard. Protocole de la Conférence. Lugano, le 6-7 juin 1882».

pied de tarifs spéciaux pour certaines marchandises[62]. Mais comme ce fut le cas pour les compagnies allemandes, les compagnies italiennes ne sont pas prêtes à négocier l'introduction de tarifs spéciaux sans un alignement des taxes kilométriques suisses sur les taxes en vigueur au Brenner[63].

En avril 1883, les compagnies suisses, allemandes et italiennes se rencontrent à Locarno, près d'une année après la mise en exploitation du tunnel du Gothard. A cette date, au discours optimiste du président du GB Zingg sur le développement encourageant du trafic par le Gothard s'oppose un double point de vue moins positif. Celui de la *NZZ* tout d'abord qui, dans un article retentissant, met en évidence dès mars 1883 la situation défavorable dans laquelle se trouve le trafic par le Gothard. L'espoir d'une conquête facile du transit international grâce aux avantages kilométriques du Gothard se trouve, pour la première fois, remis publiquement en question. La *NZZ* pointe du doigt l'incapacité de l'axe de transit helvétique à soutenir la concurrence du Brenner. Le trafic par le Gothard augmente seulement durant les mois d'hiver, lorsque l'exploitation de l'axe autrichien est interrompue par la neige. Mais le quotidien zurichois met également en évidence un phénomène inquiétant: l'abaissement inconsidéré des taxes kilométriques pour les transports de charbon allemand à destination de l'Italie fait que ce trafic est peu rentable pour le GB et, qu'au demeurant, il n'a pas permis aux charbons germaniques d'exclure les produits miniers britanniques de la Péninsule[64]. En bref, les

62 Cette prétention est confirmée par un échange de courrier entre le ministre des Affaires étrangères italien, Mancini, et le ministre de Suisse à Rome, Pioda en juillet 1882. Mancini écrit ainsi, «Je viens [...] d'être mis en mesure de vous fournir encore quelques renseignements à propos des prétentions mises en avant par la Direction du Gothard qui, pour favoriser davantage le trafic italo-suisse par la nouvelle ligne, réclame l'application de tarifs spéciaux. La Compagnie du Gothard aurait en effet en vue de faire admettre par l'administration des chemins de fer italiens des tarifs tout à fait exceptionnels, tandis qu'elle se réserverait de son côté, liberté entière de fixer les bases de ses tarifs.» Cf. AHCFF, VGB_GB_SBBGB03_ 091_02, «Lettre du ministre des Affaires étrangères italien Mancini au ministre de Suisse à Rome, Pioda, Rome, 26 juillet 1882».

63 Notamment AHCFF, VGB_GB_SBBGB03_ 092_01, «Deutsch-italienischer Güterverkehr über den Gotthard. Separat-Protokoll. Basel, den 7. August 1882».

64 «Je mehr Roheisen und Steinkohlen die Gotthardbahn über die Alpen schleppt, um so ungünstiger wird das Verhältnis werden. Denn dieser Kohlentransport ist für sie ein ebenso unrentables, als für den deutschen Handel im Ganzen aussichtslos Unterfangen.» *NZZ*, 2. März 1883.

compagnies helvétiques atteignent, avec des transports facturés à 3 cts. par T et par km, la limite supportable au-delà de laquelle le prix de revient n'est plus couvert par la taxe de transport.

L'optimisme de Zingg est également tempéré par Breithaupt, qui exige à nouveau avec insistance l'abandon des suppléments de 15 à 20% appliqués par les compagnies suisses par rapport aux taxes prussiennes. Le directeur des chemins de fer impériaux d'Alsace-Lorraine met une nouvelle fois en évidence le fait qu'une grande partie du nord de l'Allemagne n'a obtenu aucun abaissement du prix du transport avec l'ouverture du Gothard et que l'opinion publique allemande commence à s'impatienter. D'autre part, il donne connaissance de la publication d'une brochure commandée par le ministre français des Transports et dans laquelle le rapporteur minimise tout risque de détournement du commerce du port de Marseille au profit du port de Gênes ou de mise en danger par le Gothard des lignes de transit françaises aussi longtemps que l'axe helvétique possédera des taxes aussi élevées. Breithaupt confesse la lassitude des compagnies allemandes face à l'entêtement des Suisses à contrer le développement du trafic par le Gothard: selon lui, sans diminution importante des taxes helvétiques, les Allemands vont cesser leurs efforts, se détourner de l'axe helvétique et concentrer le trafic sur le Brenner. Soutenu par l'ensemble des représentations allemande et italienne, Breithaupt déclare qu'il ne croit pas à la crainte des compagnies helvétiques de voir le Conseil fédéral exiger l'introduction de tarifs internes suisses similaires aux tarifs en vigueur pour le transit via Gothard et que les frais d'exploitation des compagnies helvétiques ne justifient en rien les taxes élevées pratiquées par celles-ci[65]. Lors de la conférence de Locarno, les compagnies helvétiques adoptent de nouveaux abaissements de leurs taxes kilométriques (cf. tableau 6; ***). Pour le transport des charbons allemands, le seuil limite des 3 cts. par T et par km est même franchi, puisque les compagnies suisses adoptent, à compter du 14 avril 1884, le «tarif à un Pfennig» (2.75 cts. par t/km)[66].

65 AHCFF, VGB_GB_SBBGB03_092_01, «Deutsch-Italienischer Verband. Konferenz-Protokoll. Locarno, den 2.-4. April 1883».

66 Cette ultime concession est accordée suite aux pressions des mines de la Ruhr, dont les exportations ne parviennent à se substituer aux charbons britanniques sur le marché italien. Cf. E. Adolph, *Ruhrkohlenbergbau, Transportwesen und Eisenbahntarifpolitik,* Berlin, 1927, p. 222.

Tableau 6 – Processus d'abaissement des taxes kilométriques suisses pour le trafic de transit entre l'Allemagne et l'Italie via Gothard (1882-1885)

En cts. par T et par km

Terminologie allemande Classification interne (tarif de réforme)			GV	Exp. partielles	Wagons complets A[1]	Wagons complets B	Tarif spécial A[2]	Tarif spécial I	Tarif spécial II	Tarif spécial III
Terminologie suisse Classification interne (tarif de réforme)			GV	Exp. Partielle 1	Wagons complets A	Wagons complets B	Tarif spécial I a	Tarif spécial I b	Tarif spécial II b	Tarif spécial III b
Terminologie Tarif germano-italien via Gothard/Brenner			I	II	III	IV	V	VI	VII	VIII
*	***Taxes en vigueur sur le réseau des chemins de fer d'Etat de Prusse (juillet 1881)***		*27.2*	*13.6*	*8.3*	*7.4*	*6.2*	*5.6*	*4.3*	*3*
**	**Conférence de Neustadt a.d. Haardt (mars 1882)**	Taxes proposées par les compagnies suisses pour le trafic entre l'Allemagne et l'Italie (NOB, SCB, GB)	33.33	17.96	14.26	12.22	11.11	10.09	8.06	6.02
		Taxes proposées par les compagnies allemandes sur le réseau suisse pour le trafic entre l'Allemagne et l'Italie via Gothard	32.04	16.02	10	7.96	7.04	6.02	5	3.43
**	**Compromis de Neustadt a.d. Haardt : taxes suisses pour le trafic de transit entre l'Allemagne et l'Italie (juin 1882)**	Jusqu'à 100 km au-delà de la frontière germano-suisse	32.82	16.50	9.96	9	7.5	6.74	5.24	3.3
		Dès 100 km au-delà de la frontière germano-suisse	31.45	15.81	9.55	8.63	7.19	6.46	5.03	3.16
***	**Compromis de Locarno : taxes suisses pour le trafic de transit entre l'Allemagne et l'Italie (février 1884)**	Jusqu'à 100 km au-delà de la frontière germano-suisse	32.6	16.5	9.9	8.9	7.4	6.7	5.2	3.3
		Entre 100 et 200 km au-delà de la frontière germano-suisse	29.9	15.13	9.1	8.1	6.8	6.1	4.8	3
		Au-delà	27.2	13.75	8.3	7.4	6.2	5.6	4.3	3
****	**Compromis de Lugano : taxes suisses pour le trafic de transit entre l'Allemagne et l'Italie (mai 1885)**		27.2	13.6	8.3	7.4	6.2	5.6	4.3	3
*****	**Taxes maximales autorisées par la Convention du Gothard de 1869**		45	14.5						5
******	**Taxes adoptées par le NOB, SCB, JBL, VSB et GB pour le trafic suisse (tarif de réforme 1882/83)**		34	17	13.5	12.5	12.5	9.5	8	5

Sources:
*: AHCFF, VGB_GB_SBBGB03_092_01, «Neue preussische Grundtaxen, Wiesbaden, 13. Juli 1881»; **: Ibidem, «Deutsch-italienischer Güterverkehr. Konferenz-Protokoll. Konferenz von Neustadt a.d. Haardt, den 20.-21. März 1882, p. 13»; ***: Ibidem, «Deutsch-Italienischer Verband. Konferenz-Protokoll. Konferenz von Locarno, den 2.-4. April 1884, p. 16»; Ibidem, «Betrifft den deutsch-italienisch Güterverkehr. Die Kaiserliche General-Direktion der Eisenbahn in Elsass-Lothringen auf der Verwaltungen des deutsch-italienischen Verbands, Strassburg, den 22. Februar 1884»; ****: Ibidem, ««Transit-Taxen der schweizerischen Bahnen für den deutsch-italienischen Güterverkehr (Protokoll der am 11. und 12. Mai 1885 in Lugano abgehaltenen Konferenz betreffend die Neuausgabe der deutsch-italienischen und schweiz.-italienischen Gütertarife via Gothard)»;*****: FF, vol. 2, 1870/1, pp. 985-994; ******: cf. Annexe 3.1.3, Taxe de la classification de la réforme de 1882.

Le dernier épisode dans le processus d'abaissement des taxes kilométriques sur sol helvétique via le Gothard se joue en mai 1885 à Lugano[67]. Dans le but de négocier avec les compagnies italiennes une révision de leurs tarifs internes favorisant systématiquement l'axe du Mont Cenis par rapport au Gothard pour le trafic avec les principales gares helvétiques[68], les compagnies suisses adoptent de nouveaux abaissements de leurs taxes kilométriques pour les transports entre l'Allemagne et l'Italie. Elles espèrent provoquer l'alignement des taxes italiennes pour le trafic italo-suisse sur celles pratiquées pour le trafic italo-allemand. Dès 1885, les taxes kilométriques pratiquées par les compagnies suisses pour le trafic de transit via Gothard sont les mêmes que les taxes prussiennes (cf. tableau 6; ****).

4.4 La marche vers l'unification du système tarifaire (1882-1885)

4.4.1 La fronde de la Compagnie de la Suisse Occidentale-Simplon: le projet de «système tarifaire Chéronnet»

L'ouverture du tunnel du Gothard en 1882 annonce d'emblée une cohabitation difficile entre une Union commerciale destinée, comme on l'a vu, à diriger le trafic de transit et le trafic d'exportation suisse sur les lignes de la SOS, et au-delà du PLM, et une association tarifaire regroupant les compagnies allemandes, le NOB, le SCB et le GB en vue de faciliter le trafic par le nouvel axe nord-sud. Le trafic direct entre compagnies de l'Union commerciale repose sur la combinaison des systèmes tarifaires de 1863/1872, alors que le trafic direct entre l'Allemagne et

67 AHCFF, VGB_GB_SBBGB03_ 092_01, «Protokoll der am 11. und 12. Mai 1885 in Lugano abgehaltenen Konferenz betreffend die Neuausgabe der deutsch-italienischen und schweiz.-italienischen Gütertarife via Gotthard».

68 En 1884, un rapport manuscrit et anonyme, mais provenant certainement du GB, fait état de taxes kilométriques pratiquées par la Compagnie de la Haute Italie et avantageant systématiquement l'axe du Mont Cenis par rapport à l'axe du Gothard pour le trafic entre l'Italie et la Suisse. Cf. AHCFF, VGB_GB_SBBGB03_ 091_02, «Rapport, 1884».

l'Italie par le Gothard sur le système de réforme allemand. Entre la France d'un côté et l'Empire allemand de l'autre, les tentatives de contrôle de la *«plaque-tournante helvétique»*[69] trouvent leur expression dans l'imposition de systèmes tarifaires différents et difficilement combinables. La confrontation des systèmes tarifaires retarde d'autant la réalisation d'une uniformisation voulue aussi bien par le commerce et l'industrie que par le Conseil fédéral.

Le 1er juin 1882, le GB introduit le système allemand de réforme sur son réseau. Trois mois plus tard, en septembre, le NOB l'introduit également et est suivi, en janvier 1883 par le SCB. Les trois compagnies, parties prenantes au trafic de transit par le Gothard, avaient annoncé leur intention d'adopter le système allemand lors de la conférence germano-suisse de Lucerne, en octobre 1881. Au nord-est de la Suisse, en tenaille entre le réseau du NOB et le réseau autrichien qui, tout deux, ont adopté le système allemand de réforme, le VSB n'a d'autre option que d'introduire le même système tarifaire. Le JBL l'adopte également, aussi bien pour favoriser la jonction avec les tarifs du GB dès Lucerne, que pour amorcer une simplification du système tarifaire: selon la direction du JBL, «le système de classification de 1863 ne répond plus aux besoins du commerce et n'est plus en harmonie avec l'extension qu'a prise le trafic de marchandises». La direction en veut pour preuve, «l'établissement de nombreux tarifs spéciaux, grâce auxquels le développement [du trafic de marchandises] a pu se produire». Sur le réseau du JBL la proportion du trafic marchandises transportées au moyen de tarifs spéciaux a passé de 57% à plus de 65% du total entre 1878 et 1881. La direction est convaincue que grâce au système allemand de réforme, l'établissement de tarifs spéciaux non contenus dans la classification générale deviendra l'exception et non plus la règle[70].

Le corollaire de l'adoption du système allemand de réforme par l'ensemble des compagnies suisses, non comprise la SOS, est l'abandon de tous les tarifs directs basés sur le système de 1863/1872 qui permettaient d'effectuer le trafic entre les réseaux des compagnies suisses. La cristallisation de la position des deux camps à partir de 1882 menace, selon les propres termes du Conseil fédéral, de provoquer «une interruption

69 Selon l'expression de Roland Ruffieux. Cf. Roland Ruffieux, «La question du Gothard dans la politique suisse», in *Il san Gottardo...*, p. 114.

70 *Réforme des tarifs. Rapport de la Direction au Conseil d'administration des chemins de fer du Jura-Berne-Lucerne,* Berne, 1882, pp. 5-6.

complète du trafic direct des marchandises entre la Suisse orientale et la Suisse occidentale»[71]. Dans un rapport spécifiquement consacré aux tarifs, Chéronnet, le directeur de la SOS nommé par le Comptoir d'Escompte de Paris, parle de violation des engagements de la convention à la base de l'Union commerciale et en appelle, avec une certaine véhémence, à la résistance[72]:

> [...], aucun motif basé sur une étude approfondie du trafic local de chaque Compagnie, aucun motif appuyé sur les besoins du trafic général suisse, aucune raison justifiée par un but de développement du transit français-suisse et français-suisse-autrichien-russe, etc., etc., n'ont été produits par les Compagnies du Gothard, du Nord-Est, de l'Union-Suisse, du Central et du Jura-Bernois, pour justifier de leur part l'adoption du tarif de réforme. Elles ont été entraînées à cette grave résolution par le désir de faciliter le transit allemand-suisse et allemand-suisse-italien. Ont-elles bien fait? L'avenir le dira. Mais, alors, pourquoi la Compagnie de la Suisse Occidentale et du Simplon, qui n'a presque rien à prétendre sur le trafic allemand-suisse et qui ne peut retirer du transit allemand-suisse-italien, devrait-elle aussi adopter cette forme nouvelle, sans qu'elle puisse espérer aucune compensation à la complication à laquelle elle se soumettrait et à la gêne qu'elle imposerait à son trafic si important avec la France? En vérité, on ne le voit pas, et, bien au contraire, tout lui commande la résistance aux idées nouvelles.

La résistance, organisée par Chéronnet, englobe deux aspects. Le premier aspect consiste à démontrer le caractère inefficace et dangereux du système de réforme allemand appliqué à un pays de la taille de la Suisse ne disposant pas de très grands centres de commerce susceptibles d'organiser le regroupage des marchandises que suppose un système avantageant les expéditions en grande quantité. Pour ce faire, Chéronnet s'appuie sur des statistiques des expéditions et des arrivages de chaque gare de la SOS ordonnés suivant les classes des tarifs généraux et des tarifs spéciaux et sur la typologie du trafic (trafic interne, direct suisse et international). Ces statistiques sont rassemblées par un bureau spécialement créé au sein de la SOS. Celles-ci, étant donné la difficulté extrême du travail et le manque complet de données chiffrées tenues à jour, se contentent de retracer le mouvement du trafic durant quelques

71 ACV, K IX 207/5, «Lettre du Département fédéral des postes et des chemins de fer au Conseil d'Etat du canton de Vaud, Berne, le 28 novembre 1884».

72 Compagnie des chemins de fer de la Suisse Occidentale et du Simplon, *Rapport présenté au Conseil d'administration par la direction sur la question des tarifs*, Lausanne, 1882, p. 15 et 26-27.

mois de la fin de l'année 1881. Pour les mois de septembre, octobre, novembre et décembre 1881, la statistique démontre la domination du trafic d'expédition partielle pour le trafic direct suisse[73].

Après avoir démontré par la statistique l'aspect néfaste du système allemand de réforme pour le trafic direct suisse, Chéronnet – et c'est là le second aspect de son programme – propose un système de classification alternatif. Ce système revêt un intérêt particulier puisque, s'il a le mérite de se combiner parfaitement avec le système tarifaire en vigueur sur les compagnies françaises, il a également l'avantage de se combiner – quoique beaucoup plus difficilement – avec le système allemand de réforme. Le système proposé par le directeur de la SOS est entièrement basé sur le volume des expéditions mais, au moyen de 6 séries de tarif, il permet de tenir compte des envois de faible quantité. Comme le montre le schéma 4, la combinaison du système tarifaire au volume de Chéronnet avec le système tarifaire à la valeur des compagnies françaises est facilement réalisable: aux gares de jonction, les expéditions arrivant de France sont rangées au sein des classes suisses en tenant compte uniquement de leur volume. Inversement, les expéditions suisses à destination de la France sont redistribuées en tenant compte uniquement de la nomenclature en vigueur sur le réseau français. Le «système Chéronnet» est plus difficile à combiner avec le système allemand de réforme: il nécessite l'établissement de 11 nouvelles classes. Mais le directeur de la SOS ne s'embarrasse pas de cet élément: il est hors de doute que son principal souci demeure de favoriser la jonction des systèmes tarifaires de la SOS et du PLM tout en développant un discours de défense du petit commerce, plus susceptible de rencontrer la sympathie du public que des raisons de contrôle du trafic. Son décès, survenu en début d'année 1883, ne signifie pas l'abandon du projet de système qu'il se propose d'instaurer sur tout le réseau suisse. Sa promotion est assurée par l'AIC de Genève, en particulier par son président Challet-Venel et par le banquier Arthur Chenevière (1822-1908), conseiller national et administrateur de la Société suisse pour l'Industrie des chemins de fer qui exploite le réseau de la SOS[74].

73 Ibidem, pp. 31-35.

74 AF, E 53, Nr. 796, Vol. 259, «Association industrielle et commerciale genevoise, Rapport sur la question des tarifs du transport pour marchandises présenté par MM. Challet-Venel et Ch. Fischer à la Chambre de Commerce de Genève, 6 octobre 1883»; Bouvier, «La grande crise...», p. 466.

Schéma 4 – Combinaisons tarifaires «Système Chéronnet»

Système tarifaire en vigueur sur les compagnies françaises

Expéditions partielles					
Série 1	Série 2	Série 3	Série 4	Série 5	Série 6
Classification des marchandises suivant la valeur au sein des 6 séries					

« Système Chéronnet »

Série 1	1 kg à 1.000 kg
Série 2	1.001 à 2.500 kg
Série 3	2.501 à 5.000 kg
Série 4	5.001 à 7.500 kg
Série 5	7.501 à 10.000 kg
Série 6	10.000 kg et plus

Système tarifaire en vigueur sur les compagnies allemandes

Exp. part.	Classes générales de wagons complets		Tarifs spéciaux			
	5T	10T	5T	10T	10T	10T
	A[1]	B	A[2]	I	II	III

Combinaison tarifaire, « système Chéronet » - Système allemand

Combinaison tarifaire Allemagne – Suisse	Classe correspondante du système allemand de réforme	Classe correspondante du « système Chéronnet »
1	Expéditions partielles	Série 1
2	Expéditions partielles	Série 2
3	Expéditions partielles	Série 3
4	A[1]	Série 4
5	A[1]	Série 5
6	A[2]	Série 4
7	A[2]	Série 5
8	B	Série 6
9	I	Série 6
10	II	Série 6
11	III	Série 6

Sources: d'après Compagnie des chemins de fer de la Suisse Occidentale et du Simplon, *Rapport…*, p. 41; Niggli, *Das Gütertarifwesen…*, p. 22.

4.4.2 L'unification accomplie: l'adoption du système de réforme allemand par la Compagnie de la Suisse Occidentale-Simplon

La SOS ne parvient pourtant pas à imposer son système et finit par adopter, dès avril 1885, le système allemand de réforme. Plusieurs raisons l'expliquent, parmi lesquelles sans aucun doute la disparition de Chéronnet et la perte d'influence du Comptoir d'Escompte de Paris au sein de la SOS, concomitante à l'achat d'actions de la compagnie par la finance allemande à partir de 1884[75]. Au-delà de ces considérations,

75 La tactique poursuivie par les financiers allemands soutenus par Berlin consiste à enlever à la France la capacité à attirer sur son réseau le trafic suisse à destination du sud des Alpes. Cf. Benz, *Les transports…*, p. 33; Benz, *Le percement du Simplon…*, p. 194.

deux éléments ont pesé de tout leur poids dans le choix de la SOS d'introduire sur son réseau le système allemand de réforme.

Le premier élément est sans contexte le recul du trafic marchandises sur le réseau de la compagnie dès 1882 et la décision de ne pas adhérer à la réforme tarifaire. En 1884, le Conseil fédéral note ainsi[76]:

> Non seulement le trafic interne suisse souffrait par cet isolement, mais le trafic suisse direct avec l'étranger et le transit suisse s'en ressentaient aussi. Parce que l'étude de trois différentes classifications de marchandises (tarif de réforme, les tarifs de la Suisse Occidentale Simplon et les tarifs français) pour l'exportation par des ports français offrait trop de difficultés, le trafic se concentrait aux points de jonction des chemins de fer suisses à tarif de réforme avec les chemins de fer étrangers, ce qui finit par faire perdre beaucoup de transport aux chemins de fer de la Suisse occidentale, au profit de l'étranger.

En légère croissance entre 1879 et 1881, le tonnage total transporté sur les lignes de la SOS recule à nouveau de près de 6% entre 1882 et 1886, ce qui se traduit par un recul de la même proportion des recettes de transport marchandises. Dès 1886 et l'introduction du système de réforme allemand sur son réseau, le tonnage et les recettes repartent durablement à la hausse[77]. Au moment même où la mise en service du chemin de fer de l'Arlberg (reliant la Suisse au Tyrol) promet de renforcer considérablement le trafic de transit est-ouest susceptible d'emprunter les voies de la SOS, celle-ci ne peut durablement repousser l'introduction d'un système tarifaire en vigueur sur toutes les compagnies de cet axe.

Un deuxième élément qui explique la décision finale de la SOS d'adhérer à la réforme tarifaire est à chercher du côté de la position du Conseil fédéral, et en particulier du chef du DFPC, l'Argovien Emil Welti (1825-1899). Dès 1876, le Conseil fédéral se prononce en faveur de l'unification des systèmes tarifaires des compagnies suisses sous la bannière du système allemand de réforme. Pour le Conseil fédéral, le choix du système au volume est avant tout dicté par sa simplicité qui permettrait de rompre avec les difficultés inhérentes aux permanentes révisions de nomenclature du système *ad valorem*[78]. Les discussions engagées entre

76 ACV, K IX 207/5, «Lettre du Département fédéral des postes et des chemins de fer au Conseil d'Etat du canton de Vaud, Berne, le 28 novembre 1884».

77 *Statistique des chemins de fer suisses,* Berne, diverses années.

78 *Lettre de la Conférence des chemins de fer suisses au Haut Conseil fédéral suisse au sujet de l'unification des dispositions des concessions concernant les Tarifs,* Lausanne 1876.

le Conseil fédéral, la CACF et le Vorort de l'USCI ne parviennent toutefois pas à dégager un consensus. Invoquant les taxes très élevées proposées par les compagnies de chemins de fer, les milieux du commerce et de l'industrie obtiennent le soutien du Conseil fédéral afin d'exiger des compagnies l'établissement d'une seconde classe d'expédition partielle avec des taxes plus basses. Face au refus des compagnies, le dossier de l'uniformisation tarifaire est retiré de l'ordre du jour des réunions de la CACF dès juillet 1881, comme on l'a vu. En 1882, lorsque la majorité des compagnies suisses adopte, sous la pression des compagnies germaniques, le système allemand de réforme, la position d'Emil Welti et du Conseil fédéral n'a pas changé.

Conclusion

La crise que subissent les compagnies ferroviaires helvétiques dès 1875 met crûment en lumière la faible croissance structurelle du transport sur le réseau suisse. Le recul relatif des transports totaux empruntant le réseau durant la Grande dépression ne fait qu'accélérer la chute de la densité du transport, notamment sur les réseaux du NOB et de la SO qui connaissent une nouvelle extension entre 1870 et 1875. En 1880, la densité du transport exprimée en T par km a ainsi reculé de 44% par rapport à 1875 sur l'ensemble du réseau suisse. Pour les compagnies ferroviaires, la seule solution afin d'inverser cette tendance de longue durée consiste à capter le transit ferroviaire international dont on pressent une croissance importante grâce à l'industrialisation rapide de l'Allemagne et aux promesses de développement économique issues de l'unité italienne. La captation du transit passe par les tarifs ferroviaires.

Face à la multiplication des voies ferroviaires contournant la Suisse (Jura français, ligne de la rive droite du Rhin, Brenner, puis Mont Cenis), les compagnies helvétiques doivent impérativement élaborer une stratégie commune visant à maximiser leur capacité à diminuer leurs tarifs. La CACF, soumise aux divergences d'intérêts d'adhérents toujours plus nombreux, n'est pas en mesure de proposer des solutions. Celles-ci seront établies dans le cadre restreint de l'Union commerciale, entre la SO, le SCB, le NOB et le JBL. Imposée par la finance parisienne, l'Union commerciale poursuit deux buts complémentaires. Le premier est de provoquer une augmentation du trafic, et donc des recettes, sur les réseaux des compagnies suisses au sein desquels le Comptoir d'Escompte de Paris est financièrement engagé, en améliorant leur capacité concurrentielle, notamment par l'introduction de la répartition au prorata kilométrique pour les transports communs. Toutes les compagnies sont ainsi priées de participer à l'effort d'abaissement des tarifs. La grande bénéficiaire d'une telle politique est la SO, principale artisane de l'Union commerciale par l'intermédiaire de Chéronnet, son directeur nommé par le Comptoir d'Escompte. Le second objectif est de sauvegarder, face à l'ouverture prochaine du Gothard, les intérêts du PLM, proche du Comptoir d'Escompte, en maintenant sa capacité à drainer le transit helvétique et nord européen vers le port de Marseille via le réseau de la SO. L'Union commerciale vise donc à donner à l'axe est-ouest la capacité de capter une partie du transit et du trafic d'importation et d'exportation helvétique.

A ce couloir de transit vient s'ajouter le couloir nord-sud par le Gothard. Le SCB, le NOB et, dans une moindre mesure, le JBL – soit trois des quatre participants à l'Union commerciale – sont partie prenante au trafic du futur axe nord-sud. Les négociations entreprises entre compagnies allemandes et suisses dès 1881 afin d'élaborer des tarifs directs par le Gothard mettent avant tout en lumière les objectifs divergents poursuivis par les compagnies des deux pays. Dans le cas du Gothard, les compagnies helvétiques préfèrent d'emblée opter pour l'établissement de tarifs spéciaux, élaborés en collaboration avec leurs homologues allemands. Elles n'envisagent pas de modifier la stratégie qu'elles ont suivie depuis le début des années 1860 afin de diriger le trafic de transit sur leur réseau. La solution des tarifs spéciaux leur offrirait l'avantage d'introduire des abaissements de taxe, uniquement en cas de nécessité pour lutter contre la concurrence du Brenner. Cette stratégie s'oppose à celle des compagnies allemandes. Pour ces dernières, l'axe du Gothard, offrant sur le Brenner des avantages de distances considérables pour une grande partie du trafic allemand à destination de l'Italie, doit proposer de vrais abaissements des prix du transport. Dominée par le directeur des chemins de fer impériaux d'Alsace-Lorraine et par les représentants des directions régionales des chemins de fer de l'Etat de Prusse, la délégation germanique fixe, dès le début, les bases des négociations: introduction du système allemand de réforme par les compagnies suisses; adoption des taxes kilométriques des chemins de fer prussiens et du «tarif à un Pfennig» pour le transport des charbons. Les compagnies suisses sont happées dans un processus de négociations dont les termes sont entièrement fixés par les compagnies germaniques obtenant, au besoin, le soutien de la Compagnie de la Haute-Italie. Au fil des conférences reviennent ainsi inlassablement les exigences de diminution des taxes kilométriques suisses, sur un ton qui se fait de plus en plus menaçant. Si les compagnies suisses ne plient pas, les compagnies allemandes se détourneront du Gothard pour se concentrer sur le Brenner.

En 1885, au terme des négociations, les compagnies suisses ont plié sur toute la ligne, avec une double conséquence. Premièrement, elles ont accordé des diminutions de taxes allant de 50% pour les classes les plus basses à 20% pour les classes les plus haute (GV) par rapport à leur proposition initiale lors de la conférence de Neustadt a.d. Haardt: le transport au coût de revient se précise pour les classes les moins chères. Deuxièmement, le trafic de transit entre l'Allemagne et l'Italie par le Gothard a, pour la première fois, mené à l'établissement de deux tarifs généraux avec des taxes différentes mais basés sur le même système de classification. Le premier, aux taxes très basses, est appliqué pour le trafic de transit (cf. tableau 6; ****); le second, aux taxes plus élevées, est appliqué pour le trafic helvétique, intérieur, d'importation ou d'exportation (cf. tableau 6; ******). Aux systèmes obscurs des tarifications spéciales, des combinaisons de systèmes tarifaires différents pour le trafic entre deux pays, se substitue donc un système marqué avant tout par sa clarté. On pressent déjà que l'objectif d'une partie de l'industrie suisse sera désormais d'obtenir une égalisation des taxes du service intérieur sur les taxes de transit. Lorsque le processus d'abaissement des taxes de transit prend fin suite à la conférence de Lugano en mai 1885, les compagnies ferroviaires font d'ores et déjà face à une tempête de mécontentement en Suisse (cf. chapitre 5).

L'abaissement des tarifs pour le trafic de transit, sans compensation pour les trafics internes, est la face sombre de l'évolution du système tarifaire des compagnies. L'aspect positif de cette période durant laquelle les compagnies helvétiques furent projetées dans le grand jeu du trafic de transit européen est sans conteste l'unification du système tarifaire accomplie en 1885.

Chapitre 5

Conséquences des politiques tarifaires destinées à capter le trafic de transit (1878-1885)

La formation de l'Union commerciale (1878) visant à optimaliser les capacités d'abaissement des tarifs ferroviaires afin de diriger le trafic de transit sur le réseau helvétique, l'adoption du système tarifaire allemand par les compagnies intéressées au trafic par l'axe du Gothard (1882/1883) et l'introduction de taxes de transit très basses par les mêmes compagnies ne constituent pas une rupture dans une politique tarifaire qui, depuis le début des années 1860, a été avant tout dictée par la concurrence des lignes ferroviaires contournant le pays. Auparavant toutefois, jamais cette politique n'avait atteint un tel degré de réalisation. Dès la fin des années 1870, le «tout au transit» est la conséquence à la fois du volontarisme des compagnies helvétiques et de la pression des compagnies allemandes. Du côté des compagnies suisses, le trafic de transit constitue une perspective d'augmentation de la densité de trafic au lendemain de la crise financière qui les a durement touchées. Avant le processus d'abaissement des taxes de transit entre l'Allemagne et l'Italie sous la pression des compagnies germaniques, l'Union commerciale, formée sous la houlette de la finance parisienne, doit permettre d'optimaliser les capacités concurrentielles du réseau helvétique par un effort commun dans les réductions tarifaires, désormais amorties au prorata kilométrique des lignes des compagnies de l'union. L'approche de l'ouverture du tunnel du Gothard, par la perspective de profondes modifications des axes de circulation du transit, redistribue les cartes. Si, du côté helvétique, on pense pouvoir construire un système basé sur des tarifications spéciales, du côté allemand on désire favoriser l'introduction d'un système aussi simple que possible. Si, du côté helvétique, on définit l'ampleur des tarifs de transit en fonction de la concurrence du Brenner, du côté de l'Empire allemand on attend de l'ouverture de l'axe de transit suisse qu'il a en partie financé de notables abaissements des coûts de transport pour une très grande partie du pays. Aux nécessités des compagnies helvétiques se superposent donc, dès le début des années 1880, les exigences allemandes, imposées en grande partie sous la menace d'un contournement de la Suisse par le trafic d'outre-Rhin à destination de l'Italie. Les compagnies helvétiques plient sur toute la ligne: elles introduisent le système tarifaire allemand de réforme; elles concèdent d'importantes diminutions des taxes pour toutes les classes de transport du transit germano-italien.

Après avoir analysé, dans le chapitre 4, le repositionnement des chemins de fer suisses au centre du réseau ferroviaire européen suite aux ouvertures successives du Mont Cenis et du Gothard et les abaissements des tarifs de transit qui s'ensuivirent, le présent chapitre propose d'étudier les conséquences de ce processus en considérant la position des compagnies ferroviaires, des milieux du commerce et de l'industrie et de l'Etat régulateur. Du côté des compagnies, la logique d'adaptation des systèmes tarifaires aux impératifs du trafic de transit est-elle bénéfique? Profite-elle à toutes les administrations de chemins de fer du pays? Concrètement, quelle est la part du trafic international de transit – trafic pour la captation duquel les compagnies adoptent des politiques tarifaires offensives – dans le trafic total du réseau suisse? Du côté de l'industrie et du commerce helvétiques, quels sont les effets des politiques tarifaires favorisant le trafic de transit? Plus largement, quelles sont les exigences de régulation qui naissent de cette nouvelle situation et quelles sont les réponses que l'Etat fédéral est en mesure d'apporter, en tenant compte des intérêts de tous les acteurs?

5.1 Le trafic international de transit et les compagnies ferroviaires: aspects quantitatifs

Sur la longue durée et pour l'ensemble du réseau ferré suisse, l'évaluation de la proportion de trafic international de transit dans le trafic total est difficilement réalisable. Par trafic international de transit, nous entendons le trafic empruntant le réseau suisse en provenance d'un pays étranger et à destination d'un pays étranger. Dans la mesure où ce sont ces trafics, soumis à la concurrence des lignes étrangères, qui entraînent les compagnies ferroviaires suisses dans des logiques d'abaissement tarifaire dès la fin des années 1870 et de façon plus évidente encore avec l'ouverture de la ligne du Gothard, il est nécessaire d'estimer leur importance quantitative afin d'évaluer les résultats de leur stratégie.

Les compagnies ferroviaires distinguent trois types de trafic: le trafic interne à leur réseau; le trafic direct suisse (impliquant le réseau de plusieurs compagnies suisses) et le trafic international. La *Statistique des chemins de fer suisses*, publiée dès 1868, ne fournit aucune indication permettant une distinction entre ces trois types de trafics. Les statistiques des compagnies ne dénotent que peu d'uniformisation en la matière. Ainsi, le terme trafic de transit, régulièrement usité, englobe aussi bien le trafic international ne faisant que transiter sur le réseau suisse, que le trafic transitant sur les lignes d'une compagnie suisse et destiné à une station d'une autre compagnie du réseau suisse. Les travaux statistiques entrepris par la SOS en 1881[1] dénotent un ensemble de difficultés qui pèse sur l'établissement d'une statistique des trafics fiable: pour la compagnie – et par extension pour les autres compagnies également – le terme trafic de transit concerne en premier lieu le trafic d'un pays étranger vers un autre pays étranger et qui emprunte le réseau de la SOS. Mais il englobe également le trafic provenant d'une station étrangère empruntant le réseau de la SOS et destinée à une station d'une autre compagnie du réseau suisse. Enfin, ce type de trafic contient également le trafic au départ d'une station de la SOS mais destiné à une station étrangère au réseau suisse. Le dernier obstacle à une évaluation des répartitions de trafic provient de l'inexistence d'une statistique fiable au sein même des compagnies. Dans le cas de la SOS, la direction reconnaît[2]:

> Les statistiques tenues à jour dans les bureaux de la Compagnie ne fournissent aucune donnée pour atteindre le résultat cherché; elles se bornent à quelques indications générales de tonnages, de parcours et de moyennes de taxe sans aucune utilité pour l'étude entreprise. Il a donc été nécessaire de faire tout un travail nouveau [...].

Ces multiples difficultés rendent illusoires l'évaluation de la proportion des différents types de trafic sur le long terme. L'essai entrepris en

1 Cf. Compagnie des chemins de fer de la Suisse Occidentale et du Simplon, *Rapport...*
2 Ibidem, p. 27.

1881 par la SOS afin de distinguer les types de trafic sur son réseau, malgré son caractère très limité puisque la statistique ne s'étend qu'aux mois de septembre à décembre 1881, a tout de même le mérite d'offrir une radiographie ponctuelle du trafic sur un réseau. Notons que le caractère plus agricole et rural des régions traversées par les lignes de la SOS empêche d'étendre les conclusions de l'étude aux autres réseaux suisses.

Les résultats de la SOS démontrent que, pour la période de septembre à décembre 1881, près de 50% du trafic total du réseau provient de transports internes. Le service direct suisse fournit 30% du tonnage total, alors que le trafic international de transit 22% (cf. graphique 5).

Graphique 5 – Répartition du tonnage provenant des types de trafics au sein de la SOS (septembre-décembre 1881)

En pourcent du total du tonnage transporté

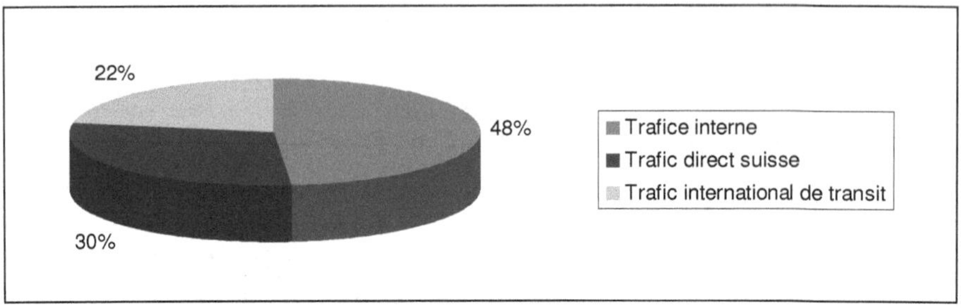

Source: D'après Compagnie des chemins de fer de la Suisse Occidentale et du Simplon, *Rapport...,* annexes.

Au niveau de la part de recettes fournie par chacun des types de transports, la répartition est quelque peu différente (cf. graphique 6). Les trafics internes au réseau englobent 42% du produit total généré par le transport de marchandises. La relative faiblesse du produit du service interne par rapport à la proportion du tonnage représentée par le même service (48%) provient de la faible distance sur laquelle se font ces transports (en moyenne 57 km) et de la propension de ceux-ci à se faire au moyen de tarifications spéciales. Le trafic direct suisse fournit 34% des recettes (30% du tonnage). Dans ce cas, l'inversion des proportions est expliquée par la distance moyenne relativement longue (près de 80 km) parcourue par ce type de transport sur le réseau de la SOS. Enfin, le service international de transit fournit 24% des recettes du transport de marchandises (22% du tonnage). L'inversion des proportions est également provoquée par la distance moyenne de parcours de ce type de trafic (plus de 120 km). Cependant, plus fortement soumis aux concurrences des voies ferroviaires contournant la Suisse, les trafics de transit se font en grande partie moyennant des tarifs spéciaux, ce qui explique leur faible apport en terme de produit, eu égard à la longue distance de parcours.

Graphique 6 – Répartition des recettes provenant des types de trafics au sein de la SOS (septembre-décembre 1881)

En pourcent du total des recettes du transport de marchandises

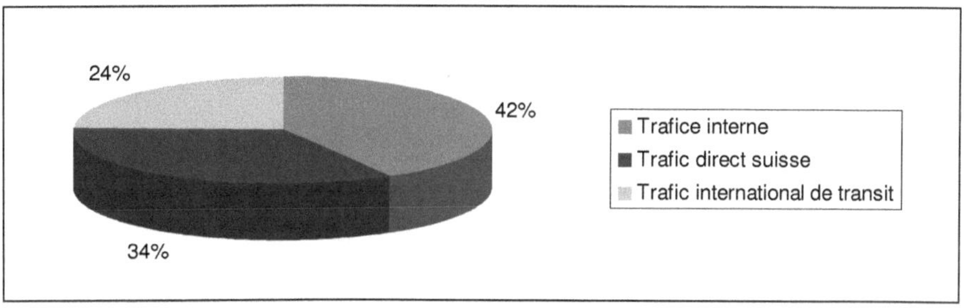

Source: D'après Compagnie des chemins de fer de la Suisse Occidentale et du Simplon, *Rapport...*, 1882, annexes.

Les chiffres fournis pour le trafic du Gothard permettent d'affiner l'analyse. En 1883, première année d'exploitation continue de l'axe nord-sud, plus de 464.000 T de marchandises empruntent la ligne contre un peu moins de 80.000 T au début des années 1880. Le transport de marchandises grimpe à plus de 800.000 T en 1893 pour franchir la barre du million au tournant du siècle[3]. Mais il s'agit là du tonnage total empruntant la ligne du GB (trafic interne, trafic direct suisse et trafic international de transit). Le trafic international de transit de l'étranger vers l'étranger croît de façon beaucoup plus modérée: s'il s'élève à 236.000 T en 1883, soit un peu plus de 50% du trafic total de la ligne, il ne représente que

3 *Statistique des chemins de fer suisses,* Berne, 1880; 1883; 1899; Burkhardt, *Der schweizerische Gütertransitverkehr...*, p. 12.

261.000 T en 1893, soit environ 30% du trafic total[4]. On n'atteint pas les projections qui estimaient que dès l'ouverture du tunnel, 60% du trafic total serait à mettre sur le compte du trafic de transit[5]. Parallèlement, le trafic interne suisse via le Gothard monopolise, entre 1883 et la fin du siècle, environ 30% du total du trafic, soit à peu près 140.000 T en 1883, contre 240.000 T à la fin du siècle[6]. Ainsi, compte tenu de la diminution de la proportion du trafic de transit entre 1883 et 1893, de la stabilité de la part de trafic interne entre les mêmes dates, on peut conclure à un renforcement du trafic d'exportation (Suisse – Italie) et d'importation (Italie – Suisse) entre les deux dates: d'environ 20% du trafic total par le Gothard en 1883, celui-ci s'élève à 40% en 1893 (cf. graphique 7).

Graphique 7 – Répartition entre trafics de transit international, interne et d'export/import sur le GB en 1883 et 1893

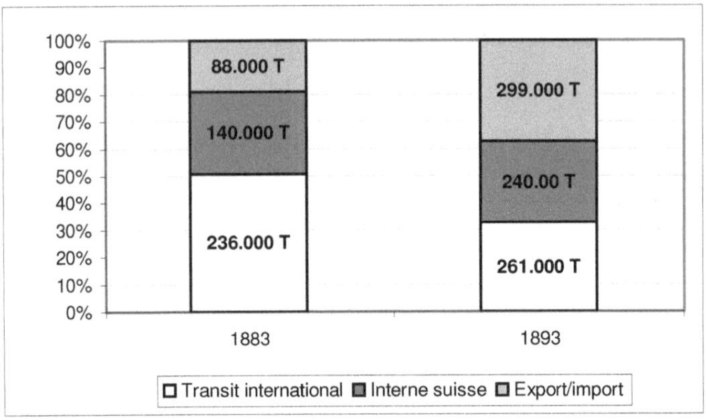

Sources: Estimations établies d'après Burkhardt, *Der schweizerische Gütertransitverkehr...*, p. 12; Tissot, «Les traversées ferroviaires alpines suisses...», p. 94; Tissot, «Les traversées ferroviaires alpines...», p. 163; *Statistique des chemins de fer suisses,* Berne, 1884 et 1894.

4 Burkhardt, *Der schweizerische Gütertransitverkehr....* Le trafic interne à la Suisse via le Gothard monopolise, entre 1883 et la fin du siècle, environ 30% du total du trafic (soit environ 140.000 T en 1883 pour 240.000 T à la fin du siècle). Cf. Laurent Tissot, «Les traversées ferroviaires alpines et leur rôle sur le développement économique régional: l'exemple des cantons du Valais et du Tessin (1880-1914). Une recherche en cours», in Pierre Dubuis (éd.), *Ceux qui passent et ceux qui restent. Etudes sur les trafics transalpins et leur impact local,* Saint-Maurice, 1989, p. 163.

5 Laurent Tissot, «Les traversées ferroviaires alpines suisses...», p. 94.

6 Ibidem, p. 163.

De nombreux éléments, sur lesquels les chemins de fer suisses ne peuvent que difficilement peser, influencent le trafic de transit international par le Gothard. Ainsi, dès les années 1880, l'arrivée massive de blés américains en Europe donne un avantage évident aux ports tournés vers la façade atlantique au détriment des ports italiens recevant les blés du Danube et de la Russie. La voie du Rhin se trouve ainsi raffermie et le courant d'importation provenant des ports de la Méditerranée défavorisé[7]. Les politiques douanières italiennes ainsi que les tarifs ferroviaires défavorables pratiqués par les compagnies italiennes pèsent également sur le trafic par le Gothard.

La répartition par catégorie de marchandises du trafic empruntant le Gothard entre 1883 et 1893 permet une double constatation (cf. graphiques 8 et 9): premièrement la progression des proportions de transports de denrées alimentaires et des matériaux de construction; deuxièmement le recul du transport des produits de l'industrie métallurgique et des combustibles. Dans la catégorie des combustibles, l'élément le plus important est les charbons allemands circulant en direction de l'Italie (plus de 65% de la catégorie en 1888)[8]. Le recul relatif des transport de charbon et des produits de la métallurgie illustre le basculement, en une dizaine d'années, d'un axe dominé par le trafic de transit vers une ligne dominée par le trafic d'importation et d'exportation. Il met en évidence la fragilité des résultats obtenus sur le trafic de transit par les politiques tarifaires des compagnies suisses.

Entre 1883 et 1893, les produits de l'industrie métallurgique passent de 29% du total des transports à 14%. Il est difficile de dire si ce recul est provoqué majoritairement par une diminution des exportations allemandes à destination de l'Italie transitant par le Gothard où plutôt par une propension des produits métallurgiques suisses à s'exporter en Italie par d'autres voies. Comme on le verra dans le chapitre 6, l'introduction d'un tarif pour les machines entre la Suisse et l'Italie en août 1888, provoquant une hausse du coût du transport pour certaines destinations italiennes, n'est sans doute pas étranger à ce recul relatif des produits de l'industrie métallurgique dans la structure des transports empruntant la ligne du Gothard.

7 Leuzinger, *Die Bedeutung...*, p. 43.

8 En 1888, d'après les statistiques des douanes, sur les 166.000 T entrant dans cette catégorie, 108.000 tonnes (soit 65%) sont des charbons circulant d'Allemagne en Italie. Cf. Leuzinger, *Die Bedeutung...*, p. 50.

Graphique 8 – Répartition du trafic du Gothard par types de marchandises (1883)

En pourcent du tonnage total

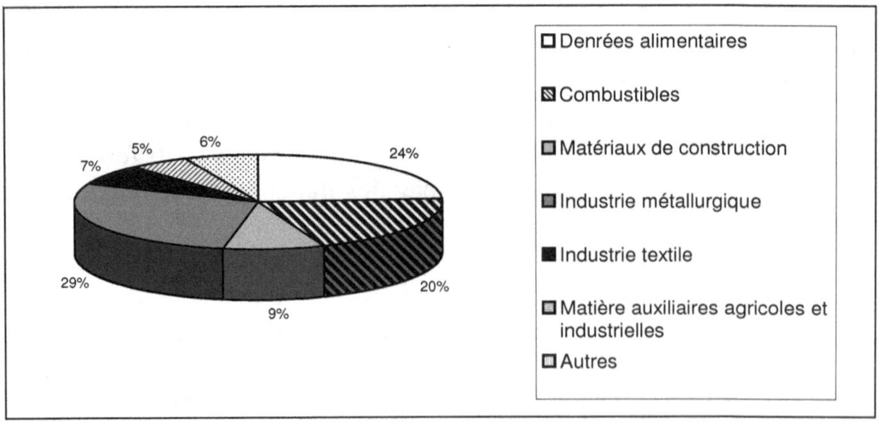

Source: D'après Annexe 5.1. Evolution du type de marchandises transportées sur le réseau ferroviaire helvétique (1877-1900).

Graphique 9 – Répartition du trafic du Gothard par types de marchandises (1893)

En pourcent du tonnage total

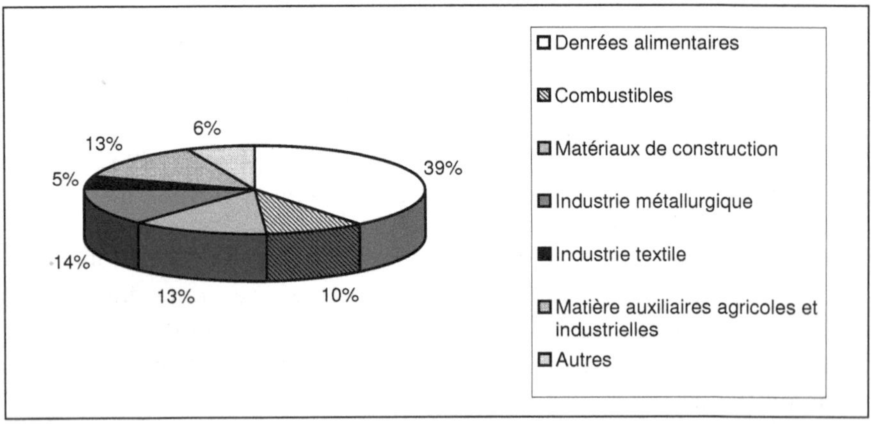

Source: D'après Annexe 5.1. Evolution du type de marchandises transportées sur le réseau ferroviaire helvétique (1877-1900).

La situation des transports de charbon est plus claire et illustre de façon flagrante les difficultés du Gothard à tabler dès son ouverture sur un trafic stable et conséquent. Comme on l'a vu lors des négociations germano-suisses qui mènent à l'établissement des tarifs de transit, l'industrie minière allemande attend beaucoup de l'ouverture du tunnel du Gothard: l'axe international doit permettre aux charbons allemands de se substituer aux charbons anglais dans la Péninsule. Or, cette substitution ne se fera pas: malgré l'adoption du «tarif à un Pfennig» – 2.75 cts. par T et par km – par les compagnies suisses dès 1884, l'Italie continue à utiliser massivement les charbons anglais[9]. Pour ces produits pondéreux de peu de valeur, le prix du fret maritime depuis l'Angleterre demeure souple et avantageux.

Le graphique 10 dénote une assez forte croissance des transports de combustibles sur le GB dès l'ouverture du tunnel et ce jusqu'à la fin des années 1880[10]: de 90.000 T en 1883, la quantité transportée passe à 166.000 T en 1888, atteignant cette année-là son maximum. Les années suivantes, les transports de combustible sur le GB marquent un recul constant et en 1900, la quantité transportée – de l'ordre de 77.000 T – est à peine supérieure à ce qu'elle était en 1882 au moment de la mise en service du tunnel. Des événements ponctuels, comme les mouvements de

9 Tissot, «Les traversées ferroviaires alpines suisses…», p. 96. En 1860, environ 95% des 237.500 T de charbon et de coke utilisés en Italie provient d'Angleterre. Le prix du fret maritime entre l'Angleterre et les grandes villes du nord de l'Italie (Gênes, Milan et Turin) s'échelonne entre 50 et 73 frs. la T. Dans leurs projections sur le trafic du Gothard, le directeur du NOB, Georg Stoll, son homologue du SCB Wilhelm Schmidlin et l'ingénieur Gottlieb Koller indiquent que l'avantage de distance permettra aux charbons allemands de concurrencer les charbons anglais dans la péninsule. Ils mentionnent toutefois la nécessité de mettre sur pied des tarifs plus bas que les tarifs alors en vigueur, notamment pour Gênes, dont la situation de ville portuaire permettra toujours de voir arriver à bas prix des charbons anglais. Cf. Koller, Schmidlin, Stoll, *Le chemin de fer du Saint-Gothard…*, pp. 73-76.

10 Il s'agit-là des transports totaux de combustibles, la *Statistique des chemins de fer suisses,* n'offrant pas plus de détails. Dans la catégorie «Combustibles», on trouve aussi bien le bois de chauffage, l'anthracite, le charbon de bois et la houille. L'ampleur de la catégorie provoque donc un premier biais. Le second biais est provoqué par l'impossibilité de dire s'il s'agit-là de trafic d'exportation (par exemple de bois de chauffage suisse à destination de l'Italie) ou à proprement parler de trafic de transit de houilles germaniques. Cependant, comme nous l'avons mentionné, une grande partie de la catégorie «Combustible», soit 65%, sont des houilles allemandes destinées à l'Italie.

grèves dans les mines germaniques à la fin des années 1880, provoquant une augmentation des prix du charbon d'origine allemande, défavorisent de façon évidente la croissance du trafic de transit à travers le Gothard.

Graphique 10 – Evolution des transports de combustibles par le Gothard

En milliers de T

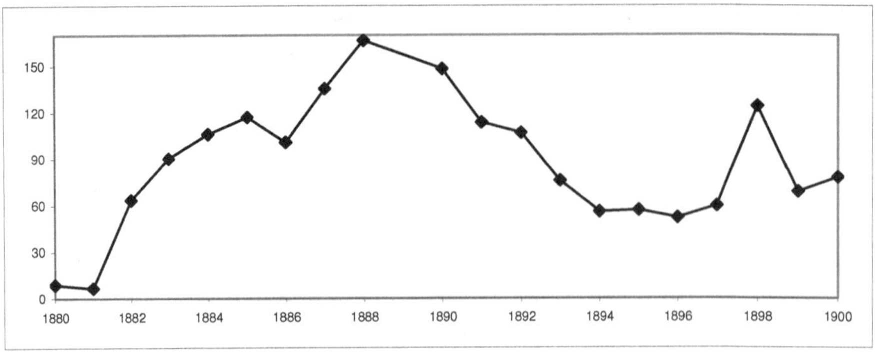

Source: Calculs établis d'après *Statistique des chemins de fer suisses,* Berne, 1880 à 1900.

En résumé, s'il est difficile d'établir une statistique précise du trafic de transit empruntant le réseau ferroviaire suisse, il est tout de même possible de tirer quelques conclusions générales. Ainsi, l'évaluation faite par le Conseil fédéral en 1885, estimant que le trafic de transit international s'élève à environ 25% du tonnage total empruntant le réseau helvétique, semble proche de la réalité[11]. La variation de la proportion en fonction des réseaux est cependant importante: si elle est plus élevée sur l'axe du Gothard – de l'ordre de 50% vers 1883 et 30% vers 1893 –, la proportion de 25% est certainement assez proche de la réalité des lignes d'accès au Gothard appartenant soit au NOB soit au SCB[12]. La proportion descend sûrement en dessous de 20% sur le réseau de la SOS, comme le laisse supposer la statistique dressée par la compagnie et couvrant les mois de septembre à décembre 1881.

11 *NZZ,* 14. Dezember 1884.

12 Le trafic international de transit de la ligne SCB entre Bâle et Olten (Hauenstein) – l'une des principales lignes d'accès au Gothard – oscille entre 20 et 30% du trafic total dès 1883. Cf. *Die Entwicklung des Verkehrs der Schweizerischen Centralbahn, von 1874 bis 1893,* Basel 1895.

En ce qui concerne le trafic de transit international par le Gothard, celui-ci doit également être mis en rapport avec le trafic de même type empruntant les autres axes nord-sud, Brenner avant tout, Mont Cenis dans une moindre mesure. Il est indéniable que l'ouverture de l'axe du Gothard entraîne une réorientation du trafic nord-sud. Sur le Brenner, le trafic entre l'Allemagne et l'Italie recule de plus de 36% entre 1880 et 1887, passant de 109.000 à 70.000 T; dans le sens sud-nord, le recul est encore plus marqué, passant de 80.000 T à 34.000 T dans le même temps (soit un recul de 58%)[13]. Durant la même période, le trafic international de transit s'élève, en moyenne annuelle, à 48.000 T par le Mont Cenis et à 260.000 T par le Gothard[14]. A la fin des années 1880, le tonnage transitant par le Gothard est plus de trois fois supérieur à celui empruntant l'axe concurrent du Brenner: il est hors de doute que sans les abaissements tarifaires successifs consentis pour le trafic de transit par les compagnies helvétiques durant les négociations de 1882 à 1885, l'axe du Gothard n'aurait pu monopoliser ainsi la plus forte proportion du trafic nord-sud. Pour les compagnies ferroviaires, l'enjeu réside désormais dans leur aptitude à convaincre les milieux du commerce et de l'industrie suisses de la nécessité de l'adoption du système de réforme allemand et de l'introduction de tarifs préférentiels pour le trafic de transit.

5.2 Le renchérissement du transport ferroviaire pour l'économie suisse (1878-1883)

5.2.1 La rationalisation des tarifs dans le cadre de l'Union commerciale

Les articles de la convention de l'Union commerciale nécessitent une révision de l'ensemble des tarifs communs à plusieurs des compagnies membres (cf. section 4.2.2). L'article 1 de la convention, instituant le partage des recettes en trafic commun au prorata kilométrique, favorise

13 Ratti, «La posizione concorrenziale del San Gottardo...», p. 169. Cf. également Ratti, «Les relations commerciales... », pp. 23-31.

14 Burkhardt, *Der schweizerische Gütertransitverkehr...*, p. 7.

l'introduction concertée de nouveaux abaissements tarifaires destinés à lutter contre les lignes entourant la Suisse: désormais, les tronçons suisses soumis à la concurrence des lignes étrangères peuvent adopter des taxes kilométriques très basses, puisque les compagnies qui les exploitent obtiennent une compensation provenant des tronçons non concurrencés des autres compagnies membres. Mais l'effort de rationalisation entrepris au sein de l'Union commerciale va plus loin encore. Ainsi, certains tarifs spéciaux facilitant les trafics internes suisses, voire l'exportation de productions helvétiques, mais n'obéissant pas à une logique de lutte contre la concurrence d'une voie étrangère, sont supprimés. Afin de maximiser l'efficacité de leur politique tarifaire, les services commerciaux des compagnies de l'Union commerciale analysent en détail l'influence des abaissements des coûts de transport sur la capacité des produits à gagner des parts de marché.

Des tarifs de transit pour les bois de Hongrie ou de Russie à destination des marchés français sont ainsi mis en service, autant pour lutter contre les voies contournant la Suisse, qu'en raison du fort potentiel de développement que détient le courant d'exportation vers l'ouest des bois de l'est européen. En 1879, malgré une pétition signée par une trentaine de négociants en bois de Suisse romande mettant en lumière leur difficulté à gagner des parts de marché en France en raison de tarifs ferroviaires inadaptés, le Conseil fédéral, après une pesée des intérêts, se déclare incompétent en la matière[15]. Exiger la suppression des tarifs pour les bois en provenance de Russie et de Hongrie ne ferait que repousser ce courant de transit vers l'Allemagne du sud (axe Ulm-Mayence-Strasbourg) ou vers l'axe Brenner-Mont Cenis, sans pour autant favoriser l'industrie suisse du bois. Se référant à la réponse donnée par les compagnies ferroviaires aux plaintes de l'industrie du bois, l'exécutif fédéral mentionne que des tarifications ferroviaires plus favorables ne permettraient pas aux produits suisses de concurrencer les produits de l'est européen sur le marché français[16]:

> Il est notoire que, depuis un certain temps déjà, la sylviculture en Hongrie, en Galicie et en Russie est pratiquée en vue de l'exploitation en gros des bois et c'est surtout grâce, soit au bon marché excessif des produits dans la forêt même, soit aux

15 AF, E 53, Nr. 784, Vol. 258, «Lettre du Département fédérale des Postes et des Chemins de fer à Messieurs G. Colomb & Cie à Aigle, 15 juillet 1879».

16 Ibidem.

> conditions techniques et économiques, que cette industrie parvient à surmonter les fortes différences dans les prix de transport et à soutenir la concurrence même jusque sur les marchés français. En présence de cet état de choses et en considération des circonstances signalées, vous ne pourrez pas vous empêcher de reconnaître, de concert avec vos cosignataires que, pour le moment, l'autorité fédérale ne saurait imposer aux administrations de chemins de fer suisses l'un ou l'autre des postulats formulés dans les pétitions.

Les mêmes raisons mènent à la suppression du tarif spécial pour l'exportation des asphaltes du Val de Travers en direction de Bâle, décidée par les chefs des services commerciaux des compagnies de l'Union commerciale en avril 1879[17]. La suppression du tarif va de pair avec l'adoption d'un tarif de transit visant à diriger sur le réseau suisse (SO, JB et SCB) les asphaltes en provenance des mines françaises de Seyssel (région genevoise) et destinées aux marchés germaniques. La taxe kilométrique pratiquée par les trois compagnies de l'Union commerciale entre Genève et Bâle est 50% plus favorable pour les produits français que pour les produits helvétiques (4.4 cts. par T et par km contre 6.8 cts.)[18]. Pour les mines neuchâteloises, la politique tarifaire des compagnies produit un double effet négatif: par l'introduction d'un tarif de transit, elle améliore les capacités concurrentielles des mines françaises, encore renforcées par la suppression du tarif d'exportation pour les asphaltes helvétiques[19].

> Il est hors de contradiction, que nos intérêts sont atteints, si l'effet n'en est pas de détruire entièrement notre vente en Allemagne. Les plaintes de notre clientèle allemande sous ce rapport sont très marquées.

Le Conseil fédéral voit, là également, sa marge de manœuvre limitée. Demander la suppression du tarif de transit n'avantagerait pas les mines

17 Dans le Val de Travers, les mines d'asphalte connurent, au XIXe siècle, un succès non négligeable. Dans cette région rurale, elles furent un élément important de développement. Cf. Jean-Pierre Jelmini, «Les mines d'asphalte du Val-de-Travers: 1711-1986. Brève histoire d'une industrie neuchâteloise», in *Nouvelle Revue neuchâteloise,* n° 14, 1987.

18 AF, E 53, Nr. 784, Vol. 258, «Tarif spécial pour le transport de la terre d'asphalte brute ou en pains par quantité de 10.000 kilogrammes par wagon de Genève-transit à Bâle-transit, émis par les Chemins de fer de la Suisse Occidentale, du Jura-Berne-Lucerne et du Central-Suisse. Applicable dès le 1er mai 1880».

19 Ibidem, «Lettre de ‹The Neuchâtel Asphalte Company› au Conseil fédéral, 16 février 1881».

neuchâteloises et ferait perdre aux compagnies suisses le trafic que leur tarif permet de détourner de la voie française de Belfort. Les compagnies helvétiques placent les coûts élevés de la production du Val de Travers au centre de leur refus d'accorder aux mines neuchâteloises le bénéfice des taxes du tarif de transit. Les trois compagnies doutent de la capacité des asphaltes neuchâteloises à soutenir la concurrence des asphaltes françaises sur les marchés allemands[20]:

> Ces compagnies fondent leur refus sur le fait que, si les mines du val de Travers ont des difficultés à soutenir la concurrence avec les mines françaises pour le placement de leurs produits dans l'Allemagne centrale et septentrionale, ce n'est pas aux tarifs de chemins de fer suisses qu'il faut en attribuer la faute, mais bien aux conditions défavorables de leur concession.

A la fin des années 1870, le renchérissement du transport ne concerne encore que quelques secteurs de l'économie nationale. Il est en grande partie provoqué par la suppression de tarifs spéciaux au sein de l'Union commerciale. Cependant, dès 1883 et l'introduction du système allemand de réforme, une aggravation plus générale du prix du transport ferroviaire va toucher l'ensemble du commerce et de l'industrie helvétique.

5.2.2 Le système allemand de réforme et les conséquences pour le trafic interne suisse

En avril 1883, le NOB, le SCB et le GB – suivies par le JBL et le VSB adoptent le système allemand de réforme pour le trafic de transit international, mais également pour le trafic interne à leur réseau et le trafic direct entre elles (cf. section 4.3.2).

Pour les secteurs actifs à l'échelle régionale, habitués aux envois en petite quantité sur de courtes distances, soit essentiellement les classes moyennes industrielles, l'introduction du système de réforme à un double effet défavorable. Il favorise premièrement les envois en grande

20 Ibidem, «Lettre de la Direction de la Compagnie de la Suisse Occidentale au Conseiller fédéral, Lausanne, 14 mars 1881»; Ibidem, «Lettre du Département fédéral des Postes et des Chemins de fer au Conseil fédéral, Berne, le 30 juin 1881» (pour la citation).

quantité. L'aggravation des conditions de transport pour ces secteurs d'activité découle deuxièmement de l'introduction d'une taxe fixe d'expédition: bien que progressive, celle-ci désavantage les envois sur de courtes distances, puisque les compagnies facturent dès le 30e km la taxe pleine[21]. Dans le cas du SCB, la comparaison entre les tarifs découlant des systèmes de tarification de 1863/72 et de 1883 dénote clairement un renchérissement du prix du transport pour les classes d'envois partiels de moins de 5.000 kg (cf. graphique 11).

Graphique 11 – Evolution des tarifs pour les envois partiels (système tarifaire de 1863/72 et système tarifaire de 1883). L'exemple du SCB

En cts. courants pour 100 kg

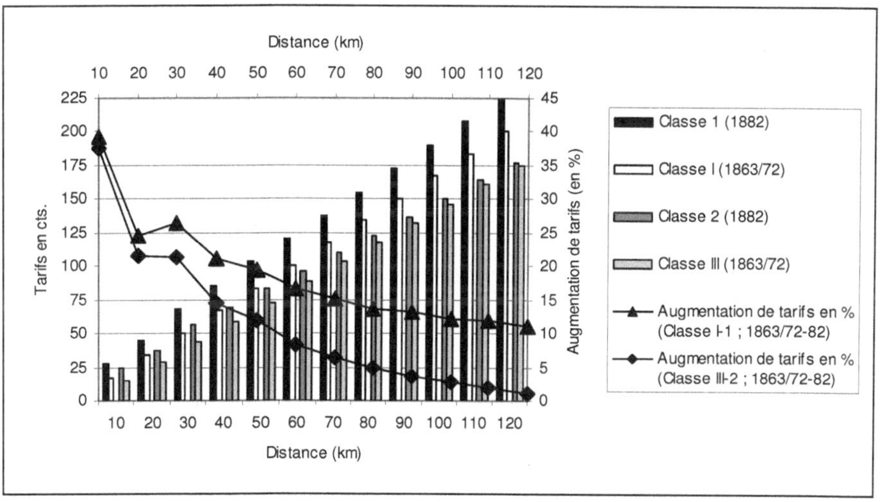

Source: calculé d'après les chiffres de l'annexe 3.1.5, Comparaison entre les taxes des systèmes de tarification de 1872 et de 1882 (SCB).

Par rapport aux tarifs des classes correspondantes de l'ancien système, l'augmentation est visible aussi bien pour la classe 1 que pour la classe 2.

21 Sur les réseaux du NOB, du SCB et du VSB, la taxe fixe d'expédition se monte à 2 frs. par T pour les distance de 1 à 20 km. Les compagnies facturent ensuite 10 cts. pour chaque km supplémentaire jusqu'à un parcours de 30 km. Pour 30 km et au-delà, la taxe fixe se monte à 3 frs. par T. Le GB introduit des taxes fixes différentes suivant les classes de tarification, mais la taxe maximale est également facturée dès le 30e kilomètre. Cf. annexe 3.1.3, Taxes de la classification de la réforme de 1882.

Le renchérissement, calculé en pour-cent, est d'autant plus fort que la distance d'expédition est petite, conséquence directe de l'introduction de la taxe fixe d'expédition: ainsi, pour des distances de 10 km, l'augmentation de tarif s'élève entre 35 et 40% pour les envois partiels. L'augmentation est également conséquente pour les expéditions de 30 km, distance à partir de laquelle la taxe fixe d'expédition est facturée à son maximum.

L'aggravation du prix du transport pour les envois partiels provient également du fait que la nomenclature de la nouvelle classe 2 des expéditions partielles ne correspond pas à celle de la classe III du système de 1863/72. Dans le nouveau système, la classe 2 ne comprend que les marchandises expédiées au moyen des tarifs spéciaux des wagons complets. Elle a donc une extension extrêmement limitée. La plupart des marchandises de grande consommation, introduites auparavant dans la classe III (1863/72), figurent dans la classe 1 de la nomenclature de 1883[22]. Ainsi, même si, pour les envois partiels sur de longues distances, l'effet défavorable de la taxe d'expédition s'atténue, comme le montre le graphique 11, le peu d'étendue de la classe 2 annule en grande partie les avantages offerts par certaines taxes du tarif de réforme. Pour le commerce d'entrepôt de Genève ou de Bâle, les expéditions partielles – formant la grande majorité des envois à partir de ces deux places commerciales – se voient greffer d'un surplus de frais de transport (cf. tableau 7)[23].

22 Les articles de grande consommation suivants entrent ainsi dans la Classe 1 d'envois partiels (classification 1882): Alcool; Bière en fûts; Coton filé brut; Fromages; Fruits secs; Fils de coton pour tissage; Fil de jute; Fil de chanvre, de laine ou de lin; Huiles en fûts; Lait condensé; Papier; Pâtes alimentaires; Peaux brutes; Pétroles; Tabac en feuille et en carottes; Tissus de coton écrus; Viandes fumées et salées; Vins en fûts; Vinaigre. Certains de ces produits entraient dans la Classe III d'envois partiels (classification 1863 – Cf. Annexe 4.1, Nomenclature de la classification commune de 1863). Leur intégration dans une classe plus élevée s'explique notamment par la volonté des compagnies suisses à suivre scrupuleusement la classification allemande. Cf. Annexe 4.2, Principaux articles de la nomenclature de la classification de 1882.

23 Pour Genève, cf. AF, E 53, Nr. 796, Vol. 259, «Association industrielle et commerciale genevoise, Rapport sur la question des tarifs de transport pour marchandises présenté par MM. Challet-Venel et Ch. Fischer à la Chambre de Commerce de Genève, 6 octobre 1883»; Jean-Jacques Challet-Venel, *Les tarifs des chemins de fer suisses envisagés dans leurs rapports avec l'agriculture et l'industrie. Mémoire présenté à l'Institut National Genevois, section d'industrie et d'agriculture, séance du 5 décembre 1884,* Genève, 1885. Pour les plaintes de la Chambre de Commerce de Bâle, cf. *NZZ,* 3. April 1884; *NZZ,* 7. April 1884.

Tableau 7 – Comparaison du prix du transport de Genève à destination de Berne, Bâle et Zurich (Systèmes de tarification 1863/72 – 1883)

En frs. courants par T

De Genève à	Expéditions partielles Tarif 1863/72		Expéditions partielles Tarif 1883		Augmentation du prix du transport en %		
	I	III	1	2			
					Classe I – Classe 1	Classe III-Classe 2	**Classe III-Classe 1**
Berne	28.8	22	28.55	23.25	- 0.85%	+ 5.70%	**+ 29.70%**
Bâle	44	35.8	44.5	35.4	+ 1.13%	- 1.11%	**+ 24.30%**
Zurich	50.1	40.9	48.95	40.05	- 2.30%	- 2.07%	**+ 19.70%**

Source: chiffres calculés d'après AF, E 53, Nr. 796, Vol. 259, «Association industrielle et commerciale genevoise, Rapport sur la question des tarifs de transport pour marchandises présenté par MM. Challet-Venel et Ch. Fischer à la Chambre de Commerce de Genève, 6 octobre 1883».

Le tableau 7 dénote bien quelques abaissements minimes dans les prix du transport des envois partiels entre les deux systèmes pour les classes correspondantes. Les augmentations sont au contraire conséquentes pour les produits transportés auparavant dans la classe III des envois partiels et intégrés, dès 1883, dans la classe 1: pour ces marchandises, l'augmentation du prix du transport pour une T peut aller jusqu'à près de 30% entre Genève et Berne, 24% entre Genève et Bâle et près de 20% entre Genève et Zurich.

Début juin 1883, des représentants de la classe moyenne industrielle se réunissent à Olten, à l'appel d'un certain Bächle, ingénieur argovien. La constatation d'une aggravation des conditions de transport pour la petite industrie et le commerce local est unanime[24]:

> Der kleine Verkehr, der kleine Handel und das Gewerbe werden dadurch geschädigt zu Gunsten des Massenverkehrs des Grosshandels.

L'assemblée d'Olten exige un retour à l'ancien système ou, au minimum, la réintroduction des taxes préexistantes pour les envois partiels et l'extension de la classe 2[25]. La pétition nationale initiée lors de la réunion rassemble rapidement plus de 2.200 signatures, provenant prin-

24 AF, E 53, Nr. 797, Vol. 259, «Petition an den hohen Bundesrath der Schweizerischen Eidgenossenschaft in Bern, Olten, den 3. Juni 1883».

25 Ibidem.

cipalement des cantons de Zurich, Berne, Lucerne, Soleure, Argovie, Bâle-Ville et Campagne et Neuchâtel[26].

La réforme tarifaire de 1883 ne convainc pas non plus l'industrie d'exportation, dont les intérêts sont traditionnellement défendus par l'USCI. Fondée en 1870, l'USCI n'est, dans un premier temps, qu'une association soumise aux intérêts divergents de ses membres, essentiellement des chambres de commerce cantonales[27]. Elle défend habituellement des solutions plutôt libérales et s'oppose à une extension du champ d'intervention de l'Etat fédéral. Dès le début des années 1880, une réforme en profondeur s'opère cependant au sein de l'USCI. L'adhésion d'associations représentant des branches de l'industrie d'exportation donne un poids plus grand aux partisans d'une intervention renforcée de l'Etat en matière économique, et ce au moment même où le volume des exportations helvétiques montre une tendance à la stagnation, en raison du retour des politiques douanières protectionnistes dans la plupart des grands Etats européens[28]. Parallèlement, le Vorort, organe chargé de l'exécution des décisions prises par l'assemblée des délégués de l'USCI est définitivement fixé à Zurich et est formé de quatre membres nommés par la KGZ. Obtenant à partir de 1882 une subvention fédérale annuelle de 10.000 frs. destinée notamment à la collecte d'informations économiques publiées sous forme de rapport annuel, l'USCI devient, dès ces années, selon les termes de l'historien Cédric Humair, «le centre de gravité du modèle helvétique de capitalisme organisé»[29].

Alors même que l'USCI remet partiellement en question la politique douanière libérale de la Suisse[30], les compagnies ferroviaires introduisent

26 FF, vol. 2, 1884, pp. 31-32.

27 Sur l'USCI et sa réorganisation du début des années 1880, cf. Humair, *Développement économique...*, pp. 385-396.

28 Dès 1879, adhésions à l'USCI de la Société intercantonale des industries du Jura et de la *Schweizerischer Spinner-, Zwirner- und Weberverein;* en 1884, adhésion de la *Verein Schweizerischer Maschinenindustrieller.* Pour une rapide chronologie du retour au protectionnisme en Europe, cf. Paul Bairoch, *Victoires et déboires,* vol. 2, Paris, 1996, pp. 277-306.

29 Humair, *Développement économique...*, p. 385; cf. également Thomas Widmer, *Die Schweiz...*, p. 11; Hauser, *Wirtschaftsverbände....*

30 Dans son rapport pour l'année 1882, le Vorort de l'USCI écrit ainsi: «Das freihändlerische Eiland inmitten der europäischen Schutzzollstaaten soll nach dieser Ansicht ebenfalls auf seinen Vorteil bedacht sein und die Grundsätze des Freihandels als schöne Träume betrachten, welche die Berührung mit der rauben Wirklichkeit nicht

des tarifs favorisant le transit de la production industrielle allemande à travers le Gothard en direction de l'Italie au détriment de la production nationale. Dès l'ouverture de l'axe du Gothard, le surplus de taxes auquel sont soumis, sur le réseau helvétique, les transports des secteurs de l'économie nationale par rapport aux industries allemandes expédiant leurs marchandises en transit par la ligne internationale, peut s'élever jusqu'à 60% pour les classes les plus basses. Il s'élèvera à 86% après la Conférence de Lugano en mai 1885[31].

A côté de la politique douanière, le Vorort de l'USCI place, dès 1883, la politique tarifaire des compagnies ferroviaires au centre de ses préoccupations. Au début de l'été de cette année-là, une enquête nationale destinée à révéler l'influence des politiques tarifaires sur les secteurs de l'économie est ainsi initiée par le Vorort[32]:

> [...] der Vorort der schweizerischen Handels- und Industrievereins hat sich die Aufgabe gestellt, das Gütertarifwesen der schweizerischen Eisenbahnen vom kommerziellen Standpunkte aus einer eingehenden Untersuchung zu unterziehen und auf Grund einlässlicher Erhebungen bei Kaufleuten, Industriellen und Gewerbetreibenden aus allen Teilen der Schweiz ein Gutachten zu Händen der Bundesbehörden auszuarbeiten. Es bezweckte damit zur Lösung der für die volkswirtschaftliche Entwicklung unseres Landes so eminent wichtigen Frage einen Beitrag zu leisten.

A cette date, les milieux de l'industrie et du commerce n'ignorent plus l'importance de la question des tarifs ferroviaires. Le Vorort note ainsi, en introduction du programme d'enquête[33]:

---

zu ertragen vermögen. Es ist in der Tat wahr: die grosse Mehrzahl europäischer Völker verschliesst sich immer mehr dem Absatz ausländischer Ware und treibt die schweizerischen Erzeugnisse über die Weltmeere. Diese nämlichen Länder aber finden unbehinderten Eingang in die Schweiz um machen ihr, vermöge ihrer günstigeren Produktionsverhältnisse und Lage, auch jenseits der Ozeane erfolgreiche Konkurrenz.»; Schweizerische Handels- und Industrie-Verein, *Bericht über Handel und Industrie der Schweiz im Jahre 1882,* Zürich, 1883, p. 1.

31 Calcul établi à partir du tableau 6, chapitre 4. La différence maximale entre taxes du service intérieur et taxes de transit est à observer pour la classe la plus basse, celle du Tarif spécial III. Dès 1885, la différence la plus forte est celle de la classe du Tarif spécial II, les compagnies helvétiques ayant renoncé à descendre en dessous de 3 cts. par T et par km pour la classe du Tarif spécial III.

32 Schweizerische Handels- und Industrie-Verein, *Bericht über Handel und Industrie der Schweiz im Jahre 1883,* Zürich, 1884, p. 20.

33 AF, E 53, Nr. 797, Vol. 259, «Das Tarifwesen der schweizerischen Eisenbahnen – Programm für die Bearbeitung, July 1883».

> Keine andere Frage auf dem Gebiete des Eisenbahnwesens ist von so hoher ökonomischer Wichtigkeit als das Tarifwesen, als die seitlichen und räumlichen Höhenunterschiede und Bewegungen des Eisenbahntransportpreises.

Les résultats de l'étude seront d'autant plus susceptibles d'intéresser le Conseil fédéral que l'USCI dispose en Arnold Eichmann, ancien secrétaire permanent de l'association, d'une oreille attentive au sein de l'administration fédérale[34]. Ce dernier est en effet nommé secrétaire de la Division du commerce du DFCA en 1882.

Au début des années 1880, le thème des tarifs ferroviaires est ainsi en passe de s'imposer en tant que sujet important de la politique fédérale. L'impact de la Grande dépression n'est pas à minimiser dans la propulsion, sur le devant de la scène, d'un domaine laissé jusqu'à présent largement entre les mains des compagnies ferroviaires. Peu à peu, tous les secteurs de l'économie sont amenés à envisager une extension du pouvoir de l'Etat fédéral en matière de tarifs ferroviaires: les classes moyennes industrielles, durement touchée par la crise, sont défavorisées par la réforme tarifaire; le renouveau protectionniste et le renforcement de la concurrence internationale provoquent une stagnation du volume des exportations pour la grande industrie, au moment même où les tarifs de transit des compagnies helvétiques atteignent leur niveau le plus bas. Parallèlement, le recul des prix durant les années 1880 induit un renchérissement des prix du transport en termes réels: les taxes de parcours introduites avec le tarif de réforme, bien que plus basses que celles de 1872 en valeur courante, sont supérieures à celles-ci en valeur réelle, et ce pour toutes les classes de tarif (cf. tableau 2), alors qu'entre 1880 et 1885, le prix moyen du transport ferroviaire augmente de plus de 10% en termes réels (cf. tableau 1).

34 AF, E 53, Nr. 797, Vol. 259, «Brief des Schweizerischen Handels-Vereins an Dr. Arnold Eichmann in Bern, Zürich, den 10. Juli 1883». Sur Arnold Eichmann, cf. Humair, *Développement économique...*, p. 392 (note 311).

5.3 La confrontation des exigences de régulation tarifaire (1880-1884)

5.3.1 Un arsenal législatif inadapté pour répondre aux nouveaux besoins de régulation

Au début des années 1880, les exigences des milieux de l'industrie et du commerce en matière de tarifs ferroviaires oscillent entre une position extrême développée par l'assemblée d'Olten, réunissant essentiellement des représentants des classes moyennes industrielles, et une position plus souple, exprimée par les industries tournées vers l'exportation. Pour les premiers, il s'agit d'imposer un retour à l'ancien système tarifaire de 1863/72. Pour les seconds, les avantages tarifaires accordés au trafic de transit doivent s'étendre au trafic interne et au trafic d'exportation. Pour les compagnies ferroviaires, le retour à l'ancien système tarifaire n'entre pas en ligne de compte, pas plus qu'une extension à tous les trafics des avantages tarifaires accordés au trafic de transit. Une logique de lutte contre les voies concurrentes régit avant tout l'octroi d'abaissements tarifaires. Ces impératifs n'existent pas entre les compagnies ferroviaires suisses pour les trafics internes à la Suisse – y compris le trafic suisse d'exportation – dont les rapports de concurrence sont régulés, de moins en moins au sein de la CACF et de plus en plus au sein de l'Union commerciale.

L'arsenal législatif dont dispose le Conseil fédéral en matière de tarifs ferroviaires est contenu dans l'article 35 de la loi fédérale de 1872 (cf. section 3.3.1). Le pouvoir d'intervention de l'exécutif est limité à un droit de veto, excluant toute influence sur la formation des tarifs. La marge de manœuvre du Conseil fédéral est ainsi fortement limitée, comme il le reconnaît lui-même[35]:

> Vis-à-vis des compagnies, le Conseil fédéral n'a exclusivement que le droit de veto, quand il se trouve en présence de quelque chose d'illégal. A teneur de l'article 35, chiffre 4, il peut exiger la modification ou la suppression d'un tarif, mais n'a aucun droit de procéder lui-même à cette modification.
> [...] par exemple, lorsque les compagnies se [refusent] à donner suite à sa décision concernant l'application de taxes réduites à toutes les stations, il ne lui [reste] rien d'autre à faire qu'à supprimer le tarif en entier.

35 FF, vol. 4, 1883/1, p. 492.

L'exécutif fédéral peut ainsi exiger le retrait d'un tarif, s'il estime que celui-ci viole le principe – naturellement flou – d'égalité de traitement. La législation fédérale n'est ainsi pas en mesure de proposer une extension aux trafics intérieurs des abaissements de tarifs introduits pour le trafic de transit.

Le DFCC définit dès 1875 les grands contours de sa politique d'intervention. La rétroactivité géographique des tarifs spéciaux et son corollaire, l'interdiction d'établir un tarif plus élevé sur une distance plus courte d'une même ligne, forment les bases de son intervention (cf. section 3.3.2). Le DFCC, avant le DFPC son successeur dès 1879, tente d'étendre la portée de ces principes de base et de donner une interprétation aussi large que possible au texte de l'article 35. L'objectif que poursuit le département consiste à préserver les capacités concurrentielles des compagnies ferroviaires au niveau des trafics internationaux tout en essayant d'étendre certains abaissements des taxes de transit au niveau des trafics locaux et nationaux. Toute intervention nécessite cependant, avant la prise de décision, une pesée des intérêts, puisque l'exigence de suppression d'un tarif considéré par le département fédéral comme opposé aux principes de l'article 35 n'induit aucunement l'introduction d'un nouveau tarif plus favorable pour l'économie nationale. Comme le montre la pratique, le veto du Conseil fédéral est une arme inutile, dont l'utilisation entraîne des conséquences indésirables.

Dès le milieu des années 1870, le déroulement de la renégociation du tarif n° 5 de 1869 pour le transport des céréales est un condensé des difficultés du Conseil fédéral à utiliser un appareil législatif mal adapté. Maintes fois souhaitée par la meunerie et les entrepôts de la Suisse centrale qui critiquent le renchérissement des réexpéditions induit par le caractère dégressif du tarif (cf. section 3.1), les compagnies ferroviaires entreprennent, sur proposition du SCB, sa modification. Une commission est nommée à cet effet au sein de la CACF (cf. section 4.2.2). En octobre 1877, la majorité des membres de la commission, emmenée par le SCB, propose un tarif à taxe unique de 8 cts. par T et par km qui permettrait de ne pas léser les entrepôts céréaliers de Suisse centrale desservis par les lignes du SCB. La CACF adopte toutefois, par 8 voix contre 7, la proposition de la minorité d'un tarif dégressif à palier de 9 cts. pour les 200 premiers kilomètres, puis de 7 cts. pour les distances supérieures[36]. Le

36 Sources, cf. note 423, chapitre 4. Pour une vision chiffrée de l'évolution des taxes des tarifs spéciaux des céréales, cf. Annexe 3.2.2, Evolution des taxes du tarif spécial pour le transport des céréales (1860-1913).

DFCC saisit cependant cette occasion pour tenter une extension de la portée du texte de l'article 35. Estimant que les tarifs décroissants sont incompatibles avec les dispositions de la loi, il refuse, dans un premier temps, d'agréer le tarif. Le département revient toutefois rapidement sur sa décision. Dans la justification de sa marche arrière, le ton du Conseil fédéral sonne comme un aveu d'impuissance: «le département se voyait placé en face de l'alternative, ou d'autoriser la mise à exécution provisoire du tarif, ou de laisser le public pour ainsi dire sans tarif. Il se décida en faveur de la première [...]»[37]. Introduit en février 1878, le tarif ne reste que quelques mois en vigueur, emporté par l'exacerbation de la concurrence entre les courants d'importation opposés via Genève et Romanshorn. Il est remplacé d'un côté par le tarif franco-suisse n° 442 et, de l'autre côté, par le tarif NOB d'octobre 1878 (cf. section 4.2.2). L'adoption, en décembre 1878, du tarif n° 6 par l'ensemble des compagnies suisses n'entraîne pas l'opposition du Conseil fédéral, qui se contente de ce commentaire laconique: «le département l'approuve à titre provisoire seulement, attendu que le système de base décroissante y affecte derechef un caractère très prononcé»[38]. Les plaintes des entrepôts de Suisse centrale auprès du Conseil fédéral, exigeant une base proportionnée à la distance, n'y feront rien. Pour les compagnies ferroviaires, le désavantage des entrepôts céréaliers de la Suisse centrale tient «plutôt à leur situation géographique, qu'aux tarifs de transport»[39]. Les années suivantes, lors de la rationalisation des tarifs entrepris par les administrations ferroviaires de l'Union commerciale, les plaintes émanant de la sylviculture et des mines d'asphalte du Val de Travers (cf. section 5.2.1) n'entraînent pas non plus l'intervention de l'autorité de régulation: exiger la suppression des tarifs de transit des bois et des asphaltes d'origine étrangères – comme l'autorise l'article 35 de la loi de 1872 – ne ferait que reporter ces courants commerciaux sur les réseaux ferroviaires contournant

37 FF, vol.2, 1879, p. 221.

38 Ibidem, p. 222.

39 AHCFF, CACF, *Procès-verbaux...*, vol. 5, p. 60 (Tarif des céréales – Conférence des 24-25 mai 1878). Sur les exigences des entrepôts céréaliers et de la meunerie de Suisse centrale, cf. AF, E 53, Nr. 784, Vol. 258, «Das Schweizerische Post- und Eisenbahndepartement an den Schweizerischen Bundesrath, Bern, den 23. November 1879»; Ibidem, «Rechenschafts-Bericht der Lagerhäuser der Centralschweiz in Aarau und Olten umfassend den Zeitraum vom 1. Juli 1883 bis 30. Juni 1884, 1884, pp. 3-5».

la Suisse et n'induirait pas l'élaboration de tarifs favorables aux produits similaires d'origine helvétique par les compagnies nationales.

L'inadaptation de la législation fédérale en matière de tarifs ferroviaires est plus évidente encore, lorsque l'exécutif décide d'y recourir. Par deux fois au début des années 1880 le Conseil fédéral use de son droit de veto. La conséquence est, à chaque fois, une aggravation des prix du transport. Lors de l'ouverture du tunnel du Gothard, l'exigence du Conseil fédéral de mettre le GB au bénéfice des taxes du tarif n° 6 pour le transport des céréales se heurte au refus du NOB. Craignant de favoriser le courant d'importation des blés en provenance des ports italiens via Gothard au détriment des importations transitant par Romanshorn, le NOB se dégage de l'obligation légale d'étendre la portée du tarif, en supprimant sa validité sur l'ensemble de son réseau. Cette suppression menace d'entraîner un renchérissement des céréales en provenance de l'est européen, notamment sur le marché de la Suisse occidentale, sans que le Conseil fédéral ne puisse astreindre le NOB à réintroduire le tarif[40]. La décision du NOB ne tarde pas à être suivie par l'ensemble des compagnies helvétiques[41]. Un compromis ne sera trouvé qu'en 1884, menant à l'introduction d'un nouveau tarif spécial pour les céréales[42].

La décision du Conseil fédéral de supprimer le tarif franco-suisse n° 442 (sur la création de ce tarif cf. section 4.2.1), par arrêté fédéral du 3 novembre 1882, repose également sur une interprétation aussi large que possible de la législation de 1872. En 1878, lors de l'homologation des tarifs n° 442 et 441, le Conseil fédéral avait imposé aux compagnies contractantes (SCB, JBL et SO) le principe de rétroactivité géographique[43]. La SO avait dès lors intégré dans le tarif un certain nombre de

40 AF, E 53, Nr. 784, Vol. 258, «Das schweizerische Post- und Eisenbahndepartement an den schweizerischen Bundesrath, Bern, den 18. Juni 1883».

41 La SO, le JBL et le SCB renégocient avec le PLM un tarif commun destiné à amener les céréales à bas prix en provenance du port de Marseille. Etabli sur les mêmes bases que le tarif 442 – dont les céréales avaient été retirées de la nomenclature suite à l'adoption du tarif spécial n° 6 – il portera le numéro 445.

42 Cf. Annexe 3.2.2, Evolution des taxes du tarif spécial pour le transport des céréales (1860-1913).

43 Pour les deux tarifs, il est ainsi stipulé: «Les marchandises en provenance ou à destination d'une gare suisse non dénommée, mais comprise entre deux gares dénommées, jouiront du bénéfice du présent tarif commun de transit en payant, suivant le cas, soit comme de la première gare dénommée située avant le point d'expédition suisse, soit comme pour la première gare située après le point de destination

stations importantes de son réseau ne se situant pas sur l'axe Genève-Bâle, mais sur des embranchements[44]. Le JBL et le SCB, estimant que les tarifs n° 442 et 441 étaient avant tout destinés à lutter contre la concurrence du Brenner et de la ligne de Belfort, avaient refusé d'étendre l'effet de ces tarifs aux embranchements non soumis aux concurrences. Dans le cas du JBL, seule la station de Lucerne avait été mentionnée dans les tarifs. Pour le SCB, seule la station de Bâle y figurait[45]. Dès l'introduction des tarifs, le DFCC tente d'imposer leur application également aux stations des embranchements du JBL et du SCB, afin de corriger certaines anomalies provoquées par ces tarifs. Des marchandises en provenance de Marseille sont en effet transportées aux taxes du tarif n° 442 jusqu'à Berne, puis aux taxes des tarifs généraux pour toutes les stations du tronçon Berne-Olten qui n'est pas mis au bénéfice du tarif n° 442. Les envois à destination des stations de ce tronçon paient ainsi un prix du transport supérieur que ceux destinés aux stations plus lointaines de Bâle ou de Lucerne, mentionnées dans le tarif[46].

Face au refus du JBL et du SCB, le Conseil fédéral décide de l'abrogation du tarif. Contrairement aux transports des asphaltes du Val de Travers ou des bois helvétiques, pour lesquels la différence entre taxes internes et taxes de transit n'entraînaient pas un coût total de transport supérieur pour les produits suisses sur le réseau helvétique, l'application du tarif n° 442 induit des coûts de transport plus élevés pour certains transports sur des distances pourtant plus courtes. Pour l'exécutif fédéral, il s'agit-là d'une violation évidente des principes d'égalité contenus dans l'article 35 de la loi de 1872. L'arrêté fédéral de suppression entraîne une vague de protestation sans précédent dans le canton de Vaud, dont l'ensemble de l'économie profite des abaissements de taxes

suisse, si la taxe ainsi calculée est plus avantageuse pour les expéditeurs que celles des tarifs généraux ou spéciaux des diverses administrations.»; Cf. *Recours adressé à la haute assemblée fédérale par la Compagnie des chemins de fer de la Suisse occidentale et du Simplon contre l'arrêté du Conseil fédéral ordonnant la suppression du tarif commun n° 442*, Lausanne, 1882, p. 10.

44 Il s'agit notamment des stations de Vevey, Montreux, Aigle, Bex, St-Maurice, Vallorbe, Verrières, Morat, Romont, Fribourg.

45 Le principe de rétroactivité est appliqué, dans le cas du JBL, uniquement aux stations du tronçon Bienne – Lucerne pour lesquelles il y a avantage à appliquer les taxes des deux tarifs spéciaux. Dans le cas du SCB, le même principe est appliqué au seul tronçon de Bienne à Bâle par Olten.

46 *Recours adressé ...*, p. 11.

du tarif n° 442. Le Conseil d'Etat vaudois soutient pleinement le recours adressé par la SO à l'autorité fédérale contre la décision d'abolition du tarif et enjoint la compagnie à présenter un tableau complet des abaissements de tarifs qui ont profité à l'économie cantonale[47]:

> [...] c'est au nom des intérêts du commerce et de l'industrie de notre canton de Vaud que nous nous voyons fondés à intervenir. Le mémoire de la compagnie établit que la suppression du tarif n° 442 aura pour effet de renchérir considérablement les frais de transport et par conséquent le prix de revient de toutes les marchandises venant de Marseille en Suisse ou expédié de la Suisse sur Marseille.

Dans le climat de tensions entre compagnies et de redéfinition générale des courants commerciaux qui précède la mise en service de l'axe du Gothard, la SO interprète la décision fédérale comme une atteinte à son trafic et un nouvel avantage accordé au trafic par le Gothard. Face à la pression conjuguée de tous les cantons bénéficiant des taxes du tarif n° 442, le Conseil fédéral devra revenir sur sa décision en février 1883 et renoncer à l'abrogation du tarif[48].

Comme dans le cas du tarif pour le transport des céréales, la décision d'appliquer le droit de veto reviendrait à poursuivre la politique du pire en lésant les intérêts de la SO, sans toutefois avantager les secteurs plaignants. Même si l'incapacité du Conseil fédéral à influencer la politique tarifaire des compagnies ne concerne, dans un premier temps, que quelques secteurs de l'économie nationale se limitant à la sylviculture, à la meunerie et aux entrepôts céréaliers de la Suisse centrale ou à la production minière dans le cas des asphaltes du Val de Travers, le mécontentement de la fin des années 1870 contient déjà les germes d'un consensus plus large, exigeant un vrai pouvoir d'intervention fédérale

47 ACV, K IX 207/5, «Lettre du Conseil d'Etat du Canton de Vaud au Conseil fédéral Suisse, Lausanne, s.d.». La lettre mentionne un certain nombre de produits pour lesquels les coûts du transport ont été abaissés par l'introduction du tarif n° 442. Ces exemples sont tirés d'un travail plus conséquent, reprenant tous les abaissements de taxes obtenues pour les marchandises entre Marseille et les stations vaudoises (et vice versa) mentionnées dans le tarif n° 442. Cf. ACV, K IX 207/5, « Tableau comparatif entre les prix des tarifs généraux du PLM et de la SOS et ceux résultant du tarif commun n° 442 de Marseille aux stations vaudoises figurant dans le tarif commun ».

48 ACV, K IX 207/5, «Question du tarif n° 442. Conférence intercantonale à Lausanne, le 10 janvier 1883»; Ibidem, «Arrêté du Conseil fédéral du 13 février 1883 concernant le tarif commun n° 442».

en matière de tarifs. L'*Aargauischer Handels- und Industrieverein*, défendant les intérêts de cette Suisse centrale s'estimant lésée par le renchérissement du prix des céréales réexpédiées depuis ses entrepôts en raison du caractère dégressif des tarifs pour le transport des céréales et la *Schweizerischer Holz Industrie Verein*, l'organisation faîtière de l'industrie suisse du bois, seront parmi les membres fondateurs, en 1884, du *Tarif-Verein*, association émanant des classes moyennes industrielles et commerciales et destinée à étudier les tarifs ferroviaires et leurs répercussions sur l'économie. Dotée d'une taille critique suffisante, l'association peut espérer peser sur les décisions fédérales.

5.3.2 Les motions parlementaires Zschokke et Cramer-Frey

L'année 1883 promet de mettre la politique ferroviaire de la Confédération sur le devant de la scène. Suivant le terme des concessions antérieures à la loi fédérale sur les chemins de fer de 1872, c'est en effet au 1er mai 1883 que l'Etat fédéral peut dénoncer les concessions des lignes octroyées avant la loi et signifier ainsi le rachat des compagnies dans un délai de 5 ans, soit pour le 1er mai 1888[49]. Sur les quelques 2.500 km de lignes que compte le réseau ferré helvétique du début des années 1880, la majorité des voies, soit près de 1.600 km (65% du réseau) est concernée par un éventuel rachat[50]. Début mars, le Conseil fédéral propose de ne pas entrer en matière sur un rachat du réseau ferroviaire. Dans le même message, le Conseil fédéral soumet au parlement un projet de loi sur la comptabilité des chemins de fer, destiné à établir un meilleur contrôle de l'Etat en la matière. La proposition de report du rachat et le projet de loi sur la comptabilité des compagnies ferroviaires sont indissociables, la première ayant provoqué le second. Le rachat bute en effet sur l'évaluation de l'indemnité à payer aux compagnies. Suivant les concessions, la fixation de celle-ci doit se faire en prenant en compte soit le capital d'établissement des lignes, soit le produit net moyen multiplié par 25: le plus grand des deux montants sert à fixer l'indemnité. Après analyse des comptabilités des compagnies, il ressort que seul le réseau du SCB devrait être racheté en fixant une indemnisation

49 Strebel, *Die Diskussion...*, p. 18.
50 FF, vol. 1, 1883, p. 296.

basée sur le produit net. Les autres réseaux devraient l'être en fonction du montant déterminé par le compte d'établissement. Or, d'après le Conseil fédéral, les compagnies ont intégré dans le compte d'établissement divers montants qui n'auraient pas dû y figurer. Ces manipulations comptables aboutissent à une surévaluation du compte d'établissement pour un montant global de 70 millions de francs. Un rachat pour le terme de 1888 entraînerait une dépense beaucoup trop élevée[51].

Le message du Conseil fédéral de mars 1883 ne contribue pas à apaiser les esprits d'un Parlement déjà échaudé par les affaires ferroviaires des dernières années. La crise des compagnies ferroviaires et la faillite qui avait menacé de près le NOB avaient déjà propulsé la question d'un rachat sur le devant de la scène politique. Dès 1877, le conseiller aux Etats argovien Olivier Zschokke (1826-1898) avait proposé une reprise de l'exploitation des lignes ferroviaires par la Confédération. L'entrée en matière avait toutefois été rejetée sans appel, par 29 voix contre 8 par le Conseil des Etats. Au sein du Conseil national, l'ancien conseiller fédéral Jakob Stämpfli avait également proposé, par la voix d'une motion parlementaire, d'exiger du Conseil fédéral une enquête sur les causes exactes de la crise des compagnies. Là également, le Conseil national n'était pas entré en matière, invoquant le caractère privé des compagnies[52]. En 1878, la tension était encore montée d'un cran au sein des Chambres fédérales, à l'occasion du débat concernant la proposition du Conseil fédéral de mettre l'entreprise du Gothard, alors menacée de faillite, au bénéfice d'une subvention fédérale de 6 ½ millions de francs. Le compromis du Gothard, qui avait été avalisé par le peuple en janvier 1879, avait finalement permis de verser une subvention de 4 ½ millions de francs aux cantons intéressés au Gothard, contre la promesse d'un montant similaire aux entreprises de percement des Alpes à l'ouest (Simplon) et à l'est du pays[53].

51 Ibidem, p. 309; Werz, *La comptabilité...*, pp. 20-26; Strebel, *Die Diskussion...*, p. 82. Parmi les sommes incriminées, le Conseil fédéral mentionne les frais de fondation, d'organisation et d'administration; les pertes de cours et frais d'émission d'actions et d'obligations; les dépenses pour travaux de transformation et d'extension; divers autres sommes (mobilier et ateliers, pertes, études de lignes nouvelles...).

52 Cf. Olivier Zschokke, *Betrieb der Schweizerischen Eisenbahnen unter der Leitung des Bundes*, Zürich, 1877; Strebel, *Die Diskussion...*, p. 81.

53 Cf. notamment Duc, «Projet de tunnel ferroviaire...», pp. 575-576; Métrailler, *La politique ferroviaire...*, pp. 60-76.

Les manipulations comptables des compagnies achèvent d'échauffer les esprits. Dans son rapport, la commission du Conseil des Etats reproche sévèrement au Conseil fédéral de ne pas s'être occupée de la question durant les années 1860 et 1870. De son côté, la majorité de la commission du Conseil national propose un rachat du réseau du SCB – seule compagnie dont l'indemnité serait calculée suivant le produit net – pour le terme de 1888. La proposition a pourtant peu de chance de passer la rampe du Parlement, unissant contre elle le conseiller fédéral en charge des chemins de fer Emil Welti (1825-1899) (AG), les conservateurs emmenés par Joseph Zemp (1834-1908) (LU) qui craignent un renforcement de la centralisation et les défenseurs du Simplon pour qui, à l'image d'Eugène Ruffy (1854-1919) (VD), rapporteur de la minorité de la commission du Conseil national, un rachat signifierait la mise en danger du financement du projet de tunnel et la remise en question de la promesse de subvention fédérale issue du compromis du Gothard. Rassemblant contre lui une telle coalition de circonstance, le projet de rachat serait probablement rejeté lors du référendum populaire qui ne manquerait pas d'être initié[54]. Au début des années 1880, le rachat des compagnies ferroviaires apparaît comme d'autant plus improbable que la Grande dépression provoque, dès la fin des années 1870, un recul des revenus douaniers, principales sources de financement de l'Etat fédéral: face à une dette qui gonfle, l'élaboration d'un consensus menant à un rachat considéré comme onéreux est impossible à imaginer[55]. Le rachat est repoussé et le Parlement adopte le projet de loi sur la comptabilité des chemins de fer élaboré par le Conseil fédéral et basé sur les dispositions contenues dans le code des obligations. Les compagnies s'élèvent sans succès contre la loi, arguant une nouvelle fois du caractère purement privé des compagnies ferroviaires et affirmant «que le code des obligations n'exige ni n'autorise une intervention de l'Etat dans la gestion des sociétés commerciales»[56].

Les débats de mars – avril 1883 dénotent cependant, au sein du Parlement, une tendance grandissante en faveur du rachat. Le niveau élevé

54 Strebel, *Die Diskussion...*, pp. 82-86.

55 Humair, *Développement économique...*, p. 474

56 Werz, *La comptabilité...*, p. 30. Cf. également *Mémoire des Administrations de chemins de fer suisses à la haute assemblée fédérale concernant le projet de loi sur la comptabilité des chemins de fer suisses,* Berne, 1883.

des tarifs des compagnies ferroviaires en comparaison internationale n'est pas étranger à cette évolution: au milieu des années 1880, le prix moyen du transport ferroviaire en Suisse est près de 35% supérieur à celui observé en France, plus de 40% supérieur à celui observé sur les compagnies allemandes (cf. graphique 1). Des chemins de fer gérés par l'Etat seraient en position de proposer des abaissements de tarifs[57]. Dans une brochure publiée en fin d'année 1882, en prévision des débats parlementaires autour du rachat, Olivier Zschokke insiste sur la nécessité d'une exploitation ferroviaire concédée à la Confédération. Cette solution permettrait de palier à l'absence de régulation tarifaire de la loi de 1872 et serait seule susceptible de parvenir à plus d'ordonnancement dans les politiques tarifaires des compagnies[58]:

> Wenn das Gesetz von 1872 dem Bundesrath nicht die genügenden Mittel an die Hand geben sollte, im schweizerischen Tarifwesen Ordnung zu schaffen, und er dafür eine richtige Formel sucht, so ist dieselbe sicher in dem Satz: Rückkauf oder Betriebs-Unification unter Leitung des Bundes, zu finden.

Défenseur d'une exploitation ferroviaire par la Confédération, familier du fonctionnement des entreprises de chemins de fer puisqu'il a occupé la fonction d'ingénieur au SCB en 1853 avant de diriger, dès 1859, une entreprise active notamment dans la construction ferroviaire (chemin de fer Vitznau – Rigi, projet du chemin de fer du Brünig), adepte du protectionnisme, Olivier Zschokke devient naturellement le relais parlementaire de la petite industrie sur les questions de tarifs ferroviaires. Suite à la pétition initiée par l'assemblée d'Olten de juin 1883, Zschokke dépose une motion dès la session d'été du Parlement, demandant au Conseil fédéral d'exiger du SCB des abaissements de taxes. La motion est cosignée par 9 parlementaires issus des régions traversées par les lignes du SCB. La documentation réunie par l'assemblée d'Olten et accompagnant la motion Zschokke témoigne de violation des maxima des concessions du SCB pouvant s'élever, pour les envois partiels, jusqu'à des suppléments de 50% des taxes autorisées[59]. Dans la foulée des

57 Strebel, *Die Diskussion...*, p. 90.

58 Olivier Zschokke, *Verbesserungen im schweizerischen Eisenbahnwesen durch Vereinheitlichung des Betriebes*, Aarau, 1882, p. 24.

59 AF, E 53, Nr. 796, Vol. 259, «Die Reformtarife der Centralbahn in Vergleichung mit den frühern, genau auf der Concession beruhenden Tarifen».

débats parlementaires du printemps 1883, la motion Zschokke, mettant en exergue l'aggravation des conditions de transport dont sont victimes la petite industrie et le commerce local, ne peut qu'entraîner un fort mouvement de soutien au sein du Conseil des Etats. La motion est adoptée à une très large majorité du Conseil des Etats, qui charge l'exécutif de lui présenter un rapport lors de la session suivante[60].

Du côté des secteurs de l'industrie tournés vers l'exportation, l'évaluation des conséquences des politiques tarifaires est attendue pour 1884 à l'occasion de la publication du rapport de l'enquête initiée par le Vorort de l'USCI. Anticipant les résultats de l'enquête, le président fraîchement élu de l'USCI, le conseiller national Conrad Cramer-Frey (1834-1900) (ZH), dépose une motion sur le sujet, également lors de la session parlementaire de l'été 1883. Rédigée en trois parties, la motion, même si elle ne concerne pas uniquement les tarifs ferroviaires, y fait une large place. Le Conseil fédéral est ainsi enjoint à provoquer la mise en vigueur d'une classification unique des marchandises au sein des compagnies helvétiques, notamment en exigeant de la SOS qu'elle adopte le système de réforme, à préparer une révision complète des tarifs et à «présenter un rapport et des propositions en vue de la suppression des abus qu'il aura constatés»[61].

L'intitulé de la motion Cramer-Frey est assez vague pour englober toute la question tarifaire, à un moment où l'USCI vient juste de s'emparer de la question. Il témoigne également de l'empressement de l'industrie d'exportation à porter le sujet au devant de la scène fédérale et, au besoin, à faire pression pour aboutir à l'introduction d'une extension de la législation fédérale en matière tarifaire aussi rapidement que possible. En attendant les résultats de l'enquête nationale, dont le Vorort ne cache pas qu'ils devront servir de base à l'intervention des autorités fédérales, la motion Cramer-Frey ne s'appuie sur aucune documentation précise. La motion est adoptée par le Conseil national et transmise pour rapport au Conseil fédéral.

L'adoption des deux motions provoque l'embarras du chef du DFPC, Emil Welti. Celui-ci n'a en effet jamais caché qu'il considérait l'adoption du système tarifaire de réforme par la quasi totalité des compagnies

60 Ibidem, «Communication du Conseil fédéral au Conseil des Etats, 30 juin 1883».

61 FF, vol. 4, 1883/1, p. 459; AF, E 53, Nr. 795, Vol. 259, «Motion Cramer-Frey betr. Einführung von Nachtzügen und einheitlicher Warenklassifikation».

helvétiques comme une amélioration, mettant un terme à la difficile cohabitation des deux systèmes tarifaires, celui de 1863, en vigueur sur les réseaux occidentaux (SO, SCB) et celui de 1872, en vigueur sur les réseaux orientaux (NOB, VSB). Pour Welti, l'adoption du système de réforme par la SOS n'est qu'une question de temps. D'autre part, les taxes adoptées lors de la réforme sont sensiblement les mêmes pour toutes les compagnies, ce qui n'était pas le cas dans les systèmes de 1863 et 1872. De ce fait, l'inégalité dans les coûts de transport à laquelle étaient soumis les industries et le commerce des différentes régions du pays s'en trouve atténuée. L'adoption du système de réforme est indéniablement un pas vers l'uniformisation des tarifs ferroviaires suisses. Pour le DFPC, un retour à l'ancien système, comme l'exigent les pétitionnaires de l'assemblée d'Olten n'entre pas en ligne de compte. Mais Emil Welti est également conscient de l'importance que revêt le trafic de transit pour les compagnies helvétiques, particulièrement au lendemain de la crise financière qui les a ébranlées. Il n'ignore pas non plus l'environnement concurrentiel dans lequel évoluent les compagnies ferroviaires nationales et les difficultés qu'elles ont à lutter contre les tarifs extrêmement bas des compagnies étrangères étatisées[62]. Un soutien du Parlement aux exigences d'égalisation des taxes pour les trafics d'exportation sur celles en vigueur pour les trafics de transit, que ne manqueront pas de formuler les milieux industriels tournés vers les marchés d'exportation à l'occasion de l'enquête du Vorort de l'USCI, risque de limiter la marge de manœuvre des compagnies dans la captation des trafics de transit.

Du côté du DFCA dirigé par le Neuchâtelois Numa Droz (1844-1899), on est plus nuancé sur la question. Chargé de l'élaboration de l'avis que le département doit soumettre au Conseil fédéral sur la question des tarifs ferroviaires, le chef de la Division du commerce, l'ancien secrétaire de l'USCI Arnold Eichmann doute du bien-fondé de l'adoption d'un système tarifaire favorisant les envois massifs. Selon les informations collectées par le DFCA, les compagnies suisses n'ont uti-

62 Heinrich Strebel écrit ainsi: «Bundesrat Welti erkannte bald, dass er die Aufgabe hatte, die schweizerischen Eisenbahnen dem Auslande gegenüber konkurrenzfähig zu erhalten. In der Nachbarschaft kamen gewisse Staaten durch das stipulierte Heimfallsrecht unentgeltlich in den Besitz der Bahnen und konnten ihre Finanzmittel vermehrt zum Ausbau der Transitlinien verwenden». Strebel, *Die Diskussion...*, p. 98.

lisé, en 1876, que 27% des capacités offertes par les wagons, contre 42% pour les compagnies allemandes[63]. Dans le même temps, entre 20 et 25% du total des transports du SCB et du NOB se font aux classes de tarif des expéditions partielles, contre à peine plus de 4% des transports des chemins de fer impériaux d'Alsace-Lorraine[64]. Mais le mécontentement de la classe moyenne industrielle, relayé par la pétition de l'assemblée d'Olten et la motion Zschokke, retient plus encore l'attention d'Eichmann. Il conseille de prendre acte des plaintes formulées par les pétitionnaires, parlant au nom de classes qui se sont déjà adressées au DFCA pour intervenir dans d'autres domaines, notamment douanier[65]:

> In Anbetracht der grossen Wichtigkeit der Frage und des besondern Umstandes, dass sich die Petenten an die Behörde ausdrücklich im Namen von Klassen wenden, welche schon auf andern Gebieten Klagend und hilfesuchend spezielle auch an das Handels- und Landwirtschaftsdepartement gelangten, fand sich dasselbe veranlasst, eine möglichst allseitige Prüfung der Frage anzuordnen.

Fin novembre 1883, à l'occasion de la session des Chambres fédérales, le Conseil fédéral présente un double rapport sur la question des tarifs ferroviaires, le premier concernant la motion Cramer-Frey, le second la motion Zschokke. Dans les deux rapports, la vision du DFPC domine celle, plus interventionniste en la matière, défendue par le DFCA. Le premier rapport est l'occasion de revenir longuement sur le développement des systèmes tarifaires des compagnies suisses depuis le début des

63 AF, E 53, Nr. 797, Vol. 259, «Bericht des schweizerischen Handels- und Landwirthschaftsdepartements an den Bundesrath betr. d. Reformtarif, 2. November 1883».

64 Cité dans le *Landbote,* 8. Mai 1884.

65 AF, E 53, Nr. 797, Vol. 259, «Bericht des schweizerischen Handels- und Landwirthschaftsdepartements an den Bundesrath betr. d. Reformtarif, 2. November 1883». Association faîtière des classes moyennes industrielles, l'Union suisse des Arts et Métiers (USAM) est fondée en 1879. Soumise dès l'origine aux pressions de courants différents – allant du plus strict libéralisme à un fort protectionnisme douanier –, l'USAM parvient à s'organiser, dès 1883, autour d'un programme prônant un protectionnisme modéré. Les déçus du programme se retrouvent, dès 1887, au sein de la Ligue d'Olten, défendant un protectionnisme beaucoup plus musclé. Cf. Humair, *Développement économique...,* pp. 440-448. Contrairement à l'USCI, et comme le montre l'analyse de ses rapports annuels, l'USAM ne se préoccupera absolument pas des tarifs ferroviaires, laissant le soin de formuler des exigences en la matière aux associations sectorielles, ou au *Tarif-Verein* (1884). Cf. USAM, *Rapports annuels,* Zürich, 1879-1900.

années 1860, avec comme objectif évident de démontrer les avantages de la réforme en matière d'uniformisation. Répondant plus précisément à l'exigence de Cramer-Frey d'une extension du système de réforme au réseau de la SOS, le Conseil fédéral insiste sur le fait que le système des concessions ferroviaires privées ne lui laisse aucune compétence dans l'imposition d'un système tarifaire unique à l'ensemble du réseau helvétique, pas plus qu'il ne lui permet d'influencer la formation des taxes, au-delà des attributions restreintes concédées par l'article 35 de la loi de 1872[66]. La question de la suppression des abus, contenue également dans la motion Cramer-Frey, est ainsi entièrement réglée par l'article 35, dont le Conseil fédéral reconnaît les limites. Il précise également que la formation des tarifs de transit n'entre pas dans son champ de compétence, tenant toutefois à ajouter qu'il soutient les efforts d'abaissements des taxes de transit consentis par les compagnies helvétiques[67]. Le Conseil national confie à sa commission des chemins de fer, présidée par Cramer-Frey, le soin d'analyser en détail le rapport de l'exécutif.

Le rapport sur la motion Zschokke dénote la même volonté du Conseil fédéral de mettre en évidence les avantages du nouveau système tarifaire: uniformisation et abaissement de taxes pour certaines classes d'expédition. L'exécutif reconnaît cependant avoir échoué dans sa tentative de négocier avec les compagnies une extension de la classe 2 des envois partiels. Sur le sujet délicat des dépassements des maxima autorisés par les concessions du SCB, le Conseil fédéral contredit l'interprétation des signataires de la motion et de la pétition de l'assemblée d'Olten. Des dépassements sont constatés uniquement en additionnant la taxe d'expédition aux taxes kilométriques. Or, pour le Conseil fédéral, les maxima définis par les concessions concernent uniquement les taxes kilométriques[68].

66 «Des tarifs uniformes ne supposent pas seulement une classification de marchandises partout applicable, mais aussi des taxes uniformes. Tous les moyens juridiques font défaut aux autorités fédérales pour arriver à cette unité. Les concessions accordées aux compagnies donnent à chaque administration en particulier la compétence de fixer ses taxes à son gré, pour chaque ligne, dans les limites concessionnelles et de les modifier de nouveau ad libitum dans les formes et avec les délais prévus légalement. La Confédération a exclusivement le droit d'empêcher qu'il soit perçu des taxes plus élevées que ne le comportent les concessions.»; FF, vol. 4, 1883/1, p. 504.

67 Ibidem, pp. 502-503.

68 FF, vol. 4, 1883/2, p. 512.

En l'état, l'exécutif fédéral propose d'attendre de connaître plus amplement les résultats concrets de l'introduction du système de réforme. Il promet un nouvel examen de la question dès le milieu de l'année 1884, soit une année après l'introduction du nouveau système: à cette date, des réductions de taxe seront immanquablement à l'ordre du jour.

La proposition de temporisation du Conseil fédéral ne peut satisfaire une partie de l'opinion publique qui a d'ores et déjà défini la réforme tarifaire comme une injustifiable aggravation des conditions de transport. Au moment de la parution des deux rapports, le *Landbote* de Winterthour, opposant historique au système des grandes compagnies ferroviaires, exprime sa totale incompréhension face à l'attentisme du Conseil fédéral[69]:

> Im Bundesrat ist man den Ansicht gekommen, dass die Reformtarife den Transit begünstigen, dagegen der interne Verkehr unter ihnen sich wirklich ungünstiger stellt, und daher will man in dieser Hinsicht Abhilfe zu schaffen suchen. Warum sollte denn das nicht möglich sein? Ist es ja doch schon unbillig genug, dass wir im Lande gegenüber den meisten Bahnen und besonders hinsichtlich der Gotthardbahn schlechter gestellt sind als die Fremden?

Le journal démocrate de Winterthour s'en prend à Emil Welti, accusé de défendre les intérêts des compagnies contre l'avis de Numa Droz «welcher für die Interessen unserer einheimischen Industrie und des Handels energisch eingetreten sein soll».

Début décembre 1883, le Conseil des Etats entreprend le débat sur le rapport du Conseil fédéral concernant la motion Zschokke. La commission des chemins de fer du Conseil des Etats, présidée par le Neuchâtelois Auguste Cornaz (1834-1896), propose de renvoyer le rapport au Conseil fédéral avec invitation de présenter, lors de la session suivante, un rapport sur les mesures à prendre pour donner suite aux nombreuses plaintes concernant les tarifs ferroviaires et notamment ceux du SCB. Devant la Chambre des Cantons, Welti s'oppose à Olivier Zschokke, membre de la commission, et défend la position de l'exécutif avec un seul argument, rapporté par le *Basler Nachrichten* en ces termes[70]: «Die Vorteile der Unifikation seien so gross, dass eine kleine Erhöhung der

69 Article du *Landbote*, repris tel quel par le *Schweizer Grenzpost*, 21. November 1883.

70 *Basler Nachrichten*, 14. Dezember 1883.

Taxen für gewisse Güter sich wohl rechfertige lasse». Zschokke, tout en saluant les efforts louables du Conseil fédéral en faveur de l'unification des systèmes tarifaires, mentionne toutefois que celle-ci ne doit pas se faire au détriment de la petite industrie et du petit commerce. Par 17 voix contre 14, la proposition de renvoi de la commission est adoptée par le Conseil des Etats. La décision de renvoi de la Chambre des Cantons est saluée par une partie de la presse. Comparant les tarifs en vigueur sur le SCB, le NOB et le JBL avec ceux pratiqués par les chemins de fer impériaux d'Alsace-Lorraine, le *Bund* de Berne, dans un article très fouillé de son édition du 26 décembre 1883, souhaite que le renvoi du rapport au Conseil fédéral soit l'occasion d'étudier une question dont toute l'importance n'a pas encore été saisie[71].

5.3.3 *Formation du* Tarif-Verein *et publication de l'enquête de l'Union suisse du commerce et de l'industrie: la médiatisation de la question tarifaire*

La double motion Zschokke, Cramer-Frey, le renvoi, en fin d'année 1883 par le Conseil des Etats du rapport du Conseil fédéral plutôt favorable aux compagnies ferroviaires et l'enquête menée par le Vorort de l'USCI promettent de remettre la question tarifaire sur le tapis de la politique fédérale dès la session suivante. Les compagnies ferroviaires, conscientes de l'enjeu, publient dès la fin de l'année 1883 un mémoire destiné à éclairer l'ensemble de leur politique tarifaire dans le cadre de l'enquête du Vorort. Le mémoire met avant tout en évidence l'environnement concurrentiel dans lequel se meuvent les compagnies helvétiques pour la captation des transports internationaux[72]:

> Toute la frontière nord de la Suisse, depuis le point le plus oriental jusqu'à Bâle ou à Delle, se trouve longée par un chemin de fer étranger, qui a en partie l'avantage d'être plus court que la ligne suisse et s'efforce constamment non seulement de prendre le monopole du transit considérable entre la Bavière, l'Autriche-Hongrie, etc., d'un côté, la France, la Belgique, etc., de l'autre, mais d'attirer à elle le trafic

71 *Der Bund*, 26. Dezember 1883.

72 *Mémoire sur les tarifs de marchandises des chemins de fer présenté à la Section présidente de la Société suisse de Commerce et d'Industrie par les Compagnies suisses qui ont adopté le tarif de réforme, 31 décembre 1883,* Berne, 1884 , p. 5.

> même de la Suisse avec l'Autriche-Hongrie et au-delà, avec l'Allemagne, la Belgique, l'Angleterre, etc., au détriment du réseau suisse. [...] Une seconde concurrence dangereuse, que la Suisse ne doit pas perdre de vue depuis l'ouverture du Gothard, est celle du Brenner, qui par ses tarifs exerce une grande influence sur le trafic entre l'Italie d'une part, l'Allemagne, la Belgique, la Hollande, l'Angleterre, une partie de la France et la Suisse elle-même d'autre part. [...]

Parallèlement, les compagnies se défendent d'avantager les producteurs étrangers par leur politique de transit[73]:

> [...] l'on fait de temps à autre au public, relativement à l'application des tarifs aux transports en transit par les chemins de fer suisses des communications qui, si elles étaient exactes, justifieraient jusqu'à un certain point les plaintes formulées à cet égard. On pourrait croire que ces transports jouissent de réductions absolument arbitraires, et cependant on doit avoir assez de confiance dans la prudence des Compagnies pour admettre qu'elles ne font pas de cadeaux sans motifs. En effet, si l'on veut bien se donner la peine d'examiner de plus près les tarifs de transit, on pourra se convaincre de l'inanité d'un pareil reproche. Pour les transports en transit comme pour tous les autres, les administrations de chemins de fer ont pour principe de percevoir en première ligne les taxes normales appliquées au trafic interne; mais elles font exception à cette règle quand elles sont convaincues qu'en voulant percevoir les taxes normales elles ne conserveraient pas les transports en question. Elles consentent alors à des réductions de taxes qui sont chaque fois étudiées avec soin, ne descendent jamais au-dessous de ce qui est strictement nécessaire pour attirer le trafic, et ne sont jamais assez considérables pour qu'il ne reste plus aucun bénéfice quelconque sur les transports ainsi favorisés.

Pour les compagnies ferroviaires helvétiques, l'adoption du système de réforme découle également de la nature du transport ferroviaire. Un système basé sur le volume des transports devra permettre de réduire la circulation des wagons incomplètement chargés et d'optimaliser ainsi l'utilisation du matériel roulant. Au demeurant, l'organisation d'un service de groupage, qui se fera immanquablement dans toutes les gares d'une certaine importance, permettra à tous les petits expéditeurs de remettre à un commissionnaire leur marchandise, normalement transportée dans les classes d'envois partiels, et de bénéficier ainsi des taxes d'expédition en wagon complet[74]. Les compagnies insistent ainsi d'avantage

73 Ibidem, p. 19.

74 Le système allemand, qui rompt avec la classification *ad valorem* et sa très stricte nomenclature, permet de regrouper diverses marchandises de nature très différente qui auraient été expédiées à des tarifs différents dans l'ancien système.

sur les abaissements de tarifs qu'offre le nouveau système pour les expéditions en wagons complets. Comme le montre le tableau 8, la diminution du prix du transport entre Genève et Olten peut être considérable pour un certain nombre de biens de grande consommation expédiés en wagons complets de 5 ou 10 T.

Tableau 8 – Comparaison des prix du transport entre Genève et Olten par wagons complets (systèmes de tarification 1882 – 1863/72)

En frs. courants

	Tarifs 1882		Tarifs 1863/72		**Variation du prix du transport en % entre 1863/72 et 1882**	
	Poids 5.000 kg	Poids 10.000 kg	Poids 5.000 kg	Poids 10.000 kg	**Poids 5.000 kg**	**Poids 10.000 kg**
Pommes de terre	91.–	118. –	92. –	184. –	**- 1%**	**- 36%**
Bois de chauffage	91.–	118. –	69. –	138. –	**+ 32%**	**- 14%**
Bois de construction	91. –	118. –	69. –	138. –	**+ 32%**	**- 14%**
Pétrole	153. –	284. –	188. –	376. –	**- 19%**	**- 24%**
Denrées coloniales	153. –	184. –	188. –	376. –	**- 19%**	**- 51%**
Fer brut	91. –	118. –	92. –	184. –	**- 1%**	**- 36%**
Fers en barres	107.50	182. –	132. –	264. –	**- 19%**	**- 31%**
Fers ouvrés grossiers	123.50	215. –	132. –	264. –	**- 6%**	**- 19%**
Produits manufacturés	153. –	284. –	188. –	376. –	**- 19%**	**- 24%**

Source: calculé d'après les prix du transport établis par J.-J. Challet-Venel suivant les taxes kilométriques transmises par les compagnies ferroviaires dans leur mémoire de 1884. Cf. Challet-Venel, *Les tarifs des chemins de fer....*

Les arguments des compagnies, mettant en exergue l'environnement concurrentiel du trafic international, la supériorité d'un système tarifaire mieux adapté aux réalités du transport ferroviaire et les avantages d'abaissement du prix des transports pour les envois en grosse quantités sont fondés. Toutefois, dans le climat de médiatisation qui entoure la question tarifaire en début d'année 1884, les compagnies ferroviaires ont perdu toute capacité à convaincre[75]. Dès la parution du mémoire des compagnies, la *NZZ* se pose la question de l'opportunité d'un système pensé pour capter le trafic de transit, alors que le *Basler Nach-*

75 La médiatisation de la question tarifaire dès la fin 1883-début 1884 est bien un phénomène nouveau, à en croire la *NZZ:* «Das Tarifwesen der Schweizerischen Eisenbahnen, um das sich ausser den Eisenbahnen bei uns lange so zu sagen kein Mensch bekümmert hat, ist seit wenigen Jahren in vielen Kreisen Gegenstand erntlicher Besprechungen geworden.»; *NZZ*, 28. März 1884.

richten, plus critique encore, exige du Conseil fédéral une meilleure prise en compte de l'intérêt général face aux compagnies privées[76].

L'adoption du tarif de réforme et le thème de l'aggravation des conditions de transport, notamment pour les envois partiels, sont également à l'ordre du jour de plusieurs associations commerciales cantonales dès la fin de l'année 1883[77]. Le commerce de réexpédition genevois et son homologue bâlois, familiers de la question tarifaire depuis le début des années 1860, sont les premiers à condamner le système de réforme. Aussi bien l'AIC de Genève que la Chambre de commerce de Bâle se rapprochent de la position la plus extrême développée par les classes moyennes industrielles lors de l'assemblée d'Olten de juin 1883: celle du retour à l'ancien système tarifaire. Du côté du commerce genevois, le banquier et membre du comité de l'AIC, le conseiller national Arthur Chenevière est l'auteur, lors des travaux de la commission du Conseil national traitant du rapport de l'exécutif sur l'acquisition des compagnies ferroviaires, d'un ambitieux projet de rachat de celles-ci. Le SCB serait immédiatement racheté et les autres compagnies le seraient par étape. Pour le tenant de l'orthodoxie budgétaire qu'est Chenevière, la nécessité de mettre enfin la politique tarifaire des compagnies en adéquation avec les intérêts de l'industrie et du commerce – notamment genevois – explique l'entorse qu'il propose de faire à une ligne de conduite consistant à habituellement freiner l'extension des domaines d'activité de l'Etat central. Chenevière propose que le réseau ferroviaire soit ensuite concédé en fermage à une compagnie privée afin que l'exploitation se fasse dans une optique commerciale. Mais la possession du réseau par la Confédération permettrait de régler le problème des tarifs[78]. Son projet ne passera cependant pas la rampe de la commission parlementaire. En octobre 1883, le rapport sur les effets défavorables

76 *NZZ*, 12. Januar 1884; *Basler Nachrichten*, 13. Januar 1884.

77 La Société industrielle et commerciale du canton de Vaud, dont les membres sont peu initiés à la problématique des tarifs ferroviaires, met la question à l'ordre du jour dès février 1884. Le conseiller national Cuénoud est ainsi chargé de faire un exposé sur les enjeux de la motion Zschokke. A cette date, une commission spéciale de la société planche déjà sur le questionnaire de l'enquête initiée par l'USCI. Cf. *Bulletin de la Société industrielle et commerciales du canton de Vaud 1875-1897*, vol. 2, Lausanne, 1898, pp. 430-431, (n° 20, 15 décembre 1884).

78 Strebel, *Die Diskussion...*, pp. 93-94. Sur Arthur Chenevière, cf. Humair, *Développement économique...*, p. 495.

des tarifs ferroviaires pour le commerce de Genève, élaboré par Challet-Venel, est adopté par l'AIC. Décision est prise de le faire imprimer et de l'envoyer à l'ensemble des parlementaires fédéraux[79]. Dans son rapport, Challet-Venel ne se contente pas uniquement de mettre en évidence les effets défavorables du nouveau système sur le commerce genevois. Il se livre également à la promotion du système tarifaire alternatif proposé dès 1882 par le directeur de la SOS, Chéronnet (cf. section 4.4.1), et offrant, selon l'ancien conseiller fédéral, un double avantage par rapport au système allemand de réforme: le système Chéronnet permettrait avant tout de mieux tenir compte des réalités économiques de l'espace helvétique, au sein duquel l'inexistence de très grandes places commerciales sur le mode germanique rend illusoire les avantages d'un système tarifaire basé uniquement sur le volume des expéditions; l'adoption de ce système offrirait également de meilleures possibilités de connexions avec le système tarifaire en vigueur sur les compagnies françaises, argument de poids pour la SOS et tout le commerce de Suisse occidental tournés en grande partie vers la France[80]. Il n'est pas douteux que, pour certains membres du comité de l'AIC comme Arthur Chenevière, administrateur de la Société suisse pour l'Industrie des chemins de fer qui exploite le réseau SOS, le système Chéronnet doit avant tout permettre à la SOS une jonction tarifaire optimale avec le PLM et maintenir ainsi à l'axe est-ouest ses capacités à drainer le trafic de transit.

Pour le commerce bâlois de réexpédition, dont les doléances sont retransmises par la chambre de commerce de la cité rhénane, les tarifs élevés pour les envois partiels et les taxes d'expéditions pour les petites distances sont ruineux. Pour les denrées coloniales et les produits de grande consommation, les détaillants des villes du centre de la Suisse ont désormais un avantage certain à faire venir, par wagons complets de 10 T ce type de marchandises directement depuis les ports d'Europe du

79 AIC, *Rapport présenté par la Chambre de commerce à l'Assemblée générale du 21 mars 1884,* Genève, 1884, pp. 13-14.

80 AF, E 53, Nr. 796, Vol. 259, «Association industrielle et commerciale genevoise, Rapport sur la question des tarifs de transport pour marchandises présenté par MM. Challet-Venel et Ch. Fischer à la Chambre de Commerce de Genève, 6 octobre 1883».

Nord[81]: «Viele Krämer, die in solider Weise und mit Erfolg ihr Geschäft betrieben, wurden zu Grossisten wider Willen gemacht». Les craintes bâloises de voir les petits épiciers du centre de la Suisse se transformer, contre leur gré, en grossistes, proviennent d'avantage des risques de pertes encourus par le commerce d'entrepôt de la cité rhénane que d'un réel souci quant à l'avenir du petit commerce local. Prenant le contre-pied de l'analyse bâloise, la *NZZ* zurichoise ne manque ainsi pas de remarquer que le désavantage bâlois est compensé par les gains des cités de l'intérieur du pays, auparavant *«asservies (beherrschen)»* par le commerce rhénan[82]:

> Eine Ladung von 10.000 Kilogr. bezahlt z.B. von Basel nach Bern statt früher Fr. 180 nur noch Fr. 149, was zur Folge hatte, dass sich die grösseren Orte der Zentralschweiz, Bern, Luzern, Solothurn, Biel, des Detailverkehrs bemächtigten und sich von Basel unabhängig machten.

L'avis de la *NZZ* est confirmé par un grossiste lucernois[83]:

> Die Reformtarife werden immerhin die Wirkung haben, dass alle Ein- und Ausfuhr verschiedener Waren von und nach dem Auslande und von und nach dem Innern der Schweiz billiger kommt und auf weitere Strecken auch im innern Verkehr.

Les attentes sont ainsi divergentes suivant les localisations et suivant les secteurs économiques, empêchant l'établissement d'un programme commun visant à mettre les tarifs ferroviaires au service de l'économie nationale. Au début du printemps 1884, la formation du *Tarif-Verein*, association trans-sectorielle, tente de dépasser la segmentation et d'établir une ligne de défense commune à plusieurs secteurs de la petite industrie et du

81 *NZZ*, 3. April 1884. Le tableau 8 montre les mêmes effets pour le commerce de denrées coloniales à partir de Genève. La diminution du coût du transport est très importante pour les expéditions de 10 T (51%), alors que les envois partiels subissent une augmentation du prix du transport due en partie au changement de classe, de la Cl. III (1863/72) à la Cl. 1 (1882) (cf. tableau 8). La citation est tirée de *Das Gütertarifwesen der schweiz. Eisenbahnen. Bericht des Vorortes Zürich des Schweiz. Handels- und Industrie-Vereins über die von ihm veranstaltete Untersuchung,* Zürich, 1884, p. 18.

82 *NZZ*, 7. April 1884.

83 *Das Gütertarifwesen der schweiz. Eisenbahnen. Bericht des Vorortes Zürich des Schweiz. Handels- und Industrie-Vereins über die von ihm veranstaltete Untersuchung,* Zürich, 1884, p. 19.

commerce local. L'impulsion menant à la création du *Tarif-Verein* remonte à décembre 1883 et à la décision du Conseil des Etats de renvoyer le rapport du Conseil fédéral sur la motion Zschokke. L'association, regroupant le *Schweizerischer Holz Industrie Verein,* le *Verein Schweizerische Geschäftsreisender* et une partie de l'*Aargauischer Handels- und Industrieverein,* se donne comme objectif principal l'analyse des conséquences des tarifs ferroviaires, en particulier sur les classes moyennes. L'exigence première du *Tarif-Verein* est le retrait du système de réforme et le retour à l'ancien système. Au-delà, son programme, représentatif de la composition hétéroclite de l'association, exige l'octroi des taxes de transit accordées aux bois hongrois et russes pour les bois helvétiques destinés à l'exportation en direction des marchés français *(Schweizerischer Holz Industrie Verein)*, le retrait de la double taxe d'expédition pour la GV *(Verein Schweizerische Geschäftsreisender)* et l'établissement de tarifs pour les céréales ne désavantageant pas systématiquement les entrepôts du centre de la Suisse *(Aargauischer Handels- und Industrieverein)*[84]. Enfin, l'association exige également des taxes helvétiques ne dépassant pas celles en vigueur sur les chemins de fer de l'Etat de Bade[85]. Le président du *Tarif-Verein*, le commerçant argovien A. Jenny-Kunz, publie dès cette date une brochure destinée à mettre en évidence l'aggravation des coûts de transport pour la petite industrie et le commerce local en s'opposant aux chiffres avancés par les compagnies ferroviaires dans leur mémoire de la fin de l'année 1883[86]. La publication de la brochure et la formation du *Tarif-Verein* ne passent pas inaperçues dans la presse nationale. La *NZZ*, malgré ses doutes sur l'utilité de la formation d'une telle association, publie de larges extraits et des chiffres tirés de la brochure de Jenny-Kunz[87]. Le *Landbote* et le *Basler Nachrichten* soutiennent, de leur côté, la constitution d'une association dont le but est la défense «des petits (kleine Leute)», selon les termes du quotidien bâlois qui conclue un article très détaillé en ces termes[88]:

84 AF, E 53, Nr. 796, Vol. 259, «Eingabe des Tarifs-Verein an die hohe Bundesversammlung der Schweizerischen Eidgenossenschaft, Aarau, 1884».

85 Notamment FF, vol. 3, 1884, pp. 149-150; FF, vol. 4, 1884, p. 663.

86 L'étude de A. Jenny-Kunz sur les tarifs ferroviaires est datée de mars 1884. Cf. *Eingabe des Tarifs-Vereins an die hohe Bundesversammlung der schweizerischen Eidgenossenschaft,* Aarau, 1884.

87 *NZZ,* 8. Mai 1884

88 *Basler Nachrichten,* 16. Mai 1884.

> Was wir hoffen ist: dass die Bewegung im gewerbetreibenden Publikum gegen die neuen, ungerechten Verlastungen des Kleinverkehrs bald stark genug werde, um dieselben gründlich und für ein und allemal zu beseitigen. Die Schrift bietet hiezu eine starke Masse, welche in der Hand unerschrockener Männer, gute Dienste leisten kann.

De son côté, le quotidien d'opposition de Winterthour, après avoir longuement mis en évidence les désavantages pour les secteurs de l'économie nationale, chiffres de Jenny-Kunz à l'appui, s'interroge sur les limites, bientôt dépassées selon lui, de la patience des classes moyennes industrielles face aux compagnies ferroviaires[89]:

> Wie lange werden sie noch die schweizerische Industrie und Landwirtschaft, wie lange insbesondere das Kleingewerbe die Haut über den Kopf abziehen lassen müssen durch die ebenso irrationellen als ungerechten Tarife der schweizerischen Eisenbahnen?

Si la petite industrie, le commerce local, l'agriculture et les secteurs d'exploitation de certaines matières premières présentes sur le sol national (bois, anthracite, asphalte) ont été dès les années 1860 les opposants les plus fermes aux politiques tarifaires des compagnies ferroviaires, celles-ci pouvaient jusqu'à présent compter sur un soutien presque indéfectible des secteurs de l'industrie d'exportation. Lors des débats autour de la motion Corboz en fin d'année 1862 (cf. section 2.3.2), dans la définition d'un pouvoir d'intervention fédérale en matière tarifaire lors de l'adoption de la loi sur les chemins de fer de 1872 (cf. section 3.3.1), l'industrie d'exportation avait défendu une régulation minimale en adoptant l'angle de vue des compagnies ferroviaires. Le rapport annuel de l'USCI pour 1883 montre clairement un lien entre grande industrie et compagnies ferroviaire en passe de se distendre. Bien avant la diffusion des résultats de l'enquête, l'association commerciale prend ses distances vis-à-vis de la politique tarifaire adoptée par les compagnies ferroviaires. L'opportunité de l'adoption du système allemand de réforme sans modification de la classification est d'emblée remise en question[90]:

> Es waren vornehmlich tariftechnische Verhältnisse gewesen, welche einen möglichst engen Anschluss des Gütertarifwesens der schweizerischen Bahnen an dasjenige

89 *Landbote,* 8. Mai 1884.

90 Schweizerische Handels- und Industrie-Verein, *Bericht über Handel und Industrie der Schweiz im Jahre 1883,* Zürich, 1884, p. 22.

der deutschen zur Notwendigkeit machten, und es fragt sich nun in erster Linie, ob dieses System auch den volkswirtschaftlichen Verhältnissen unseres Landes entsprechen.

La justification d'abaissement des tarifs de transit en raison de la domination de relations de concurrence dans le transport ferroviaire international rencontre la compréhension du Vorort, avec cependant une exigence qui va définir durablement la position de l'association économique en matière de tarifs ferroviaires: celle de l'égalisation des taxes des tarifs d'exportation et des tarifs internes au niveau des taxes des tarifs de transit[91]:

> Wenn die schweizerischen Eisenbahnen durch ihrer Vereinbarungen mit fremden Bahnen den Erzeugnissen ausländischer Industrien und Gewerbe die Konkurrenz mit schweizerischen Waren in einem dritten Lande ermöglichen, oder doch wesentlich erleichtern, sollen die schweizerischen Linien verpflichtet sein, die von ihnen der fremden Konkurrenz gewährten Tarifermässigungen auch der Ausfuhr der entsprechenden schweizerischen Waren nach dem in Frage kommenden Lande proportional zuzugestehen.
> Sollte es vorkommen, dass die schweizerischen Eisenbahnen eine derartige Konkurrenz gegen schweizerische Industrie und Gewerbe in der Schweiz durch besondere Taxermässigungen ermöglichen, so sind sie zu verpflichten, die Taxermässigungen den betreffenden schweizerischen Erzeugnissen auch im inländischen Verkehr zu gewähren.

Fin mai, le Vorort de l'USCI publie un rapport d'une septantaine de pages synthétisant les résultats d'une enquête de près d'une année. Les remarques liminaires reprennent les critiques déjà émises par l'association économique dans son rapport annuel de 1883. Sans toutefois exiger le retour à l'ancien système, puisque l'unification des tarifs passe sans contexte par l'adoption du système de réforme allemand[92], reconnaissant par ailleurs les améliorations apportées par les compagnies suisses par rapport au système allemand pur – introduction d'une deuxième classe des expéditions partielles; création, pour les trois séries de tarifs spéciaux, d'une catégorie d'expédition de 5.000 kg – le Vorort tient à

91 Ibidem.

92 Le Vorort de l'USCI, bien que considérant le système développé par Chéronnet et défendu par Challet-Venel comme mieux adapté aux réalités économiques helvétiques, ne pense pas qu'il puisse être adopté par les compagnies ferroviaires suisses, car présentant le désavantage de n'être ni en vigueur en Allemagne, ni en France. *Das Gütertarifwesen der schweiz. Eisenbahnen...*, p. 22.

marquer d'entrée les différences de structure économique entre l'Allemagne et la Suisse. Le nouveau système tarifaire, optimal pour lier entre elles les grandes places commerciales allemandes, a inversé, en l'exagérant, la tendance habituelle des compagnies suisses à faciliter les expéditions partielles et donc le petit commerce. D'autre part, l'adoption, sans grande correction, de la classification allemande conduit à certaines imperfections inhérentes à la structure industrielle différente des deux pays[93]:

> Schon ein Blick in die Klassifikation der Güter der Spezialtarife ergibt, dass dieselbe gewissen deutschen Grossindustrien namhafte Vorteile bietet, welche in der Schweiz von Niemandem ausgenutzt werden können. Wir machen z. B. auf die vielen Erleichterungen aufmerksam, die der Zuckerfabrikation für ihre Rohstoffe, Hilfsstoffe und Halbfabrikate zu Teil werden; der genannte Industriezweig ist aber in der Schweiz gar nicht vorhanden. Ähnliches gilt von der chemischen Industrie, welche Branche in unserm Lande unter ganz verschiedenen Verhältnissen existiert und arbeitet, als dass sie aus dem Reformsystem denjenigen Nutzen zu ziehen vermöchte, wie die nämliche Industrie in Deutschland.

Deux parties du rapport sont plus particulièrement importantes: la première retransmet les remarques émises par les secteurs de l'économie qui ont répondu au questionnaire élaboré par l'USCI, alors que la seconde s'arrête sur les conséquences à attendre de la politique tarifaire des compagnies en matière de trafic de transit. La première partie concerne plus spécifiquement l'adoption du système de réforme allemand. En la matière, une scission assez nette est à observer entre industries pondéreuses (industrie métallurgique, industrie des machines et matériaux de construction), une partie du commerce de gros (négociants en vins, commerce de céréales), favorables au nouveau système moyennant quelques aménagements mineurs, et la majorité des secteurs de l'économie dont les doléances sont toutefois diverses. Pour la plupart des secteurs – commerce de fromages, industrie du bois, industrie textile, tannerie, agriculture – les désavantages proviennent principalement de la nouvelle classification, en partie également du renchérissement des classes d'expéditions partielles (notamment pour l'industrie textile et l'agriculture). Le peu d'extension donné à la classe 2 des envois partiels retient toute l'attention du Vorort. Selon l'association économique, le renchérissement de ce type d'expédition risque, à terme, de provoquer ni plus ni moins que la disparition de la classe moyenne industrielle,

93 Ibidem, pp. 14-15.

incapable de soutenir, sur le marché intérieur, la concurrence des produits germaniques expédiés par wagons complets, alors que parallèlement la production helvétique est greffée de lourds frais de transport pour les envois partiels sur de faibles distances. Ce pessimisme va de pair avec les doutes émis quant à l'organisation d'un service de regroupage efficace et bon marché, puisque abandonné par les compagnies ferroviaires à des particuliers[94].

La critique la plus ferme du nouveau système provient de l'industrie textile. Pour la branche du coton, dont les industriels dominent notamment l'*Aargauischer Handels- und Industrieverein* déjà membre fondatrice du *Tarif-Verein*, la diminution des tarifs pour le coton brut est compensée par des augmentations de taxes sur les produits finis. Pire, selon les industriels de la branche, la très forte diminution du prix du transport par wagons complets – notamment de 10.000 kg – favorise les producteurs étrangers et annule l'amélioration de la compétitivité des producteurs helvétiques à l'intérieur du pays, gagnée grâce à l'augmentation de la protection douanière que promet d'apporter l'aboutissement du processus de révision du tarif douanier[95]:

> Die Wollenweber betonen dabei, dass durch den Übergang zum Reformsystem der minime Vorteil wieder verloren gegangen sei, der ihnen durch die Zollerhöhung zu Teil geworden, indem die ausländische Konkurrenz im Stande ist, billiger nach der Schweiz zu spedieren, weil sie auf die Hauptplätze – Bern, Basel, Zürich, Genf – Wagenladungen im Sammelverkehr dirigieren kann.

Les doléances des producteurs de la branche du coton sont visibles à la lecture du tableau 9. Il en ressort une diminution du prix du transport du coton brut, aussi bien sur le réseau du NOB que sur celui du SCB, d'autant plus élevée que la masse transportée est importante. La dégradation des coûts du transport est cependant visible pour les fils de coton et les draps. Toutefois, pour cette dernière catégorie de produits finis, et particulièrement sur le réseau du SCB, la diminution du prix du transport est très forte pour le transport par wagon complet sur de grandes distances, avantageant les producteurs étrangers.

94 Ibidem, pp. 39-41.

95 Ibidem, p. 37. Sur l'élaboration du tarif douanier de 1884, cf. Humair, *Développement économique...*, pp. 474-520.

Tableau 9 – Variation des prix du transport pour la branche du coton (Systèmes tarifaires 1863/72 – 1883)

Variation en frs. courants

NOB	*Coton brut*			*Fil de coton*		*Drap de coton*		
	Exp. partielles	Wagons complets		Exp. partielles	Wagons complets	Exp. partielles	Wagons complets	
	100 kg	5.000 kg	10.000 kg	100 kg	5.000 kg	100 kg	5.000 kg	10.000 kg
50 km	- 0.02	- 7.5	- 23	+ 0.15	+ 7.5	+ 0.15	+ 2.5	- 3
100 km	- 0.2	- 11.5	- 38	+ 0.15	+ 16	+ 0.15	+ 6	- 3
150 km	- 0.37	- 15	- 53	+ 0.15	+ 25	+ 0.15	+ 10	- 3

SCB	*Coton brut*			*Fil de coton*		*Drap de coton*		
	Exp. partielles	Wagons complets		Exp. partielles	Wagons complets	Exp. partielles	Wagons complets	
	100 kg	5.000 kg	10.000 kg	100 kg	5.000 kg	100 kg	5.000 kg	10.000 kg
50 km	+ 0.1	- 4	-15	+ 0.27	+ 5	+ 0.17	–	- 5
100 km	+ 0.04	- 13	- 41	+ 0.39	+ 2	+ 0.18	- 8.5	- 27
150 km	-	- 21.5	- 65	+ 0.52	–	+ 0.2	- 16	- 47

Source: chiffres calculés d'après *Das Gütertarifwesen der schweiz. Eisenbahnen...*, p. 36.

Force est de constater que le système de réforme allemand n'attire pas l'unanimité des secteurs de l'économie contre lui. Tel n'est pas le cas cependant de la politique tarifaire des compagnies concernant les trafics de transit. Les quelques secteurs qui voyaient en l'adoption du nouveau système tarifaire une amélioration, sont les plus prompts à condamner les tarifs mis en vigueur pour le trafic de transit. La condamnation la plus ferme provient de l'industrie des machines, alors en pleine expansion. Environ 5% du tonnage total transporté par les compagnies helvétiques à la fin des années 1870 sont des machines et des produits de l'industrie métallurgique, toute origine confondue: cette proportion double durant la décennie, pour atteindre 10% dès 1890. Associés à la diminution des distances entre l'Allemagne et l'Italie suite à l'ouverture du Gothard, les tarifs ferroviaires de transit des compagnies suisses sont accusés d'avantager la concurrence germanique sur les marchés transalpins[96]:

> Während vor Eröffnung der Gotthardbahn auf diesem Gebiet (Italien) der schweizerischen Maschinenindustrie neben der französischen und englischen immer noch

96 *Das Gütertarifwesen der schweiz. Eisenbahnen...*, p. 42.

ein ansehnlicher Anteil zufiel, kämpft sie jetzt mit Mühe gegen die von mächtigen Faktoren unterstütze, ausserordentlich billig offerierende Konkurrenz Deutschlands und Belgiens, und wo auch die herkömmliche und anerkannte Solidität unserer Produkte über die Billigkeit der deutschen und belgischen Waren den Sieg davonträgt, geschieht es doch selten ohne empfindliche Abstriche an den Preisen, so dass das Geschäft nicht nur viel mühsamer, sondern auch weniger lohnend geworden ist. Es gehört nicht hierher, alle Faktoren zu erörtern, welche es der genannten Konkurrenz ermöglichen, trotz der grösseren Entfernungen uns dieses Absatzgebiet streitig zu machen; jedoch müssen wir darauf hinweisen, dass die ausserordentlich billigen Frachtsätze von Deutschland und Belgien nach Chiasso und Pino sehr viel dazu beitragen.

Pour l'expédition de parties de machines (minimum 10.000 kg) en direction du marché italien, les taxes kilométriques des tarifs de transit en vigueur sur le réseau helvétique sont en dessous des taxes kilométriques des tarifs d'exportation. Le tableau 10 démontre que l'avantage de distance dont dispose l'industrie helvétique pour gagner les marchés transalpins demeure, mais tend à s'effriter en raison des taxes kilométriques très basses introduites par les compagnies helvétiques pour le trafic de transit par le Gothard. Une fabrique de machines sise à Zurich, distante de 330 km de Chiasso, paie environ 26 frs. pour une expédition d'une T par le Gothard. La taxe kilométrique est de 7.8 cts. par T. Une fabrique de Dortmund exportant le même type de produits paie jusqu'à Chiasso, environ 42 frs., soit 4.3 cts. par T et par km. Une augmentation de distance de près de 200% entraîne ainsi une augmentation du prix du transport de moins de 65%. Pour l'industrie suisse des machines, il s'agit là d'une faveur accordée à l'industrie allemande.

Le secteur des matériaux de construction est l'autre industrie pondéreuse qui voit dans le système de réforme une amélioration des conditions de transport. Au début des années 1880, près de 30% du total du tonnage transporté par les compagnies ferroviaires sont encore des matériaux de construction, ce qui met ce secteur en position de force pour exiger une prise en considération de ses intérêts. Or, les taxes de transit introduites par les compagnies helvétiques favorisent, là également, la concurrence étrangère: sur les marchés italiens, elles avantagent les carrières germaniques de Altkirch, de Illfurt et de Saargmünd alors que sur le marché helvétique, les tarifs italo-suisse facilitent l'arrivée de matériaux des carrières italiennes[97].

97 Ibidem, pp. 44-45.

Tableau 10 – Tarifs pour le transit et pour l'exportation de parties de machines de 10.000 kg en vigueur sur le réseau ferroviaire helvétique

Pour les tarifs de transit : Tarif italo-allemand via Gothard (Tarif spécial IIb)
Pour les tarifs d'exportation : Tarif italo-suisse (Tarif spécial I)

De la station mentionnée à Chiasso transit

Km	*Stations*	*Tarif en frs. (1.000 kg)*	*Taxe par T et par km en cts.*
Stations suisses			
330	Zurich	25.70	7.8
378	Bâle loco.	26.80	7.1
378	Bâle transit	25.30	6.55
382	Neuhausen	24.70	6.47
387	Schaffhouse	27.20	7
411	Romanshorn loco.	28.80	7.2
Stations allemandes			
411	Mulhouse	21.80	5.2
586	Karlsruhe	28.60	4.8
640	Ludwigshafen	29.35	4.8
640	Mannheim	29.70	4.8
720	Mayence	32.30	4.3
880	Cologne	38.20	4.3
927	Düsseldorf	39.95	4.3
949	Duisburg	40.80	4.3
963	Essen	41.30	4.3
968	Bochum	41.50	4.3
981	Dortmund	41.95	4.3

Source: chiffres calculés d'après *Das Gütertarifwesen der schweiz. Eisenbahnen...*, p. 36. Cf. également tableau 4 pour le détail des taxes du tarif italo-allemand en vigueur dès 1882.

Ce qui ressort ainsi avant tout de l'étude de la synthèse du Vorort de l'USCI, c'est le sentiment généralement répandu que les compagnies helvétiques accordent des avantages inconsidérés aux industries étrangères, aussi bien par l'adoption du système de réforme que par l'introduction des taxes de transit très basses. Alors en pleine redéfinition de son système douanier, la Confédération ne peut éviter de placer également les tarifs de chemins de fer au centre de ses préoccupations, au risque de voir les quelques améliorations consenties au niveau de la protection douanière annulées par des politiques tarifaires des chemins de fer allant dans un sens opposé. Pour le Vorort de l'USCI, l'étroitesse des liens établis entre la politique des tarifs ferroviaires et la politique douanière dans plusieurs pays européens ayant recouru à l'étatisation des chemins de fer doit contraindre les compagnies ferroviaires suisses, définies en tant que *«membres de l'économie nationale (Glieder der nationalen Wirtschaft)»*, à repenser leur politique tarifaire dans le sens d'une amélioration de la compétitivité des industries nationales[98]:

> [...] es kann in keinem Falle in der Aufgabe der schweizerischen Eisenbahnen liegen, irgend einen Zweig der schweizerischen Industrien, Gewerbe und Landwirtschaft zu ruinieren, sondern es genügt vollkommen, wenn die fremde Konkurrenz im Verein mit der ausländischen Zollpolitik und Eisenbahnpolitik ein solches Ziel anstrebt. Unser Standpunkt muss um so entschiedener betont werden, weil sich die Zollpolitik und Tarifpolitik verschiedener fremden Staaten den rein inländischen Interessen viel enger anschmiegt als früher; diese Koalition bereitet uns einen schweren Stand.

Le Vorort ne désire cependant pas donner à l'Etat fédéral un pouvoir de régulation plus large que celui défini par la loi de 1872. Selon lui, l'administration fédérale ne peut pas orienter d'avantage la politique tarifaire des compagnies, avec toute l'expertise et la rapidité de décision nécessaire en la matière. Il appartient toutefois au Conseil fédéral d'exiger des compagnies ferroviaires une égalisation des taxes des tarifs internes et d'exportation au niveau de celles en vigueur pour le trafic de transit.

5.4 L'arrêté fédéral de décembre 1884: la voie médiane définie par l'Union suisse du commerce et de l'industrie

Le 27 mai 1884, quelques jours avant la parution du rapport du Vorort sur les tarifs ferroviaires, le Conseil fédéral publie un bref rapport au Conseil des Etats sur la motion Zschokke[99]. Malgré le renvoi de son rapport de novembre 1883, l'exécutif fédéral ne propose rien de nouveau. Il insiste une fois de plus sur les avantages d'uniformisation du système de réforme et exclut tout retour à l'ancien système, qualifié de «chaos». Il met une nouvelle fois en évidence les limites de son intervention: le Conseil fédéral ne peut s'opposer aux taxes actuellement en

98 Ibidem, p. 46.
99 FF, vol. 2, 1884, pp. 31-34.

vigueur sur les compagnies de chemins de fer, ni au point de vue des concessions, ni au point de vue de la loi fédérale de 1872. Seul le rachat peut modifier cette situation. Il insiste sur les diminutions de taxes que le SCB a consenti: la taxe pour la GV a diminué de 35 cts. par T et par km à 34; la taxe pour la classe 1 des envois partiels de 17.5 à 17 cts. Les taxes du SCB sont désormais similaires à celles du NOB.

Quelques jours plus tard, le 29 mai, la commission des chemins de fer du Conseil national, saisie suite au rapport du Conseil fédéral de novembre 1883, publie son rapport. Le rapport mentionne d'emblée que la commission, présidée par Cramer-Frey, a volontairement dépassé son mandat: sans toutefois endosser le rôle d'une véritable commission d'enquête parlementaire, elle a tenté d'englober toute la question des tarifs ferroviaires et, au-delà, de rédiger une proposition d'arrêté fédéral afin de donner à l'Etat central un pouvoir d'intervention en la matière, dans le cadre restreint de la loi de 1872. Ses propositions, basées avant tout sur les résultats de l'enquête de l'USCI et sur la brochure publiée par le *Tarif-Verein,* visent principalement à répondre aux exigences émises par les sphères industrielles et commerciales[100]. La présence de Conrad Cramer-Frey a sans aucun doute permis à la commission de disposer des résultats de l'enquête du Vorort de l'USCI avant même sa parution[101]. Conrad Cramer-Frey déclare cependant ne pas ignorer la situation financière défavorable des compagnies ferroviaires. Sa position s'éloigne ainsi de plusieurs exigences émises par le *Tarif-Verein*, notamment celle d'une égalisation des taxes des tarifs ferroviaires suisses sur les bases en vigueur en Allemagne[102]:

> [...] on ne manquera certainement pas de s'apercevoir de l'infériorité moyenne des conditions dans lesquelles se trouve la Suisse quant à la densité du trafic, aux difficultés du terrain (courbes et rampes raides et nombreuses), à la cherté du combustible

100 FF, vol. 3, 1884, p. 135-137.

101 Dans son rapport au Conseil des Etats daté du 27 mai 1884, le Conseil fédéral mentionne qu'il attend avec impatience les résultats de l'enquête de l'USCI. Or, deux jours plus tard, la commission du Conseil national publie son rapport, mentionnant qu'elle s'est appuyée, dans ses travaux, entre autre sur le rapport imprimé de l'USCI, disponible dès cette date. Mais l'ampleur que la commission du Conseil national a donnée à son rapport nous permet de douter qu'il a été réalisé en deux jours. Cramer-Frey a donc pu s'appuyer sur les résultats de l'enquête, avant qu'ils ne soient rendus publics.

102 FF, vol. 3, 1884, p. 150.

(charbon) et des rails, ainsi qu'à l'élévation des salaires vis-à-vis de certains pays, et conséquemment aussi quant à l'augmentation des dépenses d'exploitation. C'est pourquoi la demande de la société pour les tarifs [*Tarif-Verein*] nous paraît positivement aller, d'emblée, trop loin lorsqu'elle voudrait que les taxes sur nos chemins de fer ne dépassent pas celles des chemins de fer badois.

Le président de l'USCI comprend pleinement la nécessité vitale qu'ont les compagnies ferroviaires d'augmenter la densité de trafic sur leur réseau en recourant à des abaissements tarifaires, notamment pour les marchandises en transit. Il s'empresse toutefois de mentionner que les avantages offerts ainsi aux industries étrangères risquent de se retourner contre les compagnies ferroviaires, puisque la perte de marchés pour les industries nationales signifie non seulement une diminution du transport des produits finis helvétiques à l'exportation sur le réseau ferré suisse, mais également une diminution du transport des matières premières et auxiliaires nécessaires à la fabrication de ces produits. De concert avec les exigences du Vorort, la recommandation de la commission va dans le sens d'un octroi des taxes de transit à l'industrie nationale également[103]:

Nous croyons que des concessions analogues [à celles consenties pour le trafic de transit] devraient être faites, dans l'intérêt de notre pays, partout du moins où la force de concurrence d'une branche indigène d'industrie l'exige absolument. [...] Il s'agit de sauvegarder les intérêts non seulement du commerce et de l'industrie, mais encore des entreprises de chemins de fer.

Dans l'intérêt également des compagnies de chemins de fer, la commission remet fondamentalement en question la politique du «tout au transit» adoptée par celles-ci au lendemain de la crise[104]:

On peut encore ici agiter la question, un peu délicate sans doute, de savoir si la Suisse ne cède pas par trop à une certaine pression exercée par l'étranger sur les tarifs de transit, notamment pour le trafic entre l'Allemagne et l'Italie par la voie du Gothard, en d'autres termes, si les taxes très réduites que les chemins de fer suisses accordent à quelques uns de ces transports et qui favorisent le placement de produits allemands en Italie et vice-versa trouvent, dans le surcroît de recettes de nos lignes ferrées, un équivalent qui compense le tort indirect causé à l'exportation industrielle et agricole de la Suisse.

103 Ibidem, p. 154.
104 Ibidem.

Suite au rapport de sa commission, le Conseil national adopte, le 18 juin, un arrêté fédéral reprenant en entier les exigences du Vorort et excluant celles considérées comme trop extrêmes du *Tarif-Verein*[105]:

> 1. Le système de tarif de réforme adopté par la majeure partie des compagnies de chemins de fer suisses est considéré comme entré en vigueur. Toutefois, le conseil fédéral est invité à faire ses efforts pour arriver aux résultats ci-après:
> a. Le système de tarif de réforme, basé sur la classification des marchandises adoptée par les autres compagnies, étendra aussi ses effets, dans le plus bref délai possible, sur le réseau de la Suisse occidentale, et les tarifs directs non encore appliqués seront mis en vigueur aussitôt que faire se pourra.
> b. La seconde classe pour les petits colis s'étendra à un certain nombre d'espèce de marchandises et déclassera quelques autres articles désignés sous le nom d'articles encombrants.
> c. La double taxe d'expédition ne sera plus comptée en plein pour la grande vitesse, et l'on ne percevra surtout plus en plein les taxes d'expédition pour un parcours de 30 kilomètres, mais seulement pour 40 kilomètres.
> d. Les taxes pour l'exportation de produits suisses seront égales, approximativement ou en plein, aux taxes de transport pour les marchandises étrangères transitant par la Suisse et avec lesquelles les produits indigènes doivent concourir sur le territoire étranger. [...]

Le projet d'arrêté adopté par le Conseil national reprend en entier la solution du Vorort. Le système de réforme est ainsi considéré comme entré en vigueur et il n'est aucunement exigé des compagnies helvétiques qu'elles introduisent des taxes similaires aux taxes en vigueur sur les chemins de fer allemands, contrairement à la volonté du *Tarif-Verein*, de l'AIC ou du commerce bâlois. Par contre, le Conseil fédéral devra faire son possible pour parvenir à étendre le système de réforme également sur le réseau de la SOS et aboutir à une égalisation des taxes pour l'exportation des produits suisses sur celles en vigueur pour le trafic de transit. Parallèlement, l'arrêté va dans le sens d'une amélioration des transports en petite quantité sur des distances restreintes. Le Conseil fédéral doit ainsi engager des négociations avec les compagnies visant à une extension de la seconde classe des envois partiels et à une augmentation de 30 à 40 km de la distance à partir de laquelle les taxes d'expédition sont comptabilisées en entier.

105 AF, E 53, Nr. 796, Vol. 259, «Tarifs des chemins de fer. Décision du Conseil national. Arrêté fédéral du 18 juin 1884».

Le projet d'arrêté fédéral élaboré par le Conseil national doit encore passer la rampe du Conseil des Etats. Dès l'été 1884, le président de la commission des chemins de fer du Conseil des Etats, le Neuchâtelois Auguste Cornaz, entreprend de questionner les milieux industriels et commerciaux sur la problématique des tarifs ferroviaires. Le *Tarif-Verein*, sous la plume de son président Jenny-Kunz, publie à cette occasion une seconde brochure dans laquelle il se déclare en partie satisfait du projet d'arrêté fédéral voté par le Conseil national. L'association adjoint cependant un point supplémentaire à son programme: l'interdiction faite aux compagnies d'exiger des taxes d'expédition qui, ajoutées aux taxes de transport, provoqueraient un dépassement des maxima des concessions[106].

Hormis la brochure du *Tarif-Verein*, seules trois associations économiques de Suisse romande – AIC de Genève, la SICV (Vaud) et Commission du commerce de la Chaux-de-Fonds – délivrent un avis en la matière. L'AIC, par l'intermédiaire de son président, Challet-Venel, regrette avant tout le coup de force du Conseil national, dont le projet d'arrêté propose de considérer le système de réforme allemand comme étant définitivement adopté[107]. Challet-Venel insiste à nouveau sur les désavantages du nouveau système pour les envois partiels et sur les vaines espérances à voir un vrai service de groupage s'organiser, en raison de l'inexistence de grands centres de commerce sur le modèle germanique. L'AIC appuie par contre le souhait du Conseil national de voir la classe 2 des envois partiels englober un certain nombre d'autres produits, souhaitant cependant que l'arrêté dénomme les principaux produits de grande consommation pour lesquels le déclassement est exigé[108].

Du côté de la SICV, on dispose dès l'été 1884, grâce aux bons rapports entretenus entre l'association commerciale et Gameter, directeur du service commercial de la SOS, de la certitude d'une adhésion prochaine de la SOS à la réforme tarifaire. Adoptant l'adhésion prochaine

106 *Die Reformtarife der schweizerischen Eisenbahnen,* Aarau, 1884.

107 AF, E 53, Nr. 798, Vol. 259, «Lettre de l'Association commerciales et industrielle genevoise à Monsieur Cornaz, président de la commission du Conseil des Etats concernant les tarifs de transport par chemins de fer à Neuchâtel, Genève, le 17 septembre 1884».

108 L'AIC mentionne avant tout: les vins en fûts, les alcools, les huiles en fûts, le vinaigre, les peaux brutes, les fromages, le tabac en feuilles et en carottes, les tissus de coton écrus, les viandes fumées et salées, le fil de coton pour tissage, la bière en fûts, les pâtes alimentaires.

de la SOS à la réforme comme un fait accompli, la commission spéciale, nommée par la SICV en 1883 afin de répondre à l'enquête de l'USCI, cherche à en atténuer les effets sur l'économie du canton. En ce sens, le projet d'arrêté du Conseil national est considéré comme trop timoré sur de nombreux points. La commission se rapproche de la position de l'AIC en exigeant que certains articles, pour lesquels un déclassement en envois partiels est considéré comme incontournable soient nommément mentionnés dans l'arrêté fédéral. Parmi ses articles, la commission de la SICV insiste particulièrement sur ceux qui sont produits dans le canton de Vaud comme les vins, les pâtes alimentaires, les bougies et le savon[109]:

> L'expérience a démontré qu'une différence parfois minime empêche un produit de concourir sur tel ou tel marché, une simple question de frais de transport souvent suffit à ce résultat. Nous pensons que les 3 ou 4 produits cités rencontreront cette difficulté sur certaines places de la Suisse allemande, par le seul fait de l'augmentation des frais de transport résultant de l'adoption des tarifs qui nous occupent.

La lettre d. de l'arrêté fédéral – concernant l'égalisation approximative des taxes pour l'exportation des produits suisses sur celles en vigueur pour le trafic de transit – mérite également une rédaction plus précise selon la commission de la SICV. Selon elle, le terme «taxes pour l'exportation des produits suisses» adopté dans le projet d'arrêté fédéral, sera interprété par les compagnies ferroviaires dans le sens, non pas de taxe kilométrique, mais bien dans le sens de taxe totale (tarif). La mention de taxe kilométrique est tout particulièrement réclamée par l'industrie du bois qui, en juillet 1879, avait vu ses réclamations de mise au bénéfice des taxes kilométriques accordées pour les bois en transit écartées par le Conseil fédéral (cf. section 5.2.1). Le projet d'arrêté adopté par le Conseil national laisserait une latitude très grande aux compagnies ferroviaires, dont l'obligation consisterait uniquement à égaliser le prix total du transport du bois suisse en direction de la France sur celui pratiqué pour le transport entre la Hongrie et la France, annulant l'avantage de

109 AF, E 53, Nr. 798, Vol. 259, «Rapport du comité de la Société Industrielle et commerciale du canton de Vaud, Lausanne, le 26 septembre 1884». La commission s'est particulièrement penchée sur les désavantages créés par le nouveau système en ce qui concerne le transport des vins en parties isolées. Pour 100 kg, l'augmentation de tarif est de 0.24 cts. entre Lausanne et Genève; 0.33 entre Lausanne et Neuchâtel et 0.49 entre Lausanne et Berne.

distance dont dispose les exploitants helvétiques. En somme, l'adoption de la lettre d. dans la forme votée par le Conseil national n'améliorerait pas le pouvoir d'intervention du Conseil fédéral puisque, comme on l'a vu, la comptabilisation d'un prix du transport plus élevé pour une distance plus courte est déjà un motif d'intervention de l'exécutif fédéral.

Dernière association à répondre à l'invitation de Cornaz, la Commission du commerce de la Chaux-de-Fonds prend la question des tarifs ferroviaires très au sérieux et pour cause: les concessions originelles du JI autorisent la perception d'une taxe supplémentaire pour les trajets du littoral en direction des stations des montagnes neuchâteloises, perception confirmée en 1873 dans le message du Conseil fédéral sur les suppléments de taxes pour les trajets de montage[110]. Le 23 septembre 1884, la commission organise une réunion spéciale sur le thème, réunion à laquelle sont conviés tous les commerçants et industriels intéressés. La discussion sort rapidement du cadre dressé par le projet d'arrêté fédéral et s'oriente exclusivement autour de l'exigence d'une suppression – ou du moins d'un abaissement – des surtaxes que le JI exige pour le transport des marchandises gagnant les montagnes neuchâteloises. Tentant de recadrer le débat dans le sens défini par le projet d'arrêté fédéral, Arnold Grosjean (1834-1898), membre de la commission du Conseil national qui a élaboré le projet d'arrêté et par ailleurs administrateur du JI, déclare que seul un rachat des compagnies ferroviaires par la Confédération permettrait au Conseil fédéral de fixer directement le montant des tarifs et donc de remplir pleinement les exigences soulevées par le commerce de la Chaux-de-Fonds. Prenant acte de la remarque de Grosjean, la réunion adopte le postulat suivant, transmis à Cornaz[111]:

> [...] il est désirable, dans l'intérêt du développement économique, commercial et industriel de l'ensemble du pays, de voir disparaître les différences existant entre les tarifs de plaine et les tarifs de montagne.

110 Cf. FF, vol. 3, 1873/2, pp. 578-590; AF, E 53, Nr. 824, Vol. 265, «Chemins de fer du Jura industriel, Tarifs de l'année 1860»; Ibidem, «Chemins de fer du Jura industriel, Tarifs communs et spéciaux. Tarifs communs avec la Compagnie du Franco-Suisse pour l'année 1860».

111 AF, E 53, Nr. 798, Vol. 259, «Commission du Commerce de la Chaux-de-Fonds – Procès-verbal de la Réunion du 23 septembre 1884». C'est nous qui soulignons.

S'il est déterminé que cette uniformité de tarifs ne peut être obtenue que par le rachat des chemins de fer par la Confédération, la Réunion désire vivement que cette question d'importance à tous points de vue, soit reprise à bref délai par l'assemblée fédérale.

Si la Commission du commerce de la Chaux-de-Fonds reconnaît que son postulat sort des frontières dressées par le projet d'arrêté fédéral, il démontre cependant que l'opportunité d'un rachat du réseau ferroviaire afin d'aboutir à une politique tarifaire plus satisfaisante, solution qui avait déjà attiré des partisans dans l'hémicycle fédéral lors des débats du printemps 1883, est en passe de gagner certaines sphères industrielles et commerciales.

Dans l'élaboration de son rapport, la commission du Conseil des Etats tient largement compte des remarques émises par l'AIC et la SICV. Afin de régler le postulat émis par la Commission du commerce de la Chaux-de-Fonds, la commission signale d'emblée[112]:

> Sur la question générale des tarifs, la commission unanime n'hésite pas à déclarer qu'à son point de vue elle ne peut être réglée législativement. En ce qui concerne les tarifs, les concessions de chemins de fer sont des contrats bilatéraux, tandis que sur d'autres points l'Etat n'a pu aliéner ses droits souverains, ni immobiliser sa législation [...]

Autrement dit, toute extension des compétences fédérales dans le sens d'une uniformisation ou d'un abaissement du montant des taxes butte sur les limites de la législation fédérale. Seul le rachat peut régler la question. Sans donner entièrement satisfaction à l'AIC et à la SICV qui désirent que soient nommément mentionnés les articles devant bénéficier d'un déclassement en envois partiels, le rapport de la commission mentionne tout de même qu'il faudra spécialement veiller à ce que les vins, les alcools, les huiles, le vinaigre, le tabac en feuilles et en carottes, les viandes fumées et salées, la bière en fûts, les pâtes alimentaires, les bougies et les savons soient intégrés à la classe 2 des envois partiels[113].

La commission du Conseil des Etats propose d'amener deux modifications notables au projet d'arrêté fédéral du Conseil national. Donnant entièrement satisfaction à la SICV, elle modifie comme suit la lettre d.[114]:

112 FF, vol. 4, 1884, p. 659.

113 Ibidem, p. 663.

114 Ibidem. C'est nous qui soulignons.

> Que sur le parcours suisse, les taxes *kilométriques* perçues sur les marchandises suisses à destination de l'étranger, *ne dépassent en aucun cas* les taxes applicables aux produits similaires d'autres pays transitant en Suisse et leur faisant concurrence sur les marchés étrangers.

La seconde modification va dans le sens de la proposition du *Tarif-Verein.* La commission du Conseil des Etats propose l'ajout au projet d'arrêté fédéral d'une lettre k. supplémentaire ainsi libellée[115]:

> Qu'il ne soit pas perçu par les compagnies des taxes de marchandises qui dépasseraient, y compris la finance d'enregistrement, les maxima autorisés par les concessions.

Le débat au Conseil des Etats débute dès le 11 décembre. D'emblée, Emil Welti, alors chef du DFP en raison de son année de présidence, obtenant le plein soutien du chef du DFPC Adolf Deucher, déclare pouvoir s'accommoder de la version de l'arrêté fédéral proposée par le Conseil national, mais demande que soient rejetées les modifications apportées par la commission du Conseil des Etats. Les deux conseillers fédéraux évoquent à nouveau l'importance du trafic de transit pour la bonne santé financière des compagnies helvétiques[116]:

> Dagegen gibt den Antrag, dass auf den schweizerischen Bahnen die kilometrischen Taxen, welche auf den für das Ausland bestimmten Waren erhoben werden, in keinem Falle diejenigen für ähnliche konkurrenzierender Erzeugnisse des Auslandes auf ihrem Transit durch die Schweiz überschreiten dürfen, sowohl Bundesrat Deucher als Bundesrat Welti zu entschiedenen Gegenäusserungen Anlass. Nach Deucher wird da etwa ganz Unmögliches verlangt; die Einnahmen aus dem Transit spielen bei den schweizerischen Bahnen eine sehr bedeutende Rolle [...]

La décision de Zschokke de finalement adhérer à la position du Conseil fédéral, et ce malgré le soutien qu'il avait apporté à la modification en commission, n'est pas sans influencer l'adoption par le Conseil des Etats de la lettre d. dans la forme proposée par le Conseil national. Le débat concernant la lettre k. proposé par la commission du Conseil des Etats prend plus de temps. L'ajout est soutenu par les députés des cantons du centre de la Suisse, sur le territoire desquels passent les lignes du SCB. Le discours de Welti n'a pas changé depuis l'automne 1883: selon lui,

115 FF, vol. 4, 1884, pp. 664-666.

116 *NZZ*, 14. Dezember 1884 (Das Tarifwesen der Eisenbahnen im Ständerath).

l'exigence de la commission du Conseil des Etats viole non seulement les termes des concessions, mais risque d'entraîner un retour à l'ancien système tarifaire de la part du SCB. Le conseiller fédéral s'appuie sur une brochure solidement étayée et allant dans ce sens, rédigée par le secrétaire du DFPC, G. Bünzli, et distribuée à tous les parlementaires deux jours avant le début de la session[117].

D'autre part, Welti insiste sur le devoir du Conseil fédéral de veiller également à la préservation des intérêts des compagnies ferroviaires privées[118]:

> Der Staat hat die Eisenbahnen zu Privatunternehmungen gemacht. Sie haben demzufolge gleiches Recht auf Schutz wie andere Industriezweige.

Le 19 décembre, après 8 jours de débat, le Conseil des Etats finit par rejoindre le point de vue du conseiller fédéral Welti. Les risques de voir une remise en question de l'uniformisation tarifaire – surtout depuis l'annonce de l'adhésion de la SOS au nouveau système – ont influencé la décision et l'arrêté fédéral est adopté dans la forme déjà avalisée par le Conseil national en juin.

Conclusion

Depuis le début de l'exploitation ferroviaire en Suisse, les intérêts de la grande industrie et des compagnies ferroviaires en matière de tarifs ont été en grande partie similaires. L'introduction d'abaissements tarifaires pour le trafic des matières premières et des biens de grande consommation – et en premier lieu des céréales – répondait aux nécessités des compagnies d'animer le trafic sur leurs lignes, satisfaisant par la même

117 G. Büzli, *Die Reformtarife. Antwort auf die Broschüre des Herrn A. Jenny-Kunz in Aarau*, Bern, 1884. Le *Tarif-Verein* s'offusque de cette façon de faire, mais seulement en...novembre 1886! cf. *Bericht des Tarif-Vereins über das Schweizer. Eisenbahntarifwesen an den Verein Schweizerischer Geschäftsreisender, an den Schweizerischen Holz-Industrie-Verein, an den Aargauischen Handels- & Industrie-Verein*, Aarau, 1886, pp. 21-22.

118 Cité dans *NZZ*, 24. Dezember 1884.

occasion une grande partie de l'industrie, notamment d'exportation, en freinant l'augmentation des coûts de production. D'autre part, dès la fin des années 1850, les compagnies helvétiques établissaient, en commun avec le PLM et les Messageries impériales de France, des tarifs favorisant l'exportation des produits manufacturés helvétiques vers les marchés d'outre-mer. L'intérêt de l'industrie d'exportation allait dans le sens d'une régulation minimale en matière de tarifs ferroviaires: tout ingérence trop forte de l'Etat ne manquerait pas de ralentir l'élaboration des tarifs, voire de provoquer un renchérissement général du transport par la prise en compte des exigences de suppression de certains tarifs d'importation émises par une partie des secteurs de l'économie nationale. Le débat autour de la motion Corboz (1862) et le processus d'élaboration de la loi fédérale de 1872 démontrent clairement l'alliance tacite entre grande industrie et compagnies ferroviaires.

La fin des années 1870 laisse cependant entrevoir une alliance qui se lézarde. Du côté des compagnies ferroviaires, la crise qui a menacé de faillite plusieurs d'entre elles, a éclairé crûment le problème structurel dont souffrait le réseau ferroviaire helvétique: une densité du trafic bien inférieur aux réseaux européens voisins. Pour y remédier, au moment même où la densité du réseau augmente encore, les compagnies ferroviaires choisissent d'optimaliser leur capacité à attirer le trafic de transit. Cette tendance existait déjà auparavant. Elle est, dès le début des années 1880, poussée jusque dans ses limites: dans le cadre de l'Union commerciale, tous les tarifs spéciaux ne répondant pas à cet objectif sont supprimés; tous les abaissements tarifaires pour des produits n'ayant pas prouvé leur capacité à gagner des marchés par la diminution du coût du transport le sont également. Parallèlement, des tarifs spéciaux permettant d'attirer sur le réseau helvétique des courants commerciaux en expansion sont introduits. Ces modifications de toute une série de tarification spéciale se font conjointement à l'élaboration de tarifs directs de transit très bas via Gothard et à l'introduction du système de réforme allemand, pensé pour donner au système ferroviaire son vrai caractère de transport de masse et susceptible de diminuer les frais d'exploitation des compagnies, en limitant autant que possible les trajets des wagons remplis en dessous des limites de leur capacité maximale.

Du côté des classes moyennes industrielles, les plaintes se renforcent par rapport aux périodes précédentes. A la suppression de certains tarifs spéciaux, à l'introduction d'avantages tarifaires pour certains produits similaires transitant sur le territoire helvétique, s'ajoute le renchérissement général du transport pour les envois partiels et pour les transports sur de petites distances consécutif à la réforme tarifaire. La petite industrie et le commerce local organisent leur défense et certains secteurs tentent de parler d'une voie commune afin d'inverser la tendance de l'Etat fédéral à ignorer, depuis trois décennies, leurs exigences en matière de tarifs ferroviaires. Le *Tarif-Verein*, rassemblant certains de ces secteurs, par la voix de son président Jenny-Kunz, exige non seulement un retour à l'ancien système tarifaire, mais également l'introduction de tarifs ferroviaires ne dépassant pas ceux en vigueur sur le réseau allemand. C'est là une tendance qui va se renforcer les années suivantes: le prix du transport est de moins en moins comparé avec celui du transport pré-ferroviaire, mais de plus en plus avec celui, plus avantageux, des pays voisins et notamment de l'Allemagne. Pour la grande industrie tournée vers les marchés extérieurs, si la critique du nouveau système et de ses désavantages pour les transports en petite quantité n'est pas absente, la rupture, par rapport à la tendance générale des périodes précédentes à agréer les politiques tarifaires des compagnies, est plutôt à chercher dans la remise en question des facilités tarifaires accordées au trafic de transit. Alors que le retour des politiques protectionnistes est de mise partout en Europe et provoque une stagnation du volume des exportations helvétiques, les compagnies ferroviaires sont accusées, notamment à travers l'enquête menée par le Vorort de l'USCI sur les tarifs ferroviaires, de faire le jeu de l'industrie allemande, exportant en partie des produits similaires à l'industrie suisse sur les mêmes marchés. Le contexte économique de la Grande dépression n'est pas étranger à l'avènement de nouvelles exigences en matière de tarifs ferroviaires. Durement touchés par la crise, la plupart des secteurs de l'économie constatent une dégradation des prix du transport d'autant plus forte que le contexte général de recul des prix provoque, en termes réels, une augmentation des tarifs de chemins de fer.

Dès lors, la question du pouvoir régulateur de l'Etat fédéral en matière de tarifs ferroviaires est à nouveau posée, ce d'autant plus que toutes les tentatives d'interventions du DFCC et de son successeur le DFCP durant la fin des années 1870 et le début des années 1880 butent sur le cadre législatif extrêmement restreint défini en 1872. Suite au rapport du Conseil fédéral sur le rachat des compagnies du printemps 1883, mettant en exergue les manipulations comptables de celles-ci et les désavantages, en terme de coût de rachat, d'une dénonciation des concessions pour la prochaine échéance, il paraît évident qu'une régulation plus stricte en matière de tarifs ferroviaires ne peut se faire que dans le cadre de la loi de 1872, par le moyen d'un arrêté fédéral. Toute orientation plus directe des tarifs nécessiterait le rachat. Les exigences d'une partie des classes moyennes relayées par le *Tarif-Verein* et visant à entraîner une égalisation des taxes des compagnies helvétiques sur celles en vigueur en Allemagne ne peuvent ainsi servir de base à une extension du pouvoir régulateur de l'Etat fédéral. Les propositions de l'USCI, relayées au sein du Parlement par son président Conrad Cramer Frey, peuvent au contraire aboutir à un tel objectif. Elles formeront les bases de l'arrêté fédéral du 19 décembre 1884. Celui-ci accorde ainsi certaines concessions aux classes moyennes (diminution de la taxe d'expédition pour la GV; comptabilisation de la taxe d'expédition complète seulement à partir du 40e kilomètre; extension de la nomenclature de la classe 2 des expéditions partielles), d'autres à l'industrie d'exportation (égalisation des taxes d'exportation sur celle en vigueur pour le trafic de transit), tout en prenant en considération l'intérêt des compagnies ferroviaires, reconnu comme légitime par l'USCI, à attirer sur leur réseau le maximum de transport en transit.

Chapitre 6

Les tarifs ferroviaires comme champ de la politique économique de l'Etat (1885-1913)

L'arrêté fédéral de décembre 1884 donne au Conseil fédéral les moyens de provoquer une diminution du prix du transport ferroviaire par une égalisation des tarifs pour l'exportation des produits suisses sur les tarifs de transit, des déclassements et une diminution des taxes d'expédition. Ces quelques mesures paraissent cependant insuffisantes face à l'évolution du contexte commercial international dès la fin des années 1870. L'aggravation des relations commerciales de la Suisse avec la plupart des Etats européens voisins qui, successivement, adoptent des politiques protectionnistes toujours plus sévères, aiguise la question de la contribution des tarifs ferroviaires des compagnies helvétiques dans la défense des intérêts économiques nationaux. Celle-ci surgit avec d'autant plus de force que la tendance générale des pays limitrophes est de faire de la tarification ferroviaire un domaine annexe de la politique douanière.

Ce dernier chapitre se propose d'étudier le rôle nouveau accordé aux tarifs ferroviaires dès le début des années 1880 et la fin de la période libre-échangiste. Comme on le verra, la fonction attribuée partout en Europe aux tarifs ferroviaires n'est pas étrangère à la réorganisation du rôle des Etats dans la gestion des chemins de fer. En Suisse elle accélère, dans une large mesure, la formation d'une plate-forme politique favorable au rachat des chemins de fer par la Confédération.

Si dans le cadre de ce chapitre nous nous concentrerons essentiellement autour de l'argument tarifaire et qu'il est indéniable que les promesses d'une meilleure prise en considération des nécessités de l'industrie, du commerce et de l'agriculture en la matière ont joué un rôle décisif dans l'élaboration d'une solution de rachat susceptible d'entraîner derrière elle une majorité du pays, cet argument ne doit toutefois pas occulter les autres motifs qui ont été évoqués afin de justifier le rachat:

les éléments le plus souvent cités concernent le perfectionnement des horaires et du service des trains, le renouvellement et l'extension des équipements et des connexions ferroviaires, le décloisonnement régional, la diminution de l'influence étrangère – en 1897, 95% des actions du GB et 60% de celles du SCB sont en mains étrangères, allemandes et autrichiennes essentiellement[1] – et l'amélioration des conditions de travail des cheminots, dont on craignait qu'ils ne répètent le mouvement de grève de mars 1897 qui, pendant 2 jours, avaient paralysé la circulation des trains sur tout le réseau du NOB[2].

A la solidité de ces arguments, issus des tenants du rachat, répond la vigueur de ceux des opposants. Mainte fois relayée par les historiens qui se sont intéressés à la question du rachat, la synthèse, qui paraît le 26 janvier 1898, soit environ un mois avant la votation populaire, dans les colonnes du *Journal de Genève*, opposant sans concession au rachat, reflète avec toute la force que lui donne sa brièveté, les multiples enjeux de la question[3]:

> Jamais, depuis 1848, une somme aussi considérable d'intérêts politiques et économiques n'a été engagée sur le tapis vert de la politique suisse. Mœurs publiques, institutions politiques, organisation administrative, crédit financier du pays, commerce, industrie, la question du rachat touche à tout. Il n'est pas un domaine de la vie sociale où la solution qui lui sera donnée ne doive avoir sa répercussion.

L'endettement provoqué par l'étatisation, argument phare des opposants au rachat, rend compte à lui seul de l'impact vertigineux qu'occupe la constitution des CFF dans l'histoire économique de la Suisse. Evalué à près d'un milliard de frs. par le Conseil fédéral dans son message de 1897, le rachat des cinq principales compagnies suisses (SCB, VSB, NOB, JS, GB) se montera finalement à plus de 1.3 milliards de frs. Il s'agit là d'une somme gigantesque, qui équivaut à près de 50% du PIB du pays en 1900 et qui va provoquer, au fur et à mesure de la succession

1 Andreas Balthasar, *Zug um Zug...*, p. 59.

2 Sur ce mouvement et son importance dans la naissance du syndicalisme en Suisse, cf. Philippe Grabani, Jean Schmid, *Le syndicalisme suisse: histoire politique de l'Union syndicale suisse, 1880-1980,* Lausanne, 1980, p. 56 et suivantes.

3 *Journal de Genève,* 26 février 1898. Citation reprise par Serge Paquier, «Options privée et publique dans le domaine des chemins de fer suisses des années 1850 à l'entre-deux-guerres», in *Revue suisse d'histoire,* vol. 56, n° 1, 2006, p. 28; Malik Mazbouri, *L'émergence...*, p. 77; Strebel, *Die Diskussion...,* p. 245.

des opérations de rachat qui s'échelonnent entre 1900 et 1909, une multiplication par 15 de la dette publique[4].

Au-delà de cet aspect, un autre élément contribue à mettre en perspective l'ampleur de l'étatisation des chemins de fer. Dès le début du siècle, la Confédération devient en effet, avec la constitution des CFF, le premier employeur du pays. En 1900, les cinq réseaux qui vont être successivement rachetés, occupent 25.500 personnes[5]. Vers 1910, sur les 62.323 employés que compte la Confédération, 34.985, soit plus de 56%, sont occupés par les CFF[6].

6.1 Tarification ferroviaire et protectionnisme

La Grande dépression qui secoue les économies européennes entre le milieu des années 1870 et le début des années 1890 se traduit notamment par une résurgence des politiques douanières protectionnistes, dont le mouvement est amorcé par l'Empire allemand dès juillet 1879. La France, avec l'adoption du tarif dit «de Méline» en 1892 est le dernier grand pays industriel à abandonner le libre-échange.

Parallèlement, la crise économique qui sévit à travers l'Europe aiguise les attentes envers les tarifs ferroviaires. Les politiques tarifaires sont modifiées afin d'être mises en adéquation avec les exigences protectionnistes des Etats. A la tendance générale des compagnies de chemins de fer à maximiser leur capacité de captation de tous les trafics – notamment de transit –, tendance qui a largement été la règle durant les décennies précédentes, succèdent des tarifs visant à favoriser l'exportation de la production nationale ou à freiner les capacités de pénétration du marché national par les produits étrangers.

La Suisse n'échappe pas au virage protectionniste. Confronté à l'aggravation des relations commerciales avec la plupart des pays européens voisins, le pays abandonne, au fil des révisions de son tarif douanier

4 Mazbouri, *L'émergence...*, p. 78.

5 G. Hasentratz, *Berufsleben des Lok- und Zugspersonals in der Schweiz um die Jahrhundertwende,* Lizentiatsarbeit, Universität Zürich, 1986, p. 8.

6 Hans Durrer, *Die Entwicklung des Personalbestandes im öffentlichen Dienst der Schweiz (1910-1960),* Zürich, 1967, p. 18.

général (1884, 1887 et 1891), le libre-échange en faveur d'une politique douanière plus ferme. L'ampleur des taxes contenues dans le tarif douanier général doit permettre à la Confédération de réserver une marge de manœuvre dans la renégociation de traités de commerce visant à ouvrir des brèches dans les barrières douanières des Etats étrangers, mais également à introduire une protection minimale du marché intérieur pour les producteurs nationaux[7].

En Allemagne, malgré l'absence de centralisation ferroviaire, les tarifs des chemins de fer des compagnies vont dans le même sens que la politique douanière impériale dès la fin des années 1870[8]. A cette date, la Prusse est en passe d'achever le processus d'étatisation des grandes compagnies ferroviaires et les autres Etats allemands exploitent d'ores et déjà, dans leur grande majorité, leurs chemins de fer. Les bénéfices de l'étatisation ne sont pas à chercher dans de nouveaux abaissements des prix du transport: si entre 1840 et 1880, le prix du transport ferroviaire a diminué de 74%, entre 1880 et 1913, il ne reculera plus que de 18%[9]. Mais la diminution des plaintes envers les tarifs ferroviaires provient, d'après l'historien Dieter Ziegler, de l'unification tarifaire établie dès 1877 (cf. section 4.3.1) et du maintien par les compagnies allemandes de nombreux tarifs exceptionnels destinés à encourager les courants d'exportation et à favoriser la circulation intérieure de la production nationale. Parallèlement, la présence dans tous les Etats des conseils de chemins de fer *(Eisenbahnräte)* offre la possibilité d'une meilleure prise en compte des nécessités du commerce et de l'industrie.

A l'autre extrémité, le modèle français de maintien du système de compagnies ferroviaires privées ne signifie pas absence de toute influence étatique dans l'élaboration des tarifs. N'ayant qu'un droit d'homologation – consistant à accepter ou refuser un tarif dans son ensemble – et ne disposant d'aucun droit d'initiative, l'Etat français dispose pourtant, selon François Caron, du «pouvoir d'orienter toute la politique

7 Sur la politique douanière de la Confédération durant la fin des années 1880 et le début des années 1890, cf. Humair, *Développement économique...*, pp. 473-570.

8 Ziegler, *Eisenbahnen...*, pp. 249-253; Ammann-Spiller, *Über die Verstaatlichung...*, 1888, pp. 5-6.

9 Fremdling, *Eisenbahnen...*, pp. 17-18; Ziegler, *Eisenbahnen...*, p. 256.

tarifaire des compagnies»[10]. La marge de manœuvre de l'Etat est d'autant plus considérable que le transport ferroviaire se fait majoritairement au moyen de tarifs spéciaux qui doivent passer la rampe de l'homologation. Vers 1890, 90% des transports PV sont effectués au moyen de tarifs spéciaux[11]. L'introduction de chacun de ces tarifs est le résultat d'une large consultation, impliquant les chambres de commerce et les syndicats professionnels, avant de passer la rampe du Comité consultatif qui émet un avis que le ministre suit dans la grande majorité des cas. Le droit de l'Etat à orienter la politique tarifaire des compagnies n'est pas remis à question, comme en témoigne cet avis provenant de C. Colson, ingénieur polytechnicien, pourtant adepte du libre-échange[12]:

> On peut différer d'avis sur les avantages ou les inconvénients de la protection et du libre-échange. Mais de quelque opinion que l'on soit, on ne peut contester qu'il appartienne au législateur et non aux compagnies de chemins de fer, même soumises au contrôle de l'administration, de déterminer les conditions sous lesquelles les produits étrangers sont admis sur le marché national, et d'examiner s'il y a lieu de leur en faciliter l'accès lorsque l'application des tarifs ordinaires ne leur permet pas d'y arriver.

La France n'échappe pas, suite au virage protectionniste de 1892, «à l'utilisation de plus en plus fréquente [...] de la tarification ferroviaire comme une arme protectionniste»[13]. Une série de tarifs spéciaux est instituée dans le but évident d'empêcher l'importation en France de produits étrangers, alors que dès 1883 déjà, tout tarif de transit en vigueur sur les compagnies française est également applicable pour le trafic d'exportation. Au niveau des trafics internationaux, les compagnies françaises reproduisent, sous la pression des milieux protectionnistes, la stratégie qu'elles utilisent déjà pour freiner le développement du trafic entre les différents réseaux nationaux. Selon l'expression de François Caron, elles préfèrent cultiver «un véritable protectionnisme de réseau», consistant à multiplier les tarifications spéciales favorisant les producteurs locaux. Cette tendance va en s'accentuant avec la crise des années 1880

10 Caron, *Histoire...*, vol. 2, p. 215; également Yves Leclercq, «L'Etat, les entreprises ferroviaires et leurs profits en France (1830-1860)», dans *Histoire, Economie, Société,* n° 1, 1990, pp. 42-44.

11 Caron, *Histoire...*, vol. 2, p. 221.

12 Cité par Paillard, *Les tarifs des chemins de fer...*, p. 94.

13 Caron, *Histoire...*, vol. 2, p. 267.

et la volonté des compagnies françaises, soumises à la chute des recettes, de relancer l'activité des régions que leurs lignes traversent[14].

En Suisse, la nécessité de mettre les tarifs ferroviaires en accord avec le virage protectionniste adopté par la Confédération n'échappe à aucun acteur. Mais si les liens unissant politique douanière et politique des tarifs ferroviaires sont théoriquement établis, l'évolution des pratiques dans ces deux domaines est, elle, de plus en plus divergente. Dès 1884 et la publication du rapport de l'enquête nationale menée par le Vorort de l'USCI sur les tarifs ferroviaires, l'association économique, prenant à témoin les cas allemand, autrichien et italien, appelle de ses vœux l'avènement d'un Etat fédéral qui, hormis la détention du monopole de la politique douanière, réunirait également entre ses mains une influence déterminante en matière de politique tarifaire des chemins de fer[15].

> Wir haben dieses Bestreben um so ängstlicher zu verfolgen, als die leitenden Fäden der Zollpolitik und der Eisenbahntarifpolitik nach und nach in den nämlichen Händen vereinigt werden. Auf der einen Seite geht man darauf aus, durch die Gütertarifpolitik die Ausfuhr nach fremden Staaten zu heben, auf der andern aber sucht man, durch Zollschranken die Einfuhr aus dem Auslande zu unterbinden. Dies ist das Alpha und Omega der Handelpolitik Italiens, Deutschlands und Österreichs.

Sept ans plus tard, en décembre 1891, c'est au tour du président de la Confédération Emil Welti de regretter publiquement les contradictions entre politique en matière de tarifs ferroviaires et politique douanière de la Confédération. Dans un discours prononcé à Bâle et destiné à défendre son projet de rachat du SCB, Welti mentionne ainsi que les quelques abaissements des tarifs douaniers contenus dans les traités de commerce liant la Suisse à d'autres pays ont été annulés par les modifications des tarifs ferroviaires introduites par les chemins de fer de ces mêmes pays. Le conseiller fédéral mentionne[16]:

> Wir könnten diesen Manipulationen nur dann begegnen, wenn es in unseren Händen läge, die schweizerischen Eisenbahntarife so zu gestalten, wie wir es im Interesse des schweizersichen Importes und Exportes für nötig erachten. [...]

14 Ibidem, p. 261. Pour un exemple de solidarité d'un réseau ferroviaire avec la région qu'il dessert, cf. Bouneau, «Chemins de fer et développement régional...», pp. 95-109.

15 *Das Gütertarifwesen der schweiz. Eisenbahnen...*, p. 16.

16 Cité in Strebel, *Die Diskussion ...*, p. 165.

Entre le rapport sur les tarifs de 1884 et le discours de Welti de 1891, l'expérience a en effet démontré, comme nous le verrons, les effets négatifs de l'absence de coordination entre politique douanière et politique tarifaire des chemins de fer.

La tendance générale à faire des tarifs ferroviaires un domaine annexe de la politique commerciale des Etats n'échappe pas non plus aux compagnies ferroviaires suisses. Lors de la conférence d'avril 1883, réunissant à Locarno les représentants des compagnies allemandes, helvétiques et italiennes intéressées au trafic par l'axe du Gothard (cf. section 4.3.3), le président de la direction du SCB, Heusler, reconnaît que les avantages tarifaires pour le trafic de transit allemand à destination de l'Italie par le Gothard sont contraires aux intérêts de l'industrie suisse et favorisent la concurrence germanique[17]:

> Die Zentralbahn sowie die Nordostbahn müssen deshalb jede Verpflichtungen ablehnen, im rein wirtschaftlichen Interesse Deutschlands Ermässigungen zu gewähren, welche sie nicht auch als ihrem eigenen Interesse liegend erachten, um so mehr, als durch die Bevorzugung der deutschen Industrie in vielen Fällen der schweizerischen Industrie Schäden entstehen könnte, was zu verhüten sie sich für verpflichtet halten.

Mais la marge de manœuvre des compagnies suisses est mince. Il est hors de question d'abandonner leur politique de captation du transit qui fournit une part importante de leurs trafics (cf. section 5.1). Cette logique de captation des trafics s'oppose également à l'élaboration de tout tarif susceptible de freiner l'importation de produits étrangers en Suisse puisque la conséquence serait une diminution des transports. Parallèlement, la capacité des compagnies à provoquer l'établissement de tarifs directs internationaux favorisant l'exportation de produits helvétiques s'évanouit avec la tendance des compagnies ferroviaires européennes à mettre leurs tarifs ferroviaires en concordance avec le virage protectionniste observé partout dès le début des années 1880.

17 AHCFF, VGB_GB_SBBGB03_092_01, «Deutsch-Italienischer Verband. Konferenz-Protokoll. Locarno, den 2.-4. April 1883».

6.2 Les compagnies ferroviaires suisses et la défense des intérêts économiques nationaux (1885-1895)

6.2.1 Les tarifs d'exportation

Dès la seconde moitié des années 1880, les compagnies ferroviaires introduisent un certain nombre de tarifs dans le but de faciliter l'exportation des produits helvétiques. Ces tarifs visent à favoriser les flux commerciaux entre certaines stations intérieures et les gares frontières, en adoptant des taxes plus basses que celles contenues dans les tarifs généraux. Ils possèdent cependant le désavantage essentiel de s'arrêter à la frontière du pays. La formation des tarifs d'exportation permet également de remplir en partie l'un des objectifs de l'arrêté fédéral de décembre 1884 (cf. section 5.4), en faisant bénéficier l'industrie d'exportation de taxes aussi proches que possible de celles en vigueur pour le trafic de transit (lettre d. de l'arrêté).

En mars 1887, un tarif destiné à améliorer les capacités d'exportation des bois est établi[18]. Début août 1888, un tarif italo-suisse pour l'exportation de machines et de produits en métaux d'origine helvétique à destination de la Péninsule est mis en service[19]. En 1889, un tarif d'exportation pour le papier est créé[20]. Enfin, en 1891, décision est prise par la CACF d'élaborer un tarif d'exportation pour les fromages qui entre en vigueur en septembre 1892[21].

18 AHCFF, CACF, *Décisions...*, vol. 5, pp. 284-296 (Tarif d'exportation pour les bois – Conférence du 11 septembre 1886/Conférence des 3-4 décembre 1886/Conférence des 4-5 mars 1887).

19 Schweizerische Handels- und Industrieverein, *Bericht über Handel und Industrie der Schweiz im Jahre 1888,* Zürich, 1889, pp. 135-137.

20 AHCFF, CACF, *Décisions...*, vol. 6, p. 325 (Tarif d'exportation du papier – Conférence des 1-2 mars 1889); Ibidem, p. 327 (Tarif d'exportation du papier – Conférence des 4-6 juillet 1889); Ibidem, p. 363 (Tarif d'exportation du papier – Conférence des 29-30 novembre 1889).

21 AHCFF, CACF, *Décisions...*, vol. 7, pp. 297-298 (Etablissement d'un tarif d'exportation pour l'article «fromages, secs, emballés dans des cuveaux, des caisses ou des tonneaux – Conférence des 27-28 novembre 1891); Ibidem, p. 308 (Etablissement d'un tarif d'exportation pour l'article «fromages, secs, emballés dans des cuveaux, des caisses ou des tonneaux – Conférence des 25-26 novembre 1892).

Quelle est la portée véritable de ces tarifs spécialement créés pour favoriser l'exportation de la production nationale? Améliorent-ils réellement les capacités de l'économie helvétique à gagner des marchés à l'étranger? L'analyse de la création des tarifs d'exportation pour les bois (1887) et pour les machines (1888) minimise la portée de ces tarifications, tout en démontrant la lenteur du processus qui conduit à leur formation.

Les premières exigences des négociants en bois datent de la fin des années 1870 et du processus de rationalisation des tarifs ferroviaires engagé par les administrations de l'Union commerciale (cf. section 5.2.1). La décision des compagnies de l'Union commerciale de capter le courant commercial des bois de l'est en direction des marchés français complique considérablement la vente des bois helvétiques en France. Achevée en 1879, la révision douanière allemande rend, d'autre part, impossible la vente des bois suisses sur ses marchés traditionnels d'Alsace et de Lorraine[22]. Les marchés d'exportation français et italiens prennent, dans ce contexte, une importance vitale. Dans un premier temps, les plaintes des négociants en bois restent sans effet. Durant l'année 1885, le *Schweizerischer Holz Industrie Verein* – l'association faîtière de l'industrie du bois – se livre à une investigation plus complète des effets des tarifs de transport sur l'exportation des bois suisses. Ses conclusions sont éclairantes. Selon l'association, les prix du transport (flottage ou chemins de fer) dans la plupart des pays européens ne dépassent guère les 3 cts. par T et par km, contre plus du double pour les bois helvétiques sur le réseau ferré national. Transporter le bois sur une distance d'environ 150 km engendre un renchérissement de 15% de la valeur du produit, lui ôtant une grande partie de sa capacité concurrentielle. Mais l'association définit également les tarifs ferroviaires suisses pour les bois nationaux comme contraires aux intérêts des compagnies ferroviaires: selon ses évaluations, le recul des exportations en direction du marché français en raison de tarifs inadaptés se monte à plus de 2.400 wagons, soit une perte sèche de 217.000 frs. pour les compagnies[23]. En 1886, dans un autre rapport, le *Schweizerischer Holz Industrie Verein* accuse les tarifs ferroviaires helvétiques d'être en grande partie responsables du recul de près de 55% en quatre ans du montant des exportations de bois helvétiques:

22 Schweizerische Handels- und Industrieverein, *Bericht über Handel und Industrie der Schweiz im Jahre 1885,* Zürich, 1886, p. 182.

23 Ibidem, pp. 181-182.

entre 1882 et 1886, celles-ci ont passé de 3.2 millions de frs. à moins de 1.5 millions[24]. Cette accusation, sans doute exagérée dans un contexte international marqué par le retour du protectionnisme, est cependant de bonne guerre: elle intervient au moment même où la SOS introduit sur son réseau le système de réforme allemand. Pour les négociants en bois de Suisse occidentale, à l'origine des réclamations de 1879 en faveur de l'égalisation des taxes pour les transports internes sur celles en vigueur pour les trafics de transit, le nouveau système tarifaire provoque une aggravation considérable des expéditions de bois en wagons complets de 5.000 kg sans provoquer d'importantes diminutions du prix pour les expédition de 10.000 kg (cf. graphique 12).

Graphique 12 – Comparaison des prix du transport entre différentes stations du réseau de la SOS pour le bois (ancien système tarifaire/1863 et système de réforme/avril 1886)

En frs. par T

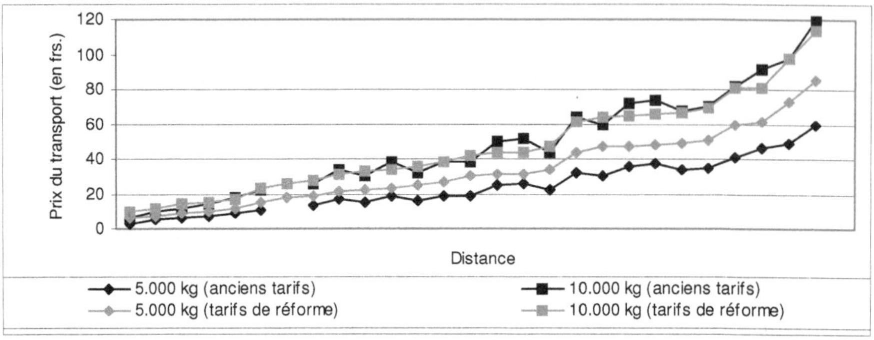

Source: calculs établis d'après AF, E 53, Nr. 784, Vol. 258, «Das schweizerische Post- & Eisenbahndepartement an den schweizerischen Bundesrat, Bern, den 27. Februar 1886».

L'augmentation prévue des tarifs sur le réseau de la SOS dès avril 1886 déclenche une tempête d'oppositions, en particulier dans les cantons producteurs de bois tels que Vaud, Fribourg et le Valais[25]. Les négo-

24 Schweizerische Handels- und Industrieverein, *Bericht über Handel und Industrie der Schweiz im Jahre 1886,* Zürich, p. 181.

25 AF, E 53, Nr. 784, Vol. 258 pour le recours de l'avocat Bielmann de Fribourg exigeant le maintien de l'ancien système tarifaire sur le réseau de la SOS et ce aussi longtemps que la compagnie n'aura pas décidé de l'introduction d'un tarif spécial pour le transport des bois. AF, E 53, Nr. 799, Vol. 259 pour les plaintes provenant du Valais. ACV, K IX 207/5 pour les plaintes provenant du canton de Vaud.

ciants en bois demandent au Conseil fédéral le retrait du nouveau système, accusant les compagnies ferroviaires de ruiner leur commerce. Reconnaissant d'emblée les élévations de taxe, Emil Welti, désirant avant tout maintenir l'unification tarifaire enfin réalisée, rejette les plaintes en arguant comme toujours des limites de l'appareil[26]:

> En effet, malgré le désir qu'aurait le conseil fédéral qu'il en fût autrement, il faut reconnaître cependant que, pour la décision à prendre, ce qui importe ce n'est pas de savoir quelles taxes la SOS perçoit en comparaison d'autres compagnies, mais bien si elle a le droit d'exiger les taxes établies dans le nouveau tarif. Le fait qu'elle possède ce droit résulte du texte des concessions.

En mai 1886, les négociants en bois, par l'intermédiaire du *Schweizerischer Holz Industrie Verein* reviennent à la charge. Evoquant l'arrêté fédéral du 18 décembre 1884 et l'exigence d'une égalisation approximative des taxes d'exportation des produits suisses sur celles en vigueur pour le trafic de transit de produits similaires, l'association, dans un mémoire au Conseil fédéral, s'étonne que jusqu'à présent rien n'ait été fait dans ce sens[27]. Elle demande, par la même occasion, qu'il soit exigé des compagnies ferroviaires qu'elles respectent le sens du texte de l'arrêté en créant un tarif favorisant l'exportation des bois helvétiques[28].

Le mémoire est transmis par le Conseil fédéral à la CACF, qui traite de la question à la mi-septembre 1886. Les administrations ferroviaires sont, dans un premier temps, plutôt enclines à rejeter les exigences des négociants en bois. Le représentant du SCB donne au texte de l'arrêté fédéral une interprétation restrictive: la taxe totale pour les transports suisses – soit le prix total du transport – doit être égale à celle exigée pour les transports en transit. Selon le représentant du SCB, l'arrêté fédéral n'exige nullement une égalisation des taxes kilométriques. Les craintes d'une interprétation trop restrictive du texte de l'arrêté par les

26 AF, E 53, Nr. 784, Vol. 258, «Lettre de la Chancellerie fédérale au recours de l'avocat Bielmann de Fribourg, Berne, 28 février 1886».

27 *Mémoire de la Société suisse pour l'industrie des bois au Haut Conseil fédéral et, par son intermédiaire, à l'Assemblée fédérale,* s.l., 1886. Un court extrait du mémoire est publié dans AHCFF, CACF, *Décisions...*, vol. 5, pp. 285-286 (Tarif d'exportation pour les bois – Conférence du 11 septembre 1886).

28 Dans son mémoire, le *Schweizerischer Holz Industrie Verein* propose un tarif d'exportation adoptant les taxes du trafic de transit avec les majorations suivantes: 25% pour 300 km et plus (soit 3.8 cts. par T et par km); 30% entre 200 et 300 km (soit 4.2 cts.); 45% entre 100 et 199 km (soit 4.6 cts.); 60% en dessous de 100 km (soit 5.4 cts.).

compagnies avaient été émises déjà par la SICV lors du travail parlementaire de l'été 1884. Elles avaient mené l'association vaudoise à exiger l'ajout de la mention «taxe kilométrique» dans le projet d'arrêté. Le Conseil des Etats avait finalement rejeté un ajout qui menaçait, selon le Conseil fédéral, de lourdement hypothéquer les capacités des compagnies suisses à attirer le trafic de transit européen sur leur réseau. L'arrêté fédéral avait été adopté dans la version plus souple élaborée par le Conseil national (cf. section 5.4). L'interprétation du texte par le SCB donne raison à la SICV. Mais il apparaît très vite que l'avis du représentant du SCB n'est pas partagé par l'ensemble des administrations ferroviaires. Ainsi le directeur du JBL et conseiller national Pierre Jolissaint (1830-1896) (BE) mentionne qu'au delà des arguments légaux, des considérations plus économiques doivent être évoquées. Au demeurant, selon lui, «les principes posées par l'Assemblée fédérale dans son arrêté du 19 décembre 1884 [enjoindront] les compagnies [à] probablement donner satisfaction, dans une certaine mesure, aux demandes des pétitionnaires»[29]. Le renvoi du mémoire à une commission spéciale composée du JBL, du NOB, du SCB, de la SOS et du VSB laisse entrevoir la possibilité d'établir un tarif satisfaisant en partie les exigences des négociants en bois: parmi les cinq compagnies siégeant au sein de la commission spéciale, seul le SCB s'oppose catégoriquement à la création d'un tarif d'exportation qui reviendrait, selon la compagnie bâloise, à interpréter les termes de l'arrêté fédéral dans un sens beaucoup trop large: une telle adoption créerait un dangereux précédent. Malgré les craintes du SCB, la CACF adopte un tarif d'exportation à taxe unique de 4.2 cts. par T et par km plus une taxe d'expédition de 1 fr. par T, introduit dès le 1er mars 1887, mais qui ne satisfait pas le *Schweizerischer Holz Industrie Verein*[30]:

> Mit den Transitansätzen verglichen hat dieser Exporttarif keine allzu grosse Reduktion erhalten. Er bringt dessen ungeachtet auf weitere Distanzen doch immerhin Erleichterungen, die zur Erhaltung des Exportes beitragen.

Les abaissements de taxe proposés par le tarif d'exportation pour les bois sont en effet plus que limités. Répertoriés dans la classe III des

29 AHCFF, CACF, *Décisions...*, vol. 5, pp. 287-288 (Tarif d'exportation pour les bois – Conférence du 11 septembre 1886).

30 Schweizerische Handels- und Industrieverein, *Bericht über Handel und Industrie der Schweiz im Jahre 1885*, Zürich, 1886, p. 182.

tarifs spéciaux du tarif général, dont la taxe kilométrique oscille entre 5 cts. par T et par km – SOS, SCB, VSB – et 4.2 cts. – NOB et GB –, le nouveau tarif consiste uniquement à égaliser la taxe de toutes les compagnies sur celle en vigueur sur les réseaux du NOB et du GB.

L'industrie des machines, secteur encore marginal du commerce extérieur helvétique, bien que connaissant, entre 1870 et 1890, le plus fort taux de croissance en terme de volume d'exportation[31], réclame également de vive voix l'élaboration de politiques tarifaires susceptibles d'améliorer ses capacités concurrentielles sur les marchés étrangers. L'enquête du Vorort de l'USCI publiée en mai 1884 avait mis en exergue les taxes kilométriques avantageuses offertes aux industriels allemands exportant des machines en direction de l'Italie par le Gothard (cf. tableau 10). Les années suivantes, les exigences du secteur des machines se font plus précises: négociations de tarifs directs favorables pour l'importation des matières premières (fer et charbon) en provenance de la Rhénanie et de la Westphalie et élaboration de tarifs d'exportation avec les compagnies d'Autriche-Hongrie, de France et du sud de l'Italie (Chemins de fer romains et sud-italiens)[32]. Ces revendications interviennent alors que les exportations du secteur des machines tendent à reculer[33]. Pour les compagnies helvétiques, de telles exigences sont difficiles à remplir, non pas en raison de l'aspect financier des abaissements de tarifs exigés, mais bien en raison de leur incapacité à exiger la collaboration des compagnies ferroviaires étrangères. Les politiques tarifaires protectionnistes développées par les compagnies françaises et italiennes annulent en grande partie les brèches que la diplomatie helvétique parvient à ouvrir dans les barrières douanières de ces pays. Ainsi, suite au traité de commerce franco-suisse signé en 1882, les nouveaux débouchés que le secteur des machines serait en mesure de gagner en France, et seuls susceptibles de palier en partie à la perte des positions sur d'autres marchés désormais protégés, demeurent un vœu pieux, en raison des tarifs ferroviaires des compagnies françaises. Les taxes kilométriques

31 Bairoch, «Le volume des exportations...», p. 40; Bairoch, «Les exportations...», p. 208.

32 Schweizerische Handels- und Industrieverein, *Bericht über Handel und Industrie der Schweiz im Jahre 1885,* Zürich, 1886, p. 158; Schweizerische Handels- und Industrieverein, *Bericht über Handel und Industrie der Schweiz im Jahre 1886,* Zürich, 1887, pp. 153-161.

33 Bairoch, «Le volume des exportations...», p. 43. Bairoch mentionne un recul modéré des exportations de machines entre 1886 et 1891.

établies par les compagnies de l'Hexagone constituent une barrière difficilement franchissable, atteignant des montants deux à trois fois supérieurs aux taxes douanières françaises[34]:

> Die französischen Bahnen haben ganz exorbitante Frachtsätze für Importwaren und machen zu wenig oder gar keinen Unterschied zwischen Stück- und Wagenladungsgütern. Sowie es sich um grössere Entfernungen handelt, erreichen die Transportkosten eine Höhe, welche uns unfähig macht, mit französischen Werken zu konkurrieren. Die grossen französischen Bahnen sind zwar Privatbahnen, machen aber gewissermassen Zollpolitik auf eigene Faust. Für Exporttransporte haben sie besonders billige Tarife und allerhand Vergünstigungen. Für Importwaren findet sich nichts dergleichen, ob sie in noch so kompleten Sendungen oder auf noch so grosse Entfernungen spediert werden. Dabei existiert ein wahres Labyrinth von *Tarifs généraux, spéciaux, communs*, etc., und braucht es viel Übung, Geduld und Zeit, um die billigsten Sätze von verschiedenen Gesellschaften zu kombinieren.

Soumises aux tarifs prohibitifs des compagnies françaises, la plupart des expéditions de l'industrie suisse des machines empruntent la route d'Anvers, gagnent ensuite par voie d'eau le port de Bordeaux puis, par chemins de fer, l'intérieur du pays. L'industrie des machines ne peut ainsi que difficilement concurrencer les industriels français sur leur sol et les compagnies helvétiques ne parviennent pas à orienter les politiques tarifaires de leurs homologues françaises dans une direction plus favorable à l'exportation suisse.

Les envois en direction du marché italien ne se font pas dans de meilleures conditions. Le tarif direct italo-suisse (Tarif spécial I) par le Gothard présente des taxes si défavorables du côté italien que les exportateurs helvétiques préfèrent choisir le détour par le Brenner, voire par le port de Marseille, pour les expéditions gagnant la Péninsule. Les constructeurs helvétiques qui choisissent la route du Gothard optent majoritairement pour la réexpédition à Chiasso – rendant inutile le tarif direct italo-suisse, 20 à 30 % plus élevé que le système de réexpédition – ce qui nécessite de recourir au service coûteux d'une maison d'expédition: «günstige Verhältnisse für den Berufsspediteur!», s'exclament en 1886 les représentants du *Verein schweizerischer Maschinenindustrieller*, l'association faîtière des constructeurs mécaniques[35].

34 Schweizerische Handels- und Industrieverein, *Bericht über Handel und Industrie der Schweiz im Jahre 1887,* Zürich, 1888, p. 128.

35 Schweizerische Handels- und Industrieverein, *Bericht über Handel und Industrie der Schweiz im Jahre 1886,* Zürich, 1887, p. 155.

L'annonce par les compagnies helvétiques de l'introduction d'un nouveau tarif d'exportation italo-suisse pour les métaux – valable également pour les machines –, promet une amélioration de la situation. En août 1888, la publication du tarif suscite pourtant ce commentaire du *Verein schweizerischer Maschinenindustrieller*[36]:

> Am 1. August 1888 ist ein neuer italienischer-schweizerischer direkter Gütertarif in Kraft getreten. In früheren Jahresberichten hatten wir die Taxen des alten Tarifs hinsichtlich Oberitaliens als mässige, diejenigen für Mittel- und Süditalien als viel zu hoch bezeichnet und die Hoffnung ausgesprochen, es werde ein neuer Tarif den Übelständen abhelfen. Darin haben wir uns aber getäuscht.

Du côté suisse, les taxes du tarif présentent bien des diminutions pour Chiasso- et Pino-transit. Des améliorations sont également à noter pour les villes du sud de l'Italie (Rome et Naples). Cependant, ces avantages sont annulés par les augmentations de taxes entre Chiasso-transit et la plupart des villes du nord de la Péninsule. La conséquence est une aggravation du prix du transport par rapport à l'ancien tarif (cf. tableau 11).

Tableau 11 – Tarif direct italo-suisse pour l'exportation des machines: comparaison entre l'ancien tarif et le nouveau tarif pour quelques villes italiennes (dès août 1888)

En frs. par T

	Tarif spécial I (en vigueur jusqu'en août 1888)			Nouveaux tarifs italo-suisse (en vigueur dès août 1888)		
				Tarif spécial n° 2 (exp. partielles)	Tarif spécial n° 7 (wagons complets)	
de Chiasso / Pino transit	Exp. partielles	Wagons complets 5.000 kg	Wagons complets 10.000 kg		5.000 kg	10.000 kg
à Milan	9.47	9.47	9.47	**9.25**	**8.10**	**8.10**
à Gênes	29.95	20.65	20.65	32.48	25.57	25.57
à Turin	24.44	16.98	16.98	26.95	21.83	21.83
à Bologne	32.75	23.54	23.54	37.40	29.01	29.01
à Florence	42.95	30.68	30.68	54.23	39.70	39.70
à Rome	76.51	64.54	64.54	84.54	**58.91**	**58.91**
à Naples	103.84	95.64	95.64	105.01	**71.81**	**71.81**

Source: D'après Schweizerische Handels- und Industrieverein, *Bericht über Handel und Industrie der Schweiz im Jahre 1887,* Zürich, 1888, p. 136. En gras, les diminutions de tarifs provoquées par l'adoption du nouveau tarif.

36 Schweizerische Handels- und Industrieverein, *Bericht über Handel und Industrie der Schweiz im Jahre 1888,* Zürich, 1889, p. 135.

Pour les constructeurs de machines, l'incompréhension est de mise[37]:

> Der Vorteil, den man uns mit den Taxen für Süditalien bietet, wird zehn Mal aufgewogen mit den Erhöhungen auf den Taxen für Mittel- und Norditalien; das Fazit ist also mit Bezug auf unsere Erwartungen ein negatives.

Le renchérissement des expéditions partielles rend très difficile la vente de chaudières à vapeur sur le marché italien. Il paraît vraisemblable que l'augmentation des tarifs adoptés par les compagnies transalpines pour le nouveau tarif direct italo-suisse se fait dans la foulée de l'augmentation des droits de douane, adoptée par le gouvernement italien en juillet 1887.

L'analyse de l'introduction du tarif direct italo-suisse pour les machines illustre bien le nouveau contexte commercial auquel les compagnies ferroviaires suisses doivent faire face. Si les tarifs ferroviaires font entièrement partie de la politique commerciale de certains Etats qui, soit ont étatisé les compagnies, soit exercent un contrôle important sur celles-ci, ils ne constituent en rien un outil susceptible d'être utilisé par la diplomatie helvétique lors des négociations de traités de commerce. La formation des tarifs demeure, en Suisse, du domaine exclusif des compagnies ferroviaires. En juin 1886, à l'échéance du traité de commerce germano-suisse, le Conseil fédéral entreprend des négociations visant à ouvrir des brèches dans la muraille protectionniste germanique[38]. Les négociations avec une Allemagne peu encline à faire des concessions dureront deux longues années et mèneront à la signature d'un traité peu satisfaisant pour l'économie helvétique. Par un hasard du calendrier, au moment même où le Conseil fédéral entame ces négociations commerciales, les taxes pour les transports en transit entre l'Allemagne et l'Italie par le Gothard atteignent leur niveau le plus bas suite à la conférence de Lugano (mai 1885) entre compagnies ferroviaires suisses, allemandes et italiennes (cf. section 4.3.3). Dans le dossier douanier, les négociateurs suisses n'ont pas le pouvoir de brandir la menace d'une augmentation des tarifs de transit par le Gothard.

Les relations commerciales avec l'Italie témoignent d'une réalité similaire. Les traités de commerce signés avec la Péninsule – aussi bien

37 Ibidem, p. 136.

38 Sur la renégociation du traité de commerce avec l'Empire allemand, au-delà l'Autriche-Hongrie et l'Italie, cf. Humair, *Développement économique...*, pp. 520-580.

celui de 1883 que celui de 1889 – ne font aucune allusion à la facilitation des rapports commerciaux entre les deux pays à l'aide de tarifs directs appropriés. Les articles prohibant les entraves douanières et promulguant les bonnes relations commerciales entre les deux pays prennent une tournure singulière lorsque l'on a conscience des entraves qui sont mises à celles-ci, moyennant des tarifs ferroviaires volontairement inadaptés. Dans les deux traités, le seul article concernant les chemins de fer fait référence aux lignes ferroviaires transalpines en stipulant que «la Suisse et l'Italie s'engagent à favoriser, autant que faire se pourra, la création de voies de communication destinées à relier entre eux les deux Pays»[39].

Plus encore que l'établissement d'un tarif d'exportation peu convaincant pour les bois, la formation de tarifs directs internationaux défavorables à l'industrie helvétique – voire, dans les relations ferroviaires avec la France, l'incapacité à élaborer de telles tarifications – dénote les limites inhérentes à un système de transport abandonné au secteur privé. Qu'importe à l'industrie des machines d'obtenir un accès au marché allemand si les compagnies ferroviaires helvétiques sont incapables de négocier des tarifs directs germano-suisses favorables. Qu'importe un accès au marché italien si les tarifs directs italo-suisses, mis en service en août 1888, présentent des déficiences telles que les exportateurs helvétiques ne peuvent imaginer utiliser le Gothard pour concurrencer, sur les marchés du nord de l'Italie, leurs homologues allemands disposant parallèlement de tarifs de transit redoutablement bas par l'axe international.

6.2.2 Les tarifs pour les transports internes

Des mesures de tarification pour les transports internes peuvent s'apparenter à une protection du marché intérieur pour les producteurs nationaux. Le système de tarifs généraux, adopté par les compagnies françaises en 1879 et qui n'offre pas d'abaissement de taxes pour les expéditions en wagon complet, avantage par exemple clairement le commerce local, plus habitué aux expéditions en petite quantité. Des tarifs à

39 Article 13 du traité de commerce entre l'Italie et la Suisse de 1883 (FF, vol. 2, 1883, p. 213); article 15 du traité de commerce de 1889 (FF, vol. 1, 1889, p. 410).

barème dégressif peuvent également être construits afin de favoriser les expéditions sur de petites distances. Les compagnies helvétiques n'introduisent pas de tarification de type protectionniste de façon volontaire.

Cependant, afin de répondre aux exigences de l'arrêté fédéral de décembre 1884 – déclassements pour les envois partiels et limitation de l'ampleur de la taxe d'expédition pour les petites distances (lettres b. et c. de l'arrêté) –, certaines mesures adoptées par les compagnies sous l'impulsion du Conseil fédéral peuvent s'apparenter à une protection du marché intérieur. Au final, les diminutions du prix pour les transports internes demeurent rares et les rapports entre secteurs actifs sur le marché national et compagnies ferroviaires restent tendus.

Dès septembre 1885, lors d'une conférence visant à mettre à exécution l'arrêté fédéral de décembre 1884 et réunissant les représentants des compagnies ayant adopté le système de réforme et le chef du DFPC, Emil Welti, les administrations ferroviaires acceptent un certain nombre de déclassements. Les fromages emballés, les vins et cidres en tonneaux, le beurre, les légumes et les châtaignes comestibles, les raisins frais et les fruits secs sont transférés de la classe 1 des envois partiels à la classe 2[40]. En contrepartie, les compagnies ferroviaires obtiennent le droit de percevoir une taxe d'inscription de 10 cts. sur les envois de bétail et de bagages. Le déclassement revient à offrir à ces produits une meilleure protection du marché national en favorisant leur capacité à voyager: en fonction des compagnies, cette mesure provoque une diminution de la taxe kilométrique oscillant entre 20 et 22%. Le déclassement – concernant exclusivement des produits agricoles – entraîne l'élaboration du tarif exceptionnel n° 9 pour les produits agricoles expédiés en wagons complets[41].

Après avoir négocié ces déclassements, le Conseil fédéral n'entreprend aucune autre démarche auprès des compagnies. En fin d'année 1886, le *Tarif-Verein*, sous la plume de son président A. Jenny-Kunz, saisit l'occasion de l'adoption du système de réforme par la SOS pour

40 *Recours d'administrations de chemins de fer suisses à la Haute Assemblée fédérale contre l'arrêté du Conseil fédéral du 25 Juin 1888 concernant les taxes d'expédition et d'inscription perçues par les chemins de fer suisses,* Bâle, 1888, pp. 3-4.

41 La formation du tarif exceptionnel n° 9 pour les produits agricoles découle du fait que toutes les marchandises transportées aux taxes de la classe 2 des expéditions partielles doivent être transportées, en wagons complets, soit aux taxes d'une des trois série de tarifs spéciaux, soit aux taxes d'un tarif exceptionnel à créer.

publier un rapport au ton nettement plus combatif que celui qui transparaissait dans les deux brochures de 1884[42]. L'auteur mentionne que, deux ans après l'entrée en vigueur de l'arrêté fédéral, la situation en matière de tarifs ferroviaires ne s'est pas améliorée. Il accuse le Conseil fédéral de manquer à son devoir et de défendre avec entêtement les compagnies ferroviaires au détriment de l'industrie nationale[43]:

> Wenn wir auf die seit Einführung der Reformtarife gemachten Erfahrungen zurückblicken, wenn wir einerseits all die aus dem Publikum, von Behörden, kaufmännischen und industriellen Vereinen und aus dem Schosse der h. Bundesversammlung selbst dem h. Bundesrat eingereichten Beschwerden und Vorstellungen in ihren Grundzügen zusammenfassen; wenn wir schon, wie einzelne, ohnedies unter den allgemein gedrückten Verhältnissen und der ausländischen Konkurrenz schwer leidende Industrien durch die neuen Tarif noch ungünstiger Stelle worden sind – dann kommen wir immer und immer wieder zu dem Schlusse, dass die Stellung, die der h. Bundesrat in seinem Eisenbahn-Departement bei Schaffung der Reformtarife eingenommen hat, weniger den Interessen des Publikums, sondern gegenteils auf dessen Kosten mehr den Interessen der Bahngesellschaften gefrommt hat. [...]
> Der interne Verkehr, besonders derjenige der Centralbahn und hintendrein auch derjenige der Westbahn, ist auf eine ganz unerhörte Weise belastet worden, während umgekehrt die Taxen für den Transitverkehr sowie den direkten Verkehr der ausländischen mit den Schweizer Bahnen für den Import einiger fremder Erzeugnisse in die Schweiz auf ein Minimum herabgesetzt worden sind. Auch das Vorgehen letzterer Art ist indirekt von sehr schwerwiegender Bedeutung für einzelne unserer einheimischen Industrien.

Pour le président du *Tarif-Verein*, le jeu des compagnies est clair. L'introduction des taxes d'expédition, l'accroissement du prix du transport pour les petites distances et pour les expéditions partielles n'ont pas provoqué une augmentation des dividendes versés aux actionnaires des compagnies ferroviaires, mais ont permis à celles-ci d'engranger un surplus de recettes finançant les abaissements de tarifs pour les trafics de transit[44]. Jenny-Kunz balaie du revers de sa plume le tarif d'exportation pour les bois – peu favorable par rapport aux tarifs de transit –, prévu pour 1887; il réserve le même sort aux tentatives du Conseil fédéral

42 *Bericht des Tarif-Vereins über das Schweizer. Eisenbahntarifwesen....*

43 Ibidem, pp. 22-23.

44 «Wo aber bleibt dann, so wird man mit Recht fragen, die dem internen Verkehr enthobene bedeutende Mehreinnahme der Bahnen, falls sie sich nicht etwa in gesteigerten Dividenden an die Aktionäre Luft machen?». Ibidem, p. 23.

de justifier l'introduction des taxes d'expédition et le dépassement des maxima concessionnaires qu'elles entraînent sur les réseaux du SCB et de la SOS – «Die Taxen müssen sich innerhalb der in der Konzessionen bezeichneten Schranken bewegen. Punkt!»[45] –; enfin, il procède à une critique du système ferroviaire abandonné à des sociétés anonymes[46]:

> Das Alles trifft zu, beweist aber nur, dass das Tarif-Conglomerat wie überhaupt das ganze Dilemma im heutigen Tarifwesen der schweizerischen Eisenbahnen die natürliche Folge des Privatbaues ist in Verbindung mit der früher fast schrankenlosen Wirtschaft der Aktiengesellschaften.
> Eine Aktiengesellschaft ist in gewisser Beziehung ein Sack Geld, der alle Rechte einer handlungsfähigen Person geniesst, ohne alle Pflichten und die moralischen Verantwortlichkeiten einer solchen zu übernehmen.

En conclusion, Jenny-Kunz menace de saisir le Tribunal fédéral afin que celui-ci statue sur les compétences de l'exécutif fédéral en matière de fixation des tarifs ferroviaires. Le ton du rapport et le fait que celui-ci soit immédiatement suivi d'une requête provenant du *Verein Schweizerischer Geschäftsreisender*, membre du *Tarif-Verein* et exigeant, sous peine de faire également appel aux tribunaux, que le Conseil fédéral effectue enfin son devoir de régulateur en imposant les diminutions de taxes d'expéditions prévues par l'arrêté de décembre 1884[47], enjoignent les autorités fédérales à intervenir de façon plus directe auprès des compagnies, sans rechercher absolument le compromis avec ces dernières. D'autre part, la nécessité de gagner l'adhésion de tous les secteurs de l'économie au moment où débute la renégociation des traités de commerce avec l'Allemagne et l'Autriche-Hongrie – et en premier lieu des secteurs orientés vers le marché intérieur en leur accordant des diminutions des coûts de transport assimilables, à un certain point, à une protection du marché national – n'est sans doute par étrangère à la décision du Conseil fédéral d'enfin décider les compagnies à appliquer les termes de l'arrêté de 1884.

45 Ibidem, p. 30.
46 Ibidem, p. 24.
47 Le *Verein Schweizerischer Geschäftsreisender* dépose sa requête auprès de l'Assemblée fédérale en mai 1887. Cf. AF, E 53, Nr. 790, Vol. 258, «Das Schweizerische Post- & Eisenbahndepartement an den Schweizerischen Bundesrath, Bern, den 16. Juni 1888».

Le 16 juin 1888, le DFPC remet au Conseil fédéral un rapport détaillant les conséquences probables pour les finances des compagnies d'une diminution des taxes d'expédition, mesure prévue par l'arrêté de 1884[48]. Le département propose d'imposer une diminution de 20% des taxes d'expédition pour la GV et d'autoriser les compagnies à ne percevoir, pour toutes les classes de transport, la taxe maximale qu'à partir du quarantième kilomètre au lieu du trentième. Le DFPC appuie sa démarche sur une analyse statistique qui lui permet de conclure que les diminutions du prix du transport constatées depuis le début des années 1880 sur le réseau ferroviaire helvétique ne se sont par reportées sur les transports internes. Le recul des recettes par tonne kilométrique – passant, en moyenne sur l'ensemble des compagnies suisses, de 9.3 cts. par T et par km en 1883 à 8.7 cts. en 1887[49]– est en très grande partie dû à la généralisation d'abaissement tarifaire pour les expéditions en grande quantité transitant sur le réseau ferroviaire helvétique dès l'ouverture du Gothard. Accorder des avantages tarifaires aux transports internes, notamment aux expéditions GV, permet de répondre aux exigences de l'arrêté fédéral de 1884 sans provoquer, selon les projections du département, de diminutions notables des recettes des compagnies[50].

Le 25 juin, le Conseil fédéral adopte un arrêté reprenant non seulement les propositions du DFPC, mais stipulant également que les taxes d'inscription sur le bétail et les bagages – issues du compromis de septembre 1885 – sont supprimées[51]. Dans leur recours contre l'arrêté, les

48 AF, E 53, Nr. 790, Vol. 258, «Das Schweizerische Post- & Eisenbahndepartement an den Schweizerischen Bundesrath, Bern, den 16. Juni 1888».

49 Cf. Annexe 2, Evolution du prix du transport ferroviaire marchandises en Suisse (1860-1913).

50 Les projections réalisées sur les chiffres de 1886 tablent sur un recul des recettes des compagnies oscillant entre 0.1% et 0.3% en cas d'adoption des propositions du DFPC. Cf. AF, E 53, Nr. 790, Vol. 258, «Das Schweizerische Post- & Eisenbahndepartement an den Schweizerischen Bundesrath, Bern, den 16. Juni 1888».

51 «[...] I. Les Compagnies de chemins de fer sont invitées: a. A réduire de 20% les taxes d'expédition pour les marchandises en grande vitesse dans le trafic interne; b. A ne percevoir en plein les taxes d'expédition dans le trafic interne en général qu'à partir du 40e kilomètre de distance de transport, de telle sorte: 1. Que pour les distances de 1 à 20 km, on ne puisse calculer que la moitié de la taxe d'expédition, et exceptionnellement, dans les tarifs spéciaux, 6 cts. par 100 km; 2. Que, pour chaque kilomètre en sus, la taxe d'expédition puisse être élevée proportionnellement jusqu'à ce que, à 40 km, on atteigne en plein le chiffre maximum en vigueur, sous

administrations ferroviaires menacent de retirer les déclassements et d'abolir le tarif exceptionnel n° 9 pour les produits agricoles issu du compromis de 1885[52]. En mai 1889, le Conseil fédéral réduit les diminutions exigées des compagnies: les taxes d'expédition pour la GV ne sont réduites que de 10%. Par contre la limite du quarantième kilomètre est maintenue pour la perception de la taxe d'expédition maximale[53]. L'arrêté fédéral n'entraîne qu'une diminution limitée du prix du transport en service interne, hormis pour la GV. Pour toutes les autres classes, la diminution des taxes d'expédition est exclusivement réservée aux distances entre 30 et 40 km.

Les années suivantes, le Conseil fédéral exige des compagnies divers abaissements de tarifs pour les transports internes, garantissant aux producteurs suisses un meilleur accès au marché national. En août 1888, dès la création du tarif italo-suisse pour les métaux et les machines, les taxes suisses du tarif sont étendues à toutes les expéditions de métaux à l'intérieur du pays. Cette mesure, obtenue malgré la résistance du NOB et grâce à l'adhésion du bout des lèvres du GB et du SCB, vise à contrer l'importation de métaux d'origine germanique sur le marché suisse[54]. Elle demeure cependant insuffisante, compte tenu des expéditions par wagons complets qui dominent les exportations allemandes en direction de la Suisse.

En février 1890, le Conseil fédéral franchit une nouvelle étape en imposant aux compagnies ferroviaires une diminution du tarif pour le transport des ardoises pour toiture. C'est la première fois que l'autorité fédérale intervient directement dans la formation d'un tarif. Ainsi, après avoir pris connaissance du refus des compagnies d'intégrer les ardoises

---

réserve de la réduction mentionnée à la lettre a. ci-dessus. [...]. II. L'autorisation, accordée le 20 octobre 1885 par le Conseil fédéral aux Compagnies de percevoir des taxes d'inscription sur les envois de bétail et de bagages est supprimée. [...]». AHCFF, VGB_GB_SBBGB03_090_01, «Auszug aus dem Protokoll der 101. Conferenz der Schweizerischen Eisenbahnverwaltungen (6.-7. July 1888). Arrêté du Conseil fédéral du 25 juin 1888, réduisant les taxes d'expédition et les droits d'enregistrement».

52 *Recours d'administrations de chemins de fer suisses à la Haute Assemblée fédérale contre l'arrêté du Conseil fédéral du 25 Juin 1888....*

53 AHCFF, VGB_GB_SBBGB03_090_01, «Auszug aus dem Protokoll der 107. Conferenz der Schweiz. Eisenbahnverwaltungen (4.-6. August 1889)».

54 AF, E 53, Nr. 784, Vol. 258, «Das schweizerische Post & Eisenbahndepartement an den schweizerischen Bundesrath, Bern, den 10. Februar 1887».

pour toiture dans la nomenclature du tarif exceptionnel n° 3 pour le transport des pierres, l'exécutif fédéral fait part à la CACF, dans une courte lettre sans détail, de sa décision de procéder lui-même au déclassement[55]:

> Nous avons l'honneur de vous informer que, sur la proposition de notre Département des Postes et des Chemins de fer, nous avons décidé, dans notre séance de ce jour, que les Compagnies de chemins de fer sont tenues d'admettre l'article «ardoises pour toitures» parmi les marchandises du tarif exceptionnel pour pierres, etc, et invitées à mettre cette décision en vigueur dès le 1er mars 1890 sur toutes les lignes où s'applique la classification uniforme du tarif exceptionnel pour les pierres, etc.

Pour justifier sa mesure, le Conseil fédéral évoque la concurrence apportée par les matériaux des tuileries françaises aux produits nationaux, notamment sur les marchés de Genève et de Berne. Le 22 février 1890, les délégués des administrations de la CACF se rencontrent en séance extraordinaire pour traiter de la question. Ceux-ci reconnaissent d'emblée les conséquences peu importantes de ce déclassements sur leurs recettes. Cependant, ils s'empressent d'insister sur le caractère inquiétant de la décision du Conseil fédéral[56]:

> [elle] a, comme question de principe, une portée très considérable en ce qu'[elle] constitue la première intervention directe de l'autorité fédérale dans le domaine des tarifs et qu'[elle] porte atteinte aux droits des Compagnies de chemins de fer, tels qu'ils résultent des lois et actes de concessions [...].

Au sein des délégués des compagnies, deux avis se dessinent quant à la réponse à donner au Conseil fédéral. Le SCB et le VSB sont les partisans d'une ligne dure, consistant à refuser de mettre en vigueur la décision de l'exécutif. Dans leur argumentaire, ils maintiennent la ligne de conduite définie par les compagnies ferroviaires dans les années 1870: la production d'ardoises pour les toitures en Suisse n'est pas en mesure de concurrencer les productions peu chères des tuileries françaises. Les abaissements des coûts de transport n'amélioreront en rien leur situation. Le JS adhère à la ligne dure, tout en faisant part de sa décision d'adopter des *«mesures spéciales»* afin de faciliter le transport des ardoises sur

55 Lettre retranscrite dans AHCFF, CACF, *Décisions...*, vol. 6, pp. 353-354 (Adjonction des ardoises pour toiture – Conférence du 22 février 1890).

56 Ibidem, p. 354.

son propre réseau. Le NOB, considérant l'importance minime de l'article soumis au déclassement, propose d'éviter la confrontation avec le Conseil fédéral et de rédiger une annexe au tarif exceptionnel n° 3, mentionnant les gares d'expédition bénéficiant de la mesure d'abaissement. La rédaction de l'annexe permettrait de limiter le déclassement aux seules stations se livrant à l'expédition d'ardoises (Martigny, Ragatz, Schwanden et Thoune), d'exclure d'emblée le transport des tuiles françaises du tarif et d'insister auprès du Conseil fédéral sur la mesure exceptionnelle adoptée par les compagnies. Face au refus du NOB de modifier sa position, la CACF, consciente du peu de poids d'une démarche n'unissant pas l'ensemble des administrations, décide d'adopter la solution de la compagnie zurichoise et d'accepter la décision du Conseil fédéral en publiant une annexe au tarif exceptionnel n° 3. En juin 1890, l'exécutif adopte la proposition de la CACF[57].

Au final, le bilan de l'application des mesures contenues dans l'arrêté de 1884 est plus que limité. Le prix du transport pour les expéditions internes demeure stable. Le recul du prix moyen du transport ferroviaire depuis la mise en service du Gothard est à mettre sur le compte de l'application des tarifs de transit au trafic germano-italien. Les quelques améliorations tarifaires pour les trafics internes concernent des secteurs limités et se font sous la pression du Conseil fédéral.

6.2.3 Renchérissement du prix du charbon; conflit douanier avec la France: les déclencheurs de nouvelles exigences tarifaires

Deux épisodes du début des années 1890 mettent particulièrement en évidence le rôle central que les tarifs ferroviaires sont appelés à jouer dans la défense des intérêts économiques nationaux. Le premier concerne le renchérissement du prix du charbon dès la deuxième moitié de l'année 1889. Le second intervient lors de la guerre douanière entre la France et la Suisse en 1893. Les réponses apportées par les compagnies ferroviaires à ces deux événements sont différentes: dans le premier cas, elles refusent implacablement tout abaissement des tarifs ferroviaires; dans le deuxième cas, elles adoptent, après négociations avec le

57 Ibidem, p. 357-358 (Adjonction des ardoises pour toiture – Conférence des 7-8 mars 1890/Conférence des 4-5 juillet 1890).

Conseil fédéral, un tarif exceptionnel temporaire destiné à éviter une augmentation des prix dans l'ouest de la Suisse grâce à un abaissement des tarifs pour les produits alimentaires d'origine germanique ou autrichienne dès les stations frontières de Romanshorn et Buchs. Mais comme on le verra, ces deux épisodes ponctuels connaissent une extension qui va remettre considérablement en question le système tarifaire des compagnies suisses. En ce sens, ils ne constituent que les déclencheurs de nouvelles exigences tarifaires produites par le contexte international et que le système de transport ferroviaire géré par des compagnies privées n'est pas à même de désamorcer.

Dès le début des années 1890, l'USCI place les tarifs des compagnies helvétiques pour le transport du charbon au centre de ses préoccupations. L'association économique exige une égalisation des taxes kilométriques pour le charbon sur celles pratiquées par les compagnies allemandes. L'élément déclencheur d'une telle préoccupation est à rechercher dans le contexte social mouvementé de la production minière de ces années. Fin avril 1889, une grève éclate dans les mines du bassin de la Ruhr. Débutant à Gelsenkirchen, elle s'étend rapidement aux mines d'Essen, de Bochum et de Dortmund. Mouvement d'abord local, la grève touche bientôt d'autres districts miniers germaniques (Aix-la-Chapelle, Silésie, Sarre) jusqu'à devenir le plus important conflit ouvrier allemand du XIXe siècle[58]. A la mi-mai, avant de s'essouffler, le mouvement connaît une ampleur sans précédent. Les mois suivants, le conflit gagne les mines de Belgique, de France et de Grande-Bretagne, inaugurant une période de tensions croissantes entre patronat et mineurs qui durera jusqu'au Premier Conflit mondial[59].

58 Sur la grève des mineurs allemands de 1889, cf. Karl Ditt, Dagmar Kift, «Der Bergarbeiterstreik von 1889: Ein Testfall für die sozialpolitische Reformfähigkeit des Kaiserreichs», in Karl Ditt, Dagmar Kift (Hg.), *1889. Bergarbeiterstreik und Wilhelminische Gesellschaft,* Dortmund, 1989, pp. 9-32; Heinrich Imbusch, *Arbeitsverhältnis und Arbeiterorganisationen im deutschen Bergbau,* Berlin, 1980 (rééd.) (1er édition, Essen, 1908); Otto Hue, *Die Bergarbeiter. Historische Darstellung der Bergarbeiter-Verhältnisse von der ältesten bis in die neueste Zeit,* 2 vol., Berlin, 1981 (rééd.) (1er édition, Stuttgart, 1913); Sur l'extenstion du mouvement dans les mines d'Europe continentale, cf. Joël Michel, «Der Ruhrbergarbeiterstreik von 1889: Bestandteil einer europäischen Bewegung», in Ditt, Kift (Hg.), *1889. Bergarbeiterstreik...*, pp. 195-210.

59 Joël Michel, «Der Ruhrbergarbeiterstreik ...», pp. 195-210.

Le mouvement de grève n'est pas sans conséquence sur l'évolution des prix du charbon (cf. graphique 13). Dès 1889 et la cessation des activités dans les mines allemandes, les prix du combustible fossile en Suisse – qu'il soit de provenance germanique, française ou belge – s'accroît[60]. Entre décembre 1888 et juillet 1891, avant de se stabiliser, le prix du wagon de charbons de 10 T de la Sarre, connaît un renchérissement de près de 38%. Selon l'historien Daniel Marek, la Suisse est alors proche d'une crise énergétique[61].

Graphique 13 – Evolution du prix du wagon de charbons de 10 T de la Sarre (1888-1891)

En frs. courants

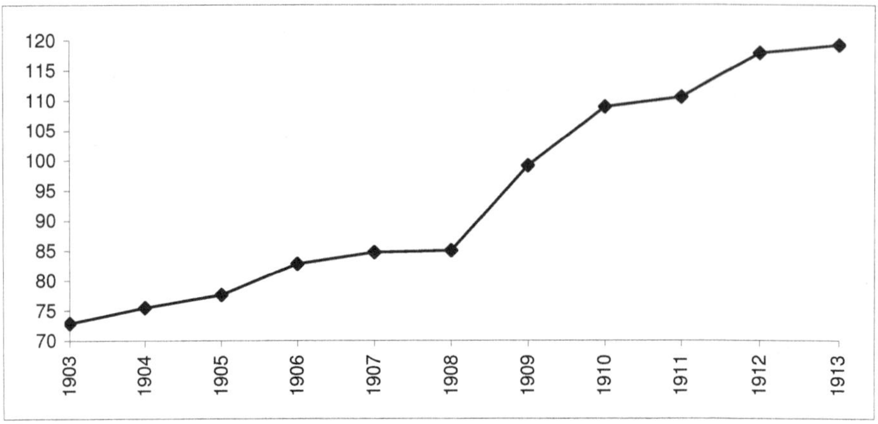

Sources: établi à partir d'une moyenne des prix des deux sortes de charbons provenant de la Sarre et figurant dans Schweizerische Handels- und Industrieverein, *Bericht über Handel und Industrie der Schweiz im Jahre 1889,* Zürich, 1890, p. 221; Schweizerische Handels- und Industrieverein, *Bericht über Handel und Industrie der Schweiz im Jahre 1890,* Zürich, 1891, p. 228; Schweizerische Handels- und Industrieverein, *Bericht über Handel und Industrie der Schweiz im Jahre 1891,* Zürich, 1892, p. 235.

Dès 1891, considérant les prix élevés du combustible et sur requête des secteurs textiles, des machines et de la métallurgie, le Vorort de l'USCI

60 Schweizerische Handels- und Industrieverein, *Bericht über Handel und Industrie der Schweiz im Jahre 1889,* Zürich, 1890, p. 220.

61 Cf. Daniel Marek, *Kohle: die Industrialisierung der Schweiz aus der Energieperspektive: 1850-1900,* Bern, 1992.

demande à la CACF un abaissement des tarifs internes pour le transport du charbon[62]:

> Es ist eine bekannte Tatsache, dass die schweizerischen Eisenbahnen für die Beförderung von Kohlen auf ihren Strecken eine beträchtlich höhern Ansatz, nach Kilometer und Tonne berechnet, in Anwendung bringen als die Nachbarstaaten. In Folge der dadurch für die schweizerische Industrie – die in der Deckung ihres Kohlenbedarfs ganz auf das Ausland angewiesen ist – geschaffenen Lage sind diese Tarife von jeher der Gegenstand vieler Anfechtungen gewesen. Je heftiger sich im Laufe der letzten Jahre der Konkurrenzkampf um alle, auch die entferntesten Märkte entsponnen hat, um so lauter und begründeter sind diese Klagen geworden.

La requête est basée sur une décomposition du prix du transport du charbon des mines belges ou allemandes à destination des manufactures textiles du canton de Glaris. Ce travail témoigne avant tout du caractère modéré des taxes allemandes et belges par rapport aux taxes en vigueur sur les compagnies suisses (cf. graphique 14).

Graphique 14 – Décomposition du prix du transport du charbon de la mine aux manufactures textiles de Glaris, au début des années 1890 (transport d'une tonne)

En cts. par T et par km

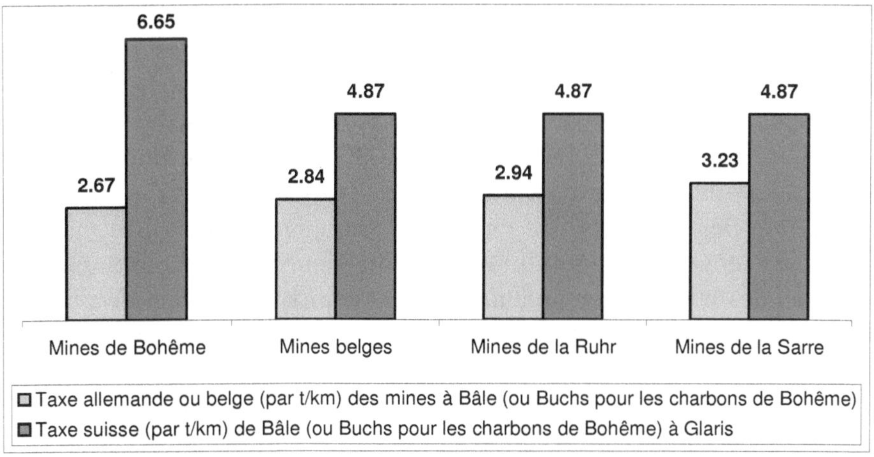

Source: d'après Schweizerische Handels- und Industrieverein, *Bericht über Handel und Industrie der Schweiz im Jahre 1892,* Zürich, 1893, p. 50.

62 Schweizerische Handels- und Industrieverein, *Bericht über Handel und Industrie der Schweiz im Jahre 1890,* Zürich, 1891, p. 40.

Dans le cas des mines de Bohême, la taxe prélevée par le VSB dès la gare frontière de Buchs – incluant la taxe de parcours et la taxe d'expédition du tarif spécial III b –, dépasse de près de 150% la taxe kilométrique des compagnies allemandes. Pour les charbons d'autres provenances, les taxes du NOB et du SCB pour la classe du tarif spécial III b étant plus avantageuses, la différence avec les compagnies étrangères s'estompe légèrement: 71% dans la cas des charbons belges; 65% pour les charbons de la Ruhr et 50% pour ceux de la Sarre. Les différences de taxes peuvent impressionner. Il importe toutefois de définir l'impact d'une diminution des tarifs du charbon sur les coûts de production de l'industrie suisse. Force est de constater qu'il est très limité. Le coût en charbon d'une machine de 500 CV fonctionnant 3.250 heures annuellement dans le canton de Glaris est 5 fois plus élevé qu'en Angleterre, 4 fois plus élevé qu'en Bohême et environ 3 fois plus élevé qu'en Allemagne. L'adoption par les compagnies suisses du tarif allemand pour le transport des charbons induirait une diminution du coût de fonctionnement de la machine de 500 CV d'à peine 7%[63], ne modifiant que marginalement le désavantage des industriels glaronnais face à leurs concurrents anglais ou allemands situés à proximité des bassins miniers.

En décembre 1892, la CACF refuse d'accéder à la demande du Vorort, en raison de la diminution des recettes de transport qu'une telle mesure entraînerait: une réduction de ½ ct. par T et par km du tarif provoquerait, selon les projections des compagnies ferroviaires, une diminution annuelle des recettes de 350.000 frs., alors qu'une réduction de 1 ct. se solderait par une réduction de 700.000 frs., sans qu'une augmentation des transports de charbon ne soit prévisible[64]. Le manque à gagner serait toutefois minime, en considération de l'ensemble des recettes des transports marchandises des compagnies: dans le premier cas, il correspond à un recul d'environ 0.83%; dans le deuxième cas, de 1.66%[65].

63 Calculé d'après Schweizerische Handels- und Industrieverein, *Bericht über Handel und Industrie der Schweiz im Jahre 1892,* Zürich, 1893, pp. 50-51.

64 AHCFF, CACF, *Décisions...*, vol. 8, p. 415.

65 Les recettes des transports de marchandises des grandes compagnies suisses (NOB, SCB, VSB, JS, GB) s'élèvent en 1892 à près de 42 millions de frs. Cf. *Statistiques des chemins de fer suisses,* Berne, 1892.

La réponse négative de la CACF fournit au Vorort le prétexte pour entreprendre une étude comparative des tarifs ferroviaires en vigueur en Allemagne, en Autriche-Hongrie et en Suisse. L'association économique sort de la seule revendication concernant des abaissements du tarif du charbon et se livre à une critique très ferme de la politique tarifaire des compagnies suisses, qualifiée de «fiscaliste» en raison de la tendance de celles-ci à n'accorder des abaissements de tarifs uniquement en cas d'assurance de ne pas voir leurs recettes reculer[66]:

> Eine rationelle Tarifpolitik müsste, wie es uns scheint, auf der Erkenntnisse fussen: dass auf die Dauer die Interessen der Industrie und der Bahn Hand in Hand gehen; dass, wenn die erstere nicht prosperiert, auch die Betriebseinnahmen der letztern leiden. Hievon ausgehend, sollten die Bahnen, um die einheimische Industrie in ihrem Konkurrenzkampf zu unterstützen, ihr Bestreben darauf richten, die Frachten für Steinkohlen und für die übrigens industriellen Hilfs- und Rohstoffe sowie für die zum Export bestimmten Fabrikate so niedrig zu halten als nur immer die Rücksicht auf ihre eigenen Finanzen es zulässt.

L'étude du Vorort met en lumière les différences considérables du prix du transport entre les trois pays, oscillant entre 13 à 128% en fonction des produits considérés (cf. tableau 12). L'égalisation des tarifs suisses sur les tarifs en vigueur sur les réseaux étrangers devient une exigence forte et durable des milieux du commerce et de l'industrie dès le début des années 1890, alors même qu'en mai 1884, Cramer-Frey reconnaissait encore devant le Conseil national le caractère fâcheux d'une telle égalisation pour les finances des compagnies (cf. section 5.4). Selon le Vorort, l'impérative nécessité d'une diminution des taxes suisses provient désormais du nouveau contexte commercial européen. Afin de maintenir ses capacités concurrentielles mises à mal par l'augmentation des taxes douanières qui grèvent l'accès aux marchés des pays européens, l'industrie suisse est contrainte, plus qu'auparavant, de limiter toutes les catégories de dépenses entrant dans les coûts de production[67].

66 Les résultats de l'investigation, envoyés à la CACF figurent dans Schweizerische Handels- und Industrieverein, *Bericht über Handel und Industrie der Schweiz im Jahre 1892,* Zürich, 1893, pp. 46-49.
67 Ibidem, p. 48.

Tableau 12 – Comparaison du prix du transport pour quelques marchandises en Allemagne, Autriche-Hongrie et Suisse au début des années 1890

En frs. par T

	Distances d'expédition		
	50 km	100 km	200 km
Charbon			
Allemagne	2.70	4.20	6.90
Autriche-Hongrie	2.10	3.60	6.10
Suisse (NOB)	3.10	5.20	9.40
Différence en %	*15 à 48*	*24 à 44*	*36 à 54*
Métaux bruts			
Allemagne	2.70	4.20	6.90
Autriche-Hongrie	2.30	4.20	6.90
Suisse (NOB)	3.10	5.20	9.40
Différence en %	*15 à 35*	*24*	*36*
Métaux ouvrés			
Allemagne	3.3	5.4	10.1
Autriche-Hongrie	2.9	5.5	9.7
Suisse (NOB)	4.5	8	15
Différence en %	*22 à 55*	*38 à 48*	*48 à 54*
Machines			
Allemagne	4	6.7	12.6
Autriche-Hongrie	2.9	5.5	9.7
Suisse (NOB)	5	9	17
Différence en %	*16 à 72*	*28 à 64*	*35 à 75*
Coton brut			
Allemagne	4	6.7	12.6
Autriche-Hongrie	3.2	5.7	10.3
Suisse (NOB)	5	9	17
Différence en %	*16 à 56*	*28 à 58*	*35 à 65*
Fils et étoffes de coton			
Allemagne	6.2	9.9	17.3
Autriche-Hongrie	3.2	5.7	10.3
Suisse (NOB)	7	12.5	23.5
Différence en %	*13 à 119*	*26 à 119*	*36 à 128*

Source: d'après Schweizerische Handels- und Industrieverein, *Bericht über Handel und Industrie der Schweiz im Jahre 1892,* Zürich, 1893, p. 47.

La guerre douanière qui survient entre la France et la Suisse dès 1893 contribue également à renforcer le rôle que les tarifs ferroviaires sont appelés à jouer en matière de défense des intérêts économiques nationaux. En juillet 1892, le Parlement français, sous la pression des milieux protectionnistes, décide de ne pas ratifier l'accord commercial signé entre les gouvernements suisse et français. Le Conseil fédéral annonce qu'il soumettra, dès janvier 1893, les importations françaises aux taxes d'un tarif de rétorsion[68]. Face aux craintes, qui s'élèvent notam-

68 Sur cet épisode des relations économiques franco-suisses, cf. Humair, *Développement économique...,* pp. 595-616; Philippe Gern, «Les origines de la guerre doua-

ment en Suisse occidentale, d'un renchérissement des denrées alimentaires provoqué par l'interruption des relations commerciales entre les deux pays, le Conseil fédéral entreprend en janvier 1893 des négociations avec les compagnies ferroviaires afin que des mesures tarifaires soient adoptées. Selon les aveux du Conseil fédéral, les démarches envers les compagnies furent longtemps infructueuses avant qu'une solution soit arrêtée[69]. Le 1er mai 1893, un tarif exceptionnel temporaire est mis en service par les compagnies suisses entre Romanshorn transit, Buchs transit et les principales stations de Suisse romande. Il concerne une dizaine de produits alimentaires. Sa forme dégressive est destinée à favoriser, dans les régions occidentales du pays éloignées de la frontière allemande ou autrichienne, la substitution des produits alimentaires d'origine française par des produits similaires provenant du nord ou de l'est de l'Europe[70]. Ce tarif est aboli dès la reprise des relations commerciales entre la France et la Suisse en août 1895.

L'interruption des relations commerciales franco-suisses fait resurgir le thème des tarifs ferroviaires au sein de l'AIC de Genève avec la suggestion, dès 1894, «d'obtenir sur nos chemins de fer suisses des réductions de prix pour les transports à grande distance et d'organiser un système analogue à celui des zones, tel qu'il fonctionne en Autriche-Hongrie»[71]. Cette proposition vise à généraliser l'introduction du système

---

nière franco-suisse (1891-1892)», in *Aspects des rapports entre la France et la Suisse de 1848 à 1939,* Neuchâtel, 1982, pp. 59-71; Philippe Gern, Silvia Arlettaz, «Les échanges entre la France et la Suisse au XIXe siècle. Libéralisme ou protectionnisme», in Bairoch, Körner (éd.), *La Suisse...*, pp. 207-226.

69 AF, E 53, Nr. 793, «Das schweizerische Post- & Einsenbahndepartement an den schweizerischen Bundesrath, Bern, den 5. April 1893»; Ibidem, «Auszug aus dem Protokoll der Sitzung des schweizerischen Bundesrates, 7. April 1893»

70 La nomenclature du tarif contient les marchandises suivantes: Beurre frais et beurre fondu (aussi beurre artificiel, margarine); Œufs; Viande fumée; Viandes de toute espèce; Fruits secs; Saindoux; Lard séché; Graisse comestibles en caisses ou en fûts; Huiles comestibles en caisses ou en fûts; Vins en fûts; Sucre de toute espèce. AF, E 53, Nr. 832, «Chemins de fer suisses, Tarif exceptionnel temporaire pour le transport en petite vitesse des articles désignés ci-après par wagons complets de 5.000 et de 10.000 kg ou payant pour ce poids par wagon employé de Romanshorn transit à Buchs transit aux stations de la Suisse occidentale, applicable à partir du 1er mai 1893, Zürich, 1893».

71 ACI, *Vingt-neuvième rapport présenté par la Chambre de commerce à l'Assemblée générale du 16 mars 1894,* Genève, 1894, p. 26.

dégressif sur le modèle du tarif exceptionnel temporaire de mai 1893. Comme l'AIC l'explicite dans un rapport ultérieur, cette mesure permettrait d'introduire

> une réduction des tarifs, non pas pour faciliter l'achat de produits allemands ou autrichiens au lieu de produits français, mais pour nous permettre de recourir dans une mesure plus large à la production nationale, pour rapprocher les cantons frontières de la Suisse des centres de production du pays, pour faire cesser la limitation territoriale de l'activité économique de la Suisse résultant des prix de transport trop élevés[72].

L'introduction d'un système tarifaire dégressif, suggérée par la libre-échangiste AIC de Genève, est en phase avec le nouveau rôle protectionniste que certains secteurs de l'économie s'efforcent de donner aux tarifs ferroviaires. Initiée en mai 1894 par le conseiller national et viticulteur d'Epesses, Charles-Eugènes Fonjallaz (1853-1917) (VD), surnommé le «Napoléon du vignoble», une motion, cosignée par une vingtaine de parlementaires principalement issus des milieux représentant le secteur primaire (agriculture, viticulture et sylviculture) et favorable à une politique douanière protectionniste, exige l'introduction d'un tarif dégressif pour le transport interne des vins d'origine suisse. Dès une certaine distance, cette mesure permettrait d'aboutir à une égalisation des taxes du transport des vins locaux sur celles en vigueur pour les vins étrangers en transit. Dans son rapport, le Conseil fédéral, se basant sur la réponse apportée à la requête par la CACF, se contente de rappeler les nécessités de concurrence avec les lignes ferroviaires étrangères qui ont mené les chemins de fer suisses sur la voie d'abaissements de taxes pour certains transports en transit. Le Conseil fédéral et la CACF mentionnent également avec justesse qu'une telle mesure ne profiterait pas uniquement aux vins suisses, mais à tous les vins, quelle que soit leur origine, expédiés depuis une station du réseau suisse[73]. Le Conseil

72 «Les tarifs de chemins de fer et le commerce suisse », dans ACI, *Trente-deuxième rapport présenté par la Chambre de commerce à l'Assemblée générale du 2 avril 1897,* Genève, 1897, pp. 54-55.

73 AF, E 53, Nr. 784, Vol. 258, «Rapport du conseil fédéral à l'assemblée fédérale concernant la motion Fonjallaz et cosignataires sur les tarifs des vins du 19 décembre 1894». Pour la réponse de la CACF, cf. Association des chemins de fer suisses, *Motion Fonjallaz et consorts concernant les tarifs de transport des vins. Mémoire adressé au Département fédéral des Postes et des Chemins de fer par l'Association des chemins de fer suisses (St-Gall, 15 octobre 1894),* Lausanne, 1895.

national satisfait cependant en partie les auteurs de la motion. Le 15 juin 1895, la Chambre du peuple décide de ne pas entrer en matière sur la motion, mais invite le Conseil fédéral à faire des démarches auprès des compagnies ferroviaires afin que

> les taxes pour le transport des produits et des marchandises dans le trafic interne et notamment pour le transport des vins, soient réduites en prenant pour base, d'une manière générale et autant que faire se pourra, le système à progression kilométrique décroissante[74].

L'exécutif fédéral ne dispose en la matière d'aucune marge de manœuvre et se contente de développer l'avis négatif des compagnies[75]. Pour les cinq grandes compagnies (NOB, SCB, VSB, JS, GB), une diminution des taxes de 10%, à laquelle aboutirait l'introduction d'un système dégressif, entraînerait un recul des recettes de transports marchandises d'environ 5 millions de frs. Ce recul, s'il n'est pas compensé par un renforcement équivalent du trafic, nécessiterait de recourir à des augmentations de taxes pour les petites distances afin de financer les diminutions pour les distances plus importantes. D'autre part, l'élaboration d'un tel système est compliquée par l'existence de taxes kilométriques différentes, en fonction des réseaux: il est ainsi douteux que les compagnies parviennent à s'arranger sur l'adoption de taxes communes pour un tarif décroissant. Enfin, les motifs protectionnistes qui ont guidé les parlementaires ne seront pas satisfaits par l'élaboration d'un tel tarif[76]:

> Ces tarifs ne pourraient pas être appliqués au trafic interne seul, comme la décision des chambres le donne à entendre, mais il faudrait aussi les accorder au trafic étranger. Les produits étrangers en profiteraient donc aussi et l'effet espéré sur la vente des produits suisses serait souvent paralysé.

On ne saurait contredire cette constatation des compagnies ferroviaires, retransmises par le Conseil fédéral aux Chambres. On est tout de même

74 AF, E 53, Nr. 784, Vol. 258, «Décision du Conseil national sur la motion Fonjallaz, 15 juin 1895».

75 AHCFF, CACF, *Décisions...*, vol. 8, p. 384 (Demande d'application de tarifs différentiels aux marchandises en général et aux vins en particulier – Conférence du 28-30 novembre 1895).

76 AF, E 53, Nr. 784, Vol. 258, «Rapport du Conseil fédéral à l'Assemblée fédérale concernant la réduction des taxes pour le transport des marchandises dans le service interne en général et pour le transport des vins en particulier du 8 décembre 1896».

frappé de l'incapacité des compagnies à interpréter les nouvelles attentes du commerce et de l'industrie en matière de tarifs ferroviaires nées du nouveau contexte économique et commercial européen. Cette incapacité est visible lors des demandes d'abaissements des tarifs du charbon et d'introduction de tarifs dégressifs. Il est cependant indéniable que le débat sur le rachat des chemins de fer, qui s'accélère alors même que surviennent ces exigences d'abaissements tarifaires, oriente le refus des compagnies. Comment en effet exiger des abaissements de tarifs ou une modification du système tarifaire aux conséquences financières peu prévisibles, alors même que l'indemnité de rachat sera fixée en fonction du produit des transports? On se retrouve donc dans cette situation de blocage absolu, où toute revendication d'amélioration tarifaire provenant des secteurs de l'économie et du commerce bute sur la revendication non moins légitime des compagnies de chemins de fer à maximiser leur produit. Le refus répété des secondes à prendre à compte les exigences des premiers ne fait qu'accélérer la formation d'une plateforme politique susceptible de mener à une étatisation dont on ne doute pas de la capacité à générer des abaissements du prix du transport.

6.3 Le rachat des chemins de fer par la Confédération et les tarifs de la compagnie d'Etat (1893-1913)

6.3.1 De la loi sur les transports de 1893 au message sur le rachat de 1897: l'affirmation des lignes directrices d'une compagnie d'Etat

Dans plusieurs pays d'Europe, les tarifs ferroviaires sont devenus l'arme discrète et efficace d'une politique commerciale fortement teintée de protectionnisme. Plus souples que le long processus menant à la conclusion de traités de commerce, les tarifs ferroviaires peuvent favoriser l'industrie d'exportation d'un pays tout en ralentissant la pénétration de son marché par la production étrangère. Comme on l'a vu, à la fois par incapacité objective – le contexte commercial dès le milieu des années 1880 n'étant pas favorable à l'introduction d'abaissements dans les tarifs directs internationaux – et par crispation financière – toute modification tarifaire risquant d'entraîner des diminutions de recettes et donc d'indemnisation en cas de rachat est écartée –, les compagnies ferroviaires suisses ne sont pas en mesure d'intégrer ces nouvelles exigences dans leur politique tarifaire. C'est un élément qui pèse de tout son poids dans la création d'une plate-forme politique favorable au rachat par la Confédération des compagnies privées.

Dès février 1888, le rapport sur l'étatisation des chemins de fer établi pour le compte de la KGZ – véritable poids lourd de l'USCI, puisque celle-ci nomme le Vorort – par Gustav Ammann-Spiller, membre du comité de la KGZ et directeur de la filiale zurichoise de la maison d'expédition Danzas, marque un tournant[77]. Selon Amman-Spiller, les besoins en terme de transport ferroviaire ont profondément évolué entre 1860 et 1890. Dans un premier temps, les impératifs de raccordements régionaux aux grands courants commerciaux ont été le moteur de la politique ferroviaire. Une fois ces raccordements établis, les chemins de fer doivent répondre à des impératifs d'économie publique en proposant des abaissements des coûts de transport, ce que le système de la libre concurrence ferroviaire, définie dès le milieu des années 1850 (cf. section 1.2) n'est pas susceptible de provoquer[78]:

> Die freie Concurrenz im Eisenbahnwesen wirkt durchaus nicht so, wie es eine einseitige Theorie annimmt; gerade die starke Concurrenz der Bahnen unter sich selbst treibt sie immer mehr zu dem System der Teilung des Verkehrs, zu einer Art Fusion, und je mehr dieses System ausgebildet wird, um so weniger wird der Handelsstand von den Wohltaten zu verspüren bekommen, zu welchen diese Concurrenz hätte verhelfen sollen.

Dès la publication du rapport Ammann-Spiller, le comité de la KGZ, dirigée alors par le président de l'USCI Conrad Cramer-Frey, se prononce en faveur d'une étatisation des compagnies privées.

L'échec de la tentative de rachat du SCB en votation populaire, le 6 décembre 1891, ne doit pas cacher l'évolution du débat sur l'étatisation. Le refus populaire sanctionne bien plus le peu de sympathie que la politique de rachat massif des actions des compagnies par la Confédération – solution inaugurée par Emil Welti dès 1887 – rencontre auprès

77 Gustav Ammann-Spiller, *Über die Verstaatlichung ...*.
78 Ibidem, p. 15.

de l'opinion publique, que le principe même de l'étatisation[79]. Au demeurant, le projet initial de Welti, tablant sur un rachat de la moitié seulement du capital actions du SCB, avait entraîné un accueil plutôt favorable[80]. Cependant, influencé par la catastrophe ferroviaire de Münchenstein du 14 juillet 1891[81] et par les interrogations qu'elle provoque quant au contrôle de l'infrastructure des compagnies privées par la Confédération, le Conseil des Etats décide, contre toute attente, de privilégier la solution d'un rachat de la totalité des titres du SCB. Le Conseil national adhère à la décision de la Chambre des cantons. Ce projet maximaliste entraîne une forte majorité contre lui. Favorable au rachat partiel, la KGZ s'oppose à la reprise totale du SCB, considérée comme financièrement trop onéreuse, tout en maintenant l'objectif stratégique d'un rachat des chemins de fer[82]. Le refus populaire du 6 décembre 1891 provoque la démission d'Emil Welti. La nomination au sein du Conseil fédéral du chef de file des catholiques-conservateurs, le Lucernois Joseph Zemp (1834-1908), promet de relancer la question de l'étatisation sur des base plus solides, en ouvrant la possibilité de composer avec les conservateurs sur le dossier: le *Berner Tagblatt* ne se trompe pas en affirmant[83]: «Die Eisenbahnverstaatlichung ist unmöglich ohne vorherige Abfindung mit der Rechten».

La question centrale du rôle de l'Etat dans la détermination des politiques tarifaires des compagnies n'attend cependant pas l'étatisation pour subir une nouvelle évolution. Dans le cadre de la révision complète de la loi fédérale sur les transports par chemins de fer et bateaux à vapeur de 1875 (sur cette loi, cf. section 3.3.3), une extension du pouvoir régulateur de la Confédération en matière de tarifs ferroviaires est envisagée.

La révision de la loi sur les transports, entreprise dès 1891, vise à mettre la législation fédérale en accord avec les termes de la Convention internationale sur le transport des marchandises (CIM) adoptée en juillet

79 Strebel, *Die Diskussion...*, p. 171.

80 Ibidem, pp. 117-177; sur la tentative de rachat du SCB, cf. également Serge Paquier, «Options privée et publique ...», p. 28.

81 L'accident de Münchenstein, plus grave catastrophe ferroviaire jamais survenue en Suisse, est provoqué par la rupture d'un pont enjambant la Birs, près de Bâle, lors du passage d'un train voyageurs du JS. Il coûte la vie à 71 personnes et en blesse plus de 170.

82 Strebel, *Die Diskussion...*, pp. 160-161.

83 Cité in Humair, *Développement économique...*, p. 580.

1886 par les gouvernements suisse, allemand, français, italien, hollandais, belge, luxembourgeois et russe[84]. Amorcées par la Suisse dès septembre 1874 suite à la requête du genevois de Seigneux et du bâlois Christ (cf. section 3.3.3), les négociations qui mènent à la CIM sont destinées à apporter une réponse aux litiges susceptibles de survenir lors des transports internationaux. Son champ d'application ne couvre cependant que les transports internationaux et ne s'étend pas aux trafics internes. Les transports en réexpédition sont ainsi exclus du cadre défini par la CIM. Toutefois, certains pays, dont l'Allemagne et l'Autriche-Hongrie, introduisent rapidement des règlements d'exploitation interne largement basés sur les prescriptions contenues dans la convention. Avec la modification de la loi fédérale sur les transports de 1875, la Suisse leur emboîte le pas, avec pour objectif d'intégrer les prescriptions de la CIM dans la législation appliquée au trafic interne[85]. Les changements apportés à la législation de 1875 sont au demeurant peu importants. Début 1891, De Seigneux est chargé par le Conseil fédéral d'élaborer le projet de modification. En novembre 1891, une conférence réunissant des représentants de tous les acteurs du transport ferroviaire se déroule à Berne, sous la présidence du conseiller fédéral Welti[86]. Hormis ce dernier, le DFPC est représenté par l'inspecteur administratif Farner. L'USCI est représentée par Gustav Amman-Spiller, Hoffmann, directeur de Speyr & Cie à Bâle et Charles Fischer, membre du comité de l'AIC de Genève. La CACF a délégué Placid Weissenbach (1841-1914), président de la direction du SCB et Emile Colomb, membre de la direction du JS. De Seigneux et le professeur Meili de Zurich assistent à la conférence en qualité de conseillers juridiques. La plupart des articles du projet de loi sont adoptés sans modification par les membres de la commission. Seul l'article 4 concernant les tarifs subit une modification[87].

84 Sur la CIM, cf. Alfred Waldis, «Internationale...», p. 247; FF. vol. 5, 1890, pp. 395-506.

85 FF, vol. 4, 1982, p. 979-1039.

86 AF, E 53, Nr. 682, Vol. 219, «Protokoll über die Berathung des Entwurfes eines neuen Bundesgesetzes über den Gütertransport auf Eisenbahnen und Dampfschiffen gepflogen in Bern, am 18. und 19. Dezember 1891».

87 La proposition de rédaction initiale n'ajoute rien par rapport à la loi de 1875: «*Art.4:* Les conditions des tarifs des compagnies, des associations ou unions de chemins de fer ne seront valables qu'en tant qu'elles ne seront pas contraires aux dispositions de la présente loi et du règlement de transport; sinon elles seront considérées comme nulles et non avenues. Sont également sans effet légal tous les règlements, publica-

Sur proposition de De Seigneux et de Farner, la commission adopte un alinéa supplémentaire[88]:

> Tous les tarifs et les conditions de transport, ainsi que les modifications à y apporter, seront soumis à l'approbation du conseil fédéral avant de pouvoir être appliqués.

Suivant l'interprétation de l'inspecteur administratif Farner, l'ajout de cet alinéa dans la loi permettrait au Conseil fédéral de disposer d'un véritable pouvoir d'homologation du type français. L'ajout conduira l'exécutif à dépasser le seul droit de veto dont il disposait jusqu'à présent et à prendre une part plus active à la formation des tarifs des compagnies ferroviaires[89].

Fin octobre 1892, le Conseil fédéral soumet le projet de révision législative au Parlement. L'extension de la régulation tarifaire contenue dans l'article 4 entraîne l'opposition des compagnies ferroviaires. La CACF fait parvenir à tous les parlementaires fédéraux un mémoire rédigé par Weissenbach. En premier lieu, la CACF dénonce l'extension inattendue d'une loi destinée uniquement à régler les rapports de droit privé entre les expéditeurs et les administrations ferroviaires. Les principes de droit public s'appliquant aux rapports entre les compagnies et l'Etat sont du domaine de la loi fédérale sur les chemins de fer de 1872[90]. En deuxième lieu, les administrations ferroviaires craignent l'interprétation que le Conseil fédéral souhaite donner à l'article et qui transparaît dans le message aux Chambres: pour la CACF, les compagnies ferroviaires demeurent entièrement libres de fixer le montant de leurs tarifs dans les limites des concessions. Enfin, la CACF prédit une sérieuse aggravation des conditions de trafic en cas d'adoption de l'article 4 dans la mouture voulue par le Conseil fédéral[91]:

---

tions ou conventions spéciales qui excluraient ou limiteraient à l'avance la responsabilité et l'obligation d'indemniser que la présente loi impose aux chemins de fer.» Cf. FF, vol. 4, 1892, p. 1010.

88 AF, E 53, Nr. 682, Vol. 219, «Protokoll über die Berathung des Entwurfes eines neuen Bundesgesetzes über den Gütertransport auf Eisenbahnen und Dampfschiffen gepflogen in Bern, am 18. und 19. Dezember 1891 ».

89 Ibidem.

90 *Mémoire des Administrations composant l'Association des Chemins de fer suisses à la Haute Assemblée fédérale de la Confédération suisse au sujet de la nouvelle loi sur les transports,* Lausanne, 1892, p. 2.

91 Ibidem, pp. 3-4.

> […] le personnel du Département des chemins de fer sera chargé d'une besogne telle que, notamment aux époques où l'on proposera simultanément des modifications importantes à plusieurs tarifs, il s'écoulera un certain temps, même des mois, jusqu'à ce que l'approbation intervienne.

Mi-mars 1893, le Conseil national entreprend le débat sur la loi. La commission nommée par la Chambre du peuple est unanime à proposer l'adoption intégrale du projet[92]. La ratification de la plupart des articles de la nouvelle loi se fait sans opposition. Seule la discussion autour de l'article 4 prolonge le débat. Quelques mois après le refus définitif de la CACF d'introduire des diminutions tarifaires pour les transports de charbon et alors que les négociations entre les compagnies et le Conseil fédéral visant à l'introduction d'un tarif exceptionnel pour diminuer les effets de la guerre douanière avec la France se prolongent, l'extension des compétences fédérales en matière tarifaire entraîne l'adhésion d'une très grande majorité de parlementaires qui évoquent tous le large soutien des milieux industriels à une telle solution[93]. Les débats au Conseil national, comme le montrent les interventions de plusieurs parlementaires, témoignent cependant d'attentes qui dépassent très largement le cadre restreint de l'article. Celui-ci est par contre sans surprise combattu par les représentants des compagnies ferroviaires. Pierre Jolissaint, désormais membre de la direction du JS, reprend, au sein de l'hémicycle, les arguments développés par son collègue du SCB Weissenbach dans le mémoire des compagnies. Il insiste sur les risques de nouvelles dépenses en raison d'une extension de la *«bureaucratie»* fédérale. Selon lui, les compagnies ferroviaires emploient entre 60 et 80 employés aux tarifs. Un contrôle systématique de ceux-ci nécessitera la création d'un bureau fédéral employant 20 ou 30 personnes[94]. Conrad Cramer-Frey s'oppose également à l'extension du pouvoir de l'Etat en matière tarifaire. L'incapacité du Conseil fédéral à proposer, simultanément aux extensions de ses prérogatives en matière tarifaire, une organisation de son département fédéral chargé des chemins de fer et susceptible d'éviter tout

92 Cf. *Bulletin sténographique officiel de l'Assemblée fédérale*, n° 15, Berne, 1893 (Conseil national – Séance du 14 mars 1893).

93 Cf. à cet effet, notamment l'intervention du conseiller national bernois Eduard Marti, in *Bulletin sténographique officiel de l'Assemblée fédérale*, n° 15, Berne, 1893 (Conseil national – Séance du 14 mars 1893).

94 Ibidem.

risque d'aggravation des conditions de transport a seul guidé Cramer-Frey[95]:

> Nun könnte ich mich noch beruhigen und meinen Antrag auf Streichung zurückziehen, wenn der Chef des Eisenbahndepartements die Zusicherung geben könnte, dass mit Bezug auf die Organisation desselben, mit Bezug auf das Personelle in der nächsten Zukunft Änderungen getroffen würden, welche eine schnelle Prüfung der Tarife ermöglichen.

L'intervention du chef du DFPC, Josef Zemp, visant à effacer les craintes de Cramer-Frey en promettant une réorganisation et un renforcement de l'inspectorat administratif, ne parvient pas à provoquer le retrait de la proposition du président de l'USCI de biffer le dernier alinéa de l'article 4. Lors de la votation, l'article 4 est cependant accepté par une très large majorité, dans la version proposée par le Conseil fédéral. Le Conseil des Etats suit la décision de la Chambre du peuple le 29 mars 1893.

Dès août 1893, Josef Zemp propose au Conseil fédéral de renforcer les effectifs de l'inspectorat administratif, dont l'organisation remonte à 1873 et à la création du DFCC (cf. section 3.3.2). Les moyens financiers limités dont dispose le Conseil fédéral ne lui permettent cependant pas de multiplier les effectifs dans une proportion telle que celle évoquée par Jolissaint lors des débats parlementaires. Jusqu'en 1893, deux fonctionnaires étaient occupés au contrôle des tarifs, sous la supervision de l'inspecteur administratif aux tâches multiples. Zemp propose la création d'une véritable division des tarifs *(Tarifabteilung)* au sein de l'inspectorat administratif, comptant au minimum 4 personnes, dont un fonctionnaire suffisamment aguerri sur les questions tarifaires pour occuper le rôle de chef de division[96]. L'organisation de la division des tarifs est provisoirement arrêtée par le Conseil fédéral fin décembre 1893, quelques mois avant l'entrée en vigueur de la loi fédérale[97]. Parallèlement, une procédure de contrôle est établie, spécifiant que toute proposition d'introduction de tarifs par une compagnie doit, dans un

95 Ibidem.

96 AF, E 53, Nr. 682, Vol. 219, «Das schweizerische Post- und Eisenbahndepartement (Eisenbahnabteilung) an den schweizerischen Bundesrat, Bern, den 29. August 1893».

97 AF, E 53, Nr. 708, Vol. 228 «Provisorische Organisation und Geschäftsordnung für die Tarifabteilung des administrativen Inspektorats, Bern, den 18. Dezember 1893».

premier temps, faire l'objet d'un examen approfondi en tenant compte de tous les aspects de la législation fédérale en la matière et, dans un deuxième temps, provoquer la rédaction d'un court rapport à remettre à l'inspecteur administratif qui, selon les cas, décidera d'en recourir au chef du DFPC[98].

Produite en grande partie par le contexte commercial international et par les tensions survenues entre milieux industriels et compagnies ferroviaires, notamment dans l'affaire des tarifs du charbon, l'extension des prérogatives de l'Etat fédéral en matière tarifaire a cependant une portée très limitée et l'espoir entretenu par l'inspecteur administratif Farner de faire de l'administration fédérale la collaboratrice obligée des compagnies ferroviaires dans l'élaboration de tout nouveau tarif ne se réalise pas les années suivantes. L'inspectorat administratif demeure une structure d'homologation des tarifs et ne pèse pas sur le travail de formation en amont. Toutefois, les nouvelles compétences de contrôle qui lui sont octroyées entérinent la formation d'une administration fédérale enfin susceptible de maîtriser l'épineux dossier tarifaire. Engagée par les mesures provisoires de 1893, l'extension de la division des tarifs de l'inspectorat administratif est définitivement adoptée par le Conseil fédéral en 1897. A cette date, six à huit fonctionnaires s'occupent à temps complet du contrôle des tarifs[99].

Au-delà de la portée restreinte de cette extension législative, les interventions de Weissenbach et de Cramer-Frey, qui s'expriment tout deux contre le droit d'homologation préalable, permettent de définir l'une des lignes directrice qui oriente l'ensemble de la politique ferroviaire fédérale des années 1890 et qui dicte en grande partie la forme que devra prendre une compagnie de chemin de fer étatisée. Si l'opposition de Weissenbach à l'article 4 n'est, à priori, pas étonnante car provenant du président de la direction d'une compagnie ferroviaire, elle prend une autre tournure lorsque l'on sait que le Bâlois se prononce

98 Ibidem, «Provisorische Instruktion für die Prüfung der Entwürfe zur Tarifen, Bern, den 22. Dezember 1893».

99 AF, E 53, Nr. 708, Vol. 228, «Arrêté du Conseil fédéral concernant l'organisation et le mode de procéder de la division des chemins de fer du Département fédérale des postes et des chemins de fer/13 juillet 1896 »; Ibidem, «Auszug aus dem Protokoll der Sitzung des Schweizerischen Bundesrates, den 6. August 1897»; Ibidem, «Auszug aus dem Protokoll der Sitzung des Schweizerischen Bundesrates, den 10. November 1897».

pour l'étatisation des chemins de fer. Dans une brochure parue en 1894, il va même jusqu'à prôner la voie de l'expropriation, craignant que le Conseil fédéral ne parvienne à évaluer le prix de rachat des compagnies pour le délai de dénonciation des concessions de 1898[100]. Cette prise de position lui coûte son fauteuil de directeur du SCB en 1896. Il entre alors au service de la Confédération et devient le bras droit de Josef Zemp, d'abord directeur de l'inspectorat administratif, puis directeur général des Chemins de fer fédéraux (CFF) entre 1901 et 1911. Lors de l'élaboration de la loi fédérale sur les transports de 1893, l'intérêt de la prise de position de Weissenbach réside dans sa ferme opposition à toute extension de la régulation fédérale en matière de tarifs ferroviaires, en qualité de participant à la commission chargée d'étudier le projet de loi en 1891 d'abord, en qualité de rédacteur du commentaire de la loi pour le compte de la CACF ensuite. La position de Weissenbach est bien à chercher dans sa conviction, qu'en matière de politiques tarifaires, l'expertise appartient aux compagnies ferroviaires. Elles seules peuvent saisir les nécessités commerciales de l'introduction de nouveaux tarifs et y répondre rapidement.

L'opposition de Cramer-Frey à l'extension de la régulation tarifaire du Conseil fédéral obéit à la même logique. En matière ferroviaire, il est également convaincu de la nécessité d'un rachat des compagnies ferroviaires par la Confédération. Au sein du comité de la KGZ, il a même défendu le rachat de la totalité des titres du SCB en 1891. Toutefois, la proposition du président de l'USCI de biffer le dernier alinéa du projet de loi dévoile ses craintes d'aboutir, en étendant le droit d'homologation de l'Etat, à une aggravation des conditions de transport en raison du manque d'organisation et d'expertise du DFPC.

Les arguments qui motivent le refus d'une extension de la régulation tarifaire de la Confédération, tels qu'ils transparaissent dans les interventions de Weissenbach et de Cramer-Frey, définissent la première ligne directrice qui traverse tout le débat sur l'extension du champ d'intervention étatique en matière ferroviaire: elle a trait à l'organisation de la future compagnie étatisée. Seul un projet garantissant une prise en

100 Placid Weissenbach, *Rückkauf oder Expropriation,* Basel, 1894; cf. également Placid Weissenbach, *Das Eisenbahnwesen der Schweiz. Die Geschichte des Eisenbahnwesens,* Erster Teil, Zürich, 1913, pp. 128-129; Strebel, *Die Diskussion...,* p. 193 et p. 354.

compte optimale des nécessités du commerce et de l'industrie, en matière de tarification notamment, peut dégager un consensus.

La seconde ligne directrice concerne l'indemnisation à accorder aux compagnies privées lors de l'étatisation, soit le prix du rachat. Cet élément avait déjà provoqué l'abandon de toute tentative d'étatisation lors du précédent délai de dénonciation des concessions ferroviaires de mai 1883 (cf. section 5.3.2). Il resurgit lors du projet de rachat du SCB de 1891 et n'est évidemment pas étranger à des considérations d'aggravation de l'endettement de la Confédération. Cependant, dans la mesure où il est largement admis qu'une compagnie ferroviaire étatisée devra être en mesure, par ses seules recettes de transport, de financer des abaissements tarifaires, après avoir non seulement couvert ses coûts d'exploitation mais également assuré l'amortissement, le prix du rachat dépasse amplement le seul débat sur l'endettement étatique. Il oriente la propension de la compagnie d'Etat à diminuer les tarifs ferroviaires et constitue le point d'orgue de tout projet d'acquisition des compagnies, une fois adopté le principe du non financement du rachat et des politiques tarifaires par le budget fédéral. L'ancien directeur du NOB, Georg Stoll, défenseur du maintien du système de compagnies privées, considère comme illusoire les attentes en matière de tarifs envers une compagnie étatisée. Selon lui, le risque existe que cette compagnie d'Etat soit exploitée dans une perspective fiscaliste et soit ainsi incapable de proposer des abaissements tarifaires. D'autre part, toute tentative d'établir des politiques tarifaires protectionnistes, à l'image de ce qui se fait en Prusse, n'aboutira qu'à des effets limités en raison des faibles parcours sur territoire suisse entre les lieux de production et les stations frontières[101]:

> On espère en maint endroit que le rachat de nos chemins de fer amènera avec lui une *diminution des taxes de transport pour voyageurs et marchandises.*
> Il est même des personnes, qui, en citant l'exemple de la Prusse, nourrissent l'espoir que, de cette façon, on pourrait équilibrer ou du moins atténuer l'effet des droits protecteurs qui s'opposent à nos exportations de marchandises.
> Mais, à en juger par l'esprit de fiscalité prononcé qui règne au palais fédéral, on peut à peine s'attendre à ce que l'on s'empresse d'y faire des expériences douteuses sur les taxes de transport. D'ailleurs il faut songer que, pour notre circulation intérieure,

101 Georg Stoll, *Justification du système de construction et d'exploitation privées des chemins de fer suisses,* 1888, pp. 55-56.

les parcours sont en général de peu d'importance et qu'en outre les plus grands centres industriels ne sont pas très éloignés de la frontière. Par conséquent il paraît impossible de paralyser d'une manière sensible l'effet protecteur des Etats étrangers au moyen de réduction de taxes sur nos chemins de fer. De plus ces réductions de taxes, qui dans ce cas, se feraient aux dépens de la Caisse fédérale, auraient, quant à leur effet financier, essentiellement le caractère de primes à l'exportation.

L'analyse de Georg Stoll n'est pas propre aux opposants de l'étatisation. La crainte d'une exploitation fiscaliste des chemins de fer par la Confédération est également répandue au sein des partisans du rachat. Le projet de loi sur le rachat et l'exploitation des chemins de fer par la Confédération, que le Conseil fédéral soumet au Parlement en mars 1897, ambitionne ainsi de satisfaire au mieux les exigences d'organisation commerciale et les attentes envers les capacités d'améliorations tarifaires. Au niveau de l'organisation de la compagnie d'Etat, le choix de séparer l'administration des chemins de fer de l'administration fédérale poursuit un double but complémentaire. D'une part, il doit servir à garantir l'indépendance de la gestion financière de la compagnie par rapport à celle de l'Etat fédéral. Cet élément est essentiel car il permettrait d'un côté, d'exclure le financement de politiques tarifaires par le budget de l'Etat et, d'un autre côté, d'écarter toute visée fiscaliste au projet d'étatisation en garantissant la capacité de la future compagnie à engager des diminutions de tarifs[102]:

[...] la nationalisation doit avoir pour tâche de consacrer les rendements nets des chemins de fer d'Etat à l'amélioration du trafic.

D'autre part, la séparation des administrations doit permettre d'assurer la continuité avec le mode de gouvernance des compagnies privées: soumis à la surveillance des autorités fédérales, la compagnie étatisée sera formée d'une direction générale, de trois directions régionales d'arrondissement et d'un conseil d'administration[103]. Le projet du Conseil fédéral prévoit également la constitution d'un conseil des chemins de fer, formé de 72 membres nommés par les cantons au prorata de la popu-

102 Ibidem, p. 726. Cet élément distingue l'étatisation des compagnies ferroviaires privées du mouvement de rachat des réseaux techniques urbains (eau, gaz, électricité) mené en Suisse à la même époque et qui vise clairement à remplir les caisses des municipalités. Cf. à ce sujet Paquier, «Options privée et publique...», p. 29.

103 FF, vol. 1, 1897, p.776.

lation. Ce conseil aurait un rôle de préavis dans les questions de tarifs et d'horaire notamment. Sous la poussée des fédéralistes, le Parlement refuse d'adopter le principe de ce conseil, considéré comme trop centralisateur. Il adopte une organisation prévoyant 5 arrondissements, dotés d'une direction et d'un conseil particulier[104]. L'abandon du conseil des chemins de fer entraîne des critiques de la part d'une grande partie des milieux du commerce et de l'industrie, désireux de donner à ce conseil une compétence étendue, notamment en matière de fixation des tarifs, sur le modèle des conseils de chemins de fer allemands *(Eisenbahnräte)*[105]. La modification du projet par l'Assemblée fédérale n'est pas étrangère à la décision de l'USCI de ne pas prendre position sur le projet de loi[106].

Au niveau du prix du rachat, le projet du Conseil fédéral de 1897 intervient après une longue préparation visant à définir une indemnité de rachat aussi favorable que possible pour la Confédération. Suivant les concessions, celle-ci doit être établie en prenant pour base, soit le produit net des dix dernières années multiplié par 25, soit le capital d'établissement. Le plus gros montant détermine l'indemnisation. Dès 1896, les principes permettant l'évaluation ont été établis, notamment grâce à l'adoption d'une nouvelle loi sur la comptabilité des compagnies qui, contrairement à la loi antérieure de 1883 (cf. section 5.3.2), non seulement fixe avec précision les éléments entrant dans l'évaluation du capital d'établissement et du produit net, mais garantit également l'établissement de fonds de renouvellement suffisants par l'intermédiaire d'amortissements. Ce second élément vise en partie à encourager les compagnies au renouvellement de leurs installations, mais aussi à limiter le produit net, base d'évaluation de l'indemnité[107]. L'indemnité à accorder aux 5 grandes compagnies ferroviaires soumises au rachat (NOB, SCB, VSB, JS, GB), s'élèverait ainsi à près de 970 millions de frs. A

104 Strebel, *Die Diskusssion...*, p. 234.

105 Cf. notamment «Mémoire sur la question du rachat des chemins de fer au point de vue commercial adressé au Vorort de l'Union du Commerce et de l'Industrie par la Chambre de Commerce de Genève», in ACI, *Trente-troisième rapport présenté par la Chambre de commerce à l'Assemblée générale du 14 avril 1898,* Genève, 1898, p. 58.

106 Schweizerische Handels- und Industrieverein, *Bericht über Handel und Industrie der Schweiz im Jahre 1897,* Zürich, 1898, pp. 18-19.

107 Werz, *La comptabilité...*, pp. 53-57; Strebel, *Die Diskussion...*, pp. 200-216.

cette indemnité s'ajoutent divers éléments, dont la contribution fédérale aux travaux complémentaires effectués par les compagnies jusqu'au moment du rachat. Le tout forme le capital d'établissement de la compagnie d'Etat, évaluée à environ 1.1 milliards de frs. et amortissable en 55 ans[108]. Selon les projections du Conseil fédéral, l'excédent des recettes d'exploitation sur les dépenses devrait s'élever à près de 42.5 millions de frs. dès 1903. Une fois comptabilisés l'amortissement et l'intérêt du capital à 4%, le solde du compte de pertes et profits dépasserait la somme de 50.000 frs. En calculant un intérêt du capital à 3%, il s'élèverait à plus de 4 millions de frs[109]. Cette évaluation, quoique basée sur des pronostics incertains de trafics, est centrale, puisqu'elle permet d'appuyer une des justifications principales du projet d'étatisation[110]:

> [...] l'Etat, en exploitant les chemins de fer, n'aura pas exclusivement pour but de faire le plus de bénéfices possibles, mais, une fois payés les intérêts et l'amortissement du capital affecté au rachat, il pourra consacrer une partie au moins de l'excédent à une réduction des tarifs.

Soumise au référendum facultatif, la loi sur le rachat et l'exploitation des chemins de fer est acceptée le 20 février 1898 par près de 70% des votants[111].

108 L'amortissement sur 55 ans est fixé en fonction de la date d'expiration des concessions ferroviaires des lignes principales suisses en 1957.

109 D'après Tableaux XIIIa, XIIIb, XIIIc, in FF, vol. 1, 1897, pp. 848-853. Le message du Conseil fédéral utilise une autre terminologie comptable: au lieu d'excédent des recettes d'exploitation (soit bénéfice d'exploitation), il parle de produit net; au lieu de solde du compte de profits et pertes (soit bénéfice net ou perte nette), il utilise le terme d'excédent du rendement. Nous avons optés pour la terminologie utilisée par le Code des Obligations (cf. *Code fédéral des obligations,* Berne, 1882) et reprise dans les sources et études ultérieures (cf. Office fédéral de la Statistique, *Annuaire statistique de la Suisse,* Berne, 1936, pp. 188-189; Ernst Diethelm, *Die Verstaatlichung der schweizerischen Privatbahnen durch den Bund und ihre finanziellen Auswirkungen auf die schweizerischen Bundesbahnen von 1903-1913,* Lachen, 1930; Staffelbach, *Normalgütertarif...*; Ritzmann-Blickenstofer (éd), Siegenthaler (dir.), *Statistique...*, p. 774).

110 FF, vol. 1, 1897, p. 693.

111 Sur les termes du débat de la campagne référendaire, cf. Strebel, *Die Diskussion...*, p. 219-255.

6.3.2 Les enjeux de la fixation des bases tarifaires des Chemins de fer fédéraux

Au terme de la législation fédérale sur l'exploitation des chemins de fer par le Confédération, il appartient à l'Assemblée fédérale, par l'intermédiaire d'une nouvelle loi, d'avaliser les bases tarifaires de la compagnie nationale, une fois celles-ci établies par le Conseil fédéral. La Direction générale, en accord avec le Conseil d'administration des CFF, détermine ensuite les tarifs généraux et la classification des marchandises dans les limites fixées par ces bases[112]. Dans son message de mars 1897 sur le rachat des chemins de fer, le Conseil fédéral a d'ores et déjà fixé les grandes lignes du système tarifaire des CFF. Le projet entérine l'adoption définitive du système allemand de réforme et adopte le principe de l'égalisation des taxes de parcours sur celles en vigueur sur le réseau du NOB, présentant les tarifs les plus avantageux au moment du rachat. Le projet du Conseil fédéral ne prévoit donc pas de diminutions importantes des tarifs (cf. tableau 13).

Tableau 13 – Ampleur des maxima tarifaires prévus pour les CFF (projet de rachat)

En cts. par T

	GV	*PV*									
		Expéditions partielles		*Wagons complets*		*Tarifs spéciaux*					
		1	*2*	*A*	*B*	*I*		*II*		*III*	
				5 T	*10 T*	*A*	*b*	*a*	*b*	*A*	*b*
Tarifs (SCB, JS, VSB)	34	17	13.5	13.5	12.5	11	9.5	9.5	8	8	5
Tarifs prussiens	27.2	13.6	9.9	8.3	7.4	6.2	5.5	6.2	4.3	4.3	2.7
Tarifs de transit Gothard	27.2	–	–	9.3	7.4	6.2	5.6	6.2	4.3	5	3
Tarifs des CFF (anciens tarifs NOB)	**34**	**17**	**13.5**	**12.5**	**11**	**9.5**	**8.5**	**8.5**	**7**	**7.5**	**4.2**

Sources: d'après FF, vol. 1, 1897, p. 711; Tableau 6; Annexe 3.1.4, Taxes adoptées par les CFF dès 1904.

Le tableau 13 peut étonner par la faiblesse des diminutions de taxes envisagées par l'exécutif fédéral. Ces taxes demeurent proches de celles

112 FF, vol. 5, 1899, p. 778.

en vigueur sur les compagnies privées et largement supérieures à celles pratiquées par les chemins de fer de Prusse et par le GB pour le trafic de transit germano-italien.

Cependant, divers aménagements sont prévu. Le Conseil fédéral mentionne ainsi que l'introduction de tarifs généraux basés sur le système dégressif, principe adopté par l'Assemblée fédérale dans son arrêté du 15 juin 1895, devra être réexaminée[113]:

> Les compagnies s'y étant catégoriquement refusée ce sera à l'administration des chemins de fer d'Etat de satisfaire à ce vœu de l'Assemblée fédérale.

Facilitant les expéditions sur des distances plus grandes, l'adoption d'un tel système permettrait de ne pas recourir à des tarifs exceptionnels pour favoriser l'exportation ou l'importation de matières premières. Il offrirait également l'avantage d'un rapprochement des taxes internes pour les longues distances sur les taxes en vigueur pour le transit par le Gothard.

La prudence du Conseil fédéral en matière tarifaire est à interpréter dans sa volonté de donner certaines garanties financières aux opposants au rachat, dont l'argument le plus porteur repose sur le milliard de frs. du rachat qui augmentera très fortement l'endettement de la Confédération[114]. Ainsi, une fois posé le principe incontournable d'une égalisation des tarifs de la compagnie d'Etat sur les taxes en vigueur les plus basses – opération qui provoquera un recul de près de 1.7 millions de frs. des recettes de la compagnie d'Etat (évaluation basée sur les recettes de trafic de 1894) – le Conseil fédéral s'empresse-t-il de mentionner[115]:

> Les chemins de fer d'Etat, ne sauraient supporter une pareille perte; d'une manière générale, ils ne pourront s'exposer à aucune nouvelle perte considérable sur le trafic marchandises, tant que le déficit de 1.628.401 francs résultant de l'uniformisation des tarifs de marchandises ne sera pas couvert par l'augmentation du trafic, et même dans ce cas on ne pourra procéder que par degrés [...].

113 FF, vol. 1, 1897, p. 713.

114 C'est l'argument central de l'opposition de l'ancien conseiller fédéral Numa Droz au projet de rachat. Cf. Numa Droz, *Le rachat des chemins de fer suisses,* Bâle-Genève, 1898; argument ressortant également dans l'opposition au projet du rédacteur en chef de l'influente *Bibliothèque universelle et Revue suisse,* Tallichet. Cf. notamment Edouard Tallichet, *Le peuple suisse doit-il racheter ses chemins de fer?,* Lausanne, 1898.

115 FF, vol. 1, 1897, p. 712.

Le message concernant la promulgation d'une loi fédérale sur les tarifs des CFF, que le Conseil fédéral publie fin novembre 1899, traduit la même modération. Le projet de loi, corrigé par l'ancien président de la direction du NOB, Eugen Escher (1831-1900), n'engage aucune rupture fondamentale par rapport à la politique tarifaire des compagnies privées[116]. Il reprend sans modification les taxes prévues par le Conseil fédéral lors du projet de rachat. L'importance vitale du trafic de transit pour la bonne santé financière du réseau ferré suisse est définitivement confirmée par le maintien de politiques d'abaissements tarifaires ponctuels visant à capter ce type de trafic (article 16 du projet). Les principes qui avaient guidé l'élaboration de l'arrêté fédéral de décembre 1884 (cf. section 5.4) sont repris pour former la base des articles destinés à répondre aux attentes de l'économie nationale. L'objectif d'une égalisation du prix du transport interne sur celui du transport de transit, l'un des éléments forts de 1884, n'est cependant plus clairement affirmé[117]:

> *Article 15:* Outre les tarifs normaux, il sera établi des tarifs exceptionnels basés sur les besoins de l'industrie, des métiers du commerce et de l'agriculture. Ces tarifs exceptionnels seront établis de telle sorte que la concurrence étrangère ne soit pas avantagée au détriment de la production indigène.
> *Article 16:* Le trafic de transit pourra bénéficier des réductions de taxes et des formations exceptionnelles de tarif imposées par la concurrence des entreprises de transport étrangères. De plus grandes facilités pourront en outre être accordées aux fins de développer le trafic de transit; ces facilités seront accompagnées des mesures de tarifs nécessaires pour que les avantages accordés ne portent pas, d'autre part, préjudice à la production indigène.»

Les mêmes craintes que celles qui avaient guidé la prudence du Conseil fédéral en matière d'abaissements tarifaires dans le message sur le rachat de 1897 pèsent sur la rédaction du projet de loi sur les tarifs. L'avis des milieux agricoles et industriels, consultés lors de la préparation de la loi, rend compte des forces antinomiques qui sous-tendent le débat sur les tarifs des CFF et qui sont susceptibles de faire échouer le projet

116 FF, vol. 5, 1899, pp. 778-852; AF, E 53, Nr. 800, vol. 260, «Botschaft des Bundesrates an die Bundesversammlung über den Erlass eines Bundesgesetzes, betreffend das Tarifwesen der schweizerischen Bundesbahnen, vom... August 1898» (version corrigée par E. Escher).

117 FF, vol. 5, 1899, p. 848.

de loi. Ainsi, du côté de l'Union suisse des paysans (USP), la consultation donne l'occasion de rappeler que l'«un des principaux motifs qui ont engagé la population agricole à voter, le 20 février 1898, le rachat des chemins de fer, est certainement l'espoir que les chemins de fer fédéraux nous apporteraient des tarifs bon marché pour le transport des denrées agricoles»[118]. Cet espoir doit à présent être comblé et l'association agricole regrette, qu'en plusieurs endroits, le projet de loi n'aille pas assez loin: concernant l'article 15 sur les tarifs exceptionnels à établir pour répondre notamment aux nécessités de l'agriculture, l'USP déplore la formulation peu contraignante, sans toutefois proposer une alternative. L'association prend également position en faveur de la rédaction d'un article visant à favoriser l'introduction de tarifs dégressifs. Reconnaissant que ce type de tarification a participé, en son temps, à la ruine de la céréaliculture helvétique, l'USP mentionne toutefois qu'il est désormais reconnu que certains tarifs exceptionnels à base dégressive ont favorisé l'exportation de certaines productions agricoles, dont les fruits ou le bétail[119]. Dans l'ensemble, l'USP défend une politique tarifaire qui n'obéisse par uniquement à l'intérêt financier des CFF, mais également aux nécessités de l'industrie et de l'agriculture[120]. L'industrie du bois, par la voix de la Société suisse des forestiers, défend une position similaire à l'USP. Elle réclame la mise sur pied d'une politique ferroviaire protectionniste au moyen d'une modification du système tarifaire envisagé par la loi. L'industrie du bois s'appuie sur une étude du professeur de l'Ecole polytechnique fédérale C. Bourgeois, dont les conclusions démontrent les désavantages tarifaires auxquels sont soumis les bois suisses (tarif spécial III) par rapport aux bois exotiques (tarif spécial I). Les expéditions partielles (5.000 kg) de la classe III paient une taxe 78% plus élevée que les expéditions en wagons complets de la même classe, alors que les taxes de la classe I traduisent une augmentation de 19% seulement entre les deux subdivisions. Bourgeois conseille dès lors que la majoration de taxe du tarif spécial III a (5.000 kg) par rapport au tarif spécial III b (10.000 kg), soit de 25% au maximum,

118 *Préavis concernant l'avant-projet de loi fédérale sur les tarifs de chemins de fer fédéraux. Présenté à l'Union suisse des paysans par le Secrétariat suisse des paysans,* Publication du Secrétariat suisse des paysans n° 6, Berne, 1899, p. 4.

119 Ibidem, pp. 18-20.

120 *Bulletin sténographique officiel de l'Assemblée fédérale suisse,* n° 24, Bern, 1901 (Conseil des Etats – Séance du 13 juin 1900).

ceci afin de favoriser les petits exploitants[121]. La Société suisse des forestiers reprend les conclusions du rapport Bourgeois pour exiger l'élaboration de deux subdivisions à la classe tarif spécial III a: la première, destinée à favoriser l'industrie nationale, proposerait des taxes kilométriques de l'ordre de 5.8 cts. par T; la seconde maintiendrait la taxe prévue de 7.5 cts.[122].

Du côté des milieux de l'industrie et du commerce, la tendance a plutôt été, lors du processus de consultation, de freiner autant que possible, en raison d'impératifs d'ordre financier, les allusions trop évidentes à des abaissements tarifaires. Du côté de l'AIC de Genève, on affirme ainsi[123]:

> [...] nous tenons à déclarer dès à présent que tout en espérant que l'administration des chemins de fer fédéraux tiendra compte des besoins et des désirs du commerce et du public en général, nous n'insisterons pour aucune amélioration pouvant se traduire par une augmentation de dépenses ou une diminution de recettes; l'intérêt général du pays exige que la situation financière de la Confédération soit sauvegardée en premier lieu et qu'il soit procédé, coûte que coûte, à un amortissement régulier de la dette qui va être contractée.

Si la position de l'association genevoise, de tout temps opposée au principe du rachat des compagnies, ne peut entièrement refléter l'avis de l'ensemble des milieux commerciaux et industriels, force est de constater que le Vorort de l'USCI, dans sa prise de position, ne s'en écarte guère. Pour le comité exécutif de l'association économique, la définition des politiques tarifaires des CFF doit en premier lieu permettre de payer l'amortissement et les intérêts de la dette. La facilitation du trafic vient en deuxième lieu[124]:

> Der Vorort konnte daher nicht Hand bieten zur Unterstützung von Wünschen, welche in ihren Konsequenzen geeignet wären, die Bundesbahnen schon von Beginn ihrer Tätigkeit an allzu zu belasten.

121 C. Bourgeois, «Tarifs de transport et douaniers», dans *Journal suisse d'Economie forestière*, année 1899 (Tiré à part). Pour les taxes, cf. Annexe 3.1.4, Taxes adoptées par les CFF dès 1904.

122 Cf. à ce sujet FF, vol. 3, 1900, pp. 731-744.

123 ACI, *Trente-troisième rapport présenté par la Chambre de commerce à l'Assemblée générale du 20 mars 1899,* Genève, 1899, p. 31.

124 Schweizerische Handels- und Industrieverein, *Bericht über Handel und Industrie der Schweiz im Jahre 1898,* Zürich, 1899, p. 15.

Concernant l'article 15 spécifiquement, là où l'USP voit une rédaction peu précise qui empêchera toute amélioration tarifaire, la KGZ perçoit une porte ouverte néfaste à toutes les exigences d'abaissements de tarifs[125]:

> Es würden von leichtfertigen Politikern Anläufe auf die bestehenden Tarife gemacht und im Namen der Förderung des nationalen Wohlstandes Vergünstigungen erzwungen, welche die Bundesbahnen in kürzester Zeit ruinieren müssten.

Présidée par le Soleurois Casimir Von Arx (1852-1931), futur président du conseil d'administration des CFF entre 1902 et 1923, la commission du Conseil des Etats chargée de l'examen de la loi entreprend son travail début 1900. La question principale qui occupe la commission concerne l'opportunité de mentionner, dans la loi, l'obligation d'introduire des tarifs dégressifs pour certaines marchandises et en particulier pour les transports de charbon. A ce niveau, les positions qui s'affirment au sein de la commission reflètent les deux tendances qui se sont exprimées lors de tout le travail préparatoire. A l'image du Conseil fédéral, Von Arx et la majorité de la commission défendent un projet que l'on pourrait qualifier de minimaliste, laissant une marge de manœuvre suffisamment large aux CFF et plaçant la santé financière de l'entreprise au centre des préoccupations. Au sein de la commission du Conseil des Etats, l'autre tendance est représentée par Leonhard Blumer (1844-1905) (GL). Pour ce dernier, directeur d'une entreprise de tissage mécanique dans le canton de Glaris, la loi doit mentionner l'obligation d'introduire un tarif dégressif pour le transport du charbon. Membre du *Handels- und Industrieverein Glarus* – à l'origine des vaines exigences de diminutions des tarifs du charbon dans les années 1891-1893 – Blumer saisit l'occasion de l'étatisation pour reformuler cette exigence. Consultée par la commission du Conseil des Etats sur la question des tarifs dégressifs et plus spécifiquement sur l'obligation d'introduire un tarif dégressif pour les charbons, la CACF donne, en mars 1900, un préavis négatif. Son rapport fait part tout d'abord du peu d'extension qu'ont pris les tarifs dégressifs sur le réseau suisse (tarifs pour les céréales, pour l'exportation des fruits frais, pour les matériaux de construction et pour le carbure de calcium). Se reportant aux calculs établis par ses soins en décembre 1892, la CACF revient ensuite sur les diminutions

125 Cité dans *Bulletin sténographique officiel de l'Assemblée fédérale suisse,* n° 24, Berne, 1901 (Conseil des Etats – Séance du 13 juin 1900).

de recettes – de l'ordre de 350.000 à 700.000 frs. – qu'entraînerait l'introduction d'un tarif dégressif pour les transports de charbon[126]. La majorité de la commission finit par adopter le principe d'un ajout à la loi, spécifiant que «si les besoins du trafic l'exigent, des tarifs à progression décroissante peuvent être adoptés, avec l'assentiment du Conseil fédéral»[127]. Insuffisant pour Blumer, qui produit un rapport de minorité exigeant que l'obligation d'adopter un tarif dégressif pour le charbon soit imposée aux CFF[128].

Le débat sur le projet de loi qui s'engage au sein du Conseil des Etats en juin 1900, ne fait que conforter la position des deux camps. L'argumentaire, asséné à maintes reprises lors des débats par Blumer – similaire par ailleurs à tout le discours tenu depuis le milieu des années 1880 par les représentants du commerce et de l'industrie – ne fait plus recette[129]:

> [...] unsere schweizerische Industrie, auch diejenige, welche heute floriert, die Maschinen-Industrie und die Seiden-Industrie, [hat] mit der ausländischen Konkurrenz wegen der Zollschranken so zu kämpfen [...], dass sie haushälterisch und immer mehr haushälterisch fabrizieren muss. Sie wissen, dass die geographische Lage unsere Landes gegenüber den umliegenden Staaten so ungünstig ist, dass wir überhaupt, wenn wir überseeisch arbeiten wollen, ganz besonders mit den Frachten zu rechnen haben.

L'amendement proposé par Blumer est repoussé par une large majorité de 2/3 des sénateurs. La proposition du Lucernois Edmund Schumacher (1859-1908), visant à contraindre les CFF d'étendre à l'ensemble de leur réseau tous les tarifs exceptionnels en vigueur sur les lignes des compagnies privées, ne rencontre pas plus de succès. Une large majorité des députés se rangent derrière l'avis du président de la commission von Arx. Selon ce dernier, le danger qui guette désormais les chemins de fer étatiques est plus à chercher dans le risque de voir l'entreprise accorder des abaissements tarifaires inconsidérés que dans l'option inverse[130]:

126 AF, E 53, Nr. 800, Vol. 260, «Brief von den Eisenbahnverwaltungen an Herrn Ständerat von Arx, Präsident der Kommission zur Vorberatungen des Tarifgesetzes für die Bundesbahnen, den 17. März 1900 ».

127 Ibidem, «Chemins de fer fédéraux. Lois sur les tarifs».

128 *Bulletin sténographique...* (Conseil des Etats – Séance du 13 juin 1900).

129 Ibidem.

130 Ibidem.

> Wir stehen nicht Vertretern des Privatkapitales gegenüber, denen wir jede Verbesserung abringen müssen. Der künftige Verwaltungsrat wird nicht mehr aus Kapitalisten und Bankiers zusammengesetzt sein, sondern aus Delegierten der Kantone, aus Vertretern des Handels, der Industrie, des Gewerbes und der Landwirtschaft. [...] Die Gefahr der Zukunft liegt meiner Ansicht nach nicht darin, dass die Interessen des Publikums durch die Staatsbahnen ignoriert und verkümmert werden, sondern im Gegenteil darin, dass ins Blaue hinein alle möglichen Erleichterungen und Verbesserungen allzu früh, bevor eine solide Basis vorhanden ist, eingegangen wird.

Le débat au Conseil national, qui intervient quelques mois plus tard en mars 1901, ne modifie pas l'option légale minimaliste retenue par le Conseil des Etats. Prompt à regretter que les taxes maximales adoptées dans la loi pour les CFF demeurent parmi les plus élevées d'Europe, le rapporteur de la commission, le Grison Alfred von Planta (1857-1922), s'empresse d'ajouter[131]:

> Wir müssen auch anerkennen, dass die im Entwurfe vorgesehene Reduktion der Maxima eine recht bescheidene Konzession bedeutet. Angesichts der weitgehenden finanziellen Folgen, welche eine weitere Reduktion der Taxen für die Bundesbahnen haben müsste, können wir aber nicht daran denken, eine solche gesetzliche vorzuschreiben. Um so eindringlicher müssen wir aber der Bundesbahnverwaltung ans Herz legen, die so wünschbare um notwendige Erleichterung in den Gütertaxen so bald als möglich eintreten zu lassen.

Définitivement entérinée par les Chambres fédérales fin juin 1901, la loi fédérale concernant les tarifs des chemins de fer fédéraux consacre, par l'absence de toute contrainte d'abaissements tarifaires, la conception prudente défendue par une large frange des milieux du commerce et de l'industrie (USCI, ACI de Genève, KGZ). La loi n'offre aucune perspective chiffrée de diminutions tarifaires, hormis l'alignement des taxes sur celles en vigueur sur le réseau du NOB. Au-delà, les débats parlementaires autour de la loi ont ceci d'intéressant, qu'ils font resurgir tous les thèmes essentiels qui ont occupé le débat en matière de tarifs ferroviaires depuis le milieu des années 1880 et principalement la définition d'une politique tarifaire teintée de protectionnisme, notamment par l'adoption d'un système tarifaire dégressif. Alors que ces thèmes ont largement contribué à provoquer le rachat des chemins de fer par la Confédération, ils deviennent des éléments pesant dans l'adoption d'une loi sur les tarifs des CFF, qui menacent d'accabler les finances de la

131 Ibidem.

compagnie étatisée. Le milliard de frs. engagé dans le rachat et le recul des recettes de 1.7 millions de frs. pronostiqué par l'alignement à la baisse des tarifs, pèsent de tout leur poids dans le débat. A l'image des rapporteurs des commissions du Conseil des Etats et du Conseil national, la majorités des acteurs estiment que le seul fait d'avoir désormais affaire à une compagnie étatisée suffit à garantir la prise en compte des besoins tarifaires de l'économie nationale. Mais force est de constater que la loi de 1901 ne permet pas d'assurer, à priori, une amélioration notable du prix du transport en Suisse.

6.3.3 En guise d'épilogue: quelques constatations sur les tarifs marchandises des CFF (1903 et 1913)

La question demeure de savoir quel comportement vont adopter les CFF dès leur création en 1903. On a vu que la question financière avait pesé de tout son poids dans les débats sur l'élaboration de la loi sur les tarifs de 1901 et que la conception d'une compagnie remplissant d'abord des objectifs d'amortissement et de paiement des intérêts de la dette l'avait emporté sur la nécessité d'abaissements tarifaires. Cette ultime partie n'a pas pour but d'analyser le détail du débat tarifaire qui se déroule entre le rachat et le Premier Conflit mondial, ce qui nécessiterait une nouvelle étude en soi, mais de retracer brièvement la politique tarifaire de la compagnie étatisée durant ces premières années. Au-delà, cela nous permettra de mieux cerner les résultats de l'étatisation en matière de tarifs de marchandises. Le réseau du SCB devient propriété de la Confédération en 1900, ceux du NOB et du VSB en 1902, celui du JS en 1903 et celui du GB en 1909.

Avant d'entrer à proprement parler dans le sujet des tarifs ferroviaires qui nous occupe, il s'agit de rapidement définir deux éléments. Le premier concerne le degré de liberté des CFF dans l'orientation de leur politique tarifaire et consiste à définir les contingences qui pèsent sur la formation des tarifs. Le second élément consiste à rapidement définir la situation financière de la compagnie d'Etat dès le début du siècle. Comme on l'a vu, les capacités des CFF à provoquer des allègements du prix du transport dépendent en premier lieu de sa bonne santé financière.

Affaire gigantesque, on l'a déjà évoquée en introduction de ce chapitre, le rachat et la formation des CFF ne constituent pas pour autant une rupture organisationnelle fondamentale par rapport aux compagnies privées. L'organisation administrative des CFF est en grande partie l'héritage de celle des compagnies privées du XIXe siècle. Elle comprend dès 1900 un Conseil d'administration de 55 membres, dont une partie est nommée par le Conseil fédéral (25), une autre par les cantons (25) et la dernière par les 4 Conseils d'arrondissements (Lausanne, Bâle, Zurich et St-Gall). Un cinquième Conseil d'arrondissement, avec son siège à Lucerne, sera formé lors du rachat du GB. Du Conseil d'administration est issue une Commission permanente de 11 membres. La Direction générale est formée de cinq directeurs nommés par le Conseil fédéral et est scindée en autant de départements: finances, commercial, exploitation, travaux et contentieux. Le bureau des tarifs marchandises est intégré au département commercial[132].

Pas de rupture organisationnelle donc, pas non plus de rupture dans le personnel des chemins de fer par rapport à l'ère privée. Si cette constatation est évidente pour les quelques 25.500 employés des compagnies privées soumises au rachat et qui, successivement, se retrouvent au service de la Confédération, elle est également valable pour les cadres dirigeants des CFF. Parmi les cinq premiers directeurs de la compagnie d'Etat, quatre ont œuvré dans les sphères de direction des compagnies privées: Joseph Flury (1851-1911) provient du SCB, Jules Schmid (1845-1905) du NOB, Otto Sand (1856-1921) du VSB et Placid Weissenbach, avant d'être fonctionnaire fédéral au service du DFPC, a été l'un des directeurs du SCB. Le cinquième directeur, qui prendra la tête du département des finances, n'a rien à voir avec le monde ferroviaire, puisque il s'agit du Neuchâtelois Léopold Dubois (1859-1928), directeur de la Banque cantonale neuchâteloise (1890-1901) et futur administrateur-délégué de la Société de Banque Suisse dès 1906[133]. Casimir von Arx, l'influent président de la commission du Conseil des Etats chargé de rapporter sur le projet de loi sur les tarifs des CFF en 1901, est nommé à la tête du Conseil d'administration de l'entreprise.

La fixation des tarifs de la compagnie nationale est avant tout du domaine de la Direction générale. Le Conseil d'administration, dominé par les représentants de la grande industrie et du commerce qui occupent 27 siègent sur les 55, contre cinq pour la classe moyenne indus-

132 D'après Mazbouri, *L'émergence...*, p. 85.
133 Ibidem, p. 64.

trielle (USAM) et cinq pour le monde agricole (USP)[134], a également son mot à dire au niveau des options stratégiques en matière de tarifs. On rappellera également qu'au terme de la législation fédérale sur les tarifs de 1901, toute modification des tarifs doit subir l'approbation préalable du Conseil fédéral. D'autre part, la dilution des compétences en matière tarifaire malgré l'étatisation est encore intensifiée par le fait que les CFF doivent également collaborer avec les compagnies demeurées en main privée, dont le GB jusqu'en 1909. Au niveau de l'élaboration des tarifs communs à plusieurs compagnies ferroviaires, des modifications dans la nomenclature des classes de tarifs telles que les déclassements qui, comme on l'a déjà évoqué, sont un des procédés utilisés pour provoquer une diminution du prix du transport, les décisions ne concernent pas les seuls CFF, mais l'ensemble des membres de la CACF, refondée en 1902 sur de nouvelles bases[135]. D'autre part, les déclassements décidés par les compagnies allemandes sont en règle général, et ce depuis 1882, largement repris par les compagnies suisses et les CFF dès leur fondation.

La CACF regroupe désormais les CFF, le GB et 11 compagnies ferroviaires d'intérêt local. Son but demeure inchangé et consiste comme auparavant à régler le trafic direct entre les différents réseaux. En son sein, les CFF disposent de 8 voix, le GB de 2 voix et chacune des compagnies restantes d'une seule voix. Toute décision, pour entrer en fonction sur l'ensemble du réseau de l'association, doit obtenir 2/3 des voix, soit un minimum de 14 voix. Dans les faits, les CFF monopolisant avec le GB la plus grande proportion du trafic ferroviaire, une majorité de blocage provenant des compagnies locales a peu de poids. En 1909, le GB est étatisé. A cette date, la grande majorité du réseau ferroviaire suisse à voie normale appartient aux CFF. La CACF est supprimée au profit de la Conférence commerciale des entreprises de transport suisses, créée le 1er janvier 1910. Celle-ci est formée de représentants des entreprises de transport, de représentants des milieux de l'industrie, des arts et métiers et de l'agriculture, ainsi que d'un représentant du DFPC. C'est à elle qu'appartient désormais en grande partie la détermination des politiques tarifaires communes. En son sein, les CFF, par l'intermédiaire

134 Ibidem, p. 88. Les six derniers sièges sont occupés par un représentant du personnel de l'entreprise et par cinq représentants des directions d'arrondissement.

135 Cf. Riniker, *Entstehung und Volkswirtschaftliche...*, pp. 145-150.

de son chef du département commercial, occupent le rôle d'administration présidente.

La liberté tarifaire des CFF, notamment en ce qui concerne le trafic de transit nord-sud par le Gothard, est également limitée par la convention internationale de 1869 qui donne aux Etats subventionnants divers avantages tarifaires (cf. section 3.2.2). Pour le trafic de transit entre l'Allemagne et l'Italie, les CFF gardent, dans un premier temps, les barèmes adoptés par les anciennes compagnies du NOB, du SCB et par le GB. Face aux menaces conjointes de l'Empire allemand et de l'Italie d'exiger de la Suisse un remboursement des subventions des deux pays en cas d'étatisation du GB, le Conseil fédéral est contraint, dès 1904 et la dénonciation de la concession pour 1909, de proposer des compensations qui prennent la tournure d'abaissements de la surtaxe prélevée sur le parcours de montagne pour le trafic de transit nord-sud. Arrêtées lors d'une conférence entre représentants des trois pays en 1909 à Berne, les diminutions des surtaxes promettent d'entraîner, dès 1910, un recul annuel des recettes de transport de près d'un million de frs. Un deuxième recul de la surtaxe, prévu pour 1920, fera grimper à près de 1.5 millions de frs. le manque à gagner annuel. La convention, fortement combattue en Suisse car remettant en question la liberté des CFF dans l'élaboration de leur politique commerciale et menaçant d'aggraver la situation financière de la compagnie par la perpétuation d'allègements tarifaires concédés aux industries étrangères, n'est avalisée par les Chambres fédérales qu'en avril 1913[136]. Au-delà, ces reculs successifs des recettes du transport plombent en partie la marge de manœuvre des CFF pour engager d'autres abaissements de tarifs.

A côté des ces divers éléments, provenant de la multitude des intervenants et du respect de la convention du Gothard et qui font de la politique tarifaire des CFF, *«ein Kompromisswerk»*, selon les termes de Hans Staffelbach, historien qui a étudié, à la fin des années 30, les tarifs marchandises généraux des CFF[137], les résultats financiers de l'entreprise sont déterminants dans les possibilités ou non d'engager des politiques d'abaissement tarifaire. En octobre 1900, alors que le SCB vient

136 Georges Gariel, *La centralisation économique en Suisse. L'œuvre économique de la Confédération depuis 1848,* 2e fascicule, *Les chemins de fer fédéraux,* Genève, 1913, pp. 274-294.

137 Staffelbach, *Normalgütertarif...,* p. 183.

d'être racheté, Casimir von Arx insiste sur ce point lors d'une séance du Conseil d'administration des CFF[138]:

> Notre premier souci doit être de procurer au réseau fédéral une base solide et inattaquable du point de vue financier et d'écarter toutes les autres convoitises. Lorsque les nombreuses difficultés que l'introduction de l'exploitation par l'Etat rencontre au début seront surmontées, on pourra alors songer à la réalisation d'autres espérances.

Or, les perspectives financières ne sont pas bonnes. Devisé par le Conseil fédéral dans son message de 1897 à 177 millions de frs., le rachat du SCB se monte finalement à 216 millions environ, hypothéquant grandement la santé financière des CFF dès le début, ce d'autant plus que le rachat des autres réseaux connaîtra un surcoût similaire à celui constaté pour le SCB. Au final, au lieu des 1.1 milliards de frs. projetés par le Conseil fédéral, le rachat des compagnies se montera à 1.3 milliards de frs., soit un surcoût de près de 25%[139]. Le prix du rachat pèse d'autant plus sur l'avenir de la compagnie d'Etat que celle-ci est soumise aux règles d'amortissement très strictes de la loi fédérale sur la comptabilité de 1896 (cf. section 6.3.2).

Au niveau du trafic marchandises, celui-ci, porté par une conjoncture économique favorable, croît de façon régulière durant la Belle Epoque: entre 1903 et 1913, il passe ainsi de 9 à 14.6 millions de T. Les recettes du transport de marchandises suivent une courbe parallèle, passant de 62 millions de frs. en 1903 (soit près de 73 millions en frs. de 1913) à 119 millions de frs. en 1913, avec une brusque augmentation dès 1909 et le rachat du GB (cf. graphique 15). Seule la brève récession internationale de 1908-1909 vient ternir cette croissance, peu visible cependant sur la courbe du graphique 15, puisque la crise conjoncturelle est accompagnée d'un recul général des prix. Le recul des recettes en termes nominaux n'est cependant que temporaire. A elles seules, les recettes du transport marchandises assurent près de 60% des recettes des CFF qui s'élèvent à 111 millions de frs. en 1903 (soit 130 millions en frs. de 1913) et à 212 millions en 1913.

138 Cité par Mazbouri, *L'émergence...*, pp. 89-90.
139 Ibidem, p. 79.

Graphique 15 – Recettes du trafic de marchandises des CFF (1903-1913)[140]

En millions de frs. de 1913

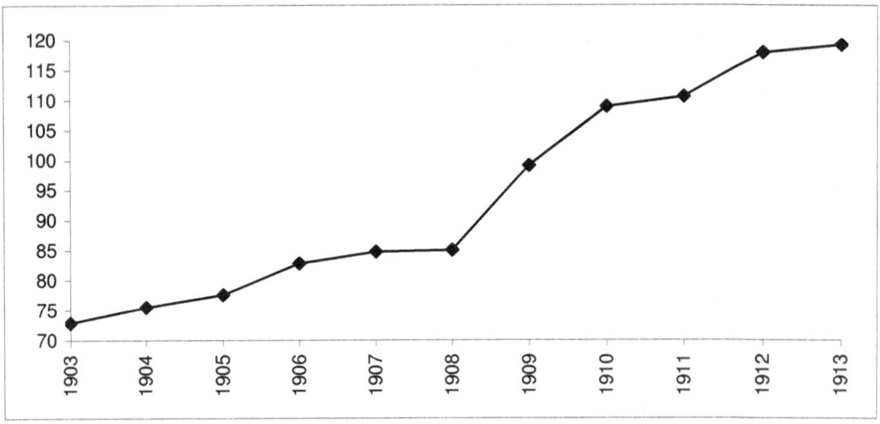

Source: D'après Office fédéral de la Statistique, *Annuaire...*, pp. 188-189.

Toutefois, la croissance régulière des recettes ne rend pas entièrement compte de la réalité financière des CFF. La dette du rachat, le service des intérêts et l'amortissement qui s'ensuivent, auxquels s'ajoute le comblement des déficits des caisses de retraite des compagnies privées laissent un solde du compte pertes et profits exsangue, négatif les deux premières années et en 1908 et 1909 (cf. graphiques 16 et 17). Cependant, comme l'a montré l'historien Malik Mazbouri, c'est en grande partie la soumission des comptes des CFF aux conditions très strictes de la loi sur la comptabilité des chemins de fer de 1896 qui explique le solde minime du compte pertes et profits[141]. Or, c'est bien de ce solde

140 Pour le trafic marchandises et les recettes qui en découlent, nous avons pris les chiffres de l'*Annuaire statistique de la Suisse*, publié en 1936, qui retransmet l'évolution depuis 1903. Ces chiffres sont légèrement inférieurs à ceux de la *Statistique historique de la Suisse* (cf. Ritzmann-Blickenstofer (éd), Siegenthaler (dir.), *Statistique...*, p. 774) car cette dernière inclu dans sa statistique du transport marchandises le transport des animaux et des bagages. Pour notre part, nous n'en avons pas tenu compte, ceci afin d'assurer une certaine continuité avec les statistiques antérieures des compagnies ferroviaires privées pour lesquelles nous n'avions pas tenu compte du transport des animaux et bagages dans la statistique du transport marchandises. Les sommes ont été déflatées par l'indice des prix mixtes dont le calcul figure à l'Annexe 2, Evolution du prix du transport ferroviaire marchandises en Suisse (1860-1913).

141 Cf. Mazbouri, *L'émergence...*, pp. 97-105.

que dépendent, rappelons-le, les possibilités des CFF à engager des améliorations de leur service et des abaissements tarifaires.

Graphique 16 – Résultat du compte de pertes et profits des CFF (1903-1914)

En millions de frs. de 1913

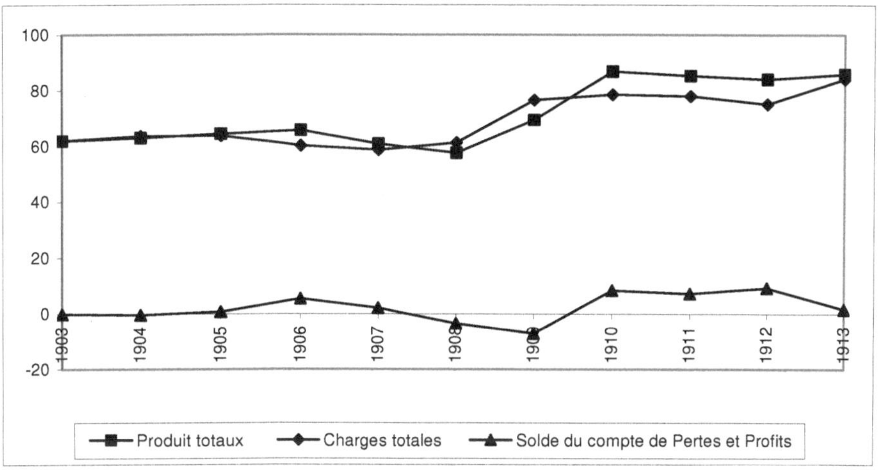

Source: Cf. graphique 15.

Graphique 17 – Rapport entre service des intérêts, amortissements, fonds spéciaux et bénéfice d'exploitation

En millions de frs. de 1913

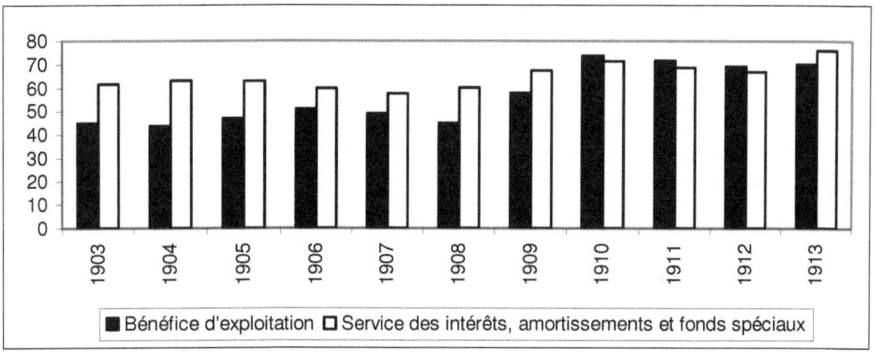

Source: Cf. graphique 15.

Cerner la politique tarifaire adoptée par les CFF nécessite de garder à l'esprit les éléments définis ci-dessus, soit en premier lieu la dilution du pouvoir décisionnel entre plusieurs acteurs qui sont non seulement la direction générale des CFF, son Conseil d'administration et le Conseil fédéral, mais également la CACF jusqu'en 1909, puis la Conférence commerciale des entreprises de transport dès 1910, et en second lieu, la situation financière précaire de l'entreprise d'Etat qui ne lui laisse que peu de liberté pour tenter des expériences d'abaissement des tarifs.

Jusqu'en juillet 1904, les tarifs des anciennes compagnies demeurent en vigueur sur le réseau des CFF. Dès cette date, la direction générale décide d'introduire tel quel le barème défini par la loi de 1901[142]. Cette mesure, consistant à égaliser toutes les taxes sur celles en vigueur sur le réseau de l'ancien NOB, provoque un recul du prix du transport s'échelonnant, suivant les classes d'expédition, entre 3 et 16% sur les réseaux des anciennes compagnies du SCB, du VSB et du JS[143].

Si les tarifs généraux demeurent similaires à ceux fixés par l'Assemblée fédérale dans la loi de 1901, la Direction générale des CFF décide tout de même d'une série de mesures destinées à diminuer le prix du transport. Dès 1910, ces mesures, englobant l'ensemble des entreprises suisses de transport ferroviaire, sont négociées au sein de la Conférence commerciale: siégeant au sein de cette conférence, les milieux du commerce, de l'industrie et de l'agriculture ont leur mot à dire. Les abaissements tarifaires prennent avant tout la forme de déclassements consistant à transférer certaines marchandises des classes générales vers les classes de tarif spécial[144]. La tendance suivie par la Conférence commerciale consiste avant tout à suivre les modifications de la nomenclature décidées par les compagnies allemandes. Hormis un certain nombre de matières premières utilisées par l'industrie et l'agriculture, les déclassements allègent également le transport de produits finis: en 1912, l'industrie textile

142 Cf. Annexe 3.1.4, Taxes adoptées par les CFF dès 1904.

143 Cf. Annexe 3.1.3, Taxes de la classification de réforme de 1882 et Annexe 3.1.4, Taxes adoptées par les CFF dès 1904. Suivant les calculs de Edgar Milhaud, porte-voix du mouvement de rachat des réseaux techniques par les collectivités publiques, et retransmis par Georges Gariel, cette opération aurait produit un recul de 10.58% du prix du transport pour les vins, les cotons, les fers, les minerais et le bois. Gariel, *La centralisation...*, p. 353.

144 Pour une liste exhaustive des déclassements, cf. Staffelbach, *Normalgütertarif...*, pp. 184-198.

profite ainsi du transfert de l'article coton imprimé des classes générales vers le tarif spécial II (diminution de plus de 35% du prix des expéditions de 10 T), alors que les articles en laine sont transférés dans le tarif spécial I (diminution de plus de 26%; 10 T). L'industrie des machines profite également de déclassements: les machines dynamos, les moteurs électriques, les transformateurs sont intégrés dans la classe tarif spécial I dès 1911 (diminution de plus de 26%; 10 T). En 1913, les locomobiles, les locomotives (pour tramways) et les moteurs d'occasion sont transférés dans la classe tarif spécial III (diminution de plus de 60%; 10 T).

Dès juillet 1904, 31 tarifs exceptionnels sont également formés qui produisent l'abandon de tous les tarifs spéciaux existants sur les réseaux des anciennes compagnies privées[145]. Ces tarifs exceptionnels ne marquent pas à proprement parler une rupture par rapport à la pratique des compagnies. Parmi ces tarifs, 13 sont limités aux seuls CFF. Dans le cadre de la CACF, 14 tarifs sont formés pour le trafic commun entre les CFF et les autres chemins de fer (dont le GB). Trois autres tarifs, formés spécifiquement pour favoriser l'exportation, lient également les CFF et les autres compagnies du pays.

Parmi les 14 tarifs exceptionnels communs à toutes les entreprises ferroviaires de Suisse, six sont destinés à faciliter les transports de produits alimentaires en général. Hormis le tarif exceptionnel pour les céréales, qui présente un barème décroissant aux taxes quasi similaires à celui de 1884, les autres tarifs, destinés au transport de la bière (GV), des denrées alimentaires (GV), des fromages non-emballés, de la glace (eau congelée) et des produits agricoles, présentent une taxe unique quelle que soit la distance d'expédition. La taxe varie cependant en fonction de la quantité expédiée. Des tarifs exceptionnels pour ces produits existaient déjà pour le trafic commun entre les réseaux des compagnies privées depuis le début des années 1870 (cf. section 3.1)[146]. Les

145 Pour une liste exhaustive des tarifs exceptionnels, cf. Paillard, *Les tarifs de chemins de fer...*, pp. 137-147.

146 Les taxes des tarifs exceptionnels des CFF sont sensiblement les mêmes que les taxes des anciens tarifs exceptionnels des compagnies privées. Par exemple, pour le transport GV de la bière, le tarif (n° 6) de 1869 permettait des expéditions aux tarifs de la Classe B (classification de 1863), à la seule condition d'expédier au minimum 4 T: suivant les compagnies, les taxes par T et par km oscillaient entre 8 et 12 cts. Le tarif exceptionnel des CFF varie entre 14 (expéditions partielles) et 10 cts. (10 T) par T et par km. L'allègement est à chercher dans un meilleur rapport quantité/prix

autres tarifs communs concernent soit des matières premières industrielles (écorces à tan brutes, carbure de calcium, pâte de bois), des matières de peu de valeur nécessaires à l'agriculture (foin et paille, engrais) ou des matériaux de construction (ciment, chaux et gypse). Là également, rien de fondamentalement nouveau par rapport aux tarifications spéciales des compagnies privées.

Parmi les 13 tarifs exceptionnels valables sur le seul réseau des CFF, certains revêtent une amélioration notable par rapport à l'ère privée. Le tarif exceptionnel pour le transport des charbons (10 T) adopte ainsi une base dégressive allant de 4 cts. par T et par km pour les expéditions jusqu'à 100 km à 3 cts. pour les expéditions au-delà de 200 km. Pour ces distances, la diminution du prix du transport oscille entre 30% sur le réseau de l'ancien NOB et 40% sur les réseaux des anciennes compagnies du SCB, VSB et JS. Sur ces lignes, le charbon était transporté aux taxes du tarif spécial III b. Le tarif exceptionnel pour le transport des charbons remplit ainsi une ancienne revendication d'une partie des milieux industriels, qui avait ressurgi lors des débats sur la loi de 1901. Le tarif exceptionnel pour le transport du bois (à brûler ou bois de construction) répond également à une exigence des industriels de la branche, relayée en 1899 par le mémoire du professeur C. Bourgeois mettant en relief le désavantage financier dont souffre le transport des bois indigènes (tarif spécial III), par rapport aux bois exotiques (tarif spécial I)[147]. Le tarif exceptionnel des CFF, basé également sur un barème dégressif, permet d'alléger le transport des bois indigènes dès 50 km et répond aux exigences formulées par le secteur lors de la consultation de la loi de 1901, en partie seulement toutefois, puisque ce tarif ne concerne que les expéditions de 10 T et plus: la taxe par T et par km passe de 4 cts. à 3.8 cts.

---

unitaire. Le tarif GV, pour les transports en petite quantité de produits comestibles (tarif n° 10) de 1869 permet à ces produits périssables d'être transportés par trains de voyageurs moyennant une taxe par T et par km de 25 cts. Le tarif exceptionnel des CFF pour les comestibles varie de 25 cts. par T et par km pour les expéditions partielles à 15 cts. ou 10 cts. pour les expéditions de respectivement 5 et 10 T. Là également, le véritable allègement est à chercher dans la facilitation des expéditions en grande quantité. Pour le détail des tarifs spéciaux des compagnies privées, cf. chapitre 3, en particulier, notes 5, 6 et 7.

147 Cf. note 121. Le tarif exceptionnel des CFF offre également un avantage pour l'exportation des bois helvétiques, puisqu'il offre des abaissements de la taxe de 4.7, 9.5 et 14% en fonction de la distance d'expédition par rapport au tarif d'exportation pour les bois adopté par les compagnies suisses en mars 1887 (cf. section 6.2.1).

et à 3.6 cts. dès le 101e km. Trois autres tarifs exceptionnels des CFF favorisent directement des entreprises particulières: les deux premiers concernent le transport des betteraves et des betteraves séchées à destination de l'importante raffinerie de sucre d'Aarberg; le second l'expédition des tuyaux de fer depuis les stations de Choindex et de Gerlafingen – sites de production de l'entreprise sidérurgique Von Roll – à destination de la Suisse occidentale. Les autres tarifs exceptionnels, propres au réseau CFF, ne rompent pas avec la tradition des anciennes compagnies et concernent avant tout des matières premières ou des comestibles. Enfin, les trois tarifs exceptionnels destinés à favoriser l'exportation de marchandises (pour les fromages, pour les fruits frais, pour le carbure de calcium) sont repris tels quels des anciennes compagnies privées.

Il reste à cerner les effets de ces mesures tarifaires, sur le trafic et la santé financière des CFF d'un côté, et sur l'économie suisse en général, d'un autre côté. Ces effets sont évidemment difficiles à établir avec certitude: il paraît en premier lieu peu aisé de séparer la proportion de la croissance du trafic marchandises qui est provoquée par l'abaissement des tarifs de celle qui est due à la bonne conjoncture économique. Au niveau de l'implication des politiques tarifaires marchandises sur la santé financière des CFF, il paraît par contre évident que celles-ci n'ont pas contribué à aggraver une situation rendue difficile par le surcoût du rachat et les sommes importantes consacrées annuellement aux intérêts et à l'amortissement. Il est également indéniable que cette situation financière difficile n'a pas empêché les CFF d'introduire des abaissements tarifaires. Repris par Hans Staffelbach, le discours que tient la direction générale en 1933, alors que la compagnie traverse la pire crise depuis sa création, et qui consiste à établir un lien direct entre diminution des tarifs engagée avant la Première Guerre mondiale et difficultés financières, paraît nettement exagéré[148]. Tout au plus ce lien peut-il être défendable pour les tarifs voyageurs qui ont connu, entre le rachat et le Premier Conflit mondial, des améliorations bien plus rapides et conséquentes que les tarifs marchandises[149].

148 «[...] die heutige Finanzlage des Unternehmens ist zum guten Teil eine Folge dieser Tarifpolitik». Cité par Staffelbach, *Normalgütertarif...*, p. 319.

149 Dès le rachat, les CFF introduisent des abaissements des tarifs voyageurs, notamment des tarifs de la 3e classe. En 1910, les tarifs voyageurs des CFF sont très proches de ceux en vigueur en France et en Allemagne. Cf. Gariel, *La centralisation...*, p. 354.

Au niveau des effets des politiques tarifaires des CFF sur l'économie en général, les avis divergent. En 1913, dans un article de la *Schweizerische Blätter für Handel und Industrie*, le professeur bernois Jakob Steiger, un proche des milieux de l'économie, minimise l'amélioration qu'a apportée l'étatisation au niveau des prix du transport marchandises[150]:

> [...] das Wichtigste Teil des Programms der Eisenbahnverstaatlichung: die Hebung der einheimischen Industrie, von Handel und Gewerbe durch eine möglichst billige und selbständige Tarifpolitik ist noch lange nicht erreicht. Die Basis dafür bildet natürlich die finanzielle Konsolidierung.

La réalité des chiffres donne en partie raison à J. Steiger. Entre 1905, date d'entrée en vigueur des tarifs des CFF, et 1913, le prix moyen du transport marchandises recule, en termes nominaux, d'environ 7.5%, passant de 8.05 cts. par T et par km à 7.99 cts., alors qu'il avait reculé de près de 10% entre l'ouverture du tunnel du Gothard et l'acceptation du rachat des compagnies ferroviaires en votation populaire[151]. Durant les vingt dernières années du XIXe siècle, le recul du prix du transport est toutefois en grande partie dû à l'introduction des tarifs de transit germano-italien par le Gothard. La reprise de la ligne transalpine par les CFF en 1909 produit également un brusque recul du prix moyen du transport, en grande partie provoqué par l'effet des tarifs de transit qui tire vers le bas la moyenne. Toutefois, il est à noter que les abaissements tarifaires dont jouit le trafic de transit germano-italien sont en grande partie généralisés pour le trafic entre le nord des Alpes et le Tessin. Il faut également mentionner que, contrairement à la période précédente, le recul du prix du transport que l'on constate durant la Belle Epoque est concomitant à une hausse généralisée des prix. Alors qu'en termes réels, le prix du transport a augmenté durant la période de recul des prix de la Grande dépression, passant de 8.5 cts. par T et par km en 1883 à 9 cts. en 1899, il recule assez fortement entre 1900 et 1913, de 8.1 à 6.9 cts. par T et par km, soit une diminution de plus de 13%. Dans son article, Steiger insiste également sur les avantages des industriels français et allemands, par rapport à leurs homologues suisses, en terme de

150 J. Steiger, «Zur finanziellen Lage der Bundesbahnen », in *Schweizerische Blätter für Handel und Industrie,* n° 10, 1913, p. 254.

151 Cf. Annexe 2, Evolution du prix du transport ferroviaire marchandises en Suisse (1860-1913).

prix du transport. Les chiffres donnent raison au professeur bernois puisque le prix moyen du transport s'élève à 4.1 cts. par T et par km en France et à 3.6 cts. en Allemagne (cf. graphique 1).

Hans Staffelbach prend le contre-pied de l'avis développé par Jakob Steiger. Selon Staffelbach, il n'est pas douteux que les secteurs de l'économie aient largement profité des abaissements tarifaires des CFF, provoqués à la fois par les déclassements et l'introduction de tarifs exceptionnels unifiés à l'ensemble du réseau[152]. Il paraît en effet probable que les diverses mesures tarifaires des CFF aient exercé un effet bénéfique sur l'économie suisse durant la Belle Epoque: les déclassements touchent non seulement des marchandises de peu de valeur, mais également des produits finis importants de l'industrie suisse (textile et machines, mais également industrie chimique). De leur côté, les tarifs exceptionnels, s'ils ne rompent pas fondamentalement avec la pratique des compagnies privées, répondent, pour certains d'entre eux, à d'anciennes revendications (transport du charbon ou des bois indigènes).

Lorsqu'en 1909 survient un débat sur une éventuelle élévation des tarifs des CFF, mesure destinée à pallier la mauvaise situation financière de l'entreprise, encore aggravé par la crise conjoncturelle de 1908-1909, le Conseil fédéral renonce à proposer une modification des taxes maximales des tarifs marchandises contenues dans la loi de 1901. L'argumentaire de l'exécutif fédéral pour renoncer à une telle mesure découle de la constatation que la majorité du trafic marchandises se fait, non plus moyennant l'application des taxes plutôt élevées du tarif général, mais bien plus en recourant à l'application de tarifications exceptionnelles[153]:

> L'administration des chemins de fer fédéraux fait remarquer avec raison, dans son rapport, que ses tarifs des marchandises sont passablement élevés en comparaison de ceux de l'étranger. Les besoins de nos industries nationales et la concurrence étrangère ont forcé d'introduire nombre de tarifs exceptionnels et prix exceptionnels, au point que les taxes maxima prévues par la loi sur les tarifs ne trouvent plus leur application que pour la plus petite partie des transports de marchandises. A chaque instant arrivent de nouvelles demandes de réduction des prix et on y fait droit, lorsque le besoin et la nécessité en sont démontrés, dans la mesure du possible.

152 Staffelbach, *Normalgütertarif...*, p. 319.
153 FF, vol. 6, 1909, p. 590.

Les chiffres sont en effet parlants (cf. tableau 14). Si, entre 1905 et 1913 le trafic marchandises augmente d'environ 50%, cette progression ne se retrouve pas au sein de toutes les classes de tarif. Les transports soumis à la taxe du tarif spécial I b (9.5 cts. par T et par km) croissent ainsi de plus de 65%, progression provenant en partie des mesures de déclassement; ceux soumis aux taxes des tarifs exceptionnels augmentent de 58%. En 1905, ces derniers concernent déjà près de 65% des transports et près de 70% en 1913. Il est ainsi peu douteux que l'économie ait profité des mesures tarifaires des CFF même si, comme le mentionne Steiger en 1913, le prix moyen du transport marchandises demeure largement supérieur en Suisse par rapport aux pays voisins.

Tableau 14 – Répartition par classes de tarif. En % du trafic marchandises total pour 1905 et 1913

	GV	*PV*										
		Exp. partielles		*Wagons complets*		*Tarifs spéciaux*						*Tarifs exceptionnels*
						I		*II*		*III*		
		1	*2*	*A 5t*	*B 10t*	*a 5t*	*b 10t*	*A 5t*	*b 10t*	*a 5t*	*b 10t*	
1905	1.20	4.71	4.72	1.59	2.93	1.46	2.81	0.64	1.93	1.73	11.59	64.69
1913	0.99	4.08	4.40	1.35	2.75	1.37	3.13	0.58	1.77	1.64	8.70	69.24
Augmentation du tonnage entre les deux dates en %, pour chacune des classes de tarif	**23**	**28**	**37**	**26**	**39**	**38**	**65**	**34**	**36**	**39**	**11**	**58**

Source: d'après Staffelbach, *Normalgütertarif...*, p. 205.

Conclusion

Il est indéniable que la modification du contexte commercial européen, marqué par le retour du protectionnisme dès le début des années 1880, transforme fondamentalement les attentes des secteurs de l'économie envers les tarifs ferroviaires. En France, en Allemagne, en Autriche-Hongrie ou en Italie, les tarifs ferroviaires sont mis au diapason des politiques douanières protectionnistes. A la propension des compagnies européennes de chemins de fer à optimaliser au moyen des tarifs leur capacité de captation de tous les trafics, tendance qui a largement été la règle durant les décennies précédentes, succèdent des options tarifaires visant à favoriser l'exportation de la production nationale ou à freiner les capacités de pénétration du marché national par les produits étrangers.

D'une manière générale, les contradictions entre la politique douanière de l'Etat fédéral qui amorce, au fil des révisions de son tarif général, un virage plus protectionniste, et la politique tarifaire des compagnies, que l'on peut qualifier de libre-échangiste, gonflent encore. Dès 1885, les tensions entre les secteurs de l'économie demandeurs de transport et les compagnies ferroviaires sont aiguisées par le peu d'empressement que ces dernières mettent à modifier leurs tarifs dans le sens de l'arrêté fédéral de 1884. Les revendications d'une meilleure prise en compte des nécessités de la petite industrie et du commerce local provenant du *Tarif-Verein* ressurgissent et le bouillant président de l'association, l'Argovien Jenny-Kunz, n'hésite désormais plus à accuser les compagnies ferroviaires de financer les abaissements tarifaires pour le trafic de transit par le maintien de tarifs internes élevés. Le DFPC n'est pas loin de lui donner raison en concluant, en 1888, après 5 ans d'expérience de l'exploitation de la ligne du Gothard, que le recul du prix du transport ferroviaire depuis l'ouverture du tunnel a bénéficié au seul trafic de transit. Mais la marge de manœuvre des autorités fédérales reste limitée par les concessions ferroviaires qui donnent aux compagnies toute liberté en matière de fixation des tarifs. Au printemps 1893, dans le contexte particulier marqué par le refus définitif des compagnies d'introduire des abaissements tarifaires pour le transport des charbons et par leur hésitation à introduire un tarif exceptionnel visant à éviter un renchérissement des prix des comestibles dans l'ouest du pays en raison de la guerre douanière entre la Suisse et la France, le débat parlementaire au sujet de la révision de la loi fédérale sur les transports sort largement de son cadre et se polarise sur les tarifs ferroviaires. Au sein de l'hémicycle, les interventions qui exigent des compagnies qu'elles participent plus activement au maintien des capacités concurrentielles de l'industrie nationale se multiplient avec, comme conséquence, le plébiscite d'un article donnant au Conseil fédéral un droit de regard préalable à l'introduction de toute modification tarifaire. Les initiateurs de cet article, parmi lesquels l'inspecteur administratif en charge du contrôle des tarifs, espèrent qu'une véritable collaboration entre DFPC et compagnies ferroviaires soit rendue possible dans la formation des tarifs des compagnies. Dans les faits, hormis la création d'une division des tarifs *(Tarifabteilung)* au sein du DFPC, le nouvel article ne comble pas les attentes de ses initiants. Plus que jamais, il paraît évident que seul le rachat est susceptible de donner à la Confédération un rôle actif dans la formation des tarifs ferroviaires et de les mettre en phase avec la politique économique de l'Etat.

Depuis les années 1880, la marge de manœuvre en matière de politique tarifaire s'est considérablement rétrécie pour les compagnies ferroviaires suisses, propulsées, avec l'ouverture du tunnel du Gothard, dans le grand jeu du transit ferroviaire européen. Sous la pression des compagnies allemandes, elles ont introduit un système tarifaire facilitant les expéditions massives – plus adapté aux spécificités du transport ferroviaire mais peu approprié aux besoins du trafic local – et accordé des abaissements de taxes conséquents pour le trafic germano-italien. L'utilisation des tarifs ferroviaires comme arme protectionniste dans la plupart des pays européens complique encore la tâche des compagnies suisses. Si pour elles, il n'est pas question de remettre en question leur choix stratégique visant à faire du Gothard l'axe dominant des relations économiques nord-sud, abandon qui provoquerait un recul de plus de 25% de leur trafic total, ni d'étendre à tous les trafics les abaissements tarifaires dont jouit le transit, la solution qu'elles adoptent, consistant à introduire des tarifs spécialement construits pour favoriser l'exportation nationale, est trompeusement satisfaisante pour une double raison. La première provient des courtes distances entre les zones de production et la frontière nationale: les tarifs d'exportation à base décroissante formés par les compagnies suisses n'ont qu'un faible impact sur le coût total du transport. La seconde raison, qui découle de la première, provient du fait que les tarifs d'exportation s'arrêtent à la frontière nationale et sont d'autant moins susceptibles d'être combinés avec les tarifs des compagnies étrangères que ceux-ci ont été mis au diapason des politiques douanières protectionnistes. Le secteur des machines souffre des tarifs ferroviaires français qui obligent les producteurs à faire passer leurs expéditions pour la façade ouest de l'Hexagone par les ports du Nord de l'Europe, puis à les faire suivre la côte atlantique par bateau jusqu'à Bordeaux. Leur situation pour les expéditions destinées au marché italien est similaire: le tarif d'août 1888 provoque des diminutions du prix du transport jusqu'à Chiasso, qui sont immédiatement annulées par l'augmentation des taxes des chemins de fer italiens entre Chiasso et la plupart des ville du nord de la Péninsule.

D'autre part, les années 1890, avec l'accélération du débat sur l'étatisation des compagnies privées dont le délai de dénonciation des concessions est fixé pour 1898, ne sont pas favorables à l'adoption volontaire d'abaissements tarifaires. Dans la mesure où le produit net des compagnies doit servir de base au calcul de l'indemnité de rachat, on peut comprendre le peu d'enthousiasme des compagnies à envisager des expérimentations tarifaires qui sont susceptibles de provoquer un recul de celui-ci. De là découle en partie le refus d'adopter des mesures destinées à alléger le renchérissement du prix du charbon durant la crise sociale qui secoue les mines allemandes. De là découle également le refus de la CACF d'envisager l'introduction d'un système tarifaire général dégressif destiné à favoriser le trafic interne de la production nationale. Dans les deux cas, la CACF n'envisage pas – à juste raison sans doute – que ces mesures, et le recul des recettes qu'elles entraîneraient, soient compensées par une augmentation du trafic.

Dans cette optique, et sans ignorer la multiplicité des arguments qui parlent en faveur du rachat des compagnies par la Confédération en 1898 et que nous avons brièvement résumés en introduction de ce chapitre, l'étatisation et la formation des CFF peuvent être interprétées comme une volonté de rompre avec un système ferroviaire dominé par des compagnies privées dont on doute de la capacité à pouvoir – ou à vouloir – encore diminuer leurs tarifs. L'étatisation se veut en premier lieu défense de la position concurrentielle de l'industrie nationale. Une plate-forme politique favorable au rachat n'est réalisable que s'il est acquis que la compagnie d'Etat sera en mesure de provoquer des améliorations dans le trafic et notamment des diminutions tarifaires. En ce sens, séparer l'administration de la compagnie d'Etat de l'administration fédérale vise non seulement à garantir une exploitation commerciale de la compagnie et à exclure l'incorporation d'éventuels bénéfices d'exploitation dans les recettes courantes de l'Etat, mais également, pris par l'autre bout, à amplifier la base politique susceptible de ne pas s'opposer au rachat pour des motifs d'endettement de la Confédération, en excluant un paiement de la dette du rachat ou des déficits de l'entreprise ferroviaire par le budget courant de l'Etat. Les recettes du transport serviront à financer les améliorations du trafic, une fois les intérêts et l'amortissement de la dette payés.

Le rachat accepté en votation populaire, on assiste, par rapport aux exigences en matière de tarifs ferroviaires émises par le commerce et l'industrie depuis le milieu des années 1880, à un véritable renversement de tendance, mis en lumière lors du débat autour de la loi sur les tarifs des CFF adoptée en 1901. Aux tenants d'une loi incluant textuellement des améliorations tarifaires dans le sens de celles qui s'élèvent depuis une vingtaine d'années, ligne représentée avant tout par les représentants de l'industrie forestière et de l'USP, s'oppose un large front regroupant une partie des milieux de l'industrie et du commerce qui conteste, en raison d'impératifs d'ordre financier, les allusions trop évidentes à des abaissements tarifaires. Le préavis de l'USCI sur la future politique tarifaire des CFF est caractéristique de cette position prudente. Les tarifs doivent en premier lieu permettre de dégager des recettes suffisantes pour payer l'amortissement de la dette. A cette première ligne de fracture sectorielle vient s'en greffer une seconde, régionale celle-là, qui fait de l'adoption du système dégressif une condition du maintien de la compétitivité des industries du centre de la Suisse. La loi sur les tarifs est adoptée dans sa version prudente et ne permet pas de tabler sur un mouvement à la baisse du prix du transport ferroviaire: tout juste promet-elle une égalisation des tarifs du réseau des CFF sur ceux du NOB, réseau privé présentant les taxes les plus basses au moment du rachat.

Les incertitudes quant au visage de la politique tarifaire des CFF, qui n'ont pas manqué de nous assaillir à la lecture des termes de la loi de 1901, nous a poussé à brièvement dépasser la période des compagnies privées et à mettre un pied dans le XXe siècle. On peut difficilement résumer un épilogue, juste en tirer quelques conclusions qui, sans doute, mériteraient d'être étayées par une analyse en détail de la période. Soumis aux conditions drastiques d'amortissement de la loi sur la comptabilité des chemins de fer de 1896, grevés des sommes énormes nécessitées par le paiement des intérêts de la dette d'un rachat, dont le montant a finalement dépassé de 25% les projections du Conseil fédéral, le résultat du compte d'exploitation – satisfaisant en raison d'une croissance régulière du transport ferroviaires durant la Belle Epoque – se transforme au final en un profit bien maigre, voire en une perte les premières années et en 1908 et 1909. Malgré ces résultats financiers mitigés, qui annoncent la réorganisation de l'entreprise d'Etat qui surviendra durant l'Entre-deux-guerres, le prix du transport marchandises recule légèrement jusqu'à la Première Guerre mondiale. La situation financière n'empêche pas non plus les CFF – de concert parfois avec les autres compagnies ferroviaires demeurées en mains privées – d'adopter divers allègements du prix du transport. Entre 1905 et 1913, les déclassements entrepris par la CACF, puis par la Conférence commerciale des entreprises de transport suisses (dès 1910), auxquels s'ajoutent une trentaine de tarifs exceptionnels, provoquent un glissement des transports soumis aux tarifs des classes générales en direction des classes de tarifs spéciaux et des tarifs exceptionnels sur le réseau des CFF.

Synthèse & Conclusion générale

1870 et 1900: la mesure du chemin parcouru en matière de transport ferroviaire de marchandises

En mars 1870, en prévision de la révision de la loi fédérale sur les chemins de fer de 1852, le Conseil fédéral désire obtenir l'avis des milieux du commerce et de l'industrie concernant la fiabilité du transport ferroviaire. Répondant à la sollicitation, un petit commerçant en spiritueux et produits alimentaires de Couvet (NE), localité desservie par le réseau du Franco-Suisse, écrit au gouvernement fédéral. Nous retransmettons ci-après l'entier de cette lettre, tant l'argumentaire nous paraît significatif de la situation du transport ferroviaire suisse à l'aube des années 1870[1]:

> Permettez moi, avant que vous procédiez à la révision des lois qui régissent l'exploitation des chemins de fer suisses, de venir vous signaler ce qui a lieu en fait de transport des marchandises sur le Franco-Suisse.
> Appelé à expédier fréquemment des marchandises de la gare de Couvet à ma maison de Pontarlier et vice-versa, il arrive presque constamment que de la gare d'ici à celle de Pontarlier ce n'est que le 4e jour et le plus souvent que le 5e jour que je puis faire enlever, sitôt après l'arrivée, mes marchandises de la dite gare; pour le retour de Pontarlier à Couvet ce transport se fait en 9 à 4 jours. Généralement, dans ce court trajet les marchandises ne sont pas bien soignées, par exemple, je reçois de France des emballages qui se composent de tonneaux et boîtes en sapin pour revêtir des fromages gruyères destinés à l'exportation, et bien chaque envoi il y a des avaries à cette boissellerie, des fonds de tonneaux, des fonds de boîtes enfoncés, brisés, des cercles manquant, pourtant le tout est déposé en parfait conditionnement, en gare de Pontarlier, par le fabricant lui-même qui est très scrupuleux à cet endroit.
> Il m'est arrivé aussi souvent de recevoir en gare de Pontarlier des tonneaux fromages que j'avais remis en gare de Couvet conditionnés on ne peut mieux, les recevoir délabrés, des paires de fromages entamés par les chocs reçus en route.
> De ces retards et avaries, vous comprendrez facilement, Messieurs, que le négociant en éprouve une perte réelle et désagréable: aussi toutes les fois que je trouve

1 AF, E 53, Nr. 666, Vol. 212, «Lettre de l'entreprise Rosselet-Dubied, fabricant d'extrait d'Absinthe & Kirschwasser à Couvet (Suisse) et Pontarlier (France) au Département fédéral du commerce et des péages à Berne, 29 mars 1870».

l'occasion de faire conduire mes marchandises par voiture directe, je le fais, je charge le matin ma marchandise au voiturier et je la reçois le soir même chez moi en parfait état, il est vrai le prix du port est plus cher, mais je préfère ce mode jusqu'à ce qu'il y ait amélioration sur ce tronçon: et puis en vérité c'est dérisoire pour faire 4 à 5 lieues de chemins de fer il faut 4, 5 et même 6 jours.
Des faits que je signale ici, les pièces sont chez moi à l'appui.
Mille pardons, Monsieur le Président et Messieurs de vous entretenir aussi longuement, mais il est utile que vous sachiez ce qui se passe sur notre ligne, étant certain que par l'intérêt que vous portez au commerce suisse, vous saurez faire cesser des abus qui par leur fait portent préjudice aux rendements de cette ligne.
Veuillez agréer...

Les imperfections du transport ferroviaire du début des années 1870 ressortent clairement à la lecture de cette lettre: délai d'expédition très long; mauvais traitement des marchandises remises à l'entreprise de transport; différence entre prix du roulage et prix du transport ferroviaire qui, pour des petites distances, n'avantage pas clairement le second. On cherche vainement les améliorations apportées par l'avènement des chemins de fer au système de transport.

Une trentaine d'années plus tard, en 1899, Joseph Stockmar (1851-1919), membre de la direction du JS, est l'auteur d'un rapport sur le groupage des marchandises. Pour le JS, Stockmar mentionne qu'il circule fréquemment des wagons de groupage sur les lignes de Genève à Bâle et de Bâle à Delle (ligne Bâle-Belfort). Pour le SCB, le groupage à pris une extension particulière pour le trafic – notamment de transit – entre Bâle et l'Italie: en 1897, 3.2 millions de T sont expédiées par wagons complets de Bâle à destination de l'Italie, soit 12 fois le tonnage des expéditions partielles sur le réseau du SCB. La situation du GB est similaire à celle du SCB. A la fin du siècle, la compagnie réserve une quarantaine de wagons de grandes dimensions pour le groupage. Il est à noter que celui-ci est effectué par des maisons d'expédition et non par les compagnies elles-mêmes. Les wagons de groupage ne bénéficient d'aucun avantage tarifaire, si ce n'est celui d'être expédiés suivant les taxes des classes générales de wagons complets ou aux taxes des tarifs spéciaux de wagons complets du système tarifaire de réforme adopté en 1882/85 par les grandes compagnies suisses. S'arrêtant sur le cas bâlois où, situation de la ville aux confluents des courants commerciaux oblige, le groupage à pris une extension remarquable, Stockmar énumère non seulement les lieux de destination des wagons de groupage au départ de la cité rhénane (une vingtaine au total, dont 15 à l'étranger), mais également les délais de transport. Ainsi, pour les 770 km entre Bâle et le Havre, il faut compter 47 heures et pour les 750 km séparant Bâle de Boulogne, 37 heures[2]. Rappelons qu'en 1870, le Franco-Suisse met parfois plus de 200 heures (soit 9 jours) pour livrer des marchandises de Pontarlier à Couvet, deux localités distantes d'une trentaine de km.

Par rapport à 1870, la façon de transporter des marchandises par chemins de fer en 1900 a subi une modification en profondeur: expéditions massives dans des wagons de grand gabarit; délai raccourci; prix du transport favorable pour les expéditions en grandes quantités sur de longues distances. Cette mutation est en grande partie le fait de la transformation des systèmes tarifaires. Entre les deux dates, l'organisation ferroviaire a également évolué: à la fin des années 1860, l'Etat fédéral est peu présent dans la régulation du transport ferroviaire, soumis aux dispositions de la loi sur la construction et l'exploitation des chemins de fer de 1852. En 1900, l'étatisation a d'ores et déjà été acceptée en votation populaire et marque l'aboutissement d'une série d'interventions législatives visant à donner à la Confédération plus de poids en matière de régulation du transport par chemins de fer. Ces deux moments de l'histoire du transport ferroviaire de marchandises symbolisent le chemin parcouru entre les débuts de l'exploitation et le tournant du siècle.

Prix du transport et évolution du système tarifaire des compagnies ferroviaires suisses: du système à la valeur au système au volume

En Suisse, l'avènement des chemins de fer provoque une rupture au niveau du prix du transport. Dès 1860, celui-ci s'établit à environ 12 ct. par T et par km. Une dizaine d'années plus tôt, le prix du roulage s'élevait encore à environ 45 cts., non comprises les charges fiscales

2 Joseph Stockmar, *Groupage des marchandises. Les tarifs de chemin de fer doivent-ils être établis de manière à favoriser le groupage des marchandises, afin d'utiliser le mieux possible la capacité du matériel de transport ou bien de manière à rendre inutile l'emploi de groupeurs intermédiaires? Europe (sauf la France et l'Autriche-Hongrie)-Autre pays*, Berne 1899, pp. 13-16.

ponctionnées au passage des nombreux péages cantonaux. Jusqu'au Premier Conflit mondial, le prix du transport ferroviaire continue à reculer, certes de façon plus lente, pour atteindre 7.2 cts. en 1913. En termes réels, l'évolution est sensiblement différente: diminution durant la période de croissance économique de 1860 à 1875 marquée par une relative inflation; augmentation dès le milieu des années 1870, durant la phase de recul des prix de la Grande dépression; puis, diminution dès le début du XXe siècle et la reprise économique.

Entre le début de l'exploitation ferroviaire et la Première Guerre mondiale, le système tarifaire des compagnies suisses évolue, d'un système favorisant les expéditions en petites quantités vers un système encourageant le groupage et l'envoi en grandes quantités sur de longues distances. La classification commune de 1863 est ainsi constituée d'une vaste nomenclature de plus d'un millier d'articles[3], rangés en fonction de leur valeur au sein de trois classes. Une diminution de tarif est octroyée lorsque le poids de l'expédition dépasse 5.000 kg. La structure de la classification de 1883 – similaire au système tarifaire alors en vigueur sur les compagnies allemandes – et celle du Tarif général des CFF introduit en 1904 sont avant tout basées sur le volume de l'expédition. Celle-ci est taxée en fonction de son poids et les taxes plus basses de trois classes de tarifs spéciaux – pour lesquelles il existe une nomenclature d'envergure limitée[4] – sont appliquées aux produits de très faible valeur.

Cette évolution traduit l'effort entrepris par les compagnies ferroviaires afin d'optimaliser la fonction de transport de masse dévolue aux chemins de fer et d'utiliser au maximum la capacité totale des wagons. Elle dénote également la prise en compte, dans la structure tarifaire, de la décroissance du coût marginal du transport avec l'augmentation du tonnage ou de la distance d'expédition. Ces éléments ressortent du rapport de Joseph Stockmar, mentionné ci-dessus.

3 Cf. Annexe 4.1, Nomenclature de la classification commune de 1863.

4 Cf. Annexe 4.2, Principaux articles de la nomenclature de la classification de 1882.

Des abaissements tarifaires ciblés aux tarifs de transit par le Gothard: l'évolution de la stratégie de captation des trafics

A côté de leurs tarifs généraux, les compagnies ferroviaires adoptent des abaissements tarifaires ciblés, destinés à faciliter le transport de certains produits pondéreux de peu de valeur (matières premières, produits agricoles essentiellement) ou à lutter contre la concurrence d'autres voies ferrées ou d'autres modes de transport. Les taxes du tarif exceptionnel pour le transport des céréales, dont nous avons suivi les évolutions au fil des ans, sont exemplaires à plus d'un titre. Si, dans un premier temps, les compagnies adoptent un tarif spécial, c'est principalement pour favoriser les échanges de ce produit de grande consommation et provoquer un recul du prix du pain, durant une période où l'évolution de celui-ci détermine encore largement les charges salariales et donc la compétitivité de l'industrie suisse face à la concurrence étrangère. Les abaissements de taxes pour les céréales servent également de ballons d'essais pour d'autres diminutions tarifaires. Avec l'achèvement de la transversale entre l'ouest et l'est de la Suisse en 1860 (cf. carte 12), les courants d'importation des blés venant de l'est (Autriche-Hongrie, Souabe, Pologne) et de l'ouest par le port de Marseille (Algérie, régions danubiennes), sont mis en concurrence par des tarifs ferroviaires exceptionnels, destinés également à favoriser les lignes suisses au détriment de la ligne du Jura français contournant le pays. Au fil des ans et des mises en service de lignes ferrées (Brenner, Mont Cenis, Gothard), les tarifs pour les céréales subissent des modifications souvent conflictuelles qui, au final, provoquent un recul du prix du transport pour ce type de produits: en 1860, expédier 10 T de blé sur 100 km coûte environ 160 frs. En 1913, la même expédition sur une distance similaire a été divisée par deux et revient à 80 frs[5]. L'évolution en termes réels (exprimée en frs. de 1890) traduit un recul, certes légèrement moins fort, mais qui demeure important, passant de 127 à 70 frs.

Ce qui est valable pour le transport des céréales l'est pour quantité d'autres marchandises qui connaissent des diminutions de prix du transport au gré des nécessités de la concurrence. La transversale entre l'ouest

5 Cf. Annexe 3.2.2, Evolution des taxes du tarif exceptionnel pour le transport des céréales (1860-1913).

et l'est de la Suisse achevée, le trafic marchandises peut circuler sans rupture de charge entre Genève et Bâle ou le lac de Constance. Cela ne signifie pas que le trafic entre Marseille et les manufactures du nord-est de la Suisse emprunte prioritairement le réseau helvétique. Celui-ci trouve souvent un avantage, en terme de prix du transport, à demeurer sur le réseau français et à entrer en Suisse par la frontière de Bâle, puis à gagner sa destination en empruntant la ligne SCB du Hauenstein entre Bâle et Olten. Les compagnies suisses exploitant le réseau entre Genève et Olten peuvent prévenir ces détournements de trafic au moyen de politiques tarifaires adaptées. Dès ces années, la solution consiste à établir des tarifications spéciales, popularisées sous le terme de tarifs différentiels en raison de l'abaissement des taxes kilométriques en fonction de la distance parcourue. La stratégie des compagnies ferroviaires helvétiques passe donc par des politiques ciblées d'abaissement des tarifs afin d'attirer sur leur réseau le trafic de transit et le trafic circulant entre le port de Marseille et la Suisse du nord-est et inversement. Dès la mise en service de la ligne badoise de la rive droite du Rhin, les compagnies suisses doivent également compter avec cette nouvelle concurrence pour tous les trafics entre les ports de la façade atlantique ou de la mer du Nord et la Suisse.

Le prélude au développement d'une politique de conquête systématique du transit intervient véritablement durant la seconde moitié des années 1870. Entre le milieu des années 1870 et le début des années 1880, les compagnies ferroviaires helvétiques subissent une crise financière sans précédent, dont les origines s'expliquent à la fois par le recul temporaire des transports durant la Grande dépression et par la diminution de la densité du trafic provoquée par l'augmentation du réseau ferré helvétique durant la décennie. Les recettes du transport ne suffisent plus à payer les intérêts des capitaux engagés dans l'extension du réseau. La stratégie tarifaire des compagnies suisses est dictée en grande partie par le Comptoir d'Escompte de Paris, dont l'arrivée au sein des directions des compagnies ferroviaires helvétiques est facilitée par la crise financière. L'Union commerciale des Administrations de chemins de fer suisses, au sein de laquelle sont intégrées dès 1879 le NOB, le SCB, le JB et la SOS – soit l'ensemble des compagnies exploitant la transversale entre le lac de Constance et Genève et financièrement dominées par le Comptoir d'Escompte – poursuit un double objectif: augmenter la densité de trafic pour payer les intérêts des capitaux;

favoriser l'élaboration d'arrangements tarifaires avec le PLM, proche du Comptoir d'Escompte, afin de diriger le trafic de transit européen et d'exportation suisse en direction du port de Marseille.

La perspective de mise en exploitation du tunnel du Gothard redistribue profondément les cartes dès le début des années 1880. C'est à partir de cette époque que les compagnies helvétiques sont propulsées dans le grand jeu du transit ferroviaire nord-sud. Auparavant, elles attiraient le trafic de transit par l'élaboration de tarifs spéciaux ciblés, basés sur les tarifs en vigueur sur les lignes concurrentes étrangères: les abaissements consentis ne dépassaient pas les limites nécessaires pour détourner le trafic des lignes concurrentes, souvent plus longues, et le conduire sur le réseau suisse. Pour attirer le trafic germano-italien sur l'axe du Gothard, les compagnies helvétiques pensent agir de même, et créer des tarifs spéciaux s'égalisant sur ceux de la ligne rivale du Brenner, là où la concurrence de l'axe autrichien se fera sentir. Du côté allemand, un tel procédé signifie que la ligne du Gothard, malgré les diminutions de distance importantes qu'elle introduit entre une grande partie du pays et l'Italie, ne provoquera aucune diminution des coûts du transport.

Les négociations visant à élaborer le système tarifaire pour le trafic de transit germano-italien empruntant l'axe du Gothard se déroule de 1881 à 1886 entre la délégation allemande et une délégation helvétique formée de membres des directions du NOB, du SCB et du GB. Excluant toute collaboration allant dans le sens de l'élaboration de tarifs spéciaux de transit pour le Gothard, la délégation allemande, pilotée depuis Berlin par le ministre du commerce de l'Etat de Prusse, Albert Maybach, insiste d'emblée pour que les compagnies suisses adoptent le «tarif à un Pfennig» – soit 2.75 cts. par T et par km – pour les transports de charbon allemand et pour qu'elles abandonnent le principe opaque et compliqué de la combinaison des systèmes tarifaires allemands et suisses en faveur du système allemand de réforme (système au volume). Ces deux innovations ont fait leur preuve sur les réseaux ferroviaires germaniques. Soumises à une intense pression de la part des compagnies allemandes, les compagnies suisses plient sur toute la ligne: elles introduisent non seulement le système de tarif au volume sur l'ensemble des trafics (interne et de transit) de leur réseau, mais elles acceptent également des abaissements successifs de leurs prétentions tarifaires pour le trafic de transit. Au final, par rapport à leurs exigences initiales formulées en mars 1882, elles adoptent des diminutions allant de 50% pour les classes de tarifs les plus basses à 20% pour la GV.

Seule compagnie à ne pas adopter le système tarifaire au volume dès l'ouverture du Gothard, la SOS tente vainement d'imposer un système tarifaire alternatif (appelé «Système Chéronnet» du nom du directeur de la compagnie nommé par le Comptoir d'Escompte), qui permettrait une meilleure combinaison avec le système en vigueur sur les compagnies françaises. L'objectif est évidemment de défendre l'axe de transit est-ouest et, plus largement, de garantir la position commerciale du port de Marseille. Isolée, la SOS finit par adopter le système au volume en avril 1885: la réalisation d'un couloir de transit entre le sud-ouest et le nord-est européen, objectif évident de la collaboration tarifaire initiée dans le cadre de l'Union commerciale, échoue ainsi dès le milieu des années 1880.

L'adoption du système tarifaire au volume et l'abaissement successif des taxes kilométriques ne sont pas sans conséquences pour les compagnies suisses. En premier lieu, les taxes les plus basses se rapprochent du coût de revient du transport estimé, à la fin des années 1870, à environ 3.1 cts. par T et par km. Les taxes kilométriques adoptées pour les charbons allemands à destination de l'Italie – de l'ordre de 3 cts. – empêchent ce type de transport de devenir rentable pour le GB. Cet élément ne freine nullement les compagnies suisses qui introduisent, dès le 14 avril 1884 et sur pression des mines de la Ruhr, le «tarif à un Pfennig» (2.75 cts. par T et par km) pour les transports de charbon en transit. En deuxième lieu, les abaissements tarifaires accordés par les compagnies suisses n'entraînent qu'une croissance modérée du trafic de transit empruntant le Gothard: en 1883, à l'ouverture du tunnel, le trafic de transit représente plus de 50% du trafic total; en 1893, il se monte à environ 30% du total. En ce qui concerne les transports de charbon, l'adoption du «tarif à un Pfennig» n'est pas suffisante pour permettre à la production allemande de s'imposer sur le marché italien. Pour ces produits pondéreux de peu de valeur, le prix du fret maritime depuis l'Angleterre demeure souple et avantageux.

Relativiser la croissance du trafic de transit par le Gothard ne doit pas nous conduire à minimiser le rôle fondamental qu'occupe l'axe helvétique dans les relations économiques entre le nord et le sud de l'Europe. Ainsi, à la fin des années 1880, le tonnage transitant par le Gothard est plus de trois fois supérieur à celui empruntant la ligne concurrente du

Brenner: les abaissements tarifaires successifs ont largement contribué à assurer la domination du Gothard sur l'axe autrichien. Au niveau de l'ensemble du réseau suisse, la part de trafic qui provient du transit est également d'une importance non négligeable: au milieu des années 1880, le Conseil fédéral l'évalue à environ ¼ du total du trafic. Au final, il serait faux de supposer, en prenant en considération la seule variable de la distance, que le trafic de transit entre le nord et le sud de l'Europe est acquis à l'axe du Gothard. Le prix du transport détermine bien plus l'aptitude d'un axe à capter le trafic marchandises.

Evolution du contexte commercial et nouveaux impératifs en matière de tarifs ferroviaires

Dès 1879, la politique tarifaire adoptée par l'Union commerciale afin d'optimaliser la capacité de l'axe est-ouest à capter le trafic de transit ainsi que le trafic d'exportation et d'importation par le port de Marseille suscitent une tension grandissante entre une partie des secteurs de l'économie helvétique et les compagnies ferroviaires privées. Le système tarifaire adopté quelques années plus tard, dès l'ouverture du tunnel du Gothard, aiguise ces tensions.

Les frictions ont premièrement pour origine le remplacement d'un système tarifaire basé en grande partie sur la valeur de la marchandise et favorisant les expéditions en petites quantités, par un système au volume, pensé pour les transports en grandes quantités. Or, la question se pose de savoir si un tel système est adapté à la situation commerciale helvétique, caractérisée par l'absence de très grands centres industriels sur le modèle allemand. A la fin des années 1870, entre 20 et 25% du total des transports du SCB et du NOB se faisaient aux classes de tarif des expéditions partielles (< 5.000 kg), contre à peine plus de 4% des transports des chemins de fer impériaux d'Alsace-Lorraine. La modification du système tarifaire est défavorable notamment pour les classes moyennes industrielles et commerçantes, habituées aux expéditions partielles sur des distances relativement courtes. Elle entraîne des renchérissements pour certains types de transport en petites quantités de l'ordre de 30% entre Genève et Berne, de 24% entre Genève et Bâle et de 20% entre Genève et Zurich. Pourtant, le système tarifaire au volume permet aux chemins de fer d'affirmer leur vrai rôle de transport de masse: entre Genève et Olten, il engage des diminutions du prix du transport par wagons complets (10.000 kg) de l'ordre de 50% pour les denrées coloniales, de 30 à 36% pour les fers, de 24% pour les produits manufacturés.

Le second motif de mécontentement provient des taxes très basses du trafic de transit, dont le bénéfice n'est pas étendu aux trafics internes ou d'exportation. Au milieu des années 1880, dans le contexte économique tendu de la Grande dépression et du retour des politiques douanières protectionnistes, les taxes auxquelles sont soumis les produits industriels allemands pour gagner le marché italien par le Gothard sont interprétées, notamment par l'industrie d'exportation helvétique, comme une inadmissible faveur accordée à la concurrence. Les compagnies ferroviaires sont accusées d'avantager les industriels germaniques, alors que parallèlement les marchés de l'Empire allemand se ferment aux exportations helvétiques. L'exemple de l'industrie des machines – l'un des fleurons de l'industrie suisse de la fin du siècle – illustre cette situation. Une fabrique de Zurich, distante de 330 km de Chiasso, paie environ 26 frs. pour une expédition d'une T par le Gothard. La taxe kilométrique est de 7.8 cts. par T. Une fabrique de Dortmund, exportant le même type de produits paie, jusqu'à Chiasso, environ 42 frs., soit 4.3 cts. par T et par km. Autrement dit, une augmentation de distance de près de 200% entraîne une augmentation du prix du transport de moins de 65%. L'avantage de distance dont dispose l'industrie helvétique pour gagner les marchés transalpins demeure, mais tend à s'effriter en raison des taxes introduites par les compagnies helvétiques pour le trafic de transit par le Gothard.

Les tensions sont exacerbées par la nouvelle orientation que prennent les politiques tarifaires des compagnies ferroviaires étrangères dès la fin des années 1870. En Allemagne, en France, en Italie, les tarifs ferroviaires deviennent l'arme discrète et efficace d'une politique commerciale fortement teintée de protectionnisme. Durant des décennies, la tendance des compagnies ferroviaires s'est orientée vers la captation de tous les trafics. Le retour du protectionnisme en Europe inverse cette tendance, produit des politiques tarifaires destinées à freiner l'importation et à réserver le marché national à la production indigène. Ce nouveau rôle accordé aux tarifs ferroviaires rend inopérant les quelques tarifs que les compagnies ferroviaires suisses introduisent afin de faciliter l'exportation nationale: en août 1888, la publication d'un tarif destiné à favoriser l'expédition de machines en direction de l'Italie provoque des diminutions du prix du transport jusqu'à Chiasso, qui sont immédiatement annulées par l'augmentation des taxes des chemins de fer italiens entre Chiasso et la plupart des villes du nord de la Péninsule. La crispation financière des compagnies, consistant à refuser toute mesure qui risquerait d'entraîner un recul de leurs recettes et à réduire ainsi l'indemnité en cas de rachat du réseau par la Confédération, achève de décrédibiliser la politique tarifaire des compagnies ferroviaires privées. Au début des années 1890, évoquant le renchérissement du prix du charbon consécutif aux mouvements de grève qui secouent les bassins miniers de la Ruhr, de la Silésie et de la Sarre, les compagnies refusent à plusieurs reprises des allègement des tarifs pour le transport du combustible, malgré la faible diminution des recettes qu'entraînerait une telle mesure. Au milieu de la même décennie, les compagnies refusent également d'envisager l'introduction d'un système tarifaire dégressif, solution plébiscitée par de larges pans de l'industrie et du commerce et susceptible d'engager des diminutions du prix des expéditions en trafic intérieur. Ces éléments pèsent de tout leurs poids dans la création d'une plate forme politique susceptible de mener au rachat des compagnies à l'échéance des concessions de 1898.

Les trois moments de la régulation tarifaire par l'Etat fédéral

1 La régulation par la morphologie du réseau

Au fil de la période analysée, le rôle de la Confédération en matière de régulation des chemins de fer en général, et tarifaire en particulier, évolue. La loi fédérale en matière de construction et d'exploitation des chemins de fer, adoptée par le Parlement en été 1852, abandonne aux cantons le droit d'accorder des concessions ferroviaires à des compagnies privées. Toutefois, les conflits de tracés entre cantons nécessitent rapidement l'intervention de la Confédération, qui s'insère ainsi dans la détermination des grandes lignes du réseau ferroviaire. Peu à peu le système des «doubles lignes» est érigé en doctrine, susceptible d'éviter la constitution d'un monopole ferroviaire. Au milieu des années 1860, soit à la fin de la première vague d'investissements ferroviaires, le système des «doubles lignes» a acquis un développement remarquable: entre Genève, Bâle et Romanshorn, deux tronçons, faiblement distants l'un de l'autre et exploités par des compagnies différentes, relient presque tous les points importants du réseau (cf. carte 12). On peut attendre de cette morphologie qu'elle structure les politiques tarifaires des compagnies et qu'elle constitue, en quelque sorte, la première forme de la régulation tarifaire étatique. La perpétuation d'un mouvement à la baisse des prix du transport est garantie par la mise en concurrence des lignes exploitées par des compagnies rivales. Or, il n'en est rien: si le prix du transport diminue remarquablement durant la première décennie de l'exploitation ferroviaire, cela est dû à l'avènement du nouveau système et non pas à la concurrence entre les lignes. Les compagnies édifient, dès le début des années 1860, une stricte régulation des trafics internes à la Suisse au moyen des conventions de partage du trafic établies au sein de la CACF. Ces conventions libèrent les compagnies des tensions du marché intérieur. Au moyen de tarifs exceptionnels, elles peuvent désormais entièrement se concentrer sur la lutte contre les lignes ferroviaires contournant la Suisse et menaçant d'ôter à leur réseau toute capacité à capter le trafic entre le sud-ouest et le nord-est du pays (empruntant la ligne du Jura français) et à s'assurer une part du trafic de transit européen.

2 *La régulation tarifaire par les mesures législatives*

A cette première forme de régulation étatique succède une seconde forme postulant sur les mesures législatives. La motion Corboz, déposée en juillet 1861 déjà et réclamant que les transports de marchandises en trafic interne soient soumis aux mêmes taxes que les produits étrangers en transit ou en importation, initie un débat qui dépasse largement la stricte exigence de la motion, pour déboucher sur une remise en question du rôle régulateur de l'Etat fédéral en matière de tarifs ferroviaires. L'idée d'un contrôle plus strict des politiques tarifaires des compagnies est soutenue entre autre par les milieux viticoles vaudois, desquels est issu l'auteur de la motion, et qui réagissent à l'introduction d'abaissements tarifaires, notamment pour les transports de vins français à destination de la Suisse alémanique. Les cantons de Genève et de Bâle-Ville, dans leur prise de position, apportent également leur soutien à la motion, stipulant que la pérennité de leur important commerce d'entrepôt est mis en danger par les tarifs directs entre les ports de mer et les stations du centre de la Suisse. Cependant, l'idée d'une intervention fédérale visant à limiter la liberté tarifaire des compagnies ferroviaires n'entraîne pas d'autres adhésions. Alors que l'industrie textile ressent le contrecoup de la crise cotonnière provoquée par la guerre de Sécession et que le traité de commerce franco-anglais de 1860 promet un renforcement de la concurrence internationale par un abaissement des barrières douanières, l'intrusion de la Confédération en matière de tarifs ferroviaires risquerait, notamment par l'exigence de suppression des tarifs différentiels, de se traduire par une égalisation à la hausse des tarifs. Or, il est évident que les tarifs différentiels du début des années 1860, favorisant le transport de matières premières (coton, charbon) et de blés, ainsi que l'exportation de produits manufacturés, sont bénéfiques à la Suisse industrielle.

Une dizaine d'années plus tard, lors de la préparation de la loi fédérale sur la construction et l'exploitation des chemins de fer de 1872, le DFI, alors en charge des chemins de fer, propose dans son avant-projet de limiter les tarifs différentiels aux seuls trafics pour lesquels les compagnies suisses sont en concurrence avec des compagnies ferroviaires étrangères. Cette proposition entraîne des résistances du côté du DFCP, demandant expressément les tarifs ferroviaires les plus avantageux pour l'industrie textile, conditions remises en question par une interdiction des tarifs différentiels, au moment même où la concurrence internationale tend à s'affermir. La commission d'experts nommée par le DFI pour étudier son avant-projet rejette également l'interdiction des tarifs différentiels, alors que les administrations ferroviaires, choisissant à dessein l'exemple textile, s'offusquent d'une proposition qui reviendrait à défavoriser les manufactures suisses qui verraient augmenter le prix du transport du coton. Sensibles aux arguments de la commission d'experts et des compagnies, les Chambres fédérales optent pour une intervention minimale de la Confédération en matière de tarification ferroviaire dans la loi de 1872. Comme au début des années 1860, les tarifs différentiels sont favorables à la Suisse industrielle. L'article 35 limite les prérogatives du département fédéral en charge des chemins de fer au contrôle du respect des maxima tarifaires. De plus, l'exécutif fédéral peut, sur plainte ou sur sa propre décision, demander le retrait d'un tarif différentiel.

La nécessité de donner à la Confédération un rôle plus actif en matière de tarifs ferroviaires surgit véritablement au début des années 1880, s'affirme avec le retour du protectionnisme européen et la formation des tarifs de transit par le Gothard. Quelques mois après l'introduction du système de tarification au volume, des représentants de la classe moyenne industrielle, réunis à Olten, réclament le retour à l'ancien système par l'intermédiaire d'une pétition rassemblant plus de 2.200 signatures. Cette première réunion d'Olten est à mettre en lien avec la création, au printemps 1884, du *Tarif-Verein*, association ayant pour but d'analyser les conséquences des tarifs ferroviaires sur la petite industrie et le commerce local. La réforme tarifaire des compagnies suisses ne convainc pas non plus l'industrie d'exportation qui, jusqu'alors, s'était toujours opposée à une intervention de la Confédération en matière de tarifs ferroviaires. Celle-ci est désormais inquiète des conséquences néfastes de l'introduction de tarifs de transit favorisant l'exportation de la production industrielle allemande en direction de l'Italie. Le Vorort de l'USCI initie, dès le début de l'été 1883, une vaste enquête nationale sur les tarifs ferroviaires.

Aux Chambres fédérales, les préoccupations tarifaires des milieux de l'économie trouvent un écho durant la session d'été 1883. Deux motions, l'une émanant du conseillers aux Etats argovien Olivier Zschokke, l'autre du conseiller national zurichois et président de l'USCI Conrad Cramer-Frey, exigent du Conseil fédéral un rapport sur les tarifs marchandises des chemins de fer. Les deux motions aboutissent à l'adoption, en décembre 1884, d'un arrêté fédéral enjoignant les compagnies à accorder des diminutions de prix pour les transports sur de petites distances et à égaliser, autant que possible, les tarifs pour l'exportation de produits suisses sur ceux en vigueur pour le transit de marchandises étrangères. Toutefois, à l'image de l'ultime intervention législative de 1893 en matière de tarifs (modification de la loi fédéral sur les transports), l'arrêté de 1884 n'a aucune valeur contraignante: le système législatif de 1872 n'a en effet donné au Conseil fédéral qu'un droit de veto. En d'autres termes, les autorités fédérales peuvent exiger le retrait d'un tarif, sans toutefois intervenir en amont, dans la constitution de celui-ci.

Il devient donc évident qu'en vertu des concessions ferroviaires, seul le rachat est susceptible de donner à la Confédération un rôle actif dans la construction des tarifs ferroviaires et de les mettre en phase avec la politique économique et commerciale de l'Etat fédéral qui, à l'image de la plupart des pays européens, adopte, dès les vingt dernières années du siècle, un visage plus protectionniste.

3 L'étatisation des compagnies privées: garantir l'abaissement du prix du transport pour l'économie nationale

Deux éléments déterminent les capacités d'un projet de rachat d'entraîner l'adhésion d'une majorité du pays.

Le premier élément consiste à donner à la future compagnie d'Etat les moyens de provoquer des améliorations du service et en particulier des abaissements du prix du transport. Le second élément nécessite de lui donner une base financière solide, lui permettant d'amortir la dette contractée lors du rachat. Autrement dit, les recettes du transport, dont l'ampleur est déterminée par les tarifs, doivent remplir un double but, en grande partie contradictoire: permettre un allègement du coût du transport pour l'économie nationale et dégager une marge bénéficiaire suffisante pour rembourser un emprunt qui ne saurait l'être au moyen du budget courant de l'Etat.

Le choix de séparer l'administration des chemins de fer de l'administration fédérale, tel qu'il ressort du projet de rachat que le Conseil fédéral soumet au Parlement en mars 1897, vise à garantir l'indépendance de la gestion financière de la compagnie par rapport à celle de l'Etat fédéral. Si la séparation s'explique avant tout par l'importance de l'emprunt qu'il s'agira de contracter afin de mener à bien le rachat et par les incertitudes liées à la rentabilité de la future compagnie étatisée, elle a un évident prolongement du côté des politiques tarifaires. Elle permettra d'exclure le financement d'abaissement des tarifs par le budget de l'Etat et, à l'inverse, d'écarter toute intégration des éventuels bénéfices des CFF aux recettes courantes de la Confédération.

La capacité des CFF à provoquer un recul du prix du transport découlera essentiellement des montants à disposition, une fois soustraites, à l'excédent annuel des recettes d'exploitation, les sommes nécessaires à l'amortissement. Le projet du Conseil fédéral entérine l'adoption définitive du système tarifaire au volume et adopte le principe de l'égalisation des taxes de parcours sur celles en vigueur sur le réseau du NOB, présentant les tarifs les plus avantageux au moment du rachat. Le projet de rachat ne prévoit donc pas de diminution importante des tarifs, qui demeurent proches de ceux en vigueur sur les compagnies privées et largement supérieurs à ceux pratiqués par les chemins de fer allemands et par le Gothard pour le trafic de transit germano-italien.

La prudence du Conseil fédéral est à interpréter dans sa volonté de donner certaines garanties financières aux opposants au rachat. Ainsi, une fois posé le principe d'une égalisation des tarifs de la compagnie d'Etat sur les taxes en vigueur les plus basses – opération qui provoquera un recul de près de 1.7 millions de frs. des recettes de la compagnie d'Etat par rapport aux recettes de l'ensemble des compagnies soumises au rachat – le Conseil fédéral déclare qu'aucun autre abaissement tarifaire ne sera immédiatement introduit. Lors de l'élaboration de la loi fédérale sur les tarifs des CFF de 1901, le Conseil fédéral campe sur ses positions: le remboursement de la dette grâce aux recettes générées par l'activité de transport est prioritaire et les diminutions de tarifs sont secondaires. Appuyés par les milieux du commerce et de l'industrie, les termes de la loi sur les tarifs ne permettent pas de tabler sur un mouvement à la baisse du prix du transport ferroviaire.

Renouveler l'organisation du transport ferroviaire pour perpétuer le recul du prix du transport par chemin de fer: l'actualité d'une problématique

De multiples éléments expliquent l'adoption, par le peuple suisse, du projet de rachat des compagnies ferroviaires privées à l'aube du XXe siècle. Parmi ceux-ci, les tarifs ferroviaires – définissant le prix du transport, puisque les chemins de fer sont en situation de monopole – ont joué un rôle considérable. L'étatisation et la formation des CFF peuvent être interprétées comme la volonté de provoquer une rupture dans un système ferroviaire dominé par des compagnies privées, dont on doutait de la capacité, ou de la volonté, à améliorer leurs politiques tarifaires dans un sens plus favorable à l'économie nationale. L'étatisation se veut ainsi défense de la position concurrentielle de l'industrie suisse. Au niveau du prix moyen du transport, le rachat a bien eu un impact profitable. En termes réels, le prix du transport diminue de près de 13% entre le début du siècle et la Première Guerre mondiale, alors que la période de la Grande Dépression et le recul généralisé des prix qu'elle avait entraîné, avait vu le prix réel du transport augmenter de près de 6% entre 1883 et 1889. Le période de bonne conjoncture économique entre 1860 et 1875, avait entraîné un recul moindre que durant la Belle époque, de l'ordre de 10%. L'introduction de mesures tarifaires destinées à maintenir les capacités concurrentielles de l'industrie helvétique, incluant déclassements et élaboration de tarifs exceptionnels, se fait alors même que la santé financière des CFF ne cesse de se détériorer en raison des surcoûts du rachat et du strict respect des conditions de réserves et d'amortissements fixées par la loi sur la comptabilité de 1896.

Le projet de rachat survient également au terme d'une période de plusieurs décennies qui ont vu s'accroître l'évidence de l'existence de deux segments du marché du transport, l'un interne, l'autre de transit, pour lesquels deux politiques tarifaires différentes ont dues être pensées. La régulation du premier permit de se lancer à l'assaut du second qui offrait des perspectives de croissance supérieure. Cet élément défavorise la demande interne de transport provenant des producteurs suisses, en fait un marché captif pour lequel il n'est pas nécessaire d'étendre les abaissements tarifaires. Sans remettre en question l'importance du trafic de transit pour la bonne marche du réseau des futurs CFF, le rachat vise également à produire un rééquilibrage entre prix du transit et prix du transport interne. Les taxes introduites en 1886 pour le trafic entre l'Allemagne et l'Italie par le Gothard sont maintenues, les surtaxes pour les tronçons de montagne sont même revues à la baisse, ceci afin d'entraîner l'adhésion de l'Allemagne et de l'Italie au rachat de la ligne du Gothard en 1909, dont les deux pays avaient en grande partie financé l'édification. Ces avantages tarifaires sont étendus au trafic interne entre le nord des Alpes et le Tessin par le Gothard.

Une histoire ferroviaire axée sur les politiques tarifaires nous a largement démontré leur rôle dans la construction du trafic de transit marchandises. Incapables de s'entendre sur des politiques tarifaires offensives destinées à drainer le trafic entre l'ouest et l'est européen sur la ligne Marseille-Genève-Bâle et lac de Constance, la volonté de formation d'un couloir ouest-est traversant le pays présente dès 1860, atteint son apogée avec l'Union commerciale à la fin des années 1870 et s'éteint, dès 1885, avec le ralliement de la SOS au système tarifaire au volume, peu combinable avec le système en vigueur sur les compagnies françaises. L'échec de ce couloir perdure actuellement. Le couloir nord-sud par le Gothard suit une destinée toute différente. Le prompt ralliement, sous la pression allemande, du NOB, du SCB et du GB au système tarifaire en vigueur sur les compagnies germaniques, l'adoption de taxes de parcours similaires à celles pratiquées sur le réseau prussien, assure l'avenir de transit du Gothard. Alors même que les divers rapports des années 1840 et du début des années 1850 insistent, dans leur grande majorité, sur la nécessité de lignes ferrées au service de l'économie nationale et sur la faible probabilité de voir un réseau ferroviaire suisse au centre du transit européen, les compagnies orientent très vite leur stratégie tarifaire en direction d'une captation des trafics internationaux, avec plus ou moins de succès, comme on l'a vu. Cet élément fait des chemins de fer helvétiques, à l'image d'autres secteurs de l'économie nationale (tourisme, banque et finance, industrie chimique, construction mécanique), un secteur fortement orienté en direction des marchés extérieurs.

D'une certaine manière, la libéralisation actuelle du transport ferroviaire, que nous avons largement détaillée dans notre chapitre introductif, obéit à une même logique que celle qui a régi le rachat à la fin du XIXe siècle. Elle consiste, par une réorganisation du transport ferroviaire, à prolonger le mouvement de recul du prix du transport. Le contexte a certes radicalement changé. Le rachat s'est fait alors que le mode de transport ferroviaire occupait une position monopolistique. La libéralisation actuelle, couplée à diverses incitations en faveur de l'utilisation du rail, dont la création de capacités supplémentaires de ferroutage (NLFA)[6] et l'internalisation, du moins en partie, des coûts externes générés par le transport routier (RPLP)[7], tentent avant tout de re-dynamiser le secteur ferroviaire et de lui donner les moyens de lutter efficacement, par la voie du prix, contre la concurrence de la route.

6 Le Gothard de base permettra par exemple de réduire de 40 km le parcours actuel et de ne pas exiger des convois qu'ils grimpent jusqu'à 1150 m, point culminant de la ligne de montagne. La ligne du Gothard de base ne s'élèvera pas au-dessus de 550 m. La réduction de la distance et la diminution des frais de traction seront reportées sur le prix du transport. Cf. Benz, *Les Alpes...*, pp. 113-114.

7 Cf. note 49, Chapitre introductif.

Annexes

Annexe 1

Vote nominatif au Conseil national lors de l'adoption de la loi fédérale sur les chemins de fer de 1852

En gras, membres de la commission du Conseil national

Suivent le rapport de la minorité de la commission du Conseil national : construction des chemins de fer par des compagnies privées et par les cantons	***Suivent le rapport de la majorité de la commission du Conseil national : construction des chemins de fer par la Confédération***	***Abstention (Ab) ou absence (A)***
Genève		
Alexandre Félix Alméras Abraham-L. Tourte		Philippe Camperio (A)
St-Gall		
Georg-Friedrich Anderegg Joseph Leonhard Joseph Marzell von Hoffmann Abraham Raschle Christian Rohrer Johann Benedikt Schubiger		**Johann M. Hungerbühler** (A) Jakob Ulrich Ritter (A)
Grisons		
Johann Bartholome Arpagaus **Johann Baptist Bavier** Georg Michel Andreas Rudolf von Planta		
Berne		
Pierre-Ignace Aubry Johannes Bach Eduard Eugen Blösch Friedrich Fueter August von Gonzenbach Jakob Karlen Charles Moreau (Delémont) Auguste Moschard Benedicht Straub	Johann Bützberger Jakob Imobersteg Karl Karrer Albert R.S. Lohner **Jakob Stämpfli** Albrecht Weyermann Joh. August Weingart	F.-Xavier-M. Elsässer (A) Johann Ulrich Gfeller (A) Johann Ulrich Lehmann (A) Johann Rudolf Schneider (A) Xavier Stockmar (A) Johann Rudolf Vogel (A)
Zurich		
Rudolf Benz Benjamin Brändli **Alfred Escher** Karl Adolf Huber Heinrich Rüegg Georg Joseph Sidler Rudolf Fr. Wäffler J. Heinrich Zangger	Johann Jakob Treichler	Jakob Dubs (A) Joh. Jakob Ryffel (A) Hermann M. Stadtmann (A) Paul Karl Eduard Ziegler (A)

Vaud		
Louis Blanchenay		
Charles-P.E. Bontems		Justin Bornand (A)
Edouard Dapples		Emanuel Dav. Bourgeois (A)
Auguste de Loës		
Charles Estoppey		
Vincent Kehrwand		
François Thury		
J.-P. Louis Wenger		
Soleure		
Benjamin J. Brunner		
Niklaus Pfluger		
Johann Jakob Trog		
Lucerne		
Joseph-Sigmund Bühler	Anton Schnyder	Vinzenz Huber (A)
Alois Kopp		**Jakob Robert Steiger (A)**
Jakob Kopp		
Kasimir Pfyffer		
Philipp Anton von Segesser		
Nidwald		
Franz Joseph Durrer		
Argovie		
Samuel Frey	J.J. Friedrich Schmid	Peter J. Bruggisser (Ab)
Johann Rudolf Ringier	**S. Friedrich Siegfried**	Wilhelm K. Baldinger (A)
K. Ferdinand Schimpf		Adolf Fischer (A)
Franz Waller		Gregor Lützelschwab (A)
		Uldarich J. Schaufelbühl (A)
		Samuel Schwarz (A)
Schaffhouse		
Johann Georg Fuog	**Johann Fr. Peyer im Hof**	
Fribourg		
Nicolas Glasson	J.-F. Marcelin Bussard	
Léon Pittet	Henri Benjamin Presset	
Julien de Schaller		
Thurgovie		
Karl Eduard Häberlin		Johann Ludwig Sulzberger (A)
Johann Conrad Kern		
Johann Georg Kreis		
Appenzell (AI)		
Johann Nepomuk Hautle		
Uri		
Florian Lusser		
Valais		
Adrien Félix Pottier		Alexis Allet (A)
Antoine de Riedmatten		Maurice Barman (A)
Neuchâtel		
J.-Auguste Rougemont		Frédéric A. Courvoisier (A)
		Frédéric Lambelet (A)
Zoug		
Aloïs Schwerzmann	P. Hugues Thomas	
Schwyz		
Karl Styger		Fr. Karl Schuler (A)
		Johann Anton Steinegger (A)

Appenzell (AR) Johann Jakob Sutter Johann Heinrich Tanner		
Glaris Johannes Trümpy		Kaspar Jenny (A)
Obwald Franz Wirz		
Tessin	Valentino Alessandro Balli Agostino Demarchi Augusto Fogliardi Giacomo Luvini **Giovanni Battista Pioda**	Rocco Bonzanigo (A) Benigno Soldini (A)
Bâle-Campagne	Stephan Gutzwiller Johann Mesmer	
Bâle-Ville		**Achilles Bischoff (A)**

Source: d'après Ferdinand Gubler, Die Anfänge der schweizerischen Eisenbahnpolitik auf Grundlage der wirtschaftlichen Interessen 1833-1852, Zürich, 1915, pp. 350-351; Erich Gruner, *L'Assemblée fédérale suisse 1848-1920,* vol. 1, *Biographie,* Berne, 1966.

Annexe 2

Evolution du prix du transport ferroviaire marchandises en Suisse (1868-1913)

	Indice des prix mixte (1890=100)	*Valeurs nominales*							*Valeurs réelles*						
		NOB	*SO(S) ; JS*	*VSB*	*GB*	*JBL*	*SCB*	***Moyenne***	*NOB*	*SO(S) ; JS*	*VSB*	*GB*	*JBL*	*SCB*	***Moyenne***
1868	125	10.60		12.66			10.01	**11.1**	8.5		10.1	0.0		8.0	**8.9**
1869	118	11.30		12.67			10.59	**11.5**	9.6		10.7	0.0		9.0	**9.8**
1870	122	11.12		12.89			10.07	**11.4**	9.1		10.6	0.0		8.3	**9.3**
1871	132	10.78		12.88			10.78	**11.5**	8.2		9.8	0.0		8.2	**8.7**
1872	153	10.37	10.10	12.55			9.71	**10.7**	6.8	6.6	8.2	0.0		6.3	**7.0**
1873	159	10.23	9.68	12.23			9.61	**10.4**	6.4	6.1	7.7	0.0		6.0	**6.6**
1874	136	9.18	9.41	10.9		15.8	8.86	**10.8**	6.8	6.9	8.0	0.0	11.6	6.5	**8.0**
1875	129	9.23	9.04	11.21		17.28	8.76	**11.1**	7.2	7.0	8.7	0.0	13.4	6.8	**8.6**
1876	137	9.16	9.51	11.11		15.53	9.12	**10.9**	6.7	6.9	8.1	0.0	11.3	6.7	**7.9**
1877	135	10.04	10.23	12.14	14.91	12.55	10.06	**11.7**	7.4	7.6	9.0	11.0	9.3	7.5	**8.6**
1878	125	10.37	8.89	12.41	15,36	10.43	10.08	**11.3**	8.3	7.1	9.9	12.3	8.3	8.1	**9.0**
1879	119	10.39	9.66	12.54	14.10	10.2	9.72	**11.1**	8.7	8.1	10.5	11.8	8.6	8.2	**9.3**
1880	121	10.27	9.07	12.48	11.82	9.5	9.55	**10.4**	8.5	7.5	10.3	9.8	7.9	7.9	**8.6**
1881	114	10.26	9.26	12.82	14.98	9.27	9.59	**11.0**	9.0	8.1	11.2	13.1	8.1	8.4	**9.7**
1882	115	10.11	9.23	12.63	7.53	9.37	9.28	**9.7**	8.8	8.0	11.0	6.5	8.1	8.1	**8.4**
1883	110	9.79	9.01	12.48	7.25	8.74	8.72	**9.3**	8.9	8.2	11.3	6.6	7.9	7.9	**8.5**
1884	102	9.47	8.86	12.17	7.42	8.72	8.84	**9.2**	9.3	8.7	11.9	7.3	8.5	8.7	**9.1**
1885	93	9.13	9.06	10.8	6.89	8.88	8.59	**8.9**	9.8	9.7	11.6	7.4	9.5	9.2	**9.6**
1886	91	9.26	9.56	11.09	7.12	8.17	8.6	**9.0**	10.2	10.5	12.2	7.8	9.0	9.5	**9.9**
1887	93	9.12	9.49	10.53	6.73	7.95	8.41	**8.7**	9.8	10.2	11.3	7.2	8.5	9.0	**9.4**
1888	91	8.77	8.89	10.17	6.85	7.88	8.32	**8.5**	9.6	9.8	11.2	7.5	8.7	9.1	**9.3**
1890	100	9.09	8.09	8.87	6.98		8.57	**8.3**	9.1	8.1	8.9	7.0		8.6	**8.3**
1891	100	9.09	8.13	10.37	7.24		8.5	**8.7**	9.1	8.1	10.4	7.2		8.5	**8.7**
1892	97	9.24	8.56	10.61	7.23		8.68	**8.9**	9.5	8.8	10.9	7.5		8.9	**9.1**

1893	91	9.1	8.26	10.25	7		8.38	**8.6**	10.0	9.1	11.3	7.7		9.2	**9.4**
1894	93	9.18	8.47	10.12	7.1		8.47	**8.7**	9.9	9.1	10.9	7.6		9.1	**9.3**
1895	92	9.25	8.6	9.89	7.38		8.48	**8.7**	10.1	9.3	10.8	8.0		9.2	**9.5**
1896	93	9.11	8.69	9.84	7.43		8.01	**8.6**	9.8	9.3	10.6	8.0		8.6	**9.3**
1897	95	9.22	8.49	9.97	7.58		8.61	**8.77**	9.7	8.9	10.5	8.0		9.1	**9.2**
1898	96	9.22	8.35	10.01	7.25		8.62	**8.69**	9.6	8.7	10.4	7.6		9.0	**9.1**
1899	97	9.12	8.29	10.09	7.63		8.58	**8.74**	9.4	8.5	10.4	7.9		8.8	**9.0**
1900	95	9.07	8.32	10.05	7.42		8.4	**8.65**	9.5	8.8	10.6	7.8		8.8	**9.1**
1905	99							**8.05**							**8.1**
1906	102							**8.05**							**7.9**
1907	109							**8.05**							**7.4**
1908	105							**8.05**							**7.6**
1909	107	**Réseau des CFF (jusqu'en 1909, sans GB)**						**7.77**	**Réseau des CFF (jusqu'en 1909 sans GB)**						**7.2**
1910	110							**7.71**							**7**
1911	115							**7.70**							**6.7**
1912	115							**7.70**							**6.7**
1913	115							**7.99**							**6.9**

Sources: d'après *Statistique des chemins de fer suisses,* Berne, 1868-1900; indice des prix mixte calculé à partir de l'indice des prix de gros et de l'indice des prix à la consommation par Cédric Humair, *Développement économique et Etat central (1815-1914),* Berne, 2004, pp. 745-747 d'après les indices fournis Heiner Ritzmann-Blickenstorfer (éd), Hansjörg Siegenthaler (dir.), *Statistique historique de la Suisse,* Zürich, 1996, pp. 485 et 502.

La statistique des chemins de fer suisse est établie et publiée systématiquement dès 1868. Le prix du transport ferroviaire, soit le tarif pratiqué par les compagnies pour le transport de la plus grande partie du tonnage de marchandises, ne figure pas dans la statistique. Il correspond cependant à la recette totale des transports de marchandises divisée par le tonnage total transporté et divisée par le parcours moyen des marchandises (soit la recette par T et par km).

Pour établir le prix du transport ferroviaire en Suisse, nous avons pris en compte la recette des six grandes compagnies, soit le NOB, le VSB, le SCB, la SOS (JS dès 1890), le JBL (JS dès 1890) et le GB (hormis pour 1870, uniquement NOB, VSB et SCB).

Annexes 3

Taxes des tarifs

3.1 Evolution des taxes du tarif général des compagnies ferroviaires suisses

3.1.1 Taxes de la classification du 15 octobre 1863

En cts. par T et par km

Lignes		***Classes de tarif***					
		GV	*I*	*III*	*A* *5t*	*B* *5t*	*C* *5t*
NOB		36	21	17	13	8	7
VSB		36	21	17	13	8	7
SCB		33.6	17	14.7	13.4		5.2
	1-5 km					17	
	6-20 km					8.4	
	Au-delà de 21 km					6.3	
	Surtaxe fixe						*8***
JBL							
Berne-Lucerne		33	20	16	13	9	7
Berne-Bienne-Neuveville	1-5 km	33.68	17	12.6	10.5	6.3	5.2
	Surtaxe fixe	*20**	*14**	*14**	*14**	*8*	*8***
Lyss-Frasses	1-5 km	42	25	21	19	17	17
	Au-delà de 5 km	42	25	21	19	17	13
Bienne-Tavannes-Convers		29.15	20.8	20	18.3	14.55	10.4
Tavannes-Delémont-Bâle		29.47	21.05	20.21	11.85	14.73	10.52

Jura-Industriel		68	34	32	30	25	17
Neuchâtel-Chaux-de-Fonds							
Chaux-de-Fonds-Le Locle		64.8	32.4	32	30	25	17
SO							
Genève-Versoix	*Surtaxe fixe*	36	20	16	14	12	5.2
		*20**	*15**	*15**	*15**		*8***
Ouest-Suisse, Lausanne-Fribourg-Berne et Jougne-Eclépens	*Surtaxe fixe*	33.68	17	13	10.5	8	5.2
		*20**	*14**	*14**	*14**		*8***
Franco-Suisse	*Surtaxe fixe*						
Littoral		36	18	14	12.5	8.4	5.2
Ligne des Verrières		36	18	14	14	10	5.2
		*20**	*14**	*14**	*14**		*8***
Ligne de la vallée de la Broye							
Territoire fribourgeois							
Territoire vaudois		42	29.4	23	21	8.4	8.4
		33.6	17	13	10.5	8.4	8.4
Ligne du Simplon							
		40	20	12	11	10	9

** Dans le service direct, la moitié ; dans le service de transit, rien*
*** Dans le service de transit, la moitié*

Sources: Pour le SCB, le JBL et la SO, calculs établis d'après Armand Paillard, *Les tarifs de chemins de fer en matière de marchandises,* Lausanne, 1929, p. 105 bis. Pour le NOB et le VSB, calculs établis d'après FF, vol. 3, 1862, pp. 444-445; [Georg Stoll], *Über die Differenzial-Tarife der Eisenbahnen mit besondere Rücksicht auf die Schweiz,* Zürich, 1862, p. 42.

Les tarifs sont généralement exprimés en quintal par lieue. Nous avons utilisé le rapport suivant: 1 lieue = 4.75 km environ; 1 t = 20 q.

3.1.2 Taxes de la classification du 1er juin 1872

En cts. par T et par km

Lignes		***Classification du 1er juin 1872***							
		GV	*I*	*II*	*A* 5t	*B* 5t	*C* 5t	*D* 10t	*E* 10t
NOB et Effretikon-Hinweil	De 1 à 5 km	36	21	17	21	21	21	17	17
	De 6 à 10 km	36	21	17	21	17	13	9	9
	De 11 à 30 km	36	21	17	15	13	11	7	4.5
	Au-delà de 30 km	36	21	17	11	9	07	5.5	4
Glaris-Linthal	De 1 à 5 km	40	20	20	20	20	20	18	10
	De 6 à 10 km	40	20	20	18	16	14	8	10
	Au-delà de 10 km	40	20	16	17	15	11	8	10
Ligne du Bötzberg et Sud-Argovie	1-5 km	33.6	21	17	21	21	21	17	17
	6-10 km	33.6	21	17	21	17	12.6	8.4	8.4
	11-15 km	33.6	21	17	15	12.6	10.5	6.3	4.2
	16-20 km	33.6	21	17	15	12.6	10.5	6.3	4.2
	21-25 km	33.6	21	17	15	12.6	10.5	6.3	4.2
	25-30 km	33.6	21	17	15	12.6	10.5	6.3	4.2
	Au-delà	33.6	21	17	10.5	8.4	6.3	5.2	4.2
VSB et Toggenburg		35.7	21	17	13.6	11.5	9.4	5.2	5.2
	Surtaxe fixe								
	1-60 km					*8*	*8*	*8*	
	Au-delà								*4*
SCB		33.6	17	15	13.6	11.5	9.4	5.2	5.2
JBL									
Berne-Lucerne		33	20	16	16	13	10	9	7
Berne-Bienne-Neuveville		33.6	17	12.6	12.6	10.5	10.5	6.3	5.2
	Surtaxe fixe	*20*	*14*	*14*	*14*	*14*	*14*	*8*	*8*
Lyss-Frasses	1-5 km	42.1	25.2	21	21	16.8	16.8	16.8	16.8
	Au-delà	42.1	22.5	21	21	16.8	16.8	12.6	12.6
Bienne-Tavannes-Convers		29.15	20.80	20	20	18.3	18.3	14.55	10.40

Tavannes-Delémont-Bâle		29.47	21	20.2	20.2	18.5	18.5	14.7	10.5
Jura-Industriel									
Neuchâtel-Chaux-de-Fonds		68	34	32	32	30	25	17	17
Chaux-de-Fonds-Le Locle		64.8	32.4	32	32	30	25	16.2	16.2
SO									
Genève-Versoix		36	20	16	16	11.46	9.38	5.21	5.21
	Surtaxe fixe								
	Pour toutes les distances	*20*	*15*	*15*	*15*	*8*	*8*	*8*	
	Jusqu'à 60 km								*4*
Ouest-Suisse, Lausanne-Fribourg-Berne et Jougne-Eclépens		33.6	17	13	13	11.5	9.4	5.2	5.2
	Surtaxe fixe	*20*	*14*	*14*	*14*	*8*	*8*	*8*	
	Pour toutes les distances								*4*
	Jusqu'à 60 km								
Franco-Suisse		36	18	14	14	11.46	9.38	5.21	5.21
Littoral		36	18	14	14	11.46	9.38	5.21	5.21
Ligne des Verrières									
	Surtaxe fixe	*20*	*14*	*14*	*14*	*8*	*8*	*8*	
	Pour toutes les distances								*4*
	Jusqu'à 60 km								
Ligne de la vallée de la Broye									
Territoire fribourgeois		42.1	29.4	21	21	11.5	9.4	5.2	5.2
Territoire vaudois		33.6	17	12.6	12.6	11.5	9.4	5.2	5.2
	Surtaxe fixe					*8*	*8*	*8*	*2*
	Pour toutes les distances								*4*
Ligne du Simplon	*Jusqu'à 60 km*	40	20	12	11	11	10	10	9
GB	De 1 à 5 km	40	20.8	20	20	20	20	20	20
	De 6 à 10 km	40	20.8	20	20	20	20	10	10
	De 11 à 15 km	36	20.8	20	18	16	14	6	4
	De 16 à 20 km	36	20.8	16	16	12	10	6	4
	Au-delà de 20 km	36	20.8	14	12	10	8	6	4

Sources: calculs établis d'après Paillard, *Les tarifs de chemins de fer…*, p. 105 bis.

3.1.3 *Taxes de la classification de la réforme de 1882*

En cts. par T et par km

	GV	*Exp. partielles*		*Wagons complets*		*Tarifs spéciaux*					
		1	*2*	*A*[1]	*B*	*I*		*II*		*III*	
				5t	*10t*	*a*	*b*	*a*	*b*	*a*	*b*
						5t	*10t*	*5t*	*10t*	*5t*	*10t*
		Taxe kilométrique									
NOB	34	17	13.5	12.5	11	9.5	8	8.5	7	7.5	4.2
VSB	35	17.5	13.5	13.5	12.5	11	9.5	9.5	8	8	5
GB (service suisse interne et direct ; surtaxe de 60% pour les tronçons de montagne compris)	35	17.5	13.5	12.6	11.3	9.4	8.4	8.4	6.6	6.6	4.2
SCB	34	17	13.5	12.5	12.5	11	9.5	9.5	8	8	5
JBL, SOS (cette dernière dès 1885)	34	17	13.5	13.5	12.5	11	9.5	9.5	8	8	5
		Frais d'expédition									
NOB, VSB, SCB, JBL, SOS											
a. Service interne											
De 1 à 20 km	200	100	100	75	75	60	60	60	60	60	60
Pour chaque kilomètre en sus jusqu'à 30	10	5	5	7.5	7.5	4	4	4	4	4	4
Au delà de 30 km	300	150	150	150	150	100	100	100	100	100	100
b. Service direct	400	200	200	150	150	100	100	100	100	100	100
GB											
a. Service interne											
De 1 à 20 km	100	50	50	-	-	-	-	-	-	-	-
De 11 à 20 km, en sus par km	10	5	5	-	-	-	-	-	-	-	-
Pour chaque kilomètre en sus en plus	20	10	10	-	-	-	-	-	-	-	-
De 1 à 20 km	-	-	-	75	75	60	60	60	60	60	60
De 21 à 30 km, en sus par km	-	-	-	7.5	7.5	4	4	4	4	4	4
Maximum pour 30 km	400	200	200	150	150	100	100	100	100	100	100
b. Service direct	200	200	200	150	150	100	100	100	100	100	100

Sources: Pour le NOB, le VSB et le GB, calculs établis d'après FF, vol. 4, 1883/1, p. 476. Pour le SCB, AHCFF, VGB_GB_SBBGB03_089_02, Schweizerische Centralbahn, Aargauische Südbahn und Wohlen-Bremgarten, «Normaltaxen für den internen, directen und Transit-Güterverkehr», Ausgabe vom 1. Juli 1889, Basel, 1889; Pour le JBL et la SOS, ACV, K IX 207/5, «Lettre du Département fédéral des postes et des chemins de fer au Conseil d'Etat du canton de Vaud, Berne, le 28 novembre 1884».

3.1.4 Taxes adoptées par les CFF dès 1904

En cts. par T et par km

	GV	*PV*									
		Expéditions partielles		*Wagons complets*		*Tarifs spéciaux*					
						I		*II*		*III*	
		1	*2*	*A*	*B*	*a*	*b*	*a*	*b*	*a*	*b*
				5t	*10t*	*5t*	*10t*	*5t*	*10t*	*5t*	*10t*
Taxe kilométrique											
	34	17	13.5	12.5	11	9.5	8	8.5	7	7.5	4.2
Frais d'expédition											
1 – 20 km	180	100	100	75	75	60	60	60	60	60	60
21 – 39 km (supplément par km)	4.5	2.5	2.5	3.75	3.75	2	2	2	2	2	2
40 km et au-delà	270	150	150	150	150	100	100	100	100	100	100

Sources: calculs établis d'après FF, vol. 5, 1899, pp. 778-852.

3.1.5 Comparaison entre les taxes des systèmes de tarification de 1872 et de 1882 (Schweizerische Centralbahn)

En cts. pour 100 kg

En gras, taxes du système de tarification 1882

Km	*GV*	*Envois partiels*		*Wagons complets*		*Tarifs spéciaux*					
						I		*II*		*III*	
		1	*2*	*A*[1]	*B*	*a*	*B*	*a*	*b*	*a*	*b*
10	**55**	**28**	**24**	**21**	**20**	**17**	**16**	**16**	**14**	**14**	**11**
	33	17	15	15	15	13	13	13	13	13	13
20	**90**	**45**	**37**	**35**	**33**	**28**	**25**	**25**	**22**	**22**	**16**
	67	34	29	29	29	27	27	21	21	19	19
30	**135**	**68**	**56**	**56**	**53**	**43**	**39**	**30**	**34**	**34**	**25**
	100	50	44	44	44	40	40	27	27	24	24
40	**170**	**85**	**69**	**69**	**65**	**54**	**48**	**48**	**42**	**42**	**30**
	138	67	59	59	59	53	53	33	33	29	29
50	**205**	**103**	**83**	**83**	**78**	**65**	**58**	**58**	**50**	**50**	**35**
	167	83	73	73	73	67	67	40	40	34	34
60	**240**	**120**	**96**	**96**	**90**	**76**	**67**	**67**	**58**	**58**	**40**
	200	100	88	88	88	80	80	46	46	40	40
70	**275**	**138**	**110**	**110**	**103**	**87**	**77**	**77**	**66**	**66**	**45**
	234	117	103	103	103	94	94	52	52	45	45
80	**310**	**155**	**123**	**123**	**115**	**98**	**86**	**86**	**74**	**74**	**50**
	268	134	117	117	117	107	107	59	59	50	50
90	**345**	**173**	**137**	**137**	**128**	**109**	**96**	**96**	**82**	**82**	**55**
	300	150	132	132	132	120	120	65	65	55	55
100	**380**	**190**	**150**	**150**	**140**	**120**	**105**	**105**	**90**	**90**	**60**
	333	167	146	146	146	133	133	71	71	60	60
110	**415**	**208**	**164**	**164**	**153**	**131**	**115**	**115**	**98**	**98**	**65**
	367	183	161	161	161	147	147	77	77	66	65
120	**450**	**225**	**177**	**177**	**165**	**142**	**124**	**124**	**106**	**106**	**70**
	400	200	175	175	175	160	160	84	84	71	71

Source: calculs établis d'après *Eingabe des Tarif-Vereins an die hohe Bundesversammlung der schweizerischen Eidgenossenschaft,* Aarau, 1884.

3.2 Tarifs exceptionnels

3.2.1 Taxes des tarifs 11 P^A et 11 P^B au départ de Lyon et Mâcon

N° 11 P^A

De / à	Lyon Guillotière (gare)					Mâcon gare				
	Km	Prix			Délai	Km	Prix			Délai
		1re série	2e série	3e série			1re série	2e série	3e série	
Zofingen	391	31.34	31.34	29.65	12	407	32.46	32.46	30.61	12
Aarau	403	32.65	32.65	30.96	12	419	33.77	33.77	31.92	12
Lucerne	439	39.34	39.34	37.65	13	455	40.46	40.46	38.61	13
Zurich	454	43.19	41.05	39.36	13	470	44.27	42.17	40.32	13
Winterthour	480	48.69	45.45	47.76	13	496	49.77	46.57	44.72	13
Frauenfeld	497	52.19	48.25	46.56	13	513	53.27	49.37	47.52	13
Schaffhouse	511	46.82	44.80	43.11	13	527	47.94	45.92	44.07	13
Romanshorn	538	56.89	53.65	51.96	13	554	57.97	54.77	52.92	13
Constance	538	55.85	54.25	52.56	13	554	56.97	55.37	53.52	13
Fussach (Bregenz)	538	57.85	56.45	54.76	13	554	58.97	57.57	55.72	14
Lindau	538	57.85	56.45	54.76	13	554	58.97	57.57	55.72	14
Wyl	509	54.65	50.25	48.56	13	525	55.77	51.37	49.52	14
St-Gall	538	60.65	55.05	53.36	13	554	61.77	56.17	54.32	14
Rorschach	554	59.85	54.70	53.01	13	570	60.97	55.82	53.97	14
Uster	476	47.55	45.09	43.36	14	492	48.67	46.17	44.32	14
Rapperswyl	500	48.55	46.09	44.36	14	516	49.67	46.17	44.32	14
Utznach	512	50.55	48.09	46.36	14	528	51.67	49.17	47.32	14
Glaris	538	53.55	51.45	49.76	14	554	54.67	52.57	50.72	14
Coire	584	63.19	59.09	57.36	14	600	64.27	60.17	58.32	14

N° 11 P^B

De / à	Lyon Guillotière (gare)					Mâcon gare				
	Km	Prix			Délai	Km	Prix			Délai
		1re série	2e série	3e série			1re série	2e série	3e série	
Neuchâtel	293	24.78	24.78	21.40	8	309	26.06	26.06	22.36	8
Bienne	324	30.28	30.28	26.90	9	340	31.56	31.56	27.26	9
Soleure	348	34.28	34.28	30.90	10	364	35.56	35.56	31.86	9
Herzogenbuchsee	363	36.68	36.68	33.30	10	379	37.96	37.96	34.26	9
Berthoud	379	37.18	37.18	33.80	12	395	38.46	38.46	34.76	12
Berne	403	40.18	40.18	36.80	12	419	41.46	41.46	37.76	12
Thoune	435	45.38	45.38	42	13	451	46.66	46.66	42.96	13
Balliswyl	432	44.98	44.98	41.60	13	448	46.26	46.26	42.56	13
Langenthal	372	38.28	38.28	34.90	12	388	39.56	39.56	35.86	12

Première série Bouteilles vides, bois de réglisse, cacao, café, carbonates de potasse et de soude, cotons en balle, cristaux de soude, dame-jeanne emballée, élastiques, extraits de teinture en fûts, graines tinctoriales, huiles de bouche en fûts, orseilles, savons, sels de soude, potasse, spiritueux en fûts, sulfates, verres à vitre, verrerie commune emballée.
Deuxième série Bois de teinture, chlorure de chaux, coton en balles pressés, fer blanc en feuilles emballées, ferronneries, graines Fourragères, huiles ordinaires en fûts, mélasse en fûts, nitrate, potasse, soude, sucre brut, vins en fûts, vinaigres en fûts.
Troisième série Alizaris, Enclumes, Etaux, Taules, Fers en barre et en feuille, fers feuillards, fonte brute, garances et garancines, métaux bruts, plombs en saumons et en rouleaux, produits métallurgiques, tôles forte

3.2.2 Evolution des taxes du tarif spécial pour le transport des céréales (1860-1913)

Distance en km	Tarif direct < 4.000 kg/Cl. III (début 1860)	Tarif à paliers (début 1860)	Tarif "système belge" (1er mai 1869)	Tarif provisoire à paliers (15 février 1878)	Tarif provisoire interne "système belge" NOB (20 octobre 1878)	Tarif "système belge" (1er décembre 1878)	Tarif "système belge" (1884)	Tarif exceptionnel des CFF (1904)
1	0.16	0.13	0.11	0.09	0.13	0.09	0.08	0.08
2	0.31	0.27	0.23	0.18	0.25	0.18	0.16	0.16
3	0.47	0.40	0.34	0.27	0.38	0.27	0.24	0.24
4	0.62	0.53	0.46	0.36	0.50	0.36	0.32	0.32
5	0.78	0.67	0.57	0.45	0.63	0.45	0.40	0.40
10	1.56	1.33	1.14	0.90	1.26	0.90	0.80	0.80
15	2.34	2.00	1.71	1.35	1.89	1.35	1.20	1.20
20	3.12	2.66	2.28	1.80	2.52	1.80	1.60	1.60
25	3.90	3.33	2.85	2.25	3.15	2.25	2.00	2.00
30	4.68	3.99	3.42	2.70	3.78	2.70	2.40	2.40
35	5.46	4.66	3.99	3.15	4.41	3.15	2.80	2.80
40	6.24	5.32	4.56	3.60	5.04	3.60	3.20	3.20
45	7.02	5.99	5.13	4.05	5.67	4.05	3.60	3.60
50	7.80	6.65	5.70	4.50	6.30	4.50	4.00	4.00
55	8.58	7.32	6.27	4.95	6.55	4.95	4.40	4.40
60	9.36	7.98	6.84	5.40	6.80	5.40	4.80	4.80
65	10.14	8.65	7.41	5.85	7.05	5.85	5.20	5.20
70	10.92	9.31	7.98	6.30	7.30	6.30	5.60	5.60
75	11.70	9.98	8.55	6.75	7.55	6.75	6.00	6.00
80	12.48	10.64	9.12	7.20	7.80	7.20	6.40	6.40
85	13.26	11.31	9.69	7.65	8.05	7.65	6.80	6.80
90	14.04	11.97	10.26	8.10	8.30	8.10	7.20	7.20
95	14.82	12.45	10.83	8.55	8.55	8.55	7.60	7.60
100	15.60	12.45	11.15	9.00	8.80	9.00	8.00	8.00
105	16.38	12.45	11.41	9.45	9.05	9.35	8.30	8.30
110	17.16	12.45	11.67	9.90	9.30	9.70	8.60	8.60
115	17.94	12.45	11.93	10.35	9.55	10.05	8.90	8.90
120	18.72	12.45	12.19	10.80	9.80	10.40	9.20	9.20
125	19.50	12.45	12.45	11.25	10.05	10.75	9.50	9.50
130	20.28	12.45	12.72	11.70	10.30	11.10	9.80	9.80
135	21.06	12.45	12.98	12.15	10.55	11.45	10.10	10.10
140	21.84	12.45	13.24	12.60	10.80	11.80	10.40	10.40
145	22.62	12.45	13.50	13.05	11.05	12.15	10.70	10.70
150	23.40	12.45	13.76	13.50	11.30	12.50	11.00	11.00
155	24.18	12.87	14.02	13.95	11.55	12.85	11.23	11.14
160	24.96	13.28	14.28	14.07	11.80	13.20	11.45	11.31
165	25.74	13.70	14.54	14.07	12.05	13.55	11.68	11.49
170	26.52	14.11	14.80	14.07	12.30	13.90	11.90	11.66
175	27.30	14.53	15.06	14.07	12.55	14.25	12.13	11.87
180	28.08	14.94	15.32	14.07	12.80	14.60	12.35	12.05
185	28.86	15.36	15.58	14.07	13.05	14.95	12.58	12.22
190	29.64	15.77	15.84	14.07	13.30	15.30	12.80	12.40

195	30.42	16.19	16.01	14.07	13.55	15.65	13.03	12.57
200	31.20	16.60	16.11	14.07	13.80	16.00	13.25	12.75
205	31.98	17.02	16.22	14.35	14.05	16.15	13.38	12.87
210	32.76	17.43	16.32	14.70	14.30	16.30	13.50	13.00
215	33.54	17.85	16.42	15.05	14.55	16.45	13.63	13.10
220	34.32	18.26	16.53	15.40	14.80	16.60	13.75	13.25
225	35.10	18.68	16.63	15.75	15.05	16.75	13.88	13.37
230	35.88	19.09	16.74	16.10	15.30	16.90	14.00	13.50
235	36.66	19.51	16.84	16.45	15.55	17.05	14.13	13.62
240	37.44	19.92	16.94	16.80	15.80	17.20	14.25	13.75
245	38.22	20.34	17.05	17.15	16.05	17.35	14.38	13.87
250	39.00	20.75	17.15	17.50	16.30	17.50	14.50	14.00
255	39.78	21.17	17.26	17.85	16.55	17.65	14.63	14.10
260	40.56	21.58	17.36	18.20	16.80	17.80	14.75	14.25
265	41.34	22.00	17.46	18.55	17.05	17.95	14.88	14.37
270	42.12	22.41	17.57	18.90	17.30	18.10	15.00	14.50
275	42.90	22.83	17.67	19.25	17.55	18.25	15.13	14.62
280	43.68	23.24	17.78	19.60	17.80	18.40	15.25	14.72
285	44.46	23.66	17.88	19.95	18.05	18.55	15.38	14.85
290	45.24	24.07	17.98	20.30	18.30	18.70	15.50	14.97
295	46.02	24.49	18.09	20.65	18.55	18.85	15.63	15.12
300	46.80	24.90	18.19	21.00	18.80	19.00	15.75	15.25
305	47.58	25.32	18.30	21.35	19.05	19.10	15.85	15.35
310	48.36	25.73	18.40	21.70	19.30	19.20	15.95	15.45
315	49.14	26.15	18.50	22.05	19.55	19.30	16.05	15.55
320	49.92	26.56	18.61	22.40	19.80	19.40	16.15	15.65

Sources par ordre chronologique: Calculé d'après, *Des tarifs différentiels sur les chemins de fer suisses,* Neuchâtel, 1862; *Mémoire présenté au Département fédéral de l'Intérieur sur les tarifs différentiels dans leur application aux chemins de fer suisses,* Zurich, 1862; AHCFF, CACF, *Décisions...,* vol. 1, pp. 63-64 (Céréales – Conférence des 27-28 septembre 1864); AHCFF, CACF, *Procès-verbaux...,* vol. 2, pp. 73-74 (Tarif des céréales – Conférence des 9-10 octobre 1866); AHCFF, CACF, *Décisions...,* vol. 1, pp. 68-69 (Tarifs des céréales); AHCFF, CACF, *Procès-verbaux...,* vol. 4, pp. 273-274 (Tarifs de céréales – Conférence des 24-25 octobre 1877); AHCFF, CACF, *Décisions...,* vol. 3, pp. 272-274 (Tarif des céréales – Conférence des 30 août-1 septembre 1884); FF, vol. 2, 1879, p. 220; AF, E 53, Nr. 784, Vol. 258, «Chemins de fer du Nord-Est Suisse, du Central Suisse, du Jura-Berne-Lucerne et de la Suisse Occidentale, Tarif spécial n° 6 pour le transport à petite vitesse des céréales, farines, farineux alimentaires, légumes farineux et graines, 1884»; Paillard, *Les tarifs de chemins de fer...,* p. 137.

Annexes 4

Nomenclatures des classifications de 1863 et de 1882

4.1 Nomenclature de la classification commune de 1863

Pour les taxes se reporter à l'Annexe 3.1.1, Taxes de la classification du 15 octobre 1863

Classes de tarif					
I	*II*	*III*	*A*	*B*	*C*
A Absinthe (liqueur) en bombonnes, en caisses, en paniers ou en fûts Absinthe (plante) en balles Acides non dénommés Acier ouvré Agaric Aiguilles à coudre et à tricoter Ail Albâtre brut ou façonné Albumine Alcalis non dénommés Alcools en caisse ou en paniers Allumettes chimiques Amadou Amandes Ambre	Acajou en billes Acier brut Acier de cémentation Alizari Alun Amidon Antimoine cru Argentan Argentine	Alcools en fûts Alquifoux, Galène Ancres de marine Anthracite Arachides Ardoises Ardoises en vrac Argile Asphalte Avoine Axes ou Essieux en fer, à l'usage des chemins de fer Axes ou Essieux en fer, ordinaires	Alquifoux, Galène Avoine	Argile Axes ou Essieux en fer, à l'usage des chemins de fer	Anthracite Ardoises en vrac Asphalte

Ammoniaque liquide Anchois Anis Antimoine régule Antiquités Appareils à gaz Arac Arbres et arbustes vivants, emballés ou en pots, en paquets, en paniers, etc Armes Arquebuserie Arrow-root Arsenic Articles de modes et parure Articles de teinture, Couleurs Articles dits d'industrie parisienne, non dénommés Avelanèdes Axes ou Essieux en bois					
B Bâches en toile ou en cuir Balais non dénommés Balance Baleine ouvrée Bascules Baudruche salée Baume Benjoin Beurre	Batterie de cuisine Blanc d'argent Blanc de zinc Bois de teinture en bûches Bois exotiques, non dénommés Bolus Bouteilles vides, emballées (verrerie commune)	Balais communs, de bouleau et de bruyère Bandages de roues pour chemins de fer Baryte Battitures Becquets (clous de cordonniers) Betteraves Bielles en fer	Balais communs, de bouleau et de bruyère Betteraves Blanc d'Espagne, de Troyes et de Meudon Blés (céréales) Bois de cèdre en blocs Bois débités pour bois de fusils Bois sciés, ouvrés pour	Bandages de roues pour chemins de fer Baryte Battitures Bois de charronnage indigènes, bruts et sciés, non dénommés Bois de menuiserie ordinaire, sciés, non ouvrés Boîtes à graisse (pour	Bitume solide Boghead solide Bois à brûler Bois de construction, bruts et équarris Bois indigènes en billons Briques

Beurre de cacao Bière en caisses ou en paniers Billards Bimbeloterie et Ouvrages de Nuremberg Biscuits de mer Bismuth Bitume liquide en bonbonnes, en tourtes etc. Bleu d'outremer Bois de fusain Bois de teinture, moulus ou effilés Boissellerie Boissons et liquides non dénommés, en caisses, en paniers ou en fûts Boîtes en bois, en carton etc. Bonnetterie Borate de soude Borax Bouchons Bougies Bourre de soie et de laine Bouteilles vides en vrac (verrerie commune) Boyaux Broche pour filatures Broderies Bronzes d'art (objets en bronze)	Bronze brut Brun-rouge	Bière en fûts Bitume liquide en fûts Bitume solide Blanc d'Espagne, de Troye et de Meudon Blés (céréales) Boghead liquide en tonneaux Boghead solide Bois à brûler Bois de cèdre en blocs Bois de charronnage indigènes, bruts et sciés, non dénommés Bois de construction, bruts et équarris Bois de menuiserie ordinaire, façonnés Bois de menuiserie ordinaire, sciés, non ouvrés Bois débités pour bois de fusils Bois indigènes en billons Bois sciés, ouvrés pour planches Boiseries, Lambris Boîtes à graisse (pour chemins de fer) Boîtes de roues, ordinaires Boulons d'éclisses et de rails Boulons en fer Boulons en fer (pour	planches Boiseries, Lambris	chemins de fer) Boulons d'éclisses et de rails Boulons en fer (pour chemins de fer)	

Brosserie Bruyères en balles Buffleterie, Peausserie, Ouvrages en cuir Bustes (en marbre ou en gypse etc.)		chemins de fer) Briques			
C Cacao Cachou Cadres Café Cages vides Caisses de voiture Caisses d'horlogerie (à horloge) Caisses vides, non démontées Caisses, Coffres-forts Calicots, Rouennerie, Toiles de coton Cambouis (graisse de char) Camions et Charrettes démontées Camphin (Camphène) Camphre Candélabres Cannelle Cantharides Caoutchouc brut et ouvré Câpres Capsules	Cantharides Cassonade Céruse, Blanc de céruse Chanvre brut et en tige Chevillettes en fer Chevillettes en fer, Pointes de Paris Chicorée Chiques Choucroute Cobalt Colophane Coniatine Coton brut, en balles pressées Cotons filés, non teint Couperose Crin végétal Cristaux de soude Cuivre brut en lingots, en barres ou en planches Cuivre de doublage Curcuma en racines	Câbles en fer Cailloux Caisses démontées en plateaux Calamine Carottes et Navets Carreaux de ciment Carreaux de marbre brut Carreaux de terre cuite Cendres ordinaires Cercles en bois Cercles en fer Chaînes en fer Charbon de bois Chaux Chevrons Chiffons, Drilles, en balles Chlorure de chaux Choux-verts Chromate de fer Cidre en fûts Ciment en casises ou en tonneaux Clous ordinaires en fer	Carottes et Navets Carreaux de marbre brut Cercles en bois Chiffons, Drilles, en balles Choux-verts Chromate de fer Cornes brutes Craie Crin végétal	Calamine Carreaux de ciment Carreaux de terre cuite Cendres ordinaires Chaux Ciment en caisses ou en tonneaux Coussinets en fer et en fonte pour rails	Cailloux Chevrons Coke

Caractères d'imprimerie		Coal-tar en tonneaux			
Caramel (Sucre d'orge)		Coke			
Carbonate de potasse		Cornes brutes			
Carbonate de soude		Cornes pour pipes (peintes de bout de)			
Cardamone		Cornières en fer			
Cardes		Coussinets en fer et en fonte pour rails			
Caret, Ecaille de tortue brute		Craie			
Caroubes		Crayons d'ardoise			
Carreaux en faïence ou en marbre, polis et ouvrés		Cruchons vides, emballés			
Carrosseries, Charronnage, non dénommée					
Cartes à jouer					
Carton					
Cartonnage					
Casquettes					
Caviar					
Cendre d'orfèvres					
Chaises					
Champignons					
Chandelles					
Chanvre filé					
Chanvre peigné					
Chapellerie					
Charcuterie					
Chardons					
Châssis ferrés (de fenêtre)					
Chaudronnerie					
Chaussures					
Cheveux					

Chiendent pour brosses etc. Chocolat Chromate de potasse Chromates non dénommés Cidre en caisses ou en paniers					
D Daguerréotypes Dames-jeannes Dattes Déchets de frisons Déchets de soie Denrées coloniales, non dénommées Dentelles Dividivi Draperie Drogueries non dénommées Duvet	Dextrine	Dalles de pierres, brutes Déchet de coton et de laine Déchets (Rognures) de cuir, Carnasse Déchets de corne, d'os (engrais) Déchets de papier et de carton Déchets de tannerie Déchets de toute nature, non dénommés Dégras de peau Douves ou Douelles Drains, Tuyaux de drainage en terre cuite	Déchet de coton et de laine Déchets (Rognures) de cuir, Carnasse Déchets de papier et de carton Déchets de tannerie Déchets de toute nature, non dénommés	Déchets de corne, d'os (engrais) Douves ou Douelles Drains, Tuyaux de drainage en terre cuite	Dalles de pierres, brutes
E Eau de Cologne Eau de fleurs d'orangers Eau de rose Eau de vie en caisse ou en paniers Eau régale Eaux distillées Ecorce brute en bottes	Eau de Javelle Emeri Etain brut en lingots Etoupes en balles pressées	Eau de mer en fûts Eau de vie ordinaire, en fûts Eau ordinaire en fûts Eaux minérales Echalas Eclisses pour jonction de rails	Ecorce brute en bottes, par expédition de 60 quintaux au moins Ecorce moulue en sacs Epeautre	Eau ordinaire en fûts Eclisses pour jonction de rails	Echalas

Ecorce de quercitron Ecorce médicinale Ecrevisses Ecume de mer, brute et ouvrée Effets à usage Elastiques pour meubles (ressorts) Ellébore Email Encens Encre Encre de Chine Epicerie non dénommée Epingles Eponges Equipements militaires Escargots Essence de térébenthine Essences non dénommées Estampes Etain ouvré Etaux Ether Etoffes de coton, de laine, de lin et de soie Etoffes et Ouvrages en bourre de soi dits en mi-soie Etoupes en balles non pressées Etuis vides de toutes espèce		Ecorce moulue en sacs Enclumes Epeautre Epine-vinette (racine d')			

Extraits de bois de teinture, non dénommés					
F Faïence fine Faïence non emballée Fanons de baleines Farine de moutarde Fécules exotiques Feuilles de maïs Feuilles de mûrier Feuilles d'oranger Feuilles et Filasses de latanier et de palmier Feuilles médicinales Feutres Ficelles Figues Figures en plâtre, en bois ou en d'autres matériaux Fil de coton, de laine, de lin et de soie etc. excepté le fil de coton non teint Fil de cuivre en caisse etc. Fil de fer en caisses etc. Fil de laiton en caisse Filasse non emballée Filtre en grès Fleur de soufre Fleurs artificielles Fleurs fraîches Fleurs sèches	Farineux et pâtes alimentaires, non dénommés Faulx Fer-blanc non ouvré Fil de coton non teint Fil de cuivre en anneaux, non emballé Fil de fer en anneaux, non emballé Fil de laiton en anneaux, non emballé Filasse emballée Fourneaux économiques en fonte Fromage	Fagots à brûler Faïence commune, emballée Faînes Farine Farine de lin Fèces d'huile Fécules indigènes Fer à clous Fer en barres ou en feuilles Fer en pièces forgées Fer Feuillard Fer pour ornements, ouvré Ferrailles, Vieux fer et Riblons Ferronnerie commune Fers riblons Feuilles pour engrais Fèves, Féveroles et Haricots Foin pressé Fonte moulée pour ornements Fontes brutes en gueuses ou en saumons Fontes moulées ordinaires Fontes moulées, ornements Fourneaux économiques en fonte	Farine Fécules indigènes Fèves, Féveroles et Haricots Fontes brutes en gueuses ou en saumons Froment Fruits frais Fruits secs	Fagots à brûler Ferrailles, Vieux fer et Riblons Fers riblons Feuilles pour engrais Foin pressé, par wagons de 60 quintaux au moins Fourrages verts en sacs, par wagon de 60 quintaux au moins Fumier (Engrais)	

Foie d’oie Foin non pressé Fontes moulées fines, emballées Formes à sucre, en terre cuite Formes à sucre, en tôle Fourneaux économiques (objets manufacturés) Fournitures de bureaux Fourrages secs Fourrures Friperie Frison de soie Fruits confits ou en jus Fruits de dessert Fruits du midi frais et secs, non dénommés		Fourrages verts Frittes Froment Fruits frais Fruits secs Fumier (Engrais)			
G Galle à bonnet Ganterie Garancine Gaudes Gélatine Gentiane Gibier Gingembre Girofle Glaces emballées Gomme de toute espèce Gomme laque ou copal	Garance Glucose (sucre de fécule)	Genièvre en grains Germes de malt Glace Glands doux Glu marine Glycérine Goudron, Brai Graines céréales Graines d’esparcette Graines fourragères Graines oléagineuses Graines résineuses	Graines céréales Graines d’esparcette Graines fourragères Graines oléagineuses Graines résineuses Grains (céréales) Graphite Gruaux Guano Gueuse	Germes de malt Glace Gypse, Plâtre, en sacs ou en tonneaux	Granit en blocs Gravier Grès bruts ou ébauchés

Graines aromatiques et de jardins Graines de fenouil Graines de jardin Graines de moutarde Graines non dénommées Graines potagères Graines tinctoriales Graisse Grenades Griffes de girofle Gutta-Percha brute et ouvrée		Grains (céréales) Granit en blocs Graphite Gravier Grès bruts ou ébauchés Gruaux Guano Gueuse Gypse, Plâtre, en sacs ou en tonneaux			
H Hardes Harengs salé Harmonicas Herboristerie Horlogerie Horloges à carillon Houblon Huile de foie de morue Huiles grasses exotiques, non dénommées Huiles volatiles et de table Huîtres	Huile de coco Huile de poisson Huiles ordinaires indigènes, de plus Huile minérales et Huiles propres à l'usage des machines, en fûts ou en pots	Houille, Charbon de terre Huile de palme			Houille, Charbon de terre
I Immortelles Imprimés Indiennes, Toiles peintes		Issues de grains	Issues de grains		

Indigo Instruments aratoires Instruments de musique Instruments d'optique et de précision Iode Ivoire brut Ivoire ouvré (ouvrages en ivoire)					
J Jambons Jaune de chrome et de Naples Jouets Jus de citron Jus de fruits	Joncs bruts	Jantes ébauchées (charronnage) Jarres vides, emballées	Jantes ébauchées (charronnage)		
K Kermès		Kaolin	Kaolin		
L Lacdye Lainage Laine Lames de scies Lampes Lampisterie (objets manufacturés en fer-blanc) Langues de bœuf, fumées Laque Lard	Lait Laiton en saumons et en feuilles Légumes frais Légumes secs en sacs Lie de vin grasse Lin (plante)	Lattes, Liteaux Lentilles Lessive Leviers Levures non dénommées Lignite Limailles de fer et du cuivre, en tonneaux Lisières de drap Litharge	Lentilles Levures non dénommées Litharge	Limailles de fer et du cuivre, en tonneaux	Lattes, Liteaux Lignite

Latanier (feuilles et tiges de) Légumes en conserve Levure de bière Librairie (livres, musique et cartes géographiques) Lichen pressé Lie, excepté la lie de vin grasse Liège brut et ouvré Limes Lin filé Lin peigné ou non peigné Lingerie Liqueurs Liquides en bonbonnes Liteaux pour cadres Literie Lithographies Lustres		Lits en fer			
M Machines montées Magnésie Manches de fouets Marbres ouvrés Maroquin Mastic Matériel de guerre (vieux) Mèches de coton Mèches de mineurs Médicaments non dénommés	Macaronis Mélasse Métaux bruts, non dénommés Meules à aiguiser, ordinaires Minium Muriate de potasse	Maculature Madriers Maïs Malt, Drèche Manganèse Marbres bruts en blocs et en tranches Marc Marc de raisins Marc d'olive Marne	Maïs Malt, Drèche Marbres bruts en blocs et en tranches Marc Marc de raisins Marc d'olive Meules à moudre Millet Moyeux ébauchés (charronnage)	Manganèse Marne Matériaux de construction, bruts, non dénommés Merrains Meulières (pierre dites) Minerai de fer Minerais non dénommés Mines de plomb Mitraille de fonte de fer, Fonte vieille	Madriers Mats et Perches Moellons Molasses brutes ou ébauchée

Menue paille Menuiserie non dénommés Mercerie Mercure Métaux ouvrés, non dénommés Meubles Meules à aiguiser, fines Miel Minéraux pour les collections minéralogiques Morfile, Dents d'éléphants Morue verte ou sèche Moucherie (Miel, Ruches) Moules pour modèles Mousse Mousseline Moutarde Muscade		Marrons, Châtaignes, en sacs ou en balles Matériaux de construction, bruts, non dénommés Mats et Perches Merrains Meules à moudre Meulières (pierre dites) Millet Minerai de fer Minerais non dénommés Mines de plomb Mitraille de fonte de fer, Fonte vieille Moellons Molasses brutes ou ébauchée Mottes à brûler Moyeux ébauchés (charronnage)		Mottes à brûler	
N Nacre brute et ouvrée Naphte Noir de fumée Noir léger Noisettes Noix Noyaux	Natron Nattes Nitrate de potasse Nitrate de soude Nitrate de soude et de potasse Noir animal, Noir d'os Noir d'os, Noir d'animal	Noix	Noix		

O Objets d'art et de collection, non dénommés Objets manufacturés, non dénommés Objets non dénommés de toute nature Œufs Oignons Oignons à fleurs Olives Opium Oranges Orangettes Orgue de barbarie Ornements en terre ou en pierre Os de sèche Os ouvrés Oseille Ouate Outils non dénommés Ouvrage en cheveux et de perruquier Ouvrages de tourneur Ouvrages en argentan Ouvrages en bois, non dénommés Ouvrages en écaille de tortue Ouvrages en fil de fer, non dénommés	Ocre Orcanettes	Objets en bois commun, tournés ou non tournés, pour manches d'ustensiles divers Onglons Orge Orge mondée Os bruts ou concassés pour engrais Osiers en bottes	Onglons Orge Orge mondée	Os bruts ou concassés pour engrais Osiers en bottes	

P					
Paille commune, non pressée Paille fine et tressée Paille hâchée Pain Pain d'épices Palmier (feuilles et tiges de) Paniers vides Panneaux de faïence Papeterie Papier Papier soufré Papiers peints Parasols, Parapluies Parchemin Parfumerie Passementerie Pastel (crayon) Pastel (de teinturiers) Pâtes tinctoriales Pâtisserie Peausserie Peaux (cuirs) corroyées ou tannées Peaux (cuirs) tannées Peintures sur verre Pelleterie ou Fourrures Pelures de cacao Pendules	Pâtes alimentaires, non dénommées Perlasse Pièces de machines et de mécaniques démontées Pierre à faulx, ordinaires Pierres lithographiques Plomb en tuyaux Pointes de Paris Poix Potasse Prussiate de potasse	Paillassons Paille commune, pressée Parqueterie emballée en cadres Pâte à papier Pavés et Matériaux pour construction de routes Pelles en bois et en fer Perches Pièces brutes de forges Pièces en fonte pour ponts Pierre à chaux Pierre de cuivre Pierre ou Terre de salinelle Pierres à plâtre, Gypse en roches Pierres alumineuses Pierres de construction, brutes ou ébauchées Pierres de taille, brutes ou ébauchées Pierres pour construction ordinaire, ouvrées Planches et Plateaux Plomb de chasse, Grenaille Plomb en saumons, en rouleaux, en feuilles Plombagine Plumes Poêle en fonte Poids à peser, en fonte	Parqueterie emballée en cadres Pierre ou Terre de salinelle Pierres alumineuses Plombagine Poires fraîches Poires sèches Pois secs Pommes de terre en vrac Pommes fraîches Pommes sèches Prunes et Pruneaux Pouzzolane	Paille commune, pressée, par wagon de 60 quintaux au moins Pierre de cuivre Pierres pour construction ordinaire, ouvrées Pommes de pin Pommes de terre en sacs ou en tonneaux Poudrette en sacs (engrais) Pyrite de fer Pyrolignite de fer en fûts	Pavés et Matériaux pour construction de routes Perches Pierre à chaux Pierres à plâtre, Gypse en roches Pierres de construction, brutes ou ébauchées Pierres de taille, brutes ou ébauchées Planches et Plateaux

Perles de cire Phosphore Photogène Pianos Pierre à faulx, fines Pierre ponce Pierres à feu ou silex Pierres fines, fausses ou de composition propres à la fabrication de la bijouterie, de la mercerie etc. Pierres pour ornements, chapiteaux, etc. ouvrées Piment Pinolin Pipes Pistaches Placage, Bois d'ébénisterie en feuilles Planches d'impression Plantes vivantes Plants Plomb ouvré Plumes à lit Plumes à parure Poêle en tôle Poêlerie en faïence Poids à peser, en laiton ou en cuivre Poils de bœuf ou de vache Poils de chameaux Poils de chèvres		Poires fraîches Poires sèches Pois secs Pommes de pin Pommes de terre en sacs ou en tonneaux Pommes de terre en vrac Pommes fraîches Pommes sèches Poterie commune, emballée Poudrette en sacs (engrais) Prunes et Pruneaux Pouzzolane Pyrite de fer Pyrolignite de fer en fûts			

Poissons frais, salés, secs ou marinés Poivre Porcelaine Poterie fine Poterie non emballée Poudre à poudrer Prêles Préparations anatomiques et pharmaceutiques Presses lithographiques Présure Produits chimiques, non dénommés					
Q Quercitron Quincaillerie Quinquina, Ecorce de quinquina		Quartiers de navets, verts ou secs Quartz	Quartiers de navets, verts ou secs	Quartz	
R Racines de guimauve Racines non dénommées Raisiné Râteaux en bois Réglisse (bois et sucs) Rhubarbe Rhum Rivets (clous) fins Rocon et autres pâtes tinctoriales Roseaux	Racines de teinture fraîches ou sèches, non dénommées Redoul Résines, excepté celle appartenant à la catégorie des drogues Rubrique	Racines de chicorée Raiforts Rails et accessoires Résidus de boucherie, non dénommés Résidus de métaux, non dénommés Ressorts de voiture et de wagons Rivets (clous) ordinaires Riz	Racines de chicorée Raiforts Résidus de boucherie, non dénommés Résidus de métaux, non dénommés Riz Rognures de cuir Rognures de papier	Rails et accessoires Roues de wagons Roues de wagons et de machines Rouettes en bottes	

Rotins Rouages non dénommés Roues de bois Rouleaux d'impression Rubanerie		Rognures de cuir Rognures de papier Roues de fer ordinaires Roues de wagons et de machines Rouettes en bottes			
S Sacs vides Safran Safranum Sagou Saindoux Salaisons Sangles Sangsues Sardines Sarments Sarreaux Saucissons Saumure Savons Sculptures en bois, en ivoire, en liège, etc. Seilles Sel ammoniac Sel de plomb Sel d'étain Sellerie Séré Serrurerie Sirops non dénommés	Salpêtre Sel de saturne Sel de soude et de potasse Sel de zinc Similor Soude brute ou raffinée Soudure de cuivre Soufre brut Sparte brut Sucre brut Suif Sulfate de cuivre Sulfate de fer Sumac de la Sicile	Sable (matériaux de construction) Sable vitreux Sablerie Sabots de bétail Sabots de bois, sans garniture Sang desséché Sang liquide en fûts Sarrasin Scories Seigle Sel de Glauber Sel gemme Sel marin et gemme Semailles de lin Semoule Sésame Socs de charrues Son et Issues Sucre argile (engrais) Suie en sacs, pour engrais Sumac du Tyrol	Sabots de bétail Sang desséché Sang liquide en fûts Sarrasin Scories Seigle Sel gemme Sel marin et gemme Semailles de lin Semoule Sésame Son et Issues Sumac du Tyrol	Sable vitreux Sucre argile (engrais) Suie en sacs, pour engrais	Sable (matériaux de construction)

Smalt Soie brute ou manufacturée Soieries Soies de porc Sommiers élastiques Soufflets Soufre raffiné Sparterie Spermaceti, Blanc de baleine Spiritueux non dénommés en fûts, en bombonnes, en caisses ou en paniers Statues Stéarine Suc de châtaignes Sucre candi Sucre raffiné Sucre vergeoise Sucs épaissis Sulfate non dénommés					
T Tabac manufacturé Tableaux encadrés Tabletterie Tafia Taillanderie Tain Talc en feuilles Tamis Tapioca	Tabac en feuilles Talc en poudre Terre d'ombre et de Sienne Terre verte de Vérone Terres colorantes Tôle Tôle d'acier Tripoli Tuyaux et Tubes en cuivre,	Talc brut en blocs Tan en sacs Tannins non dénommés Tavillons Teintures martiales Tendons Terre de pipe Terre glaise Terre réfractaire	Talc brut en blocs Tan en sacs Tendons Terre de pipe Terres alumineuses	Tavillons Terre glaise Terres non dénommées Tourbe brute Tourteaux Tass en pierres Tuyaux de bois ou de terre (matériaux de construction) Tuyaux de drainage en	Terre réfractaire Tourbe comprimée Traverses Traverses Tuf en pierre Tuiles

Tapis	en plomb ou en zinc	Terres alumineuses		terre cuite	
Tartre brut ou raffiné	Twist non teint	Terres non dénommées			
Térébenthine		Tourbe brute			
Thé		Tourbe comprimée			
Thon mariné		Tourteaux			
Tissus non dénommés		Tass en pierres			
Toile à sacs		Traverses			
Toile à voiles		Trois-Six en fûts			
Toile de treillis		Tuf en pierre			
Toile d'emballage, Treillis d'emballage		Tuiles			
Toiles cirées		Tuyaux de bois ou de terre (matériaux de construction)			
Toiles fines, ouvrées et unies		Tuyaux de drainage en terre cuite			
Toiles métalliques		Tuyaux de poêles			
Tôle ouvrée		Tuyaux en fonte			
Tonneaux, Fûts, Barils etc., vides		Tuyaux en tôle ou en papier bitumé			
Tonneaux, Fûts, vides		Tuyaux et Tubes en fer			
Tonnelage					
Torches de résine					
Tours en bois, Bancs de tourneur en bois					
Tresses de bois, de roseau, d'écorce, de paille, etc.					
Trois-Six en caisses ou en paniers					
Truffes					
Tuyaux de pipes					
Twist teint					

U Ustensiles de ménage					
V Vanille Vannerie Velours Vermouth Vernis Verrerie, Objets en verre, non dénommés Verroterie, Perles de Venise Vert de gris, Verdet Vêtements Viande fraîche, salée ou fumée, non dénommée Vin en caisses ou en paniers Vinaigre en bouteilles Voitures dénommées Volaille morte	Varechs, Crin végétal, bruts Vermicelle Verres à vitres (verrerie commune) Vitriol bleu	Vendange (raisin en fûts) Verres cassés, Groisil Vesces, Jarosses Vin en fûts Vinaigre en fûts	Varechs, Crin végétal, bruts Verres cassés, Groisil Vesces, Jarosses		
Z Zinc ouvré	Zinc en feuilles, en saumons et en plaques				

Source: AF, E 53, Nr. 826, Vol. 266, «Transport-Reglement für den direkten Güterverkehr, gültig vom 15. März 1862 an, Zürich, 1862».

4.2 Principaux articles de la nomenclature de la classification de 1882

Pour les taxes se reporter à l'Annexe 3.1.4, Taxes adoptées par les CFF dès 1904

Classes de tarif					
Expéditions partielles 2		*Wagons complets (A et B)*	*Tarifs spéciaux de wagons complets*		
			I	*II*	*III*
A	*Articles transportés dans les classes de tarifs spéciaux*		Acide sulfurique Alun Amidon	Acide muriatique Asphalte	Ardoises
B	*Articles transportés dans les classes de tarifs spéciaux*		Bois exotiques bruts Bois de teinture	Bitume Bois de construction exotique	Baryte Betteraves Bois de toute provenance ne dépassant pas 25 m de longueur Briques-tuiles
C	*Articles transportés dans les classes de tarifs spéciaux*		Carton Cendre d'orfèvre Céréales et farines Châtaignes Chaudières Chicorée Chlorure de chaux Coton brut Crin végétal d'Afrique	Carbonate de magnésie Céramique Chanvre Chiffons Coquillages	Combustible de toute sorte Chaux vive Chlorure de magnésie Ciment Ciment (dalles en –) Cordes Craie brute Créosote Crin végétal des Alpes

D	*Articles transportés dans les classes de tarifs spéciaux*				Débris et déchets
E	*Articles transportés dans les classes de tarifs spéciaux*		Eaux minérales	Emeri	Ecorces pour tannerie Engrais
F	*Articles transportés dans les classes de tarifs spéciaux*		Fécule de pommes de terre Fers et aciers (ouvrages de toute espèce d'une valeur moyenne) Feutre asphaltée pour toiture	Fers et aciers en barre, plaque, tôle, tuyau, colonne Fruits frais	Fumier Fer brut Fourrage vert
G	*Articles transportés dans les classes de tarifs spéciaux*		Glands de chêne		Glace Goudron Gravier
H	*Articles transportés dans les classes de tarifs spéciaux*		Harengs	Houblon	
L	*Articles transportés dans les classes de tarifs spéciaux*		Laine brute	Liège Lin teillé	
M	*Articles transportés dans les classes de tarifs spéciaux*		Maculature écrite ou imprimée	Marbre ouvré Mélasse	Magnésie brute en morceau Manganèse Marbre brut
N	*Articles transportés dans les classes de tarifs spéciaux*				Nitrate de soude

O	*Articles transportés dans les classes de tarifs spéciaux*		Outils de construction	Ouvrages en ciment	
P	*Articles transportés dans les classes de tarifs spéciaux*		Papier d'emballage Pierre lithographique Plomb Plumes de lit Potasse	Pâte de bois Pâte de paille Pierres à polir Pierres travaillées Poterie Porcelaine Produits de l'agriculture et de la sylviculture	Phosphate Pierres ébauchées Plâtre Pommes de terre
R	*Articles transportés dans les classes de tarifs spéciaux*				Racines de chicorée
S	*Articles transportés dans les classes de tarifs spéciaux*		Soufre Sucres d'Allemagne en transit par la Suisse	Siliade de soude Son de riz	Sel de Glauber Sulfate de soude et autre
T	*Articles transportés dans les classes de tarifs spéciaux*		Tannins Tuiles en verre	Terres à couleurs Tourteaux Tripoli	
V	*Articles transportés dans les classes de tarifs spéciaux*		Verrerie Vinaigre de bois	Verrerie creuse Vitriol de fer	

Source: Jean-Jacques Challet-Venel, *Les tarifs des chemins de fer suisses envisagés dans leurs rapports avec l'agriculture et l'industrie. Mémoire présenté à l'Institut National Genevois, section d'industrie et d'agriculture, séance du 5 décembre 1884*, Genève, 1885, AF, E 53, Nr. 796, Vol. 259, «Allgemeine Tarifvorschriften nebst Güterklassifikation für den internen Güterverkehr».

Annexe 5

Statistiques du transport

5.1 Evolution du type de marchandises transportées sur le réseau ferroviaire helvétique (1877-1900)

En % du total des tonnages de marchandises transportées		1	2	3	4	5	6	7	8	9	10	11	12	13
1877	SCB	29	17	23	5	4	1	1	1	10	2	2		
	GB	41	11	26	2	3	0	1	1	8	1	2		
	JBL (Chemins de fer du Jura)	29	16	24	6	3	1	1	1	8	2	4		
	JBL (Bern-Lucerne)	31	8	35	2	1	1	1	1	9	7	1		
	NOB	29	17	23	6	6	1	1	1	8	2	2		
	NOB (Zurich-Zoug-Lucerne)	34	9	28	6	6	1	1	1	5	2	1		
	Simplon	21	13	38	4	0	1	1	1	11	1	5		
	SO	36	15	27	4	2	1	1	1	7	1	1		
	VSB	32	13	28	5	6	1	1	1	7	2			
Moyenne 1877		***32***	***14***	***28***	***5***	***4***	***1***	***1***	***1***	***9***	***3***	***3***		
1880	SCB	34	18	18	6	4	1	1	1	9	3	1		
	GB	26	10	44	8	1	1	1	1	5	1	1		
	JBL (Chemins de fer du Jura)	31	17	21	7	5	1	1	1	9	2	1		
	JBL (Bern-Lucerne)	39	9	23	4	2	1	1	1	12	2	1		
	NOB	33	20	17	6	6	1	1	1	7	2	1		
	NOB (Zurich-Zoug-Lucerne)	36	9	26	6	5	1	1	1	7	2	1		
	Simplon	23	18	38	2	1	1	2	1	6	1	6		
	SO	32	13	29	4	3	1	1	1	7	2	4		
	VSB	32	18	22	5	7	1	1	1	7	2	1		

Moyenne 1880		***32***	***15***	***26***	***5***	***4***	***1***	***1***	***1***	***8***	***2***	***2***		
	SCB	25	24	12	13	4	1	1	2	9	1	1	1	1
	GB	28	21	6	19	6	1	1	1	5	1	4	1	1
	JBL	26	18	22	6	3	1	1	2	12	1	2	1	2
1885	NOB	27	22	16	7	6	1	1	1	10	1	2	2	1
	NOB (Zurich-Zoug-Lucerne)	41	8	14	9	6	1	1	3	8	1	2	1	3
	SOS	31	15	28	3	1	1	1	1	9	2	2	1	2
	VSB	31	16	23	5	6	1	1	1	8	1	3	1	1
Moyenne 1885		***30***	***18***	***18***	***9***	***5***	***1***	***1***	***2***	***9***	***2***	***3***	***1***	***2***
	SCB	25	22	14	11	3	1	1	2	10	1	1	1	2
	GB	29	21	10	13	6	1	1	1	9	1	4	1	1
1890	NOB	27	21	18	8	5	1	1	1	9	1	2	1	1
	NOB (Zurich-Zoug-Lucerne)	35	7	21	7	6	1	1	2	9	1	2	1	4
	JS	29	17	21	5	1	1	1	2	10	2	3	1	3
	VSB	33	17	22	5	5	1	1	1	6	2	1	1	1
Moyenne 1890		***30***	***18***	***18***	***9***	***5***	***1***	***1***	***2***	***9***	***2***	***3***	***1***	***2***
	SCB	22	21	14	12	3	1	1	1	12	1	4	1	1
	GB	41	6	16	13	4	1	1	1	9	1	3	1	1
1895	NOB	22	20	23	8	4	1	1	1	10	1	2	1	1
	JS	27	15	26	6	1	1	1	2	9	2	3	1	1
	VSB	29	17	23	6	5	1	1	1	8	1	3	1	2
Moyenne 1895		***29***	***16***	***21***	***10***	***4***	***1***	***1***	***2***	***10***	***2***	***3***	***1***	***2***
	SCB	20	25	14	12	2	1	1	1	9	1	3	1	5
	GB	38	7	17	12	4	1	1	1	8	2	2	1	6
1900	NOB	24	22	15	9	3	1	1	1	9	1	3	1	6
	JS	26	14	25	9	1	1	1	1	8	2	2	1	6
	VSB	25	17	17	7	4	1	1	1	7	1	2	1	12
Moyenne 1900		***27***	***17***	***18***	***10***	***3***	***1***	***1***	***2***	***9***	***2***	***3***	***1***	***8***

Source: d'après *Statistiques des chemins de fer suisses,* Berne, 1877-1900.

Matériaux par catégories statistiques

1 Denrées alimentaires et mobiliers

Objets de consommation

Céréales; Farines et farineux, pâtes alimentaires; Pommes de terre et légumes; Fruits; Viande et charcuterie, volailles, poisson, gibier, etc.; Beurre et saindoux; Fromage; Café et succédanés du café; Sucre; Tabac et cigares

Liquides

Lait, y compris le lait condensé; Vins et cidre; Bière; Eau de vie et liqueurs

Objets mobiliers

Meubles, ustensiles de ménage et vêtements; Livres, instruments de musique et objets d'art

2 Combustibles

Bois de chauffage; Charbon de bois; Houilles agglomérées, Lignites, Coke et anthracite; Tourbe

3 Matériaux de construction

Pierres et moellons, pierres pour pavages; Briques, tuiles et ardoises pour toitures; Chaux et pierre à chaux; Ciment; Gypse et pierre à plâtre; Asphalte; Bois de construction et de sciage, parqueterie; Autres bois (bois d'œuvre, de charronnage, traverses)

4 Industrie métallurgique

Fers bruts et ferraille, riblons, minerais; Fers et autres métaux ouvrés (fer-blanc; tôle, fil de fer, fer en barre, etc.); Ferronnerie; Rails, roues en fer et accessoires; Machines et pièces de machines

5 Industrie textile

Coton

Coton brut; Filés et tissus de coton bruts; Tissus de cotons teints ou imprimés, broderies; Déchets de coton

Lins, chanvre, etc

Fils et tissus de lin, de chanvre, etc.

Soie

Soie grège et moulinée, soieries, cocons, déchets et bourre de soie

Laine

Laine brute et filée, tissus de laine, déchets

6 Tannerie
Peaux vertes et peaux sèches; Ecorce de tan; Cuirs et ouvrages en cuir

7 Verrerie et poterie
Verrerie et poterie, faïence et porcelaine

8 Fabrication du papier
Chiffons et pâte à papier (pâte de bois); Papier et carton

9 Matières auxiliaires agricoles et industrielles
Glace; Sel ; Terres de toute espèce, y compris sable et gravier; Huiles minérales; Huiles végétales; Graisses et suifs, savon et chandelles; Esprit de vin; Couleurs et drogueries; Produits chimiques, non compris les engrais; Amidon et fécule; Foin et paille; Engrais

10 Objets servant au transport
Véhicules, y compris ceux de chemins de fer; Tonneaux vides et emballages

11 Marchandises non dénommées

12 Ouvrages en paille

13 Ouvrages en bois

Sources et Bibliographie

1. Fonds d'archives

Les notes de bas de page figurant dans le texte reprennent l'abréviation du fonds d'archives, la cote complète figurant dans la bibliographie qui suit, ainsi que le titre exact de la pièce contenue dans les dossiers mentionnés ci-après.

1.1 Archives fédérales suisses (AF)/Berne

E 53 (Fonds «Chemins de fer»)

Vol. 207 *Nr. 656* – Vorarbeiten zur Einrichtung eines schweizerischen Eisenbahnnetzes von Genf nach dem Rhein und Bodensee: Bundesbeschluss, Protokoll der Hauptversammlung der Abgeordneten aus dem Kantonen; Berichte über den Bau und Betrieb ausländischer Bahnen; Verschiedenes; Angebote für Erstellung von Eisenbahnen – 1846-1852

Vol. 209 *Nr. 659* – Gutachten Wolf. Schmidlin in Basel und John Coindet in Genf über den Einfluss der Eisenbahnen auf die Industrie und den Ackerbau in der Schweiz; Gutachten Ingenieure Merian und Gugelberg über verschiedene Eisenbahnprojekte (Konkurrenzlinie) im Apr. 1852 – 1850-1852

Vol. 211 *Nr. 665* – Bundesgesetz über Bau und Betrieb der Eisenbahnen vom 23.12.1872; Akten der Bundesversammlung – 1868-1872

Vol. 212 *Nr. 666* – Eisenbahngesetz vom 23.12.1872: Vorberatung, Entwürfe, Postulate, Vernehmlassung, Antworten der Kantone auf Kreisschreiben vom 6.9.1869, Materialien – 1869-1872

Vol. 216 *Nr. 674* – Betriebsanschluss-Verhältnisse der schweiz. Eisenbahnen
Nr. 675 – Bundesgesetz über die Rechtverhältnisse der Verbindungsgeleise zwischen dem schweizerischen Eisenbahnnetz und gewerblichen Anstalten vom 19.12.1874

Vol. 217 *Nr. 676* – Entstehung des Gesetzesentwurfes – 1873-1874
Nr. 677 – Gesetzentwürfe und zugehörige Motive – 1873-1874
Nr. 678 – Gesetzentwürfe: Handschriftliches – 1873-1874

Vol. 218 *Nr. 680* – Bundesgesetz betr. Frachtverkehr auf Eisenbahnen etc.: Transportreglement vom 8.5.1874, Anträge, Schriften, Gesetzentwurf
Nr. 681 – Bundesgesetz betr. Frachtverkehr auf Eisenbahnen etc.: Anträge, Schriften, Schriften, Gesetz – 1874-1875

Vol. 219 *Nr. 682* – Bundesgesetz vom 29.3.1893 über den Transport auf Eisenbahnen und Dampfschiffen: Entwürfe und Revisionen, Bundesratbotschaften, Petitionen, Eingaben der Verwaltung, Anträge und Schreiben

Vol. 221 *Nr. 686* – Bundesgesetz betr. die Sicherstellung der Vergütung aus dem direkten Verkehr der Eisenbahn und auf der Mitbenützung von Bahnhöfen und Bahnstrecken vom 2.7.1880

Nr. 687 – Bundesgesetz vom Juni/Dez. 1883 betr. das Rechnungswesen der Eisenbahngesellschaften: Akten der Bundesversammlung; Vollziehungsverordnung zum Bundesbesetz vom 21.12.1883; Prüfung der Jahresrechnungen der Eisenbahngesellschaften; Anfragen und Vollziehung bzw. Anwendung des Rechnungsgesetzes

Vol. 228 *Nr. 707* – Neue Organisation der Postverwaltung; Eisenbahndepartement: provisorisches Eisenbahnbüro, Einrichtung und Besoldung der Beamtungen des schweiz. Eisenbahn- und Handelsdepartement, Presseartikel, Druckschriften – 1850-1893

Nr. 708 – Eisenbahndepartement: Organisation und Besoldung der Beamten, Bundesgesetz betr. Organisation der Eisenbahnabteilung des Post- und Eisenbahndepartements vom 27.3.1897, Stellungvertung – 1893-1897

Vol. 230 *Nr. 712* – Ausdehnung der Schweizersichen Eisenbahnen; Längeder einzelnen Linien, Distanzanzeiger und einteilung; Eisenbahnstatistik, Eisenbahndienste

Nr. 713 – Eisenbahnstatistik; Auswertungen – 1866

Vol. 236 *Nr. 724* – Informationsaustauch mit dem Ausland über die Handhabung des Eisenbahnwesens: Publikationen, Gesetzgebung, Vorschriften, Reglemente, Instruktionen, Organisation und Administration; Studium des schweizersichen Eisenbahnwesens durch Ausländer – 1851-1908

Vol. 258 *Nr. 784* – Tarife für Transport von Tieren, Getreide, Zucker, Wein, Petrol, Metallwaren, Holz, Dachschiefer, Felle und Häute, Transporte aus dem Traverstal, Sistierung des Bezugs von Einschreibgebühren auf landwirtschaftlichen Traglasten – 1876-1896

Nr. 786 – Taxerhöhung für Strecken mit grösseren Steigungen – 6.-11. Sept. 1873

Nr. 787 – Anwendung des § 30 des Transportreglement (1879-1897); Interpellation von Nationalrath Haller betr. § 35 (1873) – 1873-1897

Nr. 788 – Beschwerde Rawy & Cie zum Tarifwesen – 1861-1862

Nr. 789 – Tarifreduktionen; Rückvergütungen; Spezialtarife für Militärtransporte; Taxeberechnungen – 1873-1893

Nr. 790 – Allgemeine Gebührentarife; Nebengebührentarife; Expeditions- und Einschreibgebühren mit Nachträgen – 1878-1898

Nr. 792 – Abschaffung des Eilgutzwanges des Minimalgewichts – 1883-1884

Nr. 793 – Tarife im internationalen Verkehr – 1883-1884

Vol. 259 *Nr. 794* – Warenklassifikation zum Gütertarif nach deutschem Reformsystem; allgemeine Tarifvorschriften (1.6.1882) – 1882-1883

Nr. 795 – Motion Cramer-Frey betr. Einführung von Nachtzügen und einheitlicher Warenklassifikation; Bericht des Bundesrates – Juni-Okt. 1883

Nr. 796 – Motion Zschokke und dessen parlamentarische Abhandlung betr. Reformtarife der Schweizerischen Centralbahn – 1883-1884

Nr. 797 – Motion Zschokke betr. Reformtarife der Schweizerische Centralbahn – 1883-1884
Nr. 798 – Korrespondenz der ständerätlichen Kommission zum Tarifwesen – Juni-Okt. 1884
Nr. 799 – Reformtarife mit Verbesserungen; Beschwerde Wallis – 1885-1887

Vol. 260 *Nr. 800* – Bundesgesetz betr. das Tarifwesen der Schweizerischen Bundesbahnen: Vorarbeiten – 1898-1903
Nr. 801 – Bundesgesetz betr. das Tarifwesen der Schweizerischen Bundesbahnen vom 27.1.1901: Botschaften, Beschlüsse, Eingabe, Stenographisches Bulletin – 1899-1901

Vol. 264 *Nr. 823* – Petitionen zur Ausarbeitung eines Transportreglements – 1860-1862

Vol. 265 *Nr. 824* – Vernehmlassung unter den Kantonen und Eisenbahngesellschaften und Antworten derselben auf Kreisschreiben vom 9.12.1861 und 22.6.1862 der Regierung betr. Warentransporte
Nr. 825 – Ausarbeitung von gesetzlichen Grundlagen für den Transport 1860-1863

Vol. 266 *Nr. 826* – Reglement für den direkten Güterverkehr vom 15.2.1862, dessen Revisionsarbeiten sowie neues Transportreglement von 1876
Nr. 827 – Reglementarische Bestimmung der Schweizerischen Eisenbahnen- und Dampfschifffahrgesellschaften über Ausschluss ihrer Haftbarkeit für Spedition – Apr.-Mai 1873

Vol. 267 *Nr. 832* – Vollzubestimmungen zum Bundesgesetz über das Transportwesen vom 20.3.1875 und Transportreglement vom 1.7.1876 sowie Änderungen und Zusatzbestimmungen 1876-1893

1.2 Archives historiques des Chemins de fer fédéraux (AHCFF)/Berne

Sources publiées

Procès-verbaux de la Conférence des Administrations de chemins de fer suisses, 15 volumes.
Décisions de la Conférence des Administrations de chemins de fer suisses, 9 volumes.
Procès-verbaux de l'Union commerciale des Administrations de chemins de fer suisses, 2 volumes, Berne, 1885 et 1901.
Statistique des chemins de fer suisses, Berne, 1868-1900.

Sources non-publiées

VGB_GB_SBBGB03_090_01 Tarifwesen der schweizerischen Eisenbahnen; Bundesbeschlusse betr. Expeditions- und Einschreibungegebühren; Zeitungsberichte – 1884-1899

VGB_GB_SBBGB03_089_02 Tarifwesen der schweizerischen Eisenbahnen; Grundsätze für die Taxbildung, Bestimmungen, Konkurrenz- und Rechtverhältnisse, Zeitungsberichte – 1872-1906

VGB_GB_SBBGB03_087_02	Unifikation der schweizerischen Eisenbahntarife; Zeitungsberichte – 1872-1884
VGB_GB_SBBGB03_092_01	Deutschland – Gotthardbahn – Italien und übriger Transitverkehr; Tarifbestimmung; Warenklassifikation; Konferenzprotokolle; Taxvergleiche; Zeitungsberichte – 1872-1904
VGB_GB_SBBGB03_091_02	Güterverkehr Schweiz – Italien; Taxgrundlagen; Taxgrundlagen; Taxbildung; Zeitungsberichte; Noten des ital. Regierung; Ausnahmetarife – 1881-1907

1.3 Archives cantonales vaudoises (ACV)/Lausanne

K IX (Fonds «Département des Travaux publics»)

201 Chemin de fer, projets et rapports, 1844-55
202 Chemins de fer de l'Ouest suisse. Rapport, projets et correspondance, 1853-65
204 Divers brochures sur les chemins de fer

1.4 Archives de la Chambre de commerce de Genève (ACCG)/Genève

G 211, Dossier I, 1867-1894 — Notice à l'appui de la pétition à l'assemblée fédérale, janvier 1867

1.5 Archives historiques du Crédit Agricole (AHCA)/Paris

Série DEEF

29161/1 Nécessité de réviser les Conventions de 1883. Comparaison entre les Chemins de fer des différents Pays en vue de rechercher dans quel sens devrait se faire cette révision pour être le plus profitable à la Nation/juin 1919

Série 62 AH

110, Suisse Réalisation d'affaires industrielles concernant les transports 1875-1895

2. Sources publiées

2.1 Feuille fédérale suisse (FF)

Classement chronologique. Afin de ne pas alourdir les notes de bas de page figurant dans le texte, seule la mention FF, le n° du volume, la date et les pages y figurent. Dans la bibliographie qui suit, nous mentionnons le titre complet.

FF, vol. 3, 1849, pp. 156-157, «Discours tenu par Mr. le Bourguemestre Dr. Escher, président du Conseil national à la réouverture de la session de ce conseil / 12 novembre 1849»

FF, vol. 1, 1850, p. 56, «Décret de l'Assemblée fédérale concernant l'affaire des chemins de fer»

FF, vol. 2, 1850, pp. 47-62, «Loi fédérale sur l'expropriation pour cause d'utilité publique»

FF, vol. 1, 1851/1, pp. 475-612, «Rapport financier sur l'exécution d'un réseau de chemins de fer en Suisse, par MM. Geigy, membre du gouvernement de Bâle, et J. M. Ziegler, ingénieur, de Winterthur, experts désignés par le Conseil fédéral / 7 décembre 1850»

FF, vol. 1, 1851/2, pp. 557-590, «De l'exécution des diverses parties du réseau des chemins de fer en Suisse par la Confédération et les cantons intéressés»

FF, vol. 1, 1851/3, pp. 591-612, «Proposition relative à l'exécution des chemins de fer suisses, au moyen de sociétés particulières sous la surveillance de l'Etat qui leur garantirait un minimum d'intérêt»

FF, vol. 1, 1851/4, pp. 339-369, «Message du Conseil fédéral à l'Assemblée fédérale concernant l'établissement des chemins de fer / 7 avril 1851»

FF, vol. 3, 1851, pp. 150-154, «Rapport de la majorité de la commission du Conseil des Etats, concernant le Traité de commerce conclu le 8 juin a.c. entre la Suisse et la Sardaigne/25 juillet 1851»

FF, vol. 2, 1852/1, pp. 1-97 et 213-345, «Rapport de la majorité de la commission des chemins de fer nommée par le Conseil national / mai 1852»

FF, vol. 2, 1852/2, pp. 105-282, «Rapport de la minorité de la commission des chemins de fer nommée par le Conseil national / 1er mai 1852»

FF, vol. 3, 1852, pp. 82-107, «Message du Conseil fédéral concernant les deux traités conclus avec le Grand-Duché de Baden au sujet des chemins de fer et des péages»

FF, vol. 3, 1853, pp. 349-350, «Arrêté fédéral touchant le conflit entre le Gouvernement du h. Etat de Thurgovie et la Compagnie du chemin de fer St-Gallo-Appenzellois, au sujet de l'établissement d'une station à Rikenbach / 5 août 1853»

FF, vol. 1, 1856/1, pp. 1-9, «Message du Conseil fédéral aux deux Conseils législatifs de la Confédération suisse concernant le complément à la loi fédérale sur la construction et l'exploitation des chemins de fer en Suisse / 24 décembre 1855»

FF, vol. 1, 1856/2, pp. 17-75, «Message du Conseil fédéral à l'Assemblée fédérale suisse touchant le conflit sur la question des chemins de fer de la Suisse occidentale / 28 décembre 1855»
FF, vol. 1, 1856/3, pp. 149-172, «Rapport et propositions de la majorité de la Commission du Conseil national sur le conflit relatif des chemins de fer dans la Suisse occidentale / 28 janvier 1856»
FF, vol. 2, 1856/1, pp. 261-287, «Message du Conseil fédéral aux Conseils législatifs de la Confédération suisse concernant le conflit du chemin de fer de l'Oues / 20 juillet 1856»
FF, vol. 2, 1856/2, pp. 373-385, «Rapport du Conseil fédéral aux Conseils législatifs de la Confédération suisse, concernant les lignes ferrées entre Berne et Morges / 29 août 1856»
FF, vol. 2, 1856/3, pp. 415-419, «Propositions de la Commission du Conseil national au sujet du conflit des chemins de fer de l'Ouest / 7 septembre 1856»
FF, vol. 2, 1858/1, pp. 129-146, «Message du Conseil fédéral aux Conseils législatifs de la Confédération suisse, concernant les rapports de jonction entre les chemins de fer suisses / 27 juin 1858»
FF, vol. 2, 1858/2, pp. 325-350, «Rapport et proposition de la minorité de la Commission du Conseil national concernant la jonction des chemins de fer suisses / 23 juillet 1858»
FF, vol. 2, 1858/3 pp. 387-388, «Arrêté du Conseil fédéral concernant la jonction des chemins de fer suisses / 11 août 1858»
FF, vol. 1, 1860, pp. 261-282, «Message du Conseil fédéral à la haute Assemblée fédérale concernant l'organisation d'une statistique nationale suisse / 13 janvier 1860»
FF, vol. 1, 1861, pp. 110-115, «Rapport de la Commission du Conseil des Etats chargées d'examiner les pétitions relatives au transport des marchandises sur les chemins de fer»
FF, vol. 3, 1862, pp. 403-460, «Rapport du Conseil fédéral à l'Assemblée fédérale touchant les conditions de transport sur les chemins de fer suisses / 7 novembre 1862»
FF, vol. 1, 1863, pp. 517-522, «Rapport de la commission du Conseil national touchant les conditions des transports sur les chemins de fer suisses / 22 décembre 1862»
FF, vol. 2, 1868, pp. 579-582, «Message du Conseil fédéral à la haute Assemblée féderale concernant l'élaboration et la publication d'une statistique des chemins de fer suisses / 25 mai 1868»
FF, vol. 2, 1870/1, pp. 985-994, «Traité entre la Suisse et l'Italie concernant la construction et l'exploitation d'un chemin de fer par le St-Gothard / 15 octobre 1869»
FF, vol. 2, 1870/2, pp. 925-984, «Message du Conseil fédéral à l'Assemblée fédérale concernant le Traité conclu avec l'Italie le 15 Octobre 1869 pour la construction d'un chemin de fer par le St-Gothard / 30 juin 1870»
FF, vol. 2, 1871, pp. 701-774, «Message du Conseil fédéral à la haute Assemblée féderale touchant la révision de la loi fédérale concernant l'établissement et l'exploitation des chemins de fer sur le territoire de la Confédération suisse / 15 juin 1871»

FF, vol. 3, 1871/1, pp. 781-833, «Rapport de la Commission du Conseil des Etats chargée de préaviser les questions de chemins de fer, sur le message et le projet de loi proposé par le Conseil fédéral, relativement à la construction et à l'exploitation des chemins de fer sur le territoire de la Confédération / 27-28 septembre 1871»

FF, vol. 3, 1871/2, pp. 834-848, «Rapport de la minorité de la Commission du Conseil des Etats, chargée de l'examen de la loi fédérale sur la construction et l'exploitation des chemins de fer sur le territoire de la Confédération / 6 novembre 1871»

FF, vol. 1, 1873, pp. 1-2, «Rapport du Conseil fédéral à la haute Assemblée fédérale concernant un crédit à allouer pour l'exécution de la nouvelle loi sur les chemins de fer / 19 décembre 1872»

FF, vol. 3, 1873/1, p. 669-682, «Message du Conseil fédéral à la haute Assemblée fédérale concernant la création et le traitement de fonctions au Département des Chemins de fer et du Commerce / 8 septembre 1873»

FF, vol. 3, 1873/2, pp. 578-590, «Message du Conseil fédéral à la haute Assemblée fédéral concernant l'élévation des taxes pour les sections de chemins de fer à forte pente /11 septembre 1873»

FF, vol. 1, 1874/1, pp. 761-808, «Rapport de la commission du Conseil des Etats sur la gestion du Conseil fédéral et du Tribunal fédéral pendant l'année 1873»

FF, vol. 1, 1874/2, pp. 1026-1077, «Message du Conseil fédéral à la haute Assemblée fédérale sur un projet de loi concernant les questions de droit qui se rattachent au transport et à l'expédition des marchandises au moyen des chemins de fer et des autres entreprises de transport concédées par la Confédération (bateaux à vapeur) / 26 mai 1874»

FF, vol. 3, 1874/1, pp. 55-81, «Rapport de la majorité de la Commission du Conseil des Etats sur le projet de loi concernant les questions de droit se rattachant au transport sur les chemins de fer / 18 septembre 1874»

FF, vol. 3, 1874/2, pp. 82-93, «Rapport d'une minorité de la Commission du Conseil des Etats sur le projet de loi concernant les questions de droit se rattachant au transport sur les chemins de fer / 18 septembre 1874»

FF, vol. 1, 1875, pp. 313-334, «Rapport de la Commission du Conseil national sur le message et le projet de loi concernant les questions se rattachant au transport par les chemins de fer / 8 mars 1875»

FF, vol. 2, 1875, pp. 327-351, «Loi fédérale sur les transports par chemins de fer du 20 mars 1875»

FF, vol. 2, 1879, p. 399-474, «Rapport présenté à l'Assemblée fédérale par le Conseil fédéral sur sa gestion en 1878»

FF, vol. 1, 1883, pp. 255-311, «Message du conseil fédéral à l'assemblée fédérale, concernant: I. la question du *rachat* des *chemins* de *fer* suisses et II. un projet de loi sur le contrôle de la comptabilité des compagnies de *chemins* de *fer* suisses / 6 mars 1883»

FF, vol. 2, 1883, pp. 163-221, «Message du Conseil fédéral à l'assemblée fédérale concernant le traité de commerce conclu avec l'Italie le 22 mars 1883 / 16 avril 1883»

FF, vol 4, 1883/1, pp. 459-505, «Rapport du Conseil fédéral à l'assemblée fédérale concernant les tarifs des chemins de fer suisses / 23 novembre 1883»
FF, vol. 4, 1883/2, pp. 506-522, «Rapport du Conseil fédéral au Conseil des Etats, concernant la motion Zschokke et cosignataires sur les tarifs de réforme / 23 novembre 1883»
FF, vol. 2, 1884, pp. 31-34, «Rapport du Conseil fédéral au Conseil des Etats concernant la motion Zschokke sur le tarif de réforme du chemin de fer Central Suisse / 27 mai 1884»
FF, vol. 3, 1884, pp. 134-161, «Rapport de la commission du conseil national concernant les tarifs de marchandises des chemins de fer suisses, en général, et le tarif de réforme, en particulier / 29 mai 1884»
FF, vol. 4, 1884, pp. 652-667, «Rapport de la commission du conseil des états concernant les tarifs des chemins de fer suisses / 9 décembre 1884»
FF, vol. 1, 1889, pp. 379-428, «Message du conseil fédéral à l'assemblée fédérale concernant le traité de commerce conclu le 23 janvier 1889 avec l'Italie / 5 mars 1889»
FF, vol. 5, 1890, pp. 395-506, «Message du Conseil fédérale à l'Assemblée fédérale concernant la convention internationale sur le transport des marchandises par chemins de fer / 29 novembre 1890»
FF, vol. 4, 1892, pp. 972-1039, «Message du Conseil fédéral à l'Assemblée fédérale relatif au projet d'une loi fédérale sur les transports par chemins de fer et bateaux à vapeur / 25 octobre 1892»
FF, vol. 4, 1894, pp. 693-715, «Rapport du Conseil fédéral à l'Assemblée fédérale concernant la motion Fonjallaz et cosignataires sur les tarifs des vins / 19 décembre 1894»
FF, vol. 1, 1897, pp. 635-870, «Message du Conseil fédéral à l'Assemblée fédérale concernant le rachat des principales lignes de chemins de fer suisses / 25 mars 1897»
FF, vol. 5, 1899, pp. 778-852, «Message du Conseil fédéral à l'Assemblée fédérale concernant la promulgation d'une loi fédérale sur les tarifs des Chemins de fer fédéraux / 17 novembre 1899»
FF, vol 6, 1909, pp. 587-604, «Message du Conseil fédéral à l'Assemblée fédérale concernant une modification de la loi fédérale du 27 juin 1901 sur les tarifs des chemins de fer fédéraux / 3 décembre 1909»

2.2 Presse

Basler Nachrichten
Der Bund
Journal de Genève
Landbote
Le Temps
Neue Zürcher Zeitung (NZZ)
Schweizer Grenzpost
Tribune de Genève

2.3 *Mémoires, brochures, rapports, études/ouvrages de contemporains*

Gustav Ammann-Spiller, *Über die Verstaatlichung der Schweizerischen Eisenbahnen*, Zürich, 1888.

ACI, *Rapport présenté par la Chambre de commerce à l'assemblée générale*, Genève, 1867-1900.

Association des chemins de fer suisses, *Motion Fonjallaz et consorts concernant les tarifs de transport des vins. Mémoire adressé au Département fédéral des Postes et des Chemins de fer par l'Association des chemins de fer suisses (St-Gall, 15 octobre 1894)*, Lausanne, 1895.

M. Barillon, *Utilité et tracé d'un chemin de fer de Lyon à Genève, Grenoble et Chambéry. Rapport présenté au conseil municipal de la Ville de Lyon. Précédé du rapport présenté par M. le maire au conseil municipal*, Lyon, 1845.

François Bartholony, *Pièces et documents relatifs aux chemins de fer suisses*, Genève, 1856.

François Bartholony, *Note adressée à M. le président et MM. les membres du Conseil fédéral*, Paris, 1863.

Charles Bergeron, *Les chemins de fer suisses et le Railways-clearing house de Londres*, Lausanne, 1863.

Bericht der Bittschriftenkommission über die Eingabe des Herrn J. Berset an die h. Tagsatzung, Zürich, 1845.

Bericht des Tarif-Vereins über das Schweizer. Eisenbahntarifwesen an den Verein Schweizerischer Geschäftsreisender, an den Schweizerischen Holz-Industrie-Verein, an den Aargauischen Handels- & Industrie- Verein, Aarau, 1886.

G. Bermann, *Die rechtlichen Grundlagen für die Berechnung des Rückkaufswertes der schweizerischen Eisenbahnen*, Zürich, 1897.

Leonhard Bernoulli-Bär, «Rapport sur la question industrielle suivante: Quels avantages l'établissement des chemins de fer en Suisse peut-il présenter pour l'industrie et pour le commerce en général? Quelle influence pourra-t-il exercer sur les mœurs et la moralité? Comment conserver celles de nos mœurs qui méritent de l'être?», in *Acte de la Société suisse d'utilité publique*, Lausanne, 1842.

J. Berset, *Projet d'un réseau fédéral de chemins de fer pour la Confédération helvétique*, Genève, 1845.

Christian Beyel, *Über die Handels- und Gewerbs- Verhälnisse der Schweiz, die sie bedrohenden Gefahren und die möglichen Mittel zur Abhülfe*, Frauenfeld, 1840.

Christian Beyel, *Commissionalbericht über die schweizerischen Verkehrs-Verhältnisse zu Handen der Zürcherischen Industriegesellschaft*, Zürich/Frauenfeld, 1843.

BLS Cargo, *Geschäftsbericht 2006*, Hünibach, 2007.

BLS Cargo, *Conférence des médias sur les résultats de l'exercice 2007*, Berne, 18 mars 2008.

Isaac Bonna, *Projet pour la centralisation du service et le rachat des chemins de fer suisses par la Confédération*, Genève, 1867.

Frédéric Bordier, *Du conflit entre les cantons de Vaud et de Fribourg au sujet des voies ferrées*, Genève, 1856.

C. Bourgeois, «Tarifs de transport et douaniers», dans *Journal suisse d'Economie forestière*, année 1899 (Tiré à part).

Bulletin sténographique officiel de l'Assemblée fédérale, n° 15, Berne, 1893.
Bulletin sténographique officiel de l'Assemblée fédérale suisse, n° 24, Berne, 1901.
G. Büzli, *Die Reformtarife. Antwort auf die Broschüre des Herrn A. Jenny-Kunz in Aarau*, Bern, 1884.
J. Caillat, *Du commerce à Genève, du transit, et d'un bâtiment d'Entrepôt,* publié par douze négociants, Genève, 1840.
CFF, *CFF Cargo en 2006. Extrait du rapport de gestion des CFF,* Bâle, 2007.
CFF, *CFF Cargo en 2007. Extrait du rapport de gestion des CFF,* Bâle, 2008.
Jean-Jacques Challet-Venel, *Les tarifs des chemins de fer envisagés au point de vue spécial des besoins et des intérêts du commerce de Genève. Rapport présenté par M. J.J. Challet-Venel à l'Association commercial et industrielle genevoise dans la Séance du 18 décembre 1883,* Genève, 1884.
Jean-Jacques Challet-Venel, *Les tarifs des chemins de fer suisses envisagés dans leurs rapports avec l'agriculture et l'industrie. Mémoire présenté à l'Institut National Genevois, section d'industrie et d'agriculture, séance du 5 décembre 1884,* Genève, 1885.
Chemins de fer dans le canton de Vaud. Rapport au Comité de l'Association fondée en 1838 par M. Perdonnet père, Lausanne, 1846.
Eric Choisy, *La question des chemins de fer,* Lausanne, 1934.
Code fédéral des obligations, Berne, 1882.
John Coindet, *Rapport au Département des travaux publics de la Confédération helvétique sur l'influence probable des chemins de fer dans la Suisse romane, sur l'agriculture, l'industrie et les petits métiers,* Genève, 1851.
Communication à établir entre les lacs Léman et d'Yverdon au moyen d'un canal ou d'un chemin de fer. Projet d'association, pour couvrir les frais présumés des études à faire sur le terrain, Lausanne, 1838.
Communication à établir entre les lacs Léman et d'Yverdon, au moyen d'un canal ou d'un chemin de fer. Rapport de l'ingénieur chargé des études à faire sur le terrain, Lausanne, 1844.
Compagnie des chemins de fer de la Suisse Occidentale, *Lettre du comité de Direction au Département fédéral des chemins de fer et du commerce sur le trafic entre la Suisse et l'Italie par le Mont-Cenis, du 30 mars 1874,* Lausanne, 1874.
Compagnie des chemins de fer de la Suisse Occidentale et du Simplon, *Rapport présenté au Conseil d'administration par la direction sur la question des tarifs,* Lausanne, 1882.
Convention pour l'échange du matériel et la jonction à Coppet des lignes de l'Ouest des chemins de fer suisses et de Genève-Versoix, Paris, 1858.
Jules Coutin, *Etude sur le chemin de fer Nord-Est-Suisse,* Zurich, 1877.
Albert Cuony, *La crise des chemins de fer suisses,* Lausanne, 1877.
Das Gütertarifwesen der schweiz. Eisenbahnen. Bericht des Vorortes Zürich des Schweiz. Handels- und Industrie-Vereins über die von ihm veranstaltete Untersuchung, Zürich, 1884.
Département fédéral des Transports, des Communications et de l'Energie, *Message sur la construction de la ligne suisse à travers les Alpes,* Berne, 1990.
Die Entwicklung des Verkehrs der Schweizerischen Centralbahn, von 1874 bis 1893, Basel 1895.

Numa Droz, *Le rachat des chemins de fer suisses,* Bâle-Genève, 1898.
Jules Dupuit, *De l'utilité et de sa mesure. Ecrits choisis et republiés par Mario de Bernardi,* Turin, 1933.
Roger Emery, *La situation financière des chemins de fer fédéraux,* Lausanne, 1933.
Marc-Antoine Fazy, *Rapport fait à la Chambre de commerce en octobre 1840 sur le transit de marchandises à Genève et sur l'établissement d'un entrepôt,* Genève, 1841.
Carl-Friedrich Geiser, *Die Krisis der Nordostbahn,* Zürich, 1877.
August von Gonzenbach, *Exposé du mouvement commercial entre la Suisse et la France pendant l'année 1840, suivi d'un coup d'œil rétrospectif sur les traités, lois et ordonnances concernant les rapports commerciaux entre la Suisse et la France depuis le quinzième siècle jusqu'à nos jours,* Berne, 1842.
August Von Gonzenbach, «Referat über den Einfluss der Eisenbahnen auf Gewerbe, Industrie und Handel», in *Neue Verhandlungen der Schweizerischen Gemeinnützigen Gesellschaft,* Jahresversammlung in Bern, Bern, 1857.
L. Herman, *Etude statistique sur l'exploitation des chemins de fer d'Orléans et du Centre,* Paris, 1850.
Gottlieb Koller, Wilhelm Schmidlin, Georg Stoll, *Le chemin de fer du Saint-Gothard sous le rapport du commercial,* Zurich, 1864.
Gottlieb Koller, Wilhelm Schmidlin, Georg Stoll, *Des bases de comparaison des chemins de fer par les Alpes suisses sous le rapport commercial,* Zurich, 1865.
Lettre de la Conférence des chemins de fer suisses au Haut Conseil fédéral suisse au sujet de l'unification des dispositions des concessions concernant les Tarifs, Lausanne 1876.
Friedrich List, *Das deutsche Eisenbahnsystem als Mittel zur Vervollkommung der deutschen Industrie, des deutschen Zollvereins und des deutschen Nationalverbandes überhaupt,* Stuttgart – Tübingen, 1841.
G. Lommel, *Simplon, St-Gothard et Lukmanier. Etude comparative de la valeur technique et commerciale des voies ferrées projetées par ces passages alpins italo-suisses,* Lausanne, 1865.
Mémoire présenté au Département fédéral de l'Intérieur sur les tarifs différentiels dans leur application aux chemins de fer suisses, Zurich, 1862.
Mémoire sur la révision de la loi fédérale concernant l'établissement et l'exploitation des chemins de fer, Lausanne, 1871.
Mémoire adressé par les administrations des chemins de fer suisses au Département fédéral du commerce et des chemins de fer au sujet des projets de lois relatifs aux droits de transport et d'expédition par chemins de fer et à la responsabilité de ces derniers en cas de mort et blessures occasionnées par leur construction et leur exploitation, 14 septembre 1873, Lausanne, 1874.
Mémoire des Administrations de chemins de fer suisses à la haute assemblée fédérale concernant le projet de loi sur la comptabilité des chemins de fer suisses, Berne, 1883.
Mémoire de la Société suisse pour l'industrie des bois au Haut Conseil fédéral et, par son intermédiaire, à l'Assemblée fédérale, s.l., 1886.
Mémoire des Administrations composant l'Association des Chemins de fer suisses à la Haute Assemblée fédérale de la Confédération suisse au sujet de la nouvelle loi sur les transports, Lausanne, 1892.

Monatsblatt des Schweizerischen Gewerbsvereins, n° 11, 1844.

Bernd Malmström, «La DB a profité de l'ouverture du marché pour acheminer du fret à travers la Suisse», in *La Vie économique,* n° 12, 2003, p. 37.

Carl Morel, *Das Schweizerische Eisenbahnnetz und seine national-ökonomische, politische und soziale Bedeutung,* Bern, 1851.

Alois Negrelli, *Ausflug nach Frankreich, England und Belgien zur Beobachtung der dortigen Eisenbahnen, mit einem Anhange über Anwendung von Eisenbahnen in Gebirgsländern,* Frauenfeld, 1838.

G. Negretti, S. Haehner et G. Koller, *Rapport sur le chemin de fer le plus convenable pour relier l'Allemagne et la Suisse avec l'Italie par la commission technique spéciale,* Bellinzone, 1853.

Th. Niggli, *Das Gütertarifwesen im allgemeinen und die Staffeltarife im besonderen mit Hinblick auf die schweizerischen Eisenbahn-Verstaatlichung,* Bern, 1898.

Auguste Perdonnet, *Traité élémentaire des chemins de fer,* 2 vol., Paris, 1858 (2e édition).

Franz Perrot, *Der Wagenraumtarif,* Berlin, 1873.

[Jules Philippin], *Des tarifs différentiels sur les chemins de fer suisses,* Neuchâtel, 1862.

Préavis concernant l'avant-projet de loi fédérale sur les tarifs de chemins de fer fédéraux. Présenté à l'Union suisse des paysans par le Secrétariat suisse des paysans, Publication du Secrétariat suisse des paysans n° 6, Berne, 1899.

Rapport de la Commission fédérale d'experts en matière de commerce sur les relations commerciales de la Suisse avec l'étranger, Lucerne, 1844.

Rapport de la commission du Grand Conseil chargée d'examiner le projet de décret sur l'établissement d'un chemin de fer entre les lacs Léman et de Neuchâtel, Lausanne, 1852.

Rapport du Conseil-Exécutif au Grand-Conseil du Canton de Berne concernant la convention à conclure avec la Compagnie de l'Est-Ouest pour l'établissement de la ligne concédée à cette compagnie, Berne, octobre 1858.

Recours adressé à la haute assemblée fédérale par la Compagnie des chemins de fer de la Suisse occidentale et du Simplon contre l'arrêté du Conseil fédéral ordonnant la suppression du tarif commun n° 442, Lausanne, 1882.

Recours d'administrations de chemins de fer suisses à la Haute Assemblée fédérale contre l'arrêté du Conseil fédéral du 25 Juin 1888 concernant les taxes d'expédition et d'inscription perçues par les chemins de fer suisses, Bâle, 1888.

Recueil systématique des lois et ordonnances 1848-1947, 7e vol., Berne, 1951. (Transports et Communications)

Réforme des tarifs. Rapport de la Direction au Conseil d'administration des chemins de fer du JBL, Berne, 1882.

Eugène Riesler, «Rapport sur les influences économiques des chemins de fer en Suisse», in *Schweizerische Zeitschrift für Gemeinnützigkeit,* Zürich, 1864, p. 35-88.

Johann Jakob Rüttimann, *Rechtsgutachten über die Frage: In wie weit durch die Eisenbahn-Konzessionen der Schweiz. Kantone und die Beschlüsse der Schweiz. Bundesversammlung betreffend die Genehmigung derselben für die beteiligten Gesellschaften Privatrechte begründet worden seien,* Zürich, 1870.

Wilhelm Schmidlin, *Der Einfluss der Eisenbahnen mit besondere Berücksichtigung der nicht industriellen Theile der Schweiz,* Bericht des eidgenössischen Post- und Bau-Departement an die Eisenbahnkommission des hohen Nationalraths, Basel, 1851.

Wilhelm Schmidlin, *Über die Differential-Tarife der Eisenbahn der Schweiz,* Basel, 1862.
Schweizerische Handels- und Industrieverein, *Bericht über Handel und Industrie der Schweiz,* Zürich, 1878-1900.
Hans Albrecht von Segesser, *Die Personentarife der schweiz. Privateisenbahnen und die Tarifreform des Bundesbahnen,* Zürich, 1902.
Société générale des chemins de fer suisses, *Statuts,* Paris, 1857.
Jakob Stämpfli, *Rückkauf der schweizerischen Eisenbahnen,* 1. Auflage, Bern, 1862.
Jakob Stämpfli, *Rückkauf der schweizerischen Eisenbahnen,* 2. Auflage mit *Einwendungen gegen die Nachweise*, Bern, 1863.
Statistique des chemins de fer suisses, Berne, 1868-1901.
M. P. Stephenson et H. Swinburne, Rapport sur l'établissement de chemins de fer en Suisse, Berne, 1850.
Joseph Stockmar, *Groupage des marchandises. Les tarifs de chemin de fer doivent-ils être établis de manière à favoriser le groupage des marchandises, afin d'utiliser le mieux possible la capacité du matériel de transport ou bien de manière à rendre inutile l'emploi de groupeurs intermédiaires? Europe (sauf la France et l'Autriche-Hongrie)-Autre pays,* Berne 1899.
[Georg Stoll], *Ueber die Differenzial-Tarife der Eisenbahnen mit besondere Rücksicht auf die Schweiz,* Zürich, 1862.
[Georg Stoll], *Examen des brochures de M. Stämpfli, président du Conseil fédéral sur le rachat des chemins de fer suisses,* Zurich, 1863.
Georg Stoll, *Justification du système de construction et d'exploitation privées des chemins de fer suisses*, Zurich, 1888.
Edouard Tallichet, *Le peuple suisse doit-il racheter ses chemins de fer?,* Lausanne, 1898.
Franz Ulrich, *Traité général des tarifs de chemins de fer contenant une étude spéciale des tarifs appliqués en Allemagne, Autriche-Hongrie, Suisse, Italie, France, Belgique, Hollande, Angleterre et Russie,* Paris, 1890.
USAM, *Rapports annuels,* Zürich, 1879-1900.
Gustav Vogt, «Schweizerische Studien über Eisenbahnrecht», in *Deutsche Vierteljahrsschrift 1859,* Stuttgart, 1859.
Placid Weissenbach, *Rückkauf oder Expropriation,* Basel, 1894.
Jakob Melchior Ziegler, *Betrachtungen über den projektirten Eisenbahnbau und den Einfluss der Schienenwege auf die Bevölkerung der Schweiz,* St-Gallen-Bern, 1851.
Jakob Melchior Ziegler, *Über die Eisenbahnen der nordöstlichen Schweiz. Betrachtungen und Vergleichungen,* Zürich, 1853.
Jakob Melchior Ziegler, *Die Gewerbsthätigkeit und die Eisenbahnen der Schweiz aus dem vaterländischen Standpunkte*, Winterthur, 1858.
Olivier Zschokke, *Betrieb der Schweizerischen Eisenbahnen unter der Leitung des Bundes,* Zürich, 1877.
Olivier Zschokke, *Verbesserungen im schweizerischen Eisenbahnwesen durch Vereinheitlichung des Betriebes,* Aarau, 1882.

3. Littérature secondaire

E. Adolph, *Ruhrkohlenbergbau, Transportwesen und Eisenbahntarifpolitik,* Berlin, 1927.

Urs Altermatt, *Dictionnaire biographique des cent premiers conseillers fédéraux,* Yens, 1993.

André Robert Altherr, *Ein Beitrag zur appenzellischen und st-gallischen Eisenbahnpolitik mit besonderer Berücksichtigung der den appenzellischen Bahnen gewährten Subventionen und der Fusionsbestrebungen,* Bern, 1950.

John Amstrong, «Transport History. 1945-1995, The rise of a topic to maturity», in *Journal of Tansport History,* vol. 19, n° 2, 1998, pp. 103-121.

Paul Bairoch, «European trade policy 1815-1914», in Peter Mathias, Sidney Pollard (ed.), *The Cambridge economic history of Europe,* vol. 8, pp. 1-160.

Paul Bairoch, *Révolution industrielle et sous-développement,* Paris, 1974 (rééd.).

Paul Bairoch, *Commerce extérieur et développement économique de l'Europe au XIXe siècle,* Paris, 1976.

Paul Bairoch, «Le volume des exportations de la Suisse de 1851 à 1975» in, *Revue suisse d'histoire,* vol. 2, 1978.

Paul Bairoch, «Les chemins de fer suisses dans le contexte européen», in *Guillaume-Henri Dufour dans son temps 1787-1875,* Actes du colloque Dufour, Genève, 1991, pp. 215-230.

Paul Bairoch, «Les exportations d'articles manufacturés de la Suisse dans le contexte international (1840-1994)», in Martin Körner, François Walter (éd.), *Quand la montagne a aussi une histoire. Mélanges offerts à Jean-François Bergier,* Berne, 1996, pp. 225-234.

Paul Bairoch, *Victoires et déboires,* 3 vol., Paris, 1996.

Andreas Balthasar, *Zug um Zug. Eine Technikgeschichte der Schweizer Eisenbahnen aus sozialhistorischer Sicht,* Basel, 1993.

Hans-Peter Bärtschi, *Industrialisierung, Eisenbahnschlachten und Städtebau. Die Entwicklung des Zürcher Industrie- und Arbeiterstadtteils Aussersihl. Ein vergleichender Beitrag zur Architektur- und Technikgeschichte,* Basel, 1983.

Hans Bauer, «L'histoire des chemins de fer en Suisse», in René Tiessing et Maurice Paschoud (sous la dir.), *Les chemins de fer suisses après un siècle 1847-1947,* vol. 1, Neuchâtel, 1947.

Bernhard Beck, *Lange Wellen wirtschaftlichen Wachstums in der Schweiz, 1814-1913. Eine Untersuchung der Hochbauinvestitionen und ihrer Bestimmungsgründe,* Bern, 1983.

Gérard Benz, *Le percement du Simplon. 50 ans de négociations en faveur de l'Europe,* Genève, 1983.

Gérard Benz, «Un aspect du financement des chemins de fer en Suisse par le capital étranger», in *Revue suisse d'histoire,* n° 2, 1987, pp. 169-185.

Gérard Benz, *Les transports. Un défi européen,* Genève, 1992.

Gérard Benz, «La route et le rail en Suisse. 150 ans de contradictions entre les intérêts régionaux, sectoriels, idéologiques et le défi européen», in *Relations Internationales,* n° 96, 1998, pp. 451-469.

Gérard Benz, *Les Alpes et le chemin de fer,* Lausanne, 2007.
Jean-François Bergier, *Histoire économique de la Suisse,* Lausanne, 1984.
Jean-François Bergier, *Europe et les Suisses. Impertinence d'un historien,* Carouge, 2e édition, 1996.
Michaël Bernegger, *Die Schweizer Wirtschaft 1850-1913: Wachstum, Strukturwandel und Konjunkturzyklus,* Lizentiatsarbeit, Universität Zürich, 1983.
Michäel Bernegger, «Die Schweiz und die Weltwirtschaft: Etappen der Intergration im 19. und 20. Jahrhundert», in Paul Bairoch, Martin Körner (éd.), *La Suisse dans l'économie mondiale,* Zürich, 1990, pp. 429-464.
Marcel Blanchard, *Géographie des chemins de fer,* Paris, 1942.
Johann Boillat, *Une ligne à travers les montagnes. La première compagnie de chemin de fer du Locle à Neuchâtel: le Jura Industriel (1857-1865),* Neuchâtel, 2007.
Christophe Bouneau, «Chemins de fer et développement régional en France de 1852 à 1937: la contribution de la Compagnie du Midi», in *Histoire, Economie, Société,* n° 1, 1990, pp. 95-110.
Jean Bouvier, «La grande crise des compagnies ferroviaires suisses: les groupes bancaires et la lutte pour le trafic transalpin (1875-1882)», in *Annales ESC,* n° 4, 1956, pp. 458-480.
Conrad Branger, *Tarifmassnahmen der Schweizer Bahnen zur Förderung des Fremdverkehrs,* Zürich, 1949.
Hans Brugger, *Manuel statistique de l'agriculture suisse,* Berne, 1968.
Max Brugger, *Zürcherische Eisenbahnpolitik,* Zürich, 1909.
Peter Burckhardt, *Der schweizerische Gütertransitverkehr. Eine Untersuchung über die Bedeutung des schweizerischen Eisenbahn- und Strassennetzes für den europäischen Güterverkehr,* Winterthur, 1960.
François Caron, *Histoire de l'exploitation d'un grand réseau. La Compagnie du chemin de fer du Nord 1846-1937,* Paris, 1973.
François Caron, «Histoire économique et chemins de fer», in *Revue d'histoire des chemins de fer,* n° 1, automne 1989, pp. 19-25.
François Caron, *Histoire des chemins de fer en France (1740-1883),* vol. 1, Paris, 1997.
François Caron, «Les grandes compagnies de chemins de fer, 1823-1937», in Bernard Desjardins, Michel Lescure, Roger Nougaret, Alain Plessis et André Straus, *Le Crédit lyonnais, 1863-1986,* Paris, 2003, pp. 385-405.
François Caron, *Histoire des chemins de fer en France (1883-1937),* vol. 2, Paris, 2005.
Florian Cebulla, «Grenzüberschreitender Schienenverkehr. Problemstellungen – Methoden – Forschungsüberblick», in Monika Burri, Kilian T. Elsasser, David Gugerli (Hg.), *Die Internationalität der Eisenbahn 1850-1970,* Zürich, 2003, pp. 21-35.
Albert Cuony, *L'Association des chemins de fer suisses 1860-1903. Notice,* Lausanne, 1904.
Albert Cuony, *Les débuts des chemins de fer en Suisse,* Lausanne, 1913.
Ernst Diethelm, *Die Verstaatlichung der schweizerischen Privatbahnen durch den Bund und ihre finanziellen Auswirkungen auf die schweizerischen Bundesbahnen von 1903-1913,* Lachen, 1930.
Hans Dirlewanger, «Les tarifs marchandises», in René Tiessing et Maurice Paschoud (sous la dir.), *Les chemins de fer suisses après un siècle (1847-1947),* vol. 4, Neuchâtel, 1954, pp. 384-460.

Karl Ditt, Dagmar Kift, «Der Bergarbeiterstreik von 1889: Ein Testfall für die sozialpolitische Reformfähigkeit des Kaiserreichs», in Karl Ditt, Dagmar Kift (Hg.), *1889. Bergarbeiterstreik und Wilhelminische Gesellschaft,* Dortmund, 1989, pp. 9-32.

Jean-Pierre Dorand, *Chemins de fer et régions dans le Canton de Fribourg entre 1845 et 1878,* Fribourg, 1980.

Jean-Pierre Dorand, *La politique des transports de l'Etat de Fribourg (1803-1971),* 2 vol., Fribourg, 1996.

René Georges Dubois, *Die Kartellierung im Verkehrswesen. Unter besonderer Berücksichtigung des Binnenverkehrs zu Wasser und zu Land,* Bern, 1956.

Gérard Duc, «Projet de tunnel ferroviaire du Simplon et genèse du réseau de chemins de fer de Suisse occidentale (1836-1909). Rivalités cantonales, négociations internationales et trajectoires des compagnies privées», in *Vallesia,* Sion, 2001, pp. 495-617.

Gérard Duc, «Les tarifs marchandises des compagnies ferroviaires suisses (1850-1900)», in Hans-Jörg Gilomen, Margrit Müller, Laurent Tissot (Ed.), *Les Services. Essor et transformation du «secteur tertiaire» (15e-20e siècles),* Zürich, 2007, pp. 187-200.

Gérard Duc, «Le prix du transport ferroviaire marchandises comme argument en faveur du rachat des compagnies ferroviaires privées en Suisse (1880-1913), in *Traverse,* n° 1, 2008, pp. 49-63.

Gérard Duc, «Aspects techniques et commerciaux d'une voie ferrée à travers le Simplon (1852-1893», in *Actes du Colloque Simplon 1806-2006. Un axe européen* (Lausanne, 19-22 octobre 2006), à paraître.

Peter Dudzik, *Innovation und Investition. Technische Entwicklung und Unternehmerentscheide in der schweizerischen Baumwollspinnerei 1800 bis 1916,* Zürich, 1987.

Hans Durrer, *Die Entwicklung des Personalbestandes im öffentlichen Dienst der Schweiz (1910-1960),* Zürich, 1967.

Dietrich Eichholz, *Junker und Bourgeoisie vor 1848 in der preussischen Eisenbahngeschichte,* Berlin, 1962.

Jean-Claude Favez, Hans-Ulrich Jost, Francis Python (sous la dir.), *Les relations internationales de la Suisse,* Lausanne, 1998.

Thomas Fischer, «Toggenburger Buntweberei auf dem Weltmarkt. Ein Beispiel schweizerischer Unternehmerstrategien im 19. Jahrhundert», in Paul Bairoch, Martin Körner (éd.), *La Suisse dans l'économie mondiale*, Zurich, 1990, pp. 183-205.

Walter Fischer, *Die Personenfahrpreise der Schweizerischen Bundesbahnen, 1911-1920. Ein Beitrag zur Lehre von der Preisbildung im Verkehrswesen,* Zürich, 1924.

Robert William Fogel, *Railroads and American economic growth: essays in econometric history,* Baltimore, 1964.

Gilles Forster, *Aspects internationaux du trafic ferroviaire suisse pendant la Seconde Guerre mondiale: enjeux humanitaire, économique, politique et stratégique,* Bâle, 2004 (thèse manuscrite).

Rainer Fremdling, *Eisenbahnen und deutschen Wirtschaftswachstum 1840-1879,* Dortmund, 1975.

Rainer Fremdling, «Britische und deutsche Kohle auf norddeutsche Märkten 1850-1913», in *Regionen im historischen Vergleich. Studien zu Deutschland im 19. und 20. Jahrhundert,* Opladen, 1989, pp. 9-54

R. Fremdling, R. Federspiel, A. Kunz (Hrg.), *Historische Statistik von Deutschland,* Band XVII, *Statistik der Eisenbahnen in Deutschland, 1835-1989,* Katharinen, 1995.

Thomas Frey, Lukas Vogel, *«Und wenn wir auch die Eisenbahn mit Kälte begrüssen...». Die Auswirkungen der Verkehrsintensivierung in der Schweiz auf Demographie, Wirtschaft und Raumstruktur (1870-1910),* Zürich, 1997.
Bruno Fritzsche, «Eisenbahnbau und Stadtentwicklung in der Schweiz», in Hans-Jürgen Teutenberg (Hg.), *Stadtwachstum, Industrialisierung, Sozialer Wandel,* Berlin, 1986, pp. 175-194.
Bruno Fritzsche, «Die Anziehungskraft der modernen Verkehrszentren», in Maja Silvar (Hg.), *Stadt und Land. Die Geschichte einer gegenseitigen Abhängigkeit,* Bern, 1988, pp. 177-196.
Bruno Fritzsche, Thomas Frey, Urs Rey, Sandra Romer, *Historischer Strukturatlas der Schweiz. Die Entstehung der modernen Schweiz,* Baden, 2001.
Ernst Gagliardi, *Alfred Escher: vier Jahrzehnte neuerer Schweizergeschichte,* Frauenfeld, 1919/1920.
Georges Gariel, *La centralisation économique en Suisse. L'œuvre économique de la Confédération depuis 1848,* 2e fascicule, *Les chemins de fer fédéraux,* Genève, 1913.
Philippe Gern, «Les origines de la guerre douanière franco-suisse (1891-1892)», in *Aspects des rapports entre la France et la Suisse de 1848 à 1939,* Neuchâtel, 1982, pp. 59-71.
Philippe Gern, Silvia Arlettaz, «Les échanges entre la France et la Suisse au XIXe siècle. Libéralisme ou protectionnisme», in Paul Bairoch, Martin Körner (éd.), *La Suisse dans l'économie mondiale,* Zürich, 1990.
Philippe Gern, Silvia Arlettaz, *Relations franco-suisse au XIXe siècle. La confrontation de deux politiques économiques,* Genève, 1992.
Marc Gigase, «L'Ouest-Suisse: expansion d'un réseau ferroviaire entre rivalités cantonales, intervention étatique et bataille financière internationale (1852-1872)», in *Revue historique vaudoise,* 2007, pp. 281-296.
Peter Gilg, *Die Entstehung der demokratischen Bewegung und die soziale Frage,* Affoltern a. A., 1951.
Philippe Grabani, Jean Schmid, *Le syndicalisme suisse: histoire politique de l'Union syndicale suisse, 1880-1980,* Lausanne, 1980.
Bernard Grall, *Economie de forces et production d'utilités. L'émergence du calcul économique chez les ingénieurs des Ponts et Chaussées (1831-1891),* Manuscrit révisé et commenté par François Vatin, Rennes, 2003.
Groupe de Transport de la Commission Arc Atlantique, *La libéralisation du transport ferroviaire dans l'Union européenne,* Porto, 27 avril 2007.
Erich Gruner, *L'Assemblée fédérale suisse 1848-1920,* vol. 1, *Biographie,* Berne, 1966.
Erich Gruner, *L'Assemblée fédérale suisse 1848-1920,* vol. 2, *Sociologie et statistique,* Berne, 1966.
Erich Gruner, *Die Arbeiter in der Schweiz im 19. Jahrhundert. Soziale Lage, Organisation, Verhältnis zu Arbeitgeber und Staat,* Bern, 1968.
Erich Gruner, *Les élections au Conseil national suisse 1848-1919,* vol. 1, Berne, 1978.
Erich Gruner, Hans-Rudolf Wiedmer, *Arbeiterschaft und Wirtschaft in der Schweiz 1880-1914,* vol. 1, Zürich, 1987.
Arnold Gubler, *Die schweizerische Nationalbahn,* Zürich, 1922.
Ferdinand Gubler, *Die Anfänge der schweizerischen Eisenbahnpolitik auf Grundlage der wirtschaftlichen Interessen 1833-1852,* Zürich, 1915.

Ernst Halperin, *Der Westbahnkonflikt 1855-1857,* Wald, 1944.

G. Hasentratz, *Berufsleben des Lok- und Zugspersonals in der Schweiz um die Jahrhundertwende,* Lizentiatsarbeit, Universität Zürich, 1986.

Benedikt Hauser, *Wirtschaftsverbände im frühen schweizerischen Bundesstaat (1848-74). Vom regionalen zum nationalen Einzugsgebiet,* Basel, 1985.

Hans Hauser, *Die schweizerische Bodenseeschiffahrt als Nebenbetrieb der Schweizerischen Nordostbahn: 1855-190,* Winterthour, 1960.

W. O. Henderson, *The State and the Industrial Revolution in Prussia, 1740-1870,* Liverpool, 1967.

Robert Herold, *Der Schweizerische Bund und die Eisenbahnen bis zur Jahrhundertwende: der allmähliche Sieg zentralistischer Tendenzen und die Durchführung der Verstaatlichung,* Stuttgart, 1902.

Hans Hodel, *Neuenburgische Eisenbahnpolitik,* Bern, 1939.

Herman J. de Hong, «Dutch inland transport in the nineteenth century. A bibliographical review», in *The Journal of Transport History,* vol. 13, n° 1, March 1992, pp. 1-20.

Otto Hue, *Die Bergarbeiter. Historische Darstellung der Bergarbeiter-Verhältnisse von der ältesten bis in die neueste Zeit,* 2 vol., Berlin, 1981 (rééd.) (1er édition, Stuttgart, 1913).

Cédric Humair, «Entre adaptation et résistance à l'évolution commerciale: lutte à propos de la politique douanière suisse durant le XIXe siècle», in Jean-Claude Favez, Hans-Ulrich Jost, Francis Python, *Les relations internationales et la Suisse,* Lausanne, 1998.

Cédric Humair, *Développement économique et Etat central (1815-1914),* Berne, 2004.

Cédric Humair, «Industrialisation, chemins de fer et Etat central. Retard et démarrage du réseau ferroviaire helvétique (1836-18529)», in *Traverse,* n° 1, 2008, pp. 15-30.

Heinrich Imbusch, *Arbeitsverhältnis und Arbeiterorganisationen im deutschen Bergbau,* Berlin, 1980 (rééd.) (1er édition, Essen, 1908).

Jean-Pierre Jelmini, «Les mines d'asphalte du Val-de-Travers: 1711-1986. Brève histoire d'une industrie neuchâteloise», in *Nouvelle Revue neuchâteloise,* n° 14, 1987.

Hans-Ulrich Jost, «Des chiffres et du pouvoir. Statisticiens, statistiques et autorités politiques en Suisse du XVIIIe au XXe siècle», in *Forum Statisticum,* octobre 1995.

Carl Kaelin, *Die Schweizerische Südostbahn,* Zürich, 1933.

Walter Kesselring, *Die Bodensee-Toggenburgerbahn. Entstehung und Entwicklung der st-gallischen Staatsbahn,* Bern, 1940.

Adolf Kessler, *Die Schweizerische Nordostbahn (1853-1901),* Zürich, 1929.

Christophe Koller, *«De la lime à la machine». L'industrialisation et l'Etat au pays de l'horlogerie. Contribution à l'histoire économique et sociale d'une région suisse,* Courrendlin, 2003.

Sophie Lachat, *Les chemins de fer privés des Franches-Montagnes. Naissance, exploitation et défis d'un réseau (1892-1943),* Neuchâtel, 2007.

Michel Laffut, *Les chemins de fer belges (1830-1913): genèse du réseau et présentation critique des données statistiques,* Bruxelles, 1998.

Henri Lartilleux, *Géographie universelle des transport: Géographie des chemins de fer d'Europe,* vol. 1, Paris, 1951.

Yves Leclercq, *Le réseau impossible. La résistance au système des grandes compagnies ferroviaires et la politique économique de la France 1820-1852,* Genève, 1987.

Yves Leclercq, «L'Etat, les entreprises ferroviaires et leurs profits en France (1830-1860)», in *Histoire, Economie et Société,* n° 1, 1990, pp. 39-63.

Andreas Leuzinger, *Die Bedeutung der Schweizerischen Alpenbahnen für den internationalen Güterverkehr,* Zürich, 1950.

Alfred Luz, *Die Anfänge der Schweizerischen Nordostbahn bis zur Vollendung des Stammnetzes, 1852-1859,* Zürich, 1932.

Lars Magnusson, Jan Ottosson (eds.), *The State, Regulation and the Economy. An Historical Perspective,* Northampton, 2001.

Klaus-Michael Mallmann, *Die Anfänge der Bergarbeiter an der Saar (1848-1904),* Saarbrücken, 1982.

Daniel Marek, *Kohle: die Industrialisierung der Schweiz aus der Energieperspektive: 1850-1900,* Bern, 1992.

François Masnata, Claire Rubattel, *Le pouvoir suisse. Séduction démocratique et répression suave,* Vevey, 1991.

Malik Mazbouri, *L'émergence de la place financière suisse (1890-1913). Itinéraire d'un grand banquier,* Lausanne, 2005.

Michèle Merger, «La concurrence rail-navigation intérieure en France 1850-1914», in *Histoire, Economie et Société,* n° 1, 1990, p. 65-94.

Christoph Maria Merki, «Die verschlungenen Wege der modernen Verkehrsgeschichte. Ein Gang durch die aktuelle Forschung», in *Revue suisse d'histoire,* n° 4, 1995, pp. 444-457.

Christian Métrailler, *La politique ferroviaire des cantons de Vaud, Valais et Fribourg en faveur du tunnel du Simplon (1852-1887),* Mémoire de licence de la faculté des Lettres de l'Université de Fribourg, 1978.

Joël Michel, «Der Ruhrbergarbeiterstreik von 1889: Bestandteil einer europäischen Bewegung», in Karl Ditt, Dagmar Kift (Hg.), *1889. Bergarbeiterstreik und Wilhelminische Gesellschaft,* Dortmund, 1989, pp. 195-210.

Otto Miescher, *Die volkswirtschaftliche Bedeutung der Ausnahmetarife der Schweizerischen Bundesbahnen,* Basel, 1932.

Philippe Mühlstein, «Ravages et voracité du transport», in *Le Monde diplomatique. Manière de voir 81,* juin-juillet 2005, pp. 25-27.

Nicolas Neiertz, *La coordination des transports en France de 1918 à nos jours,* Paris, 1999.

Patrick O'Brien, *The New Economic History of the Railways,* London, 1977.

Patrick O'Brien (eds.), *Railways and the Economic Development of Western Europe, 1830-1914,* London, 1983.

Office fédérale de la Statistique, *Annuaire statistique de la Suisse,* Berne, 1936.

Armand Paillard, *Les tarifs de chemins de fer en matière de marchandises,* Lausanne, 1929.

Armand Paillard, *Les tarifs de chemins de fer en matière de marchandises: étude économique et historique*, Lausanne, 1945.

Serge Paquier, «Options privée et publique dans le domaine des chemins de fer suisses des années 1850 à l'entre-deux-guerres», in *Revue suisse d'histoire,* n° 1, 2006, pp. 22-30.

Paul-Louis Pelet, *Le canal d'Entreroches: histoire d'une idée,* Lausanne, 1946.

Paul Perrin, «Les débuts du chemin de fer en Valais», in *Annales valaisannes,* 1961 (tiré à part).

Paul Perrin, «A l'origine des tracés ferroviaires vaudois», in *Revue historique vaudoise,* 1965, pp. 53-75.

Paul Perrin, «Les luttes pour le chemin de fer», in *Encyclopédie illustrée du Pays de Vaud,* 1972, pp. 97-109.

Carlo Pfund, *Réforme des chemins de fer. La séparation du transport et de l'infrastructure des chemins de fer ou la théorie de la séparation de l'Union européenne,* Berne, 2002.

Toni Pierenkemper, *Wirtschaftsgeschichte,* München, 2005.

William Rappard, *La Constitution fédérale de la Suisse,* Neuchâtel, 1948.

Remigio Ratti, «Les relations commerciales européennes à travers les Alpes: l'espace de marché du St-Gothard», in *Dokumente und Informationen zur Schweizerischen Orts-, Regional- und Landesplannung (DISP),* n° 68, Zürich, 1982, pp. 23-31.

Remigio Ratti, «La posizione concorrenziale del San Gottardo e il ruolo della Svizzera tra il primo traforo e la prospettata nuova linea ferroviaria», in *Il San Gottardo e l'Europa. Genesi di una ferrovia alpina, 1882-1982,* Bellinzona, 1983, pp. 163-210.

Hans Riniker, *Entstehung und Volkswirtschaftliche Bedeutung der Schweizerischen Eisenbahnverbände,* Wallisellen, 1930.

Heiner Ritzmann-Blickenstorfer (éd), Hansjörg Siegenthaler (dir.), *Statistique historique de la Suisse,* Zürich, 1996.

Jean-François Rouiller, *Un problème centenaire: la construction des chemins de fer de la région genevoise et leur raccordement,* Genève, 1947.

Roland Ruffieux, «La question du Gothard dans la politique suisse», in *Il san Gottardo et l'Europa. Genesi di una ferrovia alpina, 1882-1982,* Bellinzona, 1983, pp. 97-114.

Roland Ruffieux, «La Suisse des radicaux 1848-1914», in *Nouvelle histoire de la Suisse et des Suisses,* Lausanne, 1998 (rééd.), pp. 599-682.

Martin Schaffner, *Die demokratische Bewegung der 1860er Jahre. Beschreibung und Erklärung der Zürcher Volksbewegung von 1867,* Basel, 1982.

Werner Schmid, *Die Kapitalverluste der Privatbahnen von der Eisenbahnverstaatlichung in der Schweiz,* Bern, 1941.

Boris Schneider, *Eisenbahnpolitik im Aargau,* Zürich, 1959.

F. Schumacher, Fritz Schumacher, *Das eidgenössische Eisenbahndepartement: seine Tätigkeit und Entwicklung 1873-1914,* Bern, 1914.

Jutta Schwarz, *Bruttoanlageinvestitionen in der Schweiz von 1850 bis 1914. Eine empirische Untersuchung zur Kapitalbildung*, Bern, 1981.

Hansjörg Siegenthaler, «Die Schweiz 1850-1914», in W. Fischer (Hg.), *Handbuch der europäischen Wirtschafts- und Sozialgeschichte,* vol. 5, Stuttgart, 1985, pp. 443-473.

Winfried Speitkamp, *Deutsche Kolonialgeschichte,* Stuttgart, 2005.

Willfried Spohn, *Weltmarktkonkurrenz und Industrialisierung Deutschlands 1870-1914,* Berlin, 1977.

Hans Staffelbach, *Normalgütertarif und Kostenstruktur der Schweizerischen Bundesbahnen 1904-1920-1937,* Zürich, 1939.

Horst Steffens, *Autorität und Revolte. Alltagsleben und Streikverhalten der Bergarbeiter an der Saar im 19. Jahrhundert,* Weingarten, 1987.

J. Steiger, «Zur finanziellen Lage der Bundesbahnen», in *Schweizerische Blätter für Handel und Industrie,* n° 10, 1913.

Heinrich Strebel, *Die Diskussion um den Rückkauf der schweizerischen Privatbahnen durch den Bund 1852-1898,* Zürich, 1980.
Hans Suter, *Die Eisenbahnpolitik des Kantons Aargau,* Aarau, 1924.
Werner Teubert, *Getreidefrachten und Getreideverkehr auf deutschen Eisenbahnen und Wasserstrassen,* Berlin, 1912.
Werner Thut, «Von den gelben zur grünen Schweiz oder die Eisenbahn und die Landwirtschaft», in Andreas Balthasar, *Zug um Zug. Eine Technikgeschichte der Schweizer Eisenbahnen aus sozialhistorischer Sicht,* Basel, 1993, pp. 92-102.
René Tiessing, Maurice Paschoud (sous la dir.), *Les chemins de fer suisses après un siècle (1847-1947),* vol. 1, Neuchâtel, 1947.
Laurent Tissot, «Les traversées ferroviaires alpines suisses et leur rôle sur l'économie européenne (1880-1939)», in *Histoire, Economie et Société,* n° 1, 1992, pp. 91-108.
Laurent Tissot, «Les traversées ferroviaires alpines et leur rôle sur le développement économique régional: l'exemple des cantons du Valais et du Tessin (1880-1914). Une recherche en cours», in Pierre Dubuis (éd.), *Ceux qui passent et ceux qui restent. Etudes sur les trafics transalpins et leur impact local,* Saint-Maurice, 1989, pp. 157-172.
François Vatin, «Jules Dupuit (1804-1866) et l'utilité publique des transports», in *Revue d'histoire des chemins de fer,* n° 27, automne 2002, p. 39-56.
Patrick Verley, *L'échelle du monde. Essai sur l'industrialisation de l'Occident,* Paris, 1997.
Béatrice Veyrassat, «Les centres de gravité de l'industrialisation en Suisse au XIXe siècle (aspects géographiques et sectoriels). Le rôle du coton», in Pierre Léon, François Crouzet, Richard Gascon, *L'industrialisation en Europe au XIXe siècle. Cartographie et typologie,* Paris, 1972.
Simon Ville, *Transport and the development of the European Economy 1750-1918,* London, 1990.
Friedrich Volmar, *Die Anfänge der Eisenbahngesetzgebung im schweizerischen Bundesstaate,* Bern, 1903.
Friedrich Volmar, *Jakob Stämpfli als Verkehrspolitiker. Eine Verteidigung des bernischen Staatsmannes und der bernischen Eisenbahnpolitik,* Bern, 1927.
Hans G. Wägli, «Gottlieb Koller (1823-1900)», in *Sechs Schweizer Alpenbahningenieure,* Näfels, 2001, pp. 43-54.
Alfred Waldis, «Internationale Eisenbahnorganisationen und die Schweiz», in Monika Burri, Killian T. Elsasser, David Gugerli (Hg.), *Die Internationalität der Eisenbahn 1850-1970,* Zürich, 2003, pp. 245-256.
François Walter, *La Suisse urbaine, 1850-1950,* Carouge, 1994
Hans Wegmann, *Die vereinigten Schweizerbahnen,* Zürich, 1917.
Placid Weissenbach, *Das Eisenbahnwesen der Schweiz. Die Geschichte des Eisenbahnwesens,* 1. Teil, Zürich, 1913.
Placid Weissenbach, *Das Eisenbahnwesen der Schweiz. Die schweizerischen Eisenbahnen 1911,* 2. Teil, Zürich, 1914.
Thomas Wellenreuther, «Infragestellung des ökonomischen Liberalismus in Deutschland von ca. 1870 bis 1913», in H. Tilly (Hrg.), *Geschichte der Wirtschaftspolitik. Vom Merkantilismus zur Sozialen Marktwirtschaft,* München, 1993, pp. 69-104.
Willy F. Werz, *La comptabilité des chemins de fer privés suisses,* Aubonne, 1947.

John Weyeneth, *L'évolution des importations de céréales en Suisse, 1850-1914,* mémoire de licence en Histoire économique et sociale de l'Université de Genève, 1987.
Thomas Widmer, *Die Schweiz in der Wachstumskrise der 1880er Jahre,* Zürich, 1992.
Jakob Wirz, *Die Getreideproduktion und Brotversorgung der Schweiz,* Solothurn, 1902.
Maurice Wolkowitsch, *Le siècle des chemins de fer secondaires en France, 1865-1963. Les entreprises, les réseaux, le trafic,* Paris, 2004.
Friedrich Wrubel, *Die schweizerische Nordbahn. Ein Beitrag zur Vorgeschichte der Nordostbahn anlässlich des 50. Jahrestages der Eröffnung der ersten schweizerischen Eisenbahn nach amtlichen Quellen bearbeitet,* 2. Auflage, Zürich, 1897.
Dieter Ziegler, *Eisenbahnen und Staat im Zeitalter der Industrialisierung. Die Eisenbahnpolitik der deutschen Staaten im Vergleich,* Stuttgart, 1996.

Printed by
CPI books GmbH, Leck

FSC
www.fsc.org
MIX
Papier | Fördert gute Waldnutzung
FSC® C083411

Kolibri 360 GmbH
Ferdinand-Jühlke-Straße 7
99095 Erfurt, Deutschland
produktsicherheit@kolibri360.de